교감·표점 용사일기

교감표점
용사일기

초판 1쇄 발행 2025년 10월 10일

지은이 이노
옮긴이 이춘욱
펴낸이 장현수
펴낸곳 메이킹북스
출판등록 제 2019-000010호

디자인 최미영
편집 안지은
교정 안지은
마케팅 김소형

주소 서울특별시 구로구 경인로 661, 핀포인트타워 912-914호
전화 02-2135-5086
팩스 02-2135-5087
이메일 making_books@naver.com
홈페이지 www.makingbooks.co.kr

ISBN 979-11-6791-766-9(03910)
값 20,000원

홈페이지 바로가기

교감·표점 용사일기

이춘욱 옮김
이노 지음

메이킹북스

목 차

발 간 사

인류 역사는 수많은 나라가 건립되고 명멸하는 과정이었다. 이러한 국가의 흥망에는 일정한 현상이 존재한다. 신라는 화랑을 중심으로 백성을 교화시켜 삼국통일의 위업을 이루었다. 고려는 불교의 사상적 통일 위에 호족세력을 바탕으로 강성한 원나라 손아귀에서도 존속하였다. 조선을 지킨 것은 선비와 민초들이라 할 수 있다.

『용사일기』를 굳이 분류하자면 '전쟁실기'에 해당한다. 그것도 연구에 의하면 대략 13편 정도의 전범이 되었을 정도로 '전지적 작가시점'에서 기록한 참으로 특이하고 뛰어난 문헌이다. 이른바 수천 년 지켜온 우리 민족의 역사가 사라질 위기에 놓였던 그 절체절명의 국난에 즈음하여, 구국에 참여하였던 선비와 일반 백성들에 관한 역사기록이 바로 이 일기다.

왜란이 발발한 임진(1592)년의 용의 해에서 이듬해인 계사(1593)년 4월 그믐까지 13개월 동안 관군이 도망하고 궤멸하는 악행을 그대로 남긴 것은 역사의 본보기가 될 만하다. 나라가 망해갈 그 즈음에 스스로 구국의 길에 나섰던 일반 백성들의 의병활동 상황을 서슴없이 적나라하게 기술한 직필이다.

당시 학봉 김성일은 경상우도병마절도사에서 영남초유사의 직분으로 경상우도에 왔다. 그 휘하에서 각 고을의 선비들을 설득하여 의병을 모집하는 소모관의 직책과 김성일이 경상좌우도 관찰사가 되었을 때 군량을 모으는 사저관과 작전을 자문하던 종사관으로 활약한 송암 이노의 참으로 용기 있는 필치다.

『용사일기』의 본문을 구성하는 것은 '용사사적'이다. 송암 이노의 친필로 추정되는 이 글은 현재 학봉 김성일 종가의 운장각에 보존되어 고스란히 전한다. 1986년 보물 제905호로 지정되었는데, 서적 목록 제40호가 이것이다. 이 글에다 선조의 교서와 송암 이노가 명나라 장수 이여송에게 보낸 서한을 더해서 간행하였다.

정말 다행인 것은 죽유 오운(吳澐, 1540~1617)이 이 사적을 본 감회를 기록으로 남겼다는 점이다. 경자(1600)년 2월에 경상도 영주에서 쓴 독후감이 함안군의 향토 인물지인 『금라전신록』과 오운의 문집인 『죽유집』에 실려 전한다. 오운의 독후감은 '용사사적'의 내용뿐 아니라, 저자가 직접 교정을 한 흔적이나 푸른 물감으로 고이考異를 한 것을 비롯하여, 생긴 외양 등을 구체적으로 서술하였다. 이것은 현재 보존하고 있는 것과 외관은 물론 내용이 정확하게 일치한다. 청화는 아직 시리도록 푸르다. 일기 내용이나 진위에 관한 여러 의문은 이 기록을 밑바탕으로 들여다보면 아주 확연하다.

이 '용사사적'을 본문으로 삼아 『용사일기』가 간행되었다. 만옹 서명서의 서문이 1762년 봄에 지어졌고, 대산 이상정의 발문은 그해 10월이니, 간행은 1763년 경으로 본다. 학봉 김성일이 용사 두 년간에 활동한 사적의 기록이 『용사일기』라는 제명을 얻게 된 것은 이러한 옛일을 바탕으로 한다.

『용사일기』는 근대에 이르기까지 총 5~6차례 간행된 것으로 확인된다. 마지막 간행은 실로 특이하다. 일본인 기타가와 이느사브로[北川戌三郎]라는 진주금융조합 이사가 재간본을 토대로 진주시 본성동에서 신연활자新鉛活字로 1915년 4월에 발행하였으니 그렇다. 일본은 임진왜란 실패의 원인을 의병 활동에서 찾았다. 그러므로 『용사일기』는 『징비록』과 함께 그들의 심도 있는 연구 대상이었다. 『징비록』과 『용사일기』는 조선에서는 철저하게 외면받았다. 하지만 일본은 이러한 기록을 토대로 심도 있는 분석으로 침략의 길잡이로 삼았다. 임진왜란 의병의 후예들이 대한제국이 기울던 즈음에 도무지 나라 안에서 싸울 수 없어 만주로 독립운동 기지를 옮긴 것에서 그 사정은 추론이 된다.

『용사일기』의 한글 해석은 비교적 이른 시기에 이루어졌다. 국립 부산대학교 부설 한일문화연구소는 1960년 말, 『용사일기』를 『징비록』과 함께 해석하여 비매품으로 발간하였다. 당시 사정으로 보면 역작이겠지만 읽어내기가 매우 어렵다. 이후 1974년에 을유문화사에서 전규태가 초간본을 그대로 옮겨 간행하였다. 다만 권말에다 천파 오숙이 촉석루에 게첨하였던 삼장사시판 해석을 첨가하면서 그 삼장사에 양산숙을 넣고 있다. 1980년에는 부산대학교 이재호 교수가 금강출판사를 통하여 교정본을 내었다. 이것은 그 당시 촉석루중삼장사시비와 연관이 있다. 또한 2019년에 송암 이노가 살았던 고을 의령문화원에서 간행한 것도 있다. 부산대학교 역간 이후 나머지 세 건의 공통된 특징은 거의 한일문화연구소의 역간본을 그대로 복사하였다는 거다.

이에 본 역서는 국립중앙박물관 소장 재간본을 저본으로 해서 새로 번역하였다. 읽기 편하도록 편집하였다지만, 여전히 젊은 세대가 읽어내기는 쉽지 않을 것이다. 서책의 용어 자체가 고사를 다루거나 인용하여 그렇거니와 여기에 관심이 있는 독자 또한 이미 지나간 세대가 되고 만 것은 어찌할 수 없는 현실이다. 신문이나 방송을 보고 죄다 이해하자면 인터넷 포털 동시 검색이 필수인 시대를 우리는 이미 살고 있다.

그래서 주석은 별도로 달지 않았다. 대신 책 뒤에다 고사에 대한 풀이나 인명과 지명 그리고 관직 해설을 가나다순으로 첨부하였다. 더불어 원문을 표점하고 교감하였다. 일기에 실린 사실은 다른 문적에도 많이 전해지고 있다. 동일한 사적을 전하는 거의 모든 문적과 철저하게 비교하고 대조한 내역은 별도로 「교정·교감기」를 실었다. 하지만 미흡하거나 잘못된 것들은 어쩔 수 없이 다시 이를 바로잡아 줄 후인을 기다릴 수밖에 없다.

이곳에는 나라가 기울어가는 절체절명의 그 순간, 왜적에 맞서 창의하도록 민중을 초유하고, 도망한 관군을 불러내서 달래며, 헐벗은 백성을 구휼하였던 학봉 김성일을 비롯한 선비들의 장엄하고 눈물겨운 구국활동이 서려 있다. 더하여 민초들의 나라를 위한 애증도 함께 있으니, 앞으로 억만년도 더 이어갈 우리의 국승에 한 획이 될 수 있겠다는 바람으로 감히 이 번역서를 간행한다.

2025년 2월 3일 입춘 날 아침

경기도 용인 우거에서 이춘욱 씀

일 러 두 기

- 이 서책은 1763년 간행된 송암 이노의 저작인 『용사일기』를 한글로 풀이하고, 원문을 표점한 것이다. 『용사일기』는 1960년 부산대학교 부설 한일문화연구소에서 한글로 해석하여 비매품으로 출간하였다. 하지만 현대 문법과 제법 상이하고, 세로로 쓰여 가독성이 많이 떨어진다. 마침 원본인 『용사사적』을 접할 수 있어 이를 토대로 다른 여러 문헌과 대조하고 교감하여, 상이한 곳을 바로잡아 읽기 쉽게 재해석하였다.

- 각 장의 제목에 이어 각 장과 단락의 한글 내용을 먼저 쓰고, 바로 이어 원문을 표점하고, 교감한 것을 기록하였다. 이 방식은 대체로 옛 고전을 해석할 때 주로 사용되는 방식이다.

- 본서를 편집함에 별도로 주석이나 고사를 해석한 곳을 두지 않았다. 다만 책의 말미에 인명과 지명 그리고 각종 관직명이나 고사성어 등을 가나다 순으로 배치하여 풀어 올렸다. 또한, 불가피하게 필요한 한자만 사용하였는데, 괄호로 묶지 않고 작은 글씨로 뒤에다 병기하였다.

- 『용사일기』에는 저자 이노가 직접 주석을 한 곳이 많이 있다. 원문을 보면 일반 글자의 줄에 그 글자 절반 크기로 두 줄에다 별도로 주석을 하였다. 이것을 쌍주라고 하는데, 이곳에는 삽입구 역할을 하는 줄표(—)를 앞뒤로 사용하여, 이 주석 부분을 표시하였다. 한글맞춤법의 규정에 따른 것이다. 그러나 한문표점 규정 등에는 '말늘임표'라고 일컫고 있다.

- 한문을 풀어낸 한글 문장이나 단어 뒤에 그 문장의 이해를 돕기 위해 한자를 쓸 때는 대괄호[ ]를 사용하였다.

- 교정·교감기 첨부

고서를 한글로 해석함에 있어서 교정을 하거나 다른 문헌을 토대로 교감을 한 부분에 대해서 그 내역을 첨부하는 것은 일종의 예의에 해당한다. 다행히 송암 이노의 직필로 추정되는 문적이 남아 있다. 이것은 죽유 오운이 보고 감회를 적은 글과 외양이 아주 일치한다. 따라서 이 사적을 토대로 우선 바로잡고, 다른 의병장이나 실록 등 다양한 문헌에 따른 교감기를 첨부하였다.

한글로 해석한 부분이나 한문 원문에 **진하게 구분하여 표시한 것**이 교정을 하거나 교감한 곳이다. 일기는 곧 74개 장으로 구분되어 있기 때문에 찾아 보기가 어렵지 않다. 확인하고자 하는 장과 단락을 먼저 확인하고, 교정·교감기를 찾아가면 된다.

- 원문의 장章 구분과 제목

『용사사적』과 『용사일기』는 드물게 권점(○)으로 문단을 구분하였다. 그런데 사적과 일기의 문단 구분이 서로 상이하다. 이 서책은 일기를 재해석한 것이기 때문에 일기의 장 구분을 그대로 따랐다.

한 장의 내용에서 서로 다른 기사가 함께 있거나, 특별히 구별을 요하는 장은 소제목을 두고 별도로 구분하였다.

- 각 장의 제목

원문과 일기에 없는 장의 제목을 옮긴이가 임의로 넣었다. 이것은 이해를 돕기 위해서 하였는데, 별다른 이유와 의미는 없다.

- 『용사사적』의 첨부

대한민국 보물 제905호 서적목록 제40호로 지정된 송암 이노의 기록은 원제목이 '용사사적'으로 되어 있다. 이것은 일기의 본문에 해당한다. 다행히 현존하고 있어, 이것을 서책의 말미에 첨부하여, 후대에 길이 전함으로써 『용사일기』로 인한 오욕의 선조를 두고만 후손들의 시비를 아주 그치게 할 것이다.

- 원문의 표점에 관한 사항

띄어쓰기나 문장기호가 없는 한문은 읽어내고 이해하기가 매우 어렵다. 한자의 음과 훈을 모두 안다고 해도 구분조차 쉽지 않다. 현대 중국어도 띄어쓰기는 없다. 해서 고서 원문을 표와 점으로 구획하여 이해를 돕게 하는 것을 한문표점이라 한다. 표점이 곧 맞다고 하면 그 해석도 타당한 것으로 평가할 수 있다. 그러므로 원문과 표점이 없는 한문 해석은 공허한 것이다.

『용사일기』의 표점은 중국의 저명한 문학자 관민의管敏義 교수가 펴낸 『고서에 표점을 어떻게 할 것인가怎樣標點古書』를 서울대학교 민두기 교수가 해석한 것을 저본으로 하였다.

다만 중국이나 일본 등은 마침표를 쓸 때 우리와 다르게 고리점을 사용한다. 그리고 쉼표는 우리가 모점이라고 하는 것을 쓴다. 이것은 한글맞춤법의 세로쓰기에 있던 규정이다. 그러나 이 서책은 가로로 쓰기 때문에 이를 배제하고 마침표와 쉼표를 썼다.

서책의 명칭은 겹낫표로 하고, 편명은 낫표를 사용했다. 낫표와 겹낫표 또한 세로쓰기의 산물이다. 바로 따옴표 기능을 한다. 더불어 인명이나 지명 등 고유명사를 구분하기 위해서 밑줄을 사용하였다.

Ⅰ. 용사일기 서문

서 문

학봉 김성일金誠一의 『용사일록龍蛇日錄』은 바로 송암松巖 이노李魯가 저술한 바이다. 임진(1592)년에 조정은 왜구의 침입을 염려하여, 김성일을 경상우도병마절도사에 임명하였다. 부임 행렬이 아직 도착하지 않았는데, 왜구가 가득하였다.

이로 인하여 영남초유사의 직명을 받았는데, 대소헌大笑軒 조종도趙宗道와 송암 이노를 기약하지도 않고 서로 만났다. 함께 눈물을 흩뿌리며 격문을 초안하여 의병 일으키기를 권장하였다. 요해지를 나누어 지켜 강한 도적을 무찌르니, 마침내 낙동강 우측 일대를 보전할 수 있었다.

대체로 백 년 동안 나라가 태평하여, 백성들은 병란을 경험하지 못하여, 다만 동래부사 송상현宋象賢이 순국한 것 이외에는 별송이처럼 널려 있던 여러 고을이 하루 아침에 바람에 쓰러지듯 짓밟히고 말았다. '황하 북쪽 24개 군에 단 한 명의 의사도 없다.'라고 말한 당나라 현종의 불행이 이와 비슷하였다.

적어도 김성일이 초유招諭한 노력과 조종도와 이노가 참모參謀한 성의가 아니었다면, 어찌 온 도내를 감격하게 하고, 백성들로 하여금 몸을 솟구쳐 뛰듯이 움직이게 하였겠는가. 피를 서로 마시면서 창의하여, 윗사람을 위해 목숨 바치는 것을 경쟁하듯 본받게 하였다. 결국 당나라 장순이 안녹산의 반란 때 수양성을 지켜 강소성과 안휘성을 보전하였듯이 경상우도 일대를 막아낸 공을 세웠다.

이때, 망우당 곽재우와 송암 김면과 같은 여러 인걸들이 있어, 뛰어난 의병대장이 되었으니, 학봉 김성일은 곧 영남 좌·우도를 번갈아 옮겨가며 살필 수 있었다. 조종도와 이노가 시종일관 휘하에 있으면서, 협찬하고 계책을 꾀하여 군량을 분별하고 대책을 세웠다. 학봉은 관군과 의병으로 하여금 서로 협력하고 갈라지지 않게 하여, 한마음으로 적을 막아 나라의 은혜에 보답하였다.

곧 이 한 권의 책은 대체로 송암 이노가 김성일의 막하에서, **방패의 손잡이에다 먹을 갈아 격문을 지었다는 양梁나라 순제荀濟의 고사처럼** 남겨진 필적이다. 김성일이 경인(1590)년에 일본에 통신부사로 행차한 것에서 시작하여, 계사(1593)년 **11월**에 영구靈柩를 고향 안동으로 반장返葬하는 그 일에서 **끝을 맺었다.**

아! 왜란이 일어난 뒤 15개월 동안은 무릇 대포와 칼날이 몹시 혼란하고 수선[搶攘]스러웠다. 뭇 백성들이 세찬 물결에 휩쓸리는 참혹한 현상과 관헌들이 도망하여 숨으면서도 의병들을 중상모략한 상황을 죄다 기록하지 않음이 없다.

그러면서 만나는 사람마다 마음을 허락하고, 격문을 돌려서 많은 사람을 면려勉勵한 것은 한나라 말기에 역신 동탁董卓을 제거하기 위해 함곡관 밖에서 모여, 원소袁紹를 맹주로 추대하였다는 저 관외임단關外臨壇의 맹세와 같은 것이고, 진晉나라 예주자사豫州刺史 조적祖逖이 북벌에 나서면서, 장강의 한가운데에서 뱃전을 두드리며, 중원을 회복할 것을 서약했다는 예주격즙豫州擊楫의 고사와 같다.

전쟁 중에서도 농사를 권장하고, 군량을 힘써 준비한 것은 한나라 말기 노숙魯肅이 친구 주유周瑜에게 군량 3천 석을 주었다는 강동지균江東指囷의 의리일 것이며, 제갈량이 오장원에서 군량 마련을 위해 군사들에게 농사를 짓도록 둔전屯田을 설치하였다는 한빈경둔漢濱耕屯의 거사擧事라고 할 것이다.

비장한 시를 읊으며 목숨을 바쳐 나라 구할 것을 맹세하고, 관군과 의병의 분쟁을 해결하여 서로 혼연일체가 되어 왜적토벌에 나서게 한 것은 문천상文天祥이 '정기가正氣歌'를 지어 뜻을 굽히지 않았다는 문산정기文山正氣의 영원함과 같은 것이고, 당시 사이가 좋지 않았던 당나라의 곽자의郭子儀와 이광필李光弼이 안녹산의 난을 만나자, 서로 눈물로써 격려하였다는 아문읍별牙門泣別의 충의와 같을 것이다.

격문으로 타이르고, 글을 써서 꾸짖으며, 장계로써 아뢰고, 공문서로 통지함은 당나라 이름난 문장가 육지陸贄와 이강李絳이 올린 상소인 육리주의陸李奏議의 지극한 간절함이며, 한나라 말기의 진림陳琳과 한韓나라의 창업자 한호韓虎가 지은 문장의 민첩함과 재치에 비길 만하여 임호서기琳虎書記의 나부끼는 모양[翩翩]과 같은 것이다.

임금을 그리워하여 환아정換鵞亭에서 술상을 사양하고, 왜적을 무찌르고자 경상우도 감영으로 나간 것은 이른바 송나라 충신 악비岳飛가 북벌을 결심하며, 즐기던 술을 끊었다는 무목단주武穆斷酒의 정성이고, 송나라 왕개王玠가 누른 감을 보내 금나라 군사를 도주하게 하였다는 화원유감和原遺柑의 신묘함이다.

머리를 베어 진상하는 것을 금하여 관직을 받지 못하게 한 것은 화려한 치장을 아뢰는 것을 불허한 금롱불주金籠不奏의 지혜와 같은 것이고, 당나라 현종이 안녹산은 반드시 반역할 것이라고 예언한 곡강사람 장구령張九齡을 칭찬하였다는 곡강선견曲江先見의 현명함이었더라.

군무에 온 힘을 다하고, 목숨이 다하도록 나라를 걱정함은 제갈량의 죽음에 촉나라 부녀들이 머리를 풀고 통곡하였다는 촉부좌곡蜀婦髽哭의 비통함이며, 송나라 장준張浚이 직간을 하다가 귀양지에서 죽었다는 위공장형魏公葬衡의 지조라고 할 만하다.

비록 시운이 어렵고 불행하며, 하늘은 수명을 더 빌려주지 않아 학봉 김성일이 왜적을 섬멸하지 못하게 하여, 진양성이 함락에 이르게 된 것은 더욱 온 사람의 옷깃에 눈물을 적시게 하였다.

하지만 다행히 이 일록이 오래도록 남아 있었으므로, 학봉이 왜란에 임하여 정성을 다하고, 충의를 격분하게 하여, 사람으로서 지켜야 할 당연한 도리를 부양한 공적은 마치 뚜렷하게 직접 눈으로 보는 것과 같다. 이로써 영남의 선비들이 충성과 용기의 의리를 분명히 알게 하였으니, 이 일록을 나무판자에 새겨 길이 전하고자 함은 또한 마땅하지 아니하랴!

송암의 자는 여유汝唯이고, 고성이씨固城李氏다. 20대에 서애 류성룡이 그의 종숙부 묘지명을 청해서 짓게 하였다니, 문장이 일찍 성취되었음을 알 수 있다. 또한, 이 책의 말미에 붙인 명나라 장수 이여송李如松에게 보낸 장계문은 지금 읽어도 글자마다 눈물이 맺히니, 나라를 위한 참된 마음에서 우러나온 송암의 정성을 알 수 있겠다.

송암은 대과에 급제하여 벼슬이 정언에 이르렀는데, 아우 백암柏庵 처사[秀士] 지旨와 함께 임진왜란에 종사하였다. 이에 그 후손 일화一華와 일신一藎 등이 이 일록을 판각하고자 나에게 서문을 청하였다. 마침 내가 의령의 현감으로 있을 때인즉슨 의령은 송암의 출생지이고, 학봉과 여러 의병장들이 군사회의를 하던 곳이라서, 의령에 있어서 이 기록은 참으로 빠뜨릴 수가 없다.

나를 돌이켜보면 소홀하고 문장이 거칠어, 일찍이 이러한 글을 지어본 적이 없지만, 용사사적에 곧 느껴지는 것이 있어, 굳이 사양하지 못하고 이에 이 일을 돕는 것이다.

다만 학봉 김성일의 유사遺事는 연보와 문집이 간행되어 있고, 일본에 사행한 일에 관해서는 백사 이항복이 '김성일의 귀국 보고는 민심을 진정시키기 위함'이라고 선조 임금에게 아뢴 것[鎭靜之奏]과 택당 이식이 『해사록海槎錄』의 발문에서 김성일의 기개를 벽립에다 칭한 것[壁立之稱] 모두 논지가 확실하므로, 이제 상床 위에 상을 포개어 놓는다는 부질없는 의론은 다시 말할 필요가 없을 따름이다.

임진 난 이후 171년 임오(1762)년 2월,
달성인 서명서가 애민헌愛民軒에서 쓰다.

龍蛇日記序

金鶴峰『龍蛇日錄』, 卽李松巖魯所著也. 萬曆壬辰, 朝廷軫南憂, 以鶴峰除嶺南右節度, 行未到, 倭寇已充斥. 仍承招諭之命, 與趙大笑軒及李松巖, 不期相遇. 抆涕草檄, 勸起義兵. 分守要害, 勦却强寇, 竟使江右一帶, 不至糜爛. 盖百年昇平, 民不見兵; 秖有宋萊侯立殣之外, 星羅列邑, 風靡一朝, 則'河北二十四郡, 無一義士者', 不幸而近之矣. 倘非鶴峰招諭之力趙·李參謀之誠, 則烏能激聳一道. 沫血倡義, 爭效親死上長之忠, 卒辦蔽遮江淮之功乎.

時則有若郭忘憂·金松庵諸人, 傑然爲義兵大將而鶴峰, 則迭移按察于左右道. 趙·李二公, 終始在麾下, 協贊謨猷, 區畫兵糧. 使官軍義兵, 相協而不逡歧, 一心禦敵, 誓酬國恩. 則惟此一錄, 盖其幕裏, **草檄磨盾鼻墨**餘筆也. 起自鶴峰庚寅泛槎之行, **迄**于癸巳**十一月**鶴峰歸櫬之事焉.

嗚呼! 亂起後十有五朔之間, 凡礮鋩搶攘. 士女奔波之慘, 官守逃竄, 惎剋義旅之狀, 無不畢錄. 而至若邂逅許心, 馳檄勵衆, 則關外臨壇之盟, 豫州擊楫之誓也. 兵間勸農, 行辦軍餉, 則江東指囷之義, 漢濱耕屯之擧也. 悲歌矢死, 解紛敵愾, 則文山正氣之闋, 牙門泣別之忠也. 榜諭書責, 奏狀交關, 則陸·李奏議之懇懇, 琳·虎書記之翩翩也. 戀主辭宴, 銜賊赴營, 則武穆斷酒之誠, 和原遺柑之神也. 止獻鹵獲, 摧挫望士, 則金籠不奏之智, 曲江先見之明也. 盡瘁軍務, 至死憂國, 則蜀婦髽哭之悲, 魏公葬衡之志也.

雖其時運屯厄, 天未假年, 使不能手殲寇奴, 以至於晉陽之城沉, 尙有滿襟之淚矣. 而幸賴此錄之長留, 歷歷如見, 其臨亂, 効誠激義, 扶彝之功. 使此鄒魯之鄕, 明知忠勇之義, 則此錄付諸剞劂氏, 永壽其傳, 不亦宜乎?

松巖字汝唯, 鐵城人. 弱冠時, 柳西厓請撰, 其從叔墓誌, 則文辭之夙就可知也. 且錄末所附天將啓, 至今讀之, 字字可涕, 想見其爲國血忱矣. 登第官正言, 與弟柏庵處士旨, 同事於壬辰. 而其後孫一華·一藎等, 鋟是錄, 請余弁之, 余適來監宜春. 春卽松巖誅茅之地而鶴峰及諸義將, 論兵之所, 則此錄之於宜春, 誠不可闕也.

顧余鹵莽, 未嘗爲此等文字, 而事乃有相感者, 玆不得牢辭而相其役焉. 第鶴峰遺事, 自有譜集刊行而海槎之役, 則李白沙鎭靜之奏, 李澤堂壁立之稱, 皆確論, 故今不必疊床云爾.

壬辰後, 百有七十一年玄馬兎月, 達城徐命瑞書于愛民軒.

Ⅱ. 경상도 사민 등에게 내린 교서

경상도 사민士民 등에게 내린 교서敎書

만력20년 임진(1592)년 7월 22일,
선조 임금이 의주에 있을 때, 연릉부원군 이호민이 짓다

임금은 다음과 같이 말하였다.

나를 생각해보자니, 임금이 임금답지 못해서 백성을 보전하여 살길을 도모하지 못하였다. 오로지 인심의 화합을 잃고, 한편으로 흉적을 막아내는 데 실패하니, 나라를 잃어 서북쪽으로 파천하여, 용상에서 물러나와 의주義州에 머문 지도 이미 한 달이나 되었다.

종묘사직은 폐허가 되고, 백성들은 도륙을 당했다. 아득한 푸른 하늘이여! 이에 나는 어떤 사람이라고 할까? 죄는 모두 내게 있으니, 참으로 부끄러움이 깊다. 서북과 남쪽은 멀리 떨어져 있어, 소식을 기대할 곳이 없었으므로, 경상도의 사정과 적의 기세가 어떻게 쇠퇴하고 왕성한지를 알 수 없었다.

요즘 들은 바는 경상우도감사 김수金睟가 용인 전투에서 패하여 물러나 달아났다는 것과 경상좌도감사 김성일은 진주에서 의병을 모집하고 있다는 것, 경상좌도병사 이각李珏이 참수되어 박진朴晉이 충용스럽게 대직하고 있으며, 경상우병사 조대곤曹大坤은 늙어 쇠약해짐에 양사준梁思俊으로 대신하였고, 변응성邊應星이 경상우수사가 되었다는 것이지만, 각 관원이 각기 본도로 돌아가서, 애써 주선하여 처리하는 등의 일이 있을지는 알 수 없다.

경상좌도는 영해부 일대, 경상우도에는 진주 등 약간의 고을이 아직 보전되었다고 하니, 이것은 사방 십리의 땅[一成]이나 5백여 군사[一旅]가 있는 것보다 낫지 아니한가? 경상도의 인심은 신의가 있고 덕이 두터워, 본시 충성과 절의가 많으니, 그대들이 진실로 서로 기운을 내서 열심히 한다면, 반드시 회복의 터전이 되지 않을 수가 없다.

내가 듣자 하니, 정인홍鄭仁弘·김면金沔·이노李魯·박성朴惺·곽율郭趪·조종도趙宗道·노흠盧欽·곽재우郭再祐·권양權瀁·이대기李大期·전우全雨 등이 의병을 불러모아 이미 많은 군사를 얻었다고 하였다. 배덕문裵德文은 왜적의 앞잡이로 성주군수에 임명된 승려 찬희贊熙를 참살했다고 하였다. 나는 경상도의 충성과 절의를 신뢰하는데, 오늘날에 있어서도 아직 다하지는 않았다.

하물며 곽재우는 전략이 보통과는 유별나서, 적을 죽인 것이 더욱 많았으되, 공적이라 여기지 않고, 스스로 아뢰지도 않는다고 하니, 내가 더욱 기특히 여긴다. 한스러운 것은 내가 그의 이름을 늦게 들은 것이로다.

호남에서도 역시 전 부사 고경명高敬命과 김천일金千鎰 등이 의병 수천 명을 규합하여, 전라도 절도사 최원崔遠과 함께 병마 2만 명으로 수원에 나가 주둔하니, 바야흐로 서울 회복을 도모하였다. 그의 부하 양산숙梁山璹 등으로 하여금 수로와 육로의 난관에도 달려와서 행재소行在所에 아뢰게 하였다.

내가 주달하는 것을 보고 눈물을 줄줄 흘리고 나니, 한편 위로가 되었다지만 한편으로는 슬펐다. 이제 양산숙 등이 군중에 돌아가 보고하는 편에 이 교서를 부쳐, 그로 하여금 자세하고 소상하게 그대들에게 전하여 이르게 하느니, 장차 내 괴로운 심정을 헤아려 살펴주기 바란다.

내가 즉위한 이래로 이제 25년이 되었다. 비록 어짊은 백성에게 미치지 않아 은택이 아래까지 미치지 못하였다. 지혜는 물정을 살피지 못하여 정사에 조치를 잘못함이 컸겠지만, 본심은 아닌 게 아니라 백성을 사랑하고, 만물을 아끼는 것으로 그 염원을 삼았다.

다만 근년에 이르러 변방에 불화가 많았으며, 군정이 문란해진 것을 보았지만, 도리어 성벽이 높고 해자는 깊었으며, 병장기는 예리하고 갑옷이 견고하다면 가히 왜적을 막아 낼 수 있으려니 생각하고, 중앙과 지방에 단단히 타일러 경계하여, 엄하게 관리 감독하게 하였다.

성벽이 더욱 높아질수록 국세는 날로 약해지고, 해자를 깊이 팔수록 백성의 원망이 날로 깊어짐에, 뽕잎이 떨어지듯 와해되어 한꺼번에 이 지경에 이르게 되었다는 것을 진실로 헤아리지 못하였구나.

더한 것은 궁궐을 살피지 못하여 백성들의 영세한 이권을 농단하고, 형벌과 옥사가 공평하지 못하여, 원통한 기운이 화목함을 손상시켰으며, 왕자가 산림과 하천의 이권을 차지하니, 평민들이 생업을 잃어 울부짖는 소리가 사방에 퍼졌다는 것이다. 백성들이 마땅히 나를 원수로 여길 것이어서, 나에게 무슨 말이 있을까마는, 엄하게 관헌들로 하여금 모두 파기하고 되돌려 놓도록 하였다.

대체로 이와 같은 일들 역시 어찌 내가 다 알았던 것이리오. 내가 몰랐던 것 역시 나의 허물이다. 생각이 여기에 이르니, 비록 후회한다고 한들 어찌 거슬러 되돌릴 수 있겠는가? 차라리 내가 희생되어, 천지신명과 종묘사직의 영전에 사죄하고자 하노라.

내가 손가락을 깨물고 후회하는 것이 이미 여기에 이르렀으니, 바라건대 선비와 백성들은 내가 잘못을 깨우쳐 고치고, 유신維新을 도모하는 것을 허락하여라. 내가 덕을 잃어버린 것은 대략 개진하였거니와 이번의 재난은 진실로 뜻밖의 일이다.

무지하고 하찮은 미친 왜적이 명나라를 침략하려는 계략을 품고, 혹은 나에게 역적의 한편이 되기를 요구하였으며, 혹 나에게 길을 빌리자고 강요하였다. 나는 의리를 들어 물리쳐 끊어 버렸더니, 배은망덕한 마음으로 나의 큰 덕을 저버리고, 제멋대로 작은 원망을 풀려고 하는 것이다.

나는 종묘사직을 잃고 신하와 백성을 버릴지언정, 임금과 신하가 서로 분수에 맞게 지키는 도리는 천지가 굽어살핀다고 하였기에, 대의를 우주에다 밝히고, 가슴 속을 해와 별에다 드러내어, 이로써 천신과 지신에 부끄러움이 없게 할 따름이다.

오로지 곤궁하여 어찌할 수 없는 지경을 당하여, 명나라에 달려가 하소연하였더니, 천자의 총명함으로 나의 지극한 뜻을 살펴, 요동의 총병관 조승훈祖承訓을 파견하는 것을 허락하였다. 유격장군 심유경沈惟敬의 병마 1만이 본국 병사 5만 명과 함께 진격하여 평양을 공격하니, 바로 서울에 이르러 압박하는 것을 기대하였다.

또한, 호남성과 절강성에서 일찍이 왜적과 싸운 경험이 있는 군사 6천 명을 징발하여, 아침저녁으로 압록강을 건널 것이라고 하였으니, 명나라의 성원이 함께하는바, 사민들은 의당 분발하기를 생각할 것인데, 하물며 이 미치광이 왜적은 악덕을 쌓기를 이미 가득 차서 넘치니, 하늘의 저주는 당연히 행해질 것이다. 더하여 평양의 도적들은 누차 살상을 당하여, 기세가 완전히 쇠약하므로, 모조리 섬멸함을 기약할 수 있겠다.

얼마 전, 맑은 가을이 철을 재촉하여 병란을 맡은 금성이 바야흐로 높아져, 군대의 위용이 소재하는 곳에 독살스러운 기운이 엄숙하니, 충성과 절의가 향하는 곳에 어떤 적인들 밀어내지 못하겠는가? 너희 사졸들은 마땅히 힘을 헤아려서, 비록 고경명 등과 더불어 힘을 합쳐 북상하지 못한다고 해도, 경상도에는 머물러 있는 적 또한 많고, 왕래하는 사람들이 역시 많아 도로에 연이었다고 말하니, 마땅히 서로 함께 요해지를 끼고서, 적들이 노략질하는 것을 나누어 무찌르도록 하라.

또한, 마땅히 길옆에 군사를 매복시켜 좌우로 서로 응하여, 혹 맞아서 치고, 혹은 뒤

밟아 쳐서, 적으로 하여금 말을 믿고 다니지 못하게 해서 마침내 한 명의 기병도 다시 바다를 건너지 못하게 하여라. 한쪽이라도 깨끗이 잘 다스려서, 노약자들을 소집하여라. 그러한 연후에 힘을 합쳐서 서울에서 나의 행차를 맞이하려고 온다면, 바로 너희 사민들은 살아서는 의로운 이름을 향유할 것이고, 은택은 자손에게 유전될 것이니, 어찌 위대한 일이 아니겠는가?

정인홍·김면·이노·곽율·박성·노흠·곽재우·이대기·전우 등에게 관직을 제수하고, 장려하는 뜻을 표하노라. 그대들의 충의는 작위와 상을 기대하지는 않았겠지만, 내가 미루어 생각하는 바는 이것 이외 다른 것이 없으니, 다만 이것을 알아주고 더욱 서로 힘을 모아야 할 것이다.

평안도 의주의 한 모퉁이에서 한 나라의 운명이 힘들다. 땅을 받들고 있는 밧줄은 이미 명을 다하였으니, 나는 장차 어디로 돌아갈 것인가. 인정이 이미 궁박하였으니, 이치는 마땅히 회복을 생각할 것이다. 가을의 서늘함이 피어남에 변방 땅은 일찍 추워졌다. 저 압록강을 바라보건대 역시 동쪽 방향에서 흐르도다. 돌아가기를 생각하는 일념은 이 강물과 같이 도도하여라.

교서가 이르거든 너희들은 나의 뜻을 불쌍히 여겨, 깜짝 놀라는 자가 반드시 있을 것이다. 오호라! 하늘이 당나라 덕종을 행재소로부터 다시 돌아오게 한 이성李晟을 낳았으니, 궁궐에 돌아갈 기대가 있을 것이다. 송나라 고종에게 원과 능에 결함이 없다는 것을 보고하였다는 **장소**張所와 같은 사람을 날마다 기대하노라.

가뭄에 빠른 비를 바라듯 소망에 부응하여, 내가 서리 찬 이슬의 고통에서 면하기 위해서 이 교시를 하노니, 마땅히 모두 다 알 것이라 생각하노라.

教慶尙道士民等書

萬曆二十年, 壬辰七月二十二日,

上在義州時, 延陵府院君李好閔所製.

王若曰:

惟予, 不辟不能保民而圖存. 一失之人和, 一失之禦戎, 失國西遷, 退次義州, 已閱月矣. 廟社丘墟, 生民魚肉. 悠悠蒼天! 此何人哉? 罪全在予, 良深慙恧. 西南敻邈, 消息無凭, 未曉本道事勢曁賊氣衰旺何如. 頃聞: "右道監司金睟, 退北龍仁; 左道監司金誠一, 在晉州募衆; 左兵使李珏斬, 以朴晉忠代之; 右兵使曺大坤衰老, 以梁思俊代之; 邊應星爲右道水使", 未知各員等, 能各歸本道, 有宣力經理等事耶.

左道, 則寧海府一帶; 右道, 則晉州等若干邑, 尙得保全云, 此不亦愈於一成一旅耶? 本道人心信厚, 素多忠義, 爾多士苟相奮勵, 則未必不爲恢復之根柢. 聞鄭仁弘·金沔·李魯·朴惺·郭赿·趙宗道·盧欽·郭再祐·權瀁·李大期·全雨等, 唱合義旅, 得衆已多. 裵德文又殺賊僧贊熙云. 予信本道忠義, 在今日猶未艾也. 況再祐布置異常, 殺賊尤多, 而不以爲功自達云, 予又奇之. 恨予聞名之晩也.

湖南亦有前府使高敬命·金千鎰等, 糾合義兵數千, 與本道節度使崔遠, 兵馬二萬, 進屯水原, 方謀恢復京城. 令其徒梁山璹等, 水陸間關, 馳奏行在. 予見奏泫然, 一慰悲也. 今此梁山璹等, 還報軍中, 憑附此書, 使之委曲傳到爾士衆, 其諒予苦意.

予自卽祚以來, 廿五年于玆矣. 雖仁不及民而澤不下究, 智不察物而政多失措, 乃素心, 則未嘗不以愛民恤物爲念. 第見近年邊徼多釁而軍政廢弛, 顧乃城池之高深, 兵甲之犀利, 可禦寇盜. 申勅中外, 嚴加程督. 實不料: "城益高而國勢日卑, 池益濬而民怨日深, 桑落瓦解, 一至於此." 加以: "宮闈不察而罔民細利, 刑獄失中而冤氣傷和. 王子占山澤之利, 小民失業, 嗷嗷達於四境." 民宜仇予, 予有何辭? 嚴令有司, 悉以罷還. 凡此之類, 亦豈予所盡知者. 予之不知, 亦予之咎, 思之至此, 雖悔曷追? 寧爲犧牲, 以謝天地百神·宗社之靈矣.

予之咋指, 旣以至此, 庶幾士民, 許予改過, 圖理維新. 予之失德, 略以開陳而今玆之災, 實爲無妄. 蠢爾狂賊, 乃稔射天之計, 或要予黨逆, 或要予假途. 予據義斥絶, 梟獍之腸, 忘我大德, 思快小怨. 予以爲宗社可亡, 臣民可棄, 君臣分義, 天地監臨, 庶欲昭大義於宇宙, 暴胷臆於日星, 以無愧於上下神祇耳. 一任窮蹙, 赴愬天朝, 天王聖明, 察予至意, 許遣遼東摠兵管祖承訓, 遊擊將軍兵馬一萬, 與本國兵五萬, 進攻平壤, 期欲勦到京城.

又發湖·浙嘗倭兵六千, 朝暮渡江, 天聲所曁, 士宜思奮, 況玆狂寇積惡已盈, 天誅當行. 加之平壤之賊, 屢經斬斫, 氣勢摠衰, 殄戮可期. 卽者淸秋戒節, 太白方高, 軍容所在, 殺氣以肅, 忠義所向, 何敵不推. 爾士衆, 當自量力, 雖不得與高敬命等合力北上, 本道留屯之賊亦多而往來者亦多, 絡繹道路云, 宜相與控扼要害, 分巢寇抄. 亦宜沿道設伏, 左右掎角, 或邀擊, 或尾擊, 使賊不得信馬而行, 以致一騎, 不復渡海. 淸定一方, 召集老弱, 然後竝力京城, 來迎乘輿, 則爾士衆, 生享義名, 澤流子孫, 顧不偉歟?

除鄭仁弘·金沔·李魯·郭赳·朴惺·盧欽·郭再佑·李大期·全雨等職, 以表奬之念. 爾忠義不待爵賞, 而予所推思, 此外無他, 祗可領之, 更加戮力.

龍灣一隅, 天步艱難. 地維已盡, 予將何歸. 人情已窮, 理宜思復. 秋凉乍動, 邊地早寒. 瞻彼長江, 亦流于東. 思歸一念, 如水滔滔.

敎到, 爾臣民, 其必有矜予之志而怛然者矣. 嗚呼! 天生李晟, 復宮闕之有待. 日望張所報園陵之無缺. 亟副雲霓之望, 免予宿露之苦, 故玆敎示, 想宜知悉.

Ⅲ. 이송암 용사일기

— 학봉 김성일의 사적 기록 —

공의 이름은 성일誠一이고, 자는 사순士純이며, 성은 김씨로 본관은 의성[聞韶]이다. 대대로 벼슬한 집안으로 안동부 임하현臨河縣에 거주하였다. 공은 일찍이 퇴계 이황 선생의 문하에 수학하였는데, 마음이 외부와 충돌하여 번뇌와 갈등이 생기면 각고면려刻苦勉勵로 함양하여, 이를 바로잡았다. 타고난 성품도 비록 올곧았지만, 수양하며 행한 공로가 또한 많았다.

갑자(1564)년에 사마시에 합격하고, 무진(1568)년에 대과에 급제하였다. 예문관藝文館 대교待敎로 들어가 이조의 낭관郎官을 지낸 뒤, 옥당[弘文館]에 뽑혀 화요직華要職을 두루 역임하여, 한 시대 정사에 능한 신하로 이름이 났다. 남들이 말하기 어려워하는 바를 능히 말하였으니, 강직한 지조와 충의의 표상은 온 나라 사람이 모두 칭송하였다.

李松巖龍蛇日記 — 記金鶴峯事蹟 —

公諱, 誠一; 字, 士純; 姓, 金氏, 聞韶系. 世官族, 居永嘉府之臨河縣. 公嘗遊退溪李先生之門, 廉劌, 刻勵涵而揉之. 天得之分雖貞, 而踐修之功, 亦多. 甲子司馬, 戊辰及第. 入內翰, 出天曹, 遴玉堂, 歇歷華要, 爲一代名臣. 能言人所難言, 剛直之操, 忠義之標, 國人皆稱之.

제1장 일본으로의 사행

경인(1590)년 일본에 통신사로 갔는데, 왕명을 욕되게 하지 않고, 절개도 굽히지 않았으니, 얼음물을 마시고 소태나무를 씹는다는 빙벽氷蘗의 절의가 자자藉藉하였다. 돌아와서는 곧장 징사 최영경崔永慶의 원통함을 직언하였다. 공이 일본에 사신을 갔을 때는 황윤길黃允吉이 정사였고, 허성許筬이 기록을 맡은 서장관書狀官이었다.

공은 오로지 바른 도리로 매사를 관장하였고, 바른길을 밟지 않고 굽은 길을 가는 방법[旁蹊曲徑]을 채용하지 않아, 절개가 청정하여 홀로 우뚝 서 있었던 까닭에 왜적이 군대를 훈련하여 장차 쳐들어올 것이라는 조짐兆朕을 알지 못했다.

○ 庚寅, 使日本, 不辱命不屈節, 冰蘗藉藉. 及還, 即直崔徵士永慶之冤. 公之使日本也, 黃允吉爲上使, 許筬爲書狀. 公一以直道管行, 不用旁蹊曲徑, 孤介特立, 故不知治兵將犯之漸.

제2장 왕자들의 탄핵

신묘(1591)년 겨울에 공이 홍문관 부제학으로서 차자를 올려 시사時事를 극론하였는데, 그 언론이 매우 사리에 적절하였다. 또한, **왕자 무리들**이 음란하고 부당한 형벌을 가한 것과 어부지리漁父之利 등의 일들을 당사자가 있는 자리에서 배척함에, 선조 임금이 깜짝 놀라 스스로 책임을 졌으니, 조정과 민간에서 살갗에 소름이 돋지 않은 사람이 없었다. 별안간 동부승지同副承旨로 좌천되었다.

○ 辛卯冬, 公以弘文館副提學, 上箚極論時事, 言甚剴切. 且直斥王子輩淫刑漁利等事, 上爲之瞿然引咎, 朝野莫不膚粟. 俄遷同副承旨.

제3장 경상우병사 제수와 남행길

- 경상우병사와 조야의 우려

임진(1592)년 봄에 중추부中樞府로 체직되었다가, 얼마 지나지 않아 형조참의가 되었다. 조정에서는 남방을 우려하여 장수 바꾸기를 의논하니, 선조 임금은 특명을 내려 공으로 이 자리를 대신하고자 하였는데, 드디어 공으로서 경상우병사로 삼았다. 공은 명을 받들고 곧바로 떠났다.

— 공의 동반급제자가 **밭에서 공을 전송하며** 시를 지었다.

발병부를 받들고 조정을 떠나기를, /分符辭北極,
칼을 울리면서 남쪽 변방으로 향하였네. /鳴劍向南陲.
하얀 해가 붉은 기치를 밝혀주더니, /白日明朱節,
청풍은 빨간 깃발을 추어올리네./淸風拂赤旗.
정성은 별과 달을 꿰뚫었으니,/精誠星月貫,
충의는 귀신도 알아줄 것이다./忠義鬼神知.
임금이 뽑은 것은 응당 하늘의 뜻이려니,/聖簡應天意,
은혜를 보답함은 이때인가 하이./酬恩在此時. —

대체로 공이 일찍이

"두려워해야 할 바는 천명과 인심이니, 섬 오랑캐는 족히 두려워할 것이 없습니다."

라고 말하였기에, 바로 이 어명이 있었다. 조정의 어진 선비와 대부들은 모두 애달프고 아깝게 여겨, 공의 위태로움을 인정하였다.

○ 壬辰春, 遞付中樞; 未幾, 爲刑曹參議. 朝廷以南方爲憂, 議易將, 上特命公以代之, 遂以

公爲慶尙右兵使. 公承命卽行.

— 公之年友, **畸別送**之, 以詩曰:

分符辭北極, 鳴劍向南陲.

白日明朱節, 淸風拂赤旗.

精誠星月貫, 忠義鬼神知.

聖簡應天意, 酬恩在此時. —

公嘗言: "所可畏者, 天命人心而島夷不足畏." 故有是命. 朝之賢士·大夫, 咸嗟惜, 爲公危之.

- 선조의 분노와 서애의 변론

공의 행렬이 아직 경상우병영에 미치지도 못하였는데, 변방의 급보가 하루에 세 번이나 다다르니, 서울은 놀라 두려워하였다. — 그 당시 이산해李山海가 영의정이고, 류성룡은 좌의정, 이양원李陽元이 우의정이었다. **홍여순洪汝諄은 병조판서를 하고, 변응성邊應星은 좌도방어사이며, 이일李鎰은 우도방어사였다. 신립申砬으로 하여금 대장으로 하고, 김여물金汝岉을 종사관으로 삼아, 서울의 장정들을 징발하였는데, 사대부 가에서는 각각 전투말 한 필을 갹출하여, 신립에게로 달려갔다.** —

임금이 매우 진노하여, 승정원에다

"김성일이 진즉에 '왜국은 근심할 것이 없다.'라고 하였거늘, 지금 대거 쳐들어 왔으니, 내가 장차 그를 국문하겠다."

라고 하명하여, 의금부로 하여금 강제로 붙잡아 오게 하였다.

그때 문무 중신들이 모두 입시하였는데, 유독 서애 류성룡이 자리에서 일어나,

"이렇게 위험이 눈앞에 닥친 이즈음에, 신이 어찌 차마 성상의 통찰을 속일 수 있겠나이까? 김성일이 보고 온 바에 비록 은폐한 것이 있다고 하여도, 그의 평생 마음은 다만 나라를 걱정하고, 임금을 사랑하는 참마음뿐이었습니다."

라고 아뢰자, 선조는 아무 말이 없었다.

돌이켜 전 병사 조대곤으로 하여금 그대로 왜적을 방어할 것을 주관하게 하였으나, 이 명을 전하는 자가 겁을 먹어, 조령鳥嶺에만 머물고, 영남으로는 **들어가지도 않았다.**

行未及營, 邊急日三至, 京城駭聳. — 時; 李山海, 爲首台; 柳成龍, 爲中台; 李陽元, 爲右台. **洪汝諄, 爲兵判; 邊應星, 爲左道防禦使; 李鎰, 爲右道防禦使; 以申砬爲大將; 金汝岉, 爲從事官; 發長安丁壯, 人士大夫家, 各出戰馬一匹, 以赴之.** —

上大震之, 下書于政院曰: "金誠一嘗言, '倭不足憂', 今乃大來, 予將鞫之." 其令禁府拿致.

時宰樞皆入侍, 獨西厓柳相公成龍, 離席而言, 曰: "當此危迫之際, 臣豈忍仰誣天鑑乎? 誠一所見, 雖或有蔽, 其平生方寸, 只是憂國愛君之忱耳.", 上默然. 還以前兵使曹大坤, 仍幹禦冦, 將命者恇, 逗于嶺, 不透.

제4장 악의적 유언비어 유포

마침 유언비어가 성의 서쪽으로부터 퍼뜨려졌다. '김 모某는 일본에 사신으로 갔을 때, 길잡이가 될 것을 약조하고, 지금 적에게 투항하여 옥교를 타고, 백기를 세워 선봉이 되어 온다.'는 것이었다. 무뢰배들은 맹목적으로 시끄럽게 떠들어 댔다.

○ 訛言出城西. '金某使日本, 約爲向道, 今乃投賊, 乘屋轎, 建白旗, 爲先鋒來.' 無賴子雷和囂囂.

제5장 변고를 접하고 해망원으로 가던 길

공이 상주에 이르러 변고를 듣고, 밤을 새워 달려 우병영 본진을 뒤쫓았으나, 적은 이미 김해를 가르고, 경상좌도 경계를 치켜들고 문지르고 있었다. — 경상좌병사 이각李珏은 동래성이 함락될 때, 많은 군사와 함께 둘러보고도 구원하지 않고, 병영을 불사르고 먼저 도망하였다. 밀양부사 박진朴晋은 밀양도호부의 작원鵲院에서 왜적을 역습하여 싸웠으나, 거의 패배를 당하였던 바, 퇴각하여 나라의 창고를 불살랐다. 도순찰사 김수金睟는 밀양에서부터 도망하여 하룻밤을 유숙하고, 가야伽倻에 도달했다. —

○ 公屆尙州, 聞變, 宵馳趕陣; 賊已剳盆城而掀撇左界矣. — 左兵使李珏, 東萊之敗, 環視不援, 焚營先遁. 密陽府使朴晋, 逆戰于鵲院, 幾爲所嚗, 退爇倉困. 都巡察金睟, 跳自密陽 一宿而至伽倻. —

제6장 경상우병영에 도착

경상우병사 조대곤은 대군을 거느리고 마산 합포의 해망원에 주둔하고 있으면서, 김해가 도륙됨에도 구원하지 않고, 조급하게 서두르며 장차 도망을 치려고 하였다. 공이 도착하자 뜻밖에 놀라면서 공읍拱揖을 하고 맞이하고는 문득 병영을 버리고 떠나려 하였다.

공이 준엄한 말로

"장군은 한 도를 맡은 장수로서 군사를 주둔시키고 진격하지 않아 김해가 함락되게 하였으니, 그 죄상은 당연코 형벌을 집행하여야 할 것이다. 더구나 대대로 나라의 녹을 먹고, 경력과 명망을 겸비한 장수로 이렇게 격변함을 당해서는 의리상 달아나서는 안 된다."

라고 책망하였다. 조대곤의 안색이 붉어졌다.

경상감사 김수의 군관인 김경로金敬老는 적정을 염탐하기 위해 파견됐는데, 절반의 길도 못 가서 멀리서 노략질하는 군대의 보초가 오는 것을 보고, 일약 말을 돌려 되돌아와서 칼을 휘두르며 큰 소리로

"적이 우리 배후에 이르렀다."

라고 외치니, 이로써 온 군대가 놀라서 무너졌다.

조대곤과 공이 걸상에 마주 보고 걸터앉아 있었다. 조대곤이 일어나 말을 타려고 하거늘, 공이 불러 세 번이나 멈추게 하였다. 조대곤은 끝내 말을 붙잡았으나 올라타지는 못하는지라, 그의 비장이 도와 말에 오르더니, 바로 먼저 달아났다.

군졸들은 길이 메고 막히어 발길을 돌릴 겨를도 없었으니, 자기들 스스로 서로를 따라 짓밟았다. 김경로는 그 길을 막은 것에 혐오하여, 칼을 가지고 군사들을 베어 죽였다. 주검이 서로 베고 누웠고, 흘린 피가 갈래길에 물결쳤다.

그때, 모든 군대 중에 어떤 이는 공이 온 것을 아직 알지 못하였다. 공이 최후로 고삐를 당겨 천천히 말을 몰아, 경상우병영의 관아 안으로 들어갔다. 흩어진 군사를 거두어 모으니, 일천여 명을 얻었다. 그중에 완고하고 사나워 명령에 복종하지 않는 자를 발견하고, 패배하여 도망한 것을 본보기로 삼아 3명의 목을 베어 널리 알렸다. 사람들이 모두 무서워 다리가 후들후들 떨려, 군세가 점차 확장되어 경계에 힘썼다.

경상우병영의 막료인 우후 이협李俠으로 하여금 감히 망동하지 못하게 하고, 공은 장차 적을 막아 지키는 데에, **목숨을 걸고 싸울** 계획이었다.

○ 右兵使曺大坤, 領大軍, 屯于海望原, 不往救金海之屠, 卧歡將適. 公至, 則錯愕迎揖, 便欲棄去. 公峻辭責之曰: "將軍以閫帥, 屯兵不進, 使金海見陷, 罪當行刑. 況以世臣宿將, 當此劇變, 義不可逭." 大坤色赩.

巡察使軍官金敬老, 遣來覘賊, 未半途, 望見哨掠軍來, 躍馬回馳, 揮釼大聲呼, 曰: "賊至我後" 於是, 一軍崩駭.

大坤與公, 對踞胡床. 起將跨馬, 公呼而止之者三. 末乃攀馬不能騎, 其裨扶上之, 卽先馳去.

諸卒塡塞, 未暇旋踵, 自相蹈躪.

敬老嫌其碍路, 以釼擊斬之, 死者相枕, 血波岐路. 時, 諸軍, 或未知公之至也. 公最後按轡徐驅, 入內廂城中. 歛聚散卒, 得千餘人. 見頑獷不用命者, 數之以遁北, 倡斬三人以徇. 人皆股慄, 軍勢稍張勵戒. 虞候李俠, 使不敢動, 將爲拒守, **以死效**之計.

제7장 선조의 나포 명령

홀연히 다급한 파발이 있었는데, 김성일을 잡아 오라는 어명이 있었다. **사람들이 모두**

"금부도사가 오지 않았으니, 임금이 내린 전지傳旨인지를 증빙하지 못하고, 큰 떼도적이 당면한 데, 경상우병사라는 곤수閫帥가 어찌 **대수롭지 않게** 진영을 버리겠습니까?"

라고 말하였다. 이에 공이

"나 또한 이런 명령이 반드시 있을 것임을 알고 있었는데, 마땅히 피할 수 있겠는가?"

라며 즉시 그날로 길을 떠나니, 군사들도 모두 새떼처럼 흩어졌다. — 창원**도호부사** 장의국張義國은 성을 비우고 **곧바로** 도망하였다. 경상우병영의 우후 이협은 무기와 병장기를 저수지에 빠뜨리고, 군량 창고를 불 지르고는 성문을 열어놓고 먼저 숨어버렸으니, 모든 진영과 온 고을의 수령들이 일시에 모두 도망갔다. 의령**현감** 오응창吳應昌은 처음 김해로 나가다가 배가 침몰하여, 정예군사 백여 명을 익사시키고, 군량과 병장기를 모두 잃어버리고, 어디로 가버렸는지 알지 못하였다. 창녕**군수** 이철용李哲容과 현풍**현감** 유덕신柳德新은 **도순찰사都巡察使**의 전령이었으나, 모두 읍을 버리고 **멀리** 달아났다. —

○ 忽有飛傳, 有拿命. **人皆**言: "都事不來, 旣無明旨之可證, 大寇當前, 爲閫帥者, 豈**輕易**棄陣." 公曰: "吾亦知必有是命, 其可避乎?", 卽日就道, 軍皆鳥散. — 昌原**府使**張義國, 空城即走. 虞候李俠, 浸軍械於池, 燒其軍廩, 開門先匿, 諸陣諸邑倅, 一時皆逃. 宜寧**縣監**吳應昌, 初赴金海, 沈**舡**, 溺死精兵百餘人, 盡失糧械, 不知去處. 昌寧**縣監**李哲容·玄風**縣監**柳德新, 以**都**巡察使傳令, 皆棄邑**遠**遁. —

제8장 북상 길에 만난 순찰사 김수

김수는 조령을 차단하여 막아본다고 성명을 내고는, 물러나 거창에 주재하였다. 공이 삼가와 거창을 지나, 안음의 육십령 고개로 향해 가는데, 김수가 나와서 길에서 만났다. 김수는 공이 의금부로 나아가 취조받는 것을 깊이 탄식하였다. 공은 말이나 얼굴에도 전혀 낌새를 내보이지 않고,

"무릇 국사가 이에 이르렀으니, 끝내 어찌하겠소? 바라건대, 영공께서는 적을 토벌하는 데에 노력하여, 나라의 은혜에 보답하시오."

라고만 하고, 다시 다른 말이 없었다. — 진주목의 아전인 하자용河自溶이 순찰사 김수의 뒤에 있다가 물러 나와 그 동료들과 함께 "주상전하를 원망하지 않고, 장차 자기를 죽이려고 하는데도, 오로지 나라 일만 염려하니, 참으로 충신이다."라고 말하였다. —

○ 睟聲言遮截鳥嶺, 退住居昌. 公歷三嘉·居昌, 指安陰六十峴以行, 睟出, 遇於道. 深以公之就理爲嘆. 公略無幾微見於言面, 但曰: "國事至此, 其終奈何? 願令公努力討賊, 以報國恩." 更無他語. — 晋州營吏河自溶, 在睟後, 退, 謂共同類曰: "不怨主上, 將殺己也, 唯以國事爲念, 眞忠臣." —

제9장 초유사 직첩과 남행

공의 행렬이 직산稷山에 도착하자, 죄를 용서하고 영남초유사로 제수한다는 교지를 받았다. 대체로 선조가 서북도로 파천하는 그날에 세자 광해군의 말을 채용한 것이었다. — 공은 북면하고 삼가 공손히 받잡고, 봉독하며 오열하였다. **손수** 장계문을 지었는데, 적세가 창궐한 상황과 왜적을 막아서 지키고, 군대를 배치하는 계책을 모두 진술하였다. —

직산현감 박의朴宜는 군자라고 일컬을 만한 사람이었다. 평소 서로 친분이 있었으므로 매우 기뻐하였다. 직산현의 아전 조순걸趙舜傑을 전령병으로 삼아, 공으로 하여금 함께 남하하도록 하였다.

호남 사람들이 말이 많았는데,

"**김아무개**가 나포를 당해 가는데, 길거리에서 경성이 함락되고, 주상이 파천하였다는 소문을 듣고는 초유사라고 거짓으로 칭하고, 적진 중으로 몸을 피하는 것이다."

라고들 한다.

— 금산군수 유종柳悰과 화순현감 정지丁至는 근왕병을 거느리고, 여산으로 가다가, 삼례의 냇가 두둑에서 말을 쉬게 하였다. 공은 수척하고, 역말은 날개가 없어 행색이 거친 모양이었다. 세 사람이 서로 일러,

"이 사람이 방면放免 당한 것은 또한 하늘의 뜻이 아니겠는가?"

라고 말하였다. 곧 날이 저물자 여산현의 객관에 투숙하였더니, 온 전라도의 수령들이 함께 모여 있었다.

여산현감 정설鄭渫이 공언하며 말하기를,

“여러분들은 김아무개의 행렬이 정말 초유사를 제수받고 가는 것이라 여기시오? 주상은 그의 말을 증오하였으나, 원수로 여기지 않았고, 장중한 의식을 행하여 쓰려고 하는데, 용서를 받고 초유사가 되었다는 이치는 만에 하나도 없다. 필시 위협에 막혀 나포 명령에서 도망하려고 한 것인데, 내가 의심나는 것을 시험해 보려고 하였으나, 아직 끝을 맺지 못하였습니다.”

라고 하니, 함께 앉아 있으면서 서로

“역시 또한 그럴 만하다.”

라고들 한다.

정지 화순현감이 천천히 그를 응대하여,

“제군들은 어찌 이러한 말을 하는 것이오? 나는 곧 그 사람을 알지 못하지만, 이것이 어찌 사람의 신하로서 할 바이겠소? 말이라는 것은 이런 낌새와 같이하는 것은 불가하오. 잠시 또 기다려 보면, 반드시 이와 같지는 않을 것이오.”라고 말하였다.

유종 금산군수가 덧붙여,

“화순현감의 말이 십분 당연한 것이오.”

라고 말하니, 이후에는 터무니없는 말이 이내 그쳤다. —

공은 전주와 남원 두 개의 큰 고을을 지났지만, 의분을 떨치고, 나라를 위해 통탄하는 단 한 사람의 선비도 상봉함이 전혀 없었다. 운봉에 이르자 어떤 선비가 있어, 흰옷을 입고 경계를 거슬러 악수를 하고 큰 소리로 통곡하였다. 또한 가만히

“호남인들은 전라도 순찰사 이광李洸이 근왕을 게을리하였다고, 그 죄를 성토하고자 하니, 바라건대 영공께서는 영남으로 가지 말기 바랍니다. 영남은 이미 어찌할 도리가 없습니다.

이광의 목이 베어져서 의기가 신장된다면, 사람들이 모두 고무되어 용기를 낼 것입니다. 이에 전 호남을 규합하여, 병사를 모아 대대적으로 뽑아서, 근왕의 군대를 동원하여 한양으로 곧장 진격하십시오.

한강을 끼고 웅거한 괴수를 내쫓고, 평양에 주둔한 추잡한 무리를 섬멸하여, 비리고 더러운 것들을 깨끗이 쓸어내어, 서쪽에서 임금의 수레를 맞이하십시오. 기울어진 국운을 회복하는 것은, 이 한 번의 거사에 달려 있을 것입니다.

귀중하게 여길 바는 성공하는 것일 테니, 어찌 영남과 호남을 구분할 것입니까? 필마로 동쪽으로 돌아간들 홀로 무엇을 할 것입니까?”

라고 하였다.

공이 미소를 지으며,

"나는 이해관계를 알지 못하고, 단지 왕명을 받들어 행사하는 것만 알 뿐입니다. 또한, 순찰사를 목 베는 것은 의리에 있어서 불가함이 없겠습니까?"

라고 말하였다. 선비가 이 말을 들었고, 귀에 병이 나지 않았으니 곧 납득이 된 것이라서, 그 일은 드디어 그치게 되었다. — **광주光州**목사 권율과 진안현감 정식鄭湜은 이광이 빨리 근왕하지 않음에 분격하고, 서로 약조하여 그를 죽이기로 하였다가, 공의 말을 듣고 중지하였다. 공은 김수로 하여금 이광에게 통지하여, 이를 대비하도록 하였다. 김수가 말하기를 "그가 이미 몰래 의논했으니, 만일 이를 알았다면, 사태는 필시 편안하지 못할 것이니, 듣지 않는 것만 못할 것이오."라고 하였다. —

김수가 거창으로부터 근왕을 한다는 핑계로 호남을 향해 가다가 운봉에 도착하여, 공과 우연히 만났는데 놀라서 입을 다물고 아무 말이 없었다. 공이 의리로써 김수를 책망하였다.

"한 강역疆域을 맡은 신하는 마땅히 그 봉토에서 죽어야 하는데, 어찌하여 임지를 버리고 여기에 왔단 말이오? 온 도를 모두 잃고도, **어찌 구원하지도 않았던가요?** 혼자 말을 타고 멀리 가서 머물러 버렸으나, 장차 이루어 낼 무엇이 있을 것이오. 청컨대 영공은 빨리 돌아가시오."

김수는 말을 타고 앞으로 나가지 못하고 머뭇거리다가, 부득이 굳은 얼굴로 한쪽으로 빙빙 돌았다. 영남 사람들은 당초 김수가 임지를 버리고 달아난 것은 다행으로 여겼다. 돌아왔다는 소문이 이르자 얼굴을 찡그리며, 서로 슬퍼하지 아니함이 없었다.

전라도 영암군의 무인 소상진蘇尙眞은 공의 말머리에서 글을 올려 따르기를 원하니, 이를 허락하였다. 이때 낙동강 우측의 8, 9개 군이 아직 함락되지 않았으나, 새로 쌓은 성에는 장수가 없고, 옛 읍치에는 수령이 없는 탓에 양반이나 평민 남녀노소를 불문하고 산골짜기를 가득 채워버렸으니, 평지에는 사람의 그림자조차 전혀 없었다.

○ 公行至稷山, 逢宥, 除招諭使有旨. 盖上於西遷之日, 用世子之言也. — 公北面拜受, 奉讀嗚咽. **手草**狀啓, 具陳賊勢猖獗之狀·防守鋪排之策. — 稷守朴宜, 君子人也. 素相善, 大喜. 以縣吏趙舜傑爲軍牙, 俾帶南下.

湖南人多言: "金某被拿, 去, 路聞京城覆沒·主上播越, 假稱招諭使, 躲向敵陣." — 錦山郡守柳悰·和順縣監丁至, 領勤王兵, 趁礪山, 息馬參禮溪畔. 公瘦, 馹不翰, 行色草草. 三人相謂, 日 :"斯人見放, 抑非天也歟?" 卽夕投礪舘, 一道守令咸萃. 礪守鄭渫倡言, 日: "諸君以金誠一之行, 爲眞奉使乎? 主上憎其言不讐也, 欲用重典, 萬無見原·爲使之理. 必畏塞逋命, 吾擬句驗, 而未果." 一座相謂: "亦或然也." 丁和順徐應之日: "諸君何乃出此言? 我則不知其人, 此豈人臣所可爲? 言不可若是幾也. 姑且待之, 定應無是." 柳錦山亦曰: "和順言十分是當.", 而後胡言乃止. —

公歷完山·龍城二大府, 了無一介士相逢奮義爲國噫噫者. 至雲峯, 有一士人, 白衣逆境上, 握手大哭. 且密語曰: "湖南人, 以巡察使李洸緩於勤王, 欲聲罪討之, 願令公毋往嶺南, 嶺南已無可爲. 洸誅義伸, 人皆鼓勇. 於是, 糾合全湖, 裒兵大選, 動勤王之師, 直趁京都. 筴擄漢之魁, 鑊屯箕之醜, 盪埽腥穢, 西迎鑾輿, 取日虞淵, 在此一擧. 所貴成功, 何分彼此? 匹馬東歸, 獨何爲哉!" 公哂曰: "我不知利害, 只知奉旨行事耳. 且誅巡察, 於義無乃不可乎?" 士人聽之, 不聹. 其事遂寢. — 光州牧使權慄·鎭安縣監鄭湜, 憤李洸不卽勤王, 相約誅之, 聞公言乃止. 公使睟通于洸, 以備之. 睟曰: "彼旣密稟, 如知之, 事必不靖, 莫如不聞." —

睟自居昌, 諉以勤王, 指雲峯, 與公忽値, 愕喑無以爲辭. 公以義責之曰: "封疆之臣, 當死封疆, 何爲棄之至此乎? 全失一道, 而能不救? 單騎遠投, 其能有濟乎. 願令公亟回." 睟乘馬班如, 不得已强顔回旋. 嶺之人, 初以棄去爲幸, 聞至, 無不蹙頞而相吊.

靈巖武人蘇尙眞, 於馬首獻書, 願從, 許之. 時, 江右八九郡, 尙未見呑, 而新城無將, 舊邑無倅, 士庶男女, 塡滿山谷, 平陸絶無人影.

제10장 함양에서 만남과 창의 맹약

- 텅빈 관아와 삼장사의 조우

5월 초 4일에 공은 함양에 도착하였다. 군수 이각李覺은 텅빈 관아에 하릴없이 앉아 있고, 단지 늙은 아전 몇 사람이 뜰에 보였다. 전 현령 조종도와 전 직장 이노가 기약도 없이 모였다. 공은 해후하여 서로 만난 것에 기뻐하며, 마음을 억누르지 못하고,

"이는 하늘이 나를 도운 것이다."

라고 말하였다.

— 신묘(1591)년 여름에 합천 사람 전 현감 문덕수文德粹는 나이가 팔십에 가까웠으나, 시사를 직접 목도하고 근심과 통분함을 견디지 못하여, 경상감사 김수에게 민원서를 제출하였다. 변방의 장수와 수령들이 모진 형벌로 백성의 재물을 빼앗아 나라의 근본을 먼저 뽑아버렸다고 운운하며 극렬하게 진정을 하였다. 김수가 대노하여 병사 신할申硈과 더불어 토호라고 장계를 올렸다.

그 당시 합천군수 전현룡田見龍은 뱀과 전갈의 독성과 물릴 줄 모르는 한없는 욕심을 가져, 백성들이 명령을 감당하지 못하였다. 고을은 장차 텅 빌 지경이었는데도, 그 역시 문덕수를 매우 미워하여, 반드시 대역죄에 빠뜨리고자 김수에게 찬성하여 뜻을 이루고자 하였으니, 김수와

는 같은 나이였다.

문덕수를 삼가현의 옥에다 옮겨 가두니, 미칠 화는 예측이 불가하였다. 생질인 이노는 조정에 억울함을 알리고자 서울에 이르렀으나 아직 돌아오지 못하였다.

조종도는 조문을 위해서 한양에 왔는데, 그의 장인 판서 이준민의 상으로 입성하였으나, 오래 지나지 않아 변방의 상황이 하루가 급하다는 소식을 듣고, 밤에 상공 서애 류성룡 집의 문을 두드리고, 이노와 함께 영원한 이별을 하고 돌아왔다. 도중에 함께 약조하기를

"우리 도에 들어가면 창의를 하여, 통문을 돌리고 모병하여 적을 토벌하다가, 만약 이겨서 구해내지 못한다면, 당연지사 모든 벗들을 취합하여 함께 물**에** 빠질 망정 도의道義가 욕을 볼 수는 없다."

라고 하였다.

이노가

"누가 더불어서 함께 죽을 사람이 더 있겠는가?"

라고 말하니, 조종도가

"다른 사람은 다 알기가 불가하나, 정인홍·김면·박성 **등** 몇몇이사 비록 죽지 않으려고 해도 그리 되겠는가?"

라고 답한다. 이노가

"이 밖에도 또한 함께 죽을 사람이 있을지 어찌 알겠는가?"

라고 말하였다. ―

두 사람은 곧바로 통문을 온 도내에 돌리고, 창의하여 의병을 일으켰다.

― 합천은 전 장령 정인홍, 고령은 전 좌랑 김면, 현풍은 전 군수 곽율과 전좌랑 박성, 삼가는 학유 박사제, 초계는 전치원과 이대기, 산음은 오장, 단성은 권세춘, 함안에서는 이정을 필두筆頭로 하였다. 나머지 고을 또한 이와 같았으나, 의령은 곽재우가 벌써 의병을 일으켰으므로, 제명題名을 쓰지 않았다. ―

○ 五月初四日, 公至咸陽. 郡守李覺, 坐嘯空舘, 只有老吏數人, 見於庭. 前縣令趙宗道·前直長李魯, 不期而會. 公邂逅相遇, 喜, 不自勝曰: **"是天贊我也."**

― 辛卯年夏, 陜川人前縣監文德粹, 年近八十, 目覩時事, 不任憂憤, 上書于監司金睟. 極陳邊將守令嚴刑剝害先拔邦本云云. 睟大怒, 與兵使申硈, 以豪强狀啓. 時, 陜川守田見龍, 蛇蝎之毒, 溪壑之慾, 民不堪命, 邑將空虛, 亦甚疾之, 必欲陷于大罪, 贊而成之, 盖與睟同年也. 移囚三嘉, 禍將不測. 甥姪李魯, 欲告寃于朝, 戾京未還. 趙宗道爲吊, 其**聘丈**李判書浚民之喪入城, 未久, 聞邊報日劇, 夜叩**西厓相公**, 相與永別而還. 中路相約: "入吾界倡義, 出通文, 募兵討賊, 如不克濟, 當聚會諸友, 同沈**於**水, 義不可辱." 魯曰: "誰加與同死者?", 宗道曰: "他不可知, 如**鄭德遠·金志海·朴德凝**數子, 雖欲不死, 得乎!" 魯曰: "安知此外亦有同死者乎!" ―

二人即出通文于一道, 倡起義兵. — 陜川, 則以前掌令鄭仁弘; 高靈, 則前佐郎金沔; 玄風, 則前郡守郭赳·前佐郎朴惺; 三嘉, 則學諭朴思齊; 草溪, 則全致遠·李大期; 山陰, 則吳長; 丹城, 則權世春; 咸安, 則李瀞爲之首. 餘邑亦如是, 而宜寧, 則郭再祐, 已爲擧義, 不題名. —

- 선 채로 써내려간 격문

공이 선 채로 초유하는 격문을 지었는데, 문장이 진심에서 우러나온 것이라 붓에다 먹물을 적실 겨를이 없었다. 그 격문에 이르기는 아래와 같이 하였다.

국운이 도중에 막히어 섬 오랑캐들이 몰래 들고 일어나, 우리 강역을 함부로 유린하고 동서로 충돌하였다. 웅장한 성과 큰 진영마저도 일찍이 울타리의 한계가 없어, 열흘 동안에 이미 조령의 세 곳 관문을 넘어 곧바로 서울을 뒤흔들었다. 임금의 수레는 파천을 하고, 온 나라가 바람결에 쓰러지듯 하니, 이 나라가 생기고부터 오랑캐의 재앙이 오늘날처럼 참혹한 때는 없었다.

모든 지방의 장수들은 국가의 간성이건만, 혹은 풍문만 듣고도 흩어져 달아나고, 어떤 자는 겁을 집어먹고 뒷걸음쳐 움츠렸다. 수령이란 한 고을의 최고 지도자로서 통솔해야 하건만, 모두 처자를 이사시키고, 무기고를 불태워 내다버렸다. 절의를 가지고 항거하여 충성을 떨치며, 선두에 나서 적을 공격하는 자는 단 한 사람도 없었다. 애달픈 우리 군사와 백성들은 오히려 무엇을 믿고 의지할 바가 있어, 도망가지 않고 또 흩어지지 않겠는가?

세찬 물결이 몰려오듯 일거에 무너지니 막아낼 수가 없다. 성안에는 창을 멘 병졸이 없고, 고을에는 목숨 바쳐 일하는 백성이 없으니, 왜적이 당도하는 바는 마치 무인지경無人之境에 들어오는 것과 같다. 마침내 영남의 온 도로 하여금 왜적의 늪에 빠지게 하였고, 흙더미가 무너지듯 와해되어, 조석 간에도 보장할 수가 없으니, 이것은 어떠한 하등의 시대적 변고라던가? 하지만 이것이 어찌 한갓 변방의 장수나 고을 수령들만의 과오이겠는가? 선비와 백성이 된 자들 역시 그 책임을 사양하지는 못할 것이다.

예전에 큰 난리를 당했어도 나라를 지킬 수 있었던 것은, 그 윗사람은 사력을 다할 뜻이 있었고, 아랫사람은 윗사람을 위해 목숨을 바칠 마음이 있었던 것이 그 까닭이다. 지금은 적이 아직 오지도 않았는데, 사민들은 솔선해서 도망하여 몸을 피하였다. 산림에 숨어 엎드려 구차스럽게 살아남아, 죽을 때 죽지 않고 욕되게 살려고 탐을 낼 계책이다.

고을 수령은 백성이 없고, 장수는 군사가 없으니, 장차 누구와 더불어 적을 막아 낼 것이라던가?

혹자는

"추鄒나라와 노魯나라가 싸웠을 적에 관리로서 죽은 자는 30여 명이었으나, 백성들은 이에 죽은 자가 없었다. 이것은 벼슬아치가 백성들을 긍휼하게 여기지 않았기 때문이다. 지금 이 싸움에서 흩어져 달아나는 변고는 어찌 『맹자』에서 이른 바 '너에게서 나온 것은 너에게로 되돌아간다는 것이 아니겠는가.'"

라고 한다.

오호라! 이것이 무슨 말이라던가? 근년 이래로 세금 부과가 번잡하였고, 부역도 과중하였으니, 백성들이 과연 명령을 감당해 내지 못하였을 것이다. 그러나 성을 쌓고 해자를 파고 방비하는 도구를 갖추는 것은 모두가 비상시를 대비하기 위해서 매달렸다. 지금 와서 보면, 성상께서 백성들을 보호하려는 생각이 원대하였던 것이다. 이것이 어찌 백성들을 학대하면서 자신을 이익되게 한 것이겠는가? 하물며 추·노의 싸움은 비록 이기고 짐이 있었다고 해도, 이것은 같은 중국이었으니 백성들에게는 심한 이해관계가 없었다.

오로지 저 이빨을 물들이는 족속들이 우리 땅에 한 번 들어오자, 곧바로 웅거할 생각이 있었다. 부녀자를 잡아다가 노략질하여 처첩으로 삼았으며, 장정들을 무참하게 마구 죽여버리니, 약간의 나머지도 없었다. 땅에 가득하던 여염집은 포악하게 불 지르기를 다 하고, 공사 간에 모아서 저장한 것들은 낱낱이 자기 것으로 하였다. 독한 기운은 사방에 가득 차고, 흘린 피가 천리나 되니, 생민들의 재앙과 화난은 어찌 차마 말로 다 할 수 있으리오.

지사는 창을 베고 누워 해를 기다리는 날이며, 충신은 나라를 위해 목숨을 바칠 시기이건만, 영남의 67개 고을 가운데 아직까지 의병을 일으켜서 팔을 걷어붙이고 나서는 사람이 없다. 오히려 목숨을 지키고자 도망가는 것이 혹여 뒤처질세라, 산에 숨어드는 것이 깊지 못할까를 두려워하니, 어찌 이루 다 개탄할 수 있겠는가?

설사 산으로 들어가 도적을 피하여, 종국에 몸을 온전히 하고, 집안을 보전한다고 해도, 열사는 오히려 수치로 여기거늘 하물며 보전할 이치가 만무한 경우에 있어서야! 당해 초유사 직분으로 구명究明함을 청하여 말함에 이것으로 사민들의 의혹을 풀어주는 것이 옳겠다.

이 왜적들은 서울을 치는 것에 급급하여, 군사들을 남겨두지 않고 행군하였던 고로 아직 모든 고을에 병화가 두루 미치지는 않았다. 하지만 왜적이 뜻을 이룬 뒤에 이르면, 흉악한 무리들이 성안에 충만하게 될 터이니, 산림이라고 과연 죽음을 피하는 곳이 되겠는가.

예컨대, 거센 흐름이 하늘까지 흘러넘치고, 맹렬한 불길이 들판을 태우는데, 아! 우리의 억만 생령들은 또 어느 곳에 몸을 의탁하고자 하는가? 나오지 않고 시일이 경과하면 양식이 떨어져 깊은 산에 앉아 주려 죽은 주검이 될 것이고, 나온다면 부모 처자는 장차 포로의 굴욕을 당할 것이다.

의관을 갖춘 사족들은 짓밟혀서 죄다 죽임을 당할 것이고, 항복한다면 어미 아비를 잡아먹는다는 배은망덕한 왜놈의 족속이 될 것이다. 항복을 하지 않으면 칼에 맞아 죽은 귀신이 될 터인데, 이것이야말로 어찌 지혜로운 사람들을 기다린 이후에 알 수 있는 것이라던가! 하지만, 이는 단지 이익과 손해 그리고 죽고 사는 것으로써 말할 따름이다.

오호! 군신 간의 대의는 하늘의 법도와 땅의 정의이니, 이른바 사람으로서 늘 지켜야 할 떳떳한 도리인 거다. 무릇 우리는 이 강토에 핏줄을 타고 나 생산물을 먹는 자들이니, 임금이 몽진하고 종묘와 사직이 장차 전복되는 것을 앉아서 볼 수만 있겠는가. 만백성이 썩어 문드러지는데도 괄시하고 마음을 움직이지 않는다면, 이것이 천지 간의 당연한 이치로써 변할 수 없는 법도[天經地義]라던가.

더군다나 부모가 창칼에 해를 입어, 부모 형제가 서로 보전하지 못하여 사갓집의 참화 또한 위급하다. 하지만 자제가 된 자가 머리를 움키고 쥐처럼 숨어서, 만 번이나 죽어서라도 보전할 생각을 하지 않는다면, 그 사람의 자식 된 도리는 어떠할 것인가?

돌이켜 영남을 생각하자면, 본래부터 인재의 곳간으로 지칭되었다. 1천년 신라와 5백년의 고려, 그리고 우리 조정의 2백년 동안 충신과 효자의 뛰어난 명성과 의열이 청사에 밝게 비치었다. 절의가 아름답고, 고유한 관습과 풍속이 두터운 것은 동방에서 으뜸이다. 이것은 진실로 사민들이 함께 알고 있는 바이다.

또한, 가까운 일로써 말하더라도, 퇴계退溪·남명南冥 두 선생이 한 시대에 같이 태어나, 도학을 분명히 말하여, 사람의 마음을 맑게 함으로써 도덕규범을 부양하는 것을 자기들의 소임으로 하였다. 선비들이 교화하고 훈육하는 것이 점차 물들어, 떨쳐 일어나 근본으로 삼고 배우는 자가 많았다.

평소에 허다한 성현의 책들을 읽어, 그 스스로 넉넉히 할 만한 일로 어떠하였을 테지만, 하루아침에 변란을 당하자 오직 살기를 탐하여 죽음을 피할 것에만 급급하다. 스스로 임금을 버리고 어버이를 나중에 생각하는 패악에 빠지고 말았다. 세간에 구차스럽게 산다고 한들 장차 어찌 머리로 한 하늘을 이고 살 것이며, 죽어서 땅속에 간들 또한 어떻게 우리 선대의 어진 이들을 볼 수 있을 것인가?

의관을 차리고 예악을 숭상하던 몸이 장차 능욕을 당할 수 있겠는가? 머리를 깎고 몸에 문신을 놓는 습속에 마땅히 따를 수 있겠는가? 2백 년 동안 지켜온 종묘사직이 어찌 차마 왜적의 손에 넘어가겠는가? 수천 리 산하가 바야흐로 차마 왜적의 소굴로 버려지겠는가? 중화中華가 변하여 동이와 북적이 되고, 인류가 변하여 금수가 되어도, 이를 어찌 참을 수 있겠는가? 이것이 할 수 있는 것이라던가?

적장의 목을 자른 공로를 으뜸으로 삼았다는 진秦나라는 애당초 순전한 오랑캐는 아니었지만, 제나라 노중련魯仲連은 진나라를 거부하고 오히려 바다 가운데 몸을 던져 죽는 것을 달갑게 여겼다. 준동蠢動하는 이 풀로 만든 옷을 입은 섬 오랑캐 이것들은 하등의 추잡한 종족인데도, 우리 강토를 훔쳐 점거하였다. 우리 일반 대중에게 큰 치욕을 주는 일을 버려두고, 그들을 몰아내고 베어 죽일 까닭은 생각하지 않을 것인가.

어떤 견해를 내세우는 사람들이

"저들은 용감하지만 우리는 겁이 많고, 저자들은 예리하지만 우리는 둔하니, 비록 혹 군사를 일으킨다 해도 어찌할 수 없을 것이다."

라고 한다. 이는 무슨 생각을 하지 못하는 것이 지나치다.

예전의 충신과 열사는 이기고 짐을 가지고서 뜻을 바꾸지 않았고, 강하고 약함이 기세를 꺾지 않았다. 의리에 마땅히 해야 할 바라면, 비록 백번을 싸워 백번을 패한다고 해도, 오히려 빈 쇠뇌의 활줄을 당기고, 번뜩이는 칼날을 무릅쓰고, 만 번을 죽어도 후회하지 않았다.

하물며 이 왜적은 비록 강하다고는 하지만, 군대가 후방의 지원도 없이 적지에 깊이 들어왔다. 이것은 바로 병법이 금기로 하는 것을 범하였으니, 오히려 어찌 무사히 돌아갈 수 있으리오.

우리 군졸들이 비록 겁이 많다고 해도, 또한 언제나 그럴 리가 있겠는가. 충의가 격앙하다면 약자가 적으로 하여금 강해질 수 있고, 적은 수효로도 대적하여 많아질 수가 있으니, 다만 한번 전이轉移하는 사이에 존재할 뿐이다.

지금을 보건대, 도망하거나 흩어진 졸병들이 산골짜기에 가득 널려 있다. 처음에는 비록 몸을 빼서 살기를 구한 것이겠지만, 마침내 한 번 죽는 것을 면하기 어렵다는 것을 알게 되면, 모두 스스로 분발하여 나라를 위한 효력을 생각할 것이나, 다만 창의하는 사람이 아직 있지 않다는 것뿐이다.

이러한 때를 당하여, 만약 한 사람의 의사가 있어, 분발해서 일어나 한 번이라도 외친다면, 원근에서 구름처럼 모여들어 향응響應할 것이라는 점은 앉아서도 헤아릴 수 있다.

성상께서 이미 애통한 교서를 내렸으며, 더욱 소신小臣으로 하여금 공적이 없다고 여기지 않고, 초유사의 책임을 맡기셨다. 당나라 무사와 사나운 병졸들도 오히려 덕종이 흥원 원년에 자신을 죄책하는 조칙[興元之詔]에 감읍하였다고 하거늘, 하물며 나는 바로 추로지향鄒魯之鄕의 선비로서, 어찌 주먹을 불끈 쥐어 강개慷慨하여, 임금의 위급함에 나가는 것을 하지 않을 수 있다던가.

진실로 원하건대 이 격문이 도달하는 날에, 수령은 온 고을에 효유하고, 변장邊將은 곧바로 사졸들을 격려하고, 문무의 조정 신하들과 부로父老와 유생 각자 등은 서로 전하고 이르도록 하라. 동지들을 불러 모아, 충의로써 결속하며, 혹은 보장하여 스스로 지키고, 혹은 군사를 이끌어 전투를 도와야 할 것이다.

넉넉한 백성은 곧 고려 태조에게 군량을 보급하였다는 개국공신 유차달柳車達과 같이 곡식을 운반하여, 이것으로써 군수를 넉넉하게 할 것이며, 용사들은 즉 원주성에서 원나라 반란군을 무찌른 원충갑元沖甲의 병사로 분전하여, 이로써 적도들을 무찔러야 할 것이다.

집마다 사람마다 각자가 싸우는 데 일시에 함께 일어난다면, 군성軍聲은 크게 진작되고, 의기는 백배나 되어, 호밋자루와 작대기[鋤耰棘矜]마저도, 튼튼한 갑옷과 예리한 병장기가 될 것이다. 적이 비록 긴 창과 큰 칼을 가졌다 한들, 오히려 무엇을 두려워할 게 있겠는가.

일이 이루어지면 나라의 치욕을 완전하게 씻을 것이나, 이루어지지 못한다고 해도, 곧바로 잃지는 아니하여 의로운 귀신이 되는 것과 같을지니, 제군들은 이에 힘쓸지어다.

이 초유사는 오로지 완고하고 쓸모없는 선비라서, 비록 군사조직에 관한 일은 배우지 못하였다고 하더라도, 군신 간의 대의는 그래도 대강 들은 바가 있다. 온 도내가 전복된 뒤에 소임을 받아, 뜻은 초나라를 존속시킬 만큼 간절하였지만, 아직 오자서伍子胥를 물리쳤다는 신포서申包胥의 충절은 본받지 못하였다. 종묘에 곡하고 일어나 분격한 것은 한갓 수양성睢陽城을 지키다 순절한 당나라 장순張巡의 의열을 사모한 것뿐이니, 오히려 의사들의 힘에 의지하여, 태양을 취하는 공적을 주관하기 바란다. 조정에서 포상을 주는 규정은 이 글 뒤에 있으니, 아울러 마땅히 빠짐없이 자세히 알아야 할 것이다.

公立草招諭檄文, 文從肝膈中流出, 筆不暇濡. 其文曰:

國運中否, 島夷竊發, 橫蹂疆埸, 衝突東西. 雄城大陣, 曾無藩籬之限, 浹旬之間, 已踰關嶺, 直擣京城. 鑾輿播越, 擧國風靡, 自有此東方, 夷狄之禍, 莫今日慘也. 列閫爲國家干城, 而或望風奔潰, 或恇怯退縮, 守令爲一邑君長而率, 皆搬移妻子, 焚棄兵庫, 無一人抗義奮忠先登擊賊者.

哀我軍民, 尙安所恃賴而不逃且散哉? 狂瀾一潰, 莫可堤防. 城無荷戈之卒, 邑無效死之民. 賊之所到, 如入無人之境. 遂使嶺南一道, 陷爲賊藪, 土崩瓦解, 莫保朝夕, 此何等時變耶? 然此豈徒邊將守令之過? 爲士民者, 亦不得辭其責也.

古之當大亂, 能守國者, 以其上有效死之志, 下有死長之心, 故也. 今者, 賊未至而士民率先逃竄, 藏伏山林, 爲苟活, 偸生之計. 使守令無民, 將帥無軍, 將誰與禦賊乎? 或者謂: "鄒·魯之鬨, 有司死者三十餘人, 而民莫之死者, 以有司不恤民隱也. 今玆奔潰之變, 豈『孟子』所謂: '出爾反爾者乎?'"

嗚呼! 此何言耶? 近年以來, 賦果煩矣, 役果重矣, 民果不堪命矣. 然城池防備之具, 皆係陰雨之備. 以今觀之, 聖上保民之慮, 遠矣. 夫豈厲民而自利者乎? 況鄒·魯之鬨, 雖有勝負, 同是中國也, 於民無甚利害. 惟此染齒之徒, 一入我地, 便有雄據之志, 繫擄婦女, 作爲妻妾, 屠戮丁壯, 靡有孑遺. 撲地閭閻, 盡付烈炎, 公私蓄藏, 擧爲其有. 毒遍四域, 血流千里, 生民之禍, 可忍言哉?

志士枕戈之日, 忠臣殉國之秋, 而六十七州之中, 迄無倡義奮臂之人. 猶恐逃命之或後·入山之不深, 曷勝歎哉? 設使入山避賊, 終能全軀保家, 烈士猶以爲恥, 況萬無保全之理乎! 當職請究言之, 以開士民之惑, 可也. 此賊急於犯京, 兵不留行, 故禍未遍及於列邑, 逮賊得志之後, 兇徒充滿城內, 則山林果爲逃死之地乎.

比如, 洪流滔天, 烈焰燎原, 嗟我億萬生靈, 更欲何地容身. 不出, 則日久糧絶, 坐爲窮山之殍; 出, 則父母妻子, 被其俘辱. 衣冠士族, 爲其魚肉; 降, 則永爲梟獍之族; 不降, 則擧作瘡癍之鬼. 此豈待智者而後知之乎! 然, 此則只以利害死生言之耳.

嗚呼! 君臣大義, 天之經地之義, 所謂民彛也. 凡我含血食毛於此土者, 坐見父母之蒙塵·宗社之將覆? 萬姓之魚爛而恝視不爲之動念, 則其於天經地義. 何況父母罹鋒刃, 骨肉不相保, 私門之禍亦急而爲子弟者, 捧頭鼠竄, 不思出萬死而求全, 則其於人子之道, 何如哉? 顧惟嶺南, 素稱人材之府庫. 一千年之新羅, 五百載之高麗, 及我朝二百年之間, 忠臣孝子英聲義烈，輝映靑史，節義之美，習俗之厚，甲于東方，此固士民之所共知也.

且以近事言之，退溪·南冥兩先生，並生一時，倡明道學，以淑人心扶人紀，爲己任．士子之薰陶漸染，興起私淑者，多矣．平日讀許多聖賢書，其自許何如，而一朝遭變，惟貪生避死之是急．自陷於遺君後親之惡，則偸生世間，將何以頭戴一天，之死地下，亦何以見我先正．衣冠禮樂之身，其可辱乎？斷髮文身之俗，其可從乎？二百年宗社，其忍輸之賊手乎？數千里山河，其忍委之賊窟乎？中華變爲夷狄，人類化爲禽獸，是可忍乎？是可爲乎？

上首功之秦，初非純乎夷狄，而魯連猶甘蹈海之死．蠢玆卉服，此何等醜種而任其盜據我土地·戮辱我民庶，不思所以驅逐之斬殪之乎．說者："以爲彼勇我怯，彼銳我鈍，雖或起兵，無能爲也."此何不思之甚乎.

古之忠臣烈士，不以成敗易志，强弱挫氣，義所當爲，則雖百戰百敗，猶張空弮，冒白刃，萬死而不悔．其況此賊雖强，懸軍深入，正犯軍忌，尙安能善其歸乎．我卒雖㤼，亦何常之有．忠義所激，弱可使敵强，寡可使敵衆，只在一轉移之間耳．見今逃兵潰卒，布滿山谷，初雖脫身而求生，終知一死之難免，咸思自奮爲國效力，特未有倡之者耳．當此時，如有一人義士，奮起一呼，則遠近雲合響應，坐可策也.

且聖上已下哀痛之敎，又不以小臣爲無狀，付以招諭之責．唐之武夫悍卒，尙泣興元之詔，矧我鄒魯之士，寧不爲扼腕慷慨以赴君父之急乎．誠願，檄到之日；守令，則曉諭一邑；邊將，則激勵士卒．文武朝官·父老儒生各人等，轉相告詔，倡率同志，結以忠義，或保障而自守，或提軍而助戰．富民，則運車達之粟，以贍軍需；勇士，則奮沖甲之兵，以勦賊徒．家家人人，各自爲戰，一時竝起，則軍聲大振，義氣百倍，鋤櫌棘矜，可化爲堅甲利兵，賊雖有長槍大劍，尙何可畏之有.

事成，則雪國恥於萬全；不成，則猶不失爲義鬼，諸君勉之．當職一腐儒也，雖未學軍旅之事，君臣大義，亦粗聞之矣．受任於一道顚覆之餘，志切存楚，未效包胥之忠．哭廟起奮，徒慕張巡之烈，尙賴義士之力，冀辦取日之功．朝廷賞格在後，竝宜知悉.

제11장 조종도와 이노의 통문

조종도와 이노가 통문에 이르기는 다음과 같다.

임금의 근심을 급하게 여겨서 오랑캐의 화난禍難을 물리치는 것은 충의가 우선이다. 국가의 위태함을 도모하여, 죽고 사는 우환을 잊게 하는 것은 정절이 지대한 것이다. 만물 중에 영장靈長인 것을 사람이라 하고, 다 같은 백성 중에서 뛰어난 자를 선비라고 하였다.

왜 사람을 영장이라 이른 것이냐면, 거기에 군신과 부자 간의 윤리가 있기 때문이다. 무엇을 일러 뛰어나다고 하는가 하면, 의리의 향배를 분별할 줄 알기 때문에 그런 것이다.

이 땅에 나는 것을 먹고 살았으면 모두 신하이지, 어찌 많은 녹을 먹은 자만이 유독 죽어야 하겠는가. 흉노가 자기 분수를 모르고, 대륙의 중원으로 나가는 길목인 태원太原으로 직접 나간 일은 예전에는 혹시 있었다지만, 바로 서울로 침범한 것은 지금이 가장 혹독한 것이다.

임금이 궁을 비우고 파천을 하여, 어느 곳에서 바람과 이슬을 맞는지 아득하다. 종묘宗廟와 **사직**社稷이 진동하여 놀랐으니, 신령은 누구에게 의지하여 오르고 내리는지 슬프다. 쥐처럼 도망가고 새처럼 엎드리면서, 거의 다가 양쪽 산기슭[林翼]에다 무기를 던져버렸다.

애첩을 죽이고 말을 잡아 먹어가면서, 장순張巡처럼 지키다 죽었다는 말은 아직 들어보지 못하였다. 이것이 어찌 신하로서 차마 할 수 있다는 것인가. 이것이야말로 실제 **신과 같이 숭고한 사람조차도** 감당하기 어려운 것이다.

조선 건국 이후 2백 년 동안 배양한 것은 어디에 있다던가? 60개 주의 충의는 쓰러짐과 같으니, 하늘에다 통곡해도 돌아갈 곳이 없고, 백일白日에다 고개를 들어도 무슨 면목이라던가? 부모가 병들었는데 어찌 운명에 맡기고 약을 쓰지 않을 것인가! 대세가 이미 가버렸어도, 혹시 하늘에 힘입어 극복할 수 있을 것이다.

죽는 것은 비록 **증오**憎惡**스럽다고** 회피해도, 천지에 그물망이 쳐져 있어 도망할 곳이 없다. 사는 것을 비록 구차하게 얻고 싶어도, 개돼지에게 굴복하여 차마 살 수는 없는 것이다. 죽는 것이 매일반이라면 차라리 의리에 죽을 것이지, 감히 살기를 바라겠는가?

인의仁義에 살다 죽어야지, 나라를 배반하고 원수를 섬긴다면, 장차 편할 수 있겠는가? 정수리까지 깎은 머리와 물들인 이빨은 장차 감내할 수 있겠는가? 관군이 도망쳐 흩어지고, 형벌을 겁내 나오지 않으니, 의병이 고동鼓動하여 충의를 떨치고, 다투어

와주기를 바라는 것이다.

하물며 주상 전하가 서쪽으로 행차하던 날에, 애통하고 불쌍히 여기어 슬퍼하는 교서를 내리고, 따로 목숨을 바치는 신하를 골라서 특히 초유사로 파견하였다. 임금의 말이 내려지자마자 이를 들은 사람은 눈물을 흘리지 않는 이가 없었고, 초유사의 격문이 이르니, 이를 본 사람들이 응당 목숨 바칠 생각을 했을 것이다.

진실로 바라거니와 모든 군자들은 평일에 독서하여, 모두 나라에 보답하겠다는 뜻을 품고 있을 것이니, 위급한 이때를 직면하여, 마땅히 임금을 위해 죽는 절개를 견지해야 할 것이다. 장차 각자 부형들을 돈독하게 권면하고, 자제들을 격려하여 이웃 마을 사람들을 불러일으키며, 노복들을 장려하여 거느리라.

혹은 활과 화살을 두르고, 혹은 칼을 차고 단결하여 부대를 편성하고, 용약勇躍하여 고무하라. 초유문에 부응하고, 나라의 치욕을 씻어 낸다면, 어찌 한갓 **나라**만의 다행한 일이겠는가? 역시 바로 문 앞의 왜적을 떨어 없애는 것이다.

또한, 군대를 도망쳐 달아난 병졸들이 만약 스스로 나타나 모인다면, 이전의 죄가 모두 용서될 뿐 아니라, 역시 나라가 회복된 후에는 포상도 기대할 수 있을 것이다. 다시 바라는 바는 십분 깨우쳐 타일러서, 그들로 하여금 순리와 역리를 알게 한다면, 천만다행한 일이겠다.

진실로 이와 같다면서야 살아서는 **대장부**가 되고, 죽어서도 훌륭한 영혼이 되니, 장사를 지낼 때는 한나라 고조 유방을 대신하여 죽었다는 **기신**紀信의 형상이 새겨질 것이고, 무덤에는 위나라 조조의 수하 용장인 방덕龐德의 항거하는 모습이 그려질 것이다. 차라리 연약하게 살기보다는 어찌 이처럼 강개慷慨하게 죽는 것이 어떠한가?

만일 의병의 군사가 임금을 위하여 근왕을 한 까닭으로 말미암아, 천로天路가 다시 맑아짐을 볼 수 있게 된다면, 의병으로 나섰다고 해서 쇠하여 없어짐에서 모두 돌아오지 못하는 것은 아니다. 장차 중흥의 즐거움을 함께 누리게 된다면, 이 어찌 아름답지 않겠는가? 마땅히 각자 권면해야 할 것이다.

오호라! 하늘의 이치와 사람으로서 늘 지켜야 할 떳떳한 도리가 그냥 없어지게 내버려 둘 수가 없으니, 하늘의 법도와 사람의 기율이 어찌 영원히 추락하기를 옳게 여길 것인가? 이 한 장의 통문을 본다면, 반드시 온갖 소리로 통곡함이 있을 것이도다.

<u>趙宗道</u>·<u>李魯</u>之通文曰:

急君父之病而攘夷狄之禍者, 義之先也; 圖國家之危而忘死生之患者, 貞之大也. 靈萬物而

爲人，秀齊氓而爲士．何謂靈，爲其有君臣父子之倫也．何謂秀，爲其識義理向背之分也．旣食毛之皆臣，寧肥祿之獨死．匪茹之太原，古或有之，直斥犯京師，今其極矣．乘輿播越，漠風露之何處，宗社震驚，哀陟降之誰依．鼠竄鳥伏，率多林翼之投戈．殺妾食馬，未聞張巡之守死．此豈臣子之可忍？斯實神人之難堪．

二百年之培養安在？六十州之忠義掃如，哭大荒而無歸，擧白日而何顔？父母有疾，寧委命而不藥！大勢旣去，或賴天而克復．死雖可惡，網天地而無逃；生縱欲偸，屈犬豕而忍活．等其死也，寧死於義，敢望生乎？捨生於仁，背國事讐，其可安歟？髡頂染齒，其可耐歟？官軍逋散，咸怖刑而不出，義旅鼓動，庶奮忠而爭赴．況主上西幸之日，下哀矜惻怛之敎，別揀致命之臣，特遣招諭之使．綸音纔降，聞者莫不墜淚，星諭所及，見者應思殞首．

良願，諸君子讀書平日，皆懷報國之志，臨危此時，宜堅死君之節．其各敦勸父兄，激勵子弟，徵起鄰里，奬率奴僕．或帶弓矢，或佩刀劍，團結作隊，踴躍鼓動．以應招諭，以灑國恥，玆豈邦家之幸？亦祛門庭之寇．且逃軍避卒，若能自現聚屯，則非惟前罪盡貰，亦復後賞可期．更冀十分開諭，俾知順逆，千萬幸甚．

誠如是也，生爲丈夫，死作英魂，葬刻紀信之形，陵圖龐德之狀．與其巽耎而生，曷若慷慨而死？倘緣義徒之勤王，得見天路之再淸．未必皆歸於淪沒，胥將共享乎中興，豈不休歟？宜各勉之．

嗚呼！天理民彝，有不容泯；天綱人紀，寧肯永墜？觀此一張通文，必有千聲痛哭！

제12장 함양에서의 문답

함양은 본래 문헌의 고장으로 일컬었는데, 예조판서 노진盧禛의 맏며느리는 조현령의 누이동생이다. — **현령의 이름은 종도이다.** — 잇달아 서로 통하여 사이좋게 지냈으므로, 조종도가 몸소 산으로 들어가 여러 노 씨들을 만나, 교지를 가지고 격려[敦勉]한 이후에, 군내 선비들 역시 많이 찾아와 회합하였다.

공이 이들을 위하여 의리에 납득이 가도록 하나하나 설명하니, 감격하여 눈물을 흘리지 않는 이가 없었다. 모두 다 함께

"영공께서 나라를 위하여 일을 만들**고자 한다면**, 마땅히 우선 김수와 조대곤을 제거해서, 거의 인심을 고무시켜야 그 뜻을 이룰 수 있을 것인데, 어찌 뜻밖에 다시 김수를 맞이하여 온 것입니까? 처음 영공의 널리 알려진 명성을 듣고, 갓난아기에게 젖물리기

를 바라는 것과 같았는데, 문득 들은 바는 순찰사가 돌아왔다고 하니, 이 때문에 놀라고 격앙되어 감히 나오지 못하였습니다."

라고 말하였다.

공이 이르기를

"순찰사 김수가 본도를 버린 것은 도의道義가 아니지만, 한 도에 원수元帥가 없는 것도 도의가 아닙니다. 나는 다만 의리로써 사람을 대하고, 도리로써 일을 처리하는 것만 알 뿐입니다. 여러 유생의 말은 너무 지나치지 않습니까?"

라고 하였다. 대답하는 말이

"도의는 **어찌 생겨날 것**이지만, 민심이 따르지 못하면, 의병을 일으키는 것은 어렵습니다."

였다. 공은 비록 억누르는 듯하였지만, 마음은 실상 그들을 훌륭하게 여겼다.

○ 咸陽素稱文獻而盧判書禛之冢婦, 趙縣令之妹也. — **縣令名宗道也** — 連仍通好, 趙親入山, 見諸盧, 敦勉之而後, 郡之士亦多來會. 公爲之開說義理, 莫不感泣. 咸言: "令公欲爲國做事, 宜先除去睟·大坤, 庶可以鼓動人心, 以行己志, 胡乃更邀睟來? 初聞令公先聲, 如赤子之翹哺, 旋聞, 巡察還, 是以沮縮不敢出." 公曰: "巡察之棄本道, 無義; 一道之無元帥, 亦無義. 我祇知以義待人, 以義處事. 諸生之言, 無已過乎." 對曰: "義**安從生**, 不順民心, 難以擧義." 公雖陽抑, 心實偉之.

제13장 여울목을 건넌 왜적과 도주하는 경상우병사

영산靈山과 창녕을 경유한 왜적이 사십여 명을 나누어 보내, 낙동강 우측의 허실을 엿보다가, 울진蔚津나루까지 와서 배회하다가 돌아가려고 하였다. 홀연히 창녕 피란민들이 이미 알고 있는 얕은 여울목을 말을 타고 건너가니, 왜적이 이를 바라다보고 그 뒤를 추격하여, 신반新反과 이노의 거주지인 부산孚山의 온 마을을 노략질하고 불살라 버렸다.

급히 달려 의령읍에 다다르니, 왜란을 대비하여 새로 쌓은 성만 벽처럼 서 있고, 아무도 없어 인기척도 없었다. 관아와 창고를 불 지르고, 가례리嘉禮里를 세차게 돌진하여 지나서, 삼가현 토동吐洞 마을에 머물러며 분탕질하였다. 그때 조대곤은 휘하 7십여 기병과 각 진관영의 정병 2백여 명을 거느리고 삼가현에서 묵고 있었는데, 토동까지 거리는 십 리였다.

후방의 군수지원이 없이 깊게 들어온 수십 명의 왜적 기병은 붙잡아 죽이기가 어렵지 않을 뿐 아니라, 역시 그 **예봉銳鋒을** 막아 낼 수 있었다. 조대곤은 **갑자기** 소문을 듣고 매우 두려워하여, 깃발을 버리고 군대를 상실하고, 혼자 말을 타고 남명 조식 선생을 배향한 회산서원晦山書院으로 도망하였다.

그러한 뒤에 왜적들은 김수가 새로 지은 삼가성에 들어와 이를 불사르고, 발꿈치를 들고 좋아서 깡충깡충 뛰며, 잰걸음으로 합천과 고령을 향했다가 성주에 머물렀다. 조대곤은 회산서원에서 야밤중에 거창으로 도주하여, 가야산 해인사로 들어갔다.

由靈山·昌寧之賊, 分遣四十餘騎, 以覘江右虛實, 至蔚津, 盤桓欲旋. 忽有昌寧避難人, 曾認淺灘, 跨馬以涉. 賊望見追其後, 剽新反·孚山一村, 以焚之. 疾抵宜寧, 則新城壁立, 闃其無人. 焚其廨庾, 突過嘉禮里, 留蕩吐洞. 時, 大坤領麾下七十餘騎·管軍二百餘人, 食三嘉縣, 距吐洞十里. 懸軍深入, 數十騎之賊, 非惟勦獲不難, 亦可沮遏其**銳**. **猝**聞大怖, 棄旗喪旅, 隻騎退走晦山書院. 然後, 賊入新城焚之, 跳踉雀躍, 蹀向陜川·高靈, 投星州. 大坤自書院夜走居昌, 入伽倻海印寺.

第14장 천강홍의장군 곽재우의 창의

처음 의령의 곽재우는 왜란을 만나 발분發憤하여, 집안의 노복 10여 인을 데리고, 이불을 찢어 깃발을 만들고, 붉은 비단옷을 입고 자칭 **'천강홍의장군天降紅衣將軍'**이라 하였다. 북을 울리고 나팔을 불며, 깃발을 휘두르고 큰소리를 지르며, 낙동강과 남강이 합류하는 기강岐江 위로 올라오는 적선 서른여 척을 쫓아내었다.

이에 집안의 **재물**을 모두 출연하여, 창고를 열어 마음대로 가지게 하니, 용감하고 건실한 장정 수백 명을 모았다. 혹은 싸우고 어떤 때는 물러나며, 낙동강을 거슬러 오는 왜적을 막아냈다. 스스로 이르기를

"선대로부터 대대로 왕가를 섬기는 집안으로 나라의 은혜를 두터이 받아, 마땅히 죽음으로써 보답해야 한다. 그러므로 왜적을 토벌하여 원수를 갚는 것은 나의 소임이다."

라고 하였다. 충의를 위해 떨쳐 일어나는 것이 격렬하였던 바, 꾸밈이 없이 생각대로 하였기에 혹시 그가 마음속에 근심이 있는 것이 아닌가 의심하였다.

당시 초계군수 이유검李惟儉은 김해성에 바야흐로 적의 공격이 들이닥칠 즈음에, 성문을 지키는 군사들을 베고, 자물쇠를 부수고 먼저 달아났다가, 군에는 돌아오지도 않았다. 군에는 군수가 없으니, 아전들과 백성들이 군량과 병장기를 가지고 있었다. 곽재우는 처음 기병

을 하였으나 무기가 없었으므로, 즉시 초계로 달려가 병장기 몇 바리를 싣고 왔다.

합천군수 전현룡은 백성의 재물을 강제로 빼앗고, 고혈을 말리고 파내는 데 그 끝이 도무지 있지 않아, 민심을 잃음이 누적되어, 인심을 크게 잃은 독부獨夫로 유명하였다. 왜란이 발발하기에 이르자 요란하고 떠들썩하게 급하여, 어찌할 바를 몰랐다. 또 자기의 죄악 때문에 원망이 가득 꿰어 있음을 아는지라, 맹자가 말한 바 있는 '너에게서 나온 것은 너에게로 돌아간다.[出爾反爾]'라고 하는 재화災禍가 있을 것임을 염려하였다. 곧 창고를 열어 곡식을 퍼 흩어버리고, 산속의 승려들과 서로 사귄 정분이 있기에, 이들을 자신의 뒷배로 삼아 용문산龍門山 골짜기로 숨어들었다.

곽재우가 창의한 소문을 듣고서 또한 시기하고 한편으로는 무서워서, 도순찰사 김수와 경상우병사 조대곤에게 거짓 보고를 하는데, '추악하고 사나운 큰 도적'이라는 제명으로 하였다. 조대곤은 이를 헤아리고, 장차 곽재우를 잡아 목을 베려고, 이 거짓 보고서를 여러 고을로 재차 알렸지만 열 읍에서 호응한 사람이 아무도 없었다.

곽재우의 의병 군세는 그 위세가 상당하고 대단하여 사람들이 모두 즐겁게 달려갔다. 의령현 동쪽 지산砥山에 주둔하고, 낙동강 연안 위아래 수십 리 사이에 포진하여, 낙동강 좌측의 왜적을 막아내었다.

왜적은 낙동강 서쪽인 경상우도 지역을 건너지 못하고, 한 갈래는 울산에서 시작하여 경주와 영천 그리고 신령과 의성, 인동의 길로 갔다. 또 한쪽은 밀양에서부터 영산과 창녕을 거쳐, 현풍과 성주, 개령開寧현의 길을 이용하여 곧바로 경성을 짓이겼으며, 경주와 영천 그리고 밀양·대구·성주·현풍·선산·개령·김천·상주 등지를 나누어 웅거雄據하였다. 군대의 행렬이 천 리에 이르니, 그 선두와 말미가 서로 호응하는 지세[犄角之勢]를 이루었어도, 낙동강은 건너지 못하였다.

왜군의 승장僧將인 안코쿠사 에케이[安國寺惠瓊]라고 하는 자가 전라감사라고 자칭하고, 창원에서부터 함안으로 오기로서니, 도착 날짜를 미리 알리는 공문을 내어, 함안 사람들에게 이것을 의령에 보내게 하였다.

곽재우가 이것을 보고 크게 화를 내어, 곧 찢어서 공문을 불태우고, 정암진으로 달려가 진을 치고 그를 기다렸다. 왜적이 사로잡은 함안 백정 두세 명을 정암나루에 먼저 보내, 미리 그들로 하여금 배를 정돈하도록 하였는데, 선봉은 벌써 십 리 밖에 박두하였다.

곽재우가 그 백정들을 끌고 와 넓적다리를 매질하고, 배를 침몰시켜 여울목을 막게 하니, 적이 감히 가까이 오지 못하였다. 왜적은 경상좌도 경계를 돌아 나와 김천으로 향하여, 무주와 금산을 거쳐 **마침내** 전주에 이르렀다.

○ 初, 宜寧郭再祐, 遭亂發憤, 以家僮十餘人, 裂衾爲旗, 着紅緋衣, 自稱 **'天降紅衣將軍'**. 擊鼓吹角, 揮旗大呼, 追逐岐江上來賊三十餘艘. 於是, 盡散家**貨**, 開庫任取, 募得勇健壯丁數百人. 或戰或退, 以捍蔽溯洛之寇. 自謂: "家世世臣, 厚受國恩, 宜以死報. 因以討賊復讐爲己任." 忠奮所激, 直情以行, 或疑其得心病.

時, 草溪郡守李惟儉, 自金海城方賊之逼攻也, 斫守門者, 掊鎖先逃, 不還于郡. 郡無主, 吏民取糧械. 再祐始起兵, 無軍器, 即馳往, 載軍器數駄以來. 陜川郡守田見龍, 剝割澌浚, 靡有紀極, 積失民心, 兀爲獨夫. 及亂作躁擾罔措, 且自知其罪貫怨盈, 慮有反爾之禍, 即開庫散穀, 交結山僧, 俾爲己援, 亡匿龍門山谷. 聞再祐擧義, 且猜且怵, 瞞報于都巡察**使**金睟·兵使曺大坤, 以'獷猂大盜'之狀. 大坤擬, 欲捕斬, 移關列邑, 列邑無應之者.

再祐兵勢頗振, 人皆樂赴. 駐兵于砥山, 列陣沿江上下數十里之間, 以遏江左之寇, 寇不得渡洛而西. 一運自蔚山·慶州·永川·新寧·義城·仁同之路. 一運自密陽·靈山·昌寧·玄風·星州·開寧之路, 直擣京城而分據慶州·永川·密陽·大丘·星州·玄風·善山·開寧·金山·尙州等地. 運營千里, 以爲首尾, 猗角之勢, 而不得渡洛.

倭將安國使稱名者, 自稱全羅監司, 自昌原至咸安, 出先文, 使咸安人, 送之于宜寧. 再祐見而大怒, 即裂而焚之, 馳往鼎津, 陳兵以待之. 賊擒咸安白丁二三人, 先送津頭, 預使之整舡而先鋒已迫於十里之外. 引其白丁等, 杖其股, 沈舡禦灘, 賊不敢近. 退還左界, 向金山, 歷茂朱·錦山, 聿至全州.

제15장 환아정換鵞亭에서 흘린 눈물

– 홍의장군 곽재우에 관한 회신

공이 처음 함양에 도착하여 곽재우의 일을 듣고서, 매우 기이하게 생각하여 곧 편지를 보내 그를 초청하였다. 김수가 글로써 공에게 묻기를

"곽재우의 행동거지는 **어떠하오?**"

라고 하였다. 공이 지극히 칭찬하여 이에 답을 하였더니, 김수는 장차 해치기가 불가함을 알고, 다시 도모함이 없었다.

○ 公始至咸陽, 聞再祐之事, 大奇之, 即移書招之. 睟以書問公曰: "再祐擧措**如何**?" 公極褒以答之, 睟知其不可害, 更無所爲.

– 산음山陰에서 있었던 일들

임진(1592)년 5월 초10일, 산음을 향해 길을 떠났다. 초유기를 앞세우고, 함양 사람 황윤黃潤과 운봉에서 합류한 소상진을 군관으로 삼아, 짝을 지어 앞으로 나아가고, 조종도와 이노 두 사람을 그 뒤에 따르도록 하였다. 해가 기울 즈음[晡時]에 산음군에 도착하였다.

고을 원 김락金洛은 환아정換鵝亭에 객사를 설치하고, 다반茶盤을 풍성하게 마련하여 올렸다. 공은 안색이 변하여, 김락을 불러 책망하며,

"이와 같은 성찬은 오늘날 신하 된 사람으로 마땅히 받을 만한 것이 아니오. 비록 먹는다고 하더라도 목구멍으로 삼키지 못할 것이오."

라고 말하고, 두 줄기 눈물이 턱에 교차하여 흘러내렸다. 김락이 사죄하고, 멈칫멈칫 뒤로 물러났다.

산음 사람 오장吳長과 의령 출신 이지李旨, 단성인 김경근金景謹이 칼을 차고 맞이하였다. 공이 고마워하면서,

"여러분들이 마음먹고 방문해주니, 반드시 뛰어난 계책이 있을 것이오. 청컨대 어떤 말을 듣기를 원합니다."

라고 하자, 김경근이 소리 높여 크게

"김수와 조대곤을 죽이지 않는다면, 대의를 펴서 회복을 이룰 수 없을 것입니다."

라고 하니, 공이 웃으면서

"이와 같은 한가한 잡담은 거두시오. 일은 성사될 수 없을 것이오."

라고 말하였다.

김락은 착하고 어진 관리로 평소 민심을 얻었기에, 갑작스레 군사를 모았는데도 8백여 명이나 얻었다. 진주의 전 주부 손승의孫承義가 찾아와서 뜰에서 절을 하였는데, 그를 고령의 임시 수령으로 차임하여 보냈다. 이미 떠나고 난 뒤에 조종도와 이노에게

"마땅한 인재가 없어[承乏] 쓰기는 하였지만, 눈에는 정신이 없으니 장차 오래가겠는가?"

라고 하였는데, 오래지 않아 과연 성주의 별티재[星峴] 전투에서 전사하였다.

初十日, 發向山陰, 建招諭旗, 以郡人黃潤及蘇尙眞爲軍官, 作偶前行, 趙·李二君隨其後. 晡時而至郡. 邑宰金洛, 舘於換鵝亭, 盛備茶盤, 以進之. 公色變, 招洛責之曰: "似此盛饌, 非今日臣子所宜受, 雖食不能下咽." 雙淚交頤. 洛謝罪逡巡而退.

縣人吳長·宜寧人李旨·丹城人金景謹, 仗劍迎謁. 公謝, 曰 : "諸生勤來相訪, 必有異策. 願聞一說.” 景謹抗聲大言曰: “不斬晬·大坤無以伸大義而成恢復.” 公笑曰: “除是閑說話, 不濟事.”

洛良吏, 素得民心, 卒然聚軍, 得八百餘人. 晉州前主簿孫承義, 來, 拜於庭, 即差遣高靈假守. 旣送, 謂趙·李二君曰: “承乏取用, 眼無精神, 其能久乎?”, 未久果死於星峴之戰.

제16장 천인공노할 하동현감의 행적

하동현감이 보고서를 올려왔는데, 창고의 곡식을 훔친 토적 십오 명을 잡아 목을 베었다는 것이다. 공이 보고서에 회신하기를

“사민들이 변란에 편승하여 도적이 되어, 관청의 창고까지 나타나는 것이니, 그 죄는 마땅히 참수하여야 할 것이지만, 만일 형벌이 무고한 자에게 미친다면, 신중하지 않으면 안 된다.”

라고 하였다. — 현감 이름은 준해遵諧이다. — 하동현감은 왜적이 장차 곤양昆陽을 압박할 것이라는 말을 듣고, 촌민들을 모아놓고 꾀어서 말하기를

“도적이 만약 갑자기 발생하면, 창고의 곡식은 모두 흔적 없이 타버릴 것이니, 이를 탐탁하지 않게 여겨서 버리느니, 차라리 내 백성들이 먹는 것을 용인할 것이다.”

라고 하였다. 저녁이 되자 창고 문을 열고, 마음대로 곡식을 가지고 떠나도록 하였다. 어리석은 **백성**들이 이것을 믿고, 앞다투어 들쳐 메고 나왔다. 현감 준해는 그의 노비들을 대나무 숲에 행방을 감추어 두었다가, 열다섯 명을 참수하고, 즉시 거짓 보고를 하였는데,

“토적이 국가의 대란으로 인하여, 여럿이 함께 모여 무리를 이루고, 창고를 부수고 곡식을 **내어가니,** 지극히 크게 놀라 이들을 붙잡아 목을 베었습니다. 운운”

이라며, 대체로 공적을 바라는 것이었다. 당시 왜적은 곤양을 침범하지도 않았다는 공론이 뒤에 일어나자, 이를 들은 사람들은 원통해 하지 않은 사람이 없었다.

공은 엄한 형벌로써 현감 준해의 목을 베려고도 하였으나, 혹시 세상 사람들의 풍문이 과도한지 의심되어, 단지 곤장 50대를 때리고, 자주 탐학스럽게 한다는 것으로써 장계를 올려 그를 파직하였다.

○ 河東縣監文報, 至捕斬偸倉穀土賊十五頭事也. 公題送曰: “土民乘亂爲盜, 至發官倉, 其罪宜斬, 萬一戮及無辜, 不可不愼.” — 縣監名遵諧 — 聞賊將迫昆陽, 誘集村民曰: “寇若猝起, 倉穀皆爲灰燼, 等棄之, 容寧吾民食.” 乘暮開門, 任其取去. 愚氓信之, 爭先擔出. 遵諧以其奴潛匿竹林間, 射殺十五斬之, 卽瞞報曰: "土賊因國家大亂, 屯聚爲群, 掊倉發穀, 極爲駭愕, 玆以捕斬云云" 蓋要功也. 時, 賊不犯昆陽, 公論後發, 聞者莫不痛之. 公欲以嚴律誅之, 或疑人言過度, 只杖五十度, 數以貪虐啓罷之.

第17장 의령가수와 소모관

이틀 동안 산음에 머물다가 진주로 향해 떠날 때, 조종도를 의령가수로 삼고, 이노를 단성과 삼가의 소모관으로 차임하여, **가서** 병사들을 거두게 하였다. 이노가

"병사를 일으키는 중대사이니, 먼저 군율이 있어야 마땅합니다. 군율이 없다면 선과 악이 혼란해질 것이라고, 『주역』에서도 그리 말하였습니다."

라고 한다.

"그렇다면 어찌해야 하오?"

"마땅히 초유사의 명령을 전하는 목패를 많이 만들도록 하여, 여러 고을에 나누어 **넘겨 주십시오.** 먼저 응하는 자가 **있은** 연후라야 여러 고을에 호령號令을 시행할 수 있고, 명분이 서고 **사리에 맞을 것**입니다."

"그리합시다."

이리하여 일행이 모두 목패를 찼다.

단성에 이르니, 현감 이제李磾가 **산에서부터** 구멍에 머리만 내밀고 엿보는 쥐마냥[首鼠] 나와 기다렸는데, 몹시 떨고 있었다.

○ 留二日, 將向晉州. 以宗道爲宜寧假守, 魯爲丹城·三嘉召募官, 俾泩收兵. 魯曰: "起兵大事, 宜先有律. 否臧, 亂." 公曰: "然則柰何?" 魯曰: "宜令多造招諭使傳令木牌, 分畀諸邑. **有**首應者, 然後, 可以施號令於列邑而名正**事**順矣." 公曰: "諾!". 於是, 一行皆佩. 至丹城, 縣監李磾, **自山**首鼠出候, 惴甚.

第18장 곽재우, 죽음으로써 허여와 조종도의 싸움 중재

- 의령에서 만난 조종도와 곽재우

곽재우가 공의 서한을 보고, 전투 현장에 나가다가 제복을 입고 그대로 와서 찾아뵈었다.

공이 그를 보고 기이하게 여기면서, 더불어 말을 해보니 더욱 기특하므로, 드디어 죽음으로써 서로 허여許與하고, 함께 동행하여 진주에 도달하였다.

조종도가 의령에 이르고 보니 온 고을 안 사람이 모두 곽재우 휘하에 속하여, 그의 지휘를 받고 있어서, 다시 더 일을 맡아 처리할 것이 없었다. 함안군수 유숭인은 산속에 숨어 있다가, 정암鼎巖 호수를 건너, 몰래 의령의 **경내를** 지나가고자 하였다. 곽재우가 이를 알고 마주 나와서, 자주 성을 버리고 도망하였다가 돌아온 죄로써 활줄을 잡아 당겨 **그를** 쏘려고 하였다. 유숭인 역시 활을 겨누어 이에 응수하는지라, 두 사람이 꽤 오래 서로 고집하고 양보하지 않았다. 조종도가 가서 이를 풀어 주었더니, 유숭인은 이 사건으로 인하여 곽재우 진영에 머물렀다.

○ **再祐**見公書, 以赴戰冠服來謁. 公見而異之, 與語益奇之, 遂相許以死, 同行至晉.

宗道至宜寧, 一境之人, 皆屬再祐, 聽其指揮, 更無所句當事. 咸安郡守柳崇仁, 匿山中, 涉鼎湖, 潛過宜**界**. 再祐知之逆出, 數以棄城逃歸之罪, 彎弓, 欲射**之**. 崇仁亦彎弓以應之, 二人相持良久. 宗道往解之, 崇仁仍留再祐陣下.

– 송암 이노의 소모召募 활동과 창의倡義

이노가 삼가 경내로 들어가니, 진종일 한 사람도 볼 수 없었다. 재빨리 대평大平에 **이르니**, 오로지 봉사奉事 노흠盧欽이 그의 집에 있었으나, 늙어서 무슨 일을 할 수 없다고 사양하였다. 삼가현감 장령張翎은 허굴산墟崛山의 황계黃溪에 숨어 있었는데, 불렀더니 나왔다.

박사겸朴思兼·박사제朴思齊·노순盧錞 세 사람이 칼을 차고 와서 만나, 서로 창의하기로 약속하였다. 곧장 단성으로 들어가 권세춘權世春·권제權濟 등에게 거짓 없이 진실하게 초유사의 뜻을 가지고 부탁하였다.

이리하여, 김면金沔은 거창에서 기병하였고, **정인홍**鄭仁弘은 합천에서 기병하였다. 박세겸과 박사제 등은 삼가에서 의병을 일으켰는데, 모두 8, 9백 명의 병사를 모았다. 단성의 권세춘 등이 또한 5백 명의 병사를 모았다. **진주에서 허국주**許國柱 **등이 역시 6, 7백여 군사를 모집하였다**. 초계의 전치원全致遠·이대기李大期가 또한 기병하여, 군사들을 나누어 지휘하였다.

공이 진주에 있으면서, 이 소식을 듣고 크게 기뻐하며, 당일로 장계를 올렸다. 함안 사람 이정李瀞을 그 군의 소모관으로 삼았으며, 더불어 군수 유숭인을 책망하여 다시 함안으로 돌아가게 하였다. 이정이 흩어진 병졸 6백여 명을 수합하여, 군수에게 소속시켜 함께 성을 지키면서 매복하고 차단하여 왜적을 막아내었다.

魯入三嘉境, 則終日不見一人, 疾底大平, 惟盧奉事欽在其家, 辭以老無能爲. 縣監張翎, 廋在黃溪, 招而至. 朴思兼·思齊·盧錞三人, 帶劒來會, 相約起兵. 旋入丹城, 囑權世春·權濟等丁寧以招諭之意.

於是, 金沔起兵於居昌, 鄭仁弘起兵於陜川. 朴思兼·思齊等, 起兵於三嘉, 咸得衆八九百人. 丹城權世春等, 亦聚兵五百人. 晉州許國柱等, 亦募衆六百人. 草溪全致遠·李大期, 亦起兵, 分掌之.

公在晉, 聞之大喜, 卽日馳啓. 以咸安人李瀞爲其郡召募官及責柳崇仁, 還郡. 瀞收散卒六百餘人, 付郡守共守城, 設伏遮截.

제19장 초유사가 관상을 보는 법

이보다 먼저, 합천군수 전현룡은 왜적이 경내로 들어오지 않았는데도, 자기가 먼저 도망갔다가 되돌아왔다. 전 첨사 손인갑孫仁甲이 길**에서** 우연히 만나, 장차 그의 목을 베려고 하였다. 훈련봉사 윤탁尹鐸이 극력으로 구하여 이를 중지시켰다.

공은 그의 악행을 모두 듣고, 전현룡을 죽이고자 하였다. 김수는 보호할 수 없음을 알고, 미미한 죄책으로 장계하여 그를 파직시키고, 손인갑으로 하여금 임시로 그 직무를 맡게 하였다. 처음 왜적이 갑자기 영남의 명예를 더럽힐 때 손인갑은 김수의 휘하에 있었다.

김수가 물러나 거창에 머무를 때, 웃으면서 그의 휘하들에게

"한양 사람들은 이제부터 **영남** 사람들과 혼인하지 않을 것이다."

라고 말하였다. 김경로가 그것에 대해

"더럽혀진 것을 어찌할 것입니까?"

라고 화답하였다. 손인갑이 이내

"한양과 영남이 서로 혼인 관계를 맺는 것은 이미 가망이 없습니다. 다만, 순사또[巡使道]께서는 추물인 왜적이 조령을 넘어 한양으로 들어가지 못하게 하옵소서!"

라고 대답하였다. 김수는 아무 말이 없었는데, 모두 손인갑이 대답을 잘하였다고 칭찬하였다. 공이 이에

"손인갑은 비록 용감하고 건실하지만, 귀가 구부러져 **의욕이 없고**, 눈이 커서 겁이 많

으니, 나는 그가 매우 위태로울 것으로 본다."

고 말하였다. 그 후 과연 칠곡의 말구리나루터[馬津] 전투에서 전사하였다. 공이 관상을 보는 것은 대개 이러하였다.

○ 前此, 陜守田見龍, 賊不入境, 而先自逃歸. 前僉使孫仁甲, 遇于道, 將斬之; 訓鍊奉事尹鐸, 力救止之. 公備聞其惡, 欲以誅之. 晬知不保, 以微啓罷, 以孫仁甲爲假將.

初, 賊之突汚巘也, 仁甲在晬麾下. 晬退住居昌, 笑謂其麾下曰: "漢陽人, 從此不與嶺南人爲婚." 金敬老和之曰: "陋如之何?" 仁甲即對曰: "漢·嶺交婚, 已無可望. 但願使道, 毋令醜寇踰嶺入漢也.? 晬嘿然, 皆稱仁甲之善對.

公曰: 仁甲雖勇健, 耳俯而嬾, 目大而怯, 吾甚危之." 其後, 果死馬津之戰. 其觀人, 類如此.

제20장 군세를 갖추어 가는 경상우도의 의병진

삼가현 사람들은 윤탁尹鐸으로 대신하여 장수로 삼아, 군사를 거느리고 곽재우에게 맡겼다. 곽재우는 두 현의 군사를 통솔하여, 정암진鼎巖津의 호수와 의령현 동북쪽 세간리世干里 두 곳에 큰 진영을 설치하고, 바삐 왕래하며 번갈아 머물렀다. 한편으로 창원과 웅천熊川에서 함안으로 출몰하는 적을 방어하고, 또 한편으로는 낙동강에 그득하게 널리 퍼진 왜적을 막아 내었다.

삼가는 박사제가 도총都摠이 되고, 허자대許子大는 병장기를 만들었으며, 정질鄭晊은 군량을 주관하고, 노순盧錞이 군량 수송을 맡았다.

의령에서는 정연鄭演으로 하여금 남아 있는 장수들을 감독하게 하였으며, 권란權鸞을 돌격장으로 하고, 이운장李雲長을 수병장으로 하였으며, 심대승沈大承과 배맹신裵孟伸을 선봉장으로 하였다. 허언심許彦深은 군량미를 관장하고, 강언룡姜彦龍은 무기를 다스리게 하였더니, 향리의 부호들이 다투어 소를 잡고 쌀을 내어, 날을 바꾸어 돌려가면서 군사들을 먹였다. 공이 더불어 전 목사 오운吳澐을 소모관으로 하여, 장차 군사 수효를 총괄하도록 겸임시키고, 이로써 명성과 위세를 돕도록 하였다.

정인홍은 합천 사람들을 모두 징발하여 군병으로 삼아, 가야산 아래 야로冶爐에 주둔하여, 성주성에 웅거한 도적들을 뒤흔들었다. 하혼河渾과 조응인曺應仁 그리고 정인영鄭仁榮을 참모로 하고, 생원 정인준鄭仁濬과 진사 서적徐迪은 본 군의 병량을 조사하고 맡아 보도록 하였다. 권양權瀁은 오로지 진영에 부족한 것을 공급하여 안정시키도록 하였으니, 집집마다 부과

하여 거두어 공급하였고, 병사가 도망하여 숨은 자는, 그 오두막집을 불사르기까지 이르니, 혹시라도 감히 숨지 못하였으니, 군사의 수효가 매우 많았다.

김면이 관장하는 곳은 고령과 거창인데, 두 고을의 군대에 참모는 바로 곽준郭䞭과 문위文緯였다. 거창과 지례知禮의 경계에 있는 우지치牛旨峙 아래에 진을 치고 주둔하여, 지례와 김천 그리고 개령에 머물고 있던 왜적을 방어하였다. 호령과 기율이 자못 엄숙하고, 군대의 위용이 지극히 웅장하였다. 이로 말미암아 김면·곽준·문위 세 사람 모두를 의병대장이라고 호칭하였다.

○ 三嘉人, 以尹鐸爲代將, 領軍付再祐. 再祐領二縣之兵, 設大陣於鼎湖·世干兩處, 交馳互往. 一以拒昌原·熊川出沒咸安之賊, 一以捍充斥洛江之寇. 三嘉, 則思齊爲都摠而許子大造軍器, 鄭晊主軍粮, 盧錞主運餽.

宜寧, 則鄭演爲督後將, 權鸞爲突擊將, 李雲長爲收兵將, 沈大承·裵孟伸爲先鋒將. 許彦深典軍餉, 姜彦龍治兵械, 鄉之饒戶, 爭擊牛, 出米, 輪日以餉軍. 公又以前牧使吳澐爲召募官, 兼摠其數, 以助聲勢.

鄭仁弘悉發陜人爲兵, 屯于治爐, 以撼星州據城之盜. 河渾·曺應仁·鄭仁榮, 爲參謀而生員鄭仁濬·進士徐迪, 句會本郡兵粮. 權瀁專管陣所供億, 家抽戶斂以給之, 兵之逃匿者, 至焚其廬, 毋或敢隱, 軍數甚衆.

金沔所領, 即高靈·居昌二邑之軍而其參謀, 則郭䞭·文緯而留陣牛旨之下, 以御知禮·金山·開寧留屯之賊. 號令紀律頗嚴肅, 軍容極壯. 由是, 三人皆以義兵大將稱之.

제21장 순찰사를 따를 것인가 초유사의 명을 받을까

이때, 초계군에 군수가 없어 전 군수 곽율을 임시 **수령**으로 삼았다. 공은 장차 이노를 초계군수로 차임하고자 하니, 이노가

"전 군수 곽율은 일을 맡아 처리하고 백성을 구제하는 데에 재능이 많아, 정치상 업적이 분명하고 또렷하였는데, 지금 **가야산**에 있습니다."

라고 고하였다.

"내가 이미 그것을 들었소."

공이 선 채로 전령을 써서 이노에게 내주고, 가서 곽율을 찾아 그가 나오도록 권장하였다. 이노가 바삐 가서 합천에 도착하니, 곽율이 손인갑의 처소에 와 있었는데, 김수가 거창

에서 합천가수로 차임한 **두** 첩지가 함께 이르렀다.

어떤 이가

"장차 순찰사를 따를 것이오? 아니면 초유사를 따를 테요?"

라고 한다. 합천 사람들은 그의 현명함을 알고 있었기에, 합천가수가 되기를 원하였다.

"순찰사를 따르는 것이 좋을 것이오."

모두 말했다. 곽율은 웃으면서,

"모두 감당하기는 불가하지만, 만약 부득이하다면 나는 초유사를 따를 것이다."

라고 말하고, 당일로 달려가 초계군에 부임하여 소동을 **서로 덮었다.**

의령은 이미 고을 원이 없고, 조종도 또한 하기 어렵다고 사양하여, 판교判校 오운을 소모관으로 삼아, 곽재우와 더불어 협심하여 군사를 불러 모으도록 하였다. 오운은 곽재우가 의병을 일으키던 초기부터 재물을 출연하여 군사들에게 음식을 주어 위로하였는데, 이때 이르러서는 더욱 마음과 정성을 다하였더라.

○ 時, 草溪無倅, 以前郡守郭趄爲假**守**. 公將差魯, 魯曰: "前郡守郭趄, 幹惠多才, 素著政績, 今在伽倻**山**." 公曰: "吾旣聞之." 立書傳令, 付魯往搜, 勸出之. 馳到陜, 趄來在仁甲所, 睟自居昌差陜假守帖, 偕至. 或曰: "其從巡察乎? 其從招諭乎?" 陜之人知賢, 願爲其倅. 僉曰: "從巡察, 可也?" 趄笑曰: "皆不堪, 如不得已, 吾從招諭." 即日走, 赴草溪**相覆**.

宜寧旣無倅而宗道亦辭以難爲, 以判校吳澐爲召募官, 俾與再祐, 協心召聚. 澐自再祐起義之初, 損財餉軍, 至是益盡心焉.

제22장 호남의 보장으로 진주성과 그 사정

공이 단성으로부터 쉬지 않고 곧바로 진주에 왔더니, 목사 이경李璥과 판관 김시민金時敏은 지리산 상원동에 숨어 있었다. 김시민은 공이 **행차하였다**는 소문을 듣고 산에서 **나왔지만**, 이경은 병을 핑계로 나오지 않았다.

공이 명을 전하여 목사를 부르니, 어찌할 바를 전혀 알지 못하다가 등에 부스럼이 나서 죽었다. — 이경은 산에서 실려 오다가, 소남촌召南村 객사 **본체에서** 죽었다. — 그의 아내 이 씨는 의복을 죄다 싣고, 먼저 호남으로 달아나버렸으니, 다만 몸에 두른 적삼이 있을 뿐이라 장차 염습을 할 수가 없어, 공이 보낸 옷 한 벌을 수의로 하였다. 판관 김시민은 물건 하나도

부의하지 않더니, 제물 하나도 이바지하지 않았다.

주위 사람들이 공에게 일러 묻기로서니,

"이경은 낮지 않은 고관으로서 진주성을 버리고 피하여 숨었는데, 공은 진즉에 죽이지 않더니, 더불어 수의까지 입히다니, 어째서입니까?"

공은 손사래를 치며,

"그대의 말이 옳다. 성을 버리고 도망가서 숨은 자들을 애초에는 목을 베지도 않았는데, 이제 모두 벌줄 수 있겠는가? 임금을 위해서 나랏일을 성취하지도 못하고, 다만 사람들을 놀라게 할 뿐이다. 홑적삼으로 입관하는 것은 듣기에 차마 못 할 일이어서, 옛날의 정의情誼였던 고로, 이렇게 하지 않을 수 없었을 뿐이다."

라고 하였다.

판관을 독려하여 군사를 다시 모이게 하였는데, 판관이 이에 **부합하여, 더불어** 더욱 백성들에게 은혜를 베풀었더니, 백성들 중에 성으로 돌아온 사람이 많았다. 김시민은 군사 수천 명을 얻자, 업무를 분장하여 성을 지키게 하였다.

전 군수 김대명金大鳴을 소모관으로 삼고, 손승선孫承善을 수성유사守城有司로 임명하고, 허국주許國柱와 정유경鄭惟敬 등 두 명을 복병군의 지휘관으로 하였다. 하천서河天瑞에게 군량과 물품을 징발하여 수송하는 일을 맡기고, 강덕룡姜德龍에게 갑옷과 무기를 수선하게 하고, 신남申楠에게는 취사와 음식 접대를 관장[饔饌]하게 하였다. 이에 군사를 단련시켜 위세를 떨치게 되자, 군율이 자못 엄정하였다. 성이 무너진 곳은 보완하고, 해자垓子가 얕은 곳은 준설하였다.

공이 늘상

"진양은 호남의 보장이다. 진양이 없으면 호남이 없으며, 호남이 없으면 나라는 하염직할 만한 것이 없다. 적이 입맛을 다시며 턱을 움찍거리는 것은 늘 이곳에 있으니, 막아서 지키는 것을 느슨하게 할 수 없다."

라고 하더니만, 이 진양성을 벗어나지 못하고 절명하였다.

○ 公自丹城直抵晉州, 牧使李璥·判官金時敏, 竄在智異山上院洞. 時敏聞**公行, 出;** 璥稱病, 不出. 公傳令致之, 璥罔知所爲, 疽發而死. — 璥輿于山, 死**干**召南村舍 — 其妻李氏, 盡載衣服, 先走湖南, 只有穿身單衫, 將無以爲殮. 公以一件服襚之. 判官時敏, 一物不賻, 一奠不供. 旁人謂公曰: "璥以不小達官棄城, 避匿; 公旣不誅, 又襚以衣, 何歟?" 公謝曰: "君言則是. 棄城避匿者, 初旣不誅, 今可盡誅乎? 不集王事, 只是駭人耳. 單衫入柩, 聞所不忍, 故舊之情, 不得不爾."

督判官, 聚軍; **判中**, **又**益惠於民, 民多**歸**之. 得衆數千, 分議守城. 以前郡守金大鳴爲召募官; 孫承善爲守城有司; 許國柱·鄭惟敬等二人, 爲伏兵將. 河天瑞任調度, 姜德龍繕甲兵, 申楠掌饔餼. 於是, 練戎奮威, 軍律頗整. 城之頹者以完, 池之淺者以濬.

公曰: "晉陽, 湖南之保障. 無晉陽, 無湖南; 無湖南, 國無可爲矣. 賊之朶頤, 長在於此, 防守不可緩矣." 不出此城以死.

제23장 진주성 함락의 빌미

촉석성矗石城은 아득한 신라 때부터 견주어 살펴보면, 요충지에 방어시설을 지은 것은 천백 년이 지났어도, 처음부터 무너져 이지러짐이 없다. 등나무 덩굴이 뒤엉켜 있으며, 이끼가 덮여 가렸으니, 마치 하늘이 이루어 놓은 것과 같았다.

그런데, 김수는 촉석성이 **작다고** 싫어하였음에도, 동남쪽 한 모퉁이를 헐고, 진창이 지는 땅에다가 되물려서 쌓았다. 비단 신축한 것이 완전하지 못하였을 뿐 아니라, 물이 조금만 넘쳐도 곧바로 부딪혀 침식하였다. 성곽은 넓었다지만, 또한 낮은 데가 있으므로, 왜적이 도리어 높은 곳에 오른다면, 지키기 어려운 형상이라는 것은 눈이 있다면 모두 아는 것이었다.

김수는 도망하였다가 비록 공에 의해서 이끌려 되돌아온 바이지만, 적의 세력은 날로 치열하고, 인심은 날로 어리석어짐에, 도내 사민들은 모두 공을 우러러 메아리처럼 호응하게 되니, 지나치게 시샘하여 앙심을 품게 되었다. 공은 오로지 정성스럽고 참되게 그를 대하였지, 의심하거나 멀리하는 일은 조금도 없었다.

○ 矗石城, 敻自新羅相方, 設險更千百年, 少無崩缺. 藤蘿繆結, 苔蘚盖覆, 若天成者. 然, 晬以城**小**爲嫌, 毁東南一隅, 退築于洿濘之地. 非惟新築不完, 水小漲, 輒衝囓. 城闊且低, 敵反升高, 難守之形, 有目皆知. 晬雖爲公所挽旋來, 賊勢日熾, 人心日愓, 道內士民, 咸仰公爲響應, 噎媢怏怏. 公一以誠信待之, 小無疑阻.

제24장 전군에 규칙과 명령 하달

공은 군대에 기율이 없어 모여짐과 흩어짐이 무상하여, 명령과 규칙 등의 각 조목을 정하고, 여러 고을에 전령하였다.

"군대가 뿔뿔이 도망하여 무너지는 것이 풍습을 이루었으니, 스스로는 일시적이라고 여기지만, 대부분이 **흩어져 도망**쳐 버리면, 일일이 법을 시행하기 어렵다. 군대의 대오에는 자고로 통솔이 있어야 하므로, 열 명이 도주하면 통장統將을 참수한다. 통장이 도망하면 훈도訓導 중의 우두머리를 베고, 온 군대가 모두 도피하면 영장領將을 참할 것이다. 죄인을 잡아서 넘겨주지 않은 자도 더불어 같은 죄에 처할 것이다."

또 이르기를

"먼젓번에는 충의로써 권면하였는데, 인제 와서 형법으로써 단속하니, 쇠락한 세상의 일이다. 시행할 일을 계획함에는 느즈러짐과 당김이 있어야 하니, 은혜와 위엄을 아울러 시행하라."

라고 하였더니, 군사들이 모두 두려워하여 감히 혹시라도 도망하는 자가 없었다.

○ 公以軍無紀律, 聚散無常, 定爲科條, 傳令列邑曰: "逃潰成風, 自以爲一㫮, 類多**散亡**, 則難於一一行法. 軍伍自有統率, 十名有逃, 斬統將. 統將有逃, 斬都訓導, 一軍盡逃, 斬領將. 不捉付者, 與同罪." 且云: "先以忠義勉之, 今以刑法束之, 衰世事也. 設施弛張, 恩威並施." 軍皆聳惴, 無敢或逃.

제25장 절명시를 배경으로 한 의려들의 활약

- 촉석루중삼장사 시를 지은 정황

공이 처음 진양에 도착하였을 때, 목사는 산에 있고 군사와 백성들이 모이지 않아, 성 안은 쓸쓸하고 적막하며, 강물은 멀리 아득하였다. 공은 배회하며 실망하여, 슬퍼함에 한탄하는 마음이야말로 감당할 수가 없었다.

조종도가 의령현감으로 갔다가 진주성에 도착하여, 손을 맞잡고 공에게 일컫기를

"진양은 절제사가 있는 진영이고, 목사는 정품正品을 받은 쟁쟁한 벼슬인데, 지금 이와 같다면 앞으로 일이 되어 가는 형편과 정세는 손을 댈 곳이 더 이상 없으니, 빨리 죽어 이득이 되는 것만 못합니다. 바라건대, 영공과 더불어 함께 이 강물에 빠져 죽을지언정,

흉악한 칼날에 죽을 필요가 없습니다."

라고 하였다. 그러고는 손을 부여잡고 강물로 이끄니, 굳게 잡은 것을 풀 수가 없었다. 공이 웃으면서,

"한 번 죽는 것은 늦지 않지만, 헛되이 죽어서 무슨 **도움이** 되겠소? 보잘것없는 아녀자의 고집은 나는 부리지 않을 것이오. 선대 임금이 남긴 은택이 오히려 아직 끊어지거나 다하지 않아, 주상은 이미 자신을 죄책하는 교서를 내렸으니, 천심도 바야흐로 화를 다시 받지 않도록 뉘우침이 싹트고 있다오. 만일에 제군들이 창의하여 돕는 바에 힘입어, 여러 고을의 많은 선비가 깨달음을 얻는다면, 선비는 백성의 바람이나 믿음이 되는지라, 백성들이 어찌 따르지 않겠소.

그러한 뒤에, 군사를 나누어 요충지에 웅거하여, 측면에서 돌격하는 적을 막아낸다면, 소강왕少康王이 일으킨 5백여 명의 적은 병사로써 하나라가 중흥이 가능하였던 것과 같은 회복의 공적은 변별**하기** 어렵지 않을 것이오. 만약에 상황이 좋지 않다면, 장순張巡처럼 지키다가 죽어도 가능할 것이고, 안고경顏杲卿과 같이 꾸짖다가 찢겨 죽어도 괜찮을 것이오.

그대는 어찌 그리 황급하오? **혹시라도 그렇지 않다는 것은** 당연히 이 강물과 같을 것이오. 나는 죽음을 두려워하는 사람이 아니오."

라고 하였다. 인하여 서로 눈물을 흩뿌리며 크게 통곡하고 물러 나왔다.

— 당초에는 **공에게도 함께 죽을 마음이 있었고, 이군 역시 맹약에 참석 중이었다.** 세 사람이 솥발 모양으로 마주 벌려 앉았는데, 술이 없어 성 안의 인가에서 두루 구하여, 각자 한 잔을 마셨다. 공이 시를 지었다.

矗石樓中三壯士/ 촉석루 중 세 사나이,

一杯笑指長江水/ 한 잔 술로 웃으며 장강수를 가리킨다.

長江之水流滔滔/ 장강 물은 흐르기가 도도하니,

波不渴兮魂不死/ 강물이 마르지 않듯이 넋인들 죽지 않으리다!

드디어 함께 띠를 묶어, 동문 밖 깎아지른 절벽 뒤벼리[鼯巖]로 걸었다. 공은 다시 가면서 또 생각하여, 이것은 헛되이 죽는 것이라 여기고, **아무 일도 하지 않고** 마침내 그쳤다. —

○ 公之初到晉陽也, 牧使在山, 軍民不集, 城中寥寥, 江水茫茫. 公徘徊惆愴, 不堪悲惋.

宗道自宜至, 握手, 謂公曰: "晉陽巨鎭, 牧使名宦, 今若此, 前頭事勢, 更無下手地, 不如溘死爲得. 願與令公, 同沈此水, 不必死於兇鋒." 執手引江, 牢不可解. 公笑曰: "一死非晚, 徒死何益? 匹婦之諒, 吾不爲也. 先王遺澤, 尙未盡斬而主上已下罪己之敎, 天心方有悔禍之萌. 倘賴諸君倡義之助, 得聆列邑多士之應, 士爲民望, 民何不從. 然後, 分兵據要, 以遏横突, 一旅足以興夏恢復之功, 不難辨也. 如其不幸, 張巡之死於守, 可也; 杲卿之剮於詈, 可也. **君何遽也? 儻所否者,** 有如此水. 吾非畏死者." 因相與揮淚, 大慟而罷. ㅡ 當初, 公**有同**死心, **李君亦參約中**. 三人鼎坐, 無酒, 遍求城中人家, 各飮一杯. 公作詩曰: "矗石樓中三壯士, 一杯笑指長江水. 長江之水流滔滔, 波不渴兮魂不死." 遂與結帶, 以行鼫巖. 公且行且思, 以爲徒死, 無**爲**遂止. ㅡ

- 김면 대장이 한 괜한 일

의병대장 김면은 고령의 무계 마을에서 승리하였을 때, 왜적의 전투함[花艦]을 노획하였다. 보화 몇 바리를 공에게 실어 보내면서, 행재소에 전송하게 하였다. 공이 촉석루에 앉아서, 수량을 점검하고 살펴보았는데, 채색 비단과 진귀한 보배 물건들이 매우 많았다.

비단은 길고 짧은 것이 20단端이고, 푸르고 누른 무늬를 넣어 짠 기견綺絹이 40단, 넓고 좁게 명주실로 짠 사환紗紈은 60묶음이며, 두꺼운 비단과 얇은 비단인 능라綾羅 전반이 30속束, 명주의 한가지인 정주鼎紬가 3백 필, 동견銅絹 또한 3백 필이고, 문양 비단인 문금紋錦이 50폭幅, 붉은색 도포가 90령領, 하얀 실꾸리가 20냥兩, 홍화씨가 30근斤, '종계변무宗系辨誣'에 공로가 있는 '광국공신'들의 연회 장면을 그린 「광국공신연회계축도光國功臣宴會契軸圖」가 1번幡, 세조 임금이 시주하였다는 「세조시어사휘현백世祖施御寺諱懸帛」도 1번幡이고, 침향沈香 나무로 만든 약상자 1개箇, 왜놈 장수 금안장이 1좌坐였다.

이를 대청 위에 풀어 펼쳐 놓으니, 광채가 눈에 불꽃이 일 듯하였다. 좌우에서 보던 사람들이 모두 자기가 가질 듯한 마음[漁色]이 있어, 그 극적인 승첩을 깊이 칭찬하였지만, 난처한 기색이 있는 듯하였다.

金大將沔, 茂溪之捷, 花艦所得. 寶貨領輸數駄于公, 俾之轉送行在. 公在矗石樓, 點數觀之, 其綵錦珍寶之物甚夥. 綵段長短二十端, 綺絹靑黃四十端, 紗紈廣狹六十束·綾羅全半三十束, 鼎紬三百疋, 銅絹三百疋, 紋錦五十幅, 緋袍十九領, 白絲二十兩, 紅花三十斤, 「光國功臣宴會契軸圖」一幡, 「世祖施御寺諱懸帛」一幡, 沈香藥函一箇, 倭將金鞍一坐. 披飜於堂上, 光彩眩纈. 左右觀者, 皆有漁色, 深奬其克捷, 而似有難處之色.

- 임금의 옷 걱정과 보화의 처리

창원도호부사 장의국張義國과 도사都事 김영남金穎男이 입을 모아 감탄하면서

"주상께서 내탕금을 모조리 내버리고, 몸만 빼내서 서쪽으로 행차하였는데, **가을철**이

멀지 않습니다. 변방 땅은 추위가 일찍 닥칠 것인데, 상의원尙衣院에서 임금의 의복은 누가 지어 올리겠습니까? 왕자와 왕녀가 많고, 궁인과 시녀도 역시 많으니, 의당 빨리 보내도록 지시해야 합니다."

라고 말하니, 공이 아무 말 없이 한참 동안 있다가

"제군들이 나라를 걱정하고 임금을 사랑하는 것은 한마디로 이르자면 지극하다 할 것이오. 용만[義州]은 국토의 한 모퉁이에 있고, 변경의 요새는 멀고 험하며, 구역마다 왜적들이 꽉 차 있어 편지를 아뢰는 것도 어렵게 전하고 있다오. 제군들은 오직 의기를 분발하여 왜적을 쳐서 회복을 도모할 것이지, 어복御服을 마련하여 올리지 못할지라도, 왕자와 시녀들이 장차 추위에 떨 걱정은 하지 마시오. 하물며 마천령 서쪽 지방[關西]의 명주와 비단은 토산물로서 아직 모두 보전되고 있거늘, 어찌하여 옷을 짓는 데 그 갖춤이 없다는 것을 왜 염려하오?"

라고 하였다. 이노가 "지해志海 — 김면의 자이다. — 가 이와 같이 자잘한 일을 할 줄 헤아리지 못하였습니다. 어찌하여 이를 다 흩어서 군사들에게 나누어 주지 않았답니까? 영공의 직분은 단지 초유하는 것이니, 공적인 일은 스스로 외인으로 여겨 간여하지 아니해야 합니다. 어찌 도사가 이를 처리하도록 맡기지 않습니까?"

라고 하였다.

"김면이 이미 나에게 보냈는데, 도사가 어째서 이것을 받겠소?"

영내 아전으로 하여금 남원으로 보내게 해서, 그곳의 창고에 감추어 두고, 왜적이 침범해 오는 길이 청정해지는 때를 기다리게 하였다.

昌原府使張義國·都事金穎男, 交口歎曰: "主上盡棄內帑, 脫身西幸, 秋**期**不遠. 邊地早寒, 尙方御服, 誰爲製進? 王子女㹞㹞, 宮人侍女亦多, 宜令速遣." 公默然良久曰: "諸君之憂國愛君, 可謂至矣. 龍灣一隅, 關塞脩阻, 賊滿區域, 奏牒艱傳. 諸君但當奮義討賊, 以圖恢復, 無憂御復之不供·王子侍女之將寒也. 況關西紬絹, 乃其土産而尙皆完全, 何患製服之無其具乎?" 魯曰: "不料志海 — 金沔字也 — 爲此瑣瑣, 何不散盡以與一軍也? 令公之職, 只是招諭, 自外公幹. 何不付都事處之." 公曰: "彼旣送我, 都事其受之乎? 令營吏轉致南原, 使藏於其府, 以待賊路淸淨之期."

- 의령의 의로운 사람들

조종도를 단성과 산음 그리고 함안에 파견하여 군사 한 사람씩 이름을 불러가며 수효를 조사하게 하고, 이노를 의령과 삼가 그리고 합천에 보내 여러 장수를 감독하도록 하였다.

이노가 말을 달려 의령에 도착하니 윤탁이 삼가현의 군사를 이끌고 용연龍淵에 주둔하고 있었다. 심대승은 의령현의 군사들을 인솔하여 진등재[長峴]에 설진하였다. 심기일沈紀一은 정암호수의 배를 지키며 강을 건너는 것을 엄중히 살피고 있었다.

안기종安起宗은 현의 동북쪽 유곡리柳谷里에 복병을 두었다. 이운장李雲長은 현의 동쪽 끝 낙서리洛西里를 주관하였고, 권난權鸞은 신반의 옥천대玉川臺를 차단하고 다스렸다. 목사 오운은 가례의 백암마을에서 병사를 모집하였다.

곽재우 의병장은 세간리에 군대를 주둔시키고, 중간에 위치하여 이들을 통제하였다. 좌로는 낙동강에서 오른쪽은 정암나루 호수까지, 강 연안을 따라 아래 위 60리 사이를 거슬러, 높은 곳에는 망을 보는 군사들을 빽빽하게 배치하여, 보고를 접하면 즉시 달려가 혹은 공격하고 또는 쫓아내었다. 왜적이 함부로 맞서 싸울 수가 없었으니, 남아 있는 백성들이 이를 의지하여 농사를 지을 수 있었다.

遣宗道于丹城·山陰·咸安點兵, 送魯于宜寧·三嘉·陜川觀軍. 魯馳到宜寧, 則尹鐸率三嘉軍, 住于龍淵. 沈大承率本縣軍, 住于長峴. 沈紀一守鼎湖之舡, 譏察過涉. 安起宗設伏于柳谷, 李雲長管于洛西, 權鸞遮截於玉川臺, 吳牧使澐收兵于白巖. 郭大將留軍於世干, 居中而統制之. 左洛江右鼎湖, 沿遡上下六十里之間, 望軍森立, 應報輒馳, 或擊或逐. 賊不能肆其衝突, 餘民賴而作農.

- 참수와 포상

곽재우는 처음부터 왜적의 목을 베는 것을 금지하였다.

"사람들은 당연지사 나라를 위하여 적을 토벌하는 것이니, 수급을 바쳐 **공적**을 바라는 것은 도의에 불가하다. 전공을 탐해서 참수하는 것을 좋아하면, 반드시 해를 당하는 일이 많아질 것이다."

라고 말하였으므로, 비록 왜적을 많이 사살하였어도, 감히 목을 베어 올리지 못하였다. 이노가

"그대의 본뜻은 매우 좋지만, 모두가 종군하여 힘써 싸우는데, 그 누군들 공을 세워 세상에 이름을 떨치고자 하는 마음이 없을 것인가? 장차 반드시 나태해지고 말 것이다."

라고 일렀다. 그 후 **기강**岐江의 승첩에서, 활을 쏘아 맞히고 사살한 적의 **숫자가** 의외로

많았으니, 비로소 참수를 허락하였다.

군사들이 다투어 물에 뛰어들어 60여 급을 목을 베었던바, 모두가 이것을 차지하지는 않았다. **군관** 조사남曺士男은 먼저 적선에 올라, 칼을 휘둘러 마구 쪼개고 찍어 죽였으나, 끝내 거짓으로 죽은 척하고 있던 왜적의 칼에 찔려 전사하였다. 곽재우가 크게 통곡하며,

“내가 목을 베는 것을 금지한 것은 이런 것을 일러 바로잡고자 한 것이었다.”

라고 말하였다.

郭自初禁斬, 曰: “人當爲國討賊, 獻首要**功**於義不可. 貪功喜斬, 必多遇害.” 故射殺雖多, 無敢進斬. 魯謂之曰: “君之本意甚善, 諸人之從軍力戰者, 其孰無功名之心乎? 其終必怠.” 其後岐江之捷, 射中射殺無慮**其數**, 始許斬首. 軍爭赴水, 所斬六十餘級, 皆不自與焉. **軍官** 曺士男, 先登上**舡**, 揮劒亂斫, 而終爲佯死倭所刺. 郭大慟, 曰: “吾之禁斬, 政謂此也.”

- 삼가와 초계 그리고 합천의 군세

이노가 삼가현에 이르니, 그 고을의 수령 장령張翎은 바야흐로 유사 여럿과 노순과 허자대 등과 함께 서문 누상에 앉아, 학유 윤선尹銑에게 괴로움을 겪고 있었다. 그때 박사겸 등은 물동勿洞에서 먼저 향병을 일으키는 일이 이미 발생한 뒤인지라, 그 뛰어나고 용감한 병사들을 가려 뽑아, 윤탁으로 하여금 곽재우 의병장에게 거느리고 갔다. 박사제와 박응구朴應龜 등은 나머지 군사들을 이끌고, 물현勿峴 위에 매복하였으나, 번거롭게 공금은 쓰지 않았다.

합천에 닿으니, 임시 장수인 손인갑이 군에 있으면서 군사를 훈련시키는데, 합천군 내 인사들이 공의 충의에 감격하여, 머리를 치켜들고 힘찬 기운을 내지 않는 사람이 없었다.

초계의병장 전치원과 이대기 역시 사막동沙漠洞과 황강黃江의 적을 쫓아내어, 적들로 하여금 군의 경내로 난입하지 못하게 하였다. 전치원은 좁다란 곳에서 적을 만났는데, 앞은 강이고 뒤는 산이라서 거의 탈출이 불가하였지만, 몸을 떨치고 말을 뛰게 하니, 가파른 언덕을 곧바로 차고 올라 피하였다. 당시 나이가 66세였으니, 사람들이 말하기를 노인의 기력이 참으로 정정하다고[矍鑠] 하였다. 그의 아들 전우全雨는 화살 맞은 왜적을 강 한가운데까지 따라가서 목을 잘라 입에 그 머리를 물고 떠올랐다. 공이 이 말을 듣고 웃었다.

魯至三嘉, 主倅張翎, 方與有司諸人·盧錞·許子大等, 坐西門樓上, 爲學諭尹銑所困. 時, 朴思兼等 自勿洞首起鄕兵, 旣發之後, 擇其精勇, 使尹鐸領付郭將. 朴思齊·朴應龜等, 領餘軍, 設伏于勿峴之上, 而不煩公費.

至陜川, 則假將孫仁甲, 在郡治兵, 郡之人士, 感公之忠義, 莫不仰首生氣. 草溪義兵將全致遠·李大期, 亦逐沙漠·黃江之賊, 使不得攔入內境. 致遠於隘地遇賊, 前江後山, 幾不能脫, 奮身躍馬, 直上峻坂以避之. 時年六十六, 人謂矍鑠. 其子雨追斬逢箭賊于江中, 以口啣其頭而浮出. 公聞而笑之.

第26장 경상우도 순행의 길

함안의 소모관 이정李瀞이 촉석루에 와서 공을 뵈었다. 이노가 돌아와서, 여러 장수와 병졸들이 의기를 떨치며, 힘써 싸우고 있다는 일을 보고하였다. 조종도는 병으로 아직 귀환하지 못하여, 서찰을 가지고 사정을 밝혔다.

공이 이노의 말을 듣고 크게 기뻐하며,

"내가 어찌 가서 보지 않겠는가? 나는 장차 의령과 초계와 합천의 곳곳을 돌아보고, 거창으로 가겠다."

라고 말하고, 다음 날 일찍 **길을 떠났다.**

일행이 수리원愁離院에 도달하였을 때, 거창의 보고서가 도착하였다. 지례와 김산 그리고 개령의 왜적이 합세하여 충돌해 오니, 장차 우지치를 넘을 것이라서 사태가 심각하고 급하였다. 공이 말을 세워 이정과 이노를 돌아보고,

"본래 여러 고을을 돌아보고 검열하여 견주어 보고자 하였는데, 지금 듣건대 거창이 위급하다고 하니, 나는 장차 거기로 달려갈 것이다."

라고 하고, 곧바로 삼가에 다다랐다. 그곳 수령 장령은 모친을 **보살피느라** 아직 돌아오지 않았고, **삼가현**의 박사겸 등 십여 인이 공을 정연하게 찾아뵙고자 미리 기다리고 있었다. 음식을 대접하는 것도 짧은 시간이었지만 극진하게 준비하였다.

"사람들이 이 고을에 선비가 많다고 일컬었는데, 정말로 그렇다."

여러 유생들이 다가와서,

"영공의 충렬하고 권세를 무서워하지 않는 강직함은 우리 같은 어리석은 사나이도 모두 알고 있어, 이전부터 알려진 명성이 다다른바, 사람들은 모두 감동하였습니다. 지금에 있어서 삼면을 고리로 적의 공격이 극치에 달했는데, 우리 삼가현이 그 가운데 있습니다. 원하건대 영공께서는 거창으로 가지 마시고, 이곳에 **머물러**[駐箚] 여러 고을에 명령을 전하십시오. 그들로 하여금 군사를 거느리고 달려가 구원하게 하며, 용사를 가려

뽑아 보내서, 그들이 전투에 나아가 힘껏 싸우게 하는 것이 옳을 것입니다. 일국의 흥망이 매인 몸으로써 단기필마의 맨손과 맨주먹으로, 흉악한 칼날에 일부러 무모하게 덤빈다면, 무엇을 하고자 하심입니까?"

라고 하고선, 교대로 찾아와 다시 간하고, 모두 읍례를 하고 물러갔다.

공이 웃으면서 이정과 이노에게

"모든 유생들이 나를 만류하는 것은 아마도 내가 전장에 나가 죽을지를 의심하는 것이겠지."

라고 말하였다. 다음 날 새벽에 떠나려 하면서, 이정을 파견하여 함안군으로 돌아가 의병을 통솔하게 하고, 이노를 의령과 함안 그리고 산음현의 사저관私儲官으로 하였다.

"우리 두 사람이 모두 뒤로 빠지면, 공은 함께 갈 사람이 없는데, 이를 어찌합니까?"

라고 이정이 말하였다. 이에 공이

"함안은 유숭인에게 완전히 맡기기는 불가하다지만, 그를 **찾아오는 것은** 오늘이 급하오."

라고 하였다.

○ 咸安召募官李瀞, 來拜於矗石樓. 魯還, 言諸將士奮義力戰之事. 宗道病未還, 以書招之. 公聞魯言, 大喜曰: "盍往觀乎? 吾將巡歷宜寧·草溪·陜川以至于居昌." 明日早發**行**, 行及愁離院, 居昌文報至. 知禮·金山·開寧之賊, 合勢衝突, 將踰牛旨, 事甚急矣. 公立馬, 顧謂瀞·魯曰: "本擬巡閱諸邑, 今聞居昌危矣, 吾將馳赴." 直抵三嘉. 其倅張翎, **在**母未還, **縣之**朴思兼等十餘人, 齊謁而等候, 支餽倉卒極備. 公曰: "人稱此邑多士子, 信然."

諸生進, 曰: "令公之忠烈鯁直, 愚夫皆知, 先聲所及, 人皆感勵. 今者環三面, 盡爲賊衝而吾縣居中. 願令公毋往居昌, **駐箚**于此, 傳令諸邑, 使之領兵馳援, 抄遣勇士, 使之赴陣力戰, 可也. 以一國興亡所繫之身, 匹騎空拳, 冒犯兇鋒, 欲何爲哉?" 交謁更諫, 皆揖而退. 公笑謂瀞·魯曰: "諸生之止我, 盖疑我赴鬪死也? 明曉將行, 遣瀞還郡統旅; 以魯爲宜寧·咸安·山陰私儲官. 瀞曰: "吾二人皆後, 公無帶行, 奈何?" 公曰: "咸安不可專委崇仁, 搜**來**今日爲急."

제27장 거창 김면 의병도대장의 사정

공이 거창에 이르자니, 산음과 함양 그리고 안음의 군사들이 일시에 모두 모였다. 공이 후방에 있으면서 전투를 독려하니, 군사들이 모두 사력을 다해 **싸워**, 왜적이 넘어오지 못하였다.

공이 가서 김면 대장을 진중에서 만나 이틀 밤을 계속 머물며[信宿], 그를 위로하였다. 공은 처음으로 박성朴惺을 만나 보았는데, 일찍이 그의 이름은 들었기에 함께 가기로 약속하고, 진중에 자리를 마련하였다.

제포薺浦 만호 황응남黃應男은 왜란 초기에 도망하여, 삼가현 서쪽 황산黃山에 숨어들었는데, 죄를 두려워하여 감히 나오지 못하였다. 이노의 막냇동생인 이지李旨가 **달래서** 공에게 데리고 왔다. 공은 즉시 김면 대장에게 보냈다. 김 대장은 황응남을 좌부장으로 삼았는데, 이번 전투에 전공이 으뜸이었다.

거창 출신 변혼卞渾은 처음에 향병을 일으켜, 김면 대장에게로 갔다. 매번 전투에 반드시 선봉에 나서서, 전공이 황응남과 더불어 서로 막상막하였다. 판관 이**형**李亨은 공의 군관**이었는데**, 힘써 싸우다가 전사하였다. 거제현령 김준민金俊民은 김면 대장의 우부장으로, 맨 앞서 출전하여 쏘아 죽인 적이 매우 많았다.

거창에서 약초를 캐는 사람[山尺] 수십 인이 매번 맨 앞에서 돌격하여, 일당백이 아닌 자가 없었다. 왜적의 기세는 이로부터 갑자기 꺾이었다.

거창현감 정삼변鄭三變은 재물이나 음식을 탐하기가 싫증 남이 없었다. 부유한 백성들이 모은 재물을 모조리 찾아내어 유랑민들을 구휼하여 살리는 일을 맡았다. **외람**猥濫된 일을 방자하게 제멋대로 하였지만, 한편으로는 의병 여럿에게 후하게 보내왔으니, 공 또한 그 악행을 듣지 못한 것으로 하였다.

○ 公至居昌, 則山陰·咸陽·安陰軍, 一時皆會. 公在後督戰, 軍皆殊死**戰**, 賊不得踰. 往見金大將於陣中, 信宿以勞之. 公始見朴惺而曾聞其名, 約與偕行, 引置幕下. 薺浦萬戶黃應男, 亂初, 逃匿黃山, 畏罪不敢出. 李旨**誘**納于公. 公即送于金大將. 金大將以爲左部將, 是戰也功爲之冠.

居昌出身卞渾, 初起鄕兵, 付金大將. 每戰必先鋒, 功與應男相上下. 判官李**亨**, 公之軍官**也**, 力戰死之. 巨濟縣令金俊民以右部將, 先登射甚衆. 居昌山尺數十人, 每爲前突, 無不一當百, 賊氣自是頓挫. 居昌縣監鄭三變, 貪饕無厭. 盡括富民私儲, 托以振活流民. 恣行**猥**濫, 且厚遺義兵諸人, 公亦不得聞其惡.

제28장 의사 이정李瀞의 의로움

이정이 함안군으로 돌아와 보니, 군민들이 많이 흩어졌다. 다시 불러 돌아오게 하여, 천여 인을 얻었지만 주저하지 않고[自管] 이들을 군수에게 맡겼다. 그때, 진해의 왜적이 장차 함안의 큰고개[大峴]를 넘고자 하기에, 이정이 군수와 함께 가서 막아, 적들이 넘어오지 못하게 하였다.

창원의 왜적은 함안 인근의 칠원현漆原縣에 출몰하여, 매번 낙동강과 남강이 합류하는 기호岐湖를 침범하니, 번번이 달려가서 막아내고 물리쳤다. 이정이 있으면 군사들이 감히 동요하지 않았으나, 이정이 부재하면 군사들이 모두 흩어졌다. 대개 군수는 본래 군민을 괄시하였고, 또한 큰 몽둥이로 백성을 구타하기도 했다.

이정이 곁에 있으면서 잘못된 것을 바로잡음이 많았기 때문에 군수 또한 이정을 소중하게 여기고 의지하였다. 하지만, 상부에 올리는 보고서에는 필시 자기의 공적으로 하고, 이정은 여기에 포함시키지 않았다. 이정 역시 주장하지도 않았는데, 이 때문에 군수 유숭인은 과연 경상우도병사가 되었지만, 이정에게는 두드러지게 드러난 포상은 없었다.

일찍이 유숭인은 재차 성을 버린 죄에 의율되어, 백의종군으로 진양성의 성문을 지켰는데, 이정이 군대를 일으킨 뒤

"군에는 **군수**가 없으면 불가하고, 군대에는 장수가 없으면 안 됩니다. 청컨대 유숭인을 돌려보내 주관하게 하소서."

라고 공에게 보고하였다. 공이 회답하기를

"의사는 적굴에 들어가기를 무릅쓰고, 한 번 소리를 외쳐 향병 수천을 이미 모았소. 그 충성과 절의가 사람의 마음을 감동하게 하는 바탕이 되지 않았다면, 어찌 이와 같이 되었으리! 처음부터 끝까지 격려하여, 흉적 무리 무찌르기를 기대하는 것 오로지 이것만 바랄 뿐이오."

라고 하였다. 즉시 명령을 전하여, 유숭인으로 하여금 **내처 밤을 새워** 함안군으로 달려가게 하였다. 유숭인이 군에 들어가서 의사義士의 지휘를 받아들이도록 하여, 진해에서 쳐들어오는 적군을 막아 싸우니, 왜적들은 함안 경내를 침범하지 못하였다.

의병을 일으키고, 군수 돌려 보내 주기를 청하여, 큰 공적을 이루었으나, 스스로 그것을 으뜸으로 여기지 않았다. 말과 행동이 올바름을 얻기로는 오직 이정이 가장 뛰어났다. 공은 그를 생각이 깊고 침착**하다고 여겼다.**

○ 瀞還郡, 郡民多散. 更爲呼召, 得千餘人, 而自管委之郡守. 時, 鎭海賊, 將踰大峴, 瀞與往拒之, 俾不得踰. 昌原賊, 出沒漆原, 每犯岐湖, 輒馳禦却. 瀞在, 則軍不敢動; 瀞不在, 則軍皆散. 盖郡守素懟於民而又以大杖毆之. 瀞在旁, 多所匡救, 亦倚之爲重. 然, 於報牒, 必自爲功而瀞不與焉. 瀞亦不主張, 以是守果爲兵使, 瀞無顯聞.

始, 崇仁再度棄城坐律, 白衣守晉陽城門, 瀞起兵之後, 報于公曰: "郡, 不可無守; 軍, 不可無將. 請, 還崇仁主之." 公回題曰: "義士冒入賊窟, 一呼, 鄕兵已收數千. 非忠義素感人心, 何以至此. 終始激勵, 期勦兇徒, 惟此之望." 即發傳令, 使之星夜赴郡. 崇仁至郡, 聽義士指揮, 拒戰鎭海之賊, 使不得犯境. 倡起義兵, 請還郡守, 能成大功, 而不自爲其首. 擧措得正, 唯瀞爲最. 公以是深重之.

제29장 이노의 사저활동

이노는 의령에 가서 쌀 686섬을 얻고, 함안에서 156섬을 얻었다. 발길을 돌려 산음에 도착하여 많이 얻으려고 하는데, 김수가 사방으로 산음현에다 압박을 해서, 형편에 애로가 있었다. 겨우 100여 석을 얻어 현령 김락이 분별하여 처리하도록 맡기면서, 김면 대장에게 전송하도록 하였다.

○ 魯浤於宜, 得米六百八十六碩; 於咸, 得一百五十六碩. 旋到山陰將搜之, 睟方壓縣, 勢有所碍. 僅得百餘碩, 任縣倅金洛區處, 轉送金大將.

제30장 진주 아전들에게 곤장을 친 사정

공이 거창에서 진주로 돌아오면서 합천에 들러, 정인홍을 진중에서 만나보았다. 삼가에 와서는 진주 사람들이 좌랑 박이장朴而章을 **위협하여** 내쫓았다는 말을 듣고 크게 노하였다. 고을 아전들과 장수[都將]들을 잡아다가 곤장을 치고 보냈다. 정인홍 **대장**이 전 좌랑 박이장을 진주로 보내, 개인이 쌓아 둔 곡식[私儲]을 징발하는데, 백성들이 진주목의 판관 김시민에게 달려가 하소연을 하였다. **김시민**은 곧바로 각 도장들에게 공문을 하달하기를

"'얼핏 풍문에 들으니, 박좌랑이라고 거짓 이름의 사람이 순찰사나 초유사가 관여하여 보내지 않았는데, 많은 군사들을 보내 백성들의 재산을 겁탈한다.'고 운운한다. 이는 필시 토적이니, 장래에 이들을 잡아들이라."

라고 하였다. 진주 백성들이 이 때문에 그들을 욕보이고자 하였으나, 박이장을 아는 사람 또한 많았던지라, 겨우 벗어나 돌아왔다.

공이 이를 듣고, 크게 노하여

"의병이 보낸 문관임을 명백하게 알면서도, 이들에게 곤욕을 준 진주고을 습속은 키워

서는 안 되는 것이다."

라고 말하였다. 고을의 아전에 **이어서** 그 면의 도장들을 잡아다가 곤장을 치고 보냈다. 공은 이에 즉시 전령을 하였는데,

"거창과 안음에서 얻은 사저는 김면 대장에게 주고, 합천과 고령의 사저는 정인홍 대장에게 줄 것이다. 함안의 사저는 그 군에다 맡겨두고, 의령에서 수집한 사저는 곽재우 대장에게 부탁하여, 그 씀씀이를 아껴 이어 쓰도록 하라."

고 하였다.

박성은 김면 의병대장의 수속관搜粟官이 되었는데, 신문빈愼文彬에게는 **볼기를 쳐서** 너무 많이 거두었으나, 윤언례尹彥禮에게서는 취중에 말하여 조금만 얻었다.

公自居昌回, 至陜川, 見鄭仁弘於陣中. 至三嘉, 聞晋人**劫**逐朴佐郎而章, 大怒. 綁致州吏·都將, 杖而遣之, 鄭仁弘遣前佐郎朴而章于晉州, 搜私儲, 民走訴州判官金時敏, **時敏**即下帖各都將, 曰: "仄聞, 朴佐郎稱名人, 不將巡察·招諭之關, 多率士卒, 刦略民財云云. 此必土賊, 其捕將來." 州民欲因此辱之, 而知朴者亦多, 僅得脫還.

公聞之, 大怒, 曰: "明知義兵所送文官, 而困辱之, 晋之習不可長也." 拿致州吏**次**其面都將, 杖而送之. 公於是即傳令: "以居昌·安陰私儲, 付金大將; 陜川·高靈私儲, 付鄭**大將**. 咸安私儲, 付其郡; 宜寧私儲, 付郭大將, 使之撙節繼用." 朴惺爲金大將搜粟官; 於愼文彬, **笞臀**而過取; 於尹彥禮, 醉言而少得.

제31장 경상좌도에 띄운 격문

- 경상좌도 세 고을의 사정

그때, 영남의 길은 가운데가 분리되어, 혈맥이 낙동강 왼쪽과 통하지 않아, 모든 고을이 텅 비어 있었다. 왜적은 더욱 아무 거리낌이 없이, 제각각 고을 수령을 칭하면서 남을 을러메어 빼앗기를 자행하였다.

"좌도 위쪽과 변두리 지역은 어찌할 수 없지만, 낙동강을 사이로 둔 세 고을은 어찌 버릴 수 있겠는가?"

라고 공이 탄식하였다.

영산은 정로위定虜衛 신방주辛邦柱를 임시장수로 하고, 훈련봉사 신갑辛砷을 별장으로 삼고,

생원 신방즙辛邦楫을 소모관으로 삼았다. 창녕은 충순위忠順衛 성천희成天禧를 임시 장수로 하고, 보인保人 조열曺悅을 별장으로, 교서정자校書正字 성안의成安義를 소모관으로 삼았다.

창녕 사람들은 귀하거나 천하거나 아래위 할 것 없이, 모두 적을 쳐서 죽이는 것을 일로 삼았으니, 한 사람도 **항복하여 왜적에 붙은 자**가 없었다. 고좌리高左里 양반 가문 수십 집은 단체를 이루어 고암면의 대산臺山에 진지를 만들어 피난하였는데, 적이 수차례 왔지만 침범하지는 못하였다.

영산현감은 창녕 화왕산 속에 숨어 있다가, 그 진중에 뛰어들어 창녕군수 겸직을 자칭하고 **지휘**하여 명령하였다. 사수와 산쟁이들이 배반하여 도주하니, 적이 비로소 크게 들이닥쳤다. 남녀노소가 모조리 죽임을 당하였는데, 신갑辛碑만이 겨우 달아나 죽음을 면하였다.

현풍의 권세가들은 모두 낙동강을 건너서 가야산으로 들어갔다. 아전들과 백성들은 역시 왜적을 위해 많이 복역하였는데, 오고 가며 짐을 운반하고 있었다. 공이 듣고 이를 미워하여, 곧바로 격문을 지어 그들을 **타이르고자** 하였다. 전령을 내어 전 군수 엄홍嚴泓을 의병 별장으로 삼고, 곽찬郭趲을 소모관으로 하였다.

○ 時, 嶺路中分, 血脉不達於江左, 列邑空虛. 賊益無所忌憚, 各稱守宰, 任行剽掠. 公歎曰: "上界邊地已矣, 隔江三邑, 其可棄乎?" 靈山, 則以定虜衛辛邦柱爲假將; 訓鍊奉事辛碑, 爲別將; 生員辛邦楫, 爲召募官. 昌寧, 則忠順衛成天禧, 爲假將; 保人曺悅, 爲別將; 校書正字成安義, 爲召募官. 昌寧人無貴賤上下, 皆以擊殺爲事, 一無降付者. 高左里士族數十家, 團取結陣於臺山, 以避之, 賊數來不得犯. 靈山縣監, 潛在火旺山, 投入其陣, 自稱兼官**號令**. 射手·山尺等叛走, 賊遂大入. 少長男女, 盡被鏖戮. 碑僅得走免.

玄風士族之家, 盡涉洛, 入伽倻. 吏民亦多, 爲賊服役, 往來搬輸. 公聞而惡之, 即草檄文以**諭**之. 傳令, 前郡守嚴泓, 爲義兵別將; 以郭趲爲召募官.

- 경상좌도 사민들을 위한 격문

그 격문은 아래와 같다.

국운이 지극히 꽉 막혀, 이빨을 물들인 미개한 족속들이 멀리 쫓아와 임금의 수레는 파천하고, 종묘사직은 먼지를 뒤집어쓰게 되었다. 아! 사람은 모두 떳떳하게 타고난 천성이 있을 것이다. 무릇 이 땅에 살며 그 생산물을 먹는 자라면, 누구라 의리를 필하고 충성을 다하여, 정의를 위하여 몸을 버리고, 나라를 위해 목숨을 바치고자 하지 않겠는가.

돌이켜 영남을 생각해보면 본래 유학을 숭상하는 추로鄒魯의 천하로 칭해졌다. 포산[玄風] 한 고장만 하더라도, 또한 학식 있는 선비가 많이 모여 있는 곳이라, 그동안 절의를 지켜 의리에 죽은 지사를 어찌 다 헤아릴 수 있을 것인가.

지금 왜적이 성안을 점거하고, 사방으로 출몰하여 사람을 죽이고 재물을 약탈하니, 그 해를 입은 자는 아버지와 형제가 아니면 그 처와 자식이다. 위로는 임금의 원수이니, 더불어 하늘을 함께할 수 없을 것이요, 아래로는 형제와 처자의 원수이니, 어찌 또한 갚아주지 않을 수 있다던가!

내가 알고 있는바, 도망하여 산과 늪에 엎드려 있는 사람들이, 창을 베고 쓸개를 핥아 맛보는 뜻이 잠깐 사이라도 마음에 잊히지 않았을 것인데도, 한 사람도 창의를 하고 군대를 일으켜, 의분 강개하여 왜적을 토벌한다는 자가 있다는 것을 아직 들어보지 못했다. 어찌 큰 도둑이 가득 차서, 우리 백성들이 무력을 쓸 만한 곳이 없어서가 그 까닭이라도 된다던가.

그러나, 충의로운 선비는 죽고 사는 것으로서 지조를 바꾸지 않고, 날래고 용감한 사람은 강약으로써 스스로 기운을 꺾지 않는 법이다. 간절하게 원하는 것은 긴밀하게 서로 두루 고하고 알려, 창의하여 의병을 일으켜서 힘껏 적을 격멸할 수 있다면, 향토 고을에 있으면서 원나라 반란군을 무찌른 원충갑元沖甲의 병사처럼 분전하는 것도 가능할 것이다.

형세가 만약 자립이 불가하다면, 군사를 이끌고 경상좌병사의 군중으로 가는 것도 가능할 것이다. 혹은 이 초유사를 버릴 사람이라고 여기지 않는다면, 낙동강을 건너 의병에 나아간들 또 무슨 불가함이 있을 것인가?

지난번에 합천에서 의령현감 정인홍이, 고령에서는 좌랑 김면이 충정을 떨치고 정의를 높이 들어, 한 번 소리를 내 외치자, 각 고을이 메아리처럼 호응하였다. 요즘 와서는 군사들의 성세가 크게 떨치고 있으니, 회복의 공적도 거의 다 도모할 수 있게 되었다.

본 현의 선비와 백성들은 왜적들의 거듭되는 위압이라도 겁내지 말고, 더욱 의열의 기상을 권면하여, 한결같이 임금의 원수를 갚겠다고 생각한다면, 충의로 말미암아 일어나는 분한 마음이 격렬한 바, 용기가 백 배나 되리니, 저들이 어찌 우리를 감당할 수 있으리오.

하물며 오늘날 왜적은 후방의 보급도 없이 깊이 들어와서, 흉악한 칼날은 이미 꺾이었다. 송도[開城]의 청석靑石에서 크게 패하였고, 서경[平壤]의 대동강에서 침몰하였으며, 철령을 넘은 자들은 또한 순변사 이일李鎰이 섬멸한 바가 있다.

중국 군사 5만 명이 이미 압록강을 건너, 조승훈祖承訓과 곽몽징郭夢徵 그리고 왕수신王守臣 세 대장이 각각 정병 수만 명을 거느리고, 길을 나누어 구원하러 달려오고 있다. 또한 수군 10만 명은 산동성으로부터 왜적의 소굴로 곧바로 달려가서 마구 짓이기니, 명성과 위세가 이미 확장되어, 적이 망하기는 며칠도 필요 없을 것이다.

지금이야말로 바로 뜻 있는 선비가 소매를 떨치고 일어나 공을 세울 때이다. 만약 시일을 지연하고 앉아서 기회를 잃는다면, 화란을 평정할 수 없을 뿐 아니라, 장차 천하의 인륜과 대도大道에 죄를 얻을 것이니, 마땅히 무슨 면목으로 하늘과 땅 사이에서 자립할 수 있다던가.

다만, 일반 대중은 무식하여, 혹여 군신 간의 의리를 알지 못하는 자에게는 오로지 상과 벌로써 권선징악이 가능할 것인데, 어찌 포상에 관한 조정의 규정을 보지 못하였는가.

공노비나 사노비는 더 말할 것도 없이, 머리 하나를 베면 과거 급제이고, 수급이 둘이면 6품을 주고, 셋을 베면 통정대부가 되고, 왜적 장수를 참수하면 가선대부에 녹훈된다고 하였다.

용맹스러운 사내와 용사들은 급히 의병 진으로 달려가, 마음을 단단히 차리고 힘껏 싸운다면, 위로는 제후 중에 가장 높은 등급인 통후通侯의 관직을 얻는 것이 가능하고, 아래로는 녹훈의 반열을 잃지 아니하여, 영화는 한 몸에 지극하고, 은택은 후손에게로 미칠 것이니, 이 또한 유쾌하지 아니한가!

혹시 헤아림이 여기에 미치지 못하고, 한결같이 숲에 숨어 엎드려 있다면, 비록 왜놈의 칼날은 벗어나겠지만, 어찌 깊은 산속에서 굶어 죽는 신세를 면할 수 있겠는가?

가령 만분의 일이라도 욕되게 살기를 탐하여 구차스럽게 살아난다고 하더라도, 하루아침에 사세가 결정되면 나라에는 일정한 형벌이 있을 것이다. 비단 자신의 목과 머리를 보전할 수 없을 뿐 아니라, 아울러 그 처자들도 함께 들춰서 연좌되어 죽임을 당하는 형벌을 면할 수 없을 것이다.

그래서 힘써 싸워 큰 공을 세우고, 중한 상을 받는 사람을 보면, 이해와 화복이 어떠하겠는가? 살아서는 열사가 되고, 죽어서는 충의를 위한 넋이 될 터이니, 마땅히 그대들은 바야흐로 힘쓸지어다.

其檄文曰:

國運極否, 染齒長驅, 以至鑾駕播越, 廟社蒙塵. 噫! 人皆有秉彝之天, 凡在食土茹毛者, 孰不欲畢義竭忠捐軀而殉國乎. 顧惟嶺南素稱鄒·魯之邦而苞山一縣, 又爲士子之淵藪, 其間伏節死義之士, 何限? 今者, 賊據城中, 四出屠掠, 其見害者, 非其父兄, 則乃其妻子也. 上之君父之讐, 不可與共天; 下之兄弟妻子之仇, 亦豈可以不報.

吾知, 竄伏山藪者, 枕戈嘗膽之志, 未嘗頃刻忘于懷也; 未聞有一人倡義起兵慷慨討賊者. 豈不以劇賊充斥, 吾民無用武之, 故也. 然而忠義之士, 不以死生易志; 勇武之人, 不以强弱自沮, 切願密相通諭, 倡起義旅, 力可以擊賊, 則在鄕而奮沖甲之兵, 可也. 勢若不可以自立, 則提兵而赴閫帥之軍, 可也. 或不以當職爲可棄, 則渡江赴義, 又何不可之有?

頃者, 陜川鄭宜寧仁弘, 高靈金佐郎沔, 奮忠揭義, 一呼而州郡響應. 比來軍聲大振, 恢復之功, 庶幾可圖. 本縣士民, 勿爲倭奴積威之所劫, 益勵義烈之氣, 一以復君父之讐爲念, 則忠憤所激, 勇氣百倍, 彼惡敢當我. 况今倭賊, 懸軍深入, 兇鋒已挫. 大敗於松都之青石, 中沈於西京之大同, 踰鐵嶺者, 又爲巡邊使李鎰之所殲.

唐兵五萬, 旣渡鴨江, 祖·郭·王三大將, 各率精兵數萬, 分道馳援. 又舟師十萬, 自山東直擣倭人巢穴, 聲勢旣張, 賊亡無日. 此正志士奮袂立功之秋也. 若遲延時日, 坐失機會, 則不惟無以戡定禍亂, 將得罪於天下之大倫, 其何面目自立於天壤間乎. 第惟民庶之無識, 或不知君臣之義者, 則惟賞罰可以勸懲, 其不見朝廷事目乎.

勿論公私賤, 馘一級及第, 二級六品, 三級通政; 斬倭將, 錄勳嘉善. 武夫勇士, 急赴義兵, 銳意力戰, 則上可以得通侯之印, 下不失爲勳臣之列, 榮極一身, 澤流後裔, 不亦佼乎? 如或計不出此, 一向隱伏林藪, 則雖脫倭奴之鋒刃, 其免窮山之餓殍乎? 藉令萬分一偷生而苟活, 一朝事定, 則國有常刑. 非但身不保首領, 幷與其妻子而擧不免孥戮之刑. 其視力戰成大功取重賞者, 利害禍福, 爲如何也? 生爲烈士, 死作忠魂, 惟爾等其勉之.

제32장 곽재우의 격문과 김경근 무리들의 작당

김수는 용인에서 크게 패하고, 돌아와 산음에 머무르고 있었다. 고을을 **옮겨 다니며** 군사를 여러 장수에게 나누어, 의병들로 하여금 무너지고 갈라지게 하여, 어떤 처분도 할 수 없게 되었다. 이리하여 민심이 더욱 거슬러지고, 여러 사람의 분노가 일제히 일어났다. 어

면 이는 말하기를

"죄를 성토하고 가서 징벌하여, 귀신과 사람들의 분노를 유쾌하게 해야 합니다."

라고 하는가 하면, 또 다른 사람은 이에

"마땅히 죄를 헤아리고 격문을 돌려, 그가 스스로 도망가도록 합시다."

라고 말한다. 가까운 여러 개 고을의 사람들은 천둥소리가 울려 퍼지듯 구름처럼 몰려들어, 창을 비껴들고 기뻐서 날뛰니, 그 칼날을 막아 낼 수가 없었다.

곽재우가 하늘마저 이길 만한 민중들의 분노에 기인하여, 드디어 죄를 저지른 행위를 들추어 열거하여 격문을 돌렸다. 김경근이 야밤에 김수의 진영으로 도망하여, 반역을 고발하였다.

"곽 **아무개**가 법과 도리를 지키지 않고, 영공을 주살하고자 대군을 거느리고 오고 있습니다. 마땅히 빨리 이곳을 피하소서!"

김수는 놀라고 두려워서 어찌할 줄을 모르고 갈팡질팡하다가, 자살할 계획을 실행하려고 하였는데, 군관이 그만두게 하였다. 이로 말미암아 아직 날이 밝기 전인데도, 황급히 물러나 함양으로 숨어들고는 성문을 굳게 걸어 잠그고, 방비를 갖추어 기다리고 있었다.

김경근이 돌아 나와 거창에 이르자, 공은 방금 침수에 들려고 하였다가 김경근의 말을 들어 주었다.

"곽 **아무개**가 장차 순찰사를 해치려고 하므로, 이미 김수에게 반역을 고발하여 피했습니다. 영공께서도 역시 좋은 방법으로 알맞게 처리하소서."

라고 말한다. 공이 질병으로 사양을 하면서도,

"그대는 산음에서 처음 보았을 때, 팔을 걷어붙이고 큰 소리로 말하기를 '김수를 참수하지 않으면, 대의를 천지 간에 펼쳐, 회복의 공적을 이룰 수 없다'라고 운운하던 사람이 아니더냐? 곽재우는 어리석고 못생긴 치인이라, 그대들과 같은 사람들이 잘못이 없다는 것을 어찌 알기나 하겠는가?"

라고 타일렀다. 김경근은 부끄러워하며 물러났다.

이로 말미암아 공을 원망하기를 그칠 줄을 모르고, 이 일로 인하여 김수의 막하에 의탁하였다. 김수가 크게 기뻐하여 김경근을 단성의 총군장摠軍將으로 하였다. 김경근은 교서관의 부정자副正字를 지낸 박명부朴明榑와 함께 일하였다. 여염집 여인들을 겁탈하여 긁어모으고, 도망친 노비와 목동 수십 인을 데려다 이름짓기를 '천오장天五將'과 '지오장地五將'그리고 '풍오장風五將'과 '운오장雲五將'이라 하고, 매 장수가 네 명을 거느렸다. 고성군을 차단하여 다스린다고 자칭하면서, 지나는 곳마다 남을 협박하고 갈기어 빼앗으니, 맞닥뜨리는 백성들은 이들을 두려워하였다.

그 후 박명부가 공을 찾아 와서,

"저는 문관이라 맡은 일이 없으니, 이때를 당하여 미안합니다. 청컨대 저에게 임무를 주십시오."

라고 한다. 공이 이에 탄식하며 말했다.

"그대는 진즉에 운오장이 되었거늘, 게다가 또 무엇을 구하려 하는가?

○ 睟大敗龍仁, 還止山陰. 移開列邑, 分軍諸將, 使義兵潰裂, 不得有所處分. 於是, 民心益拂, 衆怒齊發. 或謂: "聲罪往討, 以快神人之憤." 或曰: "當數罪移檄, 使自遁去." 旁近數邑之人, 雷動雲合, 橫戈踊躍, 其鋒不可遏.

再祐因勝天之怒, 遂數罪移檄. 金景謹夜走睟營, 告變曰: "郭某爲不軌, 欲誅令公, 領大軍來. 宜速避之." 睟駭怖罔措, 欲爲自盡之計, 爲軍校所止. 曰天未曉, 退遁咸陽, 牢閉城門, 設備以待. 景謹旋至居昌, 公方寢, 納言. 曰: "郭某將害巡察, 旣告以避. 令公亦宜善處." 公辭以疾曰: "汝, 非初見於山陰奮臂大言曰, '不斬金睟無以伸大義於天地而成恢復之功云云.' 者耶? 郭再祐癡漢, 安知非如汝等所誤乎?" 景謹慙以退.

由是, 怨公不已, 因投睟幕. 睟大喜, 以景謹爲丹城摠軍將. 景謹與校書正字朴明榑同事. 刧聚閭閻, 橫奴牧豎數十人, 名之曰: "'天五將'·'地五將'·'風五將'·'雲五將'" 每將各領四人. 自稱遮截固城, 剽掠所過, 遇氓恍焉. 其後明榑謁公曰: "某文官無所事, 於此時未安. 請爲某任." 公嘆曰: "若曾爲雲五將, 抑又何求?"

제33장 홍의장군을 달랜 글

공은 진즉에 도민들이 김수에 관한 원한이 뼈에 사무친다[次骨]는 것을 알고 있었다. 그로 말미암아 불편한 변고가 있을까 우려하여, 즉시 곽재우에게 서한을 보내, 순리와 역리의 이치로써 깨우치게 하였다.

그 글은 아래와 같다.

의병장은 변란이 일어난 처음부터 온 재산을 기울여 모두 날려버리면서도, 맨 먼저 의병을 일으켜 분발하며 자신을 돌보지 않았더이다. 한마음으로 나라를 위하고, 왜적

토벌하는 것을 생각하였으니, 비록 예전의 열사라고 한들 무엇인들 이에 더할 나위가 있으리오.

영남초유사로 **나아가** 경상도 경내에 도착하면서 서찰을 **보내** 의병장을 **불렀**던바, 의장은 나를 늙고 못났다고 여기지 않고, 자기는 보잘것없는 사람[無似]으로 낮추었다오. 단성으로 와서 만날 때, 한 번 읍례를 나누는 사이에 이미 자신을 잊고 나라를 위해 목숨 바칠 뜻이 있음을 알았더이다.

그 뒤에 고립된 군사를 이끌고, 낙동강 위로 아무 거리낌도 없이 오가면서 제일 먼저 나서서 왜적을 격멸하였더이다. 전후로 적의 목을 벤 것이 아주 많아, 왜적이 말을 몰아 멀리까지 난입하지 못하였으니, 그 일대 여러 **성**은 지금까지 보존될 수 있었다오.

꽃다운 명성이 사방으로 치달아, 이를 듣는 사람은 놀라서 몸을 솟구쳐 뛰듯이 움직이지 않음이 없었고, 원근이 향응해서 왜적을 격멸하는 공적은 머지않은 날에 기약할 수 있을 것이오. 의장의 웅장한 풍모와 의열은 비단 이 시대만 떨치고 빛날 뿐 아니라, 또한 장래에 무수한 서적이나 역사에다 기록하여도 부끄러움이 없을 것이오.

홀연히 듣건대, 의병장이 순찰사 김수의 영문에 격문을 보내, 감히 도리에 어긋나게 패악한 말을 늘어놓았다 하오. 경상관찰사는 어떠한 관직이며, 의병장은 어떤 인물이기에 감히 이러한 여러 가지 일을 하고자 하는 것이오. 관찰사가 비록 실제로 죄가 있다고 해도, 진실로 조정이 있어 처치할 것이지, 도민들이 손을 대서 마땅히 어찌 할 바가 아니라오.

의사는 충의의 가문에서 태어나, 왜적을 토벌하는 의병을 일으킨 그 큰 공적은 장차 이루어지고 있는데, 자기를 죽이고 멸족을 하는 지경에 스스로 빠진다는 것을 어찌 요량이나 하고 있는 것이오?

당나라의 반역한 병졸들이 우두머리 장수와 대장을 귀양 보내 쫓아내고서, 재난과 실패를 가져온 것이 대체 몇 사람이나 되었다던가요. 뒤집힌 수레의 바퀴 자국을 어째서 밟고자 하는 것이오!

길도 잃어버리고 돌아갈 곳도 없다는 미복迷復의 경계는 『주역』이 가르친 바이거니와 전화위복은 지사가 취할 바이외다. 내 말을 좇으면 곧 순응하여 복이 많을 것이나, 내 말을 따르지 않는다면, 이는 곧 거스름이 되어 재화를 입게 될 것이오. 순과 역의 그 낌새는 머리털 하나 사이도 용납되지 못하는 것이기 때문에 의장은 이를 생각할 지이다.

公曾知道民怨睟次骨. 慮有因致不靖之變, 即移帖再祐, 諭以逆順之理.

其文曰:

義將自變生之初, 傾財破產, 首起義兵, 奮不顧身. 一心爲國, 以討賊爲心, 雖古烈士, 何以加諸. 當職即, 到界, 下書招之, 義將不以老拙, 爲無似. 來見丹城, 一揖之間, 已知忘身殉國之志. 厥後提孤軍, 橫行洛江上, 先登擊賊. 前後斬馘甚衆, 賊不能長駈闌入, 一帶諸城, 至今保存.

英聲四馳, 聞者莫不聳動, 遠近響應, 滅賊之功, 指日可期. 義將雄風義烈, 非但振輝當世, 抑將垂諸竹帛而無愧. 忽聞義將移檄巡察營門, 敢肆悖逆之言. 方伯是何等官, 義將是何等人而敢欲爲此等事耶. 方伯雖實有罪, 自有朝廷處置, 非道民所當下手. 豈料義士生忠義之門擧討賊之義大功將成而自陷於殞身滅族之罪耶?

唐之叛卒, 竄逐主帥, 以致禍敗, 凡幾人耶. 覆車之轍, 其欲蹈之乎. 迷復之戒, 大『易』所訓, 轉禍爲福, 志士所取. 從我, 則順而多福; 不從我, 則逆而取禍. 其幾間不容髮, 惟義將思之.

제34장 김수의 역적 몰이와 곽재우 의병장의 답서

김수는 함양으로부터 돌아와 거창에 이르러, 곽재우가 역적이라는 내용의 문서를 조정에 거짓으로 장계하였다.

"곽재우는 전 직장 이노의 사위이고, 이노는 곧 전 현감 문덕수의 생질입니다. 문덕수가 신에게 글을 올려 도지사와 병마절도사는 물론이고, 각 고을의 수령과 변장에 이르기까지 두루 비난하였습니다. 신은 병사 신할과 더불어 장계를 올려 죄를 청한 고로, 신이 문덕수의 원수가 되었습니다. 곽재우가 남이 사주하는 것을 듣고, 이와 같이 법과 도리에 어긋난 짓을 한 것입니다."

그가 신임하는 군관 김경노로 하여금 행재소에 빨리 보내, 장차 일망타진할 계획이었다. 공이 이를 듣고 매우 놀라, 이노를 위하여 매우 우려하였다.

곽재우는 진양성이 위급하다는 소문을 듣고, 군사를 거느리고 구원하러 달려갔다. 행렬이 의령현의 남쪽 개금원介金院에 이르자, 공의 서한을 보고 깊이 느껴 깨달았다. 답서에

"거스럼과 순응의 이치는, **대강이나마** 들었습니다. 저는 합하가 우리를 걱정하는 데에 여념이 없을까 염려됩니다. 비록 그렇다고 하지만, 합하께서는 주상 전하가 파견한 바이

니, 어찌 감히 내 한 몸의 소견을 고집하여 합하의 가르침을 어기겠습니까?

라고 적었다.

바로 치달아 진양성을 포위에서 구원하였다.

○ 睟自咸陽還至居昌, 誣啓再祐以逆賊之狀曰: "再祐, 即前直長李魯之女壻; 魯, 即前縣監文德粹之三寸姪也. 德粹獻書於臣, 歷詆道主·閫帥·守令·邊將. 臣與兵使申硈, 狀啓請罪, 故臣爲德粹所怨. 再祐聽人所囑, 爲此不軌." 使其幸裨金敬老, 疾送于行在, 將爲一網打盡之計. 公聞之大愕, 爲魯深憂之.

再祐聞晉陽爲急, 領兵馳援. 行至介金院, 見帖草, 感悟, 復書曰: "逆順之理, 粗聞之矣. 吾恐閤下不暇憂我而自憂也. 雖然, 閤下主上所遣, 何敢執一己之見而違閤下之教乎?" 即馳, 救晉陽之圍.

제35장 구원 곽재우 치계문

공은 또한 조정이 김수의 장계를 받아들여, 혹시 역적으로 몰릴 수 있다는 것을 염려하여, 즉시 **거듭** 치계하여, 곽재우에게 다른 의도가 없음을 명백하게 하였다.

다음과 같이 치계하였다.

의령의 곽재우가 군사를 일으켜 왜적을 토벌한 일은 일찍이 누차 주상께 아뢰었습니다. 이번에 뜻밖의 변고가 헤아림이 미치지 못하는 곳에서 일어나, 처치의 옳은 바를 알지 못해 지극히 고통스럽나이다.

곽재우는 통정대부 곽월郭越의 아들로서, 남명 조식의 손녀사위옵니다. 중간에 무예를 배우다가 그만두고 글공부를 하였는데, 그 사람됨이 질박하여 꾸밈이 없습니다. 부모상을 당해서는 슬픔을 다해, 향리에서는 다들 효행으로 그를 칭송하였나이다.

왜란이 발생한 초기에 신이 들은 바로는, 병사와 수사가 서로 연이어 도망쳐 달아났으니, 적이 장차 밀양을 침범하려고 하였사옵니다. 경상감사 김수는 '절제사節制使는 성안에서 포위되면 부당하다.'라고 이르고는 이내 밀양으로부터 영산으로 퇴각하였다가, 말머리를 돌려 초계로 향했다고 하였나이다.

곽재우가 이에 분연히 외쳤나이다.

"병사와 수사가 도망쳐 달아났는데도 형벌을 시행하지 아니하고, 지금은 또 적이 경상좌도에 출몰하였는데도 초계로 달아났으니, 감사 또한 참수해야 한다."

라고 하고, 칼을 집어 들고 여러 길에서 잠복하여 노리고자 하거늘, 향리 사람들이 극력으로 말렸기에 이내 그만두었습니다. 얼마 지나지 않아, 경상우병사 조대곤과 방어사와 조방장 그리고 고을 수령들이 한결같이 풍문만 듣고 흩어져 달아나 버렸으니, 달포 사이에 왜적이 서울의 왕궁을 침범하였나이다.

곽재우가 분하여 주먹을 쥐고 비분강개하여 부르짖기를

"이놈들이 왜적을 호위해서 서울에 들어가게 하여, 임금에게 화를 끼쳤으니, 모두 참수함이 옳다."

라며, 여러 사람이 많이 모인 자리 가운데서, 늘상 큰 소리로 말하곤 하더니만, 하루 아침에 곧바로 집안의 재물을 풀어서 병사를 모집하였나이다. 그 첩실이 간하기를

"어찌하여 죽음의 계획을 끄집어낸답니까?"

라고 하였나이다. 곽재우는 크게 노하여, 그를 베고자 하더니, 처자의 의복 또한 전사들의 아내에게 주고 말았나이다. 가업이 이로 인하여 탕진되어, 굶주림을 면하지 못하였습니다.

이에 그 아내와 자식들은 그의 매부인 허언심許彦深의 집에 맡기고, 모집한 장사들을 거느리고, 왜적을 격멸하겠다고 세상에 공언하였더이다. 향리 사람들은 이를 듣고, 다들 곽재우가 미쳐 날뛴다고 하였나이다.

그 당시 의령과 초계 두 고을은 모두 왜적이 이미 지나갔으므로, 관청은 비어 있었사옵니다. 의령 관아의 곳간 또한 피해를 보아 다 없어져 버렸던 터라, 곽재우 군사는 양식을 보지도 못하였나이다. 이에 초계현과 신반 고을의 창고를 열어 군사를 먹였습니다. 합천군수 전현룡은 이들을 도적이라고 자기 의견을 붙여 보고하니, 경상우병사는 명령을 내려 곽재우를 체포하라고 하였나이다.

의병 진에 응모하였던 자들이 이 소식을 듣고, 모두 뿔뿔이 흩어질 생각을 가졌으나, 신이 초유사로 임지에 도착하던 초기에 즉시 서한을 보내 그를 불렀더니, 군세가 이내 다시 진작되었습니다.

이로부터 오로지 하나의 생각으로만 왜적을 격멸하였는데, 적이 많고 적음은 불문하였나이다. 반드시 먼저 나서서 치달아 돌격하기에, 그가 거느린 전사들은 용기가 백배하여, 일당백을 하지 않은 이가 없었나이다.

전투할 때는 반드시 붉은 비단으로 만든 철릭[帖裡]을 입고, 당상관이 쓰는 갓에다 치장을 갖추어, 자기를 호칭하기를 '홍의천강장군紅衣天降將軍'이라 하였나이다. 말을 몰

아 적진을 공략하며, 오가는 것이 느닷없이 빠른지라, 왜적이 비록 일제히 철환을 쏘아도 역시 맞히기는 불가능하옵니다.

어떤 때는 말 위에서 북을 치며 천천히 가서 군사들의 대열에 절도가 되고, 혹시는 사람을 시켜 피리를 불고 갈대피리를 울리게 하여, 두려운 마음이 없다는 것을 보이기도 하였사옵니다. 간혹 산 수풀 속에 가짜 병사를 많이 세워, 뿔피리를 불고 북으로 떠들썩하게 하기도 하였나이다. 어떤 경우에는 곳곳마다 복병을 두어서, 사람이 없는 것처럼 적막하게 해놓고, 적이 다다르면 갑자기 이를 사살해 버렸사옵니다. 또 왜적의 함선을 내쫓아, 강기슭으로 접근하면 추격하여 쏘아 죽이니, 하루도 싸우지 않은 날이 없었나이다.

전투하면 반드시 승리를 쟁취하였고, 머리를 벤 것이 많기로는 여러 장수 중에 으뜸이었으며, 죽인 왜적은 그 수를 헤아릴 수 없을 정도이옵니다. 왜적 역시 그를 일러 '홍의장군'이라 하며, 감히 상륙하여 노략질하지 못하였나이다.

의령과 삼가 두 고을의 백성들이 모두 안전하게 생업에 종사하고 농사에 힘써, 오곡의 풍성함이 평상시와 다름이 없사옵고, 도내 나머지 성들이 지금까지 보존된 것은 곽재우의 공적이 다수를 차지하나이다.

곽재우는 느닷없이 충청과 전라 그리고 경상도의 삼도 군대가 수원에서 궤멸하였다는 소문을 듣고는 미친 사람과 유사함이 있어, 기품이 있고 준엄한 말과 진실하지 못한 허망한 말을 수도 없이 발설하였나이다.

순찰사는 비록 서찰을 보내 포상하여 기리고자 주상 전하께 높은 공적을 아뢰었지만, 역시 그의 뜻을 돌리지는 못하였나이다. 남들이 혹시 앙갚음을 당할 것이라 그를 경계하면 반드시 칼을 빼려고 칼자루에 손을 대면서 분노하더니, 오늘날 갑자기 순찰사가 주재하는 진영에 격문을 보내, 그의 죄악을 차례로 헤아려 토죄를 하겠다고 세상에 공언하여 의견을 발표하였나이다.

또한, 각 고을의 의병장에게 통문을 돌려, 죄상을 들추어 꾸짖겠다는 뜻을 명확히 하였습니다. 신이 이를 듣사옵고 경악하여, 저도 모르는 결에 느닷없이 소스라쳐 놀라 자리에서 일어났습니다. 김수는 신에게 공문을 보내서, 의령의 관원을 시켜 잡아 가두라고 하였나이다.

신이 저 혼자 가만히 곽재우를 생각하자니, 만약에 실제로 반역하는 마음이 있다면, 바야흐로 정예병사를 장악하고 있으니, 한 사람의 힘센 사람이 체포할 바가 아닐 것이옵니다. 혹시 역심이 없다면, 한 통의 편지로도 족히 그에게 지혜가 열리어 도를 깨닫게 할 것이라 여겼나이다.

바로 곽재우에게 타이르는 글을 보내, 다방면으로 비유하여 깨달아 알게 하였사옵니다. 김면 역시 편지를 전하여 이를 경계하였더니, 곽재우는 순순히 말을 듣고 이에 따랐습니다. 진주가 위급하다는 말을 듣고, 이내 병력을 이끌고 구원하려 급히 달려갔사온데, 초사흘에 이미 길을 떠났나이다.

곽재우는 일개 도민으로 도지사를 범하고자 하여, 죄상을 세상에 널리 발표하는 격문을 보내기에 이르렀사옵니다. 비록 자기는 나라를 위해서 분노하고 원통해서 이 지경에 이르렀다고 일컫겠지만, 그 자취는 국법을 어지럽힌 백성이니, 바로 그를 징벌하여 제거하는 것은 당연하옵니다.

곽재우는 온 나라가 함몰한 나머지, 후원도 없이 고립된 군사로도 용기를 떨쳐 왜적을 격파하였사옵니다. 도내의 힘 없고 가난한 백성들은 그를 간성으로 의지하고 있사온데, 오늘날 함부로 마구 하는 말로써 즉시 법으로 다스려 죽인다면, 보존되고 있는 나머지 성들이 왜적을 막아낼 계책이 없사옵니다. 군사와 백성들은 아직 그의 죄를 알지 못하는지라, 한꺼번에 허물어져 흩어질 것이옵니다.

신이 미봉으로 진정하는 계획을 실행하고자, 두세 번 경계하여 타일렀더니 곽재우는 이미 유순해졌사옵니다. 도순찰사에게 죄를 지었으니, 아마 서로 들어맞기 어려워 다른 변고를 야기할까 염려가 되옵니다.

신이 듣자옵기에 을묘(1555)년 왜변 때 전라감사 김주金澍가 영암군에서 다른 고을로 달아났습니다. 전 수원부사 윤기尹祁가 그때 유생의 신분으로 포위된 성안에서 검을 뽑아 그를 목 베려고 하였사온데, 김주는 성내지 않고, 담소하여 이를 대처하였나이다.

이 사실을 논하는 자들은 지금까지도 윤기의 용기를 칭찬하면서도, 김주의 포용함도 치하한다고 하옵니다. 요즘 곽재우의 일은 비록 심히 망령되어 이치에 맞지 않지만, 마음은 실로 다른 것이 없사옵니다. 감사가 만약 김주처럼 선처한다면, 한편으로 마음이 편안하고 침착하여 아무 일도 없을 것이옵니다.

그러므로 신이 김수에게 글을 보내, 그가 선처하게 한다면, 이제 우려할 만한 변고는 없을 것이옵니다. 다만 김수가 이미 배반한 역적이라고 주상 전하께 아뢰었사옵니다. 더불어 다른 사람이 꾀어 부추겼다고 말하였으니, 만약 이것으로써 죄를 가중한다면, 비단 곽재우가 죄에 불복할 뿐 아니라, 온 도내 인심은 아마 수습하기 어려울 것이옵기에, 지극히 매우 절박하옵니다.

그의 충의가 분발하는 상황과 용기를 떨쳐 왜적을 물리친 공이야말로 온 도에 두드려져, 어린아이와 바쁘게 돌아다니는 심부름꾼도 모두 '곽장군'이라고 칭송하옵니다. 또 들어보니 그는 군사를 통솔하여 부리는 것을 잘하여, 장수의 기재가 있다고 하옵나이다. 혹시 망령되어 이치에 맞지 않는 데에 관한 벌을 조금만 너그럽게 해주옵시면, 반드시 주상 전하의 은혜에 보답함이 있을 것이옵니다.

신은 불행하게도 은혜로운 명령을 받은 이후에, 이러한 변고를 다시 만났나이다. 신이 4월 중에 호남으로 길을 잡아 운봉현에 도착하였사온데, 호남 사람들이 순찰사 이광이 근왕에 늦었다고, 그를 죄목으로 다스리고자 하였사옵니다. 어떤 사람이 비밀리에 신에게 말하였던바, 신은 대의로써 이를 꺾고, 즉시 김수와 논의하여, 이광에게 통지하여 이를 대비하고자 하였나이다.

"저이가 근왕에 늦었다고 토죄하려고 하는 것이니, 의사라고 이를 수 있소. 만약 이광에게 통지하여 혹시 이 사람을 죽인다면, 온 도의 인심이 더욱 격렬해져, 이광의 처소에 통지하는 것은 불가하오."

라고 김수가 말하였기에, 신은 그 말을 좇아 그만두었나이다.

올해 곽재우의 일이 바로 이와 유사하옵니다. 김수가 진실로 호남에서 처리한 의리로써 곽재우를 대처한다면, 난처한 일이 없을 것이옵니다.

신과 더불어 김면이 곽재우를 경계하고 타이른 글과 곽재우의 답서를 아울러 원본에서 옮겨 적어 올려보내옵나이다.

○ 公亦慮朝廷請睟啓或可以逆誅, 即具申馳啓, 以明再祐之無他意.

其啓辭曰:

宜寧郭再祐, 起兵討賊事, 曾已屢次啓達矣. 今者意外之變, 出於計慮之所不到, 罔知所處之宜, 極爲痛慮. 再祐, 乃通政故郭越之子, 南冥曺植之孫壻. 中間業武, 去而讀書, 爲人質朴無文. 居喪致哀, 鄕曲多以孝行稱之. 自變生之初, 聞; 兵·水使相繼遁走, 賊之將犯密陽也, 監司金睟謂節制之帥, 不當在圍城中, 乃自密陽退還靈山, 旋向草溪.

再祐奮然曰: "兵·水使遁走, 而不爲行刑; 今又賊出左道, 而退走草溪, 監司亦可斬也." 乃仗劒, 欲要諸路, 鄕人力禁, 乃止. 未幾, 右兵使曺大坤及防禦·助防·守令等, 皆望風奔潰, 旬月之間, 賊犯京闕. 再祐扼腕慷慨曰: "此輩護倭入京, 貽禍君父, 皆可斬也." 稠人廣坐中, 常常大言, 一朝, 乃散家財以募士. 其妾諫曰: "柰何出浪死計?" 再祐大怒, 拔劒欲斬之, 妻子衣服, 亦給戰士之妻, 家業因此蕩盡, 不免飢餓. 乃託其妻子於其妹夫許彦深家, 率所募壯士, 聲言擊賊, 鄕人聞之, 皆以爲發狂.

其時, 宜寧·草溪兩邑, 皆賊經, 官空而宜寧官庫, 則又被經焚蕩, 再祐兵無見粮. 乃發草溪及新反倉, 以餉軍. 陜川郡守田見龍, 以賊論報, 兵使下令捕之. 應募者聞之, 皆有散去之意, 臣到界之初, 即貽書招之, 軍乃再振. 自是, 一意擊賊, 不問賊之衆寡, 必先登馳突, 故所率戰士, 勇氣百倍, 無不一當百.

戰時, 必著紅絹帖裡, 具堂上笠飾, 自號'紅衣天降將軍', 馳馬掠陣, 往來倏忽, 賊雖齊放鐵丸, 亦不能中. 或於馬上擊鼓徐行, 以爲行軍節度; 或令人吹笛鳴笳, 示無懼意; 或於山藪中, 多設疑兵, 吹角鼓噪; 或處處設伏, 寂若無人, 賊至輒射殺之; 或逐倭船, 臨岸追射, 無日不戰. 戰必獲勝, 斬馘之多, 最於諸將, 殪者不知其數. 賊謂之'紅衣將軍', 不敢登岸作賊.

宜寧·三嘉兩邑人民, 皆安業力農, 五穀之盛, 無異平日; 道內餘城, 至今保存者, 再祐之功居多. 忽聞三道之師, 潰於水原, 有似發狂之人, 危言妄語, 無數發說. 巡察雖貽書褒美, 啓聞上功, 亦不回意. 人或以取禍戒之, 則必按劍而怒, 今忽移檄于巡察營門, 歷數其罪, 聲言欲討. 且通文各邑義兵將, 諭以討罪之意. 臣聞之驚愕, 不覺瞿然失席. 睟移關於臣, 令宜寧官捉囚.

臣竊念再祐, 若實有逆心, 則方握精兵, 非一力士之所捕; 若無逆心, 則一書足以開悟. 即下書于再祐, 譬曉多方. 金沔亦貽書戒之, 再祐即聽順. 聞晉州危急, 乃提兵馳援, 初三日, 已爲發去. 再祐以一介道民, 欲犯道主, 至於聲罪移檄, 雖自謂爲國憤憤而至於此, 跡涉亂民, 即爲討除爲當. 再祐當擧國陷沒之餘, 能以孤軍奮勇擊賊. 道內殘民, 倚爲干城, 今以亂言即加誅戮, 則保存餘城, 禦賊無計, 軍民未知其罪, 一時潰散.

臣欲爲彌縫鎭定之計, 再三戒敕, 已爲從順. 得罪於都巡察使, 恐難相合惹起他變. 臣聞乙卯倭變時, 全羅監司金澍, 自靈巖郡出走他邑, 水原前府使尹祁, 時以儒生, 在圍城中, 欲拔劍斬之, 澍不爲怒, 談笑處之. 論者, 至今稱祁之勇而多澍之能容. 今再祐之事, 雖甚狂妄, 心實無他. 監司若如澍之所處, 則便帖然無事. 故臣移書金睟, 使之善處, 即無可虞之變. 但金睟旣以叛賊啓聞, 又以他人指嗾爲言, 若果以此加罪, 則非但渠不服罪, 一道人心, 恐難收拾, 極爲痛迫.

渠之忠義奮發之狀, 奮勇擊賊之功, 著於一道, 兒童走卒, 皆稱'郭將軍'且聞其善於用兵, 有將帥之才, 若少寬狂妄之誅, 則必有成效矣. 臣不幸受命之後, 再逢此變. 臣四月中, 取路湖南, 到雲峯縣, 湖南之人, 以巡察使李洸緩於勤王, 欲討之. 或有密言於臣者, 臣以大義折之, 即議于睟, 欲通于李洸以備之. 睟曰: "彼以勤王之緩, 欲討之, 可謂義士也. 若通于洸, 或誅此人, 則一道人心益激, 李洸處不可通也." 臣從其言而止. 今玆再祐之事, 政類於此. 睟苟以處湖南之義處再祐, 則事無難處者矣. 臣及金沔, 戒勅再祐之書及再祐答書, 幷爲謄書, 上送.

第36장 김면 대장이 망우당에게 보낸 글

김면이 곽재우에게 서한을 보냈다.

장군 군막의 명성을 듣고, 대수롭지 않고 예사로운 것[尋常]조차도 존경하여 우러러 사모하였습니다. 이제 곧 더위도 무르익어, 아마도 군대를 통솔할 때 얽매임이 있을 것으로 생각되니, 지휘는 아주 편안히 해야 합니다.

김면은 한낱 보잘것없는 완고하고 쓸모없는 선비로 마지못해[黽勉] 군대에 있으니, 어찌 쓸모가 있을 것입니까? 한갓 스스로 삼가고 조심할 따름입니다. 다만 다른 사람을 위해서 일을 도모하는 것이 훌륭하지 못하여, 적을 놓쳐 조령을 넘어가게 하였습니다. 서울을 지키지 못하여 대가가 몽진을 하기에까지 이른즉슨, 그 책임은 돌릴 데가 있을 것입니다. 다만 귀하께서는 조정의 명령에 따르지 아니하고도, 백면서생으로 의병을 일으켰습니다.

근심할 바는 의기가 부족한 데 있지 않고, 오직 일을 처리함에 마땅함을 잃을까 염려하는 것입니다. 당면한 지금 행재소가 멀리 동떨어져, 주상 전하께 상주하여 청하는 것이 오가지를 못합니다. 초야의 몸으로써 군사를 일으킨 사람들은 어디에 의지할 데가 없어, 부득이 주상 전하가 임명한 관리에게 명령을 받은 연후라야, 명분이 정당하고 말이 사리에 맞을 것입니다. 그리해야 왜적을 공격할 수 있게 되고, 근왕할 수도 있으니, 체통에 질서가 있게 되고, 말이나 글이 유려하고 조리가 있어, 이치가 서 있을 것입니다.

만약 국가 대사를 그르친 사람에게는 죄가 당연하다고 여겨, 목을 베어 매달아 뭇사람에게 보이는 바가 있다면, 의기가 당당한 것은 곧 거기에 있을 것이지만, 순리로 구제의 도를 이루는 공적은 아마 미진할 바가 있을까 염려되니, 어이하고 또 어찌합니까?

귀하 한 사람이 소리 내 외치면, 수천 수백의 많은 사람이 그림자처럼 따라나서서, 물에서 공격하고 뭍에서 싸우니, 흉한 도적이 달아나 흩어짐에 낙동강 우측 일대가 마음을 놓게 하여 근심이 없는 것은 실로 의사의 공적입니다.

이른바 '당나라 장순이 장강과 회수를 막아 수양성을 지켜, 강소성과 안휘성을 보전하였다'라고 하더니만, 지금도 역시 그 사람인가 하고, 사람들로 하여금 흠모하여 마지않게 할 따름입니다.

오직 바라건대, 귀하께서는 꼴 베는 사람과 나무꾼의 말이라도 버리지 말고, 사업에 임해서는 반드시 그 순리를 생각해야 합니다. 이에 이미 나은 바는 억제하고, 마땅히 아직 지극하지 못한 바는 증진하십시오. 의리를 집약해서 빠르게 발전하여 결함이 없게 한다면, 당대에 우뚝 솟아나, 만고에 빛을 발할 것임에 어찌 다름이 있으리오!

곽재우가 이 편지를 보고, 비로소 김수에 대한 미움을 풀었다.

泗之寄再祐書曰:

聞幕府名, 尋常欽仰. 即今暑熱, 想惟領兵有相, 指揮萬安. 泗一介腐儒, 黽勉在軍, 何能有濟? 徒自惕厲而已. 但人謀不臧, 縱賊踰嶺, 至於京師不守, 大駕蒙塵, 則責有所歸而但左右非朝廷命令而白面擧義. 所患者, 不在義氣之不足, 惟恐處事之失宜也. 當今行在隔遠, 奏請莫通, 惟我草茅起事者, 無所依賴, 不得已禀令於王人然後, 名正言順, 可以攻賊, 可以勤王, 體統有序, 條暢有理矣.

若以誤事之人爲可罪而有所梟示, 則義氣堂堂, 則有之, 而順理濟功之道, 恐有所未盡也, 如何如何. 左右一呼, 千百影從, 水攻陸戰, 凶賊遁散, 使洛右一帶, 安堵無虞者, 實義士之功也. 所謂蔽遮江淮, 沮遏其勢者, 今亦有其人矣, 令人欽賞不已, 惟願左右勿以芻蕘爲棄, 臨事必思其順理. 抑其所已長, 增其所未至. 集義長進, 無所欠缺, 則聳出一世, 輝暎萬古, 豈有他哉!

再祐見書, 遂釋嫌.

제37장 영남을 보전할 김면 의병대장

김면은 왜적이 정암진 남쪽에 주둔하고 있다는 말을 듣고, 즉시 군사를 인솔하여 정암진 북쪽에 나아가 진을 치고 막았다. 그 근처 주민들이 피난을 하면서, 서로 말하기를

"차라리 산속에 몸을 숨겨 제각기 살아갈 방법을 도모하는 것이야말로, 김 대장 군중으로 들어가서 삶을 추구하는 것만 못하다."

라고 하였다. 나무를 베어 장대를 높이 들고, 호밋자루와 작대기를 든 사람들이 다투어

서로 마음을 고쳐먹고 와서 따르고 복종하였다. 노약자에 이르기까지 역시 모두 어려움을 견디며 몸에 지니어 가지니, 연이어서 계속 밀려왔다. 사람들이 와서 모인 자가 비록 많았지만, 노약자를 제외하고 싸울 수 있는 장정은 역시 많지 않았다.

곽재우가 사사로이 이르며 보좌하는 부장에게

"내가 듣기로 김 대장이 왜적을 쫓아 강을 사이에 두고 진을 쳤다고 하니, 나는 이분이 이렇게 큰 적을 물리칠 수 있는지 아직 모르겠다. 내가 그 진을 치고 있는 곳을 가서, 그 계책이 어떠한지 보아야 하겠다."

라고 말하고서, 즉시 그 군관 십여 인을 대동하고 진영 밖에 도착하였다.

김면이 맞이하여 장막 안으로 들어가니, 채 말이 끝나지도 않았지만, 곽재우 자신은 깨닫지도 못한 채 무릎을 꿇고 절을 하면서 탄복하였다.

"적의 대군이 서로 마주 보고 진을 치고 있으니, 대장께서는 어떤 계책을 내어 이 왜적을 물리칠 것입니까?"

라고 물어보았다.

"나는 이미 계책을 그려 놓은 것이 있으나, 공도 역시 저를 조금이나마 도와준다면 이 또한 옳을까 하오."

라고 김면이 말했다.

곽재우가 나와서 좌우 군관들에게

"내가 김 대장을 뵈니, 몸에서 도는 기운은 엄숙하고 굳세며, 몸으로 움직이는 모든 행동거지는 평안하고 한가롭다. 흉적을 쓸어서 없애고 영남을 보전할 사람은 반드시 이 사람일 것이다."

라고 하였다.

金沔聞倭賊屯於鼎津之南, 即引兵, 進陣津北, 以御之. 其近處居民之避亂者, 相謂曰: "與其竄身山谷各自圖生, 曷若從金大將軍中以求生也." 斬木揭竿, 鋤櫌棘矜者, 爭相來附而至於老弱者, 亦皆扶持提挈, 接續而至. 人之來聚者雖衆, 而除老弱外, 可戰丁壯, 亦不甚多.

郭再祐私謂其將佐曰: "吾聞金大將與賊隔江而陣, 吾未知此人能却此大賊也. 吾往其營中, 觀其籌畫之如何." 即帶其軍官十餘人, 到陣外. 公邀入帳內, 語未了, 再祐不覺屈膝而歎服焉. 再祐問曰: "賊之大軍, 相對而陣, 未知大將出何計, 以却此賊之也?" 公曰: "吾旣有謀畫, 公亦助我一臂, 可也." 再祐退, 謂左右曰: "吾觀金大將, 氣度嚴毅, 擧止安閑, 掃滅匈賊, 保全嶺南者, 必此人也."

第38장 김경눌 등의 모함과 윤언례와 박사제 통문

김수의 군관 김경눌金景訥의 무리들이 곽재우를 가리켜 역적이라 지칭하면서, 진중에 격문을 돌렸다. 또한, 여러 진영에 포고문을 보냈더니, 삼가현의 진사 윤언례와 학유 박사제 등이 경상우도 각 고을 사림에 통문을 내었다.

요사이 순찰사의 군관 무리들이 곽재우 의사에게 글 두 가지를 보냈는데, 하나는 '곽**재우** 일당에게 격문을 보낸다'였고, 다른 하나는 '역적 곽재우에게 격문을 보낸다'고 하였습니다. 의사가 과연 역적이 될 수 있고, 도당을 가진 자가 됩니까?

그중에 언급한 바는 모두 억지로 끌어다 붙이고 얽어 꾸며서 격문을 쓴 것입니다. 단지 자기들이 음탕하고 간악하여 정의를 해치는 심술을 드러내기는 충분하겠으나, 곽 의사를 욕보이고 충의를 가리켜 역적이라 하는 것은 부족하니, 이에 충신 악비를 무고한 송나라 간신 진회의 흉악하고 교활한 또 다른 술수입니다.

진회 하나로도 악비의 군대를 돌리고 흩어지게 하였거늘, 하물며 여러 진회가 순찰사의 막하에 무리 지어 있음에야! 의병의 지도자가 되어, 어찌 한심하다고 하지 않을 것입니까?

곽재우 **의병들은** 모든 고을이 싸움에 져서 흩어져 달아날 때 백번을 죽어도 돌아보지 않을 계책으로 명성을 떨쳤습니다. 충의가 격렬하고 엄격하여, 명분이 정당하고 말이 사리에 맞습니다. 사람에게는 이목이 있기에, 군더더기 말은 필요가 없거니와, 낙동강과 남강 일대를 가로막아, 여러 군과 현의 울타리가 되었습니다.

아아! 충성스러움은 곽재우와 같고, 의로운 기상도 곽재우와 같을지라도, 역시 역적의 이름을 면할 수 없습니다. 장차 의사를 해치는 까닭은 바로 의병을 해하는 것이 되거늘, 그 마음속에 간직한 바는 또한 알 수 없는 것인지 모릅니다.

의사가 지난번에 낸 격문에는 경솔하여 생각 없이 행동한 것이 확실하다지만, 이 역시 충의가 분격한 지나친 행동에 불과한 것이니, 하필 이것을 가지고 심각하게 할 것입니까?

저 군관 무리들은 한갓 왜적을 맞이한 순찰사가 있다는 것만 알았지, 왜적을 토벌하는 의사가 있다는 것은 알지 못합니다. 곽재우에게 격문을 전해서, 사사로운 이해관계로 언짢은 마음을 풀고자 하는 것은, 김경눌과 함께 이노가 틈이 생긴 지 오래이기 때문입니다.

김경눌은 여러 해를 두고 이노를 엿보았으나, 그 틈새를 얻지 못하다가 마침 이때를 맞이하여, 그 흉악한 심술을 실행하는 것을 기뻐하였을 것입니다. 갑자기 앞선 격문을 보고 마음속으로 생각하기를 '곽재우의 첩실은 이노의 여식이니, 이노를 죽일 구실은 바로 이곳에 있을 것이다.'라고 여겨, 이노를 뒤에서 사주한 괴수로 만들고, 곽재우는 사주 당한 사람으로 삼은 것입니다.

김경눌 역시 사람은 사람인지라 어찌 곽공이 의사이고 충신임을 모르기야 하랴마는, 그 자신의 원수를 풀어 보고자 의사를 가리켜 역적이라 한 것입니다. 장차 이 뜻을 임금의 밝은 귀에 여쭈어 알리고자 하였으나, 북쪽 하늘은 멀고도 아득하여, 하소연하여도 미치지 않았더이다.

간곡히 바라건대, 모든 의병 지휘부에서 각각 통문을 내어, 의사의 명백한 마음으로 하여금 남을 헐뜯어 얽어 넣는 모함을 하지 않는다면, 이보다 더 큰 다행이 없을 것입니다.

오호! 타고난 천성을 그대로 지키는 어질고 착한 성질은, 사람이라면 모두 가지고 있습니다. 순종과 거역의 시비는 원래 백성들에게 일정한 의견이 있겠지만, 감히 악독하고 도리에 어긋난 대악무도의 이름을 충신의사의 신분에 덧씌우려고 하니, 어찌 통분할 만한 일이 아니겠습니까?

맹자가 가라사대,

"정의를 해치는 자를 일러 도적이라 한다."

라고 하였거늘 대의를 솔선하여 부르짖은 자를 일컬어 어찌 도적이라 하리오.

오직 여러분께서는 이를 깊이 살피소서!

○ 睟軍官金景訥之徒, 指郭爲逆賊, 傳檄于陣中. 且移書列陣, 三嘉進士尹彦禮·學諭朴思齊等, 通文于右道各邑士林曰:

頃見巡察軍官輩, 送郭義士書二; 一則, '檄郭再祐黨與'; 一則, '檄逆賊郭再祐'. 義士果是逆賊而有黨與者乎? 其中所言, 皆是傅會搆捏之檄辭, 祗足以彰己陰慝害正之心術, 不足爲郭義士病而指忠義爲逆賊, 乃秦檜兇狡之餘術. 一秦檜亦足洩潰於班師, 則況衆秦檜萃集於巡察之幕下乎, 爲義兵首事, 其寧不爲之寒心乎?

郭義兵當列郡奔潰之時, 奮百死不顧之計, 忠義激切, 名正言順, 人有耳目, 不待贅說而蔽遮江淮, 爲郡縣藩籬. 噫! 忠如郭, 義如郭, 亦未免逆賊之名, 其所以害義士, 乃所以害義兵, 其心所蓄, 亦未可知也.

義士頃者之檄, 信有輕動者, 而亦不過忠義憤激之過擧, 何必深以此言之乎? 彼軍官之輩, 徒知有迎倭之巡察, 而不知有討賊之義士. 傳檄於郭, 欲逞私憾者, 金景訥與李魯有隙, 久矣. 窺魯多年, 未乘其隙, 適逢此時, 喜行兇臆, 忽見前檄, 心語口曰, '郭妾李女也, 殺魯者, 其在此乎.' 以魯爲陰嗾之魁, 以郭爲見嗾之人. 訥亦人也, 豈不知郭之爲義士也爲忠臣也, 欲逞其讎, 指義士爲逆賊. 欲將此心上達宸聽, 北天遼邈, 呼籲莫及.

伏願, 諸義兵所, 各出通文, 使義士明白之心, 不爲讒構之所陷, 不勝幸甚. 嗚呼! 秉彛良性, 人皆有之, 逆順是非, 自有公論而敢將大惡不道之名欲加忠臣義士之身, 寧非可痛也. 孟子曰: "賊義者, 謂之賊.", 倡大義, 謂之賊乎? 惟僉君孰察之.

제39장 진주성 최초 방어

– 영천과 경주 일대의 사정

영천 사람 진사 정세아鄭世雅와 생원 조희익曺希益 그리고 전 현령 곽회근郭懷瑾 등 60여 인은 공이 초유하여 **의병을 일으킨다는** 기별을 듣고, 수천 자의 글을 지어 하나하나 사정을 낱낱이 들추었다.

"낙동강 좌측을 지키던 수령과 장수들은 당초에 도망쳐 숨었다가, 지금 이제야 출두하여 의병을 억누르고 있습니다. 또한, 경주부윤 윤인함尹仁涵이 관아의 말단 서기와 아전들과 그리고 광대 패들을 거두고 도망하여, 깊은 산속에다 몸을 의탁하였으니, 경주부 전부를 왜적에게 맡겨버리게 되었습니다. 왜적이 이미 멀리 떠나갔는데도, 오히려 한 번도 산 밖을 내다보지도 않고, 도리어 의병들을 요란하게 방해하고 있습니다. 경상좌병사 박진은 의병을 지휘하여 명령하고, 관군을 구속하고 제한하니, 군사들이 모두 해산하여 흩어져, 수습할 가망이 있지 않습니다. 경상좌도 경내는 명령 받을 곳이 없어, 공의 지휘를 주의 깊게 듣고자 요청합니다."

낮에는 숨고 밤에 행군하여, 몇 사람으로 하여금 공에게 글을 올리게 하였다.

공이 매우 기뻐하며 위로하고 달랬다.

"그대들이 승냥이와 호랑이 굴을 무릅쓰고 건너와, 고난의 길을 들고 나고서, 먼 데서 찾아와 안부를 물어주다니, 진실로 충의가 지극하지 않으면, 어찌 이와 같이 할 수 있었겠소? 사람들을 감읍하게 하오. 나는 왕명을 받들어 초유하는 직분이니, 이곳 경상우도와 저 경상좌도의 구분이 없는 것이 옳겠지만, 단지 길이 이처럼 막혀 있으니, 비록 지휘하고자 하는 바가 있어도, 공문서 처리가 통하지 않으니 어찌하겠소?"

그리고는 훈련원 봉사 권응수權應銖를 의병대장으로 삼고, 이웃 몇몇 고을도 모두 의병장을 정하여, 그들에게 권응수의 명령을 주의 깊게 듣도록 하였다. 권응수는 공의 추천에 감격하고, 더욱 자신의 마음을 가다듬고 열심히 하였다.

그 후, 하양河陽의 의병장인 봉사 신해申海 등이 함께 모의하여, 네 고을의 군사를 이끌고, 영천성에 웅거한 왜적을 꼼짝하기도 어렵게 갑자기 들이닥쳐 덮쳤다. 왜적을 모조리 다 죽이기를 사람이고 짐승이고 하나도 남기지도 않았다.

또한, 경주부에 주둔한 적을 기습 공격하여, 성을 비우고 왜적을 쫓아내었다. 이로부터 군성이 점차 떨쳐졌으니, 모두 왜적을 토벌할 마음이 갖추어지게 되었다.

○ 永川人進士鄭世雅·生員曹希益·前縣令郭懷瑾等六十餘人, 聞公招諭**起義**之奇, 作書數千言, 歷擧: "江左諸守將, 當初竄匿, 今乃出頭, 沮抑義兵狀. 且極言慶尹尹仁涵, 捲府史·吏胥·衎衎, 退伏, 托跡深山, 擧一府, 委之於賊. 賊旣出去, 猶未一闖山外, 反爲撓遏義兵. 兵使朴晋, 號令義兵, 拘制官軍, 軍皆渙散, 莫可收拾而左界無稟命, 要聽令公指揮." 書伏宵行, 使數人來獻于公.

公綽喜慰諭, 以見之曰: "諸君冒涉豺虎之窟, 出沒荊棘之域, 遠來相問, 苟非忠義之至, 何能若是? 令人感泣. 當職奉命招諭, 義無彼此, 但道梗若此, 雖欲有所指揮, 其於文報不通, 何?" 仍以訓鍊奉事權應銖, 爲義兵大將, 傍數邑, 皆定義兵將, 使之聽命於應銖. 應銖感公推擧, 益自奮勵. 其後, 與河陽義兵將奉事申海等合謨, 領四邑兵, 掩擊永陽據城難動之賊, 鏖盡之, 無噍類. 又襲攻慶州屯賊, 空城逐之. 自此軍聲漸振, 皆有討賊之心.

- 사천과 진해·고성의 회복

공은 오래도록 거창에 머물렀더니, 창원에 주둔한 왜적이 진주성 방어 준비가 되어 있지 않다는 것을 몰래 살펴 알게 되었다. 창원과 진해에 있던 적은 서로 호응하여, 고성을 거쳐 사천으로 완연하게 몰려들어, 대거 진주로 침범해 왔다.

공이 이를 듣고 유성이 떨어지듯 급하게 달려, 단성에 이르러서 함양과 산음 그리고 단성의 병사들을 모두 기병하여 진주로 나갔다. 김시민을 독려하여, 감히 함부로 움직이지 못하게 하고, 더불어 곤양군수 이광악李光岳과 최강崔堈·이달李達 등에게 단단히 타일러 군진을 좌우로 나누어 이들을 구원하도록 하였다.

곽재우는 전령도 기다리지 않고, **이미** 먼저 치달아 입성하자, 군대의 형세가 자못 성대하였다. 왜적이 촉석루 앞쪽까지 왔다지만, 단지 남강 하나를 사이에 두고도 감히 핍박하지 못하였다.

공이 뒤따라 당도하여 전투를 **채찍질하듯 격려하니,** 이에 여러 장수들이 더욱 명령을 받들어 추격에 합세하였다. 왜적은 낭패를 보고 달아났는데, 살상을 당한 적은 셀 수 없이 매우 많았다. 마침내 사천과 진해 그리고 고성이 회복되었다.

당시, 경상도사 김영남 또한 **성**안에 있었는데, 계책을 세워 왜적을 뒤쫓아 추격하여 포획한 공이 생각보다 많이 있었다.

公久住居昌, 賊之據昌原者, 覘知晋陽無備. 昌原賊與鎭海賊相應, 由固城澶漫於泗川, 大擧侵晋. 公聞, 急星馳, 至丹城, 悉起咸陽·山陰·丹城兵, 以赴之. 督金時敏使不敢動, 又勅昆陽郡守李光岳及崔堈·李達等, 分爲左右翼, 以救之. 郭再祐不待傳令而**已**先走入城, 軍勢頗張. 賊至樓前, 只隔一水而不敢逼. 公繼至**責**戰, 於是, 諸將益用命, 合勢追擊. 賊狼狽而遁, 所殺傷無慮甚衆. 遂復泗川·鎭海·固城. 時, 都事金穎男, 亦在**城**中, 頗有設策追捕之功.

제40장 남원의 의인들

남원 사람 전 **좌랑 이대윤**李大胤과 유학 소**혜**蘇傒가 일가붙이[族生]를 보내 공에게 편지를 올리고, 각기 백미 백석을 바쳐 군수에 보태도록 하였다. 공이 서한을 받아들고 칭찬하고 감탄하여,

"이 좌랑은 이전부터 순후하고 참된 바탕이 있는 사람인 줄은 알고 있었는데, 곡식을 이 지경에 이르도록 많이 쌓아 둔 것은 요량하지 못하였소."

라고 말하였다. 곧 김천찰방 조존선趙存善을 차임하여, 남원으로 가서 번갈아 운반해 오도록 하였다.

○ 南原人, 前佐郞李大胤·幼學**蘇傒**, 遣族生, 奉書于公, 各獻白米一百碩, 以補軍需. 公得書, 稱歎, 曰: "李佐郞曾認爲淳實底人, 不料積穀之多至此." 立差金泉察訪趙存善, 往南原遞運搬來.

第41장 이봉李逢 상주 의병장

공은 항상 상주와 연락이 통하지 않아 염려하였다. 함창咸昌선비 이홍도李弘道와 상주 사인 조정趙靖 등이 와서, 이봉李逢이 의기를 떨쳐 왜적을 토벌한 일을 진술하였다. 이봉은 청주 사람으로 함창에 살면서, 유생 동지들과 뜻을 합하고 협력하여, 적을 포획한 것이 이미 많았다고 말하였다.

공은 서찰로 이봉을 포상하고, 의병장으로 삼았다. 상주의 전 예문관 검열인 정경세鄭經世와 함창의 전 찰방 권경호權景虎 그리고 문경의 유학 신담申譚을 세 고을의 소모관으로 임명하였다. 그들이 **합심하여** 향병을 거두어 모아, 이봉의 지휘를 받게 하였다.

○ 公常以尙州不徹爲念. 咸昌士人李宗道·尙州士人趙靖等來, 陳李逢奮義討賊事. 逢淸州人, 來住咸昌, 與同志儒生, 合意協力, 捕賊已多云. 公以書褒逢, 爲義兵將. 以尙州前翰林鄭經世·咸昌前察訪權景虎·聞慶幼學申譚爲三邑召募官, 使合歛聚鄕兵, 聽逢指揮.

第42장 회답 없는 장계와 정인홍

임진년 5월 이후 네 번이나 장계하였으나, 한 번도 회답이 돌아오지 않았다. 간혹 갔다가 돌아온 것이 있었지만, 승정원은 문서를 받았다고 통지만 할 따름이고, 별도로 가타부타가 없었다. 그 당시 풍원부원군 류성룡은 외부에 있었고, 해원부원군 윤두수가 국사를 관장하고 있었다. 공은 북쪽을 향하여 가슴을 치고, 눈물을 흘리며 장탄식을 하였다.

정인홍 대장이 와서 삼가현 강가 정금당淨襟堂에서 공을 뵙기로, **한밤중**까지 마주 앉아 서로 대화하는데, 비분강개하고 격렬한 **두 현인이** 나라를 걱정하는 정성이야말로 **피차가 한결같았다.** 그의 외아들 정연鄭沇이 따라왔는데, 기개가 너무 뛰어나게 날카로웠다. 돌아간 뒤에 공이

"애석하도다! 묘목이 아직 자라지도 못하였거늘…."

이라고 하였다. 오래지 않아 목구멍이 아파 죽었다고 한다.

정 대장은 매번 보고서 내기를 곧바로 판단하고 불손하였으며, 간혹 공이 제어하고 조절하는 것을 듣지 않고, 편한 형편대로 하는 것을 일삼았다. 공은 조금도 용서하지 아니하였고, 준엄한 말로써 그를 질책하였다. 어떤 때는 그의 군관을 결박하여다가 곤장을 쳤다.

○ 五月以後, 四度狀啓, 一未回還. 雖或有回還者, 承政院到付而已, 別無可否. 時, 豊原在外, 海原居中. 公北向搥心, 隕淚長噫.

鄭**大將**來, 見公於三嘉淨襟堂, 對語夜**分**, 慷慨激烈**兩賢**憂國之忱, 則**彼此一揆**也. 其子沆從之, 氣甚翹銳. 旣去, 公曰: "惜乎! 苗以不秀..." 未久, 以嗌疾死. 鄭**大將**每於文報, 直截不遜, 或不聽公節制, 便宜從事. 公小不饒貸, 峻辭以責之. 或綁軍官以杖之.

제43장 경상좌도 관찰사에 제수

선전관 이극신李克新이 와서 전후로 선조 임금의 교지가 세 차례나 있었다는 것을 전하였으니, 비로소 경상좌도 관찰사에 임명된 것을 알았다. 평양이 지켜지지 못하여, 대가가 평안도 의주로 몽진하였다는 사실과 세자 광해군이 강원도 안협현安峽縣에 돌아와 있다는 소식을 죄다 들었다.

공이 가슴을 **치며** 크게 통곡하였다. 슬픔에 목이 메어 소리도 내지 못한 채 흐느꼈다.

"백발이 다 된 외로운 신하가 왕명을 받들고 남쪽으로 온 지, 벌써 한 철을 넘기고 있나이다. 이미 근왕의 군사를 분발하여 **일으키지도** 못하였고, 아직 도내의 왜적조차 소탕하지 못하였나이다. 전하의 수레는 풀숲에 있고, 종묘사직이 폐허가 되는 것을 앉아서 바라보며, 구차스럽고 욕되게 살기를 꾀한 것이 오히려 지금까지 이르렀나이다. 은혜를 망각하고 나라를 저버린 치욕은 만 번을 죽어도 속죄하기 어렵사온데, 벌을 더하지 않고, 도리어 감사 직임을 맡겨 주시었나이다. 비록 몸이 가루가 되게 부서져 참혹하게 죽더라도, 어찌 크나큰 은혜에 만분의 일이라도 보답할 수 있겠나이까? 하늘을 우러르고 땅을 굽어보고, 몸을 구부리고 걸어도 돌아갈 곳이 없어졌으니, 죽음이 있을 따름일 뿐 다시 무엇을 할 수 있겠나이까?"

측근들은 모두 눈물을 흘렸어도, 감히 올려다보지를 못하였다.

○ 宣傳官李克新來, 傳前後有旨書三度, 始知除拜左伯. 備聞箕城失守, 大駕移幸龍灣, 東宮回住安峽. **拊膺**大慟. 哽咽不成聲, 曰: "白髮孤臣, 奉命南來, 已踰時矣. 旣不**能鼓起**勤王之師, 又未能掃蕩道內之寇. 坐視鑾輿草莽·廟社丘墟而苟活偸生, 尙保至今. 辜恩負國之恥, 萬死難贖而天誅不加, 反委方面之任. 雖糜身粉骨, 豈足報鴻造之萬一乎? 俯仰天地, 跼蹐靡歸, 有死而已, 更何爲哉!" 左右皆泣下, 不敢仰視.

제44장 경상우도를 정리하는 장계

공이 말하였다.

"이미 경상좌도의 감사가 되었으니, 우도의 일을 지금 처리한다는 것은 마땅치 않을 것이지만, 처음부터 의병에 관한 사항을 겸하여 관장해 왔다. 만약 상규에 맡겨두고, 우려가 되는 계기를 목격하고도 계품하지 않는다면, 실로 남의 신하로서 도의가 아닐 것이다. 직분을 벗어나 남의 권한을 침범하는 의심을 받는다고 해도, 마땅히 회피할 수 있으리오."

드디어 일일이 조목을 들어 낱낱이 장계를 올렸다.

당초 김면은 고령과 거창에서 기병하였고, 정인홍은 합천에서 군사를 일으켰는데, 군성을 자못 떨쳤으며, 형세가 더욱 무성하였나이다. 지금 와서는, 김면은 성은을 입어 합천군수에 제수되었고, 정인홍은 제용감정에 배수되었으니, 고령과 거창 그리고 합천의 세 고을 군사는 각각 그 장수를 잃어, 해체 지경에 이르지 않음이 없으니, 걱정이 적지 않나이다. 일이 진정되고 난 이후에 부임한다면, 마치 형편에 합당함과 같겠나이다.

전 군수 곽율은 초계의 임시 수령이 되어, 기관을 잘 다스리고, 군사와 백성들을 사랑스럽게 대우하니, 모두 정식 군수가 되는 것을 바라고 있나이다. 군수 곽눌郭訥은 그 있는 곳을 알지 못하오니, 곽율이 본 군의 수령으로 자리를 지키는 것은 또한 **알맞을** 것이옵니다.

의령현감 오응창吳應昌은 관직을 버리고 도망쳐 달아난 뒤, 왜구가 소동을 일으켜 보전할 형세가 만무하였나이다. 곽재우가 제일 먼저 의병을 일으켜, 한 고을이 온 도의 보장이 되어, 왜적이 감히 낙동강 서쪽을 엿보거나 넘겨다보지도 못하였사오니, 몇 사람의 공적은 실제 도내에서 다 아는 바이옵니다.

신임 현감 김충민金忠敏은 비단 의령현이 그가 나서 자란 곳일 뿐 아니라, 작년 10월부터 금년 3월까지 본현의 성을 쌓는 데 감동관監董官을 하였사옵니다. 처사에 마땅함을 잃어 온 고을에 독으로 인한 아픔을 주었으니, 백성들이 승냥이와 호랑이 같은 독약으로 보고 있사온대, 다시 와서 현감이 되니, 모두 무너지고 **흩어질** 마음을 품게 되었나이다.

이와 같다면 어찌 의령 한 고을의 해악에 그칠 것이옵니까? 실로 온 도내의 이해가 매달려 있사오니, 이 위급한 난리를 당한 즈음에는 민심을 순화하는 것이 급한 일이옵고, 또한 의병에 관계되는 일이옵기에, 감히 직분을 넘어 상소하오니, 황공하와 처벌을 기다리겠사옵니다.

○ 公曰: "旣爲左道監司, 右道事, 今不宜句當, 而自初管攝義兵. 若委以常規, 目擊可慮之機, 而不爲啓達, 實非人臣之義. 越俎之嫌, 其可避乎." 遂一一條陳申啓云:

當初金沔起軍于高靈·居昌, 鄭仁弘起軍于陜川, 軍聲頗振, 形勢亦張. 今者, 金沔蒙恩拜陜川郡守, 仁弘拜濟用監正, 三邑之軍, 各失其帥, 莫不解體, 誠非細慮. 事定後赴任, 似合機宜.

前郡守郭赳, 今爲草溪假守, 善於治官, 軍民愛戴, 咸願爲眞. 郡守郭詡不知所在, 郭赳仍守本郡, 亦爲便當.

宜寧縣監吳應昌, 棄官遁走後, 倭寇焚蕩, 萬無保全之勢. 郭再祐首先起兵, 一縣爲一道保障, 賊不敢窺覦江西, 數人之功, 實道內之所知. 新縣監金忠敏, 非但本縣渠母鄕, 自去年十月, 至今年三月, 爲本縣築城監董官. 處事失宜, 毒痛一邑, 民視之如豺虎毒藥, 來爲縣監, 皆懷潰散之心. 如此, 則豈止爲宜寧一縣之害. 實係一道利害, 當此危亂之日, 順民心爲急, 且係義兵之事, 敢此越職言事, 惶恐待罪.

제45장 경상우도 사림의 유임운동

- 초계 선비들의 만원서挽轅書

다음 날, 산음에서 초계로 옮겨와 머물면서, 장차 경상좌도로 갈 것을 생각하였다. 경상우도 사람들이야말로 아이들은 울고, 늙은이는 탄식하고, 어른들은 부르짖었다. 마음이 급하여 허둥지둥하는 모양은 마치 물을 잃은 물고기와 같고, 불타는 둥지 속의 제비와 같았다.

의병 무리는 모두 **상심하고 말았으니** 수습이 도무지 불가하였다. 이에 사인들이 세찬 물결과 같이 수십 명이 무리를 지어, 날마다 뜰 아래 서서 머물러 주기를 요청하였다.

초계 유생 이대기 등 30여 인은 머물러 주기를 바라는 만원서를 올리기에 이르렀다.

그것을 약술하면 아래와 같다.

요즘 병장기가 단단하고 날카롭지 못한 것도 아니요, 성벽과 해자가 높고 깊지 않은 것도 아닙니다. 실제로 고을 수령이 어진 이가 없고, 영진營鎭을 지키는 장수는 사람답지 아니한 자들입니다. 정사가 맹호만큼 가혹하고, 법망은 가을에 피는 차꽃만큼 조밀稠密하여, 가죽을 벗기고 살을 도려내 씹어 삼키니, 백성들이 흩어진 지 **오래입니다.**

급기야 변란은 미처 어찌할 사이도 없이 급작스럽게 발생하여, 장수나 수령이 된 자들은 스스로 평일에 한 소행으로 민심을 크게 잃었다는 것을 알았습니다. 비록 수습하고자 하여도, 백성들이 자기에게 응하는 사람이 없었으므로 달아나 산속 수풀에 엎드려 있는 것입니다. 오히려 더 깊숙이 숨어들지 못한 것을 두려워할 뿐, 국사가 이 지경에 이른지라, 다시 하염직할 만한 것이 없었을 것입니다.

전 장령 정인홍과 전 좌랑 김면은 각하의 초유 격문에 응답하여, 고고한 충성을 스스로 격렬히 하고, 주먹을 휘두르며 분발하여 일어나서 백일하에 굳게 맹세하니, 국치의 설욕을 기대하였습니다. 흩어져 도망한 자들을 불러 모으니, 원근에서 메아리같이 호응하여, 군성이 점차 **신장되었습니다.**

의병의 칼끝이 제법 날카로워졌더니, 솔개가 날개를 편 듯이 기세등등하던 왜적이 점차 쇠퇴하여, 돼지처럼 날뛰던 기세는 갑자기 꺾이었습니다. 낙동강 오른쪽 8~9개 군이 집어삼킴을 모면한 것이야말로, 진실로 각하의 절제에 힘입어 얻어진 것이 마땅합니다.

이제 임금의 교서가 서쪽에서 내려졌지만, 각하께서는 장차 경상좌도로 가려 하니, 사람들이 바라는 여망은 이미 이지러져, 뭇사람의 마음에 의심이 들었습니다. 이미 모인 자들은 흩어지기를 생각하고, 의병에 나아가고자 하던 사람들은 도로 물리고자 합니다.

생각건대, 저 탐관오리와 백정 같은 경상감사는 의병을 시기하고 질시하여, 백 가지 계략으로 중상하고 모의하였습니다. 심지어 반역하였다고 지목을 하고서도, 어찌 감히 생각을 제멋대로 하지 못하는 것은 상국께서 여기 있기 때문입니다.

이제 한 번 강을 건너 동쪽으로 가신다면, 지난날 귀신같이 숨어들고 물여우처럼 자맥질하였던 자들은 그 기운을 드날릴 것이며, 노여움을 쌓아 시기하여 싫어하는 자들은 역시 그들의 손에 농간을 당할 것입니다.

사사로운 마음이 없이, 순수하고 한결같은 충성과 정의감에서 우러나오는 기개가 씩씩한 의열은 두 의병장에게는 같을 것이라지만, 또한 어찌 구차하게 성공을 바라고, 저분들의 팔을 당겨 방해하기를 즐겨 하겠습니까?

이뿐만이 아닙니다. 의령의 곽 의사 재우는 칼을 비껴들고 창의하여, 충의로 말미암아 일어나는 분한 마음이야 참으로 늠름합니다. 다만 뜻하는 바는 컸었지만, 실천이 거칠어 제어하지 못하였기에, 경상감사의 마음을 거슬러, 믿는 바는 오로지 각하입니다. 각하께서 떠나면 사세는 장차 성취하기 어려울 것입니다.

곽재우가 없으면 곧 의령이 없는 것이고, 의령이 없다면 삼가 서쪽은 장차 차례로 지켜내지 못할 것입니다. 이러한 관점으로 보면, 각하의 가고 머뭄이 어찌 의병이 모이고 흩어짐에 관련된 바와 국가의 존망이 매인 바가 아니라고 할 것입니까?

이기고 짐과 이로움과 해로움은 한번 호흡하는 사이에 있는 것인데, 구구하게 명을 받들어 부임하는 일반적인 규칙을 지키고자 한다면, 잃어서는 안 될 가장 중요한 기틀을 그르치기에 이르니, 곧 각하의 지난날 초유 공적이 허탕으로 돌아가는 것은 바라지 않습니다.

엎드려 바라건대, 각하께서 이를 깊이 살펴주신다면, 온 도의 행운이요, 나라가 다행이겠습니다.

"이미 왕명이 있는데, 어찌 나 스스로 맡을 수 있다던가?"

○ 翌日, 自山陰移住草溪, 擬將向左. 右道之人, 少者啼, 老者唏, 壯者呼. 遑遑如失水之魚, 如焚巢之燕. 而義兵之徒, 擧皆**喪心**, 莫可收拾. 於是, 士子奔波, 數十爲群, 日立庭下, 請留之. 草溪儒生李大期等, 三十餘人, 上挽轅書. 其略曰:

今之兵革非不犀利, 城池非不崇深也. 良以邑宰無良, 鎭守非人, 政苛猛虎, 綱密秋荼, 割剝咀啖, 民散**久矣**. 及其變生倉卒, 爲帥宰者, 自知平日所爲大失民心, 雖欲收拾, 民無應我者, 故投伏山藪. 猶恐不深, 國事至此, 無復可爲者矣.

前掌令鄭仁弘·前佐郎金沔, 應**閤**下招諭之檄, 孤忠自激, 張拳奮起, 誓心白日, 期雪國恥. 招集散亡, 遠近響應, 軍聲**稍**張. 義鋒頗銳, 鴟張漸殺, 豕突頓挫. 江右八九郡, 得免其呑噬者, 實賴閤下節制之得宜.

今者, 綸音自西, 帷軒將左, 輿望旣缺, 衆心懷疑. 已集者思散, 欲進者還退. 惟彼貪吏屠伯, 猜疾義兵, 百計謀毁. 甚至於指以爲不軌, 其不敢恣胸臆者, 以相國在也. 今一渡江而東, 則前日之鬼藏蜮潛者, 得以揚其氣; 蓄怒猜嫌者, 亦以弄其手矣. 精忠義烈如二將, 亦安肯苟冀成功爲彼所掣肘乎?

不特此也. 宜寧郭義士再祐, 提劒倡義, 忠憤凜凜, 而第以狂簡不裁, 觸忤方伯, 所恃者惟閤下, 而閤下去矣, 勢將難爲. 無再祐, 則無宜寧; 無宜寧, 則三嘉以西將復次第失守矣. 以此觀之, 閤下之去留, 豈不爲義兵聚散之所關國家存亡之所係也哉? 成敗利害, 在一呼吸之間, 而欲守區區赴命之常規, 致誤於不可失之事機, 則閣下前日招諭之功, 不幾於落空乎. 伏願閣下熟察之, 一道幸甚, 國家幸甚.

公曰: "旣有上命, 柰何自任?"

– 진사 박이문朴而文의 유임 청원소

안동은 공의 고향 고을이다. 그곳에 가면 선영에 성묘하고, 가족을 볼 수 있으며, 친구들도 만날 수 있다. 병권을 장악하고 고향에 돌아가는 것은 사람이 가진 통상적인 인정이라 기뻐할 바이던데, 하물며 이 난리 중임에야. 그렇다지만, 경상우도를 버리고 가는 일의 성패를 나라 **걱정**하느라 집안일을 잊어버린 것과 같이 심하게 한 것은 이와 같았다.

낙동강 오른쪽 여러 고을의 유생들은 마음대로 머무르게 할 수 없음을 알고, 앞을 다투어 우도에 남아 있기를 청원하는 상소를 올렸다. 합천과 초계 그리고 삼가와 의령, 진주와 단성은 곧 진사 박이문, 거창과 산음 그리고 함양은 곧 진사 정유명鄭惟明이 상소문에 맨 먼저 이름을 적었다.

박이문의 상소문을 간략하면 다음과 같다.

감사는 한 도의 주인이옵고, 절도사는 삼군의 장수이므로, 그들에게 백성을 가르치고 군사를 훈련시킬 임무를 위임하였나이다. 그들에게 어떤 때에는 적을 제압하는 방략을 책임지게 한 것은 군과 백성에게 이로운 일과 병폐 그리고 국가의 안위가 여기에 매여 있지 않음이 없기 때문이옵니다.

이것이 어찌 편견과 시기를 스스로 채용 — 김수를 지칭한 것임 — 하고, 겁에 질리고 늙어서 정신이 흐리고 기력이 약한 — 조대곤을 지칭함 — 자가 감당할 수 있는 바입니까? 적의 흉한 칼날과는 아직 교전하지도 않았는데, 모든 고을이 물결처럼 밀렸습니다. 군대와 백성은 무너져 흩어지니, 참으로 그 죄는 용서하기 어렵사오나, 이들로 하여금 이 지경에 이르게 하였으니, 그 허물은 누가 처리해야 하옵니까?

본도 감사 김수는 깊고 높은 전하의 성은은 생각하지도 않고, 보잘것없는 목숨을 애석하게 생각하여, 산 고을로 몸을 피하여, 오로지 깊이 숨지 않았을지만 걱정하여, 성을 지킬 수 있는 좋은 계책은 도리어 옳지 않다고 하였사옵니다.

경상우병사 조대곤은 원래 바탕이 한 지방을 감당할 만한 재능이 없는 데다가, 늙어 청각장애가 더욱 심하게 가중되어, 여러 군사를 거느리고도 자기만 보호할 따름이었지, 왜적을 토벌할 생각은 아예 없었사옵니다. 이와 같다면, 큰 도적이 장구하였으니, 사정은 이에 연유한 바이옵니다. 적의 기세는 솔개가 날개를 펼치듯 등등하여, 한결같이 널리 퍼져 그득하니, 다시 착수할 곳이 없었나이다.

다행스럽게도 경상좌도감사 김성일이 분부를 받잡고 남쪽으로 내려와, 온통 회복하는 데에 뜻을 두어 원근을 초유하더니, 충의로써 격려하였사옵니다. 정인홍과 김면 그리고 이노와 곽재우 등 네 사람은 마음속으로 굳게 맹세하기를 대낮같이 하였나이다. 나라의 치욕을 씻기를 기약하고, 향리에서 떨쳐 일어나 동지를 일으켜 인솔하여, 혹은 강을 거슬러오는 적을 막아내고, 어떤 때는 성안에 웅거한 적을 무찌르니, 군성이 날로 진작되어, 병력이 점차로 강해졌나이다.

낙동강 서쪽을 비롯한 6~7개 고을은 비록 병화를 입었다고 해도, 오히려 즉묵성卽墨城 하나로도 제齊나라를 지켜 냈다는 고사처럼 오늘날의 즉묵이 되어, 수복의 터전이 바로 이로 인하여 세울 수 있었나이다.

그러하온데, 김수는 몸에 무거운 죄를 지었으니 물의를 일으켜 쫓겨나게 되었사온데, 용서함을 드러내지 못하는 자기를 부끄럽게 여기고, 남이 거의 성공한 공적을 시기하였사옵니다. 사사로움을 위하여 도당을 만들고자 하여, 이로써 의병진을 파괴하였사오며, 윗사람을 업신여기고 사사로움을 행한 것은 이르지 않은 곳이 없나이다.

용인에서 패배하였을 때, 종묘사직에 포로를 잡아 올린다는 헌부獻俘가 어찌 있었다고 하겠사오며, 말을 꾸며내어 거짓으로 상주하였사오니, 왜적 하나도 죽이지 못한 김경노로 하여금 더불어 후한 상의 은전을 받게 하였나이까?

성주목사 이덕열李德悅은 정사가 맹호같이 가혹하여, 역사役事는 번다하고 공사는 쌓였으나, 성을 버리고 산에 숨어서도, 조세와 부역으로 백성을 괴롭히는 것은 오히려 심하였사옵니다. 의병을 위력으로 제압하는 등 모든 지위로 꾀를 써서 남을 해치었으나, 부월斧鉞의 베임은 아직 받지 아니하고, 칭찬하여 장려하는 주달이 도리어 올려졌나이다.

주상 전하의 귀를 속여 도당을 만들어 서로 돕는 행적이, 마침내 처음부터 끝까지 드러나게 되었으니, 김수인들 한 사람의 손으로 대중의 눈을 가리는 것이 어찌 가능이나 하였겠나이까?

하물며 조대곤의 죄는 모두 마땅히 죽여야 한다고 말하지만, 김수는 그를 족속이라고 사사로이 하여, 예전의 악습이나 병폐를 징벌하지 않아, 새로운 명령이 다시 거듭 되었으니, 때마침 구차스럽게 살고자 하는 무리들로 하여금, 아무것도 꺼릴 바가 없게 하였사옵니다.

아! 하나의 잔혹한 악인이 길에 당도하면, 한 무리의 간사한 사람이 그를 아첨하고, 하나의 도깨비가 방을 엿보면, 백 가지 간사한 귀신이 이를 따르옵니다. 의사를 시샘하여 미워하고, 백 가지 계략으로 몰래 중상모략하여, 주구들을 부추겨 지시하여, 가슴속의 생각대로 실행하기를 힘썼나이다.

여기에 있어, 김경눌과 김충민 무리가 다투어 눈치를 보아 비위를 잘 맞추며, 의병을 원수처럼 배척하기에 거의 남은 힘이 없을 정도였나이다. 아! 한 사람이 현인을 방해하여도 족히 나라가 넘어질 수 있거늘, 하물며 지금 서로 손이 맞아 일하는 자들이 여러 고을에 걷잡을 수 없이 성행하니, 곧 쇠한 것을 흥하게 하여 난리를 평정하여 다스리는 날이 없을까 염려가 되옵니다.

아! 국가를 광복할 터전은 영남에 있고, 영남을 널리 개척할 책임은 김성일에게 매어 있사오니, 김성일이 없다면 곧 의병이 없는 것이어서, 또한 영남도 없나이다. 이제 김성일이 오직 주상 전하의 명령만 받들어 강을 건너 동쪽으로 간다면, 간사한 도당들이 눈자위를 크게 하고, 의병들을 방해하여 막을 것이옵니다. 오늘날의 이 일이야말로 어찌 통곡하여 눈물을 흩뿌리는 곳에서 그칠 따름이겠나이까?

신 등이 관찰사 소임을 말하자면 비록 좌도와 우도로 나누어져 있사오나, 왜적을 토벌하는 자세에는 진실로 이쪽과 저쪽이 없사옵니다. 이미 내려진 어명인지라, 비록 거두어 돌이킬 수는 없을진대, 김성일로 하여금 좌도와 우도를 겸하여 순찰하게 하신다면, 정의와 용기를 장려할 것인즉슨 이것은 실로 소임에는 책임이 중대하겠사오니, 온 도를 총괄하게 한다면, 위기를 돌리는 계기는 오로지 여기에 있을 것이옵니다.

아! 형벌과 상여賞與의 법도는 신상필벌에 귀하게 존재하기에, 상을 주어 가르침을 시행할 때는 서로 같지 아니하면 불가하옵니다. 조대곤의 죄상은 이각과 균등한데도, 한 사람은 참수하였지만 하나는 그대로이옵니다. 김수의 패악은 이광보다 지나치지만, 혹은 내쫓겼지만 어떤 이는 아니오니, 배를 삼켜 그물을 빠져나가고, 하늘에는 구름이 어두워 지조를 욕되게 하였나이다.

조대곤이 겁을 먹고 퇴각한 것에는 자기만의 그 기준이 있다고 하겠으나, 김수와 같이 나라를 저버리고, 사사로운 일을 따라 간사하게 숨긴 악행은 송나라의 진회라도 더함이 없을 것이옵니다.

이 기회에 이들을 제거한다면, 신포서申包胥와 같이 초나라를 보전할 수 있사오나, 차제에 제거하지 못한다면 광무제와 같이 한나라를 부흥시키는 것은 곤란할 것이옵니다. 흥하고 망하는 기미는 여기에 있어 결판이 날 것이옵니다.

엎드려 바라옵건대 전하! 천하고 비루하다 여기지 마시옵고, 미루어 이것을 헤아려 주시옵소서!

安東, 公之鄕邑也. 逕焉, 先壠可省, 家屬可見, 親舊可會. 杖鉞還鄕, 常情所喜, 況喪亂中乎. 然而, 深以棄去成敗爲憂國忘家, 如此. 江右列邑儒生等, 知不可擅留, 爭上請留疏. 陜川·草溪·三嘉·宜寧·晉州·丹城, 則以進士朴而文; 居昌·安陰·咸陽, 則以進士鄭惟明爲疏頭. 朴而文之疏, 略曰:

監司一道之主, 節度三軍之帥, 寄之以訓民鍊卒之任. 責之以臨機制敵之方, 則軍民利病, 國家安危, 未嘗不係於此. 此豈偏猜自用 — 指睟 —, 恇怯昏耗者 — 稱大坤 —, 所可堪哉? 凶鋒未交, 列邑波奔, 軍民潰散, 罪固難赦, 使之至此, 誰執其咎? 本道監司金睟, 罔念海岳之恩, 只惜絲髮之命, 遁身山邑. 惟恐不深, 守城良謀, 反以爲迂. 兵使曺大坤, 素無屛翰之才, 加以老瞶之甚, 擁衆自衛, 無意討賊. 若是, 則劇賊之長驅, 勢所然矣. 賊勢鴟張, 一向充斥, 無復著手處矣.

幸而, 左道監司金誠一, 啣命南來, 志切恢復, 招諭遠近, 激以忠義. 鄭仁弘·金沔·李魯·郭再祐等四人, 誓心白日. 期灑國恥, 奮起鄕曲, 倡率同志. 或截溯江之賊, 或勦據城之賊, 軍聲日振, 兵力稍強. 自江以西六·七邑, 雖被兵燹, 猶爲今日之卽墨, 收復根基, 因此可立. 而睟身負重罪, 見擯物議, 慚己無可貰之效, 忌人有垂成之功. 欲樹私黨, 以壞義旅, 罔上行私, 無所不至. 龍仁之北也, 有何獻俘之功而飾辭誣奏, 使不殺一倭之金敬老, 亦受懋賞之恩乎?

星山牧使李德悅, 政苛猛虎, 役煩工築, 棄城匿山, 剝民猶甚, 威制義兵, 百爾謀害, 而斧鉞之誅未可, 褒奬之奏反上. 欺罔天聽, 樹黨相濟之形跡, 終始敗露. 睟豈得以一手掩衆目哉? 況大坤之罪, 皆曰可殺, 而睟以族黨私之, 舊惡不懲, 新命又申, 適使苟活之徒, 無所忌憚. 嗚呼! 一豺狼當道而百狐狸媚之, 一魑魅瞰室而百奸鬼附之. 娼疾義士, 百計陰中, 指嗾鷹犬, 務行胷臆.

於是, 金景訥·金忠敏輩, 爭望風旨, 讎斥義兵, 殆無餘力. 噫! 一人妨賢, 猶足以僨國, 況今雌和者列郡滔滔, 則興衰撥亂恐無日矣. 嗚呼! 光復國家之基, 在於嶺南; 恢拓嶺南之責, 係於誠一; 無誠一, 則無義兵而且無嶺南矣. 今也, 誠一祗奉綸命, 渡江而東, 邪黨張眶, 義旅催沮. 今日之事, 豈止於痛哭流涕而已哉?

臣以爲方面之任, 雖分於左右, 而討賊之勢, 固無彼此. 已下之成命, 雖不可收還, 使之兼察左右, 獎勵義勇, 則此實任專責重. 總制一道而轉危之機, 亶在於此矣. 嗚呼! 刑賞之道, 貴在信必而賞憲之施, 不可異同.

大坤之罪, 均於李珏, 而一斬一仍. 金睟之惡, 浮於李洸, 而或黜或否, 呑舟漏綱, 陰翳蔑貞. 大坤退怯, 自有其律, 如睟負國徇私蒐慝之惡, 宋之秦檜無以可. 此而去之, 則可以存楚; 此而不去, 則難以復漢. 興亡之幾, 於是乎判. 伏惟殿下! 勿以芻蕘爲鄙而垂察焉!

제46장 진사 정유명 등의 유임 청원소

정유명 등의 상소문을 요약하면 다음과 같다.

오늘의 사태는 의병이 하는 바가 아닌 것이 없사온데, 의병이 처음부터 끝까지 성취한 것은 김성일의 공적이옵니다. 이제 김성일이 경상좌도 감사로 옮겨 임명하였다는 말을 듣자와, 주상 전하의 사람 쓰심에는 적합한 사람을 얻은 것이라고 할 만하여, 경상좌도 백성들은 다행이라 하겠사옵니다.

그러나 수복의 공은 거의 성취하기에 장애가 없다고 할 수 없사옵기에, 인물을 등용하는 법도는 경상좌도와 우도에 완급이 없다는 것은 불가하옵니다. 무엇을 가지고 말하는가 하오면, 낙동강 우측의 군사와 백성들은 김성일을 마치 자비로운 어미와 같이 본받으며, 김성일을 만리장성과 같이 의지하옵니다.

거의 만 번을 죽더라도 출정하여 어지러운 것을 말끔하게 하오면, 일생에 태평 보기를 기대할 수 있겠사오나, 하루아침에 이곳에서 빼앗아 저곳으로 보내시오면, 뜻하지 않은 바가 나오나이다. 충신은 불만으로 인해 원망하옵고, 의사들은 해체하게 될 것이옵니다. 아! 김성일이 가고 머묾이 어찌 영남 우도 의병의 성패에만 유독 매여 있는 것이옵니까?

곽재우는 모든 재산을 깨고 흩뜨려서, 의병을 모집하여 왜적을 토벌하였사오나, 아직 간악한 인간의 저해함을 면치 못하였던바, 김성일이 서한을 보내 그를 장려하였사옵니다. 이로 말미암아 한층 스스로 감격하여, 몸소 남강과 낙동강의 보장을 자임하였으니, 그의 공로가 남도에서 제일이옵니다.

김성일이 간다면, 곽재우의 모든 일은 참견을 당하여 못하게 방해될 걱정이 있을까 염려되오며, 제각각인 여러 고을마저 역시 보전하기 어려울 것이옵니다. 인재를 등용함이 마땅함을 잃어, 세상 민심이 열망하는 곳에 이르지 못한다면, 중흥의 공로는 다시 바랄 수 없을 것이옵니다.

鄭惟明之疏, 其略曰:

今日之事, 無非義兵之所爲而義兵終始成就者, 誠一之功也. 今聞誠一移拜左道監司, 殿下之用人, 可爲得其人, 左道生民, 可謂幸矣. 然收復之功, 不得無礙於垂成; 用舍之道, 不無緩急於左右. 何以言之, 江右軍民, 視誠一如慈母, 倚誠一如長城. 庶幾出萬死以致廓淸, 得一生期見太平, 而一朝奪此與彼, 出於不意, 忠臣觖望, 義士解體. 嗚呼! 誠一之去留, 豈獨係於嶺右義兵之成敗也. 郭再祐傾財破散, 募兵討賊, 未免爲奸人所沮, 誠一與書而奬之. 由是, 益自感激, 身任江淮之保障, 功爲南道之第一. 誠一去, 則再祐之事, 慮有掣肘之患而區區數邑, 亦難保也. 擧措失宜, 輿情觖望, 則中興之功, 不復望矣.

제47장 낙동강 변에서 작별

공은 경상좌도로 가고자 하니 길이 막히었고, 조금 동안이라도 머무르자니 사세에 방해가 되었다. 김수에게 말하여 정예 병사를 뽑아 호송해 달라고 요청하고, 박성을 임시 도사로 삼았다. 김수가 거창에서 와서 공을 송별하려 하자, 공은 합천으로 되돌아가서 만나기로 하였다.

공이 막 낙동강을 건너려고 하자, 이노가 장차 공을 따라가려고 하였다.

"저들의 의혹은 풀리기가 어려우니, **싫겠지만** 우선 이곳에 피해 있구려."

이지가 배 안에서 전송하니, 공이 악수를 하며,

"**너**의 형은 어찌 그리 신명身命이 궁색한가?"

라고 말하였다.

곽재우가 작별하며, 덧붙이기를

"형편이 이미 순찰사에게 용납을 하지 않으니, 청컨대 군대는 진용을 풀어헤쳐 버리고, 공의 부장이나 되어 휘하에 따라가겠습니다."

라고 하였다. 공이 이에 탄식하며,

"그대의 말은 맞지만, 함께 가는 것은 불가하다. 부득이 좌도에 가담한다면, 나는 당연히 장계로 청하여 현풍과 창녕 그리고 영산 세 고을의 총 의병장으로 삼을 테니, 이곳에서 **조금만** 기다리소. 왜적을 토벌하는 데에 어찌 좌도와 우도가 있을 것인가? 다만 그대가 낙동강 왼쪽에 머무른다면, 강 우측은 장차 어찌할 것인가?

라고 말하였다.

○ 公欲向左, 則路梗; 欲姑留, 則勢礙. 言於晬, 請抄精兵護遣, 以朴惺爲假都事. 晬自居昌將來, 送公, 公逆會陜川. 公之將渡洛也, 魯將從之. 公曰: "彼惑難解, 嫌且避之." 李旨餞于舟中, 公握手, 言曰: "汝兄, 何命之窮?" 再祐拜, 且言曰: "勢已不容於巡察, 請散軍罷陣爲偏裨, 從往麾下." 公歎曰: "君言, 則然, 帶行不可. 不得已投左, 則吾當啓請, 爲玄·昌·靈三邑都義兵將, 小待之. 討賊, 寧有彼此? 但, 君若投江左, 江右, 其將柰何?"

제48장 하양현에 도착

9월 초 나흘, 초계에서 새벽 인시에 낙동강을 건너 현풍 · 창녕 · 밀양 · 청도의 경계를 몰래 지나, 하양현에 도착하였다. 좌도의 백성들이 모두

"어찌하여 늦게 도착하였습니까?"

라고 하였다.

수문장 신초辛礎를 현풍의 임시 수령으로 삼고, 훈련원 봉사 이숙李潚을 영산의 가수로 삼았다.

○ 九月初四日, 自草溪寅夜渡洛, 潛行玄風·昌寧·密陽·淸道境, 以達於河陽. 左界之民, 咸曰: "奚爲晩至." 以守門將辛礎爲玄風假守, 以訓鍊奉事李潚爲靈山假守.

제49장 경상우도 감사로 체직

- 안동으로 성묘 길

이틀을 넘겨 신녕현新寧縣에 도착하였더니, 경상우도 감사로 도로 **제수**되었다는 소식을 들었다. 박성에게

"반드시 경상우도 군병이 오는 징후를 기다려야만, 바로 험지를 넘어 강을 건널 수 있

을 것이다. 이곳에서 안동까지는 겨우 이틀 여정이니, 가서 성묘하지 않는다면, 사람의 마음이라 할 것인가?"

라고 말하니, 박성이

"우리 도의 군사라면, 누가 곧바로 감독하여 보내 줄 것입니까? 하물며 이곳은 머물러 있을 곳도 없으니, 마땅히 가서 성묘해야 합니다."

라고 대답한다. 그날 즉시 달려 안동의 선산에 당도하였다.

하루를 머물고, 곧바로 대구 동화사에 도착하였더니, 경상좌병사 박진이 먼저 와서 기다리며, 왜적 토벌 일의 논의를 요청하였다.

○ 越二日, 到新寧, 聞還授右道. 公謂朴惺, 曰: "必待本道軍兵來候, 乃可越險濟江. 此去安東, 纔二日程, 不往省墓, 豈人情乎?" 惺曰: "本道軍兵, 誰即督遣? 況此無住著地, 宜遄省之." 即日, 馳到墳山. 留一日, 即回到大丘桐華寺, 左兵使朴晉先來, 徯, 要議討賊事也.

– 경상도 위쪽의 사정

그때 대구부사 윤현尹晛은 법령을 거슬러서 군사를 모조리 잃어버렸다. — 군사로서 죽은 자가 7백여 인이었다. — 공이 법에 회부하여, 윤현에게 곤장을 치려다가 타이르고 시행하지는 않았다.

경상도 위쪽의 유생 4백여 명이 각자 기병하여, 예문관의 검열인 김해金垓를 추대하여 의병장으로 삼아, 치밀하게 공격할 계획을 가졌다. 생원 임흘任屹 역시 안동 지역에서 병사를 모집하여, 왜적을 치기를 마음속으로 맹세하였다.

권응수權應銖 군대의 위력이 바야흐로 떨쳐졌으나, 모든 것이 경상좌병사 박진이 참견하여 방해한바, 거의 효과를 나타내지 못하였다. 공이 박진을 보고, **정성스럽고** 간절하게 의견을 펼쳐 보이며, 힘주어 말했지만 이미 불가하였다. — 김공 해는 바탕이 병으로 허약한 몸이었지만, 분격하며 창의하여, 자신을 돌보지 않고 방어하고 있었는데, 기관지 천식으로 진중에서 사망하였다. — 박진은 연소하였지만 무술에 뛰어난 협객이었는데도, 그다지 쾌히 승낙하지는 않았다.

이보다 앞서, 권응수가 경주 전투에서 영천의 생원 최인제崔仁濟와 정의번鄭宜藩 등 17명은 같은 날 함께 같은 해를 입었다. 대관령 동쪽의 왜적이 넘어 들어올 때를 당면하여, 예안禮安의 급제자 유종개柳宗介와 안동의 유학 윤흠신尹欽信 그리고 생원 임흘은 후방 지원이 없는 군사를 이끌고, 봉화 재산현才山縣과 소천小川 지역에서 왜적을 막아 싸웠다. 유종개와 윤흠신의 형제는 전장에 나아가 힘껏 싸우다가 죽었다.

공이 비로소 그 사실을 듣고, 매우 경탄하여 이르기를
"2백 년 동안 배양하여 끼친 임금의 교화는 마땅히 아직 다 없어지지 않았구나!"
라고 하였다.

時, 大丘府使尹晛, 律犯喪師. — 軍士死者, 七百餘人 — 公付之以律, 將杖之, 戒而否.

上道儒生四百餘人, 各起, 推翰林金垓爲將, 銳有進攻之計. 生員任屹, 亦募兵於安東之境, 矢心討賊. 權應銖軍威方振, 而皆爲兵使朴晉所掣肘, 將無見功. 公見晉, 詢懇開陳, 力言, 其不可. — 金公垓素以病骨, 憤憤倡義, 忘身捍禦, 以痰喘死於陣中. — 晉以年少武俠, 不甚快諾.

前此, 權應銖慶州之戰也, 永川生員崔仁濟·鄭宜藩等十七人, 同日被害. 當關東賊踰入之時, 禮安居及第柳宗介·安東幼學尹欽信·生員任屹, 提孤軍, 拒戰于才山·小川之界. 柳宗介·尹欽信兄弟, 臨陣力戰而死. 公始聞之, 大驚歎, 曰: "二百年培養遺化, 其未盡斬矣."

- 경상좌병사 박진에 관한 계사

그 후 논죄에 관하여 임금에게 올리는 글[啓辭]에다 후련하게 다음과 같이 진술하였다.
"박진은 한 도의 병권을 상의하지 않고 혼자 판단하여, 의로운 선비가 떨쳐 일어나면, 반드시 억지로 눌러서 그 군사를 모조리 빼앗사옵니다. 권응수는 날래고 건장하여, 슬기로운 생각이 있사와 무관 중에서도 얻기 어렵사옵니다. 만약 한 지역을 혼자서 담당하게 하여, 그가 하는 바대로 맡겨 주면, 성공은 바라볼 수 있사옵니다. 하지만 위에 경상좌병사가 있어, 그 뜻을 실행할 수 없사오니, 상식 있는 사람들은 깊이 이를 개탄하옵니다. 전투에 나선 군사와 유생 등의 충렬은 가히 아름다워, 옛사람에게도 부끄러울 것이 없사옵니다. 이번 건은 응당 본도의 감사가 있사오니, 신이 번번이 아뢰는 것은 부당하옵지만, 신 또한 좌도에서 체직되어 돌아왔기에, 감히 아뢰지 않을 수가 없사옵니다."

其後, 於啓辭中, 暢陳: "朴晉狝專一道兵權, 義士奮起者, 必加沮抑, 盡奪其軍. 權應銖驍健, 有智慮, 武弁中難得. 若令狝當一面, 任其所爲, 成功可冀. 而上有兵使, 不能行志. 識者深以爲嘆. 戰士儒生等忠烈, 可嘉, 亡愧古人. 此件事, 自有本道監司, 臣不當輒啓, 而臣亦自左道遞還, 故不敢不達."云.

제50장 다시 건넌 강, 새로 맞춘 병부

낙동강 우측으로 마중 나올 군사가 오래도록 도착하지 않았다. 공이 박진에게 말해 좌도 정예병사 일백여 명을 인솔하여, 밤중에 백 여리를 행군하여, 하루 밤새에 칠곡의 팔거현八莒縣과 하빈현河濱縣을 지났다. 임진(1592)년 9월 17일 아침, 아무 탈 없이 강을 건너 고령에 도착하였다.

이날 아침에 대구의 왜적은 동쪽에서 오고, 성주의 왜적은 서쪽에서 갔으니, 하빈에서 서로 만났다. 공의 행렬이 만약 몇 각만이라도 늦었다면, 사태는 응당 예측이 불가하였으니, 사람들 모두

"신명이 도운바다."

라고 말하였다.

경상도사 김영남은 평소 공을 좋아하지 않아, 아예 마중하는 군사를 보내지 않았고, 또 경계까지 와서 맞이하지도 않았다. 공 또한 내버려 둬버리고 문책하지도 않았다.

거창에서 김수와 회합하여, 관인과 병부를 서로 맞추어, 산음으로 돌아와서 머물렀다. 조종도는 함양에서 왔으며, **이노**는 지리산에서 나왔고, 박성은 안음에 이르렀다.

○ 江右迎候軍, 久不至. 言于朴晉, 率左道精兵百餘人, 冥行百餘里, 一夜過八莒·河濱. 十七日朝, 利涉至高靈. 是日曉, 大丘賊自東來, 星州賊自西迯, 會于河濱. 公行若遲數刻, 事應不測而皆謂: "神明所扶." 都事金穎男, 素不悅公, 旣不送迎候軍, 又不來迓界上. 公亦置而不問. 會睟居昌, 交承印符, 旋住山陰. 宗道自咸陽來, **魯**自智異出, 惺至自安陰.

제51장 성을 비운 김시민과 공의 천성

- 발을 드러낸 김시민

김시민은 진즉부터 김수와 친근하였다. 김수는 공이 경상좌도에 간 것에 편승하여, 진양성을 지킬 수 없다고 여겼다. 성에서 방어한다는 것은 위험한 길이며, 들판에서 전투를 치른다면 살아날 길이 있을 것이라 생각하였다. 그래서 김시민에게 전령하여, 빨리 와서 우지치의 위급함을 구하도록 하였다.

김시민은 본 진주성을 포기하고, 거창에 달려가 김면 대장의 진영에 의탁하였다. 때마침 개령의 적이 대단히 많이 몰려와, 장차 우지치를 엿보고 있었다. 김시민은 김면 대장이 지

례에서 **역습하여** 싸운다는 말을 듣고, 앞장서서 나아가 용기를 진작시켜, 전진하여 거듭 싸웠더니, 왜적의 예기를 꺾어 물리쳤다. 쏘아 죽인 적 또한 많았지만, 왼쪽 발에 철환을 맞아 그 진중에 머무르게 되었다.

공은 진양성에 지키는 군사가 없다는 말을 듣고, 몹시 놀라 군관을 보내 잡아 오게 하였다. 김시민은 벌을 받을까 두려워하여, 발의 병을 핑계로 교자를 타고 내려와서 다른 사람에게 업혀 들어와 공을 뵙는데, **신발을 벗어** 발을 드러내 앞에다 내보였다. 공은 훈계하여 타이르고, 김시민을 보내고 웃으면서 여러 사람에게

"김시민의 정신이 이미 어지러워졌으니, 거의 오래가지 못하겠구나."

라고 말하였다. 낙동강 오른쪽의 사민들이 서로 축하하며,

"우리들은 마땅히 소생할 것이니, 회복을 바랄 수 있을 것이야."

라고 하더라.

○ 時敏曾附於睟. 睟乘公赴左, 以晉陽不可守. 守城危道也, 野戰有可生之路. 傳令時敏, 急急來, 救牛旨之急. 時敏棄本州, 至居昌, 投金大將陣. 適開寧賊, 盛衆以來, 將窺牛旨. 時敏聞金大將逆戰於知禮, 挺身鼓勇, 且進且鬪, 挫其銳以却之. 射殪亦多, 而左足中丸, 因留其陣. 公聞晉陽無守, 大駭, 送軍官押來. 時敏怕得罪, 托以足病, 乘轎下來, 負於人入謁, **脫靴**露足, 以示於前. 公戒敕以遣之, 笑謂諸君曰: "時敏神其亂矣, 殆不久乎." 江右士民, 相慶曰: "吾輩, 其蘇矣, 恢復可冀乎."

– 김준민의 용맹과 정인홍

거제현령 김준민으로 하여금 합천의 임시 장수로 삼았다. 정인홍이 밤에 성주의 왜적을 습격할 때, 김준민은 선봉장이 되어 성 아래까지 육박해 갔는데, 새벽이 되자 적이 모두 쏟아져 나왔다. 제멋대로 멧돼지처럼 갑자기 돌진하여, **매우 높게** 서로 날아다니는 것이, 마치 우박이 흩어지고 번갯불 같은 번쩍임이 있었더니, 군사들은 모두 싸움에 지고 달아났다.

김준민은 어떤 때는 전진하였다가 혹은 물러섰다 하며, 후퇴하는 군대의 뒤를 맡아 화살을 마구 쏘았는데, 쏠 때마다 적중하지 않음이 없었더니, 왜적들은 감히 가까이 오지도 못하였다. 모든 군사로 하여금 멀리 도망가게 한 연후에 말이 가는 대로 천천히 돌아왔으니, 온 군사들이 이에 힘입은바 성을 온전히 보전할 수 있었다.

김준민이 아니었다면 정 대장 역시 위태하였다. 향교 유생 주국신周國新은 대장의 명령을

두려워하여, 파리한 말을 타고 그를 따랐는데, 왜적이 뒤쫓아와서 베었다.

이번 일은 거사였음에도 공에게 품달하지도 않았으니, 공은 이미 불편하였고, 게다가 전황이 불리하다는 것을 듣고 더욱 그에게 분노하였다. 정인홍의 보고서가 왔는데, 김준민의 전공은 하나도 말하지 **않고**, 참모와 **집안의 젊은 사람들** 공적을 기념하여 맨 위에다 아울러 기재하였다.

공이 답서를 보내면서

"전공을 과장해서 포상을 바라는 것은 무관들이나 하는 것인데, **대장**의 휘하에서 어찌 이런 일이 있겠는가? 설령 관리하는 부관을 엄중하게 타일렀다고 해도, 그로 하여금 허위로 보고하는 폐단이 없게 하시오."

라고 말하였다. 본진의 아병과 비장을 곧장 보내, 군관의 우두머리[行首軍官]를 잡아다가, 품의 없이 거사한 죄로써 문책하기를 볼기 수십 대를 치고, 또 타이르기를

"김준민은 용감하고 날쌘 장수로, 업신여기고 깔보면 아니 된다."

라고 하니, **대장** 역시 이를 불쾌하게 여겼다.

정인홍의 문하생들은 항상 그를 여기기를

"우리 선생은 한 나라의 귀중한 이름을 걸머지고, 사림의 영수가 되므로, 무릇 풀고 당기는 바는 사람들에게 모두 몸을 가지는 태도가 되거늘, 누구라서 감히 그 옳고 그름을 바르게 할 수 있는 자가 있을 것인가."

라고 하더니만, 이 일을 당해서는 낙담하지 않는 이가 없었다. 이에,

"순찰사 역시 현인인데, 어찌하여 우리 스승을 이와 같이 야박하게 하는 것인가?"

라고 말한다.

공이 무용이 뛰어난 자를 경외하지 않는 것은 타고난 품성이다. 국사에 임하여서는, 비록 **어진 선비**라고 할지라도 너그럽지 않았다. 사람들이 모두 겁을 먹고 무서워해도, 공은 홀로 둔감할 따름이니, 모르는 사람들은 이를 의심하지만, 아는 사람들은 공을 더욱 신뢰하였다.

以巨濟縣令金俊民爲陜川假將. 鄭大將之夜襲星賊也, 俊民爲先鋒, 迫至城下, 及曉賊悉出. 大肆豕突, 九仞交飛, 有如雹散電閃, 軍皆退北. 俊民或前或却, 殿後而射, 發無不中, 賊不敢逼. 使諸軍遠走, 然後, 信馬徐回, 一軍賴以得全. 非俊民, **大將**亦殆矣. 校生周國新, 畏仁弘令, 羸馬從之, 爲賊所追斬.

其擧事也, 不稟於公, 公旣不便, 且聞不利, 尤恚之. 大將文牒至, 不言俊民之功, 參謀子弟, 幷錄於紀功之右. 公回題以送曰: “誇張希賞, 武弁所爲; 大將麾下, 寧有是事. 雖然嚴勅管副, 俾無虛僞之弊.” 立遣牙裨, 捉行首軍官來, 責以不稟擧事之罪, 笞臀數十度, 且戒之曰: “俊民驍將也, 不宜凌侮.” 大將亦不快焉.

門生輩常以爲: “吾先生負一國重名, 爲士林領袖, 凡所弛張, 人皆儀表, 誰敢有矯其是非者.” 及是, 無不落膽, 曰: “巡察亦賢人也, 何乃待吾師如是簿耶?”

公之不畏强禦, 性也. 至於國事, 雖賢士不饒. 人皆劫劫, 公獨頑頑, 昧者疑焉, 而識者信之.

第52장 수령의 임시 차임과 변론

공은 여러 진영에서 왜적의 왼쪽 귀나 머리를 잘라 바칠[獻馘] 때마다, 반드시 친히 점검하였다. 어떤 사람이

“더러우니 가까이하지 마십시오.”

라고 말하니, 공이 이에

“아니다! 우리나라 사람들을 억울하게 죽이는 일이 필시 많을 것이니, 삼가지 않는 것은 불가하다.”

라고 하였다.

당시, 각 **고을 수령**이 많이 비었으나 차임하지 못하였다. **임금이 머문 행재소는 멀리 서쪽 변방에 있었던 까닭에, 공은 조정의 처분으로 등용하기 전에, 부득이하게 임시로 임명하였다.** 삼가의 전적 박사제는 의병을 번창하게 일으켜 공적이 훨씬 뛰어나므로, 현직보다 높은 벼슬인 의령 현감이 되었다. 거창의 훈련봉사 변혼卞渾은 힘써 싸워 적을 물리친 **공적으로**, 일찍이 부장에 제수되었으니 문경현감에 보직하였다.

김산[金泉]의 성균박사 여대로呂大老는 그 고을에서 기병하여, 연거푸 이어서 적의 수급을 바쳤으니 지례현감으로 하였다. 진주의 훈련봉사 정기룡鄭起龍은 날쌔고 용감하며 싸움을 잘하기로 그 공로가 가장 우수하여, 계급을 초월하여 상주판관으로 임명하였다. 진주의 **부장**部將 강덕룡姜德龍은 재능이 으뜸으로 팔이 길고 힘이 있어, 전투에 쓸 수가 있으므로, 함창현감으로 삼았다. **— 강 군은 왜적과 더불어 연이어 싸웠는데, 열두 번이나 큰 승리를 거두어, 군사와 백성을 위로하고 효유하며, 충의로써 권면하니, 그들로 하여금 돌아와 모이게 하였다. 충청도와 전라도 그리고 경상도 세 도의 군량을 한꺼번에 실어내어, 균일하게 나누어 주었다. —**

성주는 오랫동안 왜적들의 소굴이 되어, 광활하게 텅 빈 것이 더욱 참담하였다. 왜적을

토벌하고 백성을 구제하는 것은 아무나 할 수 있는 것이 아니라서, 의병대장 제용감정 정인홍을 그곳의 목사로 하였다.

함안의 소모관 이정은 유숭인을 끼고 도와 마침내 큰 승리를 거두었지만, 자기의 공으로 하지 않아, 단지 별제에 제수되었으므로 사근찰방에 임명하고, 모두 아울러서 **임시로 차임하는** 장계를 올렸다.

장차 자리를 배치하고 사람을 쓰는 것이 죄다 여러 사람에게 신망을 받아 마땅하였으니, **대체로** 조정이 명령을 그렇게 하였다. 이에 앞서, 도승지의 편지 내용 중에

"각 고을의 수령이나 첨사나 만호 그리고 권관들이 혹 진영에서 죽거나, 혹시 달아나 숨은 곳 등에서는 군무가 마침 급한 시기를 당해서, 만약 품계를 올려 왕명을 기다려 차임하여 파견한다면, 일은 반드시 공허하게 틀어질 것이오. 도내에 직임을 감당할 사람이 현존한다면, 빈자리가 나는 대로 임시로 차임한 후에, 일일이 계문하도록 하시오."

라는 것이 있었기 때문이다.

왜적들이 마산 합포를 유린하고, 장차 창원의 파릉巴陵을 침범하려고 하였다. 공이 산음과 단성 그리고 삼가와 의령 네 고을의 **수령**들을 거느리고, 정암호반에서 병력을 과시하였다. 네 고을의 수령과 더불어 오운과 조종도 그리고 이노 등이 공을 따랐다. 초계의 임시수령 곽율도 역시 달려와 깃발을 많이 세웠는데, 좌우 산 위에다 나란히 벌려 펼쳐 놓았다.

오운과 조종도 두 사람은 당연히 강을 지나 함안 벌판에 군사를 배치하여 왜적을 막고자 하였다. 곽재우가 이를 두고

"적이 만약 큰 규모로 닥치면, 강을 등지고 싸우는 것은 불가하오. 일이 성공하지 못한다면, **장차 누구를** 책망할 것이오? 이 강의 여울목을 막으면, 족할 것이오."

라고 하였다. 왜적들은 과연 바라만 보다가 도망하였다.

별도로 초계의 정예병사 십여 명을 가려 뽑아, 망을 보고 염탐하려 보낼 때, 곽율이 몸소 술병을 들고 뱃머리에서 전별하였다. 공이 찬탄하여

"저이는 참으로 어진 태수다. 정성스럽고 참된 마음을 옮겨 남의 마음속에 배치하였으니, 사람들 각각으로 하여금 모두 저와 같다면, 무슨 일인들 이루어 내지 못할 것인가?

라고 하였더라.

○ 公每於諸陣獻馘, 必親檢. 或曰: "陋不可近." 公曰: "否! 枉殺我國人必多, 不可不愼."

時, 守令多空, 未差. **而行在邈在西陲, 故公用前朝廷處分, 不得已假差.** 三嘉典籍朴思齊, 倡起義兵，功超，右職宜寧縣監．居昌訓鍊奉事卞渾 力戰却賊之功，曾授部將，聞慶縣監．金山成均博士呂大老，起兵郡地，洊次獻馘，知禮縣監．晉州訓鍊奉事鄭起龍，驍勇善戰，功最優，越階尙州判官．晉州部將姜德龍，技長猿臂，可用戰，咸昌縣監．**一 姜君與倭寇連戰，十二皆大捷，撫諭軍民，勉以忠義，使還集焉．梌輸忠·羅·慶三道軍餉，均一散給．一**

星州久爲賊窟穴，蕩空尤慘，討賊濟民，非人不能，義兵大將濟用監正鄭仁弘，同州牧使．咸安召募官李瀞，挾贊崇仁，終成大捷，而不自有，只授別提，沙斤察訪，並假差狀啓．其布置用人，皆愜衆望，蓋用朝廷命令然也．前此，都承旨書狀內："守令·邊將，或陣亡，或逃遁等處，當此軍務方急之時，若待啓聞差遣，事必虛踈．道內見存堪人，隨闕假差後，一一啓聞."

賊蹂合浦，將猾巴陵．公領山陰·丹城·三嘉·宜寧四邑之倅，耀兵于鼎湖之涯．四邑之倅與吳澐·趙宗道·李魯等從之．草溪假守郭赳，亦來赴，多設麾，列立於左右山上．吳·趙二君，當越軍咸原以禦之．郭再祐以爲："寇若大至，背水不可．事之不濟，其誰咎？捏此江灘，足矣." 賊果望見而遁．別抄草溪精兵十餘人，送嵳哨探，赳親執酒瓶，餞于船頭．公歎曰："彼眞賢太守也．推赤心，置人腹中，使人人皆如彼，何事不做了？"

제53장 최경회 의병의 주둔지에 대한 배려

호남 의병장 전 부사 최경회崔慶會가 천여 명의 군사를 이끌고, 산음에서 와서 만났는데 군사를 어디에 주둔시킬지를 물었다. 공이 이에

"진주의 살천창薩川倉이 어떠하겠소?"

라고 하였다. 최경회 의병장은

"그리하지요."

라고 응낙한다. 오장吳長이 공에게 진언하기를

"왜적들의 기세가 바야흐로 성대하여, 세력이 장차 충돌할 것이라, 호남 군은 마땅히 단성에 주둔시켜, 이로써 왜적의 예봉을 꺾어야 합니다. 살천창은 지리산 아래 있으니, 본 주와 거리가 너무 멀어 성원이 서로 미치지 못할 것입니다. 이것은 호남군사들이 저절로 피난하게 되는 것이니, 이에 무슨 소용이 있겠습니까?"

라고 하였지만, 공은 받아들이지 않았다. 조종도가 또 말하는 **것을 자세히 듣고**,

"내가 어찌 단성을 생각하지 않았겠소. 그곳의 수령이 곳집에 쌓아둔 곡식을 모조리 잃어버렸으니, 만약에 호남 군이 진을 치고 머무른다면, 물품이나 군량의 공급[供億]에

필시 옆 고을은 **소홀히 하게 될 것이오**. 살천창의 군량은 수개월을 지탱할 수 있으니, 참으로 최 의장이 잘 지휘를 해 준다면, 진양의 외원도 될 수 있고 단성[江城]과 내응할 수 있소. 또한, 곳곳에서 출몰하여 산을 뒤지는 것도 막아낼 수도 있을 것이오."

라고 일렀다. 조종도가 이에

"그렇다면 곧 그럴 것입니다. 다만 호남 군이 공이 말한 바와 같이 할지 아니할지는 아직 알 수가 없습니다."

라고 하였다. 곧 오시가 되어 점심을 먹고, 호남 군은 살천창으로 갔다.

○ 湖南義兵將前府使崔慶會, 率軍千餘, 來會山陰, 問於何舍兵. 公曰: "晉州薩川倉何如." 崔應曰: "諾." 吳長進言於公曰: "賊氣方盛, 勢將衝突, 湖南軍宜住丹城, 以折其鋒. 薩川倉在頭流之下, 距本州甚遠, 聲援不相及. 是使湖軍自避亂, 何用焉." 公不听. 聽趙宗道亦言之, 曰: "我豈不思丹城, 以主倅盡失倉穀, 若湖軍留陣, 供億必脫傍邑. 薩川倉軍粮, 可支數月, 誠使崔義將善爲指揮, 可以爲晉陽外援, 可以爲江城內應. 亦可以遮遏散出搜山." 趙曰: "然, 則然矣. 第未知湖軍能如公所言否." 卽午餉午, 湖軍進薩川倉.

第54장 진주성 7일 공방과 유숭인의 죽음

김해의 적은 부산에 있던 왜적과 **더불어** 창원으로 모여들었는데, 그 무리가 수만여 명이나 되었다. 부득이 정암진은 건너지 못하고, 서로 합세하여 멀리 달려 곧바로 진양으로 쳐들어왔다. 그때, 김시민은 승진하여 목사가 되었다. 공이 공문을 보내 그를 격려하였는데,

"목사의 집안은 대대로 충효의 가문으로, 두터이 나라의 은혜를 받았으니, 마땅히 죽음으로써 보답해야 할 것이다."

라고 하였다. 곤양군수 이광악李光岳과 진양판관 성수경 그리고 전 만호 최덕량崔德良과 권관 이찬종李纘宗 등에게 협력하여 지키고 막아내도록 하였다.

왜적이 진양성을 열 겹으로 포위하여 주야로 공격하였다. 곽재우의 선봉장 심대승은 밤에 진주 북쪽 산에 횃불을 늘어놓고 북을 울리며 고함을 지르고 물러갔다.

고성의 임시 현령 조응도는 최강 · 정유경 등과 함께 수백 명을 거느리고, 남강 건너편에서 병력을 과시하였다. 곽재우가 심대승에게 진주성의 북쪽에 올라가서 큰 소리로

"전라도 의병과 홍의장군이 내일 와서 군사를 연합하여 섬멸시킬 것이니, 너희 왜적들은

그렇게 알라."

라고 외치도록 하였다. 마침 전라도 군사가 단성으로부터 살천창으로 향하고 있었으니, 왜적은 고을 경계에 도달하여 이를 바라보았던 바, 곽재우의 말과 **부합**되니 바로 놀라서 달아났다. 이날 왜적은 살천 근처에서 분탕질을 하였으나, 호남 의병이 이미 웅거하고 있어 침범하지 못하였다.

김시민은 기특한 계책을 쓰며 예봉을 **길러, 기회를 기다림에** 이로써 왜적을 응전하였다. 왜적은 **성을** 포위하여 공격한 것이 7일간이었지만, 마침내 함락시키지 못하였다. 적의 사상자는 셀 수도 없었으니, 왜적은 그다음 천막을 불 지르고, 쌓인 시체를 불태우고, 엎어지고 자빠지면서 물러갔다.

합천 임시장수[假將] 김준민은 **단계**丹溪 **마을**에 이르러 적을 만났으나, 빠르게 격멸하자 왜적이 이내 달려 성안으로 들어갔다. 드디어 단성에 입성하여, 적이 불 지른 것을 꺼서 구하였다.

막 왜적이 충돌하여 올 무렵에 경상우병사 유숭인과 사천현감 정득열鄭得說 그리고 가배량과 적량의 권관인 주대청朱大淸 등 4백여 경상우병영 소속 조선군은 같은 날 철환에 맞아 남김없이 죄다 산화하였다.

○ 金海賊**與**釜山**賊**, 會昌原, 衆數萬餘. 不得橫渡鼎津, 合勢長驅, 直擣晉陽. 時, 時敏陞爲牧使. 公移帖勉之曰: "牧使家世忠孝, 厚受國恩, 當以死報." 使昆陽郡守李光岳·州判官成守慶·前萬戶崔德良·權管李纘宗等, 協力守禦. 賊圍城十匝, 晝夜攻之. 郭再祐先鋒將沈大承, 夜到州北山, 列炬鼓噪而退.

固城假縣令趙凝道, 與崔堈·鄭惟敬等, 率數百, 耀兵于南江越邊. 郭再祐令沈大承, 登北大呼, 曰: "全羅義兵·紅衣將軍, 明日當來, 合軍勦滅, 汝賊其知之." 適全羅兵, 自丹城向薩川. 賊到縣境望見之, 與再祐言**符**合, 卽驚走. 是日, 焚蕩于薩川近處, 湖南兵已據不得犯.

時敏設奇**蓄**銳, 俟**機**以應之, 圍攻之七日, 竟不得陷. 賊之死傷者, 不可勝數; 賊焚其次幕, 燒其積屍, 顚仆而去. 陜川假將金俊民到丹溪, 遇賊急擊, 賊乃奔還. 遂入丹溪縣, 救滅賊燹.

方賊之衝突也, 兵使柳崇仁·泗川縣監鄭得悅, 加背·赤梁權管朱大淸, 同日中丸而死.

第55장 진주성 대첩 이후

- 글자에 한 획도 빠짐이 없는 공적

진양성 싸움에서 크게 이겼다는 보고서가 이르자, 공은 매우 기뻐서 어찌할 바를 몰랐다. 공은 제군들을 불러 대첩에 대해

"만약 이 성으로 하여금 함락되게 하였다면, 비단 성안의 수만 명 생명이 죽어 문드러져 어육이 되었을 뿐만 아니라, **온 도가 보전**할 형세가 없었을 것이니, 성채에 들어올 생각은 다시는 없었을 것이다. 이로부터 사람들은 비로소 지킬 수 있다는 것을 마땅히 알게 되었다."

라고 정리하였다. 휘하의 군관들이 입시하여 축하하자, 그들을 위로하였는데,

"이 대첩은 목사 김시민의 공이요, 성을 지킨 여러 장수들의 힘이다. 백발에다 완고하고 쓸모없는 선비가 여기에 무엇을 더불어 하였겠나? 다만 그대들에게 바라건대, 예의 적을 섬멸하기를 가히 김시민과 같이 할 수 있다면, 어찌 다만 높은 벼슬자리가 얽매일 뿐이겠는가! 이름이 나라 역사에 새겨져 후세까지 드리워져 빛날 것인저!"

라고 말하였다. 드디어 성을 지킨 절차를 글자의 한 획도 빼지 않고 갖추고, 김시민의 공적을 극진하게 기려서, 당일로 장계를 하였다.

사천현감인 정득열이 전사하였으니, 대신 수문장 신갑辛砷으로 임시 수령으로 하였다. 단성현감 이제는 몸을 숨겨 책임을 잃은 데다가, 왜적이 성안에 들어왔으니 **파면**하였다. 대신 첨정 조종도를 임시로 현령으로 삼았다.

공이 장차 진양에 가서 장수들과 군사를 위로하려다가, 개령과 성주의 적정이 변하여 바야흐로 급하게 되자, 도사를 파견하여 진주로 들어가 군사들을 달래게 하였다.

삼가를 향해 출발하면서, **박성**을 무곡차사원貿穀差使員으로 삼았다. 대체로 관청의 노비가 부담해 바치는 무명베와 소금가마에서 조세로 바치던 피륙이 교환 대상 물건이었다. 박성은 추위의 괴로움을 꺼리지 않고, 힘들이며 성심을 다하였더니, **공은 매우 박성을 권면하였다.**

○ 晉陽捷書至, 公喜不自勝. 召諸君謂之曰: "若使此城失守, 非但城中數萬人命盡爲魚肉, **一道無保存**之勢, 無復有入保之意. 自此人始知其可守." 麾下軍校入, 賀, 公慰之曰: "此牧使時敏之功, 守城諸將之力. 白髮腐儒, 何與焉. 但願爾等, 銳意殲賊, 能如時敏所爲, 則豈但爲高爵可縻. 名鐫竹帛, 垂耀後世矣." 遂具書守城節次, 極褒時敏之功, 即日馳啓.

泗川縣監鄭得悅戰死, 代以前守門將辛砷爲假. 丹城縣監李磾, 遁身失任, 賊入城, **罷黜**. 代以僉正趙宗道爲假. 公將往晉陽, 慰勞將士, 開寧·星州賊變方急, 遣都事, 入州勞軍.

發向三嘉, 以**朴惺**爲貿穀差使員. 盖以公賤貢木鹽盆稅布爲之貨. **惺**不憚寒苦, 劬力驅馳;

公且劝惺.

- 군량을 모으는 절절한 이노의 통문

이노는 경상우도의 선비들에게 통문을 내어, 의병의 양식으로 쓸 군량을 견고하게 모아 군수를 돕게 하였다.

그 통문은 아래와 같다.

백 척의 나무가 이미 뽑혔다고 하더라도, 살아나고자 하는 생각은 한 치 뿌리에서 돌아오고, 아홉 길의 산이 장차 이루어지려고 하다가도, 큰 공적이 한 삼태기에서 이지러질 수 있다. 의리는 회복에 관계되고, 일에는 군수 보급이 급하다. 진실로 국가에 이로움이 있다면, 의당 살가죽도 아까움이 없어야 한다.

오호! 오랑캐의 환란은 예로부터 있는 것이었지만, 짓밟고 억누르는 것이 지나친 것은 오늘날 같은 적이 없었다. 서울과 평양 그리고 개성 세 도읍지가 함몰되니, 비린내 나는 더러움이 산하에 가득하였다. 임금이 파천하니, 몽진한 관모는 **엄혹한** 이슬에 뒤덮였다.

더구나 이 경상도는 맨 처음 침범을 당하였고, 통탄하기로는 여러 고을이 연이어 도륙되었다는 것이다. 비록 사람의 계책이 좋지 못하다고, 도리어 하늘의 뜻도 믿지 못하겠는가. 어찌 다행스러운 것은 충의를 위한 분한 마음이 일어나는 바이니, 마침내 평민들의 군대가 일어나는 것을 볼 수 있게 되었다.

초유사가 거듭 다시 왔으니, 육식하는 이른바 고관대작의 **비루한 계책이라고만** 말할 수 없다. 요해지 세 곳에 웅거하여 열 개 성을 보전하게 한다면, 우레처럼 움직이고 바람같이 달려갈 것이다. 비록 온 구역을 제거하여 맑게 하지는 못하겠지만, 동쪽에서 서로 응하여 견제하고 북쪽에서는 막아낸다면, 역시 왜적의 흉봉을 좌절시키기에 충분하다.

분분하게 목을 베어 올리기는 이미 많았으며, 쏘아 죽이는 것 또한 무리를 지었으니, 5백여 병사로 하나라를 부흥시켰다는, 소강少康의 치적과 같이 이룰 수 있겠다. 하나 남은 씨앗으로 봄에 양기를 돌린다는데, 어찌 깎여서 다할 이치가 있다던가!

다만 염려되는 것은 군대가 많이 지쳐 있고, 여섯 달이나 한데 노출되어 있으니,

부슬부슬 내리는 비와 눈에 견뎌내기가 어렵다. 군량이 소진되어 온 군사들이 굶주리는 고통으로 무엇을 도모할 수 있으리오? 군량은 근근이 운송되고 있으나, 겨우 남아 있던 6, 7개 고을의 노적가리는 모두 실어 갔으니, 점차 갈수록 여유가 있다는 몇몇 집의 곡식도 비게 되었다.

공과 사가 함께 떨어져, 정도에 맞게 처리할 방법이 없다. 군량이 없이 어떻게 군사를 먹일 수 있을 것이며, 군사가 없는데 왜적을 토벌할 수는 없다. 그렇다면, 장차 군량이 떨어지고 병사가 피로하다는 탓으로 돌려, 해야 할 일을 하지 않겠다는 것인가? 더불어 이것을 하늘의 도움이 있는 시기와 사람이 해야 할 일에 핑계하여, 할 일을 하지 않을 수 있다던가?

아! 원통하도다. 오르내리는 혼령은 의지할 곳이 없으니, 종묘에 놀란 다섯 위패의 혼령은 누구라 위로할 것이며, 임금이 행차할 때 통행을 금지하는 일은 맡길 곳도 없으니, 만 리에나 뜬 어가는 뉘라서 맞이할 것인가.

떼도둑이 나라에 가득한데, 차마 함께 살 수가 있다는 것인가? 원수와 한 하늘을 이고도 차마 죽지 않을 수 있다던가? 이것은 곧 대의에 의거하고 공론에 근거하여, 하늘의 이치로써 격려하는 것이다. 더불어 적은 일을 맡기고 사사로움에 임한 것이 있어, 사람의 정리情理에다 간절하게 한 것이리라.

부모를 생각함은 모두 **마찬가지고**, 처자를 사랑함도 다름이 없을 것이니, 재앙은 죽임보다 참혹하지 않고, 모욕은 간음보다 추악하지는 않다. 개인으로나 백성으로서 감히 **생각할 수** 없을 뿐 아니라, 참으로 어육이 됨을 감내하기는 심히 어려울 것이다.

저 백성들도 역시 가슴이 있을진대, 하물며 많은 선비들은 본래 얽히고설킨 곧은 심지를 가졌을 것이다. 이같이 급하고 어려운 때를 당하여 누구라 감개하는 생각이 없겠느냐마는, 혈기를 가졌다면 함께 분개할 것이라서, 지혜로운 자나 어리석은 사람 할 것 없이 함께 통탄할 일이로다.

비록 그러하다지만, 실현 불가능한 공허한 이야기는 고을에 소란스러움이 만연하게 하니, 한갓 정성만으로 적개심에 무슨 도움이 되겠는가? 가만히 백방으로 고찰해 보아도 대책이 없어, 수없이 생각하여 한 가지 얻은 것이 있어 이에 말하자니,

"논을 갈지 않고 김을 매지 않았으니, 비록 새로이 수확한 사실은 없을 것이나, 항아리나 섬 속에는 혹여 오래 묵은 곡식이 남아 있을 것이다. 골짜기에 두면 도둑을 부를 것이고, 땅에 묻어두면 악취가 날 것이다. 끝내 **빈 골짜기**로 돌아가는 것보다는,

오히려 군자금에 나누어 돕는 편이 낫지 않을 것인가?

어찌 다만 몽매함을 깨우쳐 쓸모가 있어야 할 것인데, 살을 파서 먹물로 새겨서라도 무궁함에다 아름다운 칭호를 전하여, 집의 형세에 따라 일을 알맞게 해야 할 것이다. 생각건대, 양이 많지 않다고 어찌 미워할 수 있겠으며, 자기를 헤아려 땅의 기름지고 메마름에 따라 할 것이니, 모름지기 몸과 마음으로 정성을 다하여 속이지는 말아야 할 것이다.

가느다란 물줄기가 모여 하천을 이루고, 잔 티끌이 쌓여도 언덕이 되느니, 비록 일년의 경비에는 양에 차지 않는다고 해도, 저 한 달 동안의 회계에는 남음이 있을 것이다. 효자는 양친을 위해서 **재앙 거리**의 생명이라도 연장되기를 기원한다는데, 열사가 순국함에 감히 성패의 기틀을 비교할 수 있겠는가.

타고난 천성을 그대로 지키는 양심에는 원래 귀하고 천한 것과 허물없이 친한 것이니, 곡식 모집을 간청하며, 어찌 선비와 백성의 구분이 가능할 것인가. 부처에 시주하고 승려를 공양하는 것은 오히려 죽은 뒤에 복을 구하는 것일 테지만, 군사를 먹여 적을 물리치는 것은 어찌 눈앞에 명예를 맞이하는 것이 아니라고 할 것인가.

아! 온통 정신을 쏟아 오로지 군량 보급을 시도하지 않는다면, 기진맥진하여 남은 고을은 보전하기 어려울 것이니 어찌하리오. 백성에게는 자손이 없을 것이냐마는 형편은 죄다 **병화로** 폐허가 될 것인데, 부모 형제들은 어디로 돌아갈 것이며, 처자식은 볼 수도 없을 것이다. 무덤은 무너져 구덩이가 되고, 오두막집은 재만 날릴 것이다.

이때에는, 비록 깊은 산중에서 혹여 목숨을 구한다고 해도, 장차 밝은 대낮에 무슨 낯으로 얼굴을 들 수 있겠는가. 서쪽 끝자락에서 임금의 교서가 누차 내려왔는데, 주상 전하의 바람은 진실로 남쪽 사람들에게 절실하였다. 뉘우침은 비록 한나라 무제가 서역에 둔전이 있던 윤대를 흉노에게 빼앗기고 내린 조서보다 **늦었지만**, 말씀은 실로 지극한 정성에서 우러나와, 몇 줄을 다 읽지도 못하여도, 눈물이 만 방울이나 먼저 떨어졌도다. 임금과 신하의 윤리는 천성에 뿌리를 두었으니, 정성에 감동하는 바는 신명에게도 다다랐다.

근래에 위대**한** 황제의 칙령이 하늘로부터 떨어진 바가 있으니, 아득한 우리 동방 사람들에게는 몸 둘 곳이 없다. 임금이 이같이 책망하거늘, 우리들의 사정은 무엇과 같아야 하겠는가? 이에 온 마음을 드러내어 감히 동지들에게 고하자니, 힘쓸지어다! 우리의 동지들이여! 그대들이 따라야 할 바에 힘쓸지어다!”

李魯通文于江右士子，董合義穀，以補軍需.

其文曰:

百尺之木已拔，回生意於寸根；九仞之山將成，虧大功於一簣. 義關恢復，事急軍需. 苟有利於國家，宜無惜於肌肉. 嗚呼! 夷狄之患，自古有之，蹂轢之滔，無今若也. 三都陷沒，漲腥穢於山河. 一人播遷，蒙冠盖於庄露. 況此道之初犯，痛列郡之連屠. 縱人謀之不臧，抑天意之靡恃. 何幸忠憤之所發，聿覩布衣之師興. 招諭重來，莫謂肉食之鄙猷. 據要害於三處，俾保全乎十城，雷動風驅. 雖未能埽淸區域，東猗北距，亦足以摧折兇鋒. 紛馘䤋之旣多而射殪之亦衆，一旅興夏，猶成少康之治. 碩果回陽，豈有終剝之理.

第念師老，六朔暴露，難堪雨雪霏霏，食盡萬軍苦飢，何能? 運餽衮衮，僅存六七邑倉庾竭輸，稍饒若干家釜秉罄入. 公私俱匱，調度末由. 無糧何以餉軍，非軍無以討賊. 然則，其將委之於糧絶兵疲而無所事歟? 抑將諉以天時人事而莫之爲歟?

嗚呼痛哉! 陟降無依，五廟之震靈誰慰，警蹕靡託，萬理之漂駕孰迎. 寇滿國，其忍共生歟? 讎一天，其忍不死歟? 斯，則據大據公而激以天理. 亦有任小任私而切於人情. 思父母之唯勻，愛妻子之無異，禍莫慘於戕戮，辱莫醜於奸淫. 非惟不敢於以身以民，實甚難耐於爲魚爲肉. 彼衆庶亦有方寸，矧多士素抱輪囷，當此急難之時，誰無憾慨之念，有血氣之同憤，無智愚而共歎.

雖然，空談漫聒於村閭，徒誠何裨於敵愾? 靜百思之無策，顧一得而爲言:

"失耕失耘，縱新收之無實，于甑于石，或舊儲之有遺. 置谷媒偸，埋壞取臭. 與其終歸於虛牝，曷若分補於軍資. 豈但利禦而有用，藉甚垂美於無窮，稱家有無. 顧何嫌於未夥，量己膏瘠，須自盡而勿欺. 細流集而成川，纖埃積而爲阜，雖歲用之或歉，伊月計之有餘. 孝子爲親，祈延晷刻之命；烈士殉國，敢較成敗之機. 秉彝之良，元無間於貴賤，募穀之請，其可區於士氓. 施佛供僧，尙求福於身後；餉士却敵，盍迎譽於目前.

嗚呼! 不汲汲兵食之是圖，柰奄奄餘邑之難保. 民無噍類，境盡兵墟，父兄何歸，妻孥罔覿. 冢墓崩坎，廬舍飛灰. 於斯時也，雖或求活於深山，將擧何顔於白日. 宸翰屢降於西極，睿望允切於南人，悔雖晩於輪臺，言實出於悃愊. 讀數行之未了，淚萬滴之先零. 君臣之倫，根於天性，精誠所感，格于鬼神. 邇者，偉哉皇敕，有隕自天，渺我東人，措躬無地. 上責如此，下情若何? 玆布一心，敢告同志，勖哉! 吾黨! 勉爾所從!"

제56장 호남에 구황곡 요청

진주목 소촌의 역참을 관리하는 찰방 김수회를 호남에 파견하여, 전라도사 최철견에게 군량미와 구황곡을 요청하였다.

○ 遣召村察訪金壽恢于湖南, 請軍粮·救荒穀於都事崔鐵堅.

제57장 세자와 불사이군不事二君의 지조

개령의 적은 지례를 침범하고, 성주 왜적은 고령을 엿보고 있으니, 휘하의 용사들을 나누어 보내서 전투를 돕도록 하였다. 더불어 나머지 군사들은 성원하여 구원하게 하니, 왜적은 모두 낭패를 당하고 물러났다. 공은 산음에 머물렀다.

경상도사 김영남이 거창에서 와서 하는 말은

"다른 도의 감사는 세자인 광해군에게도 계문도 하고 진상을 하여, 모두 나누어 올린다고 이릅니다. 유독 이 경상도만 그리하지 않으니, 어찌 불가한 것이 아닙니까?"

라는 거였다.

"한 나라에 두 임금이 있는 것처럼 해서는 안 된다. 나는 내 임금이 있는데, 어찌 감히 두 마음을 가질 수 있다던가. 만약 훗날 임금이 될 것이라고 하여, 미리 임금의 예법으로 세자를 섬긴다면, 이것은 다른 마음을 가지는 것이다."

도사가 이에

"지금은 평시와 같지 않습니다. 동궁이 마침 객지에 머무는 중이라, 조석으로 이바지하는 음식 또한 필시 다 없어졌을 것입니다. 변경에서는 들어오는 보고도 언어들을 까닭이 없을 것이니, 형편에 따라 일을 처리하는 방도를 사용해도 불가하다고 할 수 없습니다."

라고 하니, 공이 이르기를

"군신 간의 의리는 천지를 절단하여도, 바꾸기는 불가한 것이니, 형편에 따라 일을 처리하는 방도를 쓸 것은 아니다."

라고 하자, 도사도 역시

"반드시 진상이나 계문이라고 말을 분명하게 할 것이 아니라, 제철에 나는 토산물과 왜적이 기이하다는 것쯤은 편의에 따라 부쳐 드리는 것도, 무방할 것입니다마는 사또께서는 이같이 고집을 부리십니까?"

라고 말하면서, 말을 머뭇머뭇하며 쟁론하기를 몹시 떠들어 대며 그치지를 않았다. 공이 정색을 하고,

"그대는 나로 하여금 진상이나 계본이라는 말은 분명히 하지 말고, 안부 편지나 봉송하라는 말인가? 나의 소견은 곧 이와 같으니, 그대는 그만두시게나."

라고 말하였다. 도사는 밖으로 나갔다. 박성과 생원 **나**세겸羅世縑이

"도사 또한 어찌 생각이나 느낌도 없이 그리하겠습**니까**?"

라고 말하니, 공이 얼굴을 찡그리며,

"김영남의 일에 관해서는 말하지 마시게나. 내 아우 김복일金復一과 더불어 동서이기에, 그 평생 심술은 죄다 알고 대비하였다. 줏대가 없이 이리저리 갈팡질팡하는데 오히려 일정한 주견이 어찌 있다는 것인가?"

라고 하였다.

○ 開寧賊犯知禮, 星州賊鬪高靈, 分遣麾下勇士以助戰. 又以餘軍爲聲援以救之, 賊皆僨敗而還. 止山陰.

都事自居昌來曰: "他道監司, 於東宮啓聞進上, 皆分封云. 獨此道不爲, 無乃不可乎?" 公曰: "不可如二君焉. 吾有吾君, 曷敢有二心. 若以他日爲君而預以君禮事之, 是二心也." 都事曰: "此時與平時不同. 東宮方在羈旅之中, 朝夕供膳亦必匱乏. 邊報無由得聞, 雖以權道爲之, 未爲不可." 公曰: "君臣之義, 截天地而不可易, 非用權之地也." 都事亦曰: "不必名言進上啓聞而時產賊奇, 隨便付上, 無妨; 使道如是固執." 詎譳爭辯, 强聒不已. 公正色言, 曰: "君使我不名言進上啓本而爲封送書簡乎? 我所見, 則如此, 君其休矣." 都事出. 朴惺及生員**羅**世縑曰: "都事亦豈無所見而然**耶**?" 公嚬蹙, 曰: "休說金穎男事. 與吾弟季純同壻, 其平生心術, 知之備矣. 之東之西, 尙何有定見?"

제58장 인재를 얻어 가는 길

- 오건의 아들 오장

공은 이곤변李鯤變을 후대하였는데, 조종도가 잠시 틈을 타서 그에 대해서 말했는데,

"영공께서는 항상 스스로 사람을 안다고 이르면서도, 유독 곤변에 관해서는 총명에 가려진 바가 있는 것 같습니다. 비단 사람됨이 **남을 속이고 거짓말을 하여** 가까이하기 어려울 뿐 아니라, 남명 선생을 비방하였으며, 선량한 사람들을 원수같이 보며, 물여우

[鬼蜮]같이 음흉한 행동을 하고, 호남 사람들과 얽히고 매여 있습니다."

라고 하였다. 공이 깜짝 놀라며,

"어째서 이 말이 늦었던 것이오?"

라고 했다. 그 후 세 번이나 찾아왔으나 만나지 않았다. 박성이 이에

"지금 이미 그런 줄 알았다면, 비록 한 번 만나봐도 무슨 해악이 있을 것입니까?"

라고 한다.

"종전에 이십여 년간 속았으니, 그것을 생각하니 자신도 모르는 사이에도 한심하다."

어느 저녁에 취한 김에 오장吳長에게

"이곤변은 어떠하노?"

라고 하자, 오장이 하는 대답이

"진실로 일에 대해서도 알지 못하는데, 어떻게 사람됨을 알 수 있겠습니까?"

라고 한다.

"다만 소견을 말하는 것은 괜찮다네."

"그 사람은 과연 음험하고 바르지 못하여, 한 집안이 감당하기가 어려운 바입니다. 만약 그로 하여금 뜻을 얻게 한다면, 선량한 사람들은 위태로울 것입니다."

— 오장은 배세겸裵世謙 가문과 같은 제목題目을 썼다. 책이 그에게 있어, 오장이 빌려 가서 열람하였다. 어떤 곳에 이르러 삭제해 버렸는데, 고친 곳이 깊이 꿰뚫어 있어 의심이 많이 들었지만, 그냥 돌려주었다. 그 임자는 책의 원본이 돌아올 때, 종이에다 기록을 하였는데, 거기에다 '오장이 삭제해 버렸다'고 적었다. —

공이 악수를 하고, 등을 어루만지며

"덕계德溪 오건吳健에게 아들이 있었네!"

라고 하였다. — 오장은 이곤변의 형인 이호변李虎變의 사위이다. —

○ 公厚遇李鯤變, 宗道乘間言之, 曰: "令公常自謂知人, 而獨於鯤變, 明有所蔽耶. 非但爲人**詭譎**難近. 詆謗南冥先生, 仇視善良, 陰行鬼蜮, 締結湖人." 公竦愕, 曰: "何言之晩也?" 其後三至, 而不見. 惺曰: "今旣知之, 雖一見何害?" 公曰: "從前見欺二十年, 思之不覺寒心." 一夕乘醉, 公謂吳長曰: "鯤變何如?" 長曰: "自事不知, 何以知人." 公曰: "第言所見, 可也." 曰: "其人果險詖, 一家之所難堪. 如使得志, 善類殆矣." **— 吳長同題裵世謙家. 有是書, 吳借去, 閱. 至是處削去, 改以深中多疑, 而還之. 其主还書元本, 以紙帖而書之曰, '長削去' 云. —**

公握手撫背, 曰: "德溪有子矣." — 長, 虎變之女壻也. —

– 의병장에게 엄격하였던 이유

공은 정인홍과 김면 두 의병대장에게, 문서를 보내고 명령을 전달할 때에는 심하고 엄격하게 대하였다. 언사가 몹시 가혹하여, 조금의 여유나 **한가로움**을 주지 않았다. 조종도가 조용히 이에 대해 언급하였다.

"두 대장은 모두 한 **시대**의 이름난 선비로서, 나라를 위해 충정을 떨치고, 성심을 다해 왜적을 토벌하는데, 어찌 그리 이처럼 탄압합니까?"

"내가 두 사람에게 어찌 다른 **이유**가 있을 것이오? 조정에서 함께 일한다면야 비록 혹시 체면을 알지 못함이 있다거나, 시기나 형편에 알맞음이 합당하지 못해도, 오히려 우선 그것을 너그럽게 도와서, 오히려 곧바로 분별하여 아는 저의를 생각하면 가능할 것이오.

지금 조정은 아득히 서쪽 변두리에 있고, 나라가 망하는 화란은 예전에는 있지 않았던 바이오. 이러한 때를 당하고도 모든 장수들이 명령을 어기도록 맡겨 두어야 하겠소? 말이라는 것은 몹시 엄하게 맺고 끊지 않으면, 그 전횡을 꺾을 수가 없다는 것이지요.

이것이 내가 충성을 다하는 것에 대한 포상과 장려를 하는 까닭이고, 마땅히 자기가 옳다고 믿는 것을 방지하고자 함이오. 이렇게 하지 않는다면, 다른 사람들이 이를 본받게 될 것이라, 말세에는 막아내기가 어려울 것이니 그런 것이지, 어찌 한오라기 털 만큼이라도 의심하여 멀리하는 마음이 있을 것이오."

公於鄭·金兩大將, 文移傳令之際, 臨之甚嚴. 言辭苛峻, 不少寬**暇**. 宗道從容言之曰: "兩君俱以一**世**名士, 爲國憤忠, 誠心討賊, 何乃如是彈壓." 公曰: "吾於兩人, 豈有他**哉?** 共事內廷, 則雖或有不識體貌, 不合機宜, 尙且饒之以助, 其直截底意思, 可也. 今朝廷邈在西陲, 陸沈之禍, 古所未有. 當此之時, 可任諸將違令乎. 辭不嚴切, 無以折其橫. 此吾所以褒其盡忠, 防其自用. 不若, 是他人效之, 末流難防, 寧有一毫疑阻之心乎."

제59장 의병의 순찰사

– 김면과 정인홍의 갈등

정인홍과 김면 **두** 의병대장은 명망과 지위가 아울러 높아, 서로 차이가 나지 않았지만,

정인홍 대장의 참모는 모두 그 문하생이다. 그중에 권양權瀁과 같은 이들은 까불고 아첨하는 경향이 있으며, 경솔하고 괴상하고 망측하여, 그 스승을 융숭하게 하여, 의병의 으뜸 공로자로 하고자 한다.

하지만 김면 대장의 명성과 위세 그리고 공적도 자못 그의 상위에 나타나자, 있는 말 없는 말을 보태어 함부로 비방하여, 떠들썩하게 말이 많았으니, 두 **현인으로** 하여금 **서로 뜻이 맞지** 못하게 하였다. 정 대장이 김 대장에게 문서로 조회를 하였는데, 미안한 말이 있었고, 김 대장 역시 불평하여 형세는 장차 화해하기 어려웠다.

공이 두 진영에 가서 통렬하게 말하였다.

"마땅히 협심하여 왜적을 토벌하여 국난을 함께 구제해야지, 마음이 들뜨고 경박한 사람들의 말을 듣고, 스스로 싫어서 서로에게 틈이 벌어지는 것은 좋지 않다. 참소하고 **헐뜯는 것에** 살기를 좋아하고, 난리를 어지럽히고, **이간질하는** 자들은 내가 당연히 캐물어 법으로 다스릴 것이다."

이로부터 경박한 무뢰배의 헐뜯고 비방하는 일이 다소 그치게 되었다.

鄭·金**兩**大將, 名位幷高, 不相差池, 而鄭大將參謀, 皆其門生. 其中如權瀁之**輩**, 輕儇怪妄, 欲隆尊其師, 爲義兵首功. 而金大將聲威功績, 頗出其右, 興訛造訕, 囂囂多言, 使兩**賢不相能**. 鄭大將移文於金大將, **有**未安之語; 金亦不平, 勢將難諧. 公爲往兩陣, 痛言: "當協心討賊, 共濟國難, 不宜聽浮薄子自成嫌隔也. 好生讒**調**, 撩亂離, **離**間者, 吾當究問, 按法." 自是, 浮薄輩詆謗少戢.

- 피리를 불라 함인가

박성이 공에게 언급하였다.

"김면 대장의 휘하에는 곽준 등 제군들이 있지만, 정인홍 대장의 참모는 한 사람도 없습니다. 여유汝唯를 파견하여 진정시키는 것이 어떻겠습니까?"

공이 **깜짝 놀라**,

"내가 여유를 얻은 것은 참으로 하늘이 나를 도운 것이다. 그대는 어찌 나더러 선전하고 부추기는 피리를 불라고 하는가? 이쪽에서 빼앗아 저쪽을 주려고 하는 것은 무엇 때문인가? 또한, 저들이 장차 여유의 말을 즐겨 들어 줄 것이라 보는가?"

라고 하였다. 이노가 박성에게 일렀다.

"나는 순찰사와 더불어 처음 의병을 일으킬 때부터, 시종 함께 일하기로 약조를 하였거늘, 지금 버리고 다른 곳으로 가는 것이 가능하다고 보는가? 내가 순찰사의 막하가 된 것은 곧 이런 연유가 있었다네. 정 대장은 **차라리** 나로 하여금 권양과 같은 무리마저도 어깨를 나란히 하라고 하지 않겠는가? 그대는 어찌 나를 **사소**하게 보는가?"

"나는 **본래** 두 현인 사이의 일은 어진 사람의 일이라 **걱정하여**, 다투던 일을 해결해서 서로 마음을 통해 보고자 한 것인데, 더불어 어찌 다른 의도가 있을 것인가?"

공이 이에

"덕응은 성심으로 어진 이를 아껴서 어수선한 것을 그치게 할 요량이었다. 그 의도는 물론 좋다지만, 어찌 여유를 **낮추어** 본 것이겠소?"

라고 하였다.

朴惺言於公, 曰: "金大將麾下, 有郭越諸君; 鄭大將參謀無一人. 遣汝唯, 鎭定, 何如?" 公**嚾**曰: "吾得汝唯, 實天贊我. 君其使我吹篴乎. 欲奪此與彼, 何如? 且彼其肯聽汝唯乎?" 魯謂惺曰: "吾與巡使, 自初起義, 約與終始共事, 今可捨而之他乎? 吾爲巡使幕下, 則然矣. 鄭大將, **寧欲**使吾比肩於瀁輩乎. 君何少我乎?" 惺曰: "吾**素閔**兩賢間事, 欲解紛通情. 且豈有他意?" 公曰: "德凝誠心愛賢, 要息紛紛 其意亦好, 豈少汝唯?"

제60장 절개, 남자와 여자의 차이

하루는 이정이 볼일을 보러 갔다가 함안과 진주 부근을 돌아오던 중에, 전사자의 유골이 무더기를 이루고 있는 것을 보고, 여러 진영의 장수들에게 수습하여 묻어 주기를 청원하였다. 때는 밤이 이미 깊었지만, 곧바로 아전들을 불러 공문을 띄우게 하였다.

"본받을 만한 좋은 말을 들었으면, 머물러 잠들지 않는 것은 나의 천성이다."

거듭하여 이정으로 하여금 전란 초기에 목숨을 바쳐 절개를 지킨 사람들을 모아서 기록하게 하였다. 이정이 약간만 적어 올렸다.

"여자는 지극히 무지하다는데, 지조와 정조를 깨끗하게 지킨 사람은 고을마다 없는 곳이 없지만, 남자는 여러 고을에서도 한 사람도 없으니, 기이한 것이 심하다고 할 것입니다."

공이 손을 저어 이정을 막으면서,

"인간으로 하여금 뻔뻔스럽고 부끄러운 줄 모르게 하니, 차마 들을 수가 없소."

라고 말하였다.

○ 一日, 李瀞使, 還咸·晉之境, 見戰骨成堆, 請令諸鎭將收瘞. 時夜已深, 即呼營吏, 發關, 曰: "聞善言, 不留宿, 吾性也." 仍使瀞收錄變初死節之人. 瀞錄呈若干曰: "女子至無知也, 立節者無邑無之, 男子列郡無一人, 可怪之甚也." 公揮手, 止之, 曰: "令人顔厚, 不忍聞也."

제61장 구호미 마련과 악화되는 건강

- 호남에 군량 요청

온 도내 유민들은 공이 행차하면 곧바로 길을 막고, 머무르면 뜰을 가득 채우니, 공은 반드시 소금과 쌀을 나누어 주었다. 거창과 함양 그리고 산음에 진제장賑濟場을 설치하였는데, 별도로 식견이 있는 사람을 정하여 이를 맡겼다. 그리고 불시에 그 음식을 가져다가 친히 맛을 보았다. 또한, 솔잎 가루를 많이 만들어 죽에 섞어 먹게 하였다.

약간 온전한 곳이라야 단지 이 세 고을이라, 각 **고을**의 군량이 모두 이곳에서 나왔으나, 장차 이를 계속할 수 없었다. 밤낮으로 근심하여 탄식하고, 전라도사 최철견에게 구원을 청하였다.

김천찰방 조존**선**趙存善을 두 차례 파견하고, 그 다음은 사근찰방 이정을 보냈다. 창원부사 장의국이 다음 차례로 가고, 다다음은 전 좌랑 박이장을 보냈다. 박성이 다음으로 갔다 왔으나, 모두 시원하게 베풀지는 않았다.

"어찌 차마 이럴 수는 없다. 호남의 곡식이 그네들 집 물건이라도 되는 것이며, 영남 사람들은 왕의 신하가 아니란 말인가?"

라고 탄식하였다.

○ 一道流民, 行則擁路, 住則盈庭. 必以鹽米散給. 居昌·咸陽·山陰, 設賑濟場, 別定有識人, 掌之, 不時取來其食, 親嘗之. 且令多造松葉末, 和粥以餽之. 稍完者, 只此三邑而各邑軍粮, 皆出於此, 將無以繼之. 晝夜憂嘆, 請救於崔鐵堅. 再遣金泉察訪趙存善, 次遣沙斤察訪李瀞, 次遣昌原府使張義國, 次遣前佐郞朴而章. 次遣朴惺, 皆不快施. 公曰: "何忍也. 湖南穀, 是渠家物而嶺南人非王臣乎?"

- 함양에서 볼기치기

함양은 실상 부유한 집들이 많았지만, 군수가 나약해서 백성들이 사사로이 쌓아 놓은 곡식은 넉넉하지 않았다. 공이 필요한 것을 가려 뽑아, 굶주린 백성들에게 나누어 주고자 하였다. 한 완고한 품성을 가진 자가 있었는데, 아까워하여 따르기를 기꺼이 하지 않자, 잡아다 볼기를 치려고 하였다. 어떤 사람이

"이것은 위력을 부려서는 아니 되오. 마땅히 도리로서 깨우쳐 주어야 합니다."

라고 말하였다.

"그렇지 않다! 함양은 호남과 가까워 풍속이 사납다. 사람들 모두 재물을 아깝게 여기니, 도리를 가지고 일깨우기 어렵다. 한 사람을 때려서 만 생명을 구제하는 것이다. 내가 어찌 그만둘 수 있겠는가?"

라고 하고, 매 수십 대를 치고, 즉시 섬돌 위에다 끌어다 앉히고, 매우 간절하게 납득이 가도록 설명하다 눈물까지 흘렸다. 그 또한 매 맞은 것은 원망하지 않고, 잘못을 깨달아 뉘우치며 물러갔다. 이로부터 소문을 들은 자들은 마음과 정성을 다하지 않는 이가 없어, 목숨을 살리는 바가 매우 많았다.

咸陽實多富家, 太守懦弱, 私儲旣不封. 公令抄錄, 分授飢民. 有一頑品, 吝不肯從, 拘來將笞之. 或曰: "此不可以威使. 宜以理喩之." 公曰: "不然! 咸近湖, 俗悍. 人皆惜財, 難以理喩. 杖一人而濟萬命. 吾其可已乎?" 杖數十度, 即引坐階上, 懇懇開說, 至於涕下. 渠亦不以受杖爲怨, 悔悟而去. 自是, 聞者莫不盡心, 所全活, 甚衆.

- 소진되는 열정과 나빠지는 육신

공은 자질구레하게 내려보내는 관문이나 통첩에 대해서도, 반드시 몸소 작성하느라, 야밤중이 되어서야 잠자리에 듦으로, 몹시 지치고 고달파서 가슴속이 답답하고 목이 말라, 장차 큰 병이 될 듯하였다. 조종도가 그 번잡하고 자질구레한 것에 대해 말하자, 공은 장탄식하고 한참이나 지나서,

"요사이 조정의 신하들이 바르지 못하여, 살육하는 상태에 이르렀으므로, 인심이 해산하여 흩어졌고, 오랑캐가 이에 편승하였다오. 우리네는 만 번을 죽어도, 그 죄를 갚을 수가 없는데, 어찌 번잡하고 자질구레하며 지치고 고달프다고 생각할 수 있겠소? 또 큰일은 다스리지도 못하면서, 작은 일마저 소홀히 한다면야, 어찌 내 마음이 편할 수 있으리오."

라고 하였다.

공은 산음의 지곡사智谷寺에서, 염초를 굽게 하였다. 동시에 호남의 기술자에게 조총을 주

조하게 시켰다. 비록 청동은 아니었지만, 무쇠를 불려서 만든 쇠붙이[正鐵]로 이를 만들었다. 모두 현감 김낙으로 하여금 이를 보살피는 일을 맡아보도록 하였다. — 이른바 선공이라는 사람은 서자이다. 공이 일본에 사행하였을 때 군관이었던 자이다. 이름은 **김응방金應邦**으로 찾아와 뵙기에, 공이 그로 인하여 **이곳에** 머물게 하였다. —

公於小小關牒, 必親自爲之, 夜分乃寐, 勞悴煩渴, 將成大病. 宗道言其煩碎, 公嗟惋, 良久曰: "近日廷紳不靖, 馴致殺戮, 人心渙散, 夷狄乘之. 吾儕萬死, 不足贖其罪, 豈可以煩碎勞悴爲念**乎**? 且大事不能治, **小**事又忽之, 豈吾心之所安乎?"

公於山陰智谷寺, 煮焰焇. 又以湖南繕工教鑄鳥銃. 雖非銅, 能以正鐵成之. 皆令主倅金洛監掌之. — 所謂繕工, 庶孼也. 公使日本也, 爲軍官者. 其名**金應邦**, 委來拜謁, 公仍留**之也**. —

第62장 의병도대장 김면과 그를 위한 사연들

선조 임금은 김면을 의병도대장義兵都大將으로 삼고, 원근의 모든 군사를 모두 겸하여 **이를** 주선하도록 하였다. **교서가 있다.**

- 선조의 교서

왕은 이와 같이 말씀하신다.

'의義'라는 것에는 오랑캐를 시급하게 물리치는 것보다 더 중대한 것은 없고, '충忠'에 있어서는 자신을 잊고 나라를 위하여 목숨을 바치는 것보다 더 지대한 것은 없다. 명령을 받들어 책임을 다하는 것은 신하의 통상적인 규범이며, 관직에 있으면서 정성을 다 바치는 것 또한 직분에 있어 항상 지켜야 할 도리인 것이다. 어떻게 취해야 하는가? 이익을 보고 움직인다면 귀할 것이 없으니, 무릇 은혜에 감동하여 행해야 할 것이다.

오로지 장차 감시하지 않아도 마땅히 근면함을 본받고, 격려하지 않아도 환란에 나아가는 것이야말로, 이르자면 충신열사에 견줄 수 있고, 거의 무성한 공로와 뛰어난 공훈에 부끄러움이 없을 것이다. 누구라 이것이 가능할 것인가? 오직 과인의 신하 김면이로다.

이렇게 이빨을 물들인 흉악한 천민들을 생각하자면, 마구 턱을 늘어뜨리고 침을 흘리는 흉악한 음모를 쌓아, 만 리나 배의 고물과 이물을 연이었으니, 먼저 해를 입은 곳은 경상도의 60주와 군들이다. 반 년토록 창칼에 가위눌리었으니, 억조의 민생들에게는 겨우 남아 있는 것이 없도다.

한양과 개성 그리고 평양의 삼경은 이미 초목이 무성하게 몰락하였고, 종묘는 생각지도 못한 사이에 티끌을 뒤집어썼다. 끝내 지키지 못하고 다시 옮길 때까지, 성을 등지고 최후의 일전은 실행하지도 못하였도다. 이러한 때를 당하니, 모두 생명 보전만 생각한 것은 대소 신민을 가리지 않았다.

강한 정예병사와 용감한 병정들은 진영의 대오에서 손이 묶였고, 금으로 된 도장과 붉은색 인끈을 찬 고관대작은 숲과 늪 사이에 몸을 숨겼는데, 그대는 홀로 문관에서 스스로 몸을 일으켜, 분연히 선대의 업을 이어받았도다.

속에서 우러나는 정성스러운 마음을 가진바, 밝기가 해와 같으니 맨손으로 기병하여도, 따르는 자가 구름 끝과도 같았더라. 내가 재임할 때는 벼슬을 버리고, 깊숙한 숲에 은둔하기를 몇 해였지만, 전쟁을 만나자 칼을 떨쳐 일어나니, 하루아침에 창칼과 충돌하였다.

의사의 명성을 얻어[附尾] 풍모를 이었더니, 용맹스러운 사내들은 소리치며 기운을 뻐내었다. 대저 어찌 이익만 추구하였는데 유혹을 당한 것이겠으며, 대체 직무를 지키는 데에 어찌 품계를 바르게 하기 위함이 아니도다.

오로지 그 마음에 잊히지 않을 충의의 마음이야말로, 죽고 사는 즈음에는 천박하고 구구하지 않게 끝내도록, 의사로 하여금 그 힘을 다하게 한다면, 공덕은 이루어질 수 있다는 것이다. 수백 명의 해진 갑옷의 남은 병정들이 비록 모두 빈 활을 당기며 왔다고 해도, 칠십여 섬으로 구성된 일본의 생기 없는 떼도둑을 쳐부수고, 남은 악인들은 빈 막대기로 매질해서 제압할 수 있었을 것이다.

정암진을 한 번 타격하니 곧 피를 많이 흘려 강물을 혼탁하게 하였고, 재차 고령 무계에서 싸웠더니 곧바로 죽어 쓰러진 시체가 들녘에 가득하였도다. 풍성한 공적은 한나라 공신의 초상을 걸었다는 기린각麒麟閣의 그림으로 걸릴 만하고, 융성한 상훈은 띠에다가 흙을 싸서 나누어 주며 제후에 봉하는 것을 어찌 아낄 수 있을 것인가. 비록 그대에게 은비銀緋의 관직을 하사한다고 해도, 참으로 나로 하여금 얼굴을 붉히게 하였다.

사람들이 간혹 말하는 것에 따르자니, 병사는 많아도 통솔이 없어 각자 싸운다고 들었다. 비록 의병이라 이름하였지만, 장수가 참으로 적격자가 아니라면, 도리어 군대에 총괄하는 바가 없을까 염려된다. 마땅히 한 사람의 대장을 택하여, 그로 하여금 도내의 의병대를 모두 거느려 다스리게 해야 할 것이다.

이에 그대를 경상도 의병대장에 봉하여, 원근의 모든 군사가 모두 온몸으로 겸하여 주선하도록 하라. 오로지 명령과 약속으로 따르게 하여, 사람들의 이목과 사고력을 하나로 되게 하라. 그대는 장차 사람을 벌주고·죽이며·코를 벨 때도 오로지 옳음에 의할 것이며, 그들을 고취하고·꾸짖거나·무마할 때에도 오로지 어진 마음으로 해야 할 것이다.

적의 동태는 멀리 살피고 간첩을 많이 두어, 봉화를 올리는 것은 엄하게 하여, 지휘가 자기에게서 말미암게 해야 한다. 구령은 엄하게 하고, 들고 나는 것은 가지런히 하며, 때리거나 찌르는 것은 신중히 하고, 계책을 통해 서로 돕는 책응은 분명해야 한다. 호령은 여러 곳에서 나오지 말아야지만 성취가 있을 것이다.

오호라! 한 조각 가오리 형태를 닮은 우리 산하는 비린내와 노린내에 오염되었고, 천리 밖 용만은 세월도 덧없이 지나 겨우 한 모퉁이를 지키는 곳으로 흐르고 있도다. 몇 발짝 바깥은 내 강토가 아니니, 천 대 병거의 소중함은 장차 누구에게 의지할까?

다행한 바는, 영남의 군사는 점차 의기가 있어, 충직한 장수가 많이 난다는 산서山西 지방의 바람인지라, 오로지 충성과 선량함에 있을 뿐이로되, 태조부터 13대의 깊은 수모를 씻어 줄 이는 그대가 아니면 누구이랴! 2백 년 구업을 회복하는 것은 오로지 그대가 할 수 있을 것이로다.

오늘날, 하늘의 해는 바야흐로 혹독하여, 얼음과 눈이 거리에 넘쳤다. 왜구는 죄다 찬 기운을 쐬어 검붉은 다리를 하고, 알몸을 드러낸 채로, 대부분이 맨땅에서 불을 쬐고 있다. 목을 움츠려 거북처럼 숨었으니, 멧돼지처럼 돌진할 생각은 없으나, 참으로 한 번 그 소굴을 벗어난다면, 반드시 풍상에 다 같이 폐사할 것이니라.

그들을 광야와 평원에다 내몬다면, 저들이 어찌 그 무력을 쓸 수가 있겠는가? 화포와 화살 돌덩이로 쓸어버리면, 우리는 그 기회를 탈 수 있을 것이다. 시기를 놓치는 일이 없도록 하여, 후회를 끼치지 말아야 하는 고로 이에 교시하니, 마땅히 모두 알 것이라 생각하노라.

○ 上拜金沔, 爲義兵都大將, 遠近諸軍, 皆管攝焉. **有教書.**

王若曰:

義, 莫重於急病攘夷; 忠, 莫大於忘身殉國. 承命盡責, 是臣子之恒規; 居官貢誠, 亦職分之常道. 烏取乎? 見利而動, 無貴; 夫感恩而行. 惟其不董而效其勤, 不督而赴於難, 方可謂之忠臣烈士, 庶無愧於茂功鴻烈. 孰玆之能? 惟我臣沔!

念玆染齒之殘孽, 蓄此朶頤之凶謀, 萬里連舳艫, 先受害者六十州郡. 半歲厭干戈, 靡孑遺於億兆民庶. 三京旣已榛沒, 七廟忽焉塵蒙. 終至失險而再遷, 未能背城而一戰. 當此之時, 咸思保全姓命, 不問大小臣民. 勁卒銳兵, 束手於營鎭之伍, 金章紫綬, 竄身於林藪之間, 爾能獨自拔跡於俎豆, 奮然繼武於箕裘. 丹心所存, 皎然猶日, 赤手而起, 從者如雲際, 予時而投簪, 幾年棲遲林壑, 遭喪亂而奮劒, 一朝衝突戈鋋. 義士附尾而承風, 武夫開口而奪氣. 夫豈功利乎見誘, 盖非職守焉是階.

惟, 其耿耿忠義之心, 了不規規死生之際, 是以士竭其力, 功賴以成. 數百人破甲殘兵, 雖皆張空弮而來也, 七十島死冠餘醜, 可以制白梃而撻之. 一擊鼎津, 則殷血渾江, 再戰茂溪, 則僵尸滿野. 豐功可揭猉獜之繪, 懋賞寧靳茅土之封. 雖錫爾銀緋之秩, 實使予赧赧于顔. 項緣人或有言, 得聞兵多無統各自爲戰. 雖曰義以之名, 將苟非其人, 抑恐軍無所楤. 宜擇一介司命, 俾統閫道義師.

是庸拜爾慶尙道義兵大將, 使遠近諸軍, 皆管攝一身. 惟命令約束之聽, 使耳目心力爲一. 爾其刑人殺人劓刖人, 一於義, 吹之呴之撫摩之, 惟其仁. 遠斥堠多間諜, 謹烽燧, 指使由己. 嚴坐作, 齊進退, 愼擊刺, 策應是明. 令不多門, 可乃有濟.

嗚呼! 一片蝶域山河, 汚染於腥羶; 千里龍灣, 日月荏苒於偏保. 數步之外非吾土, 千乘之重, 將疇依. 所幸者, 嶺南之兵, 稍有義氣, 山西之望, 惟在忠良, 灑十三代深羞, 非爾誰也! 恢二百載舊業, 惟子能之. 即日天日方嚴, 氷雪載路. 寇皆赤脚而露體, 率多土處而火熏. 縮頸龜藏, 無意豖突, 苟一離其巢穴, 必齊斃於風霜. 驅諸廣野平原, 彼焉能用其武? 加之火砲矢石, 我可以乘其機. 毋令失時, 徒貽後悔, 故玆教示, 想宜知悉.

- 절절한 김면도대장의 호남 군량 청원문

어명을 받드니 감격하고 두려워하여 더욱 스스로 격분하고, 흉적 섬멸하기를 기약하였다. **드디어 공문서를 보내 호남 관찰사에게 군량을 요청하였다.**

그 서찰은 이러하다.

임금이 욕을 당하면 신하는 죽어야 하는 것이니, 의거義擧는 바야흐로 경영하기 다급하고, 입술이 없어지면 이빨이 시린 법인데, 임금의 국토에다 어찌 이것과 저것을 구분 지으리오. 이에 불에서 구해 주고 물에서 건져 주어야 할 사세를 당하여, 감히 장차 전라도백께서 저를 도와 달라는 소회를 진술하나이다.

저 혼자 가만히 생각건대, 환란을 시급히 여긴다는 것은 신하의 지극한 정성이요, 재물을 나누는 것은 인접한 도道의 대의입니다. 초나라 신포서가 진나라 궁중 뜰에서 7일이나 통곡한 것[秦庭慟哭]은 실은 초나라를 보존하고자 하는 마음을 품어 그리하였고, 위나라 무기無忌가 업에 있는 군사를 빼앗아 달려가 구원한 것은 조趙나라를 토벌하려는 참화를 늦추어 달라는 요청[鄴兵馳援] 때문이었습니다.

하남성 형양滎陽에 설치된 오창敖倉의 양곡이 아니었다면, 곧 초와 한의 격전지인 성고成皐를 보전하기 어려웠을 것이고, 조앙趙鞅이 진양晉陽의 군대를 취함이 없었다면, 조나라의 수도 한단이 가장 위태로웠을 것입니다. 제나라의 환곡은 당연히 노나라의 기근을 구했으며, 절강의 변방을 지키는 수자리[戍役]는 마땅히 화북 평원의 회수의 위급함에 베풀었습니다.

하남절도사 장호張鎬가 와서 구원하기를 조금만 빨리하였다면, 장순과 허원이 어찌 수양성을 잃었을 것이며, 한나라 창업공신 소하의 해상 운송이 넉넉하지 못하였던들, 한신과 장이가 어찌 파촉이라는 사천 땅을 보존하였겠습니까?

나라의 네 방향의 경계를 생각하자면, 사람의 한 몸과 같습니다. 병을 치료하는 데 머리나 발을 구분할 필요가 없으며, 환란을 구원함에 어찌 동쪽과 서쪽을 가리겠나이까? 우리 두 영남과 호남은 개의 이빨과 같이 고개마다 엇물려 있고, 별같이 벌려져 있는 남쪽 모서리입니다.

절도사 진영이 있는 큰 고을은 남쪽 땅에서 장엄하게 울타리와 병풍이 되고, 견고한 성과 하늘이 만든 창고는 동방에서 첫째로 부강합니다. 시문을 짓고 풍류를 읊는 도는 곧 주나라에 있어 추로이며, 생산되는 물건으로 보면 촉한의 형주와 익주입니다. 나라의 예산은 이곳을 말미암아 충분히 취득하고, 땅으로부터 얻는 이익은 그리하여 믿을 만한 것입니다.

불행히도 본도에는 오랑캐가 함부로 날뛰어, 난공불락의 요새라도 지키지 못하였습니다. 60여 고을의 닭 울음과 개 짖는 소리가 서로 들리던 국토는 이제 야만인들의 싸움터가 되었습니다. 수백 년을 배양한 생민들은 도륙의 칼날에 모조리 섬멸되었습니다.

여염집은 모두 불타니, 봄 제비가 숲속에 둥지를 트는 참혹한 것을 보았으며, 황새와 조개가 오래 버티니, 가을 기러기가 변방에서 우는 것을 이미 들었나이다. 초목은 빛을 잃고, 산하는 부끄러움을 둘렀습니다.

제나라 70성 중에 오로지 거성莒城과 즉묵성卽墨城의 쇠잔한 고을만 남았고, 삼천리 촉한으로 가는 칼날 같은 잔도에는 슬프게도 두보같은 외로운 신하만 이와 같습니다. 나라 걱정에 백발은 일천 줄기요, 적을 토벌하고자 하는 변치 않은 마음이사 한 말이나 되나이다. 밤중에도 월나라 쓸개를 맛보았으니, 태산과 화산이 가슴을 지탱하였고, 반년을 오나라 섶에 누웠더니, 갑옷과 투구에 이와 서캐가 생겼다고 하더이다.

하늘은 왜적과 더불어 함께 머리에 일 수가 없고, 나라는 송나라 고종처럼 강을 건너 구석진 한쪽 지방을 통치할 수 없으니, 눈물을 흩뿌리며 빈 쇠뇌 활만 당겨 봅니다.

처음에, 하나라의 유신인 미靡는 5백여 병사도 없더니만, 굳게 맹세한 마음으로 밝은 해를 가리켜 보이니, 거의 당나라 서업의 중흥을 볼 수 있었다고 합니다. 다행히 하늘은 주나라를 돕고자 하였고, 사람들은 왕망이 세운 신나라 대신 오히려 한나라를 생각하였다는 고사에 의지할까 합니다.

마음은 충의와 함께하여 일반 백성들은 구름같이 모이지 않은 이가 없고, 땅에는 동서가 없는지라 원근에서 거의 모두 향응하여, 군성이 점차 진작되어, 적의 귀를 베는 것에 거둠이 많았나이다. 이내 알았던 것은 어질고 거룩한 이전의 열두 임금이 만백성에게 깊이 덕을 쌓아, 문물이 작은 중화가 되었으니, 하루아침에 오랑캐가 되지 않았다는 것입니다.

낙동강과 남강[江淮]의 보장이 온전할 수 있어, 회복의 토대가 점차 세워지고 있나이다. 다만 한스러운 것은 그 병화가 격렬하게 탕진하여, 군수가 텅 비었다는 것입니다. 천 개 만 개의 창고는 도적에게 물건을 싸서 내어 주었는지라, 떼도둑을 돕는 물품이 되었다는 것입니다. 쇠를 불리고 갈아도, 화살은 잃어버리고, 그 촉은 망가지는 한탄이 있을 따름입니다.

군대에는 군량을 찾아볼 수 없고, 병사들은 정밀한 기계가 부족하니, 중앙에서 파견된 무기교위戊己校尉가 서역에 상주하며 군대를 끼고 안았다지만, 누구라 한나라 화살의 신통함을 칭할 수 있을 것입니까. 군사들은 곡식과 물을 달라는 호소가 비통하니, 진晉나라가 빌린 곡식의 운반은 난감함에 봉착하였습니다. 군비를 추렴하여 변통하자니 이미 가혹한 징수에 고갈되었으며, 쇠를 거두어들이고자 하여도 백성마저 떨어져 버렸습니다. 이 백 가지 계책에 마땅함이 없으니, 양손을 그냥 묶고 있나이다.

삼가 생각건대, 영공께서는 회수淮水 서쪽의 소범小范이요, 장강 좌측 강남에 있어서는 관중管仲이러니, 만 리의 장성이 되었으니, 명망이 온 나라에 막중합니다. 사방 교외에 보루가 많은 것은 수치인데, 우려는 어찌 한 지방에서 그칠 것입니까.

비록 주나라의 주공과 소공이 사명을 나눈 것은 비록 다르다고 해도, 일심으로 주나라를 도운 것은 다름이 없는 것입니다. 당나라 재상 배도裴度가 회수 서쪽을 평정하고 북으로 채蔡나라의 반란을 정벌하고, 성공을 고한 적은 있었으나, 현에서 경계를 넘고, 군에서 강역을 넘었다 하여, 다스리지 못하였다고 하는 것은 잘못된 것입니다.

하물며 전 호남이 완전히 보전된 것은 본 도가 쇠약하여 시들한 것과는 다른 것이며, 꼴을 빨리 날라 옮기는 일과 곡식 수레를 끄는 노고를 한 바는 없습니다. 병력은 아직 거듭 피곤하지는 않아, 어깨를 쉬고 잠을 잘 자 조금은 편안할 것이어서, 사기는 또한 응당 배로 증가하였을 것입니다.

원하건대, 왕이 군사를 일으키면 옷이 없어서가 아니라 같은 군복을 입고 원수를 치겠다는 『시경』「무의無衣」편의 노래를 한 번 부르게 하고, 속히 의지할 이도 있고 도울 곳도 있다는 「권아卷阿」의 5장처럼 전쟁에서 융복을 함께 입게[共武之服] 하십시오.

만신창이 쇠잔한 군졸들도 바라건대 온전한 군사에게 영혼을 빌리고, 배고프고 목마른 야윈 군사들은 포식한 군사의 찡그림을 펴서, 장차 사람마다 분투하여 맨 먼저 오르는 용맹을 볼 수 있을 것이며, 선비는 사력을 다하는 정성마저 품을 것입니다.

조조는 적벽의 까막까치가 각자 날아간다[烏鵲分飛]고 하였고, 곤양의 물소와 코끼리는 사방으로 흩어졌으며[犀象四散], 남쪽 하늘의 초나라 기운이 말끔히 소탕되었으니, 경복궁[北闕]에서 주상 전하의 얼굴[堯顙]을 다시 볼 수 있을 것이외다. 나는 그리하기를 날마다 바라지만, 누구와 더불어 이것을 함께하리오.

슬픕니다! 파촉으로 가는 사다리 길[蜀棧]은 구름이 미혹한데, 한나라 궁궐에는 풀이 푸르고, 땅은 멀고 하늘은 길어, 달빛은 공허하게 변방의 요새를 비춥니다. 세월이 흐르고 사물은 변하니, 칡은 이미 위衛나라에 기댄 여黎나라 모구旄丘에서 변하였습니다.

부로들은 장안의 백성이 한나라 관리의 의기[漢官之儀]를 바라듯 하고, 남녀들은 주나라 무왕의 수레바퀴[周王之轍]를 기다리듯 하니, 신하 된 사람으로서 이때를 당하여, 죽고 사는 것을 어찌 논할 것이오. 두보가 두견을 읊어 절도사에게 부친 것은, 참으로 마지못한 것이지만, 남송의 오개가 잘 익은 감을 던져, 금나라 태자 올출을 놀라게 한 것은, 남몰래 깊은 바람이 있었던 것입니다.

제갈량이 마음과 몸을 다하여 나라 일에 이바지한 것을 함께 본받을 지이나, 모구에서 여나라 백성을 외면한 위나라의 신하들이 귀를 막은 것[叔伯充耳]과 같게는 하지 마십시오. 대궐 안에 잡인의 출입을 금하고, 당나라 종묘를 공경히 알현하면, 주차朱泚의 반란을 진압한 이성李晟의 정충은 가히 볼만합니다.

진晉나라가 오호五胡에 쫓겨 강남으로 갔을 때 신정이란 정자에 앉아 초나라 사신 종의鍾儀처럼 슬픈 노래를 함께 부르니[新亭楚囚], 진나라 신하는 눈앞의 안일함만 도모하였으니, 가히 치욕스러운 일입니다.

이렇게 통사정을 해보았지만, 호남의 도백은 이에 군량을 보내 주거나 도와주지도 않았다더라.

承命感懼, 益自激奮, 期殲凶賊. **遂移書, 請救軍糧湖南伯.**

其書曰:

主辱臣死, 義擧方急於經營; 唇亡齒寒, 王土何分於彼此. 玆當救焚拯溺之勢, 敢陳將伯助予之懷. 竊念, 急病人臣之至誠, 分財隣境之大義. 秦庭慟哭, 實抱存楚之心; 鄭兵馳援, 要紓伐趙之禍. 非敖倉之粟, 則成皐難保; 無晉陽之甲, 則邯鄲最危. 齊糶當救於魯飢, 浙戍宜移於淮急張. 鎬之來救若急, 巡·遠寧失睢陽; 蕭何之轉漕不贍, 信·耳, 寧保巴蜀.

惟國四境, 如人一身. 治病無分於頭足, 救亂何擇於東西? 惟我二南, 犬牙嶺表, 星分火維. 巨鎭雄州, 屛翰壯於南土; 金城天府, 富强甲於東方. 儒雅, 則周之鄒魯; 物產, 則蜀之荊益. 國計由此而取足; 地利於是乎, 可憑. 不幸本道, 犬豕跳梁, 金湯失險. 六十州嗚吠之境土, 今作夷虜之戰場. 數百年休養之生靈, 盡殲屠戮之鋒刃. 閭閻俱燼, 慘見春燕之巢林; 鷸蚌久持, 已聞秋雁之叫塞. 草木失色, 山河帶羞.

七十齊城, 惟餘莒·墨殘邑; 三千劍路, 哀此杜甫孤臣. 憂國之白髮千莖, 討賊之丹心一斗. 中夜嘗越膽, 泰·華撐於心胸; 半歲臥吳薪, 蟣蝨生於介胄. 天不可與賊共戴, 國不可渡江偏安, 揮淚張空弮. 初, 無夏靡之一旅, 誓心指白日, 庶見唐緖之中興, 幸賴天欲佑周人猶思漢. 心同忠義, 士庶莫不雲趍, 地無東西, 遠近擧皆響應, 軍聲漸振, 賊馘多收.

乃知, 賢聖十二君, 深積德於萬姓, 文物小中華, 不爲夷於一朝. 江淮之保障可全, 恢復之根基稍立. 第恨夫兵火蘯蕩, 軍需一空. 千斯萬斯, 爲齎盜藉寇之物. 鍛乃礪乃, 有遺矢亡鏃之嘆. 軍無見糧, 士乏精械, 校尉擁戊己之隊. 誰稱漢矢之神, 士卒悲庚癸之呼, 難逢晉米之運, 括錢已竭於苛矣, 徵鐵亦匱於民, 斯百計無宜, 兩手徒束.

伏惟, 令公淮西小范, 江左夷吾, 爲萬里之長城, 望旣重於擧國. 慚四郊之多壘, 憂豈止於一方. 二公分使雖殊, 一心翊周無異. 西平淮北征蔡, 告成功者有焉; 縣越境·郡逾疆, 謂不治者, 誤矣. 況全湖之完保, 異本道之凋殘, 無飛蒭輓粟之所勞, 兵力未嘗重困, 有息肩息肩安枕之稍逸, 士氣亦當倍增.

願, 一賦乎「無衣」; 速, 共武乎 '有翼'. 瘡痍殘卒, 庶乞靈於全師; 飢渴瘦軍, 得伸顰於宿飽, 將見人奮先登之勇, 士懷效死之忱. 赤壁之烏鵲, 分飛; 昆陽之犀象, 四散; 南天之楚氛, 淨掃; 北闕之堯顙, 再瞻. 余日望之, 誰與爲此.

悲乎哉! 雲迷蜀棧, 草綠漢宮, 地遠天長, 月空照於榆塞. 星移物換, 葛已變於旄丘. 父老望漢官之儀, 士女徯周王之轍, 人臣當此, 死生寧論. 詠杜鵑, 寄平江, 誠不獲已; 投黃柑, 驚兀朮, 竊有深望. 共效諸葛之鞠躬, 無如叔伯之充耳. 淸宮禁, 祗謁唐廟, 李晟之精忠足觀. 集新亭, 共悲楚囚, 晉臣之偸安, 可恥.

云云, 而湖伯不運粮而助焉.

- 김면의 위장성세

이리하여, 명성과 위엄을 크게 벌려서 몸을 솟구쳐 뛰듯이 움직여 보고 듣게 하였다. 김면은 장차 모든 진영을 순시해서 타일러 경계하고자, 거창에서 삼가를 거쳐 의령으로 향하였다. 참모와 종사관이 십여 명이고, 군관이 사십 쌍이며, 대장을 수행하는 아병 이백 명에, 대동한 군사가 삼백이고, 아전이 여덟이며, 하급 병졸인 나장이 스무 명이었다.

행차의 거동은 이십 리 밖에까지 잇대어 길게 뻗어, 여러 가지 온갖 깃발이며 휘장 등이 훤한 대낮을 밝게 비추었다. 공이 이를 듣고, 근심하는 얼굴빛을 가지고,

"몇 고을의 군량이 금방 다 써서 없어졌다는데, 필요한 물건을 공급하는 공억의 폐단을 생각하지도 않고, 그저 헛되이 사치와 과장된 행차를 하다니, 지해는 마음이 들뜬 증상에서 아직 벗어나지 못하였는가 보다."

라고 하였다.

於是, 大張聲威, 以聳動瞻聽. 將巡勅諸陣, 自居昌歷三嘉向宜寧. 參謀從事十餘員, 軍官四十雙, 牙兵二百, 隊卒三百, 陪吏八, 羅將二十. 行李之儀, 連延二十里外. 旌幢旗纛, 照耀於白日. 公聞之, 有憂色曰: "數邑軍粮, 今方告罄, 而不念供億之弊, 虛作侈夸之行, 志海未免有浮證."

- 김면이 지향했던 바

그 뒤에 지해 김면이 공의 말을 들었다. 조종도 등을 돌아보고,

"내가 이렇게 한 까닭은 한갓 위세와 무력을 과장하고자 한 것이 아니오. 바로 요즘 관찰사와 병마절도사 무리들이 모두를 거느리고, 새와 쥐처럼 잠복해 버리니, 군세는 진작되지 않고, 인심도 안정되지 못하였소. 내가 군대의 위세를 장황하게 여러 고을에 뽐내지 않는다면, 무엇으로 뭇사람들이 보고 듣는 것을 놀라게 하여, 대중의 감정을 진정시키겠습니까?"

라고 말하였다. 조종도가 정중하게

"공이 어림해서 예상하는 것은 우리들은 미칠 바가 아닙니다."

라고 대답하였다. 이로부터, 김면 의병대장의 위력 있는 명성은 크게 진동하니, 군사를 행진하는 도처마다 매양 흉적을 물리쳤다. 고령과 지례 그리고 의령과 김산 등 여러 고을 수복하기를 다 하였더니, 임금이 그 장한 공적을 기특하게 여겨, 장차 의병대 본진을 거느리고 올라와 근왕을 하도록 명하였다.

其後志海聞公語. 顧謂趙宗道等曰: "吾所以爲此者, 非欲以徒誇威武也. 方今, 方伯·連帥之輩擧皆, 鳥鼠竄伏, 軍勢不振, 人心靡定. 吾不張皇兵威耀示列邑, 則何能聳動瞻聆鎭定羣情?" 宗道拜曰: "公之料算, 非吾輩之所能及也." 自是, 金大將威名大震, 行兵到處, 輒摧匈賊. 高靈·知禮·宜寧·金山等列邑, 盡爲收復, 上奇其壯績, 欲令率其本部上來勤王.

- 김면의 유임을 위한 주청

김면은 근왕의 왕명을 전해 듣고, 바로 날짜를 정해 행장을 차리고, 병력을 이끌고 달려가려고 하였다. 영남 여러 곳의 의병들은 애석하게 여겨 한숨을 쉬며 탄식하지 않는 자가 없었다. 이르자면,

"김 대장이 만약 본도를 떠난다면, 우리들은 의지할 곳이 없다. 왜적은 쳐서 평정할 길이 없으니, 영남의 상태나 추세는 장차 무엇을 가지고 지키고 보전할 것인가?"

라는 거였다. 원근의 일반 대중들에 이르기까지 더불어 모두 통곡하며,

"우리가 김 대장을 잃으면, 우리는 보전하지 못할 것이다."

라고 말하며, 온 도내가 간절한 마음이었으니 진정이 불가능이었다.

그리하여, 공은 대중의 감정을 깊이 우려하여, 장차 흩어져 풀리게 될까 봐 급히 치계를

통하여 보고하였다.

본도 의병대장 김면은 온 힘을 다해 왜적을 토벌하여, 여러 차례 전승을 거두었나이다. 적을 죽인 수가 매우 많아, 왜적들은 자못 기세가 꺾여, 삼가고 숨어 나오지 못하는지라, 온 도내 사람들은 모두 의지하여 소중히 여기므로, 거의 의각지세倚角之勢를 함께 이루고 있나이다. 그런데 지금에 있어서 호남 사람들이 도성으로부터 돌아와서,

"조정에서 의논이 이 의병대장을 불러서 근왕을 시키려고 한다."

라고 말하였으므로, 이 장수는 기별만 듣고는 편안히 쉴 겨를도 없이, 곧바로 올라가려고 하고 있나이다.

본 도는 왜적에게 함락된 나머지 겨우 보전된 곳은 대여섯 쇠잔한 고을뿐이온데, 흉적들은 사방을 꽉 채우고서, 반드시 모조리 죽이고 말겠다고 하고 있나이다. 이러할 때를 당하여서 호남의 의병이 비록 이곳에 주둔하여 서로 계책으로 돕는다고 하여도, 이 역시 쉽지 않을 것이옵니다. 하온데, 하루아침에 무기를 거두어 떠나 가버리면, 왜적은 후원이 없다는 것을 자세하고도 충분히 알고서, 저돌적으로 계속 몰아쳐 올 걱정이 결단코 조석 간에 있을 것이옵니다.

이 도가 함락되어 없어진다면, 호남이 차례로 병화를 입을 것이옵니다. 호남을 지탱하지 못하면, 국가 회복의 기초는 아마 여지가 없을 것이옵니다. 생각이 여기에 미치자, 심장과 간장은 터질 듯 당황하여 어찌할 바를 모르겠나이다.

엎드려 바라옵건대, 조정에서는 십분 돌이켜 살펴서, 이 장수를 본도에 머무르게 윤허하시어, 이 지역의 보장을 굳건히 하시옵소서!

조정은 장계에 의거하여 비로소 근왕을 하지 않도록 하였으므로, 이내 본도에 군사를 머물게 할 수 있었다.

沔聞命, 即欲刻日治裝, 提兵往赴. 嶺南諸處義徒, 莫不咨嗟歎息. 曰: "金大將若離本道, 吾儕無所依賴. 倭賊無路討平, 嶺南一路, 將何以保守乎?" 至於遠近民庶, 亦皆痛哭, 曰: "吾失金大將, 吾不能保全也." 一道之內喁然, 不能鎭定.

於是, 公深憂群情, 將至渙散, 急馳啓以報. 曰:

本道義兵大將金沔, 竭力討賊, 累次取勝. 殺賊甚多, 賊頗挫氣, 莊伏不出. 一道之人,方倚以爲重, 庶幾共成倚角之勢. 而今者湖南之人, 回自日邊曰, "朝議欲招此義長勤王"云云. 此將聞奇, 不遑啓處, 即欲上去矣. 本道陷沒之餘, 僅存者五六殘邑, 凶賊四面充斥, 必欲殄滅乃已.

當此之時, 湖兵, 雖留此策應, 亦恐未易. 一朝捲甲而退, 則賊洞知無援, 長驅豕突之患, 決在朝夕. 此道旣沒, 則湖南次第被兵. 湖南不支, 則國家恢復根柢, 恐無餘地. 思之至此, 心肝欲裂, 罔知所措. 伏願, 朝廷十分參商, 許留此將于本道, 以固保障焉!

朝廷依啓, 遂不勤王, 乃得留陣本道.

- 김면의 죽음에 관한 장계와 만시 세폭

그 뒤 계사년 1월, 김면은 김시민을 대신하여 경상우도 병마절도사가 되었다. 공이 거창에 이르러 서로 만나, 저번에 순행이 합당하지 못하였다는 것에 관해서 말하였다. 인하여 놋쇠로 만든 큰 밥그릇으로 몇 번이나 대작하고, 악수하며 회포를 토로[吐懷]하였다. 혹은 눈물을 흘리고 때로는 읊조리다가 새벽이 되어서야 자리를 파하였다.

다음 날 아침, 공이 부하 아전을 매질하면서

"예전에 의병대장으로서 지휘에 순종하지 않은 것은 이미 그릇된 것이다. 지금은 경상우병사가 되었으니, 결단코 저 혼자의 편안함을 꾀하지 못할 것이로다."

라고 타일렀다. **오래지** 않은 계사년 3월, 경상우병사 김면은 질병에 걸려 서거하였다.

공은 소식을 전해 듣고, 크게 통곡하여

"장성이 무너졌다. 나랏일이 끝장났다."

라고 일컬었다. 즉시 치계를 하였다.

절도사 김면은 본래 병이 많은 사람이라, 산림에서 병을 조섭調攝하여 다스리면서, 세상사에는 뜻이 없었나이다. 변란이 일어난 처음에, 분연히 일어나기를 자신의 몸을 돌보지 않고, 의병을 일으켜 출병하면서 서약하기를 '이 왜적들과는 함께 살아있지 않겠다'고 하였나이다. 해가 지나도록 죽음을 무릅쓰고 맹렬히 싸움에 여러 차례 왜적의 예봉을 꺾었는바, 낙동강 우측 일대가 지금까지 보전된 것은 그의 공이 많았나이다.

군대를 일으킨 뒤로는, 그의 처자식이 가까운 곳에 있었는데, 정처 없이 떠돌아 굶주려도, 한 번도 서로 만나보지 않았나이다. 여름을 지나 가을을 거치면서는 눈과 서리에 직접 노출 중이었으니, 사람들은 이에 반드시 죽을 줄로 알았지만, 담담하게 마음을 움직이지 않았나이다.

나라를 위하는 정성은 신선이 먹는다는 단사丹沙와 같이 환하게 밝았사옵니다. 은전을 입어 경상우병사로 제수된 뒤로는 더욱 책임이 크고 소임이 막중함을 경계하여, 몸소 모든 군대를 감독하고, 김산의 경내에 나아가 주둔해 있으면서, 선산善山의 적들과 서로 버티고 있었나이다.

왜적은 자못 두려워하며 위축되어, 현저하게 도망쳐 달아난 흔적이 있었나이다. 하지만 근심하여 오랫동안 마음을 썩인 나머지, 갑자기 혹독한 전염병에 걸려 군중에서 목숨을 다하였나이다.

장성이 한 번에 무너짐에 삼군은 흐느껴 우나이다. 하늘은 순리를 따르는 자를 돕지 않았으니, 한결같이 이 지경에 이르렀나이다.

라고 하였다. 만시 세 폭을 지어 보냈다.

김면은 의병장이 되었을 때로부터, 비록 공의 절도節度는 받아들였지만, 지휘하고 명령하는 사이에 간혹 겨루고 맞서는 경우가 많았다. 공이 일찍이

"김면의 성품은 편견을 고집하고 남의 말을 듣지 않아 정체되어 있어, 자못 만족스럽지 않은 뜻이 있다. 여러 번 말과 얼굴빛에 드러나기도 했으니, 사람들은 혹시 그 양편에서 서로 좋아하지 않는 것으로 의심을 하였다."

라고 일렀다.

이때 이르러, 죽음을 애도하면서 포상을 장계하는데, 격절하기는 이와 같았으니, 이에 사람들은 공의 마음속 생각[處心]이 공평하고, 현자를 좋아함이 정성에서 우러나온 것임을 알고 더욱 탄복하였다.

또한, 박성과 이노에게

"지해는 우리들이 미치는 바가 아니다. 그 처첩이 십 리 밖에 있는데도, 처음부터 끝까지 가서 보지도 않았으니, 자기를 돌보지 않는 순수한 충성과 정의감에서 우러나오는 기개야말로 하늘과 **땅의 신령**에게 옳고 그름을 따져 바로잡은 것이로다."

라고 말하였다.

其後, 沔代金時敏爲兵使. 公至居昌相會, 言前日巡行不恰當. 仍對酌數大椀, 握手吐懷. 或泣或嘯, 及曙而罷. 翌朝, 公杖其陪吏, 曰: "前以義兵大將不順指揮, 旣爲非矣. 今爲兵使, 决不得自便若是." 未久, 兵使遘疾而逝.

公聞而大痛曰: "長城壞矣. 國事去矣." 卽馳啓曰:

兵使金沔, 本以多病之人, 養痾山林, 無意世事. 生變之初, 奮不顧身. 倡義起兵, 誓不與此賊俱生. 經年血戰, 屢摧賊鋒, 江右一帶, 至今保存者, 多是其功也. 起兵之後, 其妻子在近地, 流離飢餓, 一不相見. 經夏涉冬, 暴露霜雪中, 人知其必死, 而恬不動念. 爲國之誠, 炳然如丹. 蒙恩兵使除授之後, 尤以責大任重爲懼, 親督諸軍, 進駐金山之境, 與善山賊相持. 賊頗畏縮, 顯有遁去之跡. 積傷之餘, 卒遘酷癘, 畢命軍中. 長城一壞, 三軍飮泣. 天不助順, 一至於此.

云云, 爲輓詩三幅而送.

金沔自爲義兵將時, 雖聽公節度, 而號令之間, 或多頡頏. 公嘗謂: "金沔性偏執滯, 頗有不慊之意. 屢形言色, 人或疑其兩不相好." 至是, 悼死褒啓, 激切如是. 於是, 人益服公處心公平好賢出誠也. 且謂惺·魯曰: "志海非吾儕所及. 其妻妾在十里之外, 而終始不往見, 精忠義烈, 可質神祇."

제63장 진주 토호들 다스리기

- 진주의 폐습과 이노의 간청

진양목사 김시민은 경상우도병사에 승진되었지만 사망하였다. 대대로 권력을 누려온 세력이 있는 집안들은 지리산에 양곡을 숨겨두었다. 백성에게 대여한 환곡을 회수하지도 못하고 있었는데, 그들은 산에서 나올 뜻이 없었다.

공이 진주에 이르러, 회수할 환곡을 기록한 문서를 보고 크게 노하였다. 판관 성수경成守慶으로 하여금 우두머리 십여 명을 집어내어, 형틀에 채워 산음으로 압송하니, 진주 백성들이 크게 동요하였다. 박성이 이에

"이들은 징벌하지 않을 수가 없으니, 마땅히 가혹한 법치로 깨우쳐 주어야 합니다."

라고 고하였다. 공은 옳다고 여겨 장차 형률刑律을 적용하고자 하였다.

이노는 다음과 같이 말하였다.

진주 토호들의 폐습은 갑자기 혁파하기 어려운데, 그 유래는 오래인 바입니다. 건국 시초에 하륜河崙은 태종 때 공신으로서, **향소**와 향교를 모두 마을에 전속하도록 청하였습니다. 향교는 곧 옥봉리와 저동리에 속하고, 향청은 중안리와 대안리에 두고, 사패賜牌

로써 장차 세금과 공물貢物을 매겨서 거두어 쓰도록 하였습니다.

정양鄭穰은 의정부 종1품 찬성으로 낙향하여 향청의 관리자인 좌수가 되었습니다. 상신과 장수들이 대를 이어 향소의 권력을 잡은 탓에, 비록 자손들이라 할지라도 옛날 습관은 아직 남아 있습니다.

이제신李濟臣이 진주목사가 되어 사패를 거두어 이를 불사르고, 그 전속 마을을 모두 빼앗고는 토호들을 얽어 옥에 가두었습니다. 거가대족巨家大族 십여 집을 십여 년이나 잡아 묶고 동여매니, 재산을 탕진하고 잃어버려, 원성이 거리에 가득하였습니다.

1589년 기축 연간 정여립鄭汝立의 변고 때에, 징사 최영경崔永慶은 정여립의 참모 길삼봉吉三峯이라는 가공인물이 되어 원통하게 죽었고, 유종지柳宗智는 함께 공모하였다고 억울하게 **죽임을 당하였고**, 고을의 어진 선비 하항河沆과 같은 이는 원통하여 목을 매달아 생을 마쳤습니다.

고을 사람들은 **착했지만, 원한을 품고** 흉흉하게,

“솥이 불살라지면, 그 끝 간 데는 알 수가 없다.”

라고 말하였습니다. 지금 만약 급하게 처벌한다면, 소란을 더욱 불어나게 할 것이니, 마음을 부드럽게 하여 도리로써 나아가, 그들로 하여금 스스로 **교화하도록** 하는 것만 못합니다. 벌주는 것으로 이기기는 불가합니다.

○ 晉陽牧使時敏, 陞兵使, 而死. 世家大族, 藏穀智異, 不收債, 無出山意. 公至晉, 取視糶案, 大怒. 使判官成守慶, 拈出魁首十餘人, 械送山陰, 晉民大撓. 惺曰: “此不可以不懲, 宜猛治警餘.” 公以爲然, 將推用律.

魯曰:

晉州之豪習, 難可卒革, 其所由來遠矣. 國初, 河崙以太宗朝功臣, 鄕所·鄕校皆請屬里. 鄕校, 則玉峰里·猪洞里; 鄕所, 則中安里·大安里; 賜牌收其賦稅貢物以需之. 鄭穰以贊成來爲座首. 相臣將臣, 世執鄕權, 雖後子孫, 舊習猶存. 李濟臣爲牧使, 取賜牌, 焚之, 盡奪其屬里, 仍構豪獄. 巨室十餘家, 拘係十餘年, 蕩失財産, 怨聲盈路. 己丑之變, 崔徵士以三峰冤死; 柳宗智以連謀枉**誅**, 州之善士若河沆之徒, 憤噎而終. 州之人善, 懟洶洶曰: “鼎爚, 未知其極.” 今若急之, 滋益亂, 莫如優柔以道之使**自化**. 誅不可勝.

- 진주를 효유하는 방문

공이 열중하여 귀담아듣고,

"나는 여태 듣지 못하였소. 태종 임금의 사패는 그것이 옳은 것인지 알 수 없지만, 이 제신이 불태웠다는 것은 어찌 공경하지 않을 수 있겠소? 그대의 말이 참으로 옳으니, 감히 따르지 않을 수 있겠소."

라고 일렀다. 장차 매질하려다가 그만두고, 잡아 묶는 끈을 풀어주며, 도리를 깨우쳐 알아듣도록 타이르니, 머리를 조아리고 죽음을 청하지 않은 이가 없었다. 곧바로 **효유**하는 방문을 지었다. 그 대략은 다음과 같다.

왜적이 온 나라를 가득 채우고, 제멋대로 거리낌 없이 방자한 것은 마땅히 백성들이 달아나 숨어버려, 고을과 마을이 텅 비어, 막아서 지키지 못한 것이 그 까닭이다. 장수가 있어도 군사가 없다면 지키기가 불가하고, 군사가 있다고 해도 군량이 없으면 역시 할 수 없다.

본 고을은 영남의 큰 진영으로써 나라의 보장이었다. 사람들은 예법과 음악을 알고, 집에서도 『시경』과 『서경』을 외우고 있다는 것은 『동국여지승람』에서 읊었고, 인재를 보관하는 곳간으로서 장수와 재상의 가문이 대를 이었다는 것이 국론에 현저하거늘, 지금에 와서 이런 일이 있을 줄 어찌 생각이나 하였겠는가!

어째서 지리산을 수도 서울 부근이라 여기고, 감춘 곡식을 길이 보존할 물품이라 하였던가. 마땅히 환자還子를 빨리 납부하고 성을 지켜, 그대들을 낳아 준 부모를 욕되게 하지 말라.

바야흐로 판관에게 **명령하여**, 옥에 갇힌 사람들을 모두 석방하도록 하고, 곡식이 있는 자들은 우선 내도록 하였다. 환곡이 있으면 곧바로 소멸시키기를 허락하고, 환곡이 없으면 곧 곡식을 납부하였다고 기재하였다. 한 달도 지나지 않아 수만여 말[斛]의 곡식을 얻었다.

公聳聽曰: "吾未之聞也. 太宗之賜, 未知其可; 濟臣之焚, 何不敬也? 君言良是, 敢不從乎." 將栲而止, 解縲絏, 開說義理, 莫不叩頭請死. 即草曉諭榜文. 其略云:

賊滿一國, 橫行自恣者, 以其人民竄伏, 邑里空虛, 無悍禦, 故也. 有將, 而無軍, 不可爲也; 有軍, 而無糧, 亦不可爲也. 本州, 以嶺南雄藩爲國保障. 人知禮樂, 家誦『詩』·『書』, 詠於『勝覽』, 人材府庫, 將相世家, 著於國論, 豈意今者有是事也! 其以智異爲長安之界而藏穀爲久存之物耶. 宜速納糴, 守城, 無忝爾所生.

且令判官，盡釋囚人，使有穀者納之. 有糶，則許消之；無糶，則載以納粟. 不閱月，得穀數萬餘斛.

제64장 술에 빠져 가로누운 송강 정철

공은 명나라 군사가 대거 이를 것이라는 말을 듣고, 항상 말하기를

“우리나라는 멀리 선왕 때부터 대대로 충절을 돈독히 하여, 지극한 정성으로 대국을 섬겼더니, 오늘에사 비로소 그 징험을 알겠다. 명나라 군대가 멀리서 달려와 왜적을 진압하여 물리치면, 철병하여 물러가기를 기약할 수 있으니, 온 백성의 행운이다. 다만, 내년 곡식 종자가 미리 도모**되지** 않는다면, 왜적들이 비록 퇴거한다고 해도, 백성들은 살 수 없을 것이다.”

라고 하였다. 전후로 장계하여 청하기를 두세 번에 이르렀으나, 어떤 때는 중간에 길이 막혀 전달하지 못하였거나, 혹은 외부에서 저지되어 보고되지 않았다.

당시, **송강 정철**鄭澈**은 최고 군사직인 도체찰사**都體察使**가 되었는데,** 호서에서 술에 빠져 가로누워버렸으니, 마땅히 실패를 기뻐하고 성공을 미워하는 것과 같았으니 어찌하였겠는가? 조존선은 공을 마치 **정철과** 같이 견주었기로, 거의 잡혀갈 뻔하였으나 구해 준 사람 덕분에 겨우 모면하였다.

나랏일을 걱정하고 백성을 근심하는 거짓 없는 마음이사 복부에 가득 차서 가슴속을 메웠고, 밤을 새워도 마음에 잊지 아니하였으니, 귀밑털과 눈썹이 모두 하얗게 되었다더라.

○ 公聞天兵大至，常曰:“我國越自先王，世篤忠貞，至誠事大，今日始知其驗. 長驅而壓綽之，則撤還可期，生民之幸也. 但來歲種子，不預爲之圖，賊雖退去，民將無命.”前後啓請，至再至三，而或中沈不得達，或外沮不得報. 時，**鄭澈爲都体察**，湎酒横載於湖西，其如喜敗惡成，何? 趙存善以公**疑**如**澈**，幾爲所囚，賴救者僅免. 憂國憂民之悃，漲肚塡膺，徹宵耿耿，鬢眉爲之盡皓.

제65장 어진 선비 곽준의 천거

곽준은 바탕이 어진 선비로서, 김면 의병대장의 참모가 되었다. 온 힘을 다해 주선한 것이 다수를 차지하여, 천거로 창원부 내 자여역원自如驛院의 찰방이 되었다.

○ 郭越素良士, 爲金沔參謀. 宣力居多, 擧以爲自如察訪.

第66장 목민관의 말로

상주와 함창의 유생들이 공에게 서찰을 올려, 목사 김해金澥와 현감 이국필李國弼의 죄악을 지극하게 진술하였다.

"참으로 이 글과 같다면, 비록 백 번을 죽어도 아깝지 않을 것이다. 상주의 풍속은 본래 순박해서, 오히려 고을 수령의 허물을 말하는 것을 부끄러워하였거늘, 오늘 이와 같으니 김해와 이국필의 악행을 가히 알 수 있겠다. 어찌 속히 파직을 장계하여, 백성의 원한을 풀어주지 않을 것인가?"

라고 하였다. 김해는 충청도 보은에 있다가 강도에게 살해당하였고, 이국필은 여러 고을을 탁발하듯 하였다.

○ 尙州·咸昌儒生等, 獻書于公, 極陳牧使金澥·縣監李國弼之罪. 公曰: "眞如此書, 雖百死無惜. 尙俗素淳, 耻說土主之過, 今乃若此, 可知金澥·國弼之惡. 盍速啓罷以舒民怨乎?" 澥在報恩, 爲盜所殺死; 國弼行乞諸邑.

第67장 새해 맞이와 서신書紳의 다짐

- 계사년 원단의 밥상

계사(1593)년 정월 초하룻날 아침에, 휘하의 군사들과 종사관 여러 명이 **진주목사**와 더불어 들어와 뵈었다. 공이 걱정하는 모양과 상을 당한 얼굴빛으로 눈물을 줄줄 흘리면서,

"해는 이미 바뀌었는데 왜적은 아직 나라에 가득하고, 황해도와 평안도는 아득하여 소식은 오랫동안 끊어졌다. 고립무원한 신하는 아직 죽지 못하고, 헛되이 나이만 한 살 더하였으니, 장차 무슨 얼굴을 들고 밝은 세상을 다시 볼 것인가?"

라고 말하였다. 다시 고을 수령을 타이르며,

"아침밥은 치워버려라. 내가 어찌 차마 들 수가 있겠는가?"

라고 말하였다.

○ 癸巳元朝, 麾下士及從事諸君, 與**州**倅入謁. 公愀然喪容, 隕涙滂滂, 曰: "歲旣換矣,而冠猶滿國；西關杳杳，消息久斷. 孤臣未死，空添一齡，將擧何顔，復見天日?" 且戒主倅曰: "除却早飯，吾何忍擧."

- 송암 이노의 청원

이노는 **아이의** 병 때문에 집에 들어갔는데, 장문의 편지를 보내왔다.

"이 왜적들의 형세를 살펴보건대 7, 8년 안에는 소탕할 기약이 없는데도, 여러 진영의 장수들은 한갓 빨리하려는 마음을 품었기에 오늘 제거하지 못하면 곧 내일은 물리치려니 하고 있습니다.

먼 장래를 내다보는 생각이 없는 것에는 뛰어나고, 눈앞의 공적만 취할 요량으로, 겉만 꾸미는 문장에만 힘을 쓰니, 실제 효과는 생각하지 않고 있습니다.

마치 주옥과도 같은 군량을 흙을 쓰듯 하고 있으니, 마침내 식량이 다하고 나면, 비록 훌륭한 장수라도 장차 무슨 일을 할 것입니까? 저의 생각에 영공의 일행 중에서도, 역시 실질적인 내용이 없이 겉만 꾸민 글의 폐단이 없지는 않습니다.

군관 수십 명은 역시 줄일 수 있고, 아전 십여 명 또한 도태시킬 수 있습니다. 머물러 있으면 군량을 소비하는 걱정만 있을 것이나, 돌아다닌다면 지방 관아에 소속된 말들[刷馬]의 원망이 있을 것입니다.

몇 고을 백성의 노동력과 재력은 마르기가 다하기를 극에 달하였습니다. 영공께서는 우선 이를 행하신다면, 여러 진영에서 쓸데없이 밥을 먹는 인원은 당연히 명령하지 않아도, 스스로 반성할 것입니다."

공이 편지로 회답하기는 다음과 같이 하였다.

"며칠 동안에 연이어 편지를 받아보니 감사와 위로가 이미 가득하오. 편지 가득히 누누이 강조한 것은 정신을 차리도록 꾸짖는다는 **경책**警責의 말이 아닌 것이 없으니, 삼가 명심하는 데에 그치지 않을 것이오. 붕우朋友의 도리가 사라진 지 오래인데, 어찌 오늘날에 옛사람의 사적을 다시 볼 줄이야 생각이나 하였겠소! 비단 허리띠에 써 놓고 마음에 깊이 새길[書紳] 뿐 아니라, 바로 당장 시행할 것이오."

魯以兒病入棲，爲遣長牋曰:

觀此賊勢，七·八年之內，未有掃淸之期，而諸鎭將，徒懷欲速之心，以爲今日不去，則來日可去. 殊無遠慮，要取近功，務爲虛文，不思實效. 似玉軍糧，用之如土，畢竟食盡，雖有良將，將何爲哉．鄙意，令公一行，亦不無虛文之弊．軍官數十，亦可減也；營吏十餘，亦可汰也．居，有費糧之患；行，有刷馬之怨．數邑民力，澌渴極矣．令公先行之，則諸陣冗食之員，當不令而自省矣．

公復書曰:

數日中，聯承惠書，感慰已多．滿紙縷縷，無非警責之言，敬佩不已．朋友道喪久矣，豈料今日復見古人事耶！非但書紳，即當施行．

제68장 유곡찰방 강언룡

강언룡을 문경에 있는 유곡의 임시 찰방으로 삼고, 아뢰어 청하여 즉시 부임하도록 하였다. 대체로 강언룡은 곽재우와 함께 종사하여 왜적을 토벌하였는데, 병장기를 많이 준비하는 공적이 있었다.

○ 以姜彦龍爲幽谷假察訪，啓請即眞．盖與再祐同事討賊，多備軍器有功也．

제69장 진정한 목민관의 자세

공은 풍원부원군 류성룡이 도체찰사가 되자 기뻐하며,

"남방에 겨우 살아남은 백성들이야말로 바야흐로 거의 다 소생할 것이로다!"

라고 말하였다.

종자를 옮겨오고, 흉년을 구제하는 등 사건마다 비단 공문서로 여러 번 진술하였을 뿐 아니라, 누차 보낸 서찰 중에서 **이랬다저랬다 말한 것이라도** 이 문서 조항에 해당되지 않은 것이 없었다. 속에서 우러나는 정성스러운 마음이야 밝고 환하여, 한결같이 마음속에 맺어 두었으니, 일찍이 잠깐이라도 혹여 잊은 적이 없었다.

○ 公聞豐原爲都體察使，喜曰:"南方孑遺，其庶幾甦乎!"移種·濟荒等件事，不但於公牒上屢陳，屢於牘簡中**橫說．**無非此款而丹心炳炳一向如結未嘗須臾或忘．

제70장 경상도 밖의 사정

- 오지 않는 명나라 군대를 위한 지공

함양군수의 공식 보고서가 도착하였다.

"명나라 군사가 계사(1593)년 정월 초이레에, 평양의 왜적을 모조리 소탕하여 거의 남김 없이 무찔러 없애버렸으니, 남은 무리는 흩어져 달아났습니다. 황해도에 연이은 군영들도 일시에 도망하였습니다. 명군이 승전의 기세를 타고 추격하여, 마침내 임진까지 도착하였으니, 한양은 이미 새알을 짓누르는 형세가 되었습니다. 멀리 몰아서 남으로 내려오는 것은 아침이 아니면 곧 저녁 무렵일 것입니다. 이러하니 호남에도 차례로 통문을 전달해야 합니다."

이웃 고을 수령들이 모두 와서 모였다. 경상도사는 거창[娥林]으로부터 도착하여, 손뼉을 치고 혀를 내두르며, 말을 할 때마다 기뻐서 어찌할 줄 모르고, 목이 메어 구역질까지 하였다. 모두가

"명나라 군대가 대나무를 쪼개는 듯한 위세를 가졌기에, 섬 오랑캐는 새털에 불이 붙은 신세가 되어, 조령을 넘어설 시기는 응당 열흘에 불과할 것입니다. 음식을 마련하여 미리 기다리고 있는 일은 조금도 늦출 수 없습니다. 도사에게 하동과 곤양 그리고 진주와 의령 등의 관아 일을 맡겨 보내서, 장차 군량의 운반과 더불어 공급 준비를 갖추도록 감독하게 하소서."

라고 하였다.

이노는 유독 공언하다시피 말하였다.

"요는 이같이 급급하다고 할 필요가 없습니다. 명나라 군대가 평양성을 회복하고, 황해도 지역을 깨끗이 하였더니, 위엄과 명성이 미치는 곳마다 흉측한 오랑캐는 혼을 다 빼앗겼습니다. 비록 그렇다고 하여도, 무릇 전투에 있어 사기라는 것은 충만할 때와 없어질 때 그리고 성하고 쇠퇴하는 때도 있을 것이기에, 한양에 웅거한 왜적은 지금 공략하기 **어려울 것입니다.**

군사를 휴식시키고 말을 쉬게 하여, 다시 후일을 도모한 뒤에 조령을 넘어 남하할 것이니, 몇 달이나 지난 뒤에 있을 것이 당연합니다. 하물며 영남의 여러 성에는 아직 왜적이 가득 차서 막고 있으니, 설사 속히 온다고 해도, 어디에다 군량을 쌓아 놓고 그들을 기다린답니까?

조정에서도 역시 본 도에 바라는 것은 반드시 없을 것이며, 충청도에 전적으로 책임을 지울 것입니다. 잠시 소란스럽게 하지 말고, 변화를 지켜보면서 잘 조치하는 것이 옳을까 합니다."

온 좌중은 크게 놀라, 미친 바로 기괴한 주장이 생겨난 것이라 지목하여, 떼를 지어 나무라고, 무리 지어 비방하였으나, 공은 홀로 마음속으로 옳다고 여기고, 이를 그릇되었다고 하지 않았다.

○ 咸陽郡守文報至: "天兵乃於正月初七日, 蕩覆平壤賊, 殄殲之殆無遺, 餘黨散走. 連營海西者, 一時逃遁. 乘勝追擊, 方到臨津, 漢陽已爲壓卵. 長驅南下, 不朝則夕. 仍湖南次次傳通也."

傍邑守令, 皆來會. 都事自娥林至, 無不拍手吐舌, 曰, 失喜噫歐. 僉曰: "天兵挾破竹之威, 島夷成燎羽之勢, 踰嶺之期, 應不過旬日. 等候支餽, 不可少緩. 發遣都事於河東·昆陽·晉州·宜寧等官, 將督運軍糧與供給之具."

魯獨倡言, 曰:

此不須如是急急. 天兵復箕都, 淸海路, 威聲所及, 兇醜褫魄. 雖然, 凡戰之氣, 有盈竭盛衰, 據漢之冦, 今難拔矣. 必休軍息馬, 更圖後擧, 踰嶺南下, 當在數月之後. 況嶺下諸城, 賊方充牣, 設使速來, 於何接置粮餉而徯之乎? 朝廷亦必無望於本道而專責於湖西矣. 姑勿騷擾, 觀變而善處之, 可也.

滿座大駭, 指以爲狂生怪說, 群譏衆訕, 公獨心然之, 不以爲非.

- 이노가 북으로 간 까닭과 그 여정

김락이 종종걸음으로 나와서,

"명나라 군대의 안부를 묻고자, 비록 군관이나 진영에 속한 아전을 보내 보았지만, 모두 중간에서 길거리 상에 떠도는 말만 듣고 돌아와서, 오래 걸릴지 아니면 빠를지는 알기 어렵습니다. 전적 이노를 보내 보는 것이 어떻겠습니까?"

라고 아뢰었다.

"그가 마땅히 가기를 수긍할까? 먼저 물어보아야겠다."

그때 이노는 밖에 있었기에 불러서 이를 물어보았다. 선 채로 응답하기를

"그리하지요. **이와 같은 급박한 난리를 당한 때에** 진실로 공의 명이 있다면, 어느 곳인들 가지 못하겠습니까?"

라고 대답하고, 당일로 길을 떠났다.

"오로지 명나라 군대의 동정을 알아야 할 뿐 아니라, 농사철이 이미 임박하여, 곡식

종자를 아울러 구해오도록 하오.”

라고 공이 일렀다.

이노가 행차하여 전라도 여산礪山에 도착하였어도, 별도로 명나라 군사에 관한 공적인 첩보가 없었으나, 뒤따르던 한 사병으로 하여금 공에게 간략한 보고를 하였다.

“길을 나섰지만 현재 명나라 군사에 관해서 정해진 기별은 없습니다. 바라건대, 놀라 두려워하지 말고 백성들로 하여금 먹고살 틈을 가지도록 하십시오.”

공이 서찰을 보고 크게 기뻐하며, 즉시 도사 김영남에게 통지하여 모든 것을 완화하게 하였더니, **백성들이 조금도** 동요하지 않았다. **— 김영남은 변방 고을을 순행하면서, 크게 위엄 있는 명령을 늘어놓았다. —**

이노는 빨리 달려 직산에 도달하니, **— 아랫것들은 모두 염병에 걸려 앓아누웠고, 남은 사람은 겨우 세 명이었다. —** 현감 박의는 관아의 동헌에 있었다.

그때 도체찰사 류성룡 상공은 임진에 주둔하였고, 부사 김찬金瓚은 온양에 유둔하였다. **— 호남과 호서의 의병장들이라는 것들은 각 고을을 가는 곳마다 없는 곳이 없었다. 그중에는 호를 지어 이름으로 삼은 자가 거의 60여 명이나 되었다. 군과 현을 전전하며 얻어먹었기로, 여염집에서 함부로 이바지하도록 하였으니, 관아나 백성들 모두 이를 괴로워하였다. —**

직산 관아의 아전 조순걸 **— 지난날 공의 군관이었던 사람이다. —** 을 현감에게 요구하여, 말 한 필을 얻어타고 장차 임진으로 향하려고 하였다. 수원의 경계에 이르자, 부사 김찬의 군관 두 명이 말을 타고 달려와서,

“용인과 죽산 그리고 사평沙平에 진을 치고 있는 왜적이, 수원과 금천衿川 지역에 출몰하여, 겁박하고 어지럽히기를 그렇지 않은 날이 없습니다. 우리도 역시 산길을 타고, 간신히 피해서 온 것이니, 신중을 기하고 가지 마십시오. 명나라 군사에 대해 알고자 한다면, 우리가 바로 도체찰사에게서 오는 바인데, 다른 이야기가 다시는 없습니다.”

라고 말하면서, 억지로 청하여 함께 돌아왔다.

발길을 돌려 직산에 도착하니, 그곳 현감이

“그대의 하인들은 모두 아프고, 길은 이처럼 막혔으니, 단신으로 뚫고 나갈 수 없는 형세요. 종자를 이송하는 것은 일단 서찰로 품달하는 것이 마땅하오.”

라고 말하였다. 우연히 공차인公差人이 샛길을 따라간다고 해서, 서애 류성룡에게 고민하는 서찰을 부쳐 올렸다. 또 아산으로 가서 — 현감은 권유權愉이다. — 배를 빌려 바닷길로 떠나려 하였으나, 마침 호조의 낭관이 와서 조창에 머물면서, 호서와 호남의 전세 운반을 독

촉하고 감독하기 위해 공사 간의 선척을 모두 끌어갔으니, 배편도 얻을 수 없었다.

정승 심수경은 의병도찰사로서 아산에 주둔하고 있었는데, 종사관이 두 명에 참모가 두 사람 그리고 군관이 사십 명에 대장을 수행하는 기간병이 백여 명이었다. 완산군 이축李軸은 의병 별장으로서 역시 아산에 머무르고 있었다. 전 경상우병사로 패군한 장수인 조대곤도 의병대장이 되어 거기에 있었다.

마침내 온양을 **경유**하여 공주를 거쳐, 도체찰사의 부사 김찬을 만나, 종자를 옮기는 일을 요청하였다. 부사가 답하기를

"도체찰사에게 품의하여 시행할 것이오."

라고 하다가, — 부사의 **군관이 팔십 명**인데, 종사관은 김상용金尙容이며, 별장은 박의朴宜이다. 호서에서 공억에 대한 폐단은 이루 다 말할 수가 없다고 하였다. — 이노가 매우 간절하게 여러 차례 청원한 연후에 겨우 전라도사에게 오백 석을 적어 주었다. **전주에 도착하여 도사를 만났다.** — 그때 순찰사 권율은 군사를 거느리고 파주에 진을 치고 있었으므로, 온 도내의 일은 도사가 오롯이 관장하였다. —

金洛趍而進, 曰: "天兵探候, 雖遣軍官營吏, 皆於中路聽道上行言而回, 淹遄難知. 差遣李典籍, 何如?" 公曰: "渠其肯迯乎? 第問之." 魯時在外, 召問之. 立應曰: "諾. **當此急亂之時,** 苟公有命, 何地不可往." 即日發行. 公曰: "非惟探候天兵, 農時已迫, 種子並可請來."

魯行至礪山, 別無天兵公報, 趕一卒簡報于公曰: "上道, 時無天兵定奇. 願勿駭動, 俾氓得暇生料." 公見書大喜, 即通潁男緩之, 民得不撓. — **潁男巡行邊邑, 大肆威令.** —

疾驅戾稷山, — **下輩皆遘癘臥痛, 餘者只三人.** — 主倅朴宜舘于衙舍. 時, 都體察使西厓相公, 駐臨津; 副使金瓚留溫陽. — **兩湖義兵將, 所經各邑, 無處不有. 其立號爲名者, 殆六十餘. 傳食郡縣, 侵供閭閻, 官民皆苦之.** — 倩縣吏趙舜傑 — **曾爲公軍官者.** — 於稷倅, 匹騎將向臨津. 及水原之界, 副使軍官二人, 走馬來, 曰: "龍仁·竹山·沙平屯賊, 出沒剽猾於水原·衿川之境, 無日不然. 台輩亦登山路, 艱得避來, 愼毋往. 欲知天兵奇, 則台輩自都察所來, 更無他說." 强請同回.

回, 至稷山, 倅曰: "君之下輩皆痛, 道梗若此, 勢不得單身透進. 移種一段, 宜以書達." 偶有公差人, 從間路迯, 付上告悶書于西厓. 又迯牙山, — 主倅權愉 — 欲借舡由海路以去, 適戶部郞來, 住倉所, 督運兩湖田稅, 挐盡公私舡, 舡不可得. 沈相守慶以義兵都察使, 駐牙山, 從事二人·參謀二人·軍官四十人·牙兵百餘人. 完山君李軸爲義兵別將, 亦留牙山. 前慶尙右兵使敗軍將曺大坤, 爲義兵大將.

遂由溫陽歷公州, 謁副使, 請移種事. 副使答: "以稟施都體察." — 副使軍官八十人, 從事金尙容·別將朴宜. 湖西供億之弊, 不可勝言. — 魯懇懇屢請, 然後, 只題五百碩於全羅都事. 至全州, 見都事. — 時, 巡察使權慄, 領兵留陣於坡州, 一道事, 都事專掌之也. —

- 군량과 구휼미 확보를 위한 그 최후의 장계문

공은 함양에 머물면서 서쪽에 있는 임금 소식을 고대하였는데, 이로 인하여 군대와 국사에 **우려**스러운 기미를 목격하게 되었다. 울분과 울화가 치밀어 속이 꽉 막힘에 이른 것을 이기지 못하여, 군교인 수문장 박경록朴慶祿을 보내 치계를 하였다.

왜적들은 평양이 극복되었다고 들은 뒤로부터, 벌이나 개미처럼 모여 모두 다 도망갈 생각을 하고 있었사온데, 명나라 군사가 오래도록 머물러 진격하지 않으니, 왜적은 다시 기운을 차렸나이다.

문경과 함창 그리고 상주에 유둔한 자들은 방자하게 분탕질을 함이 변란 초기보다 더 심함이 있나이다. 전라도 수군이 손해를 본 이후, 웅천과 김해 그리고 창원의 왜적들이 다시 창궐하여 점차 불어났지만, 각 고을의 군량이 이미 고갈되었나이다.

곽재우의 의병군 또한 기아로 흩어지고 말았으니, 장차 군사 없는 장수가 되게 생겼나이다. 수군과 격군도 군량이 이어지지 않는다면, 형세는 장차 저절로 무너질 것이옵니다. 병마절도사가 거느릴 장사들도 역시 오래 버틸 형편이 못되는지라, 왜적과 상대하기를 한 달쯤 더 끌면, 흙이 무너지듯 와해가 될 것이니, 결말은 숨 한번 쉬는 사이에 놓여 있나이다. 신이 비록 만 번을 죽어도 역시 무슨 도움이 될 것입니까!

부유한 백성들이 사사로이 쌓아 놓은 곡식은 작년부터 낱낱이 조사하여 찾아내기를 다하였사옵니다. 처음에는 상을 주는 격식이 있을 것으로 여겨 제법 납부하고자 하는 자가 있었사오나, 상훈이 오래도록 시행되지 않았으니, 백성들은 서로 신용하지 못하였사옵니다.

곡식을 내라는 명령을 전후로 누차 하달하였으나, 한 사람도 응모하는 자가 없었나이다. 이것은 비록 재물과 곡식이 남김없이 다한 것이 그 까닭이겠으나, 역시 국법이 백성들에게 믿음을 주지 못한 것이 연유이옵니다.

군졸들은 한 해가 넘도록 비바람에 직접 노출되어 있는데, 이들은 모두 백 번을 싸웠어도 살아남은 자들입니다. 비록 전쟁에서 세운 공적이 없다고 하더라도, 오히려 오랫동안 수고한 것을 가엽게 여겨 보살피기를 당연히 해야 할 것인데, 하물며 힘껏 싸워서 군공이 있는 자들임에야!

신에게는 보답할 물품이 없고, 단지 조정에서 상을 주기만 기다리면서 이들을 격려하고 권면의 바탕으로 삼고자 하였사옵니다. 감히 그들의 공로를 덮어 놓지를 못하여, 앞뒤로 장계하여 아뢴 것이 개운하지 못하고 번거로웠나이다.

신이 어찌 감히 남의 미덕을 빼앗아 은혜를 팔아서, 이것으로 군사들의 대오에 따를 것이옵니까. 대체로 민심은 이미 유리되었고, 나라의 형세는 이미 덜어 없어졌으니, 이런 방법이 아니고서는 끝내 군정을 용동聳動시키고 인심을 모을 수 없다는 것이 그 까닭입니다.

지난해 군대를 일으킨 이후 조정은 소신이 비록 못났다고 해도 소신의 말까지 버리지는 않았사옵니다. 무릇 의병을 일으켜 공이 있는 사람들에게 두루 공을 기리어 상을 내렸기에, 사람마다 떨치고 일어나려는 마음이 있었던 것입니다. 신이 여기에 이르도록 죽지 않고, 비록 구차하게나마 한 모퉁이를 보전한 것은 추호라도 조정에서 처치한 은사이옵니다.

다만, 깃을 꽂은 격문은 마구 치달리고, 군대의 문서는 몹시 복잡하여, 해당 관서의 아전이 미처 다 살펴보지 못한 탓에, 혹은 공이 적은데도 우선에 기록되고, 어떤 때에는 공적이 크지만 빠뜨린 것이 있나이다.

심지어 정규군으로서 왜적 하나도 베지 못하였음에도 판관에 제수되었으며, 수문장으로서 한 번 힘써 싸웠다고 목사를 뛰어넘었나이다. 노비가 왜놈 중 하나 참살하였다고, 그 주인은 5품의 정직에 올랐는가 하면, 장사는 수십 명의 왜적을 베었어도 때로는 한 계급을 올리는 포상조차 없었습니다. 기타 온당함을 잃은 일은 낱낱이 들어서 말하기도 어렵나이다.

이러한 사실로써 뜻 있는 선비는 움츠러들고, 장졸들은 해체되어 모두가

"우리는 해를 넘겨 창을 메고, 만 번을 죽기로 혈전을 치렀지만, 공적은 기록에 보이지도 않았으니, 다시 무엇을 할 것인가?"

라고 말하나이다. 군대의 정서가 이와 같으니, 장수가 된 자가 날마다 독전을 하지만, 오로지 명령을 따르지 않습니다. 도망이 줄을 이어도 불러 모을 계책도 없으니, 신은 어찌할 바를 알지 못하옵니다.

자고로 믿음을 잃고 포상하는 것을 아낀다면, 비록 태평한 때라고 해도 오히려 나라를 다스릴 수 없을 것인데, 하물며 전쟁으로 사람이 많이 죽는 일로 거의 망하는 날에 있어서야!

믿을 바로는 명나라 군사들이 물병의 물이 쏟아지듯 내려온다면, 회복하는 것은 날을 지정하는 듯이 이를 만하지만, 중도에서 진흙탕 속에 빠지지 않을까 봐 원근 각처의 사람들이 실망하고 있사옵니다.

신과 같은 사람은 조만간에 죽을 사람이니, 무엇이 돌아보이고 아까울 것이 있겠나이까? 다만 조정이 수레를 풀고 편안하게 휴식할 곳이 어디인지 알 수 없나이다. 생각이 여기에 미치면, 바로 하늘에 호소하고 싶지만, 그 길이 없사옵니다.

본 도의 흉작으로 인한 기근은 태고적에도 없었던 바입니다. 창과 칼의 날 끝에서도 남아 있는 백성은 다시 단 한 명도 남아 있을 여지가 없나이다. 요행스럽게 죽지 않은 사람들은 곧 서로 모여 도둑이 되어, 사람을 가지고 양식으로 삼고 있나이다.

곡식의 종자를 만약 수만 말만 각처에 저장할 수 있다면, 신은 비록 직무를 다하지 못한다고 해도, 아직은 굶주림을 구휼하고 왜적을 막을 수 있나이다. 겸하여 농사를 폐하지 않는다면, 거의 호남의 보장을 완비하여, 국가 회복의 터전을 마련할 수 있나이다. 그렇지 않다면, 신에게는 죽음이 있을 따름이지, 다시는 어찌할 바가 없을 것이옵니다.

논객들은 호남의 재물과 양식도 또한 다 되었다고 여겨, 곡식을 옮길 수 없을 것이라고 말하고 있습니다만, 이것은 깊게 생각하지 못한 것이옵니다. 신이 고개 하나를 사이에 둔 곳에 있으면서, 호남 선비들을 서로 만나지 않는 날이 없었던바, 그 창고의 곡식이 다 떨어지지 않았다는 것은 자상하게 들었나이다.

더불어 남원부사 윤안성을 만나보니,

"이르자면 호남은 수레의 덧방나무와 수레바퀴 그리고 입술과 이빨과 같이 서로 구원해야 하는 관계입니다. 영남이 망한다면 호남은 그다음이라, 곡식을 옮기는 것은 불가불 급히 시행하지 않으면 안 됩니다. 만약 조정의 회답을 기다리다가는 그만 환곡으로 다 나가서 죄다 떨어질 것이므로, 제 때에 미치는 바가 없을 것이 염려됩니다."

라고 말하였나이다. 호남 수령의 말이 이와 같기로서니, 그 공론의 소재를 알 수 있사옵니다.

앞서 전하께서 재가한 쌀과 콩 각 2천 석은 많은 군사들의 열흘 치 양식에 불과하니, 어찌 큰일을 구제할 수 있으리까? 조정에서 이미 명나라 군사를 이바지하기 위해서, 수만 석을 본 도에 운반하도록 허락하였사옵니다. 그 쌀과 콩이 이미 운봉과 남원 등지에 도착하였는데, 혹여 명나라 군사가 끝내 조령을 넘어가지 않을 것이라 염려하고는, 쌓아만 두고 보내지 아니하였사옵니다.

그 계책은 허술한 구석이 없고 매우 치밀하다고 하겠으나, 어느 땅 어디인들 전하의 땅이 아닐 것이며, 어떤 사람 누구라도 전하의 백성이 아니랍니까? 설사 명나라 군사가 오지 않더라도, 이 곡식을 사용해서 기근에서 빈민을 구제하고 군량을 이어간다면, 또한 양쪽이 다 편하지 않겠나이까?

만약 이름 쓸 곳을 공란으로 두고 직책만 기록한 공명첩空名帖과 천한 사람이나 서얼에게 벼슬을 허락하는 허통許通 그리고 천민의 신분을 벗고 평민이 되게 하는 면천免賤 등의 임명장을 여러 차례 계청한 바 있으니, 화급하게 시행하여 이로써 거꾸로 매달린 듯한 위급함을 구제한다면, 행여 만분의 일이라도 보전할 길이 있을 것이옵니다.

이렇게 명나라 군사가 강역에 바싹 다가와 군량 공급에 겨를이 없을 터인데, 이러한 번거로운 청을 하였으니, 신이 완급을 알지 못하는 것이 매우 심하옵니다. 다만 본 도의 존망이 국가에 관계됨이 매우 크므로, 이처럼 죽기를 무릅쓰고 생각했던 바를 다 쏟아 말씀을 올리나이다.

때는 계사(1593)년 3월 초 4일이었는데, 이것이 마지막 장계이다. 앞뒤 전후로 장계를 쌓아 놓으면 천만 글자라서 죄다 기록할 수는 없겠지만, 이것은 곧 마지막 장계이므로 적어 두는 바이다.

公住節咸陽, 待西音, 因目擊軍國可虞之機. 不勝憤鬱, 悶塞之至, 遣軍校守門將朴慶祿, 馳啓曰:

賊自聞平壤克復之後, 蜂屯蟻聚者, 咸有遁歸之志. 天兵久留不進, 賊更生氣. 聞慶·咸昌·尙州留屯者, 肆行焚蕩, 有甚於變初. 全羅舟師失利之後, 熊川·金海·昌原之賊, 更有猖獗之漸, 而各邑軍粮已竭.

郭再祐軍, 飢餓散盡, 將爲無軍之將. 舟師格軍, 餉道不繼, 勢將自潰. 兵使所率將士, 亦無持久之勢, 與賊相持, 更延旬月, 則土崩瓦解, 決在呼吸. 臣雖萬死, 亦何益哉!

富民私儲, 自上年搜括已盡. 初, 則賞格, 頗有願納者, 賞久不行, 民不相信. 納粟之令, 前後屢下, 而無一應募者. 雖緣財穀殫竭所致, 亦由國法不信於民, 故也. 軍卒經年暴露, 皆是百戰餘生也. 雖無軍功, 猶當悶勞施恤, 況力戰有功之士哉!

臣無可酬之物, 只待朝廷賞格, 以爲激勸之地, 不敢掩其功勞, 前後啓聞, 不勝其煩瀆. 臣豈敢掠美市恩, 以悅於行伍哉. 蓋民心已離, 國勢已去, 非此終無以聳軍情而萃人心, 故也. 上年起兵之後, 朝廷猶不以人廢言, 凡擧義有功之人, 遍加恩賞, 故人有興起之心. 臣之不死至此, 猶得苟保一隅者, 秋毫皆朝廷處置之賜. 但羽檄交馳, 軍書旁午, 該司下吏, 未及句校, 或功小而先錄, 或功大而見遺. 甚至以正兵不斬一倭, 而除判官; 以守門將一度力戰, 而超牧使; 奴子斬一傖, 而其主陞五品正職; 壯士斬數十賊, 而時無一級之賞. 其他失當之事, 難以枚擧.

用此志士掩抑, 將卒解體, 皆曰: "吾等經年荷戈, 萬死血戰, 而功不見錄, 復何爲哉?" 軍情如此, 故爲將者, 日日督戰, 而專不用命, 逋亡相繼, 招集無策, 臣罔知所以爲計也. 自古失信吝賞, 則雖在平時, 猶不可爲國, 況喪亂垂亡之日乎! 所恃者, 天兵建瓴而下, 恢復可謂指日, 而中道震泥, 遠近失望.

如臣者, 乃朝夕捐軀之人, 有何顧惜? 第未知朝廷稅駕何地, 言念及此, 直欲籲天, 而無路也. 本道凶饉, 振古所無, 鋒刃餘民, 無復孑遺. 幸而不死者, 則相聚爲盜, 以人爲粮. 穀種若各儲數萬斛, 則臣雖不職, 尙可賑飢禦賊. 兼不廢農, 庶幾完湖南保障, 以爲國家恢復之基. 不然, 臣有死而已, 更無所爲.

議者以爲湖南財穀亦盡, 不可移粟云云, 此不思之甚也. 臣在隔嶺之地, 湖南士人, 無日不相見, 其倉穀不乏, 聞之詳矣. 又見南原府使尹安性, "則湖南有輔車脣齒之援; 嶺亡, 則湖次之. 移粟不可不急, 急施行. 若待朝廷回下, 則分糶已盡, 恐無所及云." 湖南守令之言如此, 可知其公論所在也.

前啓下米太各二千石, 則不過爲萬軍旬日之糧, 何能濟得大事. 朝廷旣以天兵支待, 許運數萬石於本道, 故其米太已到雲峯·南原等地, 而慮或天兵終不踰嶺, 積置不送. 其爲計, 可謂周密矣, 然何土孰非王土, 何民誰非王民. 設使天兵不來, 用以救荒繼餉, 不亦兩便哉. 若如空名告身·許通·免賤等項差帖, 累次啓請, 火急施行, 以救倒懸之急, 則庶有萬分一保存之路. 當此天兵壓境, 調度不暇, 有此煩瀆之請, 臣之不知緩急, 甚矣. 第念本道存亡, 係關國家甚大, 故如是昧死盡言.

三月初四日也, 此末啓也. 前後啓累千萬言, 不可殫記, 而此則末啓也, 故書之.

제71장 아! 진주성이여

- 이노의 보고와 호남 곡식의 운반

이노가 돌아와서 충청과 경기도에서 보고 들은 것을 모두 보고하였다. 공이 이에

"만약 그대가 가지 않았다면, 도내의 처치를 거의 그르칠 뻔하였소. 이 사이에 만약 곡식 종자를 얻을 수 있다면, 살아남은 백성들이 다 죽지는 않을 것이오. 때가 이미 늦었는데, 어떻게 제때 미치게 할 수 있었을 것이오? ― 호남의 유랑민이 나란히 늘어서서 죽은 이가 서로 포개진 참상은 차마 볼 수가 없었다. ― **내일** 도사와 제군 일행이 함께 산음에 이를 것이오."

라고 하였다.

서애 류성룡은 공의 첩장牒狀과 서찰을 보고, 마음에 가엽다는 생각이 들어, 바로 은근하게 계청을 하였더니, 임금 또한 측은하게 여겨서 그 주달이 가능하게 되었다. 풍원부원군 류성룡은 **천명을 깨달은** 연후라 2만 석을 적어 내어 주며, 호남으로 문서를 보내게 하였으나, 호남 **감사**가 1만 석을 깎았다.

공은 또한 전라도사 최철견에게 사람을 보내어, 여러 고을에 나누어 매기지 말고, 단지 남원과 순천 두 **대부**大府로 하되, 한 부당 각 5천 석을 배당하여, 운송에 편리하도록 하였더니, 최철견은 강청에 못이겨 이를 따랐다.

이때, 전 좌랑 박이장 역시 종사관으로 막하에 있었다. 공이

"박 종사관은 남원으로 가고, 이 종사관은 순천으로 가서, 이를 맡아서 잘 **점검**하고 운반해 오도록 하시오."

라고 말하였다. ― 박 종사관은 사양하더니 장차 남원으로 가고, 이 종사관은 바로 수행하여 진주에 이르렀다. ―

○ 魯還, 備告上道所見聞. 公曰: "微君之行, 幾誤了道內處置. 此間若得種子, 餘民不盡殲了. 時節已晩, 何能及也? ― 湖南流民, 駢闐死者交枕慘, 不忍見也. ― **明日**, 與都事諸君一行, 至山陰."

西厓見公牒狀與札, 有愍于懷, 卽爲慇懃啓請, 上亦爲之惻然, 可其奏. 豊原然後立**命**, 題給二萬碩, 移文于湖南, 湖南**伯**減却一萬碩. 公又遣人, 言於鐵堅, 勿令分題列邑, 只於南原·順天兩大府, 一府各題五千石, 以便輸運, 鐵堅强而後從. 時, 前佐郎朴而章, 亦以從事在幕下, 公曰: "朴從事逬南原, 李從事逬順天, 其**句檢**搬來." ― 朴從事辭而後, 將逬南原; 李從事隨行, 至晉陽. ―

- 유랑민의 구휼과 축원

산음에 5일을 있다가 진양으로 갔더니, 유랑하는 굶주린 백성들은 쑥대머리에 귀신같은 모습으로, 길가로 마중 나온 사람이 거의 수천 명이나 되었다. 우선 울기도 하고 또 절하면서, 감사해하고는 오래 살기를 축원하였다.

"아버지처럼이나 어머니마냥 우리를 구제하고 나를 살려 주었나이다. 공께서는 만복을 누리시고, 눈썹이 희고 길게 자라도록 백 세에나 이르소서!"

이보다 앞서 목사 서예원을 단단히 타일러서, **구호소**를 설치하여 이들을 구제하라고 하였지만, 진주에 이르러 다시 그 명령을 거듭 펼쳤더니, 고을 사람들이 감격하고 **송구하여**, 더욱 일에 권면하였다. **— 서예원은 이전에 김해부사로서 패군한 자이다. 공이 서인원徐仁元의 아우로서 문장을 깨닫고 일에 밝으니, 한 번 패하였다고 사람을 버리는 것은 불가하니, 계청을 하여 진주 목사로 삼았다. 사람들은 이것을 가지고 공을 흠 잡았다. —**

留五日, 如晋陽, 流離飢民, 蓬首鬼貌, 迎于道左者殆千數. 且泣且拜, 以謝以祝曰: "父耶母耶, 濟我活我. 公享萬福, 眉壽百禩." 先是, 勅牧使徐禮元, 設賑場以濟之; 至州, 更申其令; 州人感悸, 益勉焉. **— 徐禮元, 前以金海府使敗軍者. 公以仁元之第解文曉事, 不可以一敗棄人, 啓請以爲州牧. 人以是疵公也. —**

- 진주성 함락 원인의 여러 복선

공은 매일 성을 순시하고, 망루를 세우고 성가퀴를 점검하고 바로잡았다. 항상 뒤로 물려 새로 쌓은 성이 — 김수의 소행이다. — 완전하지 못한 것을 걱정하였다. 세 곳을 택하여 포대를 세우고, 활을 쏘는 사대를 많이 설치하였으며, 도랑을 파서 해자를 두르고, 물을 끌어다 이를 준설하도록 명하였다.

뒤를 따르는 여러 사람을 돌아보더니,

"사람의 소견이라는 것은 아직도 알 수가 없다. 높은 구릉에 견고하게 쌓은 성을 허물고, 진창에다 물이 괴는 땅에 물려 쌓아서, 왜적으로 하여금 시령을 얽어 **굽어**보며 공격하기를 용이하게 하였으니, 이 또한 운수소관이라 해야 하는가." — 그해 6월에 마침내 이것으로 말미암아 성이 함락되었다고 이른다. —

라고 했다. 날마다 신북문新北門 누상에 앉아 군대를 사열하며 사격을 익히도록 하였다.

당시, 역질의 기세가 아주 맹렬하기는 곳곳이 모두 그러하였겠지만, 공이 진휼하고 구호하는 것을 우러러보고, 모두 성안으로 모여들었다. 신음하는 소리가 귓가에서 끊이지를 않고, 배고픔을 호소하는 모습이 항상 눈앞에 가득하였다.

공이 **칡 뿌리**로 통증을 치료하고, 모든 수단을 다해 굶주림을 면하도록 하였다. 막하의 여러 사람이 간하기를

"하늘의 운행이 조화를 잃고, 어그러진 기운이 충만하여, 저촉되는 자는 죽고, 범하는 사람은 병이 듭니다. 비록 깊은 쪽문 안에 있으면서도, 호령은 할 수 있을 것이니, 문루에 나와 앉아 있지 말기를 원합니다."

라고 말하였다. 공이 사양하며,

"죽고 사는 것에는 천명이 있는 법이다."

라고 말하면서, 듣지 않았다.

판관 성수경으로 하여금 오로지 병장기를 다스리게 하여, 조총을 많이 주조하게 하였다. 더불어 명하기를 불화살을 많이 만들게 했다.

公每日巡城, 檢治幹櫓睥睨. 常以退築新城, — 睟之所爲. — 不完爲憂. 令於三處, 建炮樓, 多設射臺, 鑿渠環壕, 引水以濬之. 顧謂從後諸君曰: "人之所見, 未可知也. 毁高陵堅築之城, 退築於淖潦之地, 使賊得以搆架俯視而易於進攻, 斯亦數也." — 六月, 竟由此見陷云. — 日坐新北門樓上, 閱軍隷射.

時, 瘟疫熾張, 處處皆然, 而仰公賑救, 咸萃城中, 吟呻之聲, 不絶於聞, 呼飢之狀, 常盈於前. 公令以**葛根**救痛, 以諸般術救飢. 幕下諸人諫曰: "天行失和, 戾氣充滿, 觸之者死, 犯之者病. 雖在深閤, 足以號令, 願勿出坐門樓." 公謝曰: "死生有命." 不聽. 使判官成守慶, 專治軍器, 多鑄鳥銃. 又令多造火箭.

- 구휼미의 배분과 베푼 은혜

남원의 양곡은 함안과 삼가 그리고 합천 등의 관원으로 하여금 우마로써 서로 번갈아들어 수송하여, 지례와 김산 그리고 개령과 성주, 고령의 백성들에게 나누어 주게 하였다. 순천의 곡식은 진주와 하동 그리고 곤양과 남해를 비롯하여 사천과 거제의 관리들에게 배에다 실어 바다로 운송하여, 사천과 거제 그리고 고성과 함안을 포함하여 단성과 진주 주변의 백성들에게 나누어 주도록 했다.

비록 넉넉하게 나누어 주지는 못하였으나, 때를 맞추어 파종하게 하니, 허물어진 고을의 백성들이, 길이 멸망하여 남겨짐도 없는 지경에 이르지 않았다. 점차 편안하게 모여, 오늘

날까지 이른 것은 모두가 공이 은혜를 베푼 것이다.

南原穀, 令咸安·三嘉·陝川等官, 遞輸牛馬; 分給知禮·金山·開寧·星州·高靈之民. 順天穀, 令晉州·河東·昆陽·南海·泗川·固城·巨濟等官, 裝船海運, 分給泗川·巨濟·固城·咸安·丹城·晉州一邊之民. 雖未優給, 及時下種, 蕩邑之民, 不至永殄無遺. 稍稍安集, 得至今日者, 皆公之賜也.

제72장 장성별이 지던 상황

공은 왕명을 받든 이래로, 왜적을 소탕하여 기운을 맑게 하는 것을 제대로 하지 못하여, 나라의 은혜를 저버리게 될까 두려워하였다. 밤낮으로 **근심**하고 걱정하는 마음 때문에 심열心熱이 매우 위중하였다.

이때에 이르러, 심신이 쇠약하여 생긴 내상內傷이 감기 등의 외감外感을 만난 데다가, 돌림병을 생기게 하는 기운이 편승하였다. 곧 4월 19일에 두통이 생겨, 점차 위태로운 처지와 어려운 형편에 이르렀다.

이노와 박성이 항상 떠나지 않고 곁에 있으면서, 약을 올리고 죽을 드렸다. 공이 그것을 물리치며,

"나는 약을 먹고 살아날 사람이 아니다. 그대들 또한 **이를** 그치시게들."

이라고 말한다. 박성은 오히려 강권하기를 멈추지 않았다. 진주의 원로 의원 김남金南이 와서 뵙고 진맥을 하고,

"다시는 약을 올려 **드시게** 하지 마십시오. **질환은 다스릴 수 없습니다.** … **운명은** 시운에 관계된 것이니, 하늘이라도 어찌하리오?"

라고 한다. 박성이 말하였다.

"비록 그렇다는 것을 알지만, 어찌 차마 권하지 않을 수 있다던가?"

당시, 공의 한 아들인 김역金湙 역시 역질에 걸려 바로 **곁에서** 앓고 있었지만, 병세가 더하고 덜한지는 묻지도 않았다. 항상 두 사람에게 일렀다.

"명나라 군사가 오래지 않아 경내에 도달할 것인데, 어떻게 미리 대비할 것이오? 그대들은 장차 이에 힘써 주시게들."

급기야 병이 위독해지자, 비록 혼미하여 인사불성에다 가위가 눌리는 귀신의 악몽 가운데서도, 우물거리는 헛소리가 입에서 끊임없이 나왔는데, 나랏일에 관한 것이 아닌 것이 없

었다. 때로는 간혹 목을 길게 빼고 큰 소리로

"명나라 군대는 마땅히 도착하였느냐? 이 왜적들은 이미 도망을 쳤다는가?"

라고 말할 뿐, 시종일관 집안일은 한마디도 언급하지 않았다.

공의 측실 부인이 자녀를 데리고, 서울로부터 정처 없이 떠돌다가, 곤양昆陽 근처에 임시로 자리를 잡았는데, 그 사위의 집이었다. 여종을 보내 공을 **문안**드리고자 하였으나, 이를 손을 내저어 물리치고 들이지도 않았다.

이내 4월 그믐날에 서거하였다. 이노와 박성 등이 곡을 하고, 염습을 하였다. 며칠이 지나서 아들 김역 또한 사망하였다. 박성은 진주에 있으면서 관을 짜는 것을 감독하고, 이노는 지리산 아래로 들어가 임시로 장사를 지내는 일을 감독하였다.

3일이 지나자, 박성은 단성현감 조종도와 더불어 관을 호송하여 도착하니, 바로 그날로 장례를 마쳤으나, 서로 견련牽連되고 마음에 맺히어 잊지를 못하여, 차마 바로 떠나지를 못하였더라. 날이 저물자, 서로 울음소리가 나오지 않을 정도로 오래도록 곡을 하고 헤어졌다. 조종도는 단성으로 귀임하고, 이노는 덕산德山으로 들어갔으며, 박성은 산음으로 향하였다.

○ 公自奉命以來, 懼不克蕩寇澄氛以負國恩. 宵晝憂勞, 心熱甚重. 至是, 內傷挾外感, 癘氣因而乘之. 乃於四月十九日, 得頭痛, 漸至危苦. 李魯·朴惺常不離在旁, 進藥進粥. 公却之曰: "吾非飮藥而生者. 諸君且休之." 惺猶强之不已. 州之老醫金南, 來見診脈, 曰: "更勿進藥飮, 疾不可爲也…命關時運, 天也柰何?" 惺曰: "雖知其然, 何忍不勸乎?"

時, 公之一子滐, 亦遘癘, 痛在西旁, 不問苦歇. 常謂二君曰: "天兵不久到境, 何以支度乎? 諸君, 其勉之." 及其革也, 雖在昏迷不省, 厭鬼厭夢之中, 諵諵譫語, 不絶於口者, 無非國事. 而時或引領高聲言, 曰: "天兵, 其已至乎? 此賊, 其已遁乎?" 終始一不及家事. 其副室率子女, 自京流離, 漂寓於昆陽之界, 其女壻家也. 欲遣女僕問之, 麾之不納.

乃於四月晦日, 卒逝. 魯與惺等, 哭而殮之. 厥數日, 滐亦歿. 惺在州, 監治棺材; 魯入頭流之下, 監董權窆之役. 越三日, 惺與丹城倅趙宗道護柩至, 即日安厝畢, 相牽連顧戀, 不忍去. 日暮, 相與失聲長哭而散. 宗道歸丹城, 魯入德山, 惺向山陰.

제73장 만구일담萬口一談의 애도

공의 병중에 문병으로 왔다가 모여서 곡까지 한 사람은 오운과 곽재우 그리고 이광악과 이정 및 곽준 등 여러 인사다. 도사 김영남은 거창에 있으면서 한 번도 병문안하지 않았으며, 부의도 하지 않았다.

조문 또한 오지 않았는데, 핑계는 명나라 군대가 가까이 다가왔다는 것이었다. 목사와 판관 모두 병참기지에 나아가 지대支待를 하도록 전령을 내었던 고로, 모두가 함께 달려가 버렸으니, 부득이 상례를 돌보지 못하였다.

온 도내 사민들은 공의 초상을 접하기를 골육지친骨肉之親의 부고와 같이 듣고, 만구일담이라고 수많은 사람의 의론이 모두 한결같았다. 큰 소리로 애통하고 아까워하며,

"충신이 세상을 떠났다. 열사가 없어졌다. 절개와 의리는 장차 어디에 의탁할 바이며, 국가는 장차 어찌 믿을 곳이 있겠는가?"

라고 하였다.

진주성 안팎에서는 살기를 바라는 유랑민이 열이고 백 명이나 무리를 지어, 외마디 소리와 같은 듯이 목이 메인 듯, 혹은 엎드리고 어떤 이는 뒤집히고, 슬피 울어 오열을 해대니, 실낱같은 목이 잠긴 소리가 끊어졌다가 다시금 이어지곤 하였다.

천지 사방으로 흩어져 가면서,

"하늘은 어찌 막막하게 우리의 어미 아비를 빼앗아 가는가? 끝났네, 끝났어! 천명이 다 된 것이라네."

라고 지껄였다. 길거리에서 소문을 들은 사람들은 눈물을 떨어뜨리며 서로 조문하지 않는 자가 없었다.

○ 公之病也, 爲來問疾會哭者, 吳澐·郭再祐·李光岳·李瀞·郭趪諸人. 都事在居昌, 一不問疾, 不爲致賻. 又不來吊, 託以天兵迫近也. 傳令牧使·判官皆爲出站支待, 故咸馳往, 不得看護喪.

一道士民, 聞公之喪, 如聞骨肉之訃, 萬口一談. 諳諳慟悼, 曰: "忠臣逝矣. 烈士亡矣. 節義將安所託, 國家將安所恃乎?" 城之內外仰活流離之民, 十百爲群, 若嚶若噎, 或仆或顚, 悲啼嗚咽, 縷嗄斷續. 散去四境曰: "天胡漠漠奪我爺孃. 已矣已矣. 命之盡矣." 道路聞者, 莫不墮淚相吊.

제74장 반장返葬으로 반추反芻하는 초유의 길

사헌부 대사헌 김륵金玏이 공의 대를 이어 경상감사의 부월을 받았건만, 이해 6월 그믐날 왜적이 진양성을 함락시켰다. 명나라 군사는 조령을 넘어와 총병 유정劉綎이 합천에 주둔하

고, 참장參將 낙상지駱尙志는 거창에 주둔하였다. 온 나라 안이 소란스럽고, 온 도내가 허둥지둥하여, 고향으로 반장을 하기는 아직 여유가 없었다.

경상좌도 순찰사 한**상국**韓相國 효순孝純은 좌도와 우도를 합하여, 이를 겸직하면서 동지들에게

"내가 방백이 되어, 차마 객사한 사순士純의 관으로 하여금 고향에 옮겨 묻지 않을 수 있겠는가? 아니라면 나는 지하에서 만나볼 도리가 없다."

라고 말했다. 이에 본부와 이웃 고을에 명하여, 편의에 따라 묘역을 조성하게 하였다.

더불어 단성현감 조종도를 상여 차사원喪輿差使員으로, 좌랑 이노를 임시 도사都事로 삼았다. 그들로 하여금 발인과 호상을 감독하게 하여, 장차 고향으로 돌아가게 하였다. 대개 조종도와 이노 두 **군**은 공이 인격과 학식을 인정해서 잘 대우하였던 터라, 정성을 다할 수 있었기 때문이었다.

이노는 일찍이 단성에 임시로 살았으나, 이때는 거창가수에서 체직되어 가조에 머물고 있었다. 순찰사는 이노가 단성 사람이라 여기고, **공문**[關字]을 단성으로 보내면서, '단성에 거주하는 이좌랑'이라고만 적었다.

그때 마침 이유함李惟諴 또한 좌랑으로서 단성에 살았다. 단성현 사람들은 그 공문을 이유함에게 주었으니, 이노는 당연히 알지도 못하였다. 이유함은 상여를 수행하여, 고령에 이르러서야 그 사정을 듣고, 입술에 종기가 난 것을 핑계로 단성으로 돌아왔다. 그 뒤에 경상도사가 이노에게 통지를 하였으나, 이노 또한 미처 어찌할 수도 없는 사이에다 하인과 말도 없어 장례에 좇아가지 못하였다.

상여가 지나는 여러 고을마다 공의 충의에 감복하지 않음이 없었으니, 난리로 사람이 많이 죽고 재산을 다 없애 버렸다는 핑계를 하지 않고, 모두 이 일에 매우 힘을 기울였으니, 공이 객지에서 운명한 영구로 하여금 고향으로 돌아가게 **넘겨주어**, 선영 곁에 안장하게 하였다.

오호! 공이 나라를 위한 간절한 참마음은 죽기를 각오하고 저항하듯 더욱 도탑게 하였다. 그러나 마음과 몸을 다하여 나랏일에 이바지한다는 국궁진췌鞠躬盡瘁를 무후 제갈량이 출사표에 쓴 것과 충성을 다하여 나라의 은혜에 보답한다는 진충보국盡忠報國의 네 글자를 무목武穆 악비가 등에다 새긴 것이라도, **공에게 있어서는** 더할 수가 없다.

만일 그 당시 공이 잘 주선하고 처치하여 적절히 하지 않았다면, 모든 의사가 비록 마음과 정성을 다하여 왜적을 토벌하고자 하였어도, 김수와 전현룡과 같은 무리들에게 먹히는 바에서 벗어나기는 어려웠고, **김면과 정인홍 두 대장** 역시 그들 사이에서 손을 쓸 수가

없었을 것이다. 조령 이남은 어찌 이빨에 **옻칠**을 한 왜적의 소굴에서 벗어날 수 있었겠는가?

이러한 관점에서 본다면, 영남 사람들은 아무리 사당을 세워 공을 제사한다고 해도, 그 은혜를 갚고 그 공적을 보상하기에 부족할 것이지만, 지금까지 그러한 것은 들어보지 못하였다. 아! 가히 탄식할 일이로다.

○ 金都憲玏代公受鉞, 而是年六月之晦, 賊陷晉陽. 天兵踰嶺, 劉揔兵綎駐陜川, 駱參將尙志駐居昌. 擧國洶擾, 一道遑遑, 返葬故鄕, 有未遑也. 左巡察韓**相國**孝純, 合左·右道而兼之, 語同志曰: "吾爲方伯, 其忍使士純旅櫬不返於故鄕耶? 否, 吾無以見於地下." 因令本府傍邑, 隨便營墓. 又以趙丹城宗道, 爲喪轝差使員; 李佐郞魯, 爲假都事. 使之董撿發引護, 將去. 盖以趙·李**二君**見知於公, 爲能盡心也.

魯曾寓居丹城, 而時以居昌假守遞留加助. 巡察李魯爲丹城人, 送關字于丹城曰, '丹城居李佐郞'. 時, 李惟諴亦以佐郞居丹城. 丹城縣人, 以其**關**字, 付于惟諴. 魯則未之知也. 惟諴陪喪轝, 行至高靈聞之, 托以脣腫還歸. 然後, 都事通于李魯, 魯亦倉卒無人馬, 不得**達**焉. 所經諸邑, 無不服公之忠義, 不以焚蕩喪亂爲辭而咸致力焉, 俾公旅櫬得返故鄕而**付**, 葬於先塋之側.

嗚呼! 公爲國懇懇之誠, 抵死彌篤. 雖鞠躬盡瘁之武侯·背涅四字之武穆, 無以加**焉**. 設若當時, 非公之善爲周旋處置得宜, 則諸義士, 雖欲盡心討賊, 難免爲金睟·田見龍輩所啗而**金·鄭兩大將,** 亦不能措手於其間. 嶺以南, 其能免涤齒之窟穴乎? 以此觀之, 嶺之人, 雖立廟以祀之, 不足以酬其恩而償其功也, 迄未聞之. 嗚呼! 可歎也夫!

Ⅳ. 명나라 장군에게 올리는 서한

명나라 이여송 도독에게 사뢰는 사장詞章과 서문

— 이 서한은 계사(1593)년 5월 며칠 자로 보낸 것이라, 실제 학봉 선생이 순국[易簀]한 이후의 글이다. 비단 사실이 임진왜란 한 가지에 관계된 것이 아니라, 송암 선생이 참된 마음과 정성으로 순국한 진실이 붓을 잡고 글을 남긴 가운데 가득 차서 넘칠 만큼 드러난 것을 알 수 있으니, 한 글자마다 한줄기 눈물이라고 말할 만하다. 일기가 이미 선생이 손수 지어낸 것이어서, 이 서한도 책의 말미에 함께 실어, 세상에서 이 기록을 보는 사람들로 하여금 선생이 마땅히 시종일관 나라를 위해 진심으로 섬기는 충성과 의열을 알게 할 따름이다. —

세상에는 반드시 비상非常한 사람이 있은 연후에 비상한 일이 있고, 비상한 일이 있은 연후에 비상한 공적이 있는 것인데, 비상한 공적은 또한 비상한 변란이 아니면 만들어질 수 없습니다. 이러하기 때문에 비상한 것의 근본은 처음에는 이것을 두려워하겠지만, 성공에 이르게 되면 천하가 편안하고 태평스럽게 됩니다.

옛적에 홍수가 산을 에워싸고 언덕을 집어삼켜, 백성들이 마땅히 순임금에게 물어보니, 이를 우려하였습니다. 우임금에게 명하여 홍수를 다스리게 하였는데, 동쪽 바다로 물길을 터주었더니, 백성들이 이내 편안하였습니다. 오랜 세월 이로 말미암아 길이길이 이득을 본 것입니다.

순임금이 우임금에게 명령하여, 우임금이 물을 다스린 것이야말로 어찌 비상한 일과 비상한 공적이 아니라고 할 것입니까? 순임금이 인재를 알아봄은 그래서 더욱 명철한 것이었고, 우임금이 맡은 직무는 이리하여 더욱 근면하였던 것입니다.

통분하게도 섬 오랑캐 도요토미 히데요시[豊臣秀吉] 저 사내는 호사스러운 종족의 적추장이지만, 보리와 콩을 구분할 줄도 모릅니다. 재물과 음식 따위에 욕심이 많아 종횡으로 방종함에 미친개처럼 날뛰며 사납게 쳐들어와, 재빠르게 교활하며 칼끝과 알맞아 환란을 좋아하고 병화를 즐겨합니다. 명나라를 치고자 하는 마음이 생겨나 먼저 활시위를 당기고, 우리를 지나 나아가고자 우리를 유인하여, 우리에게 길잡이를 **요청**하였습니다.

우리 주상 전하께서는 하늘 밑에서 살며 두 마음일 수 없으며, 정성을 무릅쓰고 사대를 하였습니다. 일찍이 모든 조회에서 맹세하며 이르기를

"차라리 삼족을 멸하여 나라를 무너뜨릴 따름이지, 어찌 감히 두 마음을 가지겠는가? 밝게 임하고 있는 천자의 위엄이 지척이다."

라고 하였습니다. 또한, 한두 가신에게 눈물을 흘리며,

"작은 나라이지만 강한 도적을 이웃하였으니, 부득불 그들이 오는 것을 어찌할 수 없었다."

라고도 말하였습니다. 날마다 변방의 문무 관리들을 단단히 타이르고 경계를 하였는데, 그들로 하여금 적의 상황을 탐색하고 경계를 엄중히 하여, 길목을 지키고 끊어 그 악당들을 모조리 무찔러 없앴습니다.

마침내 지난해 초여름, 감히 원한을 품고 마음대로, 온 나라에 왜적이 들어오기를 바다가 가득 차고 해를 가렸습니다. 부산포로 몰려와 벌떼처럼 소요하고 개미처럼 흩어져, 제멋대로 재물을 약탈하니, 그 예봉을 막을 수가 없었습니다.

변방의 방어가 한 번 무너지니, 별안간에 그 빈틈을 타고, 마침내 영남의 길을 갈라 충청도를 유린하고, 서울에 똬리를 틀었습니다. 개성을 죄다 무찔러 죽이고, 평양으로 달려가 점거하니, 독한 기틀이 서쪽으로 몰려들었습니다.

우리 궁궐을 불사르고, 우리의 종묘와 사직을 함부로 짓밟았으며, 우리 생민들은 풀을 깎듯이 베어내고, 우리 부녀자를 더럽히고 모욕을 하였습니다. 우리 왕자를 볼모로 잡고, 우리 고관대작들을 노예로 삼았습니다. 또한, 여러 도를 나누어 노략질하고, 겁박과 살육을 자행하여 지나는 곳마다 몹시 쇠약하고 다 없어지니, 온 나라가 쓰러져 시들었습니다. 이 천지가 있은 이래로 이렇게 극심한 변고는 있지 않았습니다.

이것이 어찌 우리 임금의 탓이겠습니까? 이는 실로 지방 방어를 맡은 관리가 불충하고 용기가 없어, 이 지경이 있게 된 것입니다. 우리 주상 전하께서 이에 무슨 죄가 있겠습니까?

왕위를 지낸 25년간, 밭두렁에서 놀거나 음악과 여색의 오락은 없었으며, 새벽에 일어나서 해가 져야 밥을 먹었습니다. 군주가 재난을 근심해 정무를 살펴 두렵게 생각함을 가졌으니, 하늘을 경외하는 정성은 온종일과도 같이 뻗치었습니다. 덕을 베풂에는 심히 잘못된 것이 없고, 정사에도 심하게 흠결이 없거늘, 지금 갑자기 이 지경에 이르렀으니, 허물은 돌아갈 곳도 없습니다.

비록 말하기로 '사람의 지략智略은 감출 수 없다.'라고 하지만, 역시 하늘의 뜻은 믿기가 어렵습니다. 그 흉한 불길이 임금에게 썩 가까이하여, 큰 들불이 일어남을 당하였습

니다. 우리 임금은 그 백성들을 차마 전투에서 죽게 하지 못하여, 주나라 문왕의 조부인 태왕이 도성을 버리고 기산岐山으로 갔듯이[太王去邠] 친히 종묘사직의 신주를 받들고, 평안도 용만으로 물러났던 것입니다.

성스러운 천자께서 이를 들으시고 충심으로 애통해하였습니다. 즉시 사신을 보내 위로하였으며, 이어서 정중하게 위문하고, 연거푸 하사품을 풍성하게 주었으니, 하늘에서 떨어진 듯 은혜가 어찌 이리도 융숭하답니까?

공경히 생각건대, 우리 성스러운 천자께서는 우리 작은 나라를 많이 염려하였습니다. 선대로부터 한마음으로 황실을 대하지 않음이 없었던지라, 이것을 총애하고 가련하게 여겼습니다. 또한, 온 하늘과 모든 땅을 생각하자면, 왕의 땅과 왕의 신하가 아닌 것이 없으니, 『주역』에서는 '마땅히 신하를 얻으면 천하가 하나가 되어 정해진 집이 없다.'고 하였습니다.

더불어 그 흉적이 반역을 일으킴을 증오하여, 이에 분연히 진노하였습니다. 곧 도독부 제독都督府提督 이여송李如松에게 명하여, 군사를 내어 왜적을 정벌하게 하고, 거듭하여 병부 우시랑兵部右侍郞 송응창宋應昌에게 명하니, 군사들을 영솔하여 이를 감독하게 하였습니다.

또 우리와 같이 작은 나라가 공사 막론하고 재물이 비어, 군사를 먹이고 전쟁 물자를 공급하는 준비를 할 수 없음을 염려하였습니다. 호조에 명하여 군량과 은을 출납하도록 하였고, 병부상서[夏卿]에게 명하여 병장 기계를 내어 주어, 오직 그 쓸모가 있는 대로 하였으니, 실어 나르는 앞뒤가 천 리에 꼬리를 물었습니다.

이에 제독 대인은 천명을 받들어 물고, 천자의 토벌을 삼가 행하였습니다. 제독의 병부는 군권을 총괄하는 중임을 맡아, 병사를 모아 크게 검열하니, 표범과 같은 용맹한 군대는 밀림과 같아, 긴 창은 구름을 쓸어 붉은 깃발은 하늘을 질붉게 하였습니다.

아침에 대궐 문을 나서서 저녁에 요양遼陽과 계주薊州에 도달하니, 산이 이동하고 바다가 옮겨진 듯 우렛소리가 요란하게 천둥처럼 빠릅니다. 위력 있는 명성이 더하는 곳마다 초목마저 변색되니, 아직 압록강을 건너지 않아도 흉적의 간담은 이미 남김이 없었습니다. 군대가 관서지방에 주둔하여, 평양에서 교전하기를 북을 한 번 쳐서 이들을 진압하였으니, 황제의 위엄을 어떻게 감당이 가능이나 하였겠습니까?

저 어린 새와 사슴 새끼를 화나게 한다고, 감히 태산에 항거하겠습니까? 피를 다 쏟아 강 물결을 만들고, 목을 베어 쌓아서 높게 보이게 하니, 황해도와 개성의 왜적은 바람에 성급하게 놀라는 소리를 들은 듯이 달아나 숨을 사이도 없었습니다.

개성과 평양은 이미 수복이 되었고, 평안도와 황해도는 맑아지니, 곧바로 경기도 외곽을 공격하였습니다. 장차 서울에 이르러 파죽지세를 타고, 그 괴수들을 다 없애고, 그 성을 다시 탈환하는 것은 바람이 먼지를 쓸고, 서리가 풀을 시들게 하는 것과 같습니다.

천장이 어찌 병가의 셈법을 모르겠습니까? 자고로 기습과 정공의 구별이 있다지만 전쟁은 용기입니다. 용기라는 것은 첫 번째 북소리로 기세를 올리지만, 세 번째 북소리에 이르다 보면 고갈되어 버리니, 잠시 병사들을 휴식시키고 말을 쉬게 하였다가, 장차 기회를 보아 거병하려는 것입니까?

또한, 우리 왕자가 적중에 잡혀 있는 것을 가엾이 여겨, 차마 이들을 다치게 하지 못하여, 시험 삼아 항복을 허락하고 화의를 들어 주는 것입니까? 장차 칼에 피를 묻히지 않고, 왜적더러 한양을 떠나게 하여, 이로써 우리 왕자를 보호하고, 천천히 그 행하는 바를 관찰하고 이를 도모하려는 것이 어찌 아니겠습니까?

우리네 소인들은 대군자의 점치고 따지는 것이 보통보다 월등한 바를 다 알 수 없지만, 오히려 빨리하였으면 하는 바람은 있습니다.

오늘날 오랑캐들은 과연 지혜가 궁박하고 힘이 줄어들어, 이미 입을 다물고 기운을 펴지 못하고, 그 무리가 남하하기를 다하였습니다. 당당한 우리 천장께서는 우리 성스러운 천자의 위엄 있는 신령에 의지하고, 우리 어진 송응창 시랑의 기획에 힘입어, 왜적을 멀리 몰아내고 진압하여 평정하니, 마치 부평초를 없애고 나부끼는 쑥을 거두는 것과 같았습니다.

한 병사도 번거롭게 하지 않고, 충주의 달천 이북과 조령 이남은 요망한 기운이 홀연히 걷히고, 우주는 탁 트이고 밝아지니, 나라에는 생기가 돌아, 백성들은 죽을 뻔한 약한 맥을 회복하였습니다.

진실로 성스러운 천자께서는 우리 임금을 친절히 보살펴 도와주었으니, 우리 동국의 사람들에게 크나큰 은혜였습니다. 정말이지 우리 천장께서는 성스러운 천자의 밝은 명을 사용하여, 출정하는 장수에게 전권을 준 것[推轂]에 대한 저버림이 없었습니다.

어리석은 이 사람[斯彌]과 우리 작은 나라 누추한 땅의 미천한 백성 등은, 스스로 분명히 창끝과 화살에 죽는다는 것을 알아, 장차 피와 살이 풀을 윤택하게 하는 것을 달게 여겼습니다. 어찌 대장군의 헌걸차고 대단한 굳셈과 크고 훌륭한 덕에다 위엄있고 씩씩한 모습을 직접 볼 줄을 생각이나 하였겠습니까? 어찌 성스러운 천자의 화목하고 온화한 큰 목소리와 생성生成을 다시 만드는 넓은 은혜가 직접 적실 줄도 생각이나 하였겠습니까?

이 작자 도요토미 히데요시는 교활하고 맹금과 같이 사나워, 하늘과 원수를 맺은 것이야말로 천하고금에 비상한 대변고가 아니겠습니까? 그가 천하의 백성들에게 가혹함을 끼친 것은 어찌 다만 큰물이 세차게 흐르는 것이라고만 할 것입니까?

순임금은 이미 하나라의 우임금에게 명하여, 백성들이 물난리에서 면하게 하였습니다. 이제 우리 성스러운 천자께서 역시 우리 대장군에게 명하여, 양국의 분잡한 것을 풀어 천하의 병사를 쉬게 하였습니다. 장차 왜적을 바다 밖으로 몰아내어, 구역을 깨끗이 한 공로가 어찌 우임금이 용문의 바위를 뚫고, 제수濟水와 탑수漯水를 터서 흐르게 한 것에 머무를 따름입니까? 그리하여, 성스러운 천자의 사람을 알아보는 지혜와 대장군의 직무를 아우르는 충정을 더욱 우러러보았습니다.

우리 주상 전하는 나라를 잃었다가 나라를 찾았으며, 백성을 잃었다가 가지게 되었습니다. 우리 작은 나라의 사람들은 임금이 없다가 임금을 가지게 되었고, 가정을 잃었다가 가정을 찾게 되었습니다. **존엄**하고 위풍당당한 저것은 누구의 공적이랍니까?

온 세상의 넓고 큰 임금의 은혜에 어찌 감사만 할 수 있습니까? 일월이 아름답게 빛나는 것을 마땅히 그려낼 수 있겠습니까? 백성들은 무릇 무슨 생각을 하고 무엇을 헤아려 보더라도, 황제의 법칙에 순종할 따름입니다.

오호! 하늘의 도리는 따르는 자를 돕고, 사람의 도리는 신의를 돕습니다. 순리를 어기고 기강을 범하는 자는 하늘은 마침 더러운 것을 싫어하고, 흉함을 다하여 극악하면, 귀신이 반드시 아무도 모르게 벌을 주는 것입니다. 군자가 이르기를 '진실로 믿음이 이어지지 못하면, 동맹도 무익하다.'라고 하였는데, 오랑캐의 성정은 매우 간악하고, 간사하여 교활하니 기대하기 어려운지라, 무슨 신의가 있을 것입니까?

삼가 바라니, 천장 대인께서는 속이는 말로써 믿음을 가지지 말 것이며, 한번 퇴각한 것으로써 기쁨을 가지지 마십시오. 더욱 황제의 지엄함을 펼치고, 더욱 신묘한 계책을 연구하여, 하늘의 벌줌을 붙잡지 말고, 크나큰 원한을 잡지 마십시오.

우리의 변방을 지켜 길이 공고히 해 주시고, 우리 종묘와 **사직**을 길이 보존하여 주십시오. 우리의 동쪽 바다로 하여금 파도가 일지 않고, 먼지가 일지 않게 한다면, 참으로 우리 하나 남은 동국 사람들의 지극한 희망입니다.

두려운 것은 명나라 군사가 한 번 돌아간 이후에도, 왜적이 매번 침략에 이르게 되면, 끌어주는 바가 다시는 없다는 것입니다. 울타리가 철거되면 대청이 움직이고, 입술이 없어지면 이빨이 시린 법입니다. 우리나라가 멸망하게 된다면, 어찌 역시 대국의 복일 수가 있겠습니까? 거듭 천장께 원합니다. 마땅히 살펴 도모하소서!

우리 안의 돼지 모습은 더럽습니다만 신명에 제향합니다. 제천행사에 섶을 태우는 불꽃은 사납기는 하지만, 하늘에 제사를 지내는 것입니다. 그래서 신명에 향사하는 것과 하늘에 제사 지내는 까닭은 돼지와 섶에 존재하는 것이 아니라, 다만 그곳에 정성이 위탁되었을 따름입니다. 그렇다면 한갓 먹고 마시는 것을 말할 뿐이지, 어찌 음식이라고 이를 것입니까?

소박한 음식으로 군대를 영접하는 것은 예전에도 이미 있었으나, 땅강아지나 개미와 같은 보잘것없는 정성이라도, 지금에사 어찌 그만둘 수 있을 것입니까? 기쁘고 반가워 발을 구르며 손뼉 치고, 감격하여 슬프고 두려운 마음이 지극함을 감당하지 못하여, 삼가 글을 올려 이유를 말하고 사죄하며 상신 합니다.

그 사장詞章은 다음과 같습니다.

더럽고 보기 흉한 오랑캐가 벌처럼 전갈처럼 마구 쏘기를 자행하니, 바야흐로 서슬이 날카로운 칼날이 기름질까 우려하였으나, 천자의 군사가 큰 가뭄에 비가 오기를 기다리듯 간절한 소망에 부응하여, 감히 바구니에 밥을 담는 정성으로 호궤犒饋를 올립니다.

경사스러움이 종묘사직에 관련되니, 기쁨은 백성들에게도 넘칩니다.

저 섬 오랑캐가 마음대로 날뛰는 것은, 대체로 히데요시의 요사스럽고 간사한 데에서 연유한 것이라 깨달았습니다.

황제의 수레와 곁에 세운 깃발에 남월南越의 왕 위타尉佗의 흉모를 분수 넘치게 싹틔웠고, 흰 깃을 달아 급하게 보낸 편지에 향도向導가 되라는 패악한 말이 잔인하게 피어났습니다.

이치는 마땅히 거절하고 답하지 않았으니, 재화는 이로 인하여 분수 밖의 것을 탐내었습니다.

생민을 피를 흘리게 하니 무슨 허물이 있었겠으며, 궁궐을 재로 만드니 가히 참혹합니다.

세 도읍지가 함몰되니, 비린내 나는 더러움이 산하에 가득하였고, 외로운 거동이 초연히 펄럭이니, 수레 덮개는 티끌 이슬에 씌웠습니다.

흠모하여 생각건대, 황제 폐하께서는 덕은 하늘에 부합하고[覆燾], 도리는 고대의 헌원軒轅과 순임금 유우有虞같이 빛납니다.

사대의 지극한 정성에 특별히 감동하시어, 작은 나라를 감싸주는 큰 은혜를 베풀었습니다.

이에 그 군사를 정돈하고, 한 번 크게 노하여 백성들의 안정을 기약[一怒安民]하였으며, 오직 마음을 살펴 가려서, 두 신하에게 난을 토벌할 것을 명하였습니다.

삼가 생각하자니, 시랑 송응창 선생은

맑은 규범은 해를 투영하고, 정밀한 식견은 물에 조영됩니다. 책략은 현묘한 기틀에서 나오고, 생각은 정신적으로 교제하는 데 들어갑니다. 주안상에서 적의 창끝을 꺾어[折衝樽俎], 아득히 사천성의 옥루산 주변을 맑게 하였습니다. 황제 폐하와 웃으면서 이야기하여[談笑皇王], 멀리 감숙성 금성 지역을 마음에 두었습니다.

삼가 생각하자니, 제독 이여송 공은

금빛 용의 새끼[虬龍]가 바다를 질주하고, 철마는 하늘을 달립니다. 팔을 휘저으면 구름이 일고, 뒤좇아 오르기는 범이 깨무는 듯합니다. 선대로부터 내려오는 가업은 그 조부를 이은 것이니, 일찍이 죽대의 뿌리[黃精]와 북두성과 견우성 사이에 있는 붉은 운기의 영혼을 타고났습니다. 충의의 기질은 하늘로부터 나왔으니, 전쟁의 전조가 된다는 혜성인 왕시王矢와 참창攙搶의 까끄라기를 쓸어버리고자 서약하였습니다.

총병·참장·유격의 모든 부장군副將軍 대인들도 역시 용과 호랑이 그리고 곰과 말곰과 같지 않은 사람이 없어, 지휘를 하면 은하수가 옮겨지고, 호령을 하면 산악이 움직입니다.

신령이 아끼고 귀신이 깊이 숨긴 비결을 발동하자, 구름과 우레는 병부에 부합하고, 양지를 열고 음지를 닫는 권한을 진동하였으니, 용과 이무기가 뭍에서 일어났습니다.

그러하니, 각종 깃발은 요동 벌판에서 잇닿아 빛났으며, 짐수레는 압록강에서 우거지게 모였습니다.

맹렬한 포탄이 우박처럼 흩뿌리고 별같이 뛰어오르니, 평양의 왜적 소굴은 문득 소탕되었고, 존엄한 위세가 바람처럼 횡행하고 번개같이 빠르니, 해관海關의 연이은 진영으로 별안간 달아났습니다.

임진 일대를 사이에 두고, 세모난 북한산을 바라보게 하였으며, 천자의 위력이 발동함에 혁혁함이 있습니다. 바야흐로 태산이 새알을 누르는 듯한 기틀이 마련되어, 악당 두목의 간담은 이미 서늘해졌으니, 대를 쪼개는 기세에 함께 탄 것입니다.

비록 그렇다지만, 계책에는 기습법과 정공법이 있고, 지략에는 말았다가 펴는 것이 마땅할 것이니, 병법을 다 궁구할 수 있겠습니까? 저는 할 말이 있습니다.

우러러보고 굽어살펴서, 반드시 하늘과 사람의 합치를 참작하여, 기회에 임하여 승리를 구해야 할 것인데, 어찌 잠깐에라도 성패를 살피지 않을 수 있습니까.

하물며 왕자가 왜적에 묶여 있으니, 전하의 마음이 도살하는 것과 같은 것을 어찌 하겠습니까.

잠시 항복을 허락하고, 화친을 들어 주는 것은 병란을 늦추고 재화를 그치게 힘쓰는 것일진대, 진晋나라 대부 한궐韓厥의 훈계를 기다리지 않아도, 이미 용병은 세 가지 재앙이 있다는 것을 알고 있으니, 차라리 위강魏絳의 말을 기다려서, 비로소 오랑캐와 화친을 하는 데에 다섯 가지 이익이 있다는 것을 믿는 것입니까.

위엄도 보이고 은덕도 보이면서, 대신하여 부드럽게 하니, 과연 흉악한 추장은 마음을 돌려, 마침내 성을 비우고 한강을 건넜습니다.

그들을 남쪽 조령으로 몰아내었더니, 맹호가 양을 쫓는 것과 같이 엄숙하여, 동쪽 바다에 육박하였습니다. 질풍이 안개를 걷어내듯 활짝 열린 것은 상나라 고종이 삼년 동안이나 귀방鬼方이라는 오랑캐 정벌[三年伐鬼]에 지친 것과 다르고, 주나라의 어진 신하 윤길보尹吉甫가 유월에 험윤玁狁이라는 오랑캐를 친[六月逐玁] 노고도 아닙니다.

높고 큰 갈석산碣石山에 진시황이 하늘에 제사한 것은 다만 황당한 데에 제멋대로 생각한 것이며, 아득하게 먼 연연산燕然山에 반고班固가 전공을 새긴 것은 한갓 헛되게 낭비하여 기롱을 받았습니다. 신하에게는 무슨 공적이겠으며, 나라에는 무슨 이익이 되겠습니까?

정벌을 일거에 하여 인덕과 위엄을 둘 다 온전히 하여, 시원하게 보여 주는 것을 기대함과 같지 못합니다.

위로는 천자가 생성한 넓고 큰 은혜를 빛내고, 아래로는 작은 나라가 회복된 훌륭하게 여길 만한 큰 공적을 이룩하였습니다.

화살은 장차 중국의 서북부 청해에서 단절될 것이며, 활은 서역의 천산에다 걸어 둘 수 있을 것입니다.

염려가 되는 바는 왜적의 말이 매우 달콤하고, 오랑캐의 습성은 바탕이 간교하다는 것입니다.

잠시 믿었다가 언뜻 배반하니, 정말 사람의 얼굴이지만 짐승의 마음이 되며, 혹은 속이다가 어떤 때에는 침략하니, 응당 물여우마냥 엿보지만 돼지처럼 돌격합니다.

명나라 군대가 돌아서서 점점 멀어지면, 작은 나라는 외로이 무엇을 의지합니까.

『주역』은 대의명분으로 토벌하는 것이 가능하다고 한 것은 밭에 짐승이 있어 그렇고, 군사를 거느리는 것은 이미 맏아들에게 귀속되어 그러한 것이며, 환란이 필시 남겨진다고 한 것은 범을 풀어 놓아서라는데, 오랑캐를 정벌하는데 어찌 중원에서 늦춘답니까?

비록 한 척의 배도 돌아가지 못하게 할 수 없겠지만, 아직 큰 두목으로 하여금 죽음을 볼 수는 있을 것입니다.

교룡과 악어는 뒤흔드는 기운을 고무시키고, 바람과 우레는 찬 기운이 풀잎을 말려 죽이는 혹독함을 도울 것입니다.

도깨비가 정신을 잃으면 괴상함은 섬에서 단절되고, 고래가 머리를 바치면 그 피는 큰 바다에 질펀할 것입니다.

진실로 이와 같이 된다면, 악은 소멸하고 뉘우침이 싹터서, 위엄에 두려워하고 덕화에 부끄러워할 것입니다.

교룡의 소굴에 기도함을 부끄러워하게 하고, 우리의 변방인 붉은 땅[雁門]을 엿보는 것을 근절할 것입니다.

경보 신호의 붉은 불은 꺼질 것이며, 병사는 갑옷과 투구를 벗고, 변방의 푸른 풀을 뽑을 것이며, 백성들은 뽕밭을 경작하기에 기뻐할 것입니다.

그러한 뒤에 중국은 높아지고, 오랑캐는 저절로 구별됩니다.

입술이 없어져 이빨이 시린 근심은 없어질 것이거니와, 섬돌이 쌓일수록 집이 높아지는 편안함이 있습니다.

공적은 옛날 사람보다 뛰어나 지금에 떨치고 있는데, 어찌 비단 천하의 역사책에만 빛날 것이며, 은혜는 죽은 생명을 살려 뼈에 살을 붙인 것[生死骨肉]이니, 어찌 길이 동국 사람의 마음에 새겨질 것입니다.

삼가 생각하건대, 소인 등은 힘은 모기와 등에[蝱]같이 약하고, 꾸물거리는 것은 질경이[陵舄]와 같아서, 천지의 운세가 꽉 막힘이 모여, 나라를 잃어버리는 때를 맞이하였습니다.

파촉으로 가는 잔도는 미투리로 다스리지 못한다는 것은 이미 두보杜甫의 특별한 견해를 후미지게 하였고, 정나라의 군주 정오생鄭寤生의 **모개기**蝥弧旗를 마주 잡지 못함은 또한 그의 신하 영고숙穎考叔이 먼저 성에 올라 깃발 휘두른 것을 저버리게 하였습니다.

차마 적과 더불어 함께 살 수 있겠으며, 진晋나라의 조간자趙簡子의 가신인 동안우董安于의 말대로 주군을 안존하도록 기약한 뒤에 죽어야 하는지라, 치욕은 하늘에 넘쳐 씻어 내기가 어렵고, 원수는 나라에 가득하니 누구라고 없앨 것입니까?

황제가 크게 성내어 여기에 임하여, 하늘이 높은 곳에서 낮은 곳의 말을 다 듣고 있다는 것을 어찌 생각이나 하였겠습니까?

멀고 먼 만 리 길에 구슬이 쪼개지는 것은 당구唐丘에서 떨쳤고, 막막한 천년 나이에 아름다운 규룡은 **먼 변방**에서 뛰었습니다.

바람의 신 풍백風伯은 소리치며 말을 몰고, 우레를 맡은 신 뇌사雷師가 길을 떠났습니다.

궁리하고 계획하는 것은 한 고조 유방의 책사 장자방의 조용함과 같고, 군사를 부리는 것은 제갈공명의 공명정대함과 유사합니다.

귀는 큰 소리로 우는 시끄러움을 씻고, 수레와 말의 소리 듣기를 기쁘게 하고, 눈은 흘러내린 눈물 자국을 치켜뜨고, 깃을 꽂은 깃발의 채색 보기를 드러냅니다.

거듭 생각하니, 나를 낳고 나를 살렸으니 아버지고 어머니인데, 무엇을 선사를 드릴까 하니, 말하자면 오직 정성이 있을 따름입니다.

술 한 통과 두어 접시 안주는 비록 옥쟁반의 맛있는 음식을 부끄러워할 터이지만, 백 번 절하고 천 번이나 부르는 것은 바라건대 기자箕子가 전수하였다는 『서경』「홍범」편에 기록된 아홉 가지 원칙의 축의[箕疇之祝]를 바치고자 함입니다.

上天將啓并序

— 此啓出於癸巳五月日，則實鶴峯先生易簀後文字．而不但事係龍蛇一款，先生血心殉國之誠，充溢呈露於秉筆遺辭之間，可謂一字一淚也．日記既從先生手分中出，故此啓同載于卷末，使世之覽是錄者，以知其先生終始爲國之純忠義烈云爾．—

伏，以世必有非常之人，然後，有非常之事；有非常之事，然後，有非常之功；非常之功，亦非非常之變，不能做也．是故，非常之原，始焉懼之，及臻乎成，天下晏如．昔洪水懷襄；下民，其咨帝舜氏，憂之．命夏禹治之，東注海而民乃寧；萬世，斯其永賴．舜之命禹，禹之治水，其非非常之事·非常之功乎？舜之知人，於是乎益哲而禹之供職，於是乎益勤矣．

痛，惟島夷秀吉這厮，以華種賊酋，不辨菽麥而饕餮放橫，猖獗桀逆，猓狡鋒協，好亂樂禍．生心射天，先張之弧，嗔我誘我，倩我嚮道．我寡君戴天無貳，罙忱事大．嘗矢諸朝曰："寧湛宗僨國而已，其敢貳乎？有赫其臨，天威咫尺．"又涕謂一二陪臣，曰："小國，而鄰勍敵，不得不姑許其來也．"日，勑邊防文武將吏，使之哨探戒嚴，控扼截勦．

而乃於上年初夏，乃敢逐其不逞，擧國來寇，瀰洋蔽日．湊迫釜浦，蜂駭蟻散，大肆搶掠，厥鋭莫遏．關防一壞，突如其升虛，遂刳嶺路，蹂湖右，蟠王京，鑿松都，赶據箕城，毒機西括．焚燒我宮闕，夷鑠我廟社，芟刈我生靈，汙衊我婦女．係縲我王子，奴隷我宰樞，又分剽諸道，恣行刼殺，所過殘滅，擧國靡彫．自有此天地，未有此劇變．

斯豈我寡君之故哉？斯實地方守禦官，不忠無勇，有以致之．我寡君何罪焉？居王位二十五年，無游畋聲色之娛，有宵旰憂勤之惕，而畏天之誠，亘如一日．德無甚失而政無甚闕，今忽至此，咎無歸處．雖曰，'人謀不臧'，抑亦天意難諶．當其凶燄之密邇燎原也，我寡君不忍盡劚其民，以太王去邠之義，親奉廟社之主，左次龍灣．聖天子聞之，有衋于衷，卽遣使慰之，繼之以鄭重之問，洊之以錫賚之豐，隕自天也，渥何隆矣？欽惟，我聖天子，殷念我小邦，粤自先代一心靡不嚮帝室，是寵憐之．又念普天率土，莫非王土王臣，宜得臣無家．

又憎其凶賊構逆也，爰赫斯怒．乃命都督府提督，出師征之；申命兵部右侍郎，領衆督之．且念我小邦公私空匱無以犒軍供戰備也，命地官出粟與銀，命夏卿出兵仗器械，惟其所用，前後搬輸，首尾千里．於是，提督大人，啣奉天明，恭行天討．提將之符，摠玆戎重，裒兵大蒐，貔貅如林，長戟彗雲，朱旗絳天．而朝，辭魏闕；夕，至遼·薊；山移海轉，雷轟霆迅．威聲所加，草木變色，未濟鴨江，而兇膽已破．師次關西，嘬鋒箕城，一鼓鏺之，天威何可當也．

怒其鷇麛, 敢抗喬嶽乎? 澌血波江, 積馘崇觀, 海西·松都之賊, 聞風錯愕, 逃遁不暇. 兩京旣收, 西路爲之肅淸, 直擣畿郊. 將迫王京, 乘破竹之勢, 殪其魁而掇其城, 猶風埽坌而霜摧枯也. 天將豈不知之兵家之筭? 自別有奇正, 而戰勇氣也. 勇氣至於三則竭矣, 姑休卒息馬, 將相機而擧也? 且愍我王子在賊中, 不忍傷之也, 試許降聽和? 盖將不血刃而離王京, 用保我王子, 徐觀其所爲而圖之. 吾儕小人, 不識大君子所卜度逈出尋常, 其猶有欲速之望.

今者, 孼虜, 果智窮力蹙; 旣噤不得出氣, 盡其衆南下. 堂堂我天將, 仗我聖天子威靈, 協我賢侍郞籌畫, 長驅而壓綷之, 若排浮萍卷飄蓬. 不煩一兵而獺川以北·鳥嶺以南, 妖氛忽霽, 宇宙開朗, 國有生氣, 民回死脈. 信乎, 聖天子, 其眷佑我寡君乎, 其惠我東土之人乎; 信乎, 我天將, 其能用聖天子明命, 以無負推轂之寄乎. 蠢玆斯彌, 我小邦糞土賤氓等, 自分必死於鋒鏑, 將甘膏液之潤草. 豈意親望大將軍赳赳桓桓·盛德威武之儀容乎? 豈意親沐聖天子穆穆渢渢·生成再造之汪恩乎?

玆者秀吉之驕猾鷙悍, 與天爲仇者, 非天下古今非常之大變乎? 其貽虐於天下生民, 豈特洚水之湯湯乎? 帝舜氏, 旣命夏后, 免赤子於魚頭. 今我聖天子, 亦克命我大將軍, 解兩國之棼而息天下之兵. 其驅寇出海外, 廓淸區宇之功, 豈在於鑿龍門瀹濟漯之下哉? 於是乎, 益仰聖天子知人之明·大將軍供職之忠也. 我寡君無國而有國, 無民而有民; 我小邦之人, 無君而有君, 無家而有家. 顒乎卬乎, 伊誰之績? 乾坤之雨露, 其可謝乎? 日月之光華, 其可繪乎? 百姓, 夫何思何慮, 順帝之則而已.

嗚呼! 天道助順, 人道助信. 犯順干紀, 天方厭穢; 窮凶極惡, 鬼必陰誅. 君子曰, '苟信不繼, 盟無益也.' 夷性孔姦, 詐黠難憑而何信之有? 伏願, 天將大人, 勿以謾語爲信, 勿以一去爲快. 益張皇嚴, 益硏神筭; 毋留天誅, 毋逋大憝. 永鞏我藩翰, 永存我宗祏. 俾我東溟, 波不揚而塵不聳, 寔我孑遺東人之至望也. 竊恐, 天師一班之後, 每至侵暴而更無所扳援也. 籬撤而堂衝, 脣缺而齒冷. 我小邦淪喪, 亦豈大國之福哉? 重願天將, 其審圖之!

圂豕之形, 溷矣, 而享于神; 野柴之焰, 虐矣, 而祀于天. 其所以享于神·祀于天者, 不在於豕與柴, 特寓其誠焉爾. 然則徒曰飮食之耳, 豈曰飮食之乎? 簞壺之迎, 昔曾有之; 螻螘之悃, 今其可已乎? 無任歡忻蹈抃感激悲懼之至, 謹奉牋陳謝以聞.

其詞曰:

醜虜恣蜂蠆之螫, 方憂鋋刃之膏; 王師副雲霓之望, 敢獻簞壺之犒.

慶關宗社, 喜溢黔黎.

憬彼島夷之陸梁, 蓋緣秀吉之猜慝.

黃屋左纛, 僭萌尉佗之兇謀; 白羽飛書, 忍發嚮道之悖語.

理宜拒而不報, 禍因玆而匪茹.

血生靈之何辜, 灰宮闕之可慘.

三都陷沒, 漲腥穢於山河; 孤蹕飄搖, 蒙冠蓋於塵露.

欽惟皇帝陛下, 德合覆燾, 道光軒虞.

特感事大之至誠, 渙沛字小之洪恩.

爰整其旅, 期一怒而安民; 惟簡在心, 命二臣而討亂.

恭惟, 侍郎宋老爺:

淸規映日, 精鑑照水. 策出玄機, 思入神契. 折衝樽俎, 遙淸玉壘之郊. 談笑皇王, 遠指金城之域.

恭惟, 提督李老爺:

金虬鰲海, 鐵馬行空. 奮臂雲興, 騰跡虎噬. 箕裘業紹乃祖, 夙稟黃精紫盖之英靈. 忠義氣出自天, 誓埽枉矢攙搶之芒角.

至如摠兵·參將·游擊僉副將大人, 亦莫不如龍如虎若熊若羆, 指揮而星河移, 叱咤而山岳動.

發神慳鬼祕之奧, 雲雷叶符; 顫陽開陰闔之權, 龍蛇起陸.

於是, 旌旗奕赫於鶴野, 輜軿轟簇於鴨江.

烈砲雹散而星跳, 欻蕩箕城之巢穴; 稜威風行而電迅, 俄遁海關之連營.

隔一帶之臨津, 望三角之華嶽; 天威之動有赫, 方成壓卵之機; 巨魁之膽已寒, 合乘破竹之勢.

雖然, 筭有奇正, 謀宜卷舒, 兵可究乎? 我有辭也.

仰觀俯察, 必參天人之叶從, 臨機制勝, 盍審成敗於頃刻?

況王子之在縲, 忝王心之如屠.

姑許降而聽和, 務弭兵而息禍, 不待韓厥之戒, 已知用兵之三菑, 寧徯魏絳之言, 始信和戎之五利.

示威示德, 以代以柔, 果凶酋之化懷, 竟空城而渡漢.

驅之南嶺, 肅若猛虎之追羊, 薄乎東瀛.

豁如疾風之捲霧, 異三年伐鬼之憊, 匪六月逐玁之勞.

巍乎碣石之封, 只恣意於荒誕; 邈矣燕山之勒, 徒取譏於虛耗. 於臣何功, 于國奚益.

未若期征之一擧, 快覩仁威之兩全.

上, 熙天子生成之鴻恩; 下, 造小邦恢復之丕績.

箭, 將絶斷於青海; 弓, 可掛於天山.

所可慮者, 盜言孔甘, 夷性素黠.

乍信乍叛, 眞人面而獸心; 或誑或侵, 應蜮伺而狶突.

天師班而漸遠, 小國孑而何依.

言可執於有禽, 帥師旣屬於長子, 患必遺於放虎, 薄伐寧緩於太原.

縱, 未能隻船之莫回; 猶, 可使巨酋之見殪.

蛟鼉鼓振盪之氣, 風霆助肅殺之嚴.

魑魅喪精, 恠絶島嶼; 鯨鯢授首, 血漫滄溟.

誠如是也, 惡消悔萌, 威怛德赧.

愧鮫穴之禱, 絶鴈門之窺.

熄狼烟之紅, 兵脫甲胄; 抽塞草之綠, 民樂耕桑.

然後, 中國益尊, 外夷自別.

無脣亡齒寒之戚, 有陛重堂高之安.

功冠古而振今, 豈但爛天下之竹帛; 恩生死而肉骨, 其永鏤東人之肺肝.

伏念小人等, 力綿蚊宝, 蠢同陵舃, 當天地否塞之會, 值國家淪喪之辰.

未理蜀道之芒鞋, 旣後杜甫之獨見; 莫拚鄭伯之蝥介, 亦負穎叔之先登.

忍與賊而俱生, 期存主而後死, 辱滔天而難洒, 讎滿國而孰除.

豈意皇赫斯臨天高卽下?

遙遙萬里, 振玉贇於唐丘; 漠漠千齡, 躍璇蚪於荒裔.

風伯叱馭, 雷師戒途.

運籌同子房之從容, 行師類孔明之正大.

耳洗啼哭之聒, 慶聞車馬之音; 眼擡涕淚之痕, 路觀羽旄之彩.

重念, 生我活我, 父兮母兮, 何以贈之, 曰維誠耳.

一樽二簋, 雖慚玉盤之羞, 百拜千呼, 庶貢箕疇之祝.

V. 용사일기 발문

용사일기 발문

상정象靖은 매번 학봉 김성일 선생의 「촉석루중삼장사矗石樓中三壯士」 시구를 암송하면, 아닌 게 아니라 분격하여 팔을 휘두르며, 감동하여 탄식함에 그 사람됨을 **사랑하여 간절히 생각하지** 않은 적이 없었다. 대체로 임진왜란을 당하여서는 영남이 맨 먼저 병화에 갈라졌다. 선생은 한길로 **초유**招諭의 직분을 안고서, 정성과 있는 힘을 다해 끝내 순국하였거니와, 대소헌 조종도와 송암 이노 두 공이 실로 그 막료가 되어 협찬하고 기획한 도움이 이에 더불어 많았다.

선생의 정수한 충성과 위대한 공렬은 참으로 이미 나라의 역사와 가첩에 실려 있어, 거의 사람마다 가지고 있고, 집집마다 외우듯 한다. 유독 두 공이 치밀하게 행한 모의는 왕왕 침몰하고 없어져 세상에 널리 전하지 못하였으니, 옛것을 좋아하고 의리를 사모하는 선비들은 대체로 이것을 깊이 원망하였다.

이제 와서 송암공이 저술한 『용사일록』이라는 것을 받아 읽어 보니, 학봉 선생이 난리를 겪은 전말을 행장과 연보에 기재된 것과 비교해서 보니 더욱 자상하였다. 두 공이 주선하여 도와서 보충한 공로 또한 간간이 첨부하여 여기에 드러내었다.

무릇 선생은 두 공을 얻고서 하늘이 나를 도왔다고 기뻐하였으니, 그 사람됨을 알아보고 선임한 것이라고 참으로 알 만하다. 두 공이 추종할 바를 택하되, 가벼이 남에게 허여하지 않았다는 것 또한 볼 수 있을 따름이다.

아! 촉석 일면은 즉 영남의 울타리인데도, 그 존망은 선생의 한 몸에 걸려 있었다. 바야흐로 세 장사가 둘러앉아 눈물을 흩뿌리며, 장강을 가리키며 서약할 때에, 장차 그 자신을 잊고, 나라를 위해 죽으리라는 장한 뜻[壯志]은 이미 가슴속에 본래부터 작정한 것이었다.

하늘로 하여금 전화戰禍를 내린 것을 후회한다는 의미로 선생에게 몇 해만 빌려주었더라면, **장차** 요망한 기운을 모조리 소탕하고, 구역을 깨끗이 하는 것은 날을 정해 기약할 수 있었을 것이지만, 대훈大勳이 아직 모이기도 전에 장수별이 거연히 떨어졌으니, 이것은 진실로 시운에 관계된 바이다. 그러나, 의려를 **초유**하고 방략을 마련해서, 다른 날 다시 회복하는 사업에 터전으로 한 것은 실제 선생으로부터 발현된 것이다.

이에 송암공은 창과 방패가 몹시 혼란한 틈 속에서 사건에 따라 붓을 들어 기록하여, 전

말을 갖추어 저술하니, 백 세대 뒤에 오는 사람들로 하여금 역력히 알게 함은 마치 자신이 직접 겪고, 눈으로 보는 것처럼 하였다.

조정에서 국사를 계획하는 일[巖廊]을 하는 지사들이 평소에 관심을 두고 보아두었다가, 창졸지간의 위급한 때에 수용한다면, 이것은 참으로 학봉 선생이 남긴 계책과 공적이겠지만, 송암이 부지런히 힘써 일하며 채록하여, 후인들에게 도움을 준 것이니, 그 공적 또한 어찌 적다고 할 것인가?

문득 상정은 거듭 느끼는 것이 있다. 『예기』에 "환란을 막다가 순직하면 제사하고, 큰 재난을 막으면 곧 향사한다."라고 하는 글이 있기로, 옛날 수양睢陽에 있는 장순張巡과 허원許遠을 기리는 사당인 쌍묘雙廟가 바로 이것이다.

만약 촉석루 아래에 몇 칸의 사당을 두고, 세 현인을 아울러 제향하여, 죽지 않는 혼으로 하여금 영원히 향사에 보답하게 한다면, 고을 백성들의 백세 생각을 위로할 수 있을 것이지만, 이에 대한 소식은 아직 이르지 않았다.

정의를 숭상하고, 절개를 사모하는 지사는 반드시 이 사실을 조정에 알려 능히 시행하는 자가 있을 것이지만, 일이라는 것은 진실로 기다림이 있는 것이다.

송암의 후손 **일화一華와 일신一藎 등이** 감히 이 서책을 사사로이 하지 못하여, 마침 가래나무 판에 새겨 오래도록 유전遺傳하려고 하니, 곧 효손과 효자가 마음을 쓴 바이다. 여기에 의령현감 서명서徐命瑞가 그 일을 계획하고 처리해 주었으니, 역시 힘쓸 바를 안다고 이를 만하다. 이로써 책의 끝머리에 아울러 쓴다.

임오(1762)년 10월 상순 한산인韓山人 이상정李象靖 책의 끝말에 쓰다.

龍蛇日記跋

象靖每誦鶴峯先生「矗石樓中三壯士」之句，未嘗不扼腕感欷，想見其爲人．盖當壬辰之亂，嶺南首刳於兵．先生膺一路招諭之寄，殫誠竭力，卒以身殉國而趙大笑·李松巖二公，實爲之佐幕，協贊籌畫之助，與爲多焉．先生精忠偉烈，固已載諸國乘家牒，殆人有而戶誦；獨二公密勿之謨，往往沈佚而不大傳於世，好古慕義之士，盖深病之．

今得松巖所爲『龍蛇日錄』者而讀之，記先生履難臨本末，視狀譜所載，尤加詳而二公周旋裨補之烈，間亦附見焉．夫先生得二公而喜其天贊我，則其知人善任，固可知而二公之擇於所從而不輕以許人，又可見已．

嗟乎！矗石一面，卽嶺南之藩蔽而其存亡係先生一身．方其鼎坐，揮涕，指長江，爲誓；其忘身死國之志，已素定於胷中矣．使天意厭禍，假先生數年，其蕩掃妖氛，廓淸區域，可指日以期，而大勳未集，將星遽霣，是固時運所係．然其招諭義旅，制置方略，以基異日重恢之業者，實自先生發之．而松巖乃於干戈搶攘之餘，隨事筆錄，備著首末，使百世之下歷歷，如身履而目睹．巖廊石畫之士，得以平居覽觀，受用於倉卒危難之際，則是固先生之遺謨餘烈，而松巖所爲辛勤采輯，以嘉惠後人，其功又曷可少哉?

抑象靖重有感矣．『禮』有：“以死事捍患之祀，能捍大患，則祀”，如古者睢陽之雙廟是已．若於矗石之下，置數間之祠而並祭三賢，使不死之魂，永有報享，則足以慰州民百世之思，而迄未有聞焉．尙義慕節之士，必有以此聞於朝而能施行者，事固有待焉．

松巖後孫一華·一葢等，不敢私是書，方鋟梓以壽其傳，卽慈孫孝子之所用心．而徐侯命瑞，實經紀其事，亦可謂知所務矣．是庸並書于後．

歲壬午，孟冬之月上澣，韓山李象靖跋．

Ⅵ. 촉석루삼장사시와 서문

촉석루삼장사 시와 서문을 붙임

임신(1632)년 사월 초파일[燈夕]에, 합천 수령 류진柳袗과 진주목 통판 **조공숙**趙公淑과 함께 촉석루에서 서로 잔을 받들고, 진양의 옛일에 대해서 담소하는데, 유공이 학봉 김성일의 절구를 암송하였다. 학봉은 만력 **임진(1592)년**에 **초유사**로 이곳에 주둔하여, 보루를 구축하고 왜적과 상대하였다. 조종도와 이노가 그를 따랐는데, 역시 모두 영남의 수재였다. 술잔을 나누는 사이에 음운이 하도 비장하여, 사람들로 하여금 두드리며 박자를 맞추게 하였으니, 글자 하나마다 한줄기 눈물이었다. 통판 조공이 비로소 판자에 새겨 이를 걸었으니, 훗날 의사들의 간담을 격정하게 하리라.

해주인[首陽人] 오숙吳䎘숙우肅羽서

촉석루 중 세 사나이,

한 잔 술로 웃으며 장강수를 가리킨다.

장강 물은 흐르기가 도도하니,

강물이 마르지 않듯이 넋인들 죽지 않으리라.

위 학봉 지음.

학봉 김성일과 조종도·이노가 시를 읊은 사실은 「학봉연보鶴峯年譜」 중에 상세하게 기재되었다.

附矗石樓三壯士詩並序

壬申燈夕, 同陜川倅柳公袗·通判**趙公淑**, 相與把杯于矗石, 談晉陽古事, 柳公誦金鶴峯絶句. 鶴峯於萬曆**壬辰**, 以**招論使**駐此, 與賊對壘. 趙公宗道·李公魯輩從之, 亦皆嶺南之秀. 樽俎之間, 聲韻悲壯, 令人擊節, 一字一淚. 通判趙公, 遂刊板而揭之, 以激後來義士之膽.

首陽吳䎘肅羽識.

矗石樓中三壯士, 一盃笑指長江水. 長江之水流滔滔, 波不渴兮魂不死. **右鶴峯.**

鶴峯與趙·李咏詩事, 詳載「鶴峯年譜」中

부록

『용사일기』 해제

1. 『용사일기』의 내력

가. 서지사항

이 서적은 1권의 책으로 권수의 나눔이 없다. 서책의 문장이 시작하는 머리 부분에 적힌 제목[卷首題]과 책장의 가운데를 접어서 양면으로 나눌 때에, 그 접히는 부분의 제목[版心題]이 모두 『용사일기』로 되어 있다. 다만 본문의 권수제는 '용사일기龍蛇日記, 기김학봉사적記金鶴峯事蹟'이라고 부제를 달았다. 책의 크기는 가로 32.2㎝, 세로 20.6㎝이다. 각 면은 10줄이며, 글자는 20자이다. 양면을 맞추어 접기 위한 판심에 인쇄하는 물고기 꼬리 모양[魚尾]은 아래 위로 두 잎의 꽃무늬[花紋]로 되어 있다.

『용사일기』는 1763년에 간행되었으며, 국립중앙도서관 소장본을 토대로 보면 판수는 서문 2판, 선조교서 4판, 본문 71판, 이여송 서장書狀 7판, 발문 2판이며, 촉석루중삼장사 시판 1판으로 전부 87판이다. 목판은 경상남도 유형문화재 제62호로 지정되었으며, 의령군 오방리 함휘각含輝閣에 있었으나, 2019년경 의령박물관에 보관을 위탁하였다.

그간에 『용사일기』는 1918년경까지 5~6차례 걸쳐 간행되었음을 확인하였다. 초간본을 저본으로 번역을 하였다는 부산대학교는 그 해제에서 '촉석루삼장사시판을 말미에 붙이고, 본문을 첨삭하여 재간본을 발행하였다'고 하였다. 그러나 본문을 첨삭한 것은 발견되지 않은다. 다만 본문의 제목이 다른 것은 확인된다. 곧 '용사일기龍蛇日記'가 '이송암용사일기李松巖龍蛇日記'로 바뀌어 있다. 부제는 동일하다.

나. 『용사일기』 일반론

『용사일기』는 전쟁실기이다. 그것도 서울이 함락되고, 임금이 북으로 피난을 떠나, 나라의 존립마저 위태롭던 임진왜란 초기에 관한 실제 기록물이다. '전지적 작가시점'의 글이라는 점이 새롭고 당시로는 아주 파격적이었다.

학봉 김성일이 왜란을 대비하여 경상우도병마절도사의 직임을 받아, 마산의 해망원으로 부임하던 때로부터, 경상관찰사로서 진주성 병영에서 역질로 순절할 때까지 제반 사건을 기록하였다. 그러니까 용사龍蛇의 뜻은 1592년이 용의 해인 임진년이고, 그 다음 해가 계사년이니 바로 뱀의 해가 된다. 이 13개월 즉 2년간의 기록이다. 김성일이 일본으로 사행한 신묘년의 기사나 계사년 11월의 반장에 관한 것도 있지만 사건의 본말은 아니다.

김성일을 전지적 작가시점에서 제3인칭인 '공'이라 지칭하고, 그 주인공을 중심으로 당시 사정을 풀어내었다. 이것은 역사적 기술기법으로 보면 기전체紀傳體로 분류될 수 있다. 기전체는 왕이나 개인의 전기를 이어 감으로써 한 시대의 역사를 기술하는 방식이다. 사마천의 『사기』가 기전체의 대표적인 역사서다.

일기는 김성일의 막하에서 소모관과 사저관 등을 지낸 송암 이노가 편술하였다. 기사본말체라는 것은 '사건 중심으로 역사를 기록하는 사서의 편찬 체제'를 말한다. 임진왜란이라는 사건에 김성일이라는 인물을 중심으로 역사를 엮은 것이다. 이 방식이라고 주장할 수도 있을 것이지만, 분명한 것은 일기라고 이름하였지만 일기는 아니라는 것이다. 당시로서는 상당히 특이한 기록물이었다. 그래서 『용사일기』는 임진왜란과 병자호란 이후 전쟁실기의 전범이라고도 평가되고 있다.

다. 편찬 경위에 관한 추정

왜란에 대비한다고 대대적으로 성을 넓히며 수리하고, 새로운 성을 쌓았던 일은 경상도 사민들에게는 생사가 달린 막대한 부역이었다. 만리장성 축성에 동원되어 수만 명이 죽어간 진나라와 명나라 백성들의 피눈물에 견주어도 결코 덜하지 않았다. 관료와 백성이 대립하는 극한의 상황을 거치게 되었지만, 채 수습이 되기도 전에 임진왜란이라는 전쟁이 발발하였다.

지키는 군사가 없는데, 쌓은 성은 뭐에다 쓸 것인가. 요새가 나라를 보전해 주는 것이 아니다. 만리장성이 아무리 철옹성이건 별무소용이었다. 청태조 누르하치는 만리장성의 산해관에 화살하나 쏘지 않고도, 열어준 문으로 명나라로 들어갔다.

현감이나 군수고, 목사이고 부사이건 간에 도망가지 않은 관헌이 아예 드물었고, 축성 작업에 백성의 원성이 자자하던 경상감사는 백성더러 산으로 들로 도망하여 목숨을 부지하라는 충격적인 명령을 하기에 이르렀다. 병사를 지휘하고, 백성을 달래어, 왜적에 대항하여야 할 수령들이 지역의 의병장 아래 몸을 의탁하여 목숨을 부지하는 것은 실로 충격적인 부끄러움이었다.

참으로 동래부사 송상헌이 벌떼 같은 왜적에 대항하여 순절한 이후, 탄금대에서 신립의 군사들이 몰살할 때까지 제대로 공성전이나 전쟁다운 싸움을 한 사실조차 없었다.

관료들이 이토록 한심한 지경에 이르렀어도, 뜻 있는 사림에서는 호미자루와 작대기를 들고 창의를 하였고, 사람이지만 물건마냥 사고팔고 상속이 되는 대상이라 사람 취급을 받지 못하던 노비에게도 숭고한 호국의 뜻은 참으로 뜨거웠다. 일기는 그러한 역사적 진실을 담은 것이다.

김성일이 영남초유사로 시작하여 경상우도 감사와 경상좌도 감사 그리고 경상관찰사로 목숨을 다할 때까지, 이노는 시종일관 옆에서 보좌하였다. 이노는 천인공노할 관료들의 만행과 숭고한 민초들의 나라 위한 모습을 기록으로 처절하게라도 남겨, 뒤에 오는 사람들에게 징비하고 싶었을 것이다. 서애 류성룡이 희미한 시력과 떨리는 붓끝으로 후세를 반드시 경계하고자 『징비록』을 쓴 심경과 무슨 다름이 있을 것인가. 1960년 이 두 서책이 함께 한 곳에서 번역되어 세상에 나온 것이 시사하는 바는 무엇이었을까?

라. 『용사일기』가 된 사정과 편집

처음 이노가 지어 김성일의 본가에 전한 것은 『용사일기』라는 제목이 아니었다. 『용사사적龍蛇事蹟』이라 제명하여, 김성일의 본가에 보냈다. — 물론 세마공 김집이 지리산 언저리에서 시묘살이 할 때에 송암 이노에게 받아왔다는 기록도 있기는 하다. — 이 제목으로 본가에 보낸 것은 하나가 아니다. 두 개 본이 있는데, 공히 제명이 『용사사적』이다. 그런데, 하나는 『문수지文殊誌』라는 제명으로 『학봉전집』에 실렸으며, 별도로 간행하기도 하였다.

이 『문수지』와 제목을 공히 『용사사적』으로 한 서책은 그 초안본은 이노의 후손에게 전해졌고, 좀 더 다듬은 정서본 — 그렇다고 현존하는 『용사사적』을 완성본으로 보기는 무리가 있다. — 이 김성일 가문에 보내졌으니, 두 가문의 후손들이 간직하고 있었던 것으로 보인다. 그러던 중 영조 연간인 1763년에 송암 이노의 후손들이 『용사사적』을 근간으로 간행을 하면서, 그 책명을 『용사일기』로 하였으니, 『용사사적』이 『용사일기』가 된 것이다.

그 구성은 서명서의 서문과 선조가 경상도사민들에게 보낸 교서와 『용사사적』이라고 하는 본문에 더하여 송암 이노가 명나라 이여송 제독에게 보낸 서한에 이어, 대산 이상정의 발문을 보탰다. 이후 재간과 재재간을 거치면서 전후 편집상 다소 변동이 있다.

2. 문학적 특성과 전쟁실기의 전범典範

가. 문학적 특성

『용사일기』는 비록 소설은 아니지만, 일종의 역사서이자 어떤 주인공의 행적을 그려낸 기록영화와 같은 것이다. 현대적 관점으로 이를 분류하자면 곧 전지적 작가시점全知的作家時點에서 기술한 것으로 볼 수 있다. 역사서의 방식이라면 앞서 지적한 대로 기전체와 기사본말체의 특성도 함께 지녔다. 『사기』의 「열전列傳」처럼 주인공이 김성일이지만 그 전반적인 흐름은 임진왜란이라는 절체절명의 전쟁상황에서 군관민의 유기적인 협조로 왜적을 물리치는 사실적인 관점을 바탕으로 하였기에 그렇다.

이렇게 작가와 주인공이 다른 '3인칭 시점'이라는 독특한 전쟁실기인 관계로, 작가 자신의 감정이 여러 곳에 나타나고, 또한 중복되어 표시되기도 한다. 이것은 죽유 오운이 지적한 바탕 그대로다.

나. 『용사사적』 필사본의 유통

1763년 『용사일기』라는 제명으로 발간되었기 때문에 『용사일기』가 되었다. 그 이전에는 '용사사적'과 '용사별록' 그리고 '용사일록' 등으로 많이 불렸다. 초유사 김성일의 사적을 기록한 글이라고 하고 나면, 공적이 있거나 흠결이 있든지 그 후손들이 과연 그곳에 자기 선조가 어떻게 기록되어 있는지는 매우 궁금하게 생각했을 것이다.

『용사사적』이라고 불린 『용사일기』와 『문수지』로 이름을 바꾸어 단 『용사사적』은 둘 다 안동의 김성일 본가와 의령의 이노 가문에도 보관되고 있었을 것이다. 과거에 서책이나 이론이 가장 빠르고 광범위하게 전파되었던 방법이 바로 필사본이었다는 것은 불문가지다.

거창 선비 정온鄭蘊의 문집인 『동계집』 제2권에는 『용사일기』와 관련한 중요한 서간문을 쌍주를 내어 싣고 있다. 즉 이미 '용사록'이라고 하는 것이 필사본으로 광범위하게 유통되었다는 것이고, 정온이 직접 송암 이노에게서 들었다는 말을 남겼다. 정온은 거창 사람이고 당시 25세였다. 1593년 거창가수를 하던 이노는 그 직에서 물러 나와 가조현에 있었으니, 둘은 이미 구면이었던 것이 틀림없다.

"김학봉은 영남을 다시 살린 공적이 있고, 김송암은 한 지역을 방어한 공적이 있습니다. 두 사람의 사적을 자세히 기록하지 않을 수 없습니다. 이노공에게 들으니, 『용사록』이 있다고 말하였는데, 아마 이미 구하여 본 것이 아닌가 생각합니다.[金鶴峯, 有再造嶺南之功; 金松庵, 有悍禦一方之功. 二人事蹟, 不可不詳錄. 聞李公魯氏, 有『龍蛇錄』云, 想已求見耶否.]"

이것은 동계 정온이 「학봉언행록」을 저술한 인재 최현崔晛에게 보낸 서찰의 내용이다. 서찰을 주고받은 연도는 정확하게 알 수는 없지만, 최현은 학봉의 언행록을 지었다. 김성일의 조카인 운천 김용金涌과 함께 한강 정구鄭逑를 찾아가 김성일의 행장 찬술을 요청한 사실 등을 가지고 추정하면, 1617년 전후로 짐작된다. 다만 정온이 언급하고 있는 이 서찰만으로는 나중에 『문수지』가 된 『용사사적』인지 아니면 『용사일기』가 된 『용사사적』을 지칭하는지는 알 수가 없다. 하지만 죽유 오운의 『용사사적』에 대한 독후감과 부사 성여신의 『종유제현록』에 이은 비교적 이른 시기의 언급이 아닌가 한다.

『용사사적』이라고 동일하게 제명을 한 김성일의 기록은 이토록 송암 이노의 본가와 더불어 학봉의 후손 가문에 각각 소장되고 있었다. 웬만한 인적 관계가 있었다면 이것은 기하급수적으로 늘어날 수 있는 소지가 있다.

그러나 중요한 것은 죽유 오운의 『용사사적』 서평과 『동계집』에 실려 있는 이 기록은 적어도 『용사일기』가 송암 이노의 후손들이 위조한 것이라고 아예 무시하는 여러 후손들에게는 수백 년 가슴에 응어리진 멍에와 같다. 더불어 「촉석루중삼장사시」를 최경회가 물에 빠져 죽으면서 지었다는 황망한 의식을 가지고 있는 사람들에게는 목에 박힌 가시보다 더 아프다.

다. 전쟁실기의 전범典範으로서 『용사일기』

『용사일기』가 임진왜란과 병자호란 이후에 기술된 새로운 방식의 전쟁실기 효시 또는 전형이 된다는 점에서 주목해야 할 필요가 있다. 인물의 사적을 중심으로 기술하였으나, 작자와 주인공이 서로 다르다. 그리고 기록하는 시점이 당시가 아니다. 이러한 문학적 관점은 종전의 일반적인 전쟁실기와 상당한 차이가 있다. 그래서 이 일기는 임진왜란과 병자호란 이후 전쟁실기의 전범이자 전형이 되어버린 것은 실로 특이한 결과가 아닐 수 없다.

그 이유는 다른 데에 있지 않다. 우선 당대의 기록이 아닌 지난 시점에서 과거를 기록한다는 점이고, 기록자와 주인공이 서로 다른 3인칭 기법이라는 것이다. 그래서 기록자의 감정도 곳곳에 묻어 나올 수 있다. 이른바 후손이나 가문 등에서 전쟁을 직접 겪은 선조나 스승 등의 종군 사실을 서술하였던 새로운 방식의 전쟁실기 효시가 바로 이 일기가 된다는 것이다.

3. 현존하는『용사사적』과 죽유 오운이 남긴 서평

가. 1600년에 쓰인『용사사적』의 독후감

죽유 오운은 본관이 고창이며, 함안군 모곡리 출신으로 의령 가례리에서 살았다. 그리고 외가가 있는 영주로 이주하여 만년을 보냈는데, 학봉 김성일의 장남과 사돈지간이다. 송암 이노와는 남명 조식 문하생으로 친분이 깊었다.

오운은『용사일기』와 관련하여 아주 중요한 문적을 남겼다. 바로 일기의 원문을 보고 감회를 적은 독후감이 있는데, 이른바 '용사사적서평'이 그것이다. 자신의 문집인『죽유집』과 함안에 거주하던 간송 조임도가 편찬한『금라전신록』에「서학봉용사사적후書鶴峰龍蛇事蹟後」라는 편명으로 실어 전한다. 400년 전의 독후감이라니 실로 이것은『용사일기』가 송암 이노의 후손들에 의해서 조작되었다고 주장하는 가문들과 호남의 삼장사설을 속절없이 펼치는 인사들을 참으로 무색하게 하고도 남음이 있다.

죽유 선생이 보고 참으로 거필鋸筆이라 감탄하고, 박정완朴廷琬의 모병과 성산의 문려文勵와 고령군의 김응성金應成의 분투가 누락된 것을 안타까워하였다. 집필자인 송암 이노의 사적인 기록 또한 절대 사적일 수 없는 영남 유림과 순찰사 김수와의 갈등이었지만, 거듭 기록하였다고 비판하였다. 그리고 자신이 직접 책갈피로 기록을 추가한 사실도 언급하였다.

이 문적에는 직접 읽어 본『용사사적』의 생김새에 대해 언급하는 대목이 있다. "돌이켜 책을 펼쳐 살펴보니, 일찍이 종이를 붙여 추사하여 바로잡은 곳이 있는데, 먼저 얻어 본 것으로 보는 바이나, 누가 하였는지 알지 못한다. 아마 뒤에 본 사람이 보기가 혼란하여, 같은 방법으로 뜻이 같은 데에 점을 찍고, 청화로써 고이를 구별하였다.[施見卷中, 曾有粘紙而檃括追寫處, 所見先獲, 不知何人所爲. 恐後之覽者混視, 一手點圈, 以青華別之以考異.]"는 곳이다.

오운의 지적대로 이것은 정서한 것이 아니다. 완성된 서책이 아니라는 말이다. 줄이 그어진 공책에다 직접 쓰고, 권점을 표시하고 위에다 첨삭을 한 곳도 있으며, 글자의 아래위가 뒤바뀐 것은 물방울이 떨어지고 튀어 오르는 모양으로 교정을 하였다. 물론 청화뿐만 아니라 옅은 먹물과 진한 먹을 써서 확인한 곳도 많이 있다.

그런데, 죽유 선생이 언급한 그 기록대로 아직도 그대로 그 형상대로 남아 있다면 참으로 놀라운 일이다. 전해 들은 바가 아니라 자신이 직접 보고 느낀 감회와 비평을 더해서 쓴 글이니 마치 어제인 듯 선연하다.

나. 보물 제905호 서적 제40호로 지정된 『용사사적』

학봉 김성일의 종가에는 많은 유물이 전한다. 1987년 문화재청은 학봉가의 유물을 보물로 지정하였다. 보물 제905호로 지정한 것이다. 그중에 서적목록 제40번이 바로 죽유 오운이 본 그 『용사사적』이다. 책 표지가 『용사사적』으로 되어 있다. 문화재청의 도서목록에는 이것을 『문수지』로 표기하였는데 오기가 맞다. 이른바 서적목록 제39번이 『문수지』이다.

『용사사적』은 죽유 오운이 지적한 외양 그대로 남아 있다. 이제 문화재로 지정되어 전자파일로도 변환하여 보관하고 있으니, 수천만 년이 지나도 인멸되지 않을 것이다. 청화라는 물감은 백자에 그림을 그리던 산화철로 만든 안료를 말하는데, 지금 사용되는 형광펜과 같은 용도로 사용되었다. 공책에 표시된 푸른색이 아직도 푸르다 못해 시릴 지경이다. 이 기록을 중심으로 『용사일기』를 교감하였다. 어떤 부분이 삭제되고 첨가되었는지 죄다 교정·교감기에 적어 두었다.

다. 『용사사적』 서지사항

현존하는 사적은 송암 이노의 친필인지, 아니면 어떤 이가 필사한 것인지에 대한 의문이 남는다. 기록의 전체적인 흐름을 보면 글씨체의 변화가 있다. 마치 여러 사람이 쓴 것과 같다. 이노의 필적을 충분히 알았을 것으로 짐작이 되는 오운은 이에 관한 언급이 없다.

현재 전해지고 있는 송암 이노의 친필 유묵이 있기는 하다. 20여 년에 걸쳐 손수 기록한 『사성강목』이 그것이다. 이를 토대로 대조해 보면 어떤 것은 맞는 듯하고, 어느 부분에서는 손을 빌린 것처럼 보인다. 그러나 죽유 오운의 지적이 없으니, 이 역시 동일 필체로 볼 수밖에 없다.

그런데, 함께 보물 지정을 받은 서적목록 제39번이 있는데, 제목은 같은 '용사사적'이지만 나중에 『문수지』가 된 그 서책의 필체와는 다른 것이라는 것은 확연하다. 더불어 그 서책의 말미에는 그 기록이 '등본'이라고 추서한 곳이 있으니 더욱 그렇다.

그리고, 이 기록의 특이한 점은 또 있다. 이른바 황제나 임금, 하늘과 국가 그리고 종사 등을 표시할 때, 앞글자와 간격을 주는 것은 당시로서는 철칙이었다. 이 사적의 기록 또한 예외가 아니다. 하지만 대소헌 조종도를 기록할 때 이 법식을 적용한 것이 보인다. 대략 4~5곳 정도에서다. 음모를 꾸미는 자가 따지고 들자면 역모로도 몰릴 수 있는 중차대한 문제다. 이것은 필사하는 이가 할 수 없는 것이다. 하므로 이 사적은 이를 토대로 송암이 직접 기록한 증좌로 볼 수 있겠다.

그리고, 이 사적의 끝에는 제1차 진주성 전투의 승전 사실을 기록한 「진양전성기」가 필사되어 있다. 이 글이 임진(1592)년 겨울에 지어진 것이라 교감을 한 흔적이 있고, 오운의 지적이 없는 것으로 보면 그때 함께 보았을 것이다. 그러나 이것을 지은 부사 성여신의 연보를 보면 74세 때인 1619년에 지은 것으로 기록하고 있는데, 이를 토대로 수정을 해야 할 것으로 보인다. 오운의 지적대로 오운이 보기 전에 교정한 흔적이 이 기록에도 선명하게 있으니 논란의 여지는 있지 않다.

라. 서애 류성룡이 본 것

『용사일기』 제8장에서는 김성일이 스스로 압송을 선택하여 북행할 때, 경상감사 김수가 안음의 육십령 근처 길에서 마중을 나왔다. 이때 둘의 대화를 들은 김수 수하인 진주 아전 하자용河自溶이 한 말이 실려 있다.

그런데, 동일한 이름과 대화 내용이 『징비록』에 그대로 전재되어 있다면, 과연 이 일기를 보지 않고 기록할 수 있었을까? 하자용에 대한 것은 『용사일기』와 『징비록』 말고는 찾아볼 수 없다. 풍원부원군은 “이것을 본 늙은 아전 하자용이 감탄하면서 말하기를, ‘자기가 죽는 것은 걱정하지 않고 오직 나랏일만 근심하니, 참으로 충신이다.[老吏河自容, 歎曰: ‘己死之不恤而惟國事是憂, 眞忠臣也.’]”라고 하였다. 이 부분 하자용의 말은 간행된 『문수지』나 『학봉집』에는 나오지 않는다.

서애 류성룡은 학봉 김성일을 변호하는 많은 글을 남겼다. 귀국 보고의 진의를 김성일에게 직접 확인한 바를 전했고, 경상우병사로서 군관 이숭인李崇仁을 시켜 왜적을 참살한 사실을 비롯하여, 계사(1593)년 4월 순국하기 이전까지 진충보국하는 김성일의 행적을 『징비록』에다 상세하게 실었다. 학봉이 있었더라면 과연 진주성이 함락되었을까 하는 안타까움도 있다. 이러다 보니 귀중한 서애의 기록이 서인들로부터 배척을 당하는 계기도 되었다. 일본의 침략 징후는 수년 전부터 있었고, 대마도주를 통하여 충분히 들었다. 그들의 계획과 의도대로 들어온 것이지, 김성일의 귀국 보고가 원인은 될 수 없다.

주목할 점이 있다. 이 두 기사는 하자용에 관한 것은 『용사일기』에는 나오지만, 같은 이가 쓴 『문수지』에는 없다. 그런데 『징비록』에는 하자용에 관한 것과 경상우병사로 부임하여 왜적을 참살한 두 가지 사적이 모두 기록되어 있다. 왜란 발발 이후 선조를 호종한 서애와 영남 보전을 위해 진력하던 학봉이 역책易簀하였던 13개월 동안 서로 연락은 아주 곤란했을 것이다. 더구나 김성일이 자신을 칭찬하는 아전 하자용의 소리를 한가하게 류성룡에게 전했을 이치는 더욱 찾을 수 없다.

이로 미루어 보면, 왜란이 끝이 나고 안동으로 은퇴하여, 정말 떨리는 손끝으로『징비록』를 지었던 류성룡은 당시 안동의 김성일 본가에 있었던『용사사적』과『문수지』가 된 기록을 모두 보았을 개연성은 충분하다. 의심할 여지도 보이지 않는다. 죽유 오운은 별도로 독후감을 남겨 스스로 증빙하였고, 서애 류성룡은『징비록』에다 두 사적의 내용을 실었기에 교차하여 증빙되는 것이 분명하다.

마. 여러 곳에 녹아든『용사사적』의 기록

이렇듯이 송암 이노의『용사사적』과『문수지』기록은 여러 문적의 바탕이 되었다. 우선 지금은 그 존재가 확인되지 않지만 경상감영의 공식 기록 문서로 추정되는『경상순영록慶尙巡營錄』에 옮겨졌다. 이를 토대로 동방의 사마천으로 칭송되는 조경남趙慶男은『난중잡록』을 만들어 가히 삼남지방의 의병 활동 상황을 상세히 전할 수 있었다. 이 기록은『선조실록』과『선조수정실록』의 중요한 기초가 되었다. 더불어 김성일의 행장과 언행록 그리고 연보를 짓는 바탕이『인재집』은 물론『한강집』등에 실어 전한다.

이뿐이 아니다. 임진왜란 초기에 분연히 일어난 수많은 충신열사의 문집 등에 중요하게 자리하고 있다. 송암 김면은 물론이고, 곽재우 의병장의 문집 등에도 동일한 기록이 보인다. 따라서 불분명하거나 일기와 사적이 서로 다른 부분 등의 교감에 있어 이러한 문적은 참고가 많이 되었음을 밝힌다.

4. 『용사일기』와 『문수지』

가. 『문수지』가 된 사정

『문수지』의 원제목은 『용사사적』이라 되어 있다. 이 문적에 관한 기록은 비교적 상세하게 남아 있는 편이다. 학질로 기력이 쇠해가던 송암 이노는 학봉 김성일의 순직 이후 4~5년이 경과하니, 학봉의 행적은 물론이고 국난에 즈음하여 도망한 관헌을 대신하여 분연히 일어난 의려들의 사적이 인멸될 것을 깊이 우려하였다.

서명서가 서문에서 일렀듯이 방패의 손잡이에 먹을 갈아 격문을 지었다는 양나라 순제荀濟의 고사처럼 남겨진 필적을 손수 정리하고 1597년 2월에 글을 완성하였다. 권말에 글쓴이를 '문수산인'이라 하고, 『용사사적』이라 제명을 한 후, 이를 김성일의 본가에 전해 주었다. 이것은 『송암집』을 비롯한 학봉의 사적에도 공히 기록된 사실이다.

이 기록을 전해 받은 학봉 종가에서 언제인지는 확인되지 않지만 소책자로 간행을 하였다. 책 제목은 책을 지은 저자 송암의 또 다른 자호를 토대로 『문수지』라고 했다. 이것은 김성일의 문집인 『학봉전집』에도 그대로 실어 전한다. 『용사사적』이라고 한 기록을 송암의 후손들이 간행을 하면서 『용사일기』라 제명한 것과 같은 사정이다.

나. 『용사일기』의 요약본이라는 『문수지』

『용사일기』의 발문을 쓰고, 『용사일기』를 깊이 연구하여, 촉석루중삼장사가 망우당 곽재우가 아니라 송암 이노인 것을 논증한 『촉석루시사적』이라는 책자를 저술한 대산 이상정이나, 『용사일기변와록』에 대한 응변을 저술한 평암 이경 등은 물론이고, 부산대학교에서 『징비록』을 해석한 이재호 교수를 비롯하여, 이 두 기록을 검토하고 연구한 거의 모든 곳에는 『용사일기』를 가려 뽑아 적은 것[抄錄]이 『문수지』라고 한다.

그러나, 많은 시간 셀 수 없이 아무리 두 글을 읽어 보아도 이에 동의할 수 없다. 우선 초록을 한다면 그 원본의 범위를 벗어나지 않는 것이 맞다. 호적 초본과 등본의 차이다. 그러나 『문수지』는 『용사일기』에 없는 단락이 7곳 정도가 된다. 김성일이 경상우병사로 마산의 해망원으로 부임하면서 배를 타고 정암진을 지나는 과정과 장남인 세마공이 시묘살이를 할 때 아슬하게 왜적을 피하였다는 전설 등이 대표적이다.

『문수지』는 애초부터 권점으로 장의 구분을 하지 않았지만 문장 단락을 나누면 대략 67

개로 파악된다. 반면에 『용사사적』은 저자가 직접 권점으로 장을 구분하였는데, 전체가 66장에 이른다. 참고로 『용사일기』를 간행할 때는 일부 추록한 장을 포함하여 74개 장으로 하였다.

그리고 초록을 한 기록의 편제 순서가 원본을 벗어났다. 즉 사건의 전개가 『용사일기』의 시간적 배치와 다른 곳이 더러 있다. 오히려 『용사일기』의 기록이 사건의 발생 순서와 부합되는 것을 알 수 있다. 이것도 나중에 기록하거나 편차를 해야 나타날 수 있는 현상이다.

더불어 『문수지』는 정서를 다하고, 이미 교정을 마쳐 더 이상 손을 본 곳이 보이지 않는다. 『용사일기』는 줄이 쳐진 공책에 기록한 반면, 『문수지』는 빈 종이에다 기록한 것도 차이다. 『용사일기』는 죽유 오운의 지적대로 교정한 흔적이나 가필 그리고 청화로 고이를 하였다는 모습과 권말에 언제 누가 썼는지도 기록하지 않았으니, 아마 미완의 서책으로 보아야 한다.

다. 미완의 서책인 『용사일기』 원본

학봉 김성일의 사적을 기록하고 나니, 송암 이노는 몸소 겪은 왜란에 대한 회한이 깊었던 것으로 보인다. 특히 경상도 사민들의 공적이 되어 처단론이 대두될 만큼 역신의 반열에 있었던 경상감사 김수가 오히려 호조판서로 승진하는 것을 목도한 송암의 좌절은 매우 지대하였을 것이다. 더불어 의병장 곽재우를 모함하던 김경눌과 김경근의 행적을 그냥 묻어두기는 양심이 허락하지 않았을 것이다.

왜군의 척후병을 보고 놀란 김경로가 양민들이 자기가 빨리 도망하는 데 걸리적거린다고 죄다 도륙을 한 사실과 마치 사이비 종교의 교주마냥 백성을 괴롭히던 김경근의 죄상을 적나라하게 추가하였다. 오운이 사적인 기록이 산재하였다는 비평과 맞닿지만 이것은 결코 사적인 원한이 아니었다. 더하여 『용사일기』로 오욕의 역사를 가진 후손들이 여태 반발하고 있는 것과 맥을 같이한다.

그렇다면 이른바 『용사일기』가 된 사적의 기록은 『문수지』를 보완하고 보충한 나중의 기록임을 미루어 짐작할 수 있다. 당시 송암은 곤궁하였다. 걸출한 인재가 하급 관리나 하던 주묵지간朱墨之間에 처해 있었다고 대산 이상정은 안타까워했다. 송암은 1597년 2월에 『문수지』를 완성해서 안동에 보내고, 이듬해 무술(1598)년 2월 말경 조정의 부름을 받고 한양으로 벼슬길에 나섰다가 김천의 객관에서 그만 타계하였다. 그러니까 오운이 『용사사적』의 독후 소감을 적은 시기는 송암의 빈청이 아직 차려져 있던 대상大祥 이전의 기록이다.

이것은 용사사적 기록 이후 4백몇십 년이 지난 오늘날 비로소 처음 제기하는 의문이다. 『문수지』를 보충하여 분량을 늘려 편차한 것이 『용사일기』이고, 이렇게 추가한 내용은 송암의 사적인 경험이 많이 포함되었지만, 정서도 마치지 못한 미완의 서책이라는 말이다. 학봉과 송암은 사사로이는 성균관을 함께 유학한 진사시 연우다. 학봉의 자제는 아마 송암 상례에 문상을 왔을 것이고, 이때 미완의 『용사사적』이 전해졌을 것이라는 추정은 가능하다. 잘못 짚고 있다면 후대의 질정을 기다리겠다.

라. 동일한 『용사사적』의 기록과 다른 문헌

행장行狀이라는 것은 본시 한 사람의 생애를 함축적으로 기술하여, 보는 이로 하여금 평생의 행적을 알 수 있게 하는 글이다. 학봉 김성일의 행장은 한강 정구가 찬술하였다. 행장에 이르기를 학봉의 장자가 인재 최현과 김용이 저술한 학봉의 행적을 적어와서 몇 날을 가지 않고 거듭 요청하였다고 전한다. 이 행적이 이른바 「학봉언행록」이다. 언행록은 조카인 운천 김용이 지은 것이 전하고, 인재 최현의 것도 있다. 두 가지 본 모두 훑어보면 용의 간지인 임진년이나 이듬해 계사년의 학봉 언행은 『문수지』나 『용사사적』을 보지 않고는 절대 적을 수 없는 글들이 거의 전부다.

그런데 김성일이 처음 초유사로 진주에 도착한 상황과 의령현감으로 갔던 조종도가 진주로 돌아와 이른바 자진 소동을 벌인 부분의 기사가 서로 다르다. 그러나 원본이 전해지는 『문수지』와 『용사사적』의 이 부분은 글자 한 획도 다르지 않다.

공이 처음 진양에 도착하니, 목사는 산에 있고 군사와 백성들이 모이지 않아, 성안은 슬슬 하고 적막하며, 강물은 멀리 아득하였다. 공은 배회하며 실망하여, 슬퍼함에 한탄하는 마음을 감당할 수가 없었다. 얼마 후, 조종도가 의령현감으로 갔다가 진주성에 도착하여, 손을 맞잡고 공에게 일컫기를[公之初到晋陽也, 牧使在山, 軍民不集, 城中寥寥, 江水茫茫. 公徘徊惆愴, 不堪悲惋. 宗道自宜至, 握手, 謂公曰]로 전말이 구성되어 있다.

행장을 지은 정구는 민간에 전해지던 삼장사 시와 관련된 것을 충분히 들어 알고 있었던지, 이 부분을 인용하지 않았다. 정구 선생이 지은 행장을 살피면 명확하지 않은 부분은 아예 언급하지 않는 묘안을 가진 것으로 보인다.

이른바 『문수지』가 된 『용사사적』과 『용사일기』가 된 『용사사적』을 공히 필독하였을 조카인 김용과 학봉의 고제로 알려진 최현의 글이 왜 다를까? 최현은 '당초 진양에 도착하니, 성안은 적막하고 사람 그림자도 없었다. 선생이 조종도·곽재우와 함께 산하를 바라보니, 비통함을 이기지 못하였다. 조종도가 선생의 손을 잡고 말하기를,[當其初到晉陽也, 城中寂無人影. 先生與趙宗道·郭再祐, 擧目山河, 不堪悲痛. 宗道握先生手, 曰:]'이라고 바꾸었다.

그러나 김성일의 조카인 김용이 만력40년(1612년) 피를 적셔[濡血] 썼다는 언행록에는 곽재우가 없다. 그렇다고 『용사사적』을 필시 보았을 것이고, 같은 해 이노와 대과에 동반 급제하고, 비슷한 시기에 이원익의 종사관을 함께 지내 송암 이노를 모를 이치가 없을 김용 역시 지금도 선명하게 전하는 송암의 피묻은 『용사사적』을 외면하기는 매한가지다. '당초 진양에 도착하니, 성안은 적막하고 사람 그림자도 없었다. 눈을 들어 산하를 바라보니, 처참한 것도 깨닫지 못하였다. 조종도는 선생과 잘 아는 지기인데, 손을 잡고 말하기를[當其初到晉陽也, 城中寂無人影. 擧目山河, 不覺悽慘. 趙宗道先生知己友也, 握手言:]'이라고 각색하였다.

이 두 본의 언행록은 『학봉집』이나 『학봉집속집』 그리고 중간본에도 전재되지는 않았다. 학사 김응조는 『학봉집』의 발문을 지었다. 그는 시집의 「촉석일절」이라고 제명을 바꾼 김성일의 「촉석루중삼장사시」에 주석을 내면서, 행장을 지은 정구나 조카인 김용이 찬술한 언행록과 다르게 '선생과 조종도 그리고 곽재우가 눈을 들어 산하를 보며 시를 지었다'고 하였다. 이것은 후대 혼란과 소송 그리고 호남 삼장사의 좋은 먹잇감이 되고 말았다.

주목해야 할 것은 바로 의령의 임시 현감으로 갔던 조종도가 의령에서 돌아온 것인지 아니면 곽재우와 조종도가 함께 단성에서 진주로 입성하였는지가 쟁점이 된다. 단성에서 곽재우를 만난 초유사 김성일은 함께 진주로 갔다. 이노는 단성과 삼가의 소모관이 되어 창의를 독려하고 있었다. 의령으로 간 조종도는 곽재우가 이미 전권을 장악하고 있어 다시 도모할 어떤 것도 있지 않아 진주로 왔다. 오기 전에 곽재우를 만나 유숭인과 분쟁을 조정한 사실도 있다. 김용이 피에 붓을 적셔 언행록을 지었다고 하였듯이, 송암 이노는 학질로 인한 극심한 고통을 감내하며 연우인 학봉 김성일의 사적을 기록하였다. 이것이 변조되고 각색되는 역사를 이미 보았다.

마. 송암의 주석과 이를 실어 전하지 못한 사정

『문수지』에는 학봉 김성일이 절명시로 지었다는 「촉석루중삼장사시」가 있지 않다. 별도의 주석도 없다. 그러나 현존하는 『용사사적』에는 주석을 내어 시를 지은 정황과 학봉의 내면 모습까지 묘사하였다. 이 쌍주에 '이군 역시 맹약에 참석 중이었다.[李君亦參約中]'라는 문장이 있다. 그런데 『용사일기』를 간행하면서 이 문장을 삭제하였다. 이를 삭제하고 전항에 있는 '조종도가 의령에서 왔다'는 부분을 '조종도와 이노가 함께 의령에서 왔다'고 고쳐 쓰고 있다.

이러한 사실을 인지한 대산 이상정은 송암 이노가 스스로 자기를 '이군'이라고 한 것을 의아하게 여겨 후손들이 삭제하였다고 안타까워하였으나, 이는 사실과 다르다. 자칭하여 이군이라고 한 것은 『문수지』나 『용사사적』 전반이 다 그런 것이니, 이유가 될 수가 없다.

이것은 바로 『학봉언행록』에서 시작하여 「촉석일절」이라는 시집의 주석 등에 나타나는 망우당 곽재우에 관한 기록 때문이다. 학봉 가문에서는 촉석루에 게첨되어 있던 천파 오숙의 촉석루중삼장사 시판도 믿을 수 없다고 하였다. 수암 류진은 당시 열두 살에 불과하여 당시 사정을 모르고, 임진년 5월 말경으로 추정되는 작시 연도를 이듬해인 계사년으로 쓰고 있다는 것과 김성일이 초유사로 진양성에 들었는데 순찰사라고 한 것 등이 근거가 되었다. 이른바 촉석루시판은 송암 이노를 위해서 내건 것이라 인식하였던 것이었다.

『용사사적』의 기록대로 곽재우가 아니라 송암 이노로 출간을 한다면 『학봉집』과 다른 학봉 김성일의 기록이 세상에 나오는 것이 되기 때문에 이것은 학봉의 삶을 송두리째 부정하는 것이 된다고 강하게 문제를 제기하였다.

1726년 영남 유림의 태두였던 밀암 이재는 학봉 김성일의 연보를 찬술하였다. 행장이나 일대기라고 해도 될 만한 거작이었는데, 임진년 5월 이 촉석루에서 시를 짓는 현장을 설명하면서 분명히 곽재우가 아닌 송암 이노를 넣었다. 이 연보가 1781년 『학봉집속집』이 간행되면서 실리게 되니, 같은 문집에서도 서로 다른 기록이 실려 버렸다.

이재의 외손자인 이상정은 이 부분에 대하여 조종도가 의령에 임시 현감으로 있으면서 곽재우와 유숭인의 싸움을 중재하고 진양성에 도달한 사실에 주목하여 고증한 바가 있으나, 학봉 후손 가문의 강한 이의제기로 자신의 소신을 접는 일까지 있었다. 이러한 사실은 이상정의 문집인 『대산집』이 전하는 서간문에서 확인할 수 있다. 이상정이 대구 팔공산 아래 최흥원崔興遠에게 보낸 서찰이 그것이다.

5. 『용사일기』의 간행

가. 『용사일기』와 촉석루중삼장사 시의 관련성

『용사일기』의 간행과 아주 밀접한 연결고리가 하나 있다. 바로 「촉석루중삼장사시」가 그것이다. 모여 있으면 몰살하니, 산과 들로 피난하도록 권하고, 군과 관은 숨은 곳이 덜 깊을세라 걱정하며 도망하였다. 영남초유사로 텅 비다시피 한 진양성에 함께한 학봉 김성일과 조종도, 이노 세 사람이 정좌하여, 한 잔 술로 목을 축이고, 절명시로 지은 시가 이것이다. 이 시는 분석을 해보면 간략하여 외기도 편하고, 운율이 절묘하며 음운은 비장하여, 이른바 명시의 반열에 든다. 만구일담萬口一談으로 시창으로도 많이 유통되었다.

그러기를 40여 년이 지날 무렵인 1632년 초파일에 영남수의 천파 오숙은 민간에 광범위하게 유통되던 이 시와 시에 관련된 고사를 듣게 되었다. 정묘호란을 겪고 난 뒤 팽창하던 후금의 강성함에 놀라서인지, 왜란에 임한 지사들의 우국충정에 대한 얼을 다시 열어 본 것이다. 천파는 직접 시판의 서문을 쓰고 기록하였다. 국난 극복의 본보기로 삼는 것은 물론이고, 인멸되지 않도록 이 시를 후대에 길이 알리고자 하였다.

그러나 이 시는 앞에서 언급한 대로 남강변 뒤벼리에서 투신하고자 서로 띠를 묶어 가던 사람이 누구인지에 관한 날조가 있었다. 송암 이노와 망우당 곽재우가 그것이다. 『용사사적』을 필시 보았을 것이고, 시의 구절과 작시 상황을 충분히 알고 있었을 김성일의 제자이자 조카사위인 최현과 김응조에 의해 아주 변형이 생겨 버렸다. 최현은 언행록을 지으면서 곽재우로 기록하였고, 언제 지었는지 연보를 죄다 훑어보아도 알 수 없지만, 학봉의 손녀사위인지 둘째 사위의 동생인지 모를 김응조는 『학봉집』에 실은 이 시에다 주석을 달기를 역시 곽재우로 하고 말았다.

이러한 사실은 촉석루 경내에 삼장사 사당을 건립하는 문제로 송암과 망우당 후손들이 송사를 벌이는 등 서로 대립하게 된다. 이러한 일련의 과정에서 학봉 김성일의 『용사사적』을 토대로 송암의 후손 가문에서 『용사일기』를 간행하게 되었다.

나. 『용사일기』 간행 당시 상황과 목적

천파 오숙이 민간에 유전되는 전설과 『용사사적』 등 문적을 토대로 촉석루 경내에 삼장사 시판을 건 지 90년이 되는 1721년 진주 선비 하세응은 촉석루삼장사 사당을 세울 것과 이의 사액을 요청하는 상소를 하였다. 삼장사는 김성일과 조종도 그리고 곽재우라고 하였다. 그로부터 얼마 후인 1726년 대산 이상정의 외조부가 되는 밀암 이재는 「학봉연보」를 기술하였는데, 『용사사적』을 토대로 곽재우 대신 이노를 삼장사의 일원으로 적었다.

하세응의 상소가 어찌 처리되고 진행되었는지는 확인할 수 없다. 그러나 1760년대에 들어서면서 삼장사 사당 건립은 구체화되었던 것으로 보인다. 이 무렵 최현의 언행록과 김응조의 시 주석의 기록을 토대로 김성일 가문에서는 「학봉연보」의 기술에도 불구하고 종전의 문적을 중시하고 곽재우설을 적극 지지하였다. 곽재우는 이미 의병의 대명사가 되었다. 의병의 아버지로 국난 극복의 최일선에 있었던 학봉의 가치는 망우당 곽재우가 있어야 배가가 되는 것이었다.

송암의 후손들은 엄연한 현실을 타파하고자 『용사사적』의 기록을 토대로 『용사일기』를 발간하였다. 그러나 송암이 친히 잔주를 내어 현장에 있었다고 기록한 문적은 아예 싣지도 못하는 참화를 당하고 말았다.

다. 일기의 최초 간행

『용사일기』의 서문과 발문이 임오(1762)년 2월과 10월에 지어진 것을 토대로 추정하면 이듬해 계미(1763)년에 발행된 것으로 본다. 1762년이라고 하는 문적도 있으나, 중요하지 않다. 판각하는 시간 등을 감안해 보면 이듬해라고 하는 것이 타당하다.

주지하다시피 이 『용사일기』는 현존하는 송암 이노의 육필 기록인 『용사사적』을 바탕으로 하였지만 글자의 들고 남이 있다. 그리고 사적의 분량만으로 한 권 책이 충분하지 않으니, 선조의 경상도 사민에게 보내는 교서가 있다. 그리고 찬술자가 1593년 명나라 이여송 제독에게 보낸 서한문을 첨부하였다. 권말에는 '촉석루삼장사시병서矗石樓三壯士詩幷序'라는 이른바 천파 오숙이 찬한 촉석루삼장사 시판을 붙였다.

그리고, 사적은 66개의 권점으로 문단을 구분하였다. 일기는 총 74개의 권점으로 장을 구분하였는데, 송암 김면의 기사가 2개 장이 추가되었고, 김면 의병도대장이 호남의 방백에게 군량을 청원하는 기사와 선조가 김면에게 내린 교서 그리고 김성일이 근왕병으로 제수된 어명의 철회를 요청하는 상소문 등은 본래 『용사사적』에는 없는 것이다. 일기를 간행할 때 추가하였다.

또한, 누가 구체적으로 편차를 나누고 편집을 하였는지에 관한 추정은 할 수 없다. 서명서에게 서문을 청하고, 안동으로 발문을 받으려 간 사람은 후손인 일화와 일신이라 하였다.

송암 이노가 삼장사 작시 현장에 있었다는 여섯 글자가 탈루된 것을 매우 안타깝게 여겼던 이상정은 일기의 출간을 간행 이후에 알았다. 적어도 발문을 쓸 당시에는 알지 못한 것으로 보인다. 이것은 이상정이 편집에 간여하지 않았다는 증빙이 되겠다.

라. 촉석루중삼장사 시판 게재와 2쇄

부산대학교 한일문화연구소는 『용사일기』 해제에서 "다시 본문에다 약간의 첨삭을 가하고 또 '촉석루삼장사시병서'를 덧붙여 재간본을 낸 것이 있다."라고 밝히고 있다. 이렇다면 초간본에는 이 삼장사 시판이 있지 않았다는 것이고, 곧 이 시판이 뒤에 있으면 재간본이다. 그리고 이 논리대로라면 재간본 본문에는 약간이라도 첨삭이 있어야 한다.

그러나 이것은 남아 있는 고서와 사실관계가 맞지 않는다. 이른바 삼장사 시판이라고 하는 이것은 1632년 4월 초파일에 경상감사 오숙이 서문을 짓고 삼장사 시를 촉석루 경내에 게첨한 것을 말한다. 국립중앙도서관을 비롯하여 육·해·공군 사관학교는 물론이고 현존하는 『용사일기』에는 모두 이 시판이 첨부되어 있다.

그리고, 이 시판이 없는 초간본을 토대로 한글 해석을 하였다는 부산대학교가 밝힌 원문과 시판이 뒤에 첨부되어 있는 국립중앙도서관본과 일일이 본문을 대조한 결과 한 글자도 다름이 없다. 다만, 본문의 제목이 '용사일기'에서 '이송암용사일기'로 서로 다른 것이 확인될 뿐이다.

그리고 부산대학교에 확인한 결과 현재 소장본은 예의 다름없이 중앙도서관에서 소장한 것과 같이 권말에 삼장사 시판이 있는 것이다. 즉 국역의 저본으로 삼았다는 원본의 존재는 확인할 수가 없다. 국내 유수의 도서관과 박물관 등을 확인해 본 결과 동일한 것은 아직 찾을 수 없었다.

다른 측면도 있다. 한일문화연구소가 권말에 있는 이 시판을 발견하지 못하였다면 애초부터 그렇게 된 것이고, 그것이 아니라면 본문의 내용은 한 글자의 바꿈이 없이 시판을 첨부하여 일기의 2쇄를 발행하였다는 말이 된다. 통상적으로 예전의 서책 발간은 100부가 기본이었다고 한다.

당시 『용사일기』의 발간은 실로 많은 파장을 몰고 왔다. 수요를 충당하기 위해서 본문은 손대지 않고, 송암 이노가 삼장사 시를 지을 당시에 정좌한 3인 중의 한 명이라는 여섯 글자를 실을 수 없었던 송암의 후손들이 당시 촉석루에 엄연하게 걸려 있던 시판의 내용을 그대로 추가하여 인간하였을 개연성은 충분하다.

이것은 달리 추정할 수도 있다. 이상정의 발문은 그 판본이 2頁 즉 2장 4페이지고, 4페이지는 빈칸이다. 그런데, 이 촉석루시판 또한 발跋이라 하고, 판수는 三으로 하고 있다. 눈여겨 보아야 할 것은 초간할 때 새겼다면 발문이라 하지 않았을 것이고, 아마도 발문의 앞에 두는 것이 자연스럽게 보이는데, 그렇게 편차한 것도 전하고 있다. 발문 뒤에 또 어떤 발이 오는 것은 이채로운 것은 맞다.

훼철된 이 시판을 1808년 영남수의 여동식이 복원하였다. 이 내용은 1809년 재간한 『용사일기』 말미에 첨부하고 있다. 그 시판의 내용은 본래 것과 다르고, 지금 걸려 있는 내용 그대로다. 하기에 그곳에는 판 수를 三이라고 한 것이 시사하는 바도 있다.

그러나, 1771년 대산 이상정이 학봉 김성일의 후손 가에 보낸 서찰을 토대로 보면 그렇지 않다는 점도 보인다. 『용사일기』를 보관하고 있을 가능성이 높은 일본의 여러 도서관을 섭렵하여 찾아보지는 못하였다. 한일문화연구소가 보았다는 판본을 반드시 보아야 가름할 수 있는 사안이니, 이것은 후대 또 다른 양자운의 몫으로 남길 수밖에 없다.

마. 『용사일기』의 재간행과 삼장사 시판의 훼철

알음알음으로 필사본을 구해 보는 것과 책으로 인쇄되어 배포되는 것의 차이는 지대하였을 것이다. 한일문화연구소의 지적대로 『용사일기』에 오욕을 당한 후손들이 영남 일대에서 행세하기는 절대로 명분이 없었다. 역신 김자점을 조상으로 둔 김구 선생은 이것이 한켠의 멍에가 되어 평생을 불편하게 살았다고 하던 것과 유사하다.

1780년 봄 촉석루에 게첨되어 있던 삼장사 시판이 호남의 무뢰배들에 의해서 훼철되었다. 그들은 세워져 있던 비석도 갈아 없앴다고 경상감영에 제출한 소장에서 밝힌 바가 있다. 그러기를 30여 년, 영남 암행어사 여동식呂東植이 의령의 관저에서 들은 촉석루 고사가 진주성에 이르러 여러 문적을 확인하니 과연 진실됨을 확인하고 시판을 다시 걸었다. 1808년 6월 상순이었다.

이즈음 송암 이노의 8대 주손인 진사 현즙賢楫과 송암의 계제 백암 이지의 7대 종손이던 창록昌綠은 처음 삼장사 시판을 게재하였던 천파 오숙의 고손자인 우참찬 오재소吳載紹를 찾아가서 발문을 받아 『용사일기』의 재간행을 단행하였다. 을사(1809)년 2월의 일이었다.

이곳에는 『용사일기』 제59장의 내용을 첨삭하였다. 이른바 남명의 고제인 정인홍과 그의 문하생 권양에 관한 기사이다. 송암 이노 또한 남명의 문하생이었지만 이들에 대한 평가는 객관적으로 인색하였다. 여러 혼맥과 학연 등으로 서로는 결코 등한하게 살 수 없었던 그러한 관계였을 것이다. 그러나 편술자의 주관이 흔들리는 것이 분명하므로 지양되어야 한다. 바로 이 부분을 토대로 이 판본이 이때 간행된 것으로 추정한다.

또한 본문의 편차를 달리하였다. 서문에 연이어 편차되어 있던 선조의 '경상도 사민 등에 관한 교서'를 일기의 본문 뒤로 돌렸다. 「촉석루중삼장사시병서」를 앞에 두고, 영남 수의 여동식이 복구한 시판을 '제촉석루시지후題矗石樓詩識後'라는 제목으로 실었다. 그리고 오재서의 발문을 끝에다 편차하였다. 더불어 눈여겨보아야 할 것은 본문의 제목을 2쇄로 나옴직하다고 짚은 판본과 같이 '이송암용사일기'로 하고 있다는 점이다.

바. 본문 제목을 『용사일기』라고 한 판본

고서를 재발행할 때 그 연호나 간지 등으로 시기를 표시하지 않는 것이 대부분이다. 서문과 발문을 그대로 두고 간행하는 경우라면 여러 가지 정황으로 추정할 수밖에 없다. 부산대학교의 지적대로 발행할 때 본문의 제목은 '용사일기 기김학봉사적龍蛇日記 -記金鶴峯事蹟-'이었다. 이것이 본문의 첨삭이 한 글자도 없이 재인쇄를 할 때 '이송암 용사일기 기김학봉사적李松巖龍蛇日記 -記金鶴峯事蹟-'이 되었다. 이 본문의 제명은 앞에서 언급한 대로 1809년 판본에도 그대로 유지되고 있었다.

그런데, 시중에 유통되는 일기 중에 이 본문의 제목이 초판과 같이 『용사일기』로 되어 있는 것이 있다. 재간본과 다르게 편차가 초간본과 거의 일치한다. 다만 오재서의 발문을 앞에다 두고, 뒤에 여동식이 다시 건 삼장사 시판을 편수하고 있는 것이 다르다. 덧붙이자면 대산 이상정에게 발문을 요청하기 위해 찾아온 사람은 송암공의 6대 봉사손 후만으로 하고 있다.

오재소의 발문과 여동식의 시판 내용이 뒤에 편차되어 있는 것을 보면 분명 1809년 이후에 별도로 발행된 것으로 보인다. 그렇다면 이것은 1852년으로 추정할 수 있다. 이 해에는 송암 이노의 문집인 『송암집』이 발행되었다. 동생 백암 이지의 유일 혈육인 괴당 이만승의 문집도 함께 간행하였다. 이때 『용사일기』도 인간하였다는 것을 추정할 수 있다.

편차는 초간본과 같이 선조의 경상도 사민 등에 대한 교서를 앞에다 두고, 오재소의 발문과 뒤이어 복구한 삼장사 시판을 엮었다.

사. 일본인이 간행한 용사일지龍蛇日誌

조선은 물론이고 대륙 침략을 위한 일본의 수백 년 노력은 가히 후대의 반면교사가 될 만하다. 국내에서 외면받던 『징비록』을 일본은 깊이 있게 연구하고 있던 것을 통신사가 대경실색하였다고 전하고 있는 것을 보면 소름이 돋을 정도이다.

『용사일기』도 매한가지인가. 한일합방으로 야욕을 달성한 1915년 4월 28일 진주면 중성동에 살던 키타가와 이누사브르[北川 戌三郎]를 발행인으로, 개문사라는 출판사를 통해 『용사일기』 2쇄를 바탕으로 『용사일지龍蛇日誌』라 표제를 하고 신연활자본으로 발행하였다. 그는 금융조합 이사로 장학사업 등을 시행하였다고 조선총독부 관보에서 전하지만, 기관이 아니고 개인에 불과하였다.

반일은 이것을 충동할 것이 아니라, 우리는 자존하여 극일을 해야 한다는 여론은 예부터 있어 왔고, 지금도 비등하다. 일본이 왜란에 실패한 것은 명나라의 참전이 아니라 바로 활발한 의병활동에서 찾았다. 『용사일기』는 전반적인 전황도 전하고 있지만 특히 경상도 지방을 비롯한 삼남의 의병이 어떻게 일어나고 활동하였는지에 관한 상황서라고 봐도 무방하다. 평범한 지방에 거주하는 한 도래인 개인이 『용사일기』를 통하여 독립운동을 억압할 대책을 마련하고 있었다면 실로 소름이 돋을 만하다.

이 『용사일지』는 국립중앙도서관이 전하고 있는 것과 같다. 정인홍의 복법 사항과 한효순의 삭탈관직도 위에다 기록하였다. 다만 일기는 대산 이상정에게 발문을 청하려 간 인사를 송암공의 6대 봉사손 후만이라고 하였지만, 『대산집』에는 송암공의 후손 일화·일신 등이라고 하였다. 방대한 분량의 『대산집』을 어떻게 얻어 교감하였는지, 이를 토대로 바꾸고 있는 것이 확인되니, 실로 경악할 일이다.

그리고 삼장사 시의 마지막 구절인 '강물이 마르지 않듯이 넋인들 죽지 않으리라![波不渴兮魂不死]'에서 '兮'를 '芳'으로 바꾸어 놓은 것도 이채롭다. 두 글자 모두 평성이라 평측의 구성에는 영향을 주지 않는다. 『용사사적』에는 兮의 속자인 亐를 쓰고 있다. 다만 꽃다운 이름을 방명芳名이라 하듯이 방혼이라면 '꽃다운 넋'이 될 것이니 어울릴 것도 같다. 다른 한시에서도 넉넉히 보이는 표현이니, 아예 芳으로 볼 소지도 있다. 하지만 설마하니 『용사사적』을 미리 살펴보고 그리한 것은 아닐 것이라 믿는다.

아. 『용사일기』 산삭刪削 판의 간행

『용사사적』은 임진왜란 초반기를 몸소 겪은 송암 이노의 육필 기록이다. 의로운 일을 행한 사람의 행적을 기록하였고, 양민을 학살하고 도륙한 관헌이나 의려를 참칭한 인사들의 악행을 굳이 숨기지도 않았다.

이 기록으로 인하여 후손들은 수백 년을 지역에서 의병장의 후손으로 자긍심을 가지고 살 수 있었다. 당시 의려들의 문집에 인용하기를 절대 주저하지 않았다. 그러나 온갖 악행을 서슴지 않은 이들의 후손은 그 행적을 낱낱이 기록하고 있는 이 사적의 기록에 의해서 아무리 좋은 땅에 자리 잡고, 재물이 많고 융성한 자손 가운데 학문을 하는 이가 많다고 해도, 결코 향리에서 행세할 수 없었다. 문집을 내고 의병장이라 칭송을 해도 이 『용사일기』는 실로 목에 깊이 박힌 가시였다.

이 중에 산청군 법물리에 자리잡은 김경근과 김경눌 등 후손들의 아우성이 매우 심하였다. 앞에서 살펴본 대로 일본인 키타가와 씨가 현대식 활자로 『용사일지』를 진주에서 대량으로 출간하자, 이로써 일기는 대중화의 길로 들어서고 말았다.

그들은 판본이 보관되어 있던 의령군 오방리를 찾아 선조의 비행을 새긴 각판을 삭제하여 줄 것을 참으로 애걸복걸하였다고 한다. 그들의 수백 년 노력은 눈물겨웠다. 혼인으로 인척관계를 맺는 등 정성은 매우 갸륵하였다.

1918년을 전후해서 뜻을 이루게 되었다. 김경근과 경눌의 만행을 기록한 수십 자를 삭제하고, 20자인 글자를 재배치하여 17자로 하는 방법으로 장 수를 채우게 한 것이다. 이러다 보니 글자가 조잡하고 매우 지저분하게 되어 버렸다. 간혹 시중에 이 일기가 유통되는 것을 본다. 사정을 안다면 구입한 것을 후회할 것이 분명한 오욕의 한 부분이다.

진주에서 발행된 『용사일지』의 영향인지 몰라도, 이상정에게 발문을 요청한 이를 '송암공의 6대 봉사손 후만'에서 '후손 일화와 일신'이라고 바꾼 것도 함께 보인다. 부끄러운 행적은 이미 다른 문적에 전사되고 이입되어 버렸으니, 본문 내용을 몇 장 고친다고 선조의 허물이 덮이거나 없어지는 것이 아니다.

1977년 산청군 법물리 후손 김인환은 『용사일기』가 18세기 송암의 후손들에 의해서 위작되었다는 취지로 서책을 발행하기에 이른다. 송암이 기록하고 교정을 하여 학봉가로 보냈더니, 영주에 살던 죽유 오운이 직접 읽고 서평을 쓴 바로 그 기록이 아직도 남아 보물로 지정되어 있다는 것은 참으로 다행한 일이다.

6. 『용사일기』의 한글 해석

가. 부산대학교 한일문화연구소 역주해본

21세기 새로운 천년을 사는 요즘과는 한글맞춤법이 다소 상이하였고, 일본과 국교가 열리기 전이었던 1960년 12월 30일 부산대학교 부설 한일문화연구소는 송암 이노의 『용사일기』를 역주하여 비매품으로 발행하였다. 서애 류성룡의 『징비록』과 함께 극일의 일환으로 발간된 것이 아닌가 한다.

『징비록』은 같은 연구소 이재호 교수가 주관하였고, 연구소장으로 재직하던 정중환 교수는 『용사일기』를 역주한 것으로 알려져 있다. 각종 사전류가 부족하고 참고할 문헌도 많지 않았던 시기에 실로 많은 수고가 있었던 것으로 짐작된다. 『징비록』이 임진란에 관한 개설서라면, 『용사일기』는 영남 지방의 구체적인 기록이라 할 것이어서 함께 출판한다고 하였다.

국립대학교 부설 연구소라는 점이 한계였던지, 외관은 왜소하여 빈약해 보이며, 비매품으로 100부만 출간되었다고 하였으니, 송암 이노의 가문에 겨우 한 권이 전해졌다. 망우당 곽재우의 주손冑孫에게도 전해지지 않아, 송암 종손에게 차용증을 써서 아직도 이것을 빌려 보고 있다는 점은 매우 아쉬운 점이 아닐 수 없다.

지금 한일문화연구소는 그 자취를 찾을 수 없다. 역주해의 저본은 촉석루삼장사 시판이 없는 초간본으로 하였다고 분명히 밝혔지만, 부산대학교에서 이를 소장하고 있지 않다고 한다. 일본의 어느 도서관에서 빌려와서 해석하고 다시 반환하였다는 대답이 있었지만, 그 신빙성은 확인할 수 없다.

하지만 열악한 연구 환경과 부족한 참고 문헌 등 갖가지 어려움 속에서도 이 역서가 출간됨으로써 일기가 있어도 무슨 뜻인지도 모르고, 한문학자 등에게 말로만 들어왔던 『용사일기』가 범인도 관심만 가지면 이해할 수 있게 하였으니, 『징비록』과 함께 참으로 국난 극복의 현장으로써 그 기능을 수행할 수 있게 하였다.

나. 을유문화사와 전규태의 만행

을유문화사는 나라가 광복되던 해인 을유년에 창립하여 을유문화사가 되었다는 국내 유수의 출판사이다. 거기서 나오는 을유문고는 돌이켜 보면 누구나 몇 권씩은 읽어 보았을 소금과도 같은 서책이 더러 있다. 그 문고의 153호로 이 『용사일기』 역서가 출판되었다. 1974년

11월 10일 자이다.

역자는 당시 연세대학교 강사인 31세의 전규태였다. 전규태는 광주 출신으로 연세대학교에서 국문학을 전공한 자이다. 그런데 을유문화사에서 을유문고 간행의 말에 이은 역자 소개에서 애써 서울 출생이라고 강조하고 있다. 출생지가 뭐가 그리 중요하였을까? 과연 그 복선은 무엇이었을까?

그는 『용사일기』 역서의 머리말에서 '역서의 고본은 연세대학교 중앙도서관 소장본인 재간 목판본에 의한 것이다.'라고 밝히고 있다. 그렇다면 자기가 역주를 하였다는 말이다. 그런데 이 번역이라는 것이 부산대학교에서 발행한 것과 한 문장 글자 하나도 다름이 없다면 이것은 역서가 아니라 도판이다.

또 그가 덧붙이기를 귀중한 『용사일기』 간행본을 장기대출하도록 허락해 준 도서관 당국과 출판을 선뜻 허락해준 을유문화사 사장에게 감사의 말을 하였다. 그렇다면 자기가 역주를 한 것이라는 말인데 언감생심 이것은 거짓이다. 이런 서책을 을유문고에 포함시켜 유통한다면 독자를 우롱하는 것이고, 범죄 행위와 다름이 아니다. 일일이 대조해 보면 분명 한숨만 나올 것이다.

강도 짓을 해서 구한 재물 한 부분을 가지고 기아를 구제하였다고 강도가 아닌 것은 아니다. 정녕 절체절명의 임진왜란 극복에 선두에서 진력한 선열의 얼을 전하고 선양할라치면 부산대학교에 영인본을 요청해서 돌려 보든지, 아니면 허락을 받아 출판해야 한다. 그리고 거기서 베꼈다고는 고해야 한다. 어디서 비매품으로 조금만 발간한 귀한 서책을 구했다고 이것을 가지고 저간의 저의를 숨기고 상업적으로 영리 행위를 한다면 비난받아야 마땅하다.

이 책을 보는 절대다수는 모르고 넘어가겠지만 이 역서 가운데 전규태가 유일하게 번역한 곳이 있기는 하다. 바로 초간본에는 없다는 '촉석루중삼장사 시판'이다. 판본의 권말에 있다. 그런데 『용사일기』 제25장에는 그 절명시를 지은 정황과 남강 변 깎아지른 절벽 뒤 벼리로 투신하기 위해 세 사람이 띠를 묶어 가다가 마음을 돌린 경위 등이 있다. 그리고 예의 다름없이 촉석루중삼장사 시가 거기에 있다. 이것은 현재 육필로 보관되어 있는 『용사사적』도 그대로다.

수개월 동안 『용사일기』를 대출받아 비록 역주하지는 않았다고 해도, 문장을 그대로 베낀 한일문화연구소에서 발행한 역주서를 망각하고 다른 말을 지어내는 것은 이해할 수 없다.

을유문화사 간행본은 본문의 삼장사 시는 물론이고 정황을 풀어낸 곳의 문장은 글자 하나 한 획도 다른 것이 없다. 다만, 쉼표나 마침표로 정리한 것을 제외하면 그렇다. 그런데 권말에 있는 삼장사 시판에도 삼장사 시가 그대로 전재되어 있다. 이를 베끼고자 한다면 본문에 적었던 것을 그대로 옮기든지 아니면 본문을 바꾸어야 아귀가 맞을 것이다. 그러나 전규태의 번역은 생뚱하지도 못할 지경이다. 일기는 앞 문장에서 조종도와 이노가 의령에서 진양성으로 같이 들어와서, 왜적의 치하에서 사느니 차라리 함께 투신 자결하고자 해서 사단이 난 것을 이미 전제하고 있다.

전규태가 본문의 이 구절을 표현하기를 "촉석루 다락 위에 삼장사 마주 앉아, 한 잔술로 웃으며 장강수를 굽어본다. 이 강물 도도하게 쉬지 않고 흘러가니 물결이 마를소냐, 넋인들 죽을소냐"로 되어 있다. 부산대학교 역주본 그대로 한 글자도 다름이 없다. 그리할 수밖에 없었을 것이다.

그런데, 전사하지 않고 자기가 해석하였다고 하는 권말의 촉석루중삼장사 시를 해석하기는 "촉석루 안의 세 장사는 한 잔 술, 웃는 얼굴로 긴 강물에 몸을 던졌구나. 강물은 끝없이 힘차게 흐르는데 영원한 강물마냥 그 거룩한 혼은 살아 있으리라."라고 하였다.

세 장사는 웃으면서 몸을 던지지 않았다. 뒤벼리 절벽에서 몸을 던지기 위해 절명시를 지은 것이 이 삼장사 시다. 송암의 주석을 보면 달리 볼 어떤 소지도 없다. 전규태의 이러한 해석은 다산 정약용의 곡해처럼 양산숙을 포함한 세 장사가 촉석루 안에서 남강으로 투신하였다는 것을 전제로 한 것이다. 실록은 최경회는 진주성 회랑에서 조용히 전사하였다고 기록한다. 그럼에도 이리 풀어내고자 한다면 적어도 본문에 있는 촉석루중삼장사 시도 동일하게 그렇게 조작해야 손발이 맞다.

전규태는 이른바 삼장사 시에다 주석을 내었다. 부산대학교에서도 달지 않았던 역주다. 그 역주는 "삼장사시 : 임진왜란 때 진주성에서 끝까지 항전하다가 남강에 몸을 던져 순절한 김천일·최경회·양산숙을 이른다."라고 하였다. 이것이 생뚱맞다는 말이다.

바로 앞 문장, 즉 시판의 마지막 단락이 "이상은 학봉의 삼장사 시다. 학봉이 조공 종도와 이공 노와 함께 시를 지어 읊었다는 이야기는 학봉 연보 속에 자세히 기록되어 전한다." 라고 스스로 이렇게 풀어 놓고, 바로 이어 양산숙더러 삼장사의 한 명이라고 주석을 어떻게 달 수 있었을까? 아마 그도 어찌 못하는 출신의 노고가 있었을 것으로 가늠은 된다.

이른바 호남에서는 촉석루중삼장사를 김천일과 최경회를 고정시키고, 어떤 때에는 충청병사 황진이 되었다가 또 고종후를 넣는다. 어떤 곳에서는 바로 양산숙을 포함시키기도 한다. 양산숙은 광주 출신이었다. 전규태의 많은 저작물에 저자를 표시하기로 광주 출신이라 하였는데, 굳이 이곳에는 서울 출신이라 한 이유도 여기 있는 듯하다.

이노의 육필 원고는 아직 엄연하다. 그런데 경상우도병마절도사 유숭인이 김시민이 지키던 진주성에 입성하고자 하였으나 거절당하여, 예하 400여 경상우병영 소속 병사들이 남강변 동문 밖에서 몰살하였다. 경상우병사 유숭인의 인끈에 매달려 있던 절도사 관인이 1747년 남강 모래톱에서 발견되자, 진주성 함몰 당시 경상우병사였던 최경회 것이라 아예 단정하고, 진주성 장단인 촉석루에 걸려 있던 이 삼장사 시를 최경회가 6만 성민이 도륙을 당할 때, 그 단말마를 장단 삼아 술 마시며 시를 지어 노래한 것이라 하였다.

그렇다면 두 달 전 그믐날 역책한 학봉 김성일은 저승에서 최경회의 절명시를 앗아간 것이 되는 희한한 일이 되어 버렸다. 호남의 이른바 촉석루삼장사에 대한 폄훼는 실로 지독하다. 삼장사 사당을 건립하고자 하는 것을 방해한 것은 물론이고, 천파 오숙이 내걸었던 시판을 1780년 봄에는 훼철하기에 이른다. 경상감영에 소장을 제출하면서 삼장사 비석을 갈아버렸다고 스스로 기록하였다. 문집을 조작하고 변조하는 것은 예사였다. 전규태가 이 역서를 출간한 지 7년이 지나는 그 시점에는 수천 명의 연서로 정부에 진정서를 제출하였다.

새앙은 해를 더할수록 매워진다고 했다. 작금에 이른바 삼장사에 대한 폄하는 매우 극성이다. 송암 이노는 말세에 타락한 선비의 전형이 되어버렸고, 김성일은 최경회가 남강 변에서 읊어 김보원의 말갈퀴에다 혈서로 매달아 장성의 본가로 보낸 삼장사 시를 지리산 언저리에 영면하면서 훔쳐버린 지사가 되고 말았다.

팔역이 붕괴하던 절망의 왜란에 분연히 일어난 선비와 여민들의 숭고한 얼을 전하는 것으로 포장을 하였지만 이러한 복선이 있다면 참으로 비난받아야 마땅하다. 사료에다 아예 황칠을 하고 있다. 역병이 아직 가시지 않았지만 전규태는 잔명을 이어가고 있고, 을유문화사는 번창하다. 호남의 삼장사 망발은 날이 갈수록 더 치열하고도 맵다.

전부를 베끼고 보니 마지막 장은 한일문화연구소 간행본에 없는 내용이다. 원고지 겨우 몇 장을 번역하면서도 오류는 또 있다. 등석燈夕은 관등절觀燈節을 의미하고, 사월 초파일을 달리 부를 때 그리 말한다. 그런데 천파 오숙이 촉석루에 앉아 연회를 벌이며 촉석루중삼장사 시창을 들었다는 날을 정월 대보름날로 하고 있다. 순사巡使는 순찰사 즉 관찰사 또는 도백의 준말이다. 그런데 이것을 순무사巡撫使로 풀고 말았다. 이것은 고려시대에 그리 부른 말이었다.

다. 부산대학교 이재호 교수의 열정

1979년 10월 10일 금강출판사에서 이재호 역주의 『용사일기』가 한정판으로 출판되었다.

출간사에서 선생은『용사일기』에 대해서 느낀 바가 있어 주해본을 낸다고 하였다. 그 내용을 살펴보면 대체로 종전의 한일문화연구소에서 나온 본과 크게 차이는 없다. 몇 군데 교감한 흔적이 보이는데, 망우당 곽재우가 수전으로 대첩을 거둔 곳의 지명이 기산岐山으로 되어 있는 곳을 기강岐江으로 한 것 등이 있으나, 그리 많지는 않다. 주석을 간략하게 정리하였고, 한 면 한 줄로 되어 있는 세로쓰기를 두 단으로 나누어 가독성을 높인 것이 특히 눈에 띈다.

부산대학교 사학과 이재호 교수는 1960년 한일문화연구소에서『징비록』과『용사일기』 역주에 직접 참여하였다. 선생은『징비록』의 역해를 주로 담당하였다고 전해진다. 선생이 역주본을 재해석하여 출간하기에 이른 그 느낀 바는 과연 무엇이었을까?

이것은 아마도 일기의 존재가 엄연한데도 불구하고, 시비가 끊이지 않았던『용사사적』의 비운이 바탕이 아닌가 한다.『용사일기』의 존재로 수백 년을 오욕을 당하고 살 수밖에 없었던 경상감사 김수를 비롯하여 그의 군관 김경눌과 김경근의 후손들의 눈물겨운 투쟁은 1977년 산청 출신 김인환으로 하여금『용사일기논고』라는 서책을 내게 하기에 이르렀다.

여기서 그는『용사일기』는 아예 송암의 후손들이 160여 년이 지난 후대에 조작하여 지어낸 것이라 단언하기에 이른다. 그러면서 162년 이전에 죽유 오운이 쓴 서평을 해석해서 달아 놓고 있다. 죽유 오운의 지적대로 적어야 할 것이 빠진 것이 있는 반면에 송암이 개인적 감정이 많았다던 김경로와의 갈등에 지면을 많이 할애하였다고 한 것을 그대로 적고 있다. 실로 자기의 말이 모순이라는 것을 자복하는 것이다. 오운은 무슨 재주로 백오십 년도 더 뒤에 송암의 후손이 지어낸 것을 보고, 그 감회를 지을 수가 있었겠는가? 더불어 함안 선비 조임도는 1649년『금라전신록金羅傳信錄』을 편수하면서, 오운의 독후감을 그 내용 그대로 실어 전할 수는 없다.

이뿐이 아니다. 전규태는 수백 년을 이어온 호남삼장사의 도가 넘치는 분란을 익히 알았을 것이다. 1984년 호남에서 수천 명이 연서하여, 문화공보부에 진정서를 제출하였다.『대구사학』에서는 박성식 교수는 직방재 김보원의 말에다 혈서로 삼장사 시를 적어 보냈더니, 집 나온 지 일 년이나 더 지난 말이 저절로 집으로 돌아와 전함으로써 세상에 알려졌다는 김보원의 문집에도 없는 사실을 인용하였다.

전규태의 만행과 호남 삼장사의 끝도 없을 투쟁에 이은 황당한 전설을 학술지에 창조하여 싣고, 김인환의 논고를 통박하는 평암 이경의『용사일기 변와록응변』이 역해되어 출간되는 등 일련의 시대적 상황이 이재호 선생으로 하여금 붓을 들게 한 것이 분명하다고 본다. 이에 더하여 의로운 의사 이정의 후손으로서 가지는 반듯함은 선생을 그냥 있지 못하게 하였을 것이다.

선생은 『부대사학』에 「역사기록의 허실에 대한 검토 — 특히 촉석루삼장사시 작자의 경우 —」라는 논문을 게재하여 호남의 삼장사 주장이 얼마나 허망한 것인가를 여실히 증빙하였다. 선생은 한문을 한글보다 더 쉽게 읽고 해석한다는 전설적인 학자로 더욱 유명하다. 탄탄한 구성과 치밀한 사료를 토대로 세상 사람들로 하여금 참과 거짓을 제대로 구분 짓도록 하였다. 이것은 참으로 뒤에 오는 사람들이 참고할 만한 역작이라 해도 과언이 아닐 것이다.

라. 안타까운 의령문화원

경상우도 의령현은 충절의 고장이었다. 하지만 경작지라고 해봐야 산과 산골짜기는 돌팔매질 두어 번이면 닿을 수 있을 정도로 비좁고 척박하였다. 남강과 낙동강에 연한 곳에 평지가 있다지만 홍수가 아니라도 비가 많이 내리면 황토물이 차서 역류하고 말았으니 쓸모가 없었다. 지금도 철도와 고속도로가 없고, 군을 관통하는 4차선 국도도 없는 오지로 남아 있다. 공시지가가 전국에서 낮기로 열 손가락에 꼽히는 땅이 매년 있었던 그러한 고을이다.

그러나 의병의 발상지이고, 『용사일기』의 저자인 송암 이노가 출생하고 영면해 있는 곳이다. 이곳에는 의령의 더운 충절을 기리기 위한 의령문화원이 있고, 그곳에서 『용사일기』를 복간하였다고 한다. 2019년 2월 7일의 일이다. 명분은 '편집이 세로쓰기로 되어있고, 번역이 고어체여서 가독성이 떨어진다'는 점을 들었다. 그러나 괜한 일을 벌인 것 같아 불편한 심기를 감출 수가 없다.

복간復刊의 사전적 의미는 '출판이 중지 또는 폐간하고 있던 출판물을 다시 간행하는 것'이다. 상대어로는 창간이나 폐간 그리고 속간이 있을 것이다. 『용사사적』을 원본으로 『용사일기』가 출간되었다. 이것을 부산대학교에서 역주해본을 내었다. 이것을 그대로 베껴 내는 것이 어찌 복간이 될 수는 없다. 복간의 대상도 아니거니와 권한도 없다. 『용사일기』는 창간도 없었지만 폐간도 있을 수 없기에 언어유희에 불과하다.

의령문화원장은 인사말에서 '읽기 쉽게 정리하고, 재편집하여 가독성을 높여 발간하였다.'라고 한다. 그러나 서 있는 것을 눕혀 가로로 한 것 말고는 오히려 가독성은 더욱 떨어지고 말았다. 크라운판에 양쪽 여백을 좁게 주고 나니 한 행의 글자 수는 많고, 글자 크기를 키우고 행간 간격을 좁게 하고 보니, 읽어 내기가 영 고통스럽다.

한 페이지에 문장 구분을 전혀 하지 않은 곳도 많이 있다. 한 줄을 읽고 왼쪽으로 눈을 돌려 다음 줄로 넘어가자면 그 줄을 다시 읽거나 다음 줄을 빠뜨리고 지나치기도 한다. 마치 우거진 수풀 속에서 길을 잃은 것과 같다. 호랑이를 그리려다 과욕을 부리면 고양이도 못 그린다는 속담이 와 닿는다.

번역 감수를 경남유교문화연구소장이 하였다는데, 의령문화원은 일기를 아예 번역하지도 않았다. 혹이나 잘못될까 봐 한일문화연구소 문구와 아주 똑같다. 오역은 오역대로 탈자는 탈자대로 그대로다. 어느 곳이 그런지도 인식하지 못하였다. 백미는 다른 곳에 있다.

철수가 영희에게 “영희야 놀자!”라고 말했다. 주고받는 대화체를 인용하고자 하면 이른바 따옴표를 써야 한다. 초등학교 1학년 글 배우는 아이도 받아쓰기할 때 가히 틀리지 않는 부분이다. 이것은 한글맞춤법의 문장부호에 관한 규정이 적용되어 그리 쓴다. 그런데 한글을 세로쓰기하면 큰따옴표는 겹낫표(『 』)가 사용되고, 작은 따옴표는 낫표(「 」)가 쓰인다. 마침표가 고리점(。)이 되는 원리와 같다.

현재 사용되고 있는 ᄒᆞᆫ글 프로그램은 세로쓰기를 선택하여 글쓰기를 하면 곧 따옴표를 누르면 겹낫표가 찍히고, 작은따옴표를 두드리면 자동적으로 홑낫표가 표시된다. 마침표도 마찬가지로 마침표가 찍히는 것이 아니라 고리점이 찍힌다. 신문이 이러한 규정을 품고 세로로 만들어지던 때는 그리 오래되지 않았다.

그래서 세로쓰기를 하였던 부산대학교에서 발행된 『용사일기』에서 인용문이나 대화체는 겹낫표나 홑낫표로 되어있고, 마침표는 고리점을 사용하였다. 이것을 그대로 가로로 쓰고자 하면 낫표를 버리고, 따옴표를 써야 하는 것은 상식이다. 의령문화원은 『용사일기』를 복간한다면서 인용문이나 대화체의 가로쓰기에 낫표를 사용하였다. 가히 괴이한 일이다. 가로쓰기에서 겹낫표는 서책의 명칭을 적을 때 쓰고, 홑낫표는 편명 등을 표시할 때 쓴다. 이것은 한글 문장부호에 대한 국민적 약속이다. 한글의 우수성은 라틴어의 띄어쓰기와 문장부호 제도를 받아들여, 그 화룡점정畵龍點睛을 찍었다.

속담에 긁어 부스럼이라는 말이 있다. 그리고 가만히 있으면 2등이라도 한다는 것도 있다. 다른 속셈을 가지고 도판을 낸 전규태나 가히 한학과 역사학계의 태두라고 할 만한 창주 이재호 부산대학교 교수도 달리 『용사일기』의 해제는 쓰지 않았다. 그런데 의령문화원은 부록으로 ‘『용사일기』와 『문수지』 입문해제’라는 저급한 글을 싣고 있다. 이것은 있으나마나 한 사족이 아니라 저자인 송암 이노를 폄훼하고, 수백 년 오욕의 역사를 감내한 김경눌과 김경근 형제의 후손들을 명문가 반열에 두는 등 실로 하지 말았어야 할 것을 실로 거론하고 말았다.

문화원은 우선 송암 이노는 진양에서 돌아온 후 항상 문수산에 기거하였다고 하였다. 이는 사실과 다르다. 문수산은 경상우도 고성군에 있다. 아마 『송암집』의 연보에서 보았을 것이다. 의령문화원이 밝히는 바대로 직접 번역을 하고, 한문 감수를 받아 책을 마련하였다고 하면, 이런 구절을 올리면 안 된다. 『용사일기』의 마지막 장에는 참으로 가슴 아픈 송암의 고백이 있다. 이노는 김성일의 장례를 치른 후 진양성에서 물러 나와 단성현의 덕산으로 갔다고 하였다. 그리고 순찰사 한효순이 학봉을 반장하던 1593년 11월에는 거창가수에서 체직되어, 거창의 가조加祚에 머물렀다고 스스로 밝혔다.

나중에 반장 소식을 전해들은 이노는 고령군을 이미 지나간다는 상여 행렬에 가고자 하였지만, 타고 갈 말도 없고, 길잡이 노비도 없어 부득이 奚아가지 못했다고 썼다. 달리 다른 곳에 나오는 것이 아니라 일기의 마지막 장에 친히 밝힌 사실이다. 이듬해 3월 이곳 가조에서 막냇동생의 상을 치르고 7월에 비안현감으로 나갔다. 이러함에도 이런 말을 여기다 적는다면, 아예 읽어 보지도 않고 그냥 베낀 증좌가 되고도 남는다.

『용사사적』이 편수되었지만 세상에 필사본으로 유통이 되던 것이 18세기 중반 『용사일기』라는 제명으로 세상이 나오니, 혹세무민하고 양민을 도륙하던 무뢰한을 조상으로 둔 가문은 아연 긴장을 하였다. 유다르게 주머니 송곳마냥 불쑥 튀어나온 곳이 김경눌, 김경근 형제와 김경로 등의 후손이었다. 19세기 말쯤 김경근의 문집인 『대하재실기』를 간행하면서, 거기에는 『용사사적』을 편술한 송암 이노를 후욕하지 않은 곳이 없다. 또한 성주 선비 이진상의 제자들인 한주팔현에 속한다는 물천 김진호는 족보마저 조작하여 조상의 아비를 바꾸는 등 만용을 부렸다. 이어 1910년대에는 『용사일기』 판본 중에 조상들의 고루한 행적이 나오는 면을 지우고 출간하는 만행을 저지르게 되었다. 가히 그 용씀이 처절하였다.

김경근의 문집이나 변조한 『용사일기』 정도는 그 배부나 독자가 매우 한정적이다. 그러나 누구의 후손인지 알 필요도 없겠지만 김인환이라는 자는 1977년 『용사일기 변와록논고』라는 책을 출간하였다. 이 책이 매우 어설프고 앞뒤가 맞지 않는 것은 앞서 언급한 바가 있지만, 이 『용사일기』는 송암 사후 160여 년 뒤에 후손들이 아예 조작하여 지어냈다는 논리다.

김인환의 주장이 황당하다는 것은 자기 고백을 자신이 하고 있기 때문이다. 그것은 다름이 아니라 죽유 오운이 남긴 「서김학봉용사사적후」라는 서평을 싣고 있어 그렇다. 오운이 본 바로 그 서적은 보물 제905호로 지정되어 현존하고 있다. 김인환이 스스로 알아보았고, 오운이 지적하였듯이 『문수지』에서 추가된 주된 내용은 경상감사 김수와 측근 김경눌의 만행에 관한 기술이 많이 있다. 왜란 이전부터 읍성의 축성 등으로 갈등은 있어왔다.

경상감사 김수는 왜란을 대비한다고 경상도 일대에 여러 읍성을 새로 쌓았다. 고강考講을 준비하던 향교 유생들에게 부역을 면제하는 등의 문제로 지역의 토호 세력과 중앙관리가 힘겨루기를 한 것이 사건의 발단이었다. 고을의 태수는 군왕을 대신한다. 토호의 발호로 관리가 면직되는 경우도 더러 있었지만, 유림의 입장에서 보면 곧 목숨을 걸어야 하는 중차대한 문제다. 이것은 왜란이 발발하자 의병과 관헌과의 사활을 건 대립으로 이어졌다. 즉 김경눌에 관한 것은 송암의 사적인 감정에 의한 기록이 아니라, 지극히 일반적인 당시 경상우도 일대의 시대 상황을 다룬 것이다.

그리고 천오장이니 지오장이니 현세의 다단계 조직처럼 단체를 만들어 혹세무민한 김경근의 행적은 그때 있었던 그대로 기록하였다. 이러한 것을 두고 죽유는 송암이 사적인 기록을 반복해서 적었다고 감회를 표하였다. 이것은 맞는 지적이다. 그렇다면 죽유가 볼 때부터 이 기록은 있었다는 것이 분명하지 않은가. 그런데 김인환은 오운이 1600년 그때 그 기록을 보고 서평을 한 것을 자기 책에다 전재하였다. 그렇다면, 죽유는 163년 뒤에 송암의 후손들이 지어낸 것을 미리 보고 독후감을 적은 것이 될 수밖에 없고, 20세기 사람 김인환이 이를 인정한 것이 되고 말았다. 이런 기초적인 사실관계를 모르고, 의령문화원은 김인환의 구성에 동조하고 말았다.

더불어 문화원은 김인환이 번역한 서평을 전재하고 있다. 이것 또한 부질없는 짓이다. 한문 번역은 아무나 하는 것이 아니다. 사정을 알고 바탕을 짚을 줄 아는 사정이 있어야 한다. 국보 제905호에는 산화철로 만들어진 청화로 줄을 치고 둥근 점을 찍어 검토한 흔적이 아직 푸르고 선명하다. 의령문화원이 전재한 그 논리라면 1600년에 죽유 오운이 그리하였다는 것이 되고 만다.

죽유는 학봉의 장남인 세마공과 사돈이다. 사돈 관계는 예나 지금이나 쉬운 사이는 아니다. 사돈의 책을 빌려다 보고 거기다가 푸른 물감칠을 한다는 것은 예나 지금이나 쉬이 할 수 있는 것은 아니다. 종이를 붙여 추사하여 바로잡은 곳이 있다고 하였는데, 지금 보면 실제 두 군데가 그렇다. 그리고 본문을 교정하고 탈자는 넣고, 농도가 다른 먹물로 확인을 한 곳이 여럿 있다. 죽유는 이 부분을 짚어 준 것이다. 청화로 한 것과 먹으로 고이를 한 사람이 다른 사람일 것이라 강조하면서였다.

하지 말았어야 하는 것은 또 있다. 바로 동국대학교 권오돈 교수의 감수 기록 인용이다. 족형 평암 이경은 김인환의 망발에 조목조목 증빙 자료를 가지고 반박하였다. 그것이 『용사일기 변와록논고지 응변』이라는 것이다. 작금에 열화와 같은 연구 대상이 된 『환단고기桓

檀古記』를 세상에 전한 한훤당 이유립이 한글로 주해를 하였는데, 그곳에 실린 감수기에 관한 사안이다.

처음 권오돈 교수가 감수한 이 글을 접하고 매우 충격을 받았음은 물론이다. 평암은 차마 서책의 완성을 보지 못하고 타계하고 말았다. 권오돈은 감수기에서 '양 가문이 다투니 둘 다 나쁜 사람들이고, 선현의 영령 앞에 효도한다면서 도리어 불효를 하며, 후손들에게는 부질없는 쟁점의 소지를 만들어 놓았을 뿐'이라고 일갈하면서, '가히 한숨이 나오는 애석한 일'이라고 저주에 가까운 망언을 하고 있다. 감수라고 하면서 글 내용도 파악하지 않은 것이 확연하다. 일독이라도 하였더라면 그리 쓸 수는 없다. 그 책의 내용은 절대 그러하지 않다.

수백 년을 유림의 눈치를 보고 기를 펴지 못하였을 산청의 법물리 김씨 가문더러 이 변와록 한 권으로 의려들의 후손들과 동등하게 은근슬쩍 명문가의 반열에 올려놓고 말았다. 이것은 망발이다. 후대까지 저주하고 있으니 참으로 안타깝다. 왜란과 호란 때 의병과 독립운동은 그 맥을 같이 한다. 그렇다면 실제 권오돈이 독립운동을 하였는지 의심하지 않을 수 없다. 의령문화원은 이것을 발췌하여 거기다 실음으로써 과연 무엇을 말하고 또 어떤 것을 얻고자 함인가.

어떤 선비가 강도 짓을 하는 무뢰한의 팔을 비틀었더니 팔이 그만 부러졌다. 이때 선비가 중상해죄로 함께 피의자가 되어, 장애미수범이 된 강도와 같은 범죄자가 되고, 오히려 더 중한 처벌을 받는 것과 뭐가 다른가. 강도보다 더한 짓을 한 김인환을 평암 이경이 꾸짖은 것이 어째서 불효이고, 후손에게 쟁점을 만들어 남기고야 마는 한심한 짓이 되고야 마는가.

송암의 후손들은 수백 년을 두고 법물리 김씨 후손들과 절대 다투지 않았다. 구국의 유전자를 나무판자에 새겨 있는 그대로 후대에 전하고자 하였을 뿐 쟁점의 소지는 없다. 융성한 그들과 다툴 만치 절대 번성하지도 않았다. 남명 선생은 딸을 그곳으로 출가시켰고, 손녀딸은 다시 망우당에게 시집갔다. 일기에 등장하는 그 가문의 면면을 보면 용장 김준민을 비롯하여 김경눌, 김경근이 있고, 동강 김우옹과 박명부는 처객으로, 당내 족친만 수십 명에 이르니 이른바 체급 자체가 달랐다.

송암은 그때 자신을 일컬어 '5대에 홀로 남아 마치 실오라기 같다.'고 한탄하였다. 삼형제를 이은 아들은 오직 단 하나였으니, 오로지 6대에 홀로 남아 가업을 전승하였다. 그 유일 혈육 만승曼勝은 병자호란 때 의령에서 영남 아홉 고을의 의병대장이 되어, 천 명이 넘는 의려를 이끌고 남한산성으로 달려갔다. 기록은 병장기를 만드느라 무쇠솥이 없었을 정도라고 하였으니, 가세는 더욱 기울어졌다.

이렇게 봉사손으로 한 올의 실오라기로 이어진 송암의 후손은 단지 선조의 기록을 세상에다 간행한 그 허물밖에 없다. 김인환의 망발에 평암 이경이 각종 증빙 문헌을 겹겹으로 더하여, 그 해명을 세상에 올바름으로 알리고자 하였다. 그는 탈고하지 못한 채 타계하였고, 족제 택당 인기가 마무리하고, 족친 한훤당 이유립이 번역하여 출간하였는데, 그 감수기에서 권오돈이 크게 오해한 것을, 의령문화원은 저들이 기꺼워할 만큼 자랑스럽게 세상에 내다 놓고 말았다. 참으로 안타까운 일이 아니고 무엇이겠는가.

7. 『용사일기』 찬술자 이노에 관하여

『용사일기』를 지은 이노의 자는 여유汝唯이고, 호는 송암松巖이라고 하였는데, 단성현 송암촌에 거주한 것을 계기로 자호하였다. 본관은 고성固城이다.

고전에 그 사람이 쓴 글을 보면 그 사람을 알 수 있다고 했다. 남명학의 바탕이 되는 화두인 경敬과 의義를 생활 신조로 삼아, 성리학의 심오하고 깊은 이치를 궁구하였다. 전해지는 글을 들여다보면 특히 주역과 병법에도 일가를 이루었던 것으로 보인다. 명나라 장군 이여송에게 보낸 서한의 도입부에 진림이 조조를 토벌하기 위해 지은 격문[討曹操檄文]을 인용한 것을 보면 그렇고, 병법을 인용하여 왜적에 대한 공격이 미온적인 것을 질타하였다. 문장은 기이하면서도 간략하고 오묘하여, 가히 『춘추좌씨전』의 기풍이 있었다고 평가받는다.

이렇게 송암은 글 짓는 데 깊은 조예가 있었다고 전한다. 『선조실록』 갑오(1594)년 7월 24일 기사는 요동의 회차를 짓는 일을 논의하였다. 임금이 글을 잘 짓는 사람이 없다고 한탄하는데, 류성룡의 대답이 "오늘날 행문行文으로서 경상도의 이노와 같은 문장은 지금 흔한 글이 아닙니다."라고 한 것을 보면 전국적인 명성이 있었다. 행문은 공문서를 말한다. 더불어 서애 상공은 20대의 송암에게 숙부의 묘지명을 짓도록 한 것을 토대로 보면 더욱 확연하다.

송암은 중종 39년인 갑진(1544)년에 의령현 부곡리에서 태어났다. 부곡은 망우당의 의병 본진이 있던 세간리에서 낙동강변 나루터인 박진으로 넘어가는 고개 아래 있는데, 협소하고 매우 척박한 곳이다. 하지만 기질과 용모가 웅장하고 호탕하였고, 언론은 직설적이었다. 학봉 김성일과 유사하게 능히 남들이 말하기 어려운 바를 기록하기에 망설임이 없었다. 사람들이 그를 '절의'로써 일컬었다고 벗이었던 부사 성여신이 평가하였다. 같은 남명의 문인이었던 진극경陳克敬은 송암을 일러 '언론이 바람처럼 일어나고, 기절은 우레처럼 사나웠다'고 썼다.

더불어 성품은 강개하여 지조와 절개가 있었다고 한다. 남명의 문인록인 『덕천사우연원록德川師友淵源錄』에 송암을 기록하기를 '남달리 총명하고 뛰어나게 훌륭하였으며, 정의감이 복받치는 기개에 지조와 절개가 있었다.[穎異秀拔, 慷慨有志節.]'라고 한 것을 보면, 이것으로 그가 남긴 글의 풍모와 성품은 물론 외양을 아울러 짐작할 수 있겠다.

거제에 유배왔던 정황丁熿을 찾아 배움을 청하였다. 이때 남명 조식이 정황을 문안하였는데, 수행한 사람이 일기의 본문에 기록된 아산현감 권유權愉였다. 단성에 태수를 하던 권유의 도움으로 나중에 송암촌으로 옮겨 살았다. 더불어 수우당守愚堂 최영경崔永慶의 문하에도 있었다. 두 동생과 함께 남명 조식에게 수학하고, 약관의 나이에 진사회시에 입격하였으니 이른바 소년급제다. 이듬해 학봉 김성일과 서애 류성룡을 비롯하여 오리 이원익 등과 함께 성균관에 유학하였다.

넉넉하지 못한 가세와 연이은 가족상은 그를 쉬이 대과에 들지 못하게 하였다. 그 당시 진사라고 하면 고을 원 정도는 넉넉하게 천거 받을 수 있었지만, 빈한하였던 그로서는 쉽지 않았다. 스승 조식이 그랬듯이 대를 잇기 위해 본가를 부곡리에 두고, 단성현의 송암촌으로 이주한 것은 1575년경이었다. 이 무렵 송암은 『사성강목』이라는 강목체 서술 방식의 족보를 만들기 시작하였다. 4성이란 송암 부친의 양친인 고성이씨와 창녕성씨 그리고 모친의 아버지와 어머니 성씨인 남평문씨와 안악이씨를 말한다.

대과와 인연이 없던 송암은 1584년 별과초시에 장원을 하고, 유일로 천거된 것이 세조임금의 사당인 봉선전의 사관이었다. 멀리 있던 대과는 47세 때인 경인(1590)년에야 탐화랑으로 합격하였으니 직장을 제수받았다. 곧이어 스승인 최영경의 신원을 상소하였는데, 학봉 김성일의 도움으로 뜻을 이루었다. 영남 선비 1,000여 명이 도륙되다시피 한 기축옥사에 이의를 제기하는 것은 목숨을 건 결기였다. 노령에도 왜적을 압살하였다고 일기가 기록하고 있는 전치원의 문집인 『탁계집濯溪集』을 보면 박제인, 이정, 오장, 문위, 하혼 등과 더불어 상소하였고, 문경호가 소두가 되었다고 한다.

일본의 팽창으로 정명가도征明假道의 명분이 구체화될 즈음인 신묘(1591)년 선조를 각하라고 호칭하는 왜국의 국서가 날아들었는데, 어찌할 바를 모르는 임금에게 그 모범답안을 써서 상소하는 분기탱천의 용기를 보였다. 아쉬운 것은 그 내용은 지금도 전해지지만, 그 봉사封事가 어떻게 참조가 되고, 처리되었는지에 대한 『선조실록』의 기록이 없다는 점이다.

송암 이노의 생애가 조망받는 것은 임진왜란이 발발하면서부터다. 삼가현 양천 강변에 신성을 축조하는 문제로 감사 김수와 대립하던 외숙 문덕수가 투옥되었다. 이를 신원하기 위해 한양에 와 있던 중 왜란이 발발하였다. 절친 조종도와 함께 서애 류성룡과 마지막 만남을 작별하고, 이미 왜적이 우글거리던 영남으로 귀향하였다. 중도에 초유사 김성일을 만나 종군하였다. 격문을 지어 열읍에 보내 창의를 독려하고, 군량을 거두고 곡식 종자를 마련하는 등 절치부심한 송암의 노력은 이미 『용사일기』의 본문에 녹아 있다.

이후 학봉 김성일이 진중에서 순국하자 송암의 쓰임새도 궤를 달리하였다. 명나라의 참전으로 전쟁이 소강되었으니, 형조좌랑을 거쳐 거창가수를 역임하였다. 1594년에는 의성 인근이던 비안현감이 되었다가 1596년 봄에 돌아왔다. 그해 12월 경상도사가 되기 전에 『사성강목』의 서문을 써서 완성을 고하고, 이듬해 2월 『문수지』를 편수하여 안동의 김성일 본가로 보냈다.

연이어 학질에 걸려 심한 오한에 시달리며, 『문수지』를 토대로 『용사일기』의 본문인 『용사사적』을 증편하였다. 가을에는 도체찰사 이원익의 종사관이 되어 창원 등지에서 김성일의 조카인 김용 등과 함께하였다. 1598년 2월 그믐 사간원 정언에 보임되어 한양으로 벼슬길에 나섰다가 김천의 객관에서 장서하였다. 1802년 향리에 세워진 경덕사景德祠에 배향되었는데, 후에 낙산서원洛山書院으로 편액을 바꾸었다.

이후 영조 을유(1765)년에 예조참의에 추증되었고, 순조 때인 1812년에 가선대부 이조참판에 증직되었다. 비교적 늦은 1871년 고종 8년에 이르러서야 '정의貞義'라는 시호가 내려졌다.

『용사일기』 교정 · 교감기

[『龍蛇日記』 校勘 · 校訂記]

고서를 풀이하면서 교정을 하거나, 여러 문적과 대조하여 차이 나는 것을 바로잡는 일인 교감을 하는 경우에는 누구를 막론하고 그 전말을 기록하는 것은 당연한 의무이자 예의다. 물론 있는 그대로 해석하고, 주석을 내어 틀린 부분을 지적하는 방법도 있기는 하다. 그러나, 『용사일기』는 다행히 저본이 되는 서적이 남아 있다. 이를 토대로 교정을 하거나, 원문의 내용이 맞지 않는 것은 수정하고, 그 이유와 출처 등을 밝힌다. 『용사사적』은 최현과 김용이 「학봉언행록」을 지을 때 일부 변형이 있었고, 상당 부분이 그대로 『학봉집』에 실렸다. 하지만 역설적으로 일기를 간행할 때는 반드시 『학봉집』을 토대로 교감하였던 것이 틀림없다. 그래서 특정한 부분은 원본보다 오히려 『학봉집』에 더 가깝다. 이러한 현상은 19세기 중반에 간행된 이노의 문집인 『송암집』에도 공히 나타나고 있다. 그러나, 원본뿐이 아니고 다른 여러 의병장의 문헌도 참고할 수 있어, 여러 문적을 살펴 교정하고 교감한 그 기록과 더불어 한문 문법적인 측면은 물론이고, 유사한 구절을 담고 있는 고전이나 경전을 토대로 수정한 전말을 기록하였다.

Ⅰ. 『용사일기』 서문

• 방패의 손잡이에다 ~ 순제의 고사처럼

남북조 시대, 양梁나라 무제武帝의 친구이던 순제荀濟가 방패의 손잡이에다 먹을 갈아 격문을 지었다는 고사를 『용사일기』를 찬술한 송암 이노에 비긴 것이다.

원문은 단순하게 마순磨盾으로 되어 있어, 한자의 의미로는 '방패를 간다'가 되어 문맥이 맞지 않는다. 그래서인지 한일문화연구소에서 처음 역주를 할 때 이 부분은 방패에 먹을 갈았다는 고사에서 유래되었다는 것을 어렵게 찾아 적시하였지만, 언급하지 않고 그냥 지나치고 말았다. 원문의 이 부분 '盖其幕裏, 磨盾之餘筆也.'를 '대개 그 막하에서 틈틈이 적은 기록이다.'라고만 하였다.

따라서 이후에 출판된 전규태, 이재호, 의령문화원 모두 그대로 따라서 기록하였을 뿐 아니라, 역주에서 어렵게 한 언급조차 아예 없애버렸다.

그래서 문맥이 통하도록 **'방패의 손잡이에다 먹을 갈아 격문을 지었다는 양梁나라 순제荀濟의 고사처럼** 남겨진 필적이다.[草檄磨盾鼻墨之餘筆也.]'라고 명확히 하였다. 여기서 비鼻는 방패의 코에 해당하는 것이다. 방패를 얼굴로 보면 잡는 부분이 코가 되니, 바로 손잡이를 의미한다.

• 시작과 끝을 의미하는 자自, 흘訖

『용사일기』는 서문에서 밝히고 있는 것처럼 학봉 김성일이 일본에 사행한 사실을 기점으로 하였다. 계사(1593)년 4월 그믐에 진주성 경내에서 순직한 김성일은 지리산 자락에 임시로 장지를 정했다가, 그해 11월 고향인 안동으로 반장返葬하는 데서 끝을 맺었다.

그런데, 그 끝마침을 의미하는 글자가 '竝乞'로 되어 있다. 이것은 자전에 없는 글자인데, 일견 '訖'을 잘못 쓴 것으로 짐작은 된다. 원본은 물론이고 부산대학교 한일문화연구소가 발행한 서책이나, 심지어 일본인 키타가와 이누사브르[北川 戌三郎]가 발행한 『용사일기』에도 이 글자가 쓰이고 있다.

그러나 서문을 쓴 서명서의 문집 『만옹집』 제2권에 「김학봉용사일록서金鶴峯龍蛇日錄序」라는 글에는 '迄'을 쓰고 있는 것이 보인다. 문맥으로 보면 '訖'이 더 어울릴 것으로 보이지만, 글쓴이의 문집에 따라 '迄'로 하였다.

• 반장의 시기

학봉 김성일이 순직하여 지리산에 하관하였다가, 경상감사 한효순이 안동으로 반장한 시기는 그 해(1593년) 11월이었다. 『학봉집』이 전하는 김성일의 연보에도 11월에 고향으로 옮겨, 12월 경신일에 장례를 지냈다고 한다. 굳이 의미를 둔다면 서명서의 서문에 기록된 계사년 5월은 김성일을 지리 산록에 장례한 바로 그달이다.

Ⅱ. 경상도 사민 등에게 내리는 교서

• 송나라 고종에게 ~ 날마다 기대하노라.

원문의 '日望張素報園陵之無缺.'이라는 부분이다. 목적절의 주어가 장소張素로 되어 있으니, 번역이 이상하다. 이것은 장소張所가 맞다.

장소는 송나라가 중원을 금나라에 내어 주고, 남방의 절강성 항주杭州로 천도를 하자, 금나라가 장악한 중원으로 다시 들어가서, 선대의 능과 원들을 살피고, 그 형편에 대한 보고서를 올렸다고 전한다. 선조는 이런 신하를 날마다 기다렸다는 것이다.

이 문장의 주어는 선조 임금으로 생략되어 있다. 서술어는 '날마다 바란다'라는 뜻의 구로 이루어진 일망日望이다. 나머지 장소 이하는 절로 구성된 목적어다. 이렇게 보고 해의를 해야 한다. 그렇다면 '송나라 고종에게 원과 능에 결함이 없다는 것을 보고하였다는 장소張所와 같은 사람을 날마다 기대하노라.'가 된다.

『난중잡록』에 실어 전하는 '전라도 사민에게 내린 선조의 교서'에는 미리 교감을 한 것인지 **장소**張所로 되어있다.

Ⅲ. 이송암 『용사일기』 — 학봉 김성일 사적 기록 —

○ 본문의 표제

• 판본은 이송암 『용사일기』 — 학봉 김성일 사적 — 이라고 한 부분

원본에는 "龍蛇事蹟[辰巳之蹟] 松巖李魯汝唯撰"이라고 적었다. 해석하자면 '『용사사적』[임진·계사년의 발자취] 송암 이노 여유 찬술'이 된다. 여유汝唯는 송암 이노의 자이다.

송암 이노가 정리하여 학봉 김성일의 본가에 보낼 때 표제는 '용사사적龍蛇事蹟'이었다. 이후 용사사적·용사일록·용사록·용사별록·용사일기·용사일지 등 다양한 명칭을 보이다가 인간印刊하면서 비로소 『용사일기』가 된 것이다.

그런데, 1960년 12월에 부산대학교 한일문화연구소에서 역주해본을 낼 때 이 부분 본문의 제목은 '용사일기 기김학봉사적龍蛇日記 - 記金鶴峯事蹟 -'으로 되어 있다. 현재 국립중앙도서관에 소장된 본 저본과 서로 다르다. 아예 판본이 다른 것인지, 아니면 부산대학교에서 달리 쓴 것인지 상고할 수는 없다.

제2장 왕자들의 탄핵

• 왕자 무리

원문은 왕자배王子輩로 하였는데, 이것은 '왕자 무리들'이라는 뜻이다. 선조와 왕자 무리들이 엄연히 살아 있는 그 당시는 절대로 쓸 수 없었던 글자이다. 그러나 송암 이노는 분명히 그리 적었다. 판본은 '왕자제궁王子諸宮'이라 하였다. 제궁諸宮이라는 단어는 여러 번역물에 그냥 '제궁'이라고 쓰는 경우가 대부분이다. 그러나 이것은 사전에 없는 단어다. 번역하는 곳마다 의미가 다르다. 『학봉집』은 「학봉언행록」에서 제궁이라 하고 있는데, 아마도 『용사일기』를 펴내면서 순화된 문집의 표현을 인용한 것이 분명하다.

제3장 경상우병사 제수와 남행길

• 동반급제자의 전송

판본에는 '공의 동년배인 기궤자畸佹子가 야음을 틈타 와서 공을 별송하며[公之年友畸佹子, 乘夜來, 別送之]'로 되어 있다. 한국고전번역원의 해석도 이렇다. 그러나 원본에는 '公

之年友, 畸別送之.'라고 하였다. 전혀 의미가 다르다. 이 부분 해석이 매우 어렵다. 언행록을 지은 최현을 비롯하여 뒤에 이 문장을 보았던 인사들이 무슨 의미인지 몰라 모두 절감하였을 것이다. 해석은 '공의 연우가 밭에서 별도로 송별하며'로 보았다. '기畸'는 명사로는 뙈기밭을 말하고, 수식어로는 '기이하다'의 뜻도 있다. 여기서는 장소를 나타내는 전치보어다. 주어는 공의 연우가 맞고, 서술어는 별송이라고 새기는 데에 큰 문제는 없다. 주어와 서술어 사이에 부사어나 보어가 있으면, 거기서 끊어 주어야 하니 그리하면 문맥이 통한다. '연우年友'는 동년배의 친구가 아니라 '과거의 동반급제자'가 맞다. 이러하기에 인칭대명사로 기畸가 되었든지 아니면 기궤자畸佹子는 어색하다.

다만, 판본은 이 부분의 해석이 난해하였으니, 『학봉집』의 「학봉언행록」 기록을 토대로 바꾸어 적고 말았다. 한국고전번역원이 간행한 바가 있는 『학봉집』 언행록의 이 부분 국역에도 참고할 만한 어떠한 주석도 있지 않다. 다만 주어로 보고 한글로 '기궤자'라고 음독만 해 놓았을 뿐이다. 송별시는 넣어야 되겠는데, 그 사정을 적은 글이 난해하여 생긴 일이다.

인재 최현이 지은 용사 연간의 「학봉언행록」은 반드시 송암의 문자를 참고하고 넣었을 것이다. 그런데 이 부분에 있어서 의미도 도저히 짐작할 수 없는 글자로 바꾸고, 야음을 틈타 왔느니 등으로 왜 각색하고 있는지는 참고할 만한 문적이 없다. 이것은 촉석루중삼장사 관련 기사도 마찬가지다. 인재 최현의 허물이 참으로 크다.

- 선조의 추포 명령과 서애의 변론

• 영의정 이산해李山海

수태首台는 영의정을 의미하는 것이고, 수규首揆와 같은 말이다. 사전을 찾으면 수태는 잘 보이지 않는다. 좌의정과 우의정을 이르는 말에 태台가 있으니, 아마도 영의정과 더불어 3명이니 삼정승을 의미하는 삼태성三台星을 염두로 바꾼 것으로 보인다. 원본은 수규로 되어 있다. 그에 따랐다.

• 다른 중신들의 기록

홍여순洪汝諄은 병조판서로 하고, 변응성邊應星은 좌도방어사로 삼고, 이일李鎰을 우도방어사로 하였다. 신립申砬으로 하여금 대장으로 하고, 김여물金汝岉을 종사관으로 삼아, 서울의 장정들을 징발하였는데, 사대부 가에서는 각각 전투말 한 필을 갹출醵出하여, 신립에게로 달려 갔다.[洪汝諄, 爲兵判; 邊應星, 爲左道防禦使; 李鎰, 爲右道防禦使; 以申砬爲大將; 金汝岉, 爲從事官; 發長安丁壯, 人士大夫家, 各出戰馬一匹, 以赴之.]는 내용은 『용사사적』에 없는 내용이다. 일기를 간행하면서 당시 사정을 추록하였다.

- 하서下書와 하비下批의 차이

하비는 신하가 올린 글에 대하여 결재를 할 때 임금의 의견을 적는 것을 말하고, 하서는 임금의 말이나 웃어른의 글을 말한다. 승정원에 하명하였다는 문맥으로 볼 때 원본에 있는 하서下書가 타당하여 고쳤다.

- 영남에 들어가지 않은 사자

일기의 간행본에는 '이 명을 전하는 자가 겁을 먹고, 조령에 머물고 말았던 것은, 몰래 가는 길을 꿰뚫어 알지 못하였기 때문이다.[將命者恇, 逗于嶺不透馬+竄.]'라고 하였다. 다른 역주자가 해석한 글은 이와 같지는 않지만 '馬+竄'은 자전에 없는 글자이니, 그 의미는 단정할 수 없다. 그래서 원본대로 '조령에만 머물고, 들어가지도 않았다.[逗于嶺, 不透.]'고 하였다.

제4장 악의적 유언비어 유포

- 김성일과 김모의 차이

갑자기 전쟁이 발발하자 한양에서는 유언비어가 유포되었는데, 이를 기록하는 부분에 원본은 학봉 선생을 '김모金某'라고 적었는데, 판본은 차마 그리 쓰지를 못하여, 김성일로 하였다. 낭설을 전하는 문맥이라면 '김모'가 더 타당할 것이다.

제6장 경상우병영에 도착

- 목숨을 걸고 싸울 계획

효사效死는 의미상으로 '죽음을 드러낸다'라는 말이다. 사효死效는 곧 '목숨을 걸고 싸운다'는 뜻이다. 사적은 '效死'로 적어 놓고, 아래위가 바뀌었다고 표시를 정확하게 해 놓았다. 效는 물방울이 물에서 튀어 오른 모양을 옆에다 표시하고, 死는 즉 물방울이 떨어지는 모양을 하였다.

아래 것은 위로 잘못 튀어 올랐고, 아래 것은 위에 있어야 할 것이 떨어졌다는 의미이니, 이를 서로 바꾸라는 것이다. '목숨을 걸고 싸웠다'라고 쓸라치면, 전치사 이以를 사용하여 '목숨을 걸고 싸운다'는 동사를 전치사의 목적어로 만들어야 한다. 동사는 그 자체로 목적어가 될 수 없다. '이사효지以死效之'로 쓰는 것이 타당하다.

第7장 선조의 나포 명령

• 인언人言과 개언皆言의 차이

사람들이 말하는 것이나, 모두 말하는 것이나, 의미상 별 차이는 없다. 그러나 간행본과 원본이 차이가 난다. 확실하게 상황을 전달하기 위해서 '사람들이 모두 말하기를'이란 뜻으로 '인개언人皆言'으로 하였다.

• 용이容易와 경이輕易

용이한 것은 '쉽다'는 의미이고, 경이는 '대수롭지 않다'는 뜻이다. 간행본과 원본이 상이하다. 이것 역시 『문수지』와 최현이 찬술한 「학봉언행록」에 있는 그대로 일기를 간행하면서 따른 것일 테지만, 문맥상 후자를 택하였다. 그리고 간행본은 '豈可容易棄陣'라고 했는데, 가可 자도 원본에는 있지 않다.

• 쉬倅와 수守 그리고 현감과 군수의 차이

모두 지방 군현郡縣의 수장을 일컫는 말이다. 군수와 현감은 직급이 다르고, 고을의 규모에 따라 구분되는 것이다. 그러니 엄격히 구분해서 써야 한다. 간행본은 모두 군수나 수령을 뜻하는 '수守'로 하였다. 원본은 창원은 부사府使이고, 의령과 현풍 그리고 창녕은 정확히 현감으로 되어 있다. 모든 고을의 수령을 지칭할 때는 쉬倅를 가지고 구분하여 나타내었다. 더불어 순찰사라는 명칭도 전시 상황임을 감안하여, 비상시에 쓰는 명칭인 '도순찰사都巡察使'라고도 정확히 사용하였다.

第8장 북상 길에 만난 경상감사 김수

• 조령을 차단하려는 김수

제4장에서 이미 김수金睟가 도순찰사라고 명기를 하였다. 그러므로 원본은 '睟聲言遮

截鳥嶺'이라고만 하였다. 그런데 책을 펴낼 때 '당시 순찰사 김수가[時, 巡察使金睟~]'라고 하여, 김수를 순화시켜 추가한 것은 의아하다. 이것은 『문수지』의 표현 방식이다. 이러한 것도 『문수지』와 『용사사적』의 편집이 어느 것이 먼저인지 짚을 수 있는 근거다.

통상 '탄식한다'는 의미는 歎息과 嘆息을 모두 쓸 수 있다. 원본에서는 매양 歎을 쓰는 데 비하여, 판본은 주로 嘆을 사용하였다. 이것은 이하 거의 동일하게 반복되는 양상을 보인다.

제9장 초유사 직첩과 남행

• 호초呼草와 수초手草의 차이

원문은 공이 직접 장계문을 지었다고 하였는데, 간행본은 호초呼草라고 하였다. 이것은 '입으로 불러주고 문장을 짓는 방식'이다. 『용사사적』이나 행장이 그대로이니 손수 지은 것[手草]으로 바꾸었다.

• 호남인들과 호남 수령들의 호칭

사람의 이름자는 지위 고하를 막론하고 잘 부르지 않는 경향이 있었다. 이것은 『춘추春秋』의 필법이다. 칭송할 때는 주로 자를 쓰고, 비난은 이름을 쓴 것에서 비롯되었다. 그래서 자를 짓고, 호를 여러 개도 짓는 예도 있다. 성씨 뒤에 직책이나 관직 등을 붙이는 것도 일반적이다. 호남 사람들이나 호남의 수령들이 '김모金某'라고 했는데, 차마 쓸 수가 없어 김성일로 바꾼 것으로 보인다. 행장과 원본을 토대로 환원하였다.

• 나포 명령에서 도망

일기의 주석 부분은 '필시 나포 명령에 도망한 재화를 두려워한다.[必畏禍逋命]'로 되어 있다. 그러나 원본은 화禍 대신에 색塞을 썼다. 그렇다면 '필시 위협에 막혀 나포명령에서 도망하려고 한 것이다'로 풀어낼 수 있다. '화를 두려워한다'는 것이 외화畏禍이고, 외색畏塞은 '위협에 막혔다'는 의미다. 원본을 따라 후자를 택하였다.

• 십분 당연한 것

전라도 수령들이 난상토론을 할 때 금산군수 유종이 결말을 지었는데, 원문에서는 '화순현감의 말이 십분 당연하오.[和順言十分是當]'이라고 하였다. 문맥에 이상이 없다. 일기는 이 부분은 시당是當 대신에 요당了當을 쓰고 있는데, 이것은 '완결' 또는 '처리하다'의 의미가 있다. 是는 한문 문장에서 영문법의 be동사쯤으로 이해하면 된다. 그러므로 원문을 따랐다.

• 광주목사 권율

일기는 단순히 목사 권율權慄이라고 하였는데, 당시 광주光州목사로 재직 중이었다. 원본대로 이를 보충한다.

• 불능不能과 능불能不의 차이

불능不能은 부정보조사로서 '~지 못한다'는 의미이다. 특히 능력이나 수단이 없어 무엇을 하지 못할 때 쓰인다. 한문문법에 있어서 보조사는 국문법이 규정한 조동사나 조형용사와 용법이 같다. 그러므로 이 能의 해석을 '능히 할 수 있다'는 등으로 하는 것은 과한 해석이다. 따라서 불능구不能救는 '구하지 못한다' 정도로 보면 된다.

능불能不 또한 한문 문장에서 아주 많이 쓰이는 단어이다. 『동국여지승람』에서 한 구절을 인용하자면, '능불권권호能不拳拳乎?'는 '어찌 애착이 없을 것인가?'로 풀이하였다. 그래서 '어떻게 ~하지 않을 수 있느냐?' 또는 '~하지 않을 수 없다.'로 본다.

『용사일기』는 '全失一道, 而不能救'로 되어 있고, 송암의 친필 원본에는 '全失一道, 而能不救'로 되어 있으니, 곧 '불능不能'과 '능불能不'의 차이다. 김수가 임지를 버리고 왜 구원을 하지 않았느냐는 책망을 하고, 행위와 사정이 그렇겠지만 무슨 할 일이라도 있을 것이라고, 영남으로 돌아가라고 청하는 문맥이다.

능불能不을 취하여 '어찌 구원하지도 않았던 것이오?'라고 새기지 않을 수 없다. 더욱 눈여겨보아야 할 것은 '능불能不'은 자체로 의문문을 만든다는 점인데, 처음 '불능不能'으로 썼다가 오용을 발견하고, 오른쪽 옆에다가 떨어졌다가 튀어 올라온 물방울 형상을 표시하여, 바꾸어 놓고 있는 것은 더욱 이것을 따라야 한다는 생각이 든다. 의미의 차이가 그렇게 심하지 않아, 점찍어 가며 세밀하게 보지 않으면 발견하기 어렵다. 따라서 이런 교정을 할 사람은 송암 이노 필자 자신밖에 없을 것이라는 생각도 든다.

제10장 함양에서 만남과 창의 맹약

- 텅빈 관아와 삼장사의 조우

• 권점으로 구분하지 않은 본 장

이 부분은 함양에서 세 현인이 만나 나라를 지킬 맹약을 한 중요 단락이지만, 원본에서는 권점으로 구분하지 않았다. 그러나, 『용사일기』의 장 구분은 이미 수차례 간행되어 고착화된 것으로 보여 이를 따랐다. 이하 모두 같다.

• '하늘이 나를 도왔다'라고 한 글의 위치

함양의 관아에서 서로 기약하지도 않았지만, 친분이 각별하였던 조종도와 이노를 만났다. "공이 이르기를, 공은 해후하여 서로 만난 것에 기뻐하며, 마음을 억누르지 못하고, '이는 하늘이 나를 도운 것이다.[公邂逅相遇, 喜, 不自勝曰: 是天贊我也.]'"라고 한 부분은, 원본에는 본문 중에 있지 않고, 쌍주雙註를 낸 끝부분에 있다. 간행하면서 위치를 바꾼 것인데, 이 역시 간행된 일기를 따라 그대로 두었다.

• 빙장과 외구

장인을 뜻하는 낱말을 원본에서는 '빙장聘丈'이라고 하였다. 간행본에서는 '외구外舅'는 단어를 썼다. 모두 아내의 아버지를 지칭하는 것일 테지만, 외구는 특히 편지글에서 자주 쓰는 것이라 정의하고 있으니, 원본에 따라 교정을 하였다.

• 서애상공과 서애 류상공

왜란 이후 영의정에 오른 서애 류성룡 선생을 지칭할 때, 서애상공을 서애 류상공으로 달리 썼는데, 별 의미는 없다. 다만 원본에 충실히 하고자 하였다.

• 누가 추가로 우리와 함께 죽을 것인가

이노가 함양에서 창의를 다짐하면서 '함께 죽을 사람이 누구이겠냐?'고 물으니, 조종도가 정인홍과 김면 그리고 박성이라고 대답하였다. 이곳의 판본에는 이노의 막냇동생인 이지李旨가 포함되어 있다. 원본에는 있지 않아 삭제하였다.

• 처소處所를 나타내는 전치사

한문문법에서 전치사는 서술어 뒤에 위치한다. 특히 명사 앞에 쓰이어 표준이나 처소, 시간과 비교 등 다양한 문법적 기능을 수행한다. 전치사+체언이 서술어 앞에 위치하면 곧 부사어가 된다. 한문은 고립어다. 위치에 따라 문장의 성분이 결정되는 것이다.

서술어 뒤에 전치사+체언이 위치하면, 이를 객어客語라고 따로 이름하는데, 목적어와 보어를 포괄하는 개념이다. 중문법에서는 빈어宾语 등으로 불린다.

맹자가 설파한 바 '어진 사람은 천하에 적이 없다.[仁人無敵於天下]'의 예에서, 전치사 於가 천하라는 명사 앞에서 천하를 객어로 만들고 있는 것을 확인할 수 있다. 그런데 이 於와 于가 처소를 나타내는 경우에 특별히 구분할 이유가 없다. 함께 물에 빠져 죽자[同沈於水]에서 於로 되어 있는 것을 于로 바꾸어 놓았는데 환원시켰다.

- 선 채로 써 내려간 격문

• 이 부분 격문은 『용사사적』 원문에 기록하지 않았다. 아마 별첨하여 보냈을 것으로 짐작한다.

• 원충갑元沖甲의 오기

일기에는 원나라 반란군[哈丹賊]이 강원도 원주성을 포위하여 공격하였으나, 이를 고을 사람들과 힘을 합쳐 막아낸 고려의 용장 원충갑의 이름자를 '衷甲'이라고 하였는데, '沖'으로 바로잡았다.

第11장 조종도와 이노의 통문

• 원문은 이 부분 또한 별도의 권점을 하지 않았지만 간행된 일기의 장 구분을 그대로 따랐다.

• 종묘宗廟와 종사宗社

종묘는 역대 임금과 왕비의 위패를 모신 사당을 의미하고, 사직社稷은 나라나 왕조를 뜻하기도 하지만, 곡물과 땅에 제사하는 사직단社稷壇을 지칭하기도 한다. 그러므로 종사라고 하면 종묘와 사직을 아울러 말한다. 종묘사직宗廟社稷이 된다는 말이고, 이는 왕실과 나라를 지칭하는 것이다.

처음 겪어 보는 왜란의 파천에 놀란 것은 딱히 종묘만이 아닐 것이다. 『용사사적』과 『난중잡록』의 이 부분은 종사宗社로 되어 있고, 『대소헌일고』와 『용사일기』 간행본은 종묘宗廟로 기록하였다. 혼령이 놀라 누구에게 의지하여 오르고 내리는지 걱정하는 부분이라면, 종사宗社가 더욱 타당할 것이라 보았다.

• 신과 같이 숭고한 사람의 감당

일기 간행본과 『난중잡록』 그리고 『대소헌일고』에는 '이는 실로 사람된 도리에 견디어 내기 어려운 일이다.[斯實人理之難堪.]'로 되어 있다. 그러나 원문은 '이것이야말로 실제 신과 같이 숭고한 사람조차도 감당하기 어려운 것이다.[斯實神人之難堪.]'로 풀이된다. '사람된 도리'와 '신과 같이 숭고한 사람'의 차이다. 원본의 문장이 좀 더 강렬하여 이에 따른다.

• 죽는 것은 비록 증오憎惡스럽다고 해도

죽는 것이 즐거운 사람이 고금에 어디에 있을까? 의로운 죽음은 있어도, 즐기는 죽음은 없다. 이 부분은 수雖 자가 들어감으로써 양보조건문이 되었다. 원문은 '死雖可惡'로 되어 있는데, 일기의 간행본과 『대소헌일고』는 오惡가 낙樂으로 되어 있어 혼란스럽다. 뒷 문장을 고려하면 '죽는 것은 비록 증오스럽다고 회피한다 해도, 천지에 그물이 쳐 있어 도망할 곳이 없으며'로 하면 양보조건문으로 자연스럽게 연결되므로, 낙樂을 오惡로 고쳤다.

• 방본邦本과 방가邦家의 차이

나라의 근본을 방본이라 하고, 방가는 영토와 국민과 주권을 갖춘 사회를 의미한다. 통상적으로 민본주의를 말할 때는 백성이 나라의 근본이라 한다. 영토와 주권이 없는 것은 국가가 아니니, 서로 통용하여 쓸 수 있는 단어가 분명하다. 원본의 기록대로 이것 또한 방가邦家로 한다.

• 장부丈夫와 열부烈夫 그리고 원부元夫

'살아서는 **대장부가** 되고, 죽어서도 훌륭한 영혼이 되니,[生爲丈夫, 死作英魂.]'라는 부분은 전하는 문헌마다 장부丈夫와 열부烈夫 그리고 원부元夫가 혼재되어 쓰이고 있다. 장부로 하고 대장부로 해석하는 것이 대체로 무난한 것으로 본다.

• 고려 충신 신숭겸과 같은 기신紀信

후삼국 시대 대구의 공산 전투에서, 신숭겸申崇謙 장군은 자신이 왕건의 투구와 갑옷을 바꾸어 입고 전사하여 태조를 살렸다. 이처럼 기신紀信은 한나라 고조 유방이 형양滎陽에서 항우 군사에게 포위되었을 때 자청하여, 유방으로 가장하고 수레를 타고 잡힘으로써 유방을 탈출시켰다. 분노한 항우가 불태워 죽였다고 하는 그 충신이다.

이 기신의 이름이 『용사사적』 원본과 일기에 '포신鮑信'이라고 기록되어 있다. 『난중잡록』이나 『대소헌일고』도 마찬가지다. 비교적 후대에 나온 이노의 유고인 『송암집』에는 기신紀信으로 바로 기록되어 있다.

제12장 함양에서의 문답

• 전 현령 조종도

함양에서 영남초유사 김성일과 기약도 없이 만난 대소헌 조종도는 당시 용인 인근의 양지현감과 김제 부근의 금구현감을 역임하여, 원문에서는 '조현령'이라고만 적었다. 간행본을 내면서 앞 문장에 단정문을 나타내는 종결사 '也'를 추가하고, '현령의 이름은 종도이다.[縣令名宗道也]'라고 주석을 달았다. 그대로 따랐다.

• 침욕忱欲과 욕欲의 차이

한문 문법에서 욕欲은 보조사補助詞이다. 보조사는 독립적으로 쓰이지 못한다. 동사나 형용사 앞에 위치하여, 그 용언과 함께 하나의 문장 성분을 나타낸다. 이른바 영문법의 조동사와 유사하다. 세분하자면 욕欲은 '미래보조사'나 '의지보조사'로도 분류한다. 간행본에는 잘 쓰이지 않는 형식으로, 보조사 앞에 부사어를 첨가하였다. 그것이 침욕忱欲으로 '정성스럽게 ~하고자 한다면' 쯤으로 해석된다. 『문수지』에는 이 글자가 있으나, 원문에 있지 않아 삭제하였다.

• 도의道義는 어찌 생겨날 것이지만

초유사 김성일과 함양 유생들 간의 문답 중에 양보문 하나가 있는데 '도의는 비록 이와 같지만[義雖如此]'으로 판본이 되어 있다. 원문은 수여차雖如此 대신에 안종생安從生이라 하였다. 사전적 의미는 '어찌 생겨나는 것'을 의미한다. 「학봉언행록」에도 종생從生이라고 했다.

『자치통감』이 전하는 고사 중에 자사子思가 위후衛侯의 말에 대답한 것이 있다. '이렇게 된다면 좋은 일이 어디에서 생겨나겠는가.[如此則善安從生]'라는 대목을 가지고 선호에 따라 이리저리 축약한 것으로 보인다.

제13장 여울목을 건넌 왜적과 도주하는 경상우병사

• 예졸銳卒과 졸지猝地의 차이

예졸은 '썩 날쌔고 용감한 병사'를 의미하는데, 원본에는 '갑자기'를 뜻하는 졸猝을 사용하고, 청화로써 확인까지 하였다. 그러니까 銳猝로는 쓸 수 없다. 猝은 졸지의 뜻으로 서술어 앞에 쓰인 부사어이기 때문에, 뒤 문장으로 가야 한다. 그러므로 '역시 그 날랜 병사들을 막아 낼 수 있었다.[亦可沮遏其銳卒. 聞大怖]'의 형식이 아니다. '역시 그 예봉을 막아 낼 수 있었다. 조대곤은 **갑자기** 소문을 듣고 매우 두려워하여,[亦可沮遏其銳. 猝聞大怖]'가 맞다.

한문 문장은 어디에서 현토 즉 끊어 읽어야 하는지가 매우 중요하다. 명사는 주로 주어와 보어로 많이 쓰이는데, 끊는 위치에 따라 앞 문장의 보어가 되다가, 뒤 문장의 주어로 읽히기도 한다. 그렇다면 주인이 달라지는 등 우스꽝스러운 남우세가 될 수 있다지만, 한문을 하는 자 누구라도 피해갈 수 없는 매우 흔한 일이기도 하다.

이 문장에서 주어는 경상우병사 조대곤으로 생략되어 있으니, 그 앞에서 끊는 것이 맞다. 다만 예졸에서 끊다 보니 '猝'을 '卒'로 바꾼 것이다. 원본은 청화로 다시 한번 더 확인한 흔적이 선명하다.

제14장 천강홍의장군 곽재우의 창의

• 천강홍의장군 곽재우

곽재우는 맨 먼저 창의를 하고 난 이후, 언제나 붉은 군복을 입고 싸우면서, 스스로 칭하기를 '천강홍의장군天降紅衣將軍'이라고 하였다. 이 말은 사전에도 등재된 일종의 고유명사가 일반명사화가 된 그러한 단어이다. 그러나 원본과 다르게 일기를 간행하면서 자칭 '천강장군天降將軍과 홍의장군紅衣將軍'이라 하였다고 기록하였는데, 두 명의 장군으로 보일 수 있다. 곽재우의 시장諡狀이나 문집 그리고 『선조실록』 등의 문적에도 '천강홍의장군'이라 하였다.

• 가자家貲와 가화家貨

천강홍의장군 곽재우가 창의함에 전 재산을 다 풀어서 군사를 모았다는 사실을 적으면서, 판본은 가자家貲라고 하였지만, 『용사사적』과 『망우집』의 「용사별록」에서 모두 가

화家貨로 기록하였다. 의미는 비슷하여 돌려쓸 수 있겠지만 바꾸어 쓸 수밖에 없다.

• 율聿에 대한 이해와 체지逮至

붓을 뜻하는 '聿'자는 부사어로 쓰일 때는 '마침내' 또는 '드디어' 등의 의미가 있다. 원본은 영남초유사 직첩을 받고, 무주와 금산을 거쳐, 전주에 이른 상황을 설명할 때, 이 聿을 가지고 '드디어 전주에 이르렀다'라고 적었다. 그러나 간행본에는 '미치다' 또는 '도달하다'의 뜻을 지닌 체지逮至로 되어 있어 바꾸었다.

제15장 환아정換鵞亭에서 흘린 눈물

- 홍의장군 곽재우에 관한 회신

• 권점의 위치와 장章의 구분

『용사일기』 간행본에서 이 문단은 앞 단락인 제14장의 끝 문장으로 되어 있다. 그러나 원본은 바로 이 부분에 권점을 하였기에, 이 문단에서 제15장이 시작하는 것으로 바꾸었다. 문맥상으로도 이것이 적절하다.

• 여하如何와 하여何如의 차이

초유사는 곽재우의 창의를 기특하게 보고 편지를 내서 만나자고 하였다. 경상감사 김수가 공에게 편지를 보내 곽재우의 행동거지가 어떠한지를 물었다. 그 '어떠한지'를 묻는 곳에 판본은 '何如'로 되어 있는 반면에, 원본은 '如何'로 되어 있다. '如何'는 명사 뒤에 위치하여, 일의 귀추가 어떠한지 또는 앞말이 나타내는 것이 어떠한가에 달려 있음을 나타내는 말이다. 문맥상 원본을 따랐다.

- 산음에서 있었던 일들

• 모점의 기능과 급及

급及은 '도달하다' 또는 '미치다'와 '이르다'의 뜻으로 자주 쓰인다. 또한, 국어의 '및'이라는 의미로도 사용된다. 주로 동일한 주제나 종류를 나열할 때 사용되므로, 한글맞춤법의 모점과 같은 기능을 한다.

임진년 5월 10일에 함양에서 산음으로 향할 때, "초유기를 앞세우고 황윤과 소상진을 군관으로 삼고, 짝을 지워 앞으로 나가게 하였다."는 대목에서 원본에서는 교정을 하면서 첨가한 '접속사 급及'이 있으나, 간행본에는 있지 않아 추가하였다.

• 검劒과 일釼 그리고 검劍

칼을 의미하는 검의 본 자는 劍이고, 劒은 속자로 나온다. 또한, 검釼도 속자이건만 釼은 전혀 다른 글자이다. 즉 '둔하다'는 뜻을 가졌으며, 음독은 '일'이다. 그러나 많은 고서들은 이 글자를 가지고 칼을 뜻하는 데 더러 사용하였다. 일기 간행본 또한 그렇다. 그러나 원본과 같이 엄격하게 검劒을 가지고 바로잡았다. 이러한 현상은 여러 곳에서 보이는 것인데, 모두 동일하게 적용하였다.

제16장 천인공노할 하동현감의 행적

• 백성, 그 맹氓과 민民의 차이

둘은 다 백성을 의미하는 말이다. 굳이 구분하자면 맹氓은 다른 나라나 지방에서 유입된 사람을 말하고, 민民은 원래 그 지방에서 살던 사람을 의미한다. 맹자가 활동하던 전국시대에는 나라도 참 많았다. 이것을 구분하여 쓰는 것이 통례였다. 지금 중국에서도 마찬가지다. 상하이에서 그곳 원주민을 채용하면, 다른 지방 출신보다 더 많은 임금을 주어야 하고, 그 차별이 없는 우리나라를 매우 신기해하기도 한다.

『용사사적』 원본은 촌민村民과 우맹愚氓을 표기할 때 구분하여 기록하였다. 이에 따라 교정을 하였다.

• 배창곡掊倉穀과 배창발곡掊倉發穀의 차이

곳간에 쌓아 둔 곡식을 이름하여 창곡이라 하고, 그것을 수탈하여 간다는 것이 掊倉穀이다. 판본은 掊倉發穀이라고 하였는데, '창고를 부수고 곡식을 내어 간다'는 말이다. 배掊는 여기서 '가르다'나 '쪼개다'의 뜻이다. 의미 전달에 무슨 차이는 있지 않다. 일기의 교정에 따랐다.

第17장 의령가수와 소모관

- 초유사의 목패 패용

• 갈 왕往 자의 사용

현재 '가다'의 뜻으로 '갈 왕자'를 쓸 때는 주로 往이 쓰인다. 그런데 『용사사적』 본문에서는 아주 다양한 글자가 사용되었다. 고자인 迬가 주로 보이고, 통자로 보는 泩도 제법 보인다. 옛 글자로 분류하는 徍도 있으며, 속자로 칭하는 徃도 있다. 주의 깊게 살피고 보는 재미도 있다.

• 분송分送과 분비分畀

'나누어서 보내는 것을 분송'이라고 한다면, 그냥 '나누어 주는 것' 또는 '수여하는 것'을 분비分畀라고 할 만하다. 일기 간행본과 『문수지』 또는 『송암집』 「연보」 등에는 전자로 되어 있고, 원본에는 후자로 되어 있다. 원본에 따라 분비分畀로 하였다.

• 수응자연후首應者然後와 유수응자有首應者, 然後의 차이

'초유사 목패를 각 고을에 나누어 줘서, 먼저 창의에 응한 자가 있은 연후에 ~한다'라는 의미이다. 존재동사인 有가 있어야 앞뒤 문맥이 통한다. 존재동사 有와 無는 뒤에 주어가 위치하는 특성이 있다. 원본에 없는 글자를 간행본대로 취하여 보충하였다.

• 명정사순名正事順과 명정언순名正言順의 간극

'명분이 서고 사리에 맞는 것'을 명정사순名正事順이라 한다. 명정언순名正言順은 '이름이 바르고 말이 순한 것'을 의미하는데, 『논어』에 나오는 말이다. 이것을 원본은 반드시 '名正事順'이라고 밝혀 놓았으니 이를 따랐다.

• 현감 이제李磾가 나와 기다렸는데,

수서首鼠는 '구멍에 머리만 내밀고 엿보는 쥐와 같다'는 말이다. 단성현감은 산에 숨었다가, 초유사 일행이 당도하는 것을 보고, 나와 기다렸던 모양이다. 간행본을 내면서, '산중에서 내려와서[自山中下來]'라는 말을 보충하였는데, 『송암집』이나 『학봉집』 그리고 『난중잡록』 등에도 발견되지 않는다. 더불어 굳이 그리하지 않아도 의미 상통하여 생략하였다.

第18장 곽재우, 죽음으로써 허여와 조종도의 싸움 중재

- 의령에서 만난 조종도와 곽재우

• '의령에서 또는 의령의 곽재우가 공의 편지를 보았다[宜寧郭再祐, 見公書]'는 문장에서 의령이라는 지명은 장소를 나타내는 전치보어일 수도 있고, 주어 곽재우를 꾸며주는 관형어로도 보인다. 그러나 문장에서 굳이 따지자면 필수적인 것은 아니다. 그러나 판본과 원본은 있고 없음의 차이를 보인다. 원본대로 없는 것으로 하였다.

• 의령의 경내와 의령

함안의 수령이 자기 군을 버리고, 인근 의령현을 지나, 지리산 등지로 도망하기 위해 지나는 여정을 표시한 문장 중에 '정암鼎巖 호수를 건너, 몰래 의령의 **경내를** 지나가고자 하였다.[涉鼎湖, 潛過宜界]'라는 말이 있다. 그냥 '宜寧'과 의령의 경계를 나타내는 '宜界'와 차이다. 정암호수는 호수가 아니다. 의령과 함안을 잇는 남강의 나루터를 두고 하는 말이다. 이 또한 원본대로 후자로 하였다.

• 불완전타동사와 목적어

곽재우는 함안군수로서 성을 버리고 수차례 도주하는 유숭인을 죽이고자 하였다. 그 부분을 설명하는 문장이 '곽재우는 ~ 활을 당겨, 그를 쏘려고 하였다.[再祐~彎弓, 欲射之.]' 이다. 여기서 대명사 '之'를 써야 하는지 그렇지 않아야 하는지에 관한 문제이다.

『용사사적』 원본은 이를 생략하였고, 간행본은 이를 적었다. '쏘다'의 의미를 가진 '사射'가 타동사이기 때문에 뒤에는 목적어가 필요하다. 그러므로 대명사인 '之'가 있어야 한다. 간행본의 형식으로 원문을 교감하였다.

- 송암 이노의 소모召募 활동과 창의倡義

• 저底와 저柢의 뜻

이노는 소모관의 직임을 가지고, 초유사 목패를 지닌 채로, 삼가현의 경내와 들어와, 빠르게 대평大坪에 이르렀다. 이 문장에서 저底는 '이르다' 뜻을 함께 가졌으므로 사용하였다. 간행본 또한 주로 '막다'의 뜻을 가지고 서술어로 쓰이지만 '어떤 장소나 시간에 이르다'는 뜻도 아울러 가진 저柢를 사용하였다. 차이는 별로 없을 것이지만 원본에 따랐다.

• 수廋와 익匿

廋와 匿 모두 '남을 숨긴다'는 불완전타동사와, '자기가 숨는다'는 자동사로서 뜻을 모두 가지고 있다. 굳이 달리 쓸 이유가 없는데, 원본은 廋로 되어 있어 그리 따르기로 하였다. 이러한 것은 송암 이노가 『용사사적』을 김성일 본가에 보내기 위해 옮겨 적으면서, 순간적으로 유사한 글자를 바꾸어 쓴 것일 수도 있다.

• 정인홍의 삭탈관직과 정 대장

일기를 간행하면서, 왜란 이후 대북파의 거두였던 왕의 남자 정인홍이 고향인 합천에서 조정의 권세를 좌지우지하다가, 인조반정으로 참형을 당하고, 관직마저 삭탈 당했다. 이렇게 신원이 되지 않은 것을 기화로, '정인홍은 이후 형벌을 받아 죽었다.[仁弘以後伏法]'라는 주석을 달았다.

이것은 『용사일기』를 재간하면서도, 책의 면 밖에다가 추가로 기록한 사실도 보인다. 정인홍은 대한제국의 말기인 1908년에사 관작이 회복되었고, 『용사사적』의 기록에도 물론 있지 않아 채용하지 않기로 하였다. 역사의 부침에 따라 명예가 달라지는 것에 따라 기록을 바꿀 필요는 없다.

『용사사적』 원문에 정인홍을 호칭할 때 '정 대장鄭大將'이라고 한 곳이 많이 있다. 그러나 삭탈관직 탓인지는 몰라도, 간행본에는 정 대장이라 한 곳은 없고, 죄다 정인홍으로 바꾸어 놓고 있다. 몇 군데 더러 보이는 이것은 신원이 되고, 명예가 회복된 지금 정 대장이라 한 부분은 원문에 따라 모두 고쳤다.

• 삼가의 박사제 등의 기병

삼가현에서는 박사제朴思齊 등이 기병하여, 모두 8~9백 명을 모집하였다고 하였다. 간행본에는 박사겸朴思兼·박사제朴思齊 등이라고 하였지만 원문에는 박사제가 없다. 그러나 이어지는 문장에 '함께 모집하였다[咸得]'라는 말이 있다. 그렇다면 주어는 복수가 되어야 해서 일기에 따라 사적을 교감하였다.

• 진주 의병장 허국주許國柱의 모병

『용사일기』에는 진주에서 허국주 등이 6~7백 명을 모병하였다고 기술하고 있지만, 『용사사적』의 원문에는 있지 않지만, 창의한 공적이 인정되어 이후 병조참판에 추증되었다.

• 청화로써 고이考異를 한 유일한 부분

송암 이노는 『용사사적』을 정서하여 옮겨 적고, 탈자와 오자를 여러 차례 교정하거나 특별한 방법으로 교열校閱하였다. 그리고 검은 먹으로 일차 점을 찍어 확인하고, 푸른 물감 즉 산화철로 만든 먹물로써 또 줄을 치고 검토하고, 점을 찍어 확인하였다. 그런데 푸른 물감을 가지고 유일하게 탈자를 찾아 쓰고, 그 글자가 들어갈 위치를 표시하였다.

'공이 진주에 있으면서 모병 소식을 듣고 바로 그날로 치계를 하였다.[公在晉聞之, 大喜, 卽日馳啓.]'는 문장에서 주어 '공'이 누락된 것을 발견하고, 청화를 가로 그어 그곳에다 넣도록 표시한 것이다.

죽유 오운은 이런 것을 보고 다른 이가 수정하고 고이를 했다고 하였는데, 저자 아니면 할 수 없는 그런 것임에는 틀림이 없다. 오죽유가 외양을 묘사하여 남김으로 인하여, 이 기록은 보물 이상의 값어치를 하고 있는 보물이 된 것을 역설적으로 증빙하고 있다.

• 접속부사 및[及]의 사용

'함안 사람 이정을 소모관으로 삼고, 또 유숭인을 꾸짖어 군으로 돌려보냈다.[以咸安人李瀞爲其郡召募官及責柳崇仁, 還郡.]'의 문장에서 확인할 수 있다.

第19장 초유사가 관상을 보는 법

• 장소를 나타내는 전치사

전치사는 명사 앞에 놓여, 시간이나 기점 그리고 처소와 비교 등 다양한 기능을 수행한다. 대체로 어於와 우于의 용법에 큰 차이가 없다. 특히 장소 등을 나타낼 때는 거의 같이 쓰인다. 길에서 만났다는 '于道'가 '於道'로 달리 쓰였다. 사정은 보이지 않는다.

• 영인과 영남인

경상도 사람을 지칭할 때 문경의 새재[鳥嶺] 이남을 의미하는 뜻에서, 영인嶺人이라고 해도 그 의미는 전달될 것이지만, 원문은 영남인嶺南人으로 정확히 기록하였다.

• 귀가 구부러져 의욕이 없어

란嬾은 '게으르고 태만하다'는 뜻이다. 라懶는 그 속자의 범주에 든다. 원본과 간행본이 이렇게 다른데 큰 의미는 없다.

第20장 군세를 갖추어 가는 경상우도의 의병진

• 도총都摠의 의미

어떤 사무를 총괄하는 으뜸 관아나 직책을 지칭할 때 이 도총이라는 말을 쓰는데, 『용사사적』의 경우 '摠'을 많이 쓰고 있다. 의미나 뜻에서는 모두 같다.

• 심대승沈大升과 심대승(沈大承, 1556~1606)

의령의병장 심대승을 쓸 때 사적에서는 줄곧 升을 사용하고 있다. 당시에 이렇게 적었는지는 알 수 없지만, 문헌이나 『용사일기』에는 承을 쓰고 있어, 이에 따라 교감하였다.

• 점으로 교정한 흔적

합천 의병장 정인홍의 사적을 기록하고 있는 문장 중에 '전 목사 오운[前牧使吳澐]'이라는 다섯 글자를 굵은 점으로 지운 흔적이 있다. 앞의 문장과 중복되어 그리한 것으로 보인다.

第21장 순찰사를 따를 것인가 초유사의 명을 받을까

• 임시로 임명된 초계군수

'전 군수 곽율을 임시 군수로 삼았다.[以前郡守郭趄爲假守.]'의 문장에서 임시로 임명된 고을 수령을 뜻하는 가수假守에서 守가 없어, 『문수지』에 의해서 보충하였다.

• 가야와 가야산

경상우도 일대는 옛날 가야국의 영향으로 가야에 관한 지명이 많다. 대가야大伽倻·소가야小伽倻·금관가야金官伽倻·성산가야星山伽倻·아라가야阿耶加羅·고령가야古寧伽倻 등의 지명이 아직 남아 있다. 그중에 합천군의 가야면과 함안군의 가야읍이 행정 지명으로 존치한다. 이것은 1914년 행정구역 개편 때 비로소 등장하는 지명이다.

그러므로 임진왜란 당시 가야라는 표기는 문헌상으로는 가야산伽倻山밖에 없다. 따라서 그냥 가야로 한다면 어느 지역인지 모른다. 가야산으로 해야 한다. 물론 원문에 그렇게 되어 있다.

• 두 개 의미의 양兩

곽율에 대하여 '김수가 거창에서 합천가수로 임명한 두 직첩이, 함께 도착하였다.[睟自居昌差陜川假守兩帖, 偕至]'라는 문장에서 둘을 의미하는 수사 양兩이 없어 보충하였다.

• 소동의 결말에 대한 기록

초계현의 임시 현령과 합천 수령의 두 직첩이 동시에 도착한 소동은, 곽율이 바로 그날 초계로 가서 부임함으로써 그치게 되었다. 그 결론을 말하는 것이 상부相覆이다. '서로가 덮었다'라는 뜻이다. 이 글자가 원문에는 있으나, 일기에는 없다. 소동의 결론이 있어야 할 것 같아 넣었다.

第22장 호남의 보장으로 진주성과 그 사정

• 산에서 나온 김시민

성을 버리고, 지리산 상원동에 숨어들었던 진주목의 판관 김시민은, 공이 진주성으로 왔다는 말을 듣고 산에서 나왔다. 그 부분을 설명하는 일기의 문장은 '時敏聞公至, 出行'이라 하였다. 그러나 원문에는 '時敏聞**公行, 出**'로 되어 있다. 이를 따랐다.

• 진주목사 이경李璥이 사망한 곳

진주성에 든 영남초유사가 전령을 보내 목사를 부르니, 산에서 실려 오다가 사망하였다. 이 부분은 별도로 역주를 하였는데, 원문과 일기의 내용이 상이하다. '이경은 산에서 실려 오다가, 소남촌召南村 객사의 **본체에서** 죽었다.[璥輿于山, 死**干**召南村舍]'가 원문의 내용이다. 장소를 나타내는 전치사 우于와 방패나 줄기 등의 뜻을 가진 간干과의 차이다. 원문은 뚜렷이 干을 쓰고 있다. 이것은 본체本體 또는 근본根本이라는 의미도 함께 하고 있다. 당시 소남촌은 단성현의 남강 변에 있던 역원의 이름이다. 아직도 산청군 소남리로 그 명칭을 이어가고 있다.

• 진주 판관이 모은 백성

텅 빈 진주성에 이른 초유사가 '판관을 독려하여 군사를 다시 모이게 하였는데, **판관**

이 부합하여, 더불어 더욱 백성들에게 은혜를 베풀었더니, 백성 중에 성으로 돌아온 사람이 많았다.[督判官, 聚軍, **判中, 又**益惠於民, 民多皈之.]'라는 문장은 원본에 고리점을 찍어 수정을 한 곳이다. 수량형용사 多·少는 존재동사 有·無와 같이 뒤에 주어를 가지는 특성이 있다. 그러므로 백성은 전치보어가 되고, '성으로 돌아온 백성'이 절의 주어가 되는 것이 확인된다. 문장이 매우 어렵다.

일기의 내용 '督判官聚軍, 判官益惠於民, 民多歸之.'와 유사하지만, 원본을 따라 정리하였다. 皈는 귀歸의 고자古字이다.

제23장 진주성 함락의 빌미

• 소小와 소少의 차이

양이나 모양이 작다고 여길 때 둘의 사용에 별다른 차이가 없다. 그러나 어떤 공간이나 영역이 좁고 작음을 의미하는 협소狹小라는 단어는 少를 쓰지 않는다. '김수는 촉석성을 작다고 싫어하였음에도'라는 부분에 원문은 少를 사용하였으나, 일기에는 小로 하였다. 사전적 의미대로 小를 채용하였다.

제24장 전군에 규칙과 명령 하달

• 시時의 고자 사용

일시一時를 적을 때 옛 글자인 일시一旹를 쓴 것이 특이하다. 일기가 간행되기까지 150여 년 남짓하지만, 이미 옛 글자가 되었다. 원문에 충실하기 위해서 이 글자로 바꾸었다.

• 각기 다른 이 문장의 표현

'스스로는 일시적이라고 여기겠지만, 대부분이 흩어져 도망쳐 버리면[自以爲一旹, 類多散亡]'이라고 한 이 문장의 표현이 아주 다르다. 김성일의 행장에는 '도망가는 자들이 스스로 생각하기를 한꺼번에 많은 사람이 도망치면[自以爲一時俱亡]'이라고 하였다. 유다類多라는 단어는 몽땅 빠지고, 산망散亡은 구망俱亡으로 대체되었다. 한강 정구가 학봉 김성일의 행장을 지었는데, 『한강집』의 문구도 이와 동일하다.

그런데 이것은 김성일의 조카인 김용이 지은 「학봉언행록」에서 비롯되었다. 같은 언행록을 적은 인재 최현은 이것을 '구망俱亡' 대신에 '다망多亡'으로 하였다. 하지만 학봉 김성일의 종가에서 간행한 바가 있는 『문수지』는 사적의 원본대로 정확하게 일치시켰다. 김용과 최현은 지금 전하는 『용사사적』을 똑같이 보고 언행록을 지었을 테지만 왜 달리 쓰고 말았을까?

더불어 특이한 것은 이노의 문집인 『송암집』이 전하는 이 기사에는 유다類多만 버린 것이 보인다. 아마도 먼저 간행된 『학봉집』과 『한강집』의 영향 때문일 것이다.

이 단어는 실록을 비롯한 고문에서 흔하게 보이는 표현으로, '대부분'이나 '모두 다' 또는 '거의 모든' 정도의 뜻이니, 결코 내다 버릴 만큼 어려운 언어가 아니다. 이것이 있어야 문맥이 통한다는 것은 아주 쉽게 확인이 된다.

그리고, 원본의 散亡과 『학봉집』의 俱亡과 언행록의 多亡 중에 사전에 나오는 단어는 송암 이노가 직접 기록한 '散亡'밖에 없다. 있다가 없어진 것이 아니다. 도망은 자고로 떼를 지어서 하는 것이 아니라, 각자가 흩어져 뿔뿔이 달아나는 거다. 없는 단어를 지어내는 것은 바람직한 글 씀이 아니다. 한문이 어렵다는 것을 절감하지 않을 수 없다.

第25장 절명시를 배경으로 한 의려들의 활약

- 촉석루중삼장사 시를 지은 정황

간행된 『용사일기』에 기록된 촉석루중삼장사 시를 지을 그 당시, 바로 이 정경이야말로 진주성에서 장렬하게 산화한 호남 절사들을 자의적으로 정해 '촉석루삼장사'라는 신화를 만들어 내는 것이 얼마나 허망한지를 절절하게 보여주는 대목이 아닐 수 없다.

그래서 호남 유림에서 진주향교에 보낸 촉석루중삼장사 시판 철거 통문이나, 경상감영에 제기한 소장 등에서는 『용사일기』의 저자를 송암 이노가 아니라 18세기에 활동한 대산 이상정이라고 천연덕스럽게 적시하고 있는 것은 참으로 유치한 고육지책苦肉之策이 되고 말았다.

이러한 이유로 이 문장은 『용사일기』에 대한 시비의 단초를 없앨 수 있는 중요한 대목이다. 송암 이노가 기록하고, 친히 수차례 교정한 것이 현재까지 학봉 김성일의 본가에 남아 있다. 이것을 보고 1600년 2월에 죽유 오운이 독후감을 쓰면서, 그 생김새를 기록하였다. 오죽유가 묘사한 상태 그대로 이 기록이 존재하는 것을 안다면, 호남 유림은 어떻게 자기 논리를 합리화시킬 것인지 궁금하다. 삼장사에 김천일과 최경회를 고정하고, 양산숙과 황진 그리고 고종후가 들고 나는 황망한 논지를 어찌 정리할 것인가에 대한 의문이다.

• 의령에서 함께 오지 않은 조종도와 이노

임진(1592)년 5월 12일, 영남초유사 일행은 산음에서 진주로 향하여 떠날 적에, 조종도를 의령의 임시 현감에 차임하고, 이노를 삼가와 단성의 소모관으로 삼아, 서로 각세 갈래로 길을 떠났다.

이노는 삼가와 단성의 여러 고을을 돌면서 창의를 권장하고 진주로 들어왔다. 조종도는 의령이 이미 의병장 곽재우가 모든 사무를 통할하고 있는 것을 보고, 더는 현감으로서 할 일이 없다는 것을 인지하였다. 함안군수 유숭인이 성을 버리고 도망하는 것을 곽재우가 활을 쏘아 죽이려 하자 유숭인 또한 맞당기니, 조종도가 이를 풀어 화해시킨 이후에 진주성으로 들어왔다. 대소헌 문집에는 배를 타고 남강을 거슬러 왔다고 상세하게 기록하고 있다.

곽재우는 김성일과 함께 진주성에 갔다가 의령으로 돌아와서, 정암진 부근에서 대소헌을 만났다. 그러니까 진주에 함께 있었던 것이 아니다. 의령의 지경은 그때나 지금이나 별반 차이는 없다. 지금도 13개 읍면이 있으니 그렇게 좁은 곳도 아니라서 의령현의 전반적인 사정을 살펴, 스스로 떠날 마음을 가지는 데에는 적어도 열흘 이상의 시간은 필요하였을 것이다.

이런 기록을 토대로 보면, 이노가 의령에 들를 이유도 없을 뿐 아니라 실제로 가지도 않았다. 단성과 삼가 등지에서 의병모집을 권유하고, 바로 진주성으로 왔으니, 조종도와 함께 의령에서 진주로 들어온 것은 더욱 아니다.

그러나, 『용사일기』를 간행할 때 원문에 없는 것을 추가하였으니, '조종도와 이노 두 사람이 의령에서 도착하여, 악수를 하면서 공에게 일러 말하기를[趙·李二君, 自宜至, 握手謂公曰:]'이라고 하였다. 이것은 나름대로 그리 하염직했을 만한 이유는 있다.

이것을 사적의 원문대로 '조종도가 의령에서 와서[宗道自宜至,]'로 바로잡았다. 학봉 선생의 행장에도 조종도가 의령에서 와서 이런 말을 하였다고 분명히 밝히고 있다. 행장은 분명 이 『용사사적』을 토대로 지은 것이니, 당연한 결과일 것이다. 그런데 이러한 편집은 필시 엉킴을 가져오는 법이다. 또 다른 모순을 만들고 말았다.

• 하위何爲와 하익何益의 다름

조종도가 '차라리 치욕스럽게 사느니, 강물에 빠져 죽자.'고 한 것에 대한 영남초유사의 대답 중에 '헛되이 죽어서 무엇을 하겠소?[徒死何爲?]'라는 대목이 있다. 그러나 원문은 '헛되이 죽어서 무슨 **도움이** 되겠소?[徒死何益?]'라 하였다. 爲와 益의 차이인데, 전후 문맥으로 보면 원문의 기록이 통하여 그대로 사용하였다.

• 변별辨別의 의미로써 변辨과 판辦

학봉의 말 중에 '소강왕이 5백여 명의 적은 병사로써 하나라가 중흥이 가능하였던 것과 같은 회복의 공은 **변별하기** 어렵지 않을 것이오.[一旅足以興夏, 恢復之功, 不難辨也.]'라는 문장에 분별이나 판별判別의 의미를 나타내는 글자 변辨과 판辦의 차이다.

『용사사적』 원본은 선명하게 변辨으로 되어 있다. 『학봉집』이나 『한강집』 그리고 『문수지』 등의 같은 부분 문건에는 판辦을 썼다. 원문대로 '변별하다'의 뜻으로 이것을 채택하였다.

• 제군諸君이라고 바꾸어 쓴 이유

김성일과 조종도 그리고 이노가 진주성에서 자살 소동을 벌이던 이 대목에서, 뒤벼리 절벽으로 가서 죽는 것이 낫다고 한 사람은 대소헌 조종도다. 그러니까 원문은 물론이고 이 정경을 전하는 대다수 문적은 '그대는 어찌 그리 급하오?[君何遽也?]'이다.

그런데, 유독 『용사일기』 판본에만 '그대들은 어찌 그리 황급하오?[諸君何遽也?]'라고 했다. 군君과 제군諸君의 차이다. 조종도 혼자가 아니라 이노도 함께 있었다는 것을 나타내기 위한 각고이자 고육책이었다. 이유는 다른 곳에 있지 않다. 이유는 일기를 편간할 때 이노가 옆에 있었던 것이 아니라 망우당 곽재우가 있었다고 강력하게 주장하는 후손 때문이었다. 김성일은 의병의 아버지가 반드시 되어야만 했고, 의병의 대명사는 이미 곽재우인 것이 그 이유다.

인재 최현이 「학봉언행록」에서 조작한 이것은 수백 년 소송의 단초가 되었다. 마침내 1822년 경상감사 감상휴가 '이노의 후손들이 임금을 팔아 삼장사가 되려 한다.'는 황망한 판결을 하기에 이른다. 이때의 곤란이 얼마나 강렬하였는지는 그래도 자료가 더러 남아 있다.

• 혹시라도 그렇지 않다는 것

소동이 그칠 즈음에 영남초유사의 대답은 '그대는 어찌 그리 황급하오? 혹시라도 그렇지 않다는 것은 당연히 이 강물과 같을 것이요. 나는 죽음을 두려워하는 사람이 아니오.[君何遽也? 儻所否者, 有如此水. 吾非畏死者.]'라는 문장에서 '혹시라도 그렇지 않다는 것[儻

所否者]'라는 구는 사적의 원본에 없다. 이곳뿐만 아니라 『문수지』나 『학봉집』을 비롯하여 행장을 수록하고 있는 『한강집』이나 언행록을 싣고 있는 최현의 유집이나 김용의 문집에도 없다.

그러니까 이것은 일기를 간행할 때 삽입된 것이다. 그런데 원본대로 이 구절을 빼고 해석을 하자면 매우 난해하다. 즉 '당연히 이 강물과 같을 것이오[有如此水]'라는 구를 앞 문장에 둘 것인지, 아니면 이어지는 문장을 수식하는 구로 볼 것인지가 아주 어렵다. 옛 현인들도 아주 고민을 많이 했을 것으로 짐작된다. 그런데 일기의 형식대로 이 구절을 넣고 해석하면 문맥이 확연히 통하는 것을 알 수 있다. 그래서 이를 지우지 않았다.

대산 이상정이 1779년에 지은 '답호남통문答湖南通文'에는 당儻을 상倘으로 쓴 것은 확인이 된다. 두 글자는 의미가 같다. 그리고 손자 이병원李秉遠이 따로 정리한 '답호남통문答湖南通文'에는 일기의 문구를 그대로 실었다. 고심이 느껴진다. 대산은 『용사일기』의 발문을 지었지만, 직접 교정·교감을 했는지는 추론이 불가하다.

• 공유동사심公有同死心과 공동유사심公同有死心의 차이

'나무가 산에 있다'를 한문 문장으로 만들면, '木在山'으로 간단하게 할 수 있다. 여기서 주어는 나무가 되고, 산은 장소를 나타내는 보어일 것이며, 서술어가 '있다'라는 자동사 또는 형용사가 된다. 그러나 존재동사 有를 가지고 한다면 어순이 달라진다. '山有木'이 되어, 전치보어+서술어+주어 형식이다. 존재동사 有는 뒤에 주어를 가지는 특성을 지녔기 때문에 그렇다.

이러한 문법적 관점을 토대로 위 문장을 살펴보면, 부사어 동同이 어디에 위치하느냐에 관한 문제다. 즉 公은 주어가 아닌 보어인 것을 이해하여야 한다. 주어는 '죽을 마음[死心]'인 것이라는 것은 찾아내기가 별로 어렵지 않다. 그런데 同이 구로 이루어진 주어의 서술어인 死 앞에 놓여 '함께'라는 부사어가 된다면, '公有同死心'이 맞다. 同은 주로 함께하는 의미로 사용된다. 이 문장 형식을 바로 일기의 원본이 명확하게 보여 주고 있다.

그러나 뒤 문장을 해석하자면 '공에게도 마찬가지로 죽을 마음이 있었다.'로 풀어낼 수 있다. 부사어 同이 서술어 有 앞에 위치하는 것도 자연스럽다. 그런데 이 同을 '함께'의 의미로 본다면 위치가 맞지 않는다. '공은 죽을 마음이 함께 있었다' 정도가 되니 그렇다. 이것은 간행된 『용사일기』가 취하는 형식이다.

전후 모든 상황을 참작하여 앞 문장을 쓸 수밖에 없다.

• 삭제해 버린 여섯 글자

공유동사심公有同死心과 삼인정좌三人鼎坐 사이에 '이군 역시 맹약에 참석 중이었다.[李君亦參約中]'라는 구절은 원본에는 엄연하지만 일기를 간행하면서 삭제하였다.

당대의 거유 대산 이상정이 호남의 통문에 답장을 지어 통박한 바로 그 해 1779년 이후 타계한 1781년 사이에 간행하였을 것으로 추정되는 『촉석루시사적矗石樓詩事蹟』이라는 서책이 있다. 이것은 다름이 아니라 바로 이 여섯 글자를 쓰지 못한 부분에 관한 송암 후손들의 변명이자 한숨이다.

현존하는 『용사사적』과 「학봉행장」 그리고 「학봉언행록」과 『학봉집』의 「촉석루시주」에 더불어 대소헌 조종도의 행장, 『망우당집』의 「용사별록」 등을 토대로 구구하게 증빙하였지만 진실은 끝내 알아내고 일기에 실어 전하지 못하였다. 대산 선생이 사사로이 전한 서찰을 그때는 알 수 없었기 때문이다.

선생은 이 서적에다 이 문장을 삭제한 것을 매우 안타까워하였다. '이군李君이라는 두 글자가 첨주에 있는 것을 의아하게 여겨, 전후에 허다한 군이라는 글자를 후인들이 모두 고치고 말았으니, 어찌 옳다고 하겠는가? 이공 집안에서 그 지적을 싫어하여 책을 간행할 때, 이 여섯 글자를 지워버렸으니,[李君二字而疑, 其爲添註, 則前後許多. 君字皆爲後人追改, 豈有是理乎? 李公家嫌其指的, 刊板之時, 刪去此六字,]'라고 하였다. 여기에서는 '참석하였다'는 참參 대신에 '있었다'는 재在를 쓰고 있다. 아마 대산이 '본초본本草本'라고 한 그곳에는 그렇게 되어 있다고 명백하게 밝히고 있다.

그러나 대산 이상정의 이러한 안타까움에 조금도 동의하기 어렵다. 『용사일기』가 전지적 작가시점에서 학봉 김성일을 주인공으로 한 기록임을 후손들도 알았던 것 같다. 그래서 '이군'이라는 표현을 싫어하여 그리한 것이 아니라는 말이다. 앞서 지적한 대로 학봉 김성일 후손들과 깊은 연관이 있다.

이상정은 이 소책자 내용대로 이노가 함께 있었다는 것을 의령에다 적어 준 것이 잘못된 것이었다고 학봉의 주손에게 술회한 서찰이 『대산집』에 전한다. 이후 호남의 통문에 답을 하면서는 선생은 다시 생각을 고쳤다.

『용사일기』가 송암 이노의 후손들이 지어낸 것이라고 주장하는 김인환은 이 소책자 내용이 『대산집』에 근거가 없다고 하는데, 대산이 학봉종가에 보낸 서찰과 대구 선비 백불암 최흥원에게 보낸 편지가 전재되어 있는 것은 도무지 알지 못하였다.

이상정은 송암의 후손들을 차마 에둘러 감싸고 달래고 있는 것 같아 오히려 애틋하다.

· 이위以爲와 무위無爲

以爲의 사전적 의미는 주로 '以A爲B' 형식으로, 'A를 B라고 하다'로 사용되는 관용구다. 여기서 앞 문장을 받아 쓰는 경우 A를 의미하는 대명사 '之'가 생략되는 예도 있다. '以爲B'식이다. 또한 'A以爲B'도 'A를 B라고 여기다' 형식으로 사용된다. 以 대신에 用이 쓰이기도 하고, 爲자리에 而를 가지고 표현하기도 한다.

'無爲'는 아무것도 하지 않는 것을 의미하는데, '모든 일이 무위에 그쳤다'는 식으로 표현한다. 세 장사가 벌인 자살 소동의 마무리는 '공이 또 걸으면서 다시 생각하니, 헛되게 죽는 것이라 여겨서, **아무 일도 하지 않고** 마침내 그치게 되었다.[公且行且思, 以爲徒死, 無爲遂止.]'라고 원본은 기록하고 있다. 일기를 간행하면서 無爲 대신에 '이로울 것이 없다[無益]'로 하였다. 무슨 이익을 위한 죽음이사 있을 수 있겠지만, 죽음이 이익의 목적인 것은 아니라고 여겨 원문을 따랐다.

- 임금의 옷 걱정과 보화의 처리

• 가을철과 가을의 기운

가을철은 추기秋期라 하고, 가을의 기운은 추기秋氣라고 구분한다. '가을철이 머지않았다.[秋期不遠]'라는 대목에서 원문과 『문수지』는 秋期를 쓴 반면에 『용사일기』는 秋氣라고 하였다. 『용사사적』에 따라 고쳤다.

- 참수와 포상

• 요상要賞과 요공要功

각각 사전적인 의미를 보면, 요상要賞은 '상을 바라는 것'이고, 요공要功은 '자기의 공적을 스스로 드러내거나 남이 칭찬해 주기를 바라는 것'으로 되어 있다. 왜적의 머리를 베어서 공적을 바란다는 그러한 문장에 원문은 요공이지만, 간행본에는 요상으로 되어 있다. 원문에 따라 바꾸었다.

• 곽재우의 첫 전승지 기강岐江

낙동강과 남강이 서로 만나 합류하는 곳을 기강이라 한다. 남해를 돌아 서해 바닷길로 보급을 하고자 하였던 왜적은 이순신 장군에게 막히자, 낙동강 수로를 통해 해결하고자 하였다. 그리고 남강을 통해 진주를 압박하였지만, 홍의장군 이하 의병들의 활약으로 뜻을 이루지 못했다.

기강의 승첩을 기록하는 부분에 기강을 '기산岐山'으로 표기하였다. 원문도 간행본도 모두 그리하였다. 부산대학교 이재호 교수가 금강출판사에서 간행한 『용사일기』 번역본에는 이를 기강岐江으로 바로잡은 바가 있다. 선생은 기강 언저리에서 나고 자랐다. 본문의 내용 또한 강 위에서 전투를 기술한 것이다. 다만 기강이 있던 지역을 지산리砥山里 성산城山 마을이라 했다.

• 무려無慮의 주어가 되는 '그 숫자'

무려를 사전에서 찾아보면, 부사로써 수량을 나타내는 말 앞에 쓰여, '생각했던 것보다 훨씬 많이' 또는 '의외로 많이'로 나온다. 원문에는 '활로 쏘아서 맞히고 사살한 적이 **의외로 많았으니**, 비로소 참수를 허락하였다.[射中射殺無慮, 始許斬首.]'고만 하였다. 이러한 형식이면 부사가 존재동사로 전성되어 서술어가 된 것이다. 그러니까 간행본에서는 이 문장에서 무려가 수량을 나타내는 서술어로 쓰였다는 점을 충실히 반영하였다. 바로 '그 숫자[其數]'라는 말을 첨가[射中射殺, 無慮其數]하였는데, 이렇게 하면 수량을 나타내는 무려 뒤에서 주어 역할을 하도록 한 것이 선명하다. 有나 無의 존재동사는 뒤에 주어를 가지는 특성 그대로다. 간행한 일기를 그대로 따랐다.

• 군관 조사남曺士男

조사남은 홍의장군 곽재우가 각별하게 아끼던 장수였다고 하는데, 기강의 전투에서 허망하게 전사하였다. 이를 원문에서는 관군官軍으로 하였다. 이렇게 거꾸로 쓴 것이 제법 많이 보이는데, 물방울 표시로 대부분 바로잡았지만, 이곳은 그 흔적이 없다. 일기를 간행하면서 바로잡은 것이다.

第26장 경상우도 순행의 길

• 촉석루矗石樓와 촉석矗石

진주성의 장단將壇이 촉석루이다. 장단은 장수가 지휘를 하는 곳을 지칭하는 것이고, 누각의 이름을 말한다. 그러나 이것을 그냥 촉석이라 해버리면, 의미상으로는 '삐죽삐죽 높이 솟은 돌'이라는 말이다. 촉석은 진주성의 별칭으로 촉석성을 의미하기도 한다. 그리고 단성의 소남진에서 진주성까지의 남강을 뜻하기도 하고, 임진왜란 이후 아예 남강을 촉석강이라고도 불렀다.

'함안의 소모관 이정이 촉석루에 와서 공을 배알하였다.[咸安召募官李瀞, 來拜於矗石樓.]' 라는 부분을 촉석루라 하지 않고, 촉석이라고만 한다면, 이처럼 장소가 특정되지 않는다. 간행본에 빠진 것을 원문을 토대로 보충하였다.

• 길을 떠난다는 발행發行

'다음 날 아침 길을 떠났다.[明日早發行]'는 곳에서 발행이 아니고, 그냥 발發이라고 하면, 전후 문맥을 파악하여, 그 의미는 전달되겠지만 부족하다. 원문에 따라 보충하였다.

• 성모省母와 재모在母의 차이

'어머니를 보살핀다'라고 할 때, 省과 在는 둘 다 사용될 수 있다. 모두 '살핀다'의 뜻을 지니고 있어 그렇다. 원문이 재모在母라고 한 것을 간행본에서는 성모省母라고 하였다. 원본에 따랐다.

• 삼가현의 박사겸 등

영남초유사가 거창이 급하다고 하여 삼가로 바로 가니, '삼가현의 박사겸 등 10여 인이 질서정연하게 찾아뵙고자 기다렸다'라는 문장에 삼가현을 뜻하는 관형어 '縣之'가 누락되어 보충하였다.

• 주차駐箚와 주절住節

관리가 외국이나 일정한 곳에 주재하는 것을 주차駐箚라고 한다. 주절住節 또한 사신으로 외국에 머무는 것 등을 표현한다. 『용사사적』과 「학봉언행록」 등에서는 주차駐箚라고 하였다. 김성일이 통신부사로 일본을 다녀와 기록한 사행록인 『해사록海槎錄』에서는 주절住節이란 표현도 나온다. 주둔과 같은 의미라고 보고 주차駐箚로 하였다.

• 수속搜粟과 수래搜來

수속은 '군량을 모으는 것'으로 이해되고, 수래는 '찾아서 데려오는 것'을 뜻한다. 생김이 비슷하여 잘못 쓸 수는 있겠지만, 『용사사적』의 원문은 분명하다. 유숭인에게 함안을 완전히 맡기는 것과 군량과 인과관계는 보이지 않는다. 미덥지 못하지만 함안으로 가서 그를 찾아오라는 뜻으로 이해한다. 수래搜來로 하였다.

第27장 거창 김면 의병도대장의 사정

• 장章의 구분

『용사일기』는 이 부분을 권점으로 별도의 장으로 구분하였다. 그러나 사적의 원본에는 검게 칠하여 권점을 지운 것이 확인된다. 그러나 일기의 장 구분을 따랐다.

• 목숨을 걸고 싸우는 의미

'수사전殊死戰'이란 '죽기를 각오하거나 목숨을 걸고 싸우는 것'을 말한다. 그러나 그냥 수사殊死라고 하면 '목을 베어 죽이거나, 목숨을 각오하였다'는 뜻이다. '군사들이 모두 사력을 다해 **싸우니**, 왜적이 넘어오지 못하였다.[軍皆殊死**戰**, 賊不得踰.]'의 문장에 전戰을 추가하였다. 단지 각오만으로 왜적이 넘보지 못한 것은 아닐 것이다. 『문수지』에는 전戰이 있고, 일기 간행본과 학봉행장에는 수사殊死로만 되어 있다.

• 제포만호 황응남黃應男을 달랜 이지李旨

만호 황응남이 황산黃山에 숨어 있는 것을 이노의 동생인 이지가 달래서, 공에게 보낸 사실을 적고 있다. 『용사사적』은 단순히 '이지李旨가 **달래서** 공에게 데리고 왔다.[李旨誘納于公.]'라고 하였다. 초유사의 막하에서 활동한 이지에 대하여 집안에 전해지는 야사는 많이 있다. 일기를 간행하면서 이러한 이야기가 있었는지는 죄다 알 수 없지만, '이지가 의리로써 알아듣게 타일러, 공에게 보내 왔다.[李旨以義曉諭, 納于公.]'라고 간행하였다.

더불어 황응남이 김면 대장 휘하에서 전공이 으뜸으로 뛰어나자, 공이 말하기를 '만약에 이지가 아니었다면, 어찌 이와 같은 전공이 있었겠는가?[若非旨, 烏有是功?]'라고 기록하였다. 그러나 이 부분 역시 사적의 원문에는 있지 않다. 아마도 전해지는 어떤 야담을 추가한 것으로 보인다. 모두 삭제하고 원문대로 하였다.

• 해석적인 어조사로서 사용된 야也

옛사람들은 한문 문법에 있어서 전치사와 조사 그리고 접속사나 종결사 등을 한데 묶어 '어조사語助辭'라고 하였다. 어조사의 기능을 얼추 이해한 그 즈음이라야 문리터득文理攄得이 된 것이라 여겼다. 자전을 찾아 한자의 새김과 음을 다 알고도, 문장이 해석되지 않는 그 안타까움의 중심에 이 어조사가 있다.

특히 문장의 끝에 오는 것을 종결사라고 하여 별도로 구분하는데, 이것은 시제와 지정 그리고 한정과 억양, 의문과 반어는 물론이고 감탄을 나타내기도 한다.

'판관 이향李享은 공의 군관이었는데, 힘써 싸우다가 전사하였다.[判官李享, 公之軍官也, 力戰死之.]'라는 문장에서 어조사 也가 일기 간행본에는 없고, 원문에는 있다. 문장에서 종결사로 쓰여, 해석적인 어조사 기능을 하는 것으로 보인다. 그러므로 이곳에 也를 쓰는 것이 합당하다.

더불어 원문에서 향享을 형亨으로 쓰고 있다. 조경남이 기록한 『난중잡록』에는 이향을 함안군의 가장假將이라고 한 기록이 있다. 더불어 같은 서책에서 이형李亨이라고 해서 우지전투에서 송암 김면의 복병장으로 산화한 기록이 있다. 김면의 사적을 모은 『송암동고록松庵同苦錄』의 기록도 이와 같다. 이형과 이향은 동명이인일 수도 있고, 서로 오기일 수도 있겠지만, 사적의 기록을 따른다.

- 외람猥濫과 외람畏濫

'하는 짓이 분수에 넘치는 것'을 외람猥濫이라고 하는데, 고서에 외람畏濫으로 쓰고 있는 것도 많이 보인다. 돌려쓸 수 있는 것인지는 다 고증할 수 없지만, 猥濫으로 바로잡은 일기를 따랐다.

제28장 의사 이정李瀞의 의로움

- 군수와 원님의 차이

이정이 공에게 진양성 문지기를 하는 유숭인을 함안군수로 다시 돌려보내 달라고 한 보고서에 의하면, '군郡에는 군수가 없으면 불가하고, 군대에는 장수가 없으면 안 됩니다.[郡, 不可無守; 軍, 不可無將.]'라고 하였다. 통상적으로 고을 원님이나 수령을 뜻하는 쉬倅를 쓰지 않고, 군수를 의미하는 수守 자를 사용하였다. 함안은 현이 아니라 군이었다. 대등절로 이루어진 이 문장은 빈틈이 없다. 倅을 守로 하였다.

- 성야星夜와 성화星火

성야는 '내처 밤을 새운다거나, 매우 급함을 이르는 말'이다. 반면에 성화 또한 '매우 빠르고 급한 일을 비유적으로 이르는 말'이 맞다. 그러나 간행본과 원본에는 각각 다르게 사용되었다. 초안을 잡았던 것을 깨끗이 베껴 쓴다는 정서淨書를 할 때, 저자가 바꾼 것인지는 몰라도 달리 기록되었다. 원본에 따른다.

- 시이是以와 이시以是의 차이

'公是以深重之'와 '公以是深重之'의 차이다. 앞에 있는 것은 간행본의 내용이고, 뒤 문장은 사적 원문의 형식이다.

是以는 '이 때문에, 그래서, 그러므로'의 뜻을 가지는 파생어다. 전후에 이유나 원인 그리고 근거가 될 때 쓰는 접속부사이다. 반면에 以是는 그 쓰임새가 아주 다르다. 고서에 자주 보이는 '이 점을 칭찬하였다[以是稱之]'는 식으로 쓰인 것을 보면, 以 다음에는 대명사 之가 생략된 것을 알 수 있고, 是는 '~다' 형식인 조동사로 쓰인 것을 볼 수 있다. '칭찬하였다'가 서술어이니 그렇고, 稱이 타동사이므로 뒤에 之가 붙은 형식이다. 이것을 토대로 '公以是深重之'의 구문을 보면 곧 '공이 이정을 심중하다고 생각하였다.'라고 해석된다.

그렇다면 '公是以深重之'를 풀어본다면, 곧 '공은 이 때문에 그를 심중하다고 하였다.'가 되어 문제가 없을 것처럼 보인다. 그러나 접속부사로 분류되는 是以는 주로 문두에 위치하는 것을 유념해서 볼 필요는 있다. 이런 형식이면 우리말 어순과 같아 아전이 쓰는 행문이라 배척받을 수도 있다. 이 또한 원문을 따랐다.

제30장 진주 아전들에게 곤장을 친 사정

- 겁劫과 겁怯의 차이

劫은 누가 남을 위협하거나 빼앗는 것을 뜻한다. 怯은 자기가 겁내거나 무서워하는 것을 의미한다. 쓰임새가 다르다. 진주 사람들이 좌량 박이장을 위협한 것이니 劫을 쓰는 것이 맞다. 원문도 그렇게 되어 있다.

- 탈자와 첨자

'김시민이 각 도장都將들에게 공문서를 하달하기를[時敏即下帖各都將]'이라는 문장에서 주어에 해당하는 '김시민'이 누락되었다. 주어는 흔히 생략할 수 있는 것이지만, 원문에는 위의 주어를 그 자리에 쓰라고 분명히 쌍점을 찍어 표시하고 있다. 그리고, 각 도장各都將을 각 방면을 의미하는 '각면各面'으로 바꾸었다. 아래 교정 사항을 보면 사용에 별 차이는 없는 듯하지만, 원문을 토대로 바꾸었다.

- 주리州吏와 차지次知

'고을의 아전에 이어서, 그 면面의 도장都將들을 잡아다가[拿致州吏次其面都將]'라는 문장에서, 차次 대신에 일기에서는 및[及]을 쓰고 있다. 용법은 유사하지만, 함께 잡아다가 볼기를 친 것이 아니라, 연이어 한 것으로 보이므로 원문에 따라 次로 바꾸었다.

• 좋게 타이름과 볼기치기

박성은 김면 대장의 수속관으로 군량을 거둘 때에, 신문빈에게는 볼기를 쳐서 많이 받아 내고, 윤언례에게는 취중에 말하여 적게 얻었다고 하였다. 일기를 간행하면서 의병대가 볼기를 때려 군량미를 확보하는 것은 사리에 맞지 않는다고 여겼는지는 몰라도, 원문에 볼기를 쳤다는 의미의 '태둔笞臀'을 잘 타일렀다는 '선유善諭'로 바꾸어 놓았다. 사실은 사실인지라 다시 볼기치기로 바꾸었다.

第31장 경상좌도에 띄운 격문

- 경상좌도 세 고을의 사정

• 항부降付와 항부降附

降付는 '항복하여 붙거나 따라다니는 것을 의미'하고, 降附는 '항복하여 굴종하는 것'을 뜻하니 서로 차이는 없는 듯하다. 하지만 사전에 있는 단어는 降付이고, 주로 개인이 항복하는 때에 쓰인다. 그리고, 降附는 국가 간에 항복하거나 굴종하고, 사대를 하는 경우에 사용되는 특징이 있다. 간행본에는 降附이고, 원문에는 降付로 되어 있다. 사전적 의미인 降付로 하였다.

• 영산현감의 겸직 사칭

영산현감이 창녕 화왕산에 숨어 있다가 대산臺山의 진영에 나타나, 창녕군수를 겸직하였다고 사칭하며, 지휘하고 명령을 하니, 사수와 산척 등이 도망하여, 진이 무너졌다는 문장에서다. 그가 망령되이 명령을 시행하였다고 하였는데, 그것을 뜻하는 '망시妄施'라는 말이 없다. 밀양 선비 권삼변權三變의 행장에 유사한 기사가 나온다. 거기에는 호령을 '괴의乖宜'하게 하였다고 되어 있다. 이 또한 원문에 따라 지웠다.

- 경상좌도 사민들을 위한 격문

• 별도로 송부한 격문

경상좌도민을 위한 절절한 격문은 『용사사적』 원문에는 빈칸으로 두고, 아무런 설명이 없다. 아마 별도로 첨부한 것이 아닌가 한다. 다른 장계 다수가 이러한 형식이다. 그러므로 별도 교감은 하지 않았다.

第32장 곽재우의 격문과 김경근 무리들의 작당

• 이관移關과 이개移開의 차이

이관은 '상급 관청에서 각 고을에 공문서를 보내는 것'을 말한다. 반면에 이개移開는 '치우거나 옮기는 것'을 뜻한다. 김수가 용인에서 대패하여, 산음에 머물면서, 각 고을에 공문을 보낸 것과 산음에 머물다가 각 고을에 옮겨 다니면서, 의병진을 분열시킨 것에 대한 차이다. 원문은 開가 확연하다. 關을 약자로 쓰면 開와 비슷하게 보일 소지는 있다지만, 원문은 확연하여, 이에 따랐다.

• 곽재우와 곽모

김경근이 김수에게 달려가 곽재우의 거사를 고변하면서 곽재우를 지칭하는 곳에 곽재우가 아닌 '곽모郭某'라고 한 곳이 간행본과 다르게 두 곳이 나오는데, 고변하는 말의 특성상 곽모로 바꾸었다.

第33장 홍의장군을 달랜 글

• 이서移書와 하서下書, 청하는 것과 부르는 것의 차이

공은 '영남초유사로서 임지인 경상도 경내에 진입하자, 바로 편지를 내서 초대하였다.[當職到界, 卽移書請之, 則]'는 이 부분 문장이 사맞지 아니하다. 간행본에는 '當職到界, 則'의 형식이다. 문장이 몹시 어렵다. 원본은 '當職卽, 到界'로 되어 있는데, 이것은 '영남초유사로 나아가, 경상도 경내에 도착함에'로 해석해야 한다. 한문문법 상으로 분류하자면 연동식 복합서술어가 된다.

그래서 이곳의 卽은 주어 뒤에 위치하였기 때문에, 서술어로 볼 수밖에 없다. 동사로서 卽은 '자리에 나아가다. 맡다. 종사하다.'라는 의미를 지닌다. 당직當職의 사전적 의미는 '이 직무를 말하거나, 현재 담당하고 있는 직무 또는 화자話者가 자신을 일컫는 말'이다.

그러나 『학봉집』에서도 동일한 문장이 나온다. 특히 이곳에 소주小註를 내어 설명을 부가하였는데, '다른 본에는 초유사로 영남에 도착하여 곧[當職到界, 則]으로 되어 있어, 번역은 소주에 따랐다'라고 하였다. 한문은 고립어孤立語다. 글자가 어디에 위치하느냐에

따라 문법적인 기능이 달라지는 거다. 사적의 원본은 명확하다.

또한 『난중잡록』과 『망우집』의 이 부분은 '초유사로 영남으로 부임한 초기[當職到界之初]'라는 표현을 하고 있다. 이렇게 곳곳이 다른 이유는 추정하건대 송암 이노가 서술어로 사용한 '卽'이 동사로서 '나아가다'는 의미로 쓴 사실을 알아보지 못하고 간과한 데에서 비롯된 것이 분명하다.

이서移書는 이문移文을 말하고, 이것은 관청 사이에 서로 조회하는 문서를 일컫는 말이다. 하서下書라고 하면, 윗사람의 편지글을 의미한다. 간행본은 이서로 되어 있고, 『학봉집』과 『용사사적』 원본은 하서로 되어 있다. 일기가 간행될 그즈음에 망우당 곽재우의 명성은 이미 초유사 학봉 선생을 초월하고 있었던가 보다. 이것은 '부르다'라는 의미의 초招가 '청하다'는 뜻을 지닌 청請으로 바뀐 것을 보고 해보는 생각이다. 모두 원본을 따라 교정하였다.

• 성과 지역의 차이

망우당의 활약으로, 일대 모든 지역이 보존될 수 있었던 것하고, 일대 모든 성城이 보전될 수 있었다고 하는 차이다. 간행본과 달리 원본은 지역이라는 의미의 역域 대신에 성城이 너무나 선명하다.

第34장 김수의 역적 몰이와 곽재우 의병장의 답서

• 역순逆順의 이치

곽망우당은 진주성을 구원하기 위해서 달려가다, 초유사의 서한을 받고 답장을 하는데, '거스름과 순응의 이치는, 대강이나마 들었습니다.[逆順之理, 粗聞之矣]'라는 부분에, 대강이라는 부사어 앞에 '나 역시[吾亦]'라는 말이 추가되어 있는데, 이것은 원문에 없어 배제하였다. 『난중잡록』이나 『학봉집』 등에는 吾가 없이 亦만 쓰고 있는 것이 보인다.

第35장 구원 곽재우 치계문

영남초유사 김성일은 조정에서 김수가 곽재우를 무고한 장계를 수용한다면, 곽재우가 역적으로 몰릴 상황을 염려하였다. 이에, 장문의 장계문을 기초하여 보냈다. 이 또한 사적 원본에는 기록이 없다. 별첨하여 보내면서 달리 기록하지 않았다. 당시 송암 이노는 학질을 앓고 있어, 기력이 매우 미진하였다. 물론 『학봉집』에는 '신구곽재우장申救郭再祐

狀'이라는 제목으로 실어 전하지만, 본문의 내용을 달리 볼 만한 그러한 부분이 없어, 별도로 대조하여 기록하지는 않았다.

• 구유具由와 구신具申의 차이

연유를 갖추어 쓰는 것을 구유라고 하고, 구유와 같은 의미로 쓰거나 사정과 형편을 일일이 보고하는 것을 구신이라고 한다. 일기와 사적이 서로 다르다. 돌려쓸 수 있는 단어라지만 사적의 구신을 택하였다.

제36장 김면 대장이 망우당에게 보낸 글

이 장은 『용사사적』 원문에는 없는 글이다. 의병도대장 송암 김면이 망우당을 달랜 글인데, 김면 대장의 문집인 『송암유고松菴遺稿』 제1권에 본 문장이 그대로 있다. 별도로 있었는지, 아니면 나중에 간행된 김송암의 문집이 일기의 이 부분을 참고로 실었는지는 알 수 없다. 별도로 교정하지 않았다.

제37장 영남을 보전할 사람

김면 대장이 의령의 정암진 북쪽에 진을 치고, 왜적을 막았다. 망우당이 가서 설진을 살펴보고, 영남을 보전할 사람은 반드시 김면 대장일 거라고 하였다는 이 부분도 역시 사적에는 있지 않다. 전하는 문적을 가지고 일기를 간행할 때 추가한 것이다. 『송암유고』와 허전許傳의 문집인 『성재집性齋集』의 「송암김선생시장松庵金先生諡狀」에 이 기사가 있지만, 별도로 교감은 하지 않았다.

제38장 김경눌 등의 모함과 윤언례와 박사제 통문

• 곽모와 곽재우 그리고 곽의병

김수의 군관 김경눌 등이 각 고을에 격문을 보낸 것은 '곽**재우** 일당에게 격문을 보낸다.[檄郭再祐黨與]'였다. 곽모郭某로 하면 인물 특정이 되지 않고, 격문의 구체성이 떨어진다.

또한, '곽재우 의병들은 모든 고을이 싸움에 져서 흩어져 달아날 때[郭義兵, 當列郡奔潰之時]'라는 문장의 주어는 곽의장 즉 곽재우 의병장이 아니라, 곽재우 의병들이다. 그래야 문맥이 통한다. 의장義將으로 된 것을 의병義兵으로 고쳤다.

第39장 진주성 최초 방어

- 영천과 경주 일대의 사정

• 초유의 소문과 의병을 일으킨다는 기별

학봉 김성일은 영남초유사의 직임으로 경상도에 왔다. 영남이라고 하면 좌도와 우도를 구분할 이유가 없다. 그러나 부임 초기에 주로 경상우도에 주재하였다. 영남초유사라 하면 경상도 전체를 아우르는 것이니, 당연히 경상좌도에도 소문이 있었을 것이다.

그 소문이 그냥 초유를 한다는 것과 초유하여 의병을 일으킨다는 차이이다. '공이 초유하여 **의병을 일으킨다는** 기별을 듣고[聞公招諭**起義**之奇]'라는 문장에서 '의병을 일으킨다[起義]'가 판본에 누락되었다. 원본과 『문수지』에는 이 단어가 있다.

- 사천과 진해, 고성의 회복

• 전령을 기다리지 않고 이미 입성한 곽재우

진주성이 위험해지자 구원하기 위해서, 맨 먼저 성에 이미 입성한 망우당의 행적을 적은 곳에 이미[已]라는 부사어가 빠져 있어 보충하였다.

• 독전督戰과 책전責戰 그리고 군중軍中과 성중城中

왜적이 강 하나를 사이에 두고 촉석루 앞에 들이닥치니, 공이 책전責戰을 하였다는 부분이다. 책전이란 '전투를 책려責勵한다'는 말이고, 책려는 '채찍질을 하듯 격려하는 것'을 말한다. 사적이 책려를 쓰고 있으나, 간행본은 전투를 독려한다는 뜻인 독전督戰이라 하였다.

경상도사 김영남이 진주성 안에 있으면서, 제법 전공이 있었다는 부분을 기술하면서, 군중軍中이라 하였다. 원본의 내용이 타당한 것 같아 바로잡았다.

第40장 남원南原의 의인들

• 유학 소혜蘇傒와 소계 최강蘇溪崔堈

전 좌랑 이대윤李大胤과 함께 백미 일백 석을 올린 사람은 유학 소혜蘇傒로 되어있다. 그런데, 『용사일기』에는 소계蘇溪라고 하였고, 처음 부산대학교에서 역주할 때 소계는 바로 최강을 의미한다고 하였더니, 이후 나온 번역서 모두 그대로다.

소혜와 소계 최강은 전혀 다른 인물이다. 최강이 진주 가까이 살았다고 끌어다 쓰면 곤란하다. 최강은 바로 앞 장에 등장하는 인물이다. '김시민을 독려하여, 감히 함부로 움직이지 못하게 하고, 더불어 곤양군수 이광악李光岳과 최강崔堈·이달李達 등에게 단단히 타일러, 군진을 좌우로 나누어, 이들을 구원하도록 하였다.'는 문장에 있다.

거기에 나온 그대로 최강은 고성에 거주하였는데, 1585년 무과에 급제한 뒤 1592년 임진왜란이 일어나자, 형 최균崔均과 함께 고향에서 의병을 일으켜, 진주성 싸움에서 공을 세웠다고 역사는 전한다. 김덕령 의병장의 별장을 지내기도 하였으며, 거병 당시 품계는 봉사奉事였다. 후에 고성의 도산사道山祠에 배향되었다.

유학 소혜蘇徯에 대해서는 더는 상고할 수 없다. 다만, 1540년생 소혜는 1567년 대과에 갑과로 합격한 사실이 전하는데, 실록에 공조좌랑으로 실려 있으니, 유학의 신분을 초과하였다. 남원 사람 소혜는 아닌 것이 분명하다. 이후 발간한 이노의 문집은 소혜로 바로 쓰고 있으니, 의심할 바는 아닌 것 같다.

• 김천찰방 조존선趙存善

송암은 『용사사적』을 적으면서, 조총을 만들었던 호남의 기술자나 진주의 의원 이름자에까지 상당한 공력을 기울인 것이 확인된다. 이름을 잊어버린 것을 안타까워하는 대목도 나온다. 이후 『용사사적』을 청화로 교정한 상당 부분도 이름 자인 것은 이를 증빙하고도 남는다.

그런데 김천찰방 조존선에 대해서는 어떤 곳은 조존신趙存信이라고 했다가, 이 부분에서는 조선趙善이라고 썼다. 일기의 필사본은 충분히 봄직한 것으로 짐작되는 의병장 정경운鄭景雲이 남긴 『고대일록孤臺日錄』의 한 페이지에 저자가 김천찰방 조존선과 교유한 사실도 나오니, 더는 틀릴 일은 없어야겠다.

제41장 이봉李逢 상주 의병장

• 합렴合斂과 각렴各斂

소모관으로 임명하고 '합심하여 향병을 모으는 것'과 '각자 향병을 모으라'는 차이이다. 『송암집』과 간행본에 각렴各斂으로 되어 있다. 원문에 따랐다.

第42장 회답 없는 장계와 정인홍

• 정인홍의 나라 걱정

초유사가 삼가의 정금당에서 합천 의병장 정인홍과 만나, 두 현인이 비분강개悲憤慷慨하고, 격렬하게 나라 걱정을 하였다고 하였다. 여기서 삭탈관직된 정인홍을 제외하고, 김성일만 오로지 우국의 정성을 나타내었다고 하였다. 원문에는 공公이라고 한 부분은 양현兩賢이라고 기록하였다.

또한, 사적에는 두 어진 이의 나라 걱정은 '서로가 한결같았다[彼此一揆也]'였는데, 이 역시 초유사만이 '환히 빛나기를 갑절이었다[炳然一倍也]'라고 바꾸고 있다. 정인홍의 삭탈관직이 원인으로 보이지만 그도 대한제국이 끝날 무렵 신원이 되었다. 이것도 원문에 따라서 교정을 하였다.

• 한밤중의 의미

야분夜分은 밤중을 말한다. 일기를 간행하면서 야혜夜兮로 적었다. 글자가 비슷하다. 그리고 밤을 지칭하는 것은 유사하다. 하지만 야혜夜兮는 한시 등에 쓰여 운자를 맞출 때 주로 사용되는 것이니, 야분夜分으로 하였다.

第43장 경상좌도 관찰사에 제수

• 치는 가슴과 어루만지는 가슴

부응附膺이라고 하면, '가슴을 치다'와 '가슴을 쓸어내리다' 그리고 '가슴을 어루만지다'로 각각 해석할 수 있다. 바로 뒤 단어가 통곡이라면, 이것은 가슴을 치는 것으로 새기는 것이 옳다. 간행본은 무응撫膺이라고 하였는데, 의미는 동일하다. 『송암집』과 원문에 따라 부응으로 한다.

• 불능不能과 불不의 차이

불능이라면 통상 '능력이 없거나 상실한 것'을 말하고, 그냥 不을 쓰면 이것은 일종의 부정보조사로 부정의 의미로 쓰인다. 근왕의 군대를 거병하지 못한 것은 그냥 못한 것이 아니라, 그러할 형편이 되지 않았다는 의미니, 不能이 타당할 것으로 보았다.

제44장 경상우도를 정리하는 장계

• 편당便當의 뜻

편당을 글자 그대로 해석하자면 '편리하고 합당한 것'이라 할 수 있다. 그런 뜻으로 보면 이는 '알맞다'라는 말이다. 간행본은 편의便宜라고 하였다. 이것은 '편리하고 합당하다'는 말인데, 의미에 있어 큰 차이는 없어 보인다. 『학봉집』에는 편의라고 적었다. 『학봉집』을 참고하여 그런 것이다.

• '무너지고 흩어지다'의 의미

궈潰는 이 한 글자 속에 '무너지다'와 '흩어지다'의 뜻을 모두 가지고 있다. 그러므로 원본은 의령현감의 학정에 모두 흩어질 마음을 가졌다고 한 부분에 이 글자 하나로만 표현하였다. 그러나 『학봉집』 등에는 '허물어져서 흩어짐'이라는 궤산潰散을 가지고 표현하였다. 궤산이 앞뒤 문맥에 통하는 것 같아 이것으로 바꾸었다.

제45장 경상우도 사림의 유임 운동

- 초계 선비들의 만원서挽轅書

• 우도右道와 심상心喪

조선 시대 황해도와 경기도, 충청도와 전라도 그리고 경상도는 좌·우도로 나누어 관할하였다. 낙동강 서편 경상우도 사람들을 지칭함에 우도지인右道之人이라고 하지 않고, 우지인右之人이라 하였다. 문맥의 통함에 무리가 없어 원문에 따랐다.

심상心喪이라고 하면 '비록 상복은 입지 않지만, 상주의 마음으로 슬퍼한다는 뜻'이다. 공이 좌도 감사의 직분으로 임지로 떠나려고 할 때, 우도 의병들의 저간這間의 사정을 설명하였다. 사적에는 '의병 무리들은 모두가 실심하였으니, 도무지 수습할 수 없었다.[而義兵之徒, 擧皆喪, 莫可收拾.]'는 것인데, 상喪에 더하여 심상心喪을 썼다.

학봉 행장에도 그리되어 있으나, 심상은 원칙적으로 스승에게 해당하는 것이며, 마음 속으로 상을 치르기를 3년을 채운다는 말인 것을 보면, 문맥에 어색하다. 일기는 『학봉집』과 『한강집』을 토대로 따른 것으로 보이지만, 원문을 토대로 '상심喪心'을 채택하였다. 이것은 실심失心과 같은 말이다. 『송암집』의 이곳은 실심으로 되어 있다.

• 오래된 것과 이미 오래된 것

백성이 흩어진 지가 오래된 것과 이미 오래된 것은 무슨 차이가 있을까? '민산이구民散已久'와 '민산구의民散久矣'의 다른 표현 방식이다. 『논어』「자장子張」편에 '윗사람이 도를 잃어 백성들의 마음이 흐트러진 지 오래되었다.[上失其道, 民散久矣]'라는 말이 나온다. 『논어』는 왜 '이미 오래되었다'라고 하지 않았을까?

위 문장은 일종의 단정문이다. 지정문이거나 단정문은 문장 끝에 종결사를 써 주어야 친절한 문장이다. 이미 짚은 바가 있지만, '民散已久'의 형식은 우리말 어순이다. 흔히 아전들이 쓰는 행문 등에 사용되었다면 매끄럽게 이해가 되는 그러한 분야이다. 원문은 경전의 문구에 닿아 있어, 그대로 따랐다.

• 각하閣下와 합하閤下의 차이

초계유생 이대기 등이 지은 '수레의 끌채를 당겨 가지 못하게 만류한다'는 글인 만원서挽轅書에는 공을 호칭하는 글이 원문과 간행본이 각각 다르다. 곧 각하와 합하의 차이다. 합하를 사전에서 찾으면 '정일품 벼슬아치를 높이어 일컫던 말'로 되어 있다. 각하는 '높은 지위에 있는 사람에 대한 경칭'으로 나온다.

이런 의미로 보면 각하는 상관에 대하여 두루 쓰인 것으로 보이고, 합하는 정승이나 대원군 같은 경우에 사용된 것으로 보인다. 그러나 합하는 그 쓰임이 사라졌지만, 각하는 제5공화국 시절까지 대통령을 지칭하던 것이었으니, 참으로 이해할 수 없는 부분이다. 형兄은 고구려의 벼슬이었다. 대형太兄이 되었다가 태대형太大兄까지 생겨났지만, 나중에 형은 너와 나 누구나의 것이 되었다.

『학봉집』이나 『용사일기』 등에는 합하를 사용하였지만, 사적의 원문에는 각하로 되어 있다. 형과 마찬가지로 호칭이사 시대에 따라 변하는 것이겠지만, 왜국이 국서를 보내면서 선조 임금을 각하로 호칭하였던 것을 토대로 보면, 당시에도 각하가 좀 더 높이 쓰였던 것으로 추정할 수도 있겠다. 사적의 원문을 따라 각하로 하였다.

• 군성軍聲의 표현

군성이란 '군인과 마필들이 한데 어울려 내는 소리'를 말한다. 이것을 표현하는 말이 원본과 간행본이 다르다. 초진稍振은 '점차 떨치다'로 해석되고, 초장稍張은 '점차 신장되다'로 보인다. 무슨 이유인지 몰라도, 이렇게 다르다. 전체 상황으로 보면, 초장稍張이 타당하다.

- 진사 박이문의 유임 청원소

• '以~爲 전치사 구문'

전치사 구문인 '以~爲'는 '~을 ~로 여기다', '~을 ~로 삼다' 등으로 풀이되는 관용구이다. 以 다음에 오는 단어가 '~을'에 해당할 것이고, 爲 다음에 오는 말은 당연히 '~로 삼다'가 되는 것이다. 여기에 爲를 대신하여 다른 타동사를 넣어 수단이나 자격 상태 등을 표현하는 상용구이다. '이심전심以心傳心'이나 '이실직고以實直告' 등이 있는데, 하도 많아 일일이 구분하여 열거할 수 없을 지경이다.

간행된 『용사일기』에 '然而, 深以棄去成敗爲憂, 其憂國忘家如此.'라는 구문이 있다. 지난날 부산대학교 한일문화연구소의 역주는 '그러나, 버려두고 가므로 해서 오는 성패 문제를 깊이 걱정하였으니, 그 나라를 근심하여 집을 잊음이 이와 같았다.'라고 하였다. 전규태 역서는 글자 한 자 다른 곳이 없고, 이재호 번역은 '그 나라를'을 '그가 나라를'로 한 그것밖에 다른 것이 없다. 한국고전번역원이 『송암집』을 부분적으로 해석한 것도 있다. '그러나 우도右道를 떠남으로써 계획했던 일들이 실패할까 봐 깊이 근심하였다.'라고 되어 있다. 뒤 문장은 다른 말이 이어진다. 어떤 해석이든지 쏙 들어오지는 않는다. 매우 어렵다.

그러나 『용사사적』의 원문은 조금 다르다. 표점하여 끊어 보면 이렇다. '然而, 深**以**棄去成敗**爲**憂國忘家, 如此.'가 된다. 눈여겨보면 '其憂'가 있지 않다. 이것이 없다면, 나라를 뜻하는 '國'이 뒤 문장에 있어야 할 것이 아니라, '憂國'과 '忘家'가 한 단어가 되어 바로 爲의 목적어가 되어야 한다는 거다. 이렇게 되면 전치사 以의 목적어도 네 글자가 되고, 爲 또한 같은 글자 수로 균형을 이루고 있다는 것을 알 수 있다.

然而는 '그렇지만'의 뜻을 가지는 접속부사다. 표점하여 끊어 주는 것도 맞다. 심深 또한 부사로서 '매우' 또는 '깊이'의 뜻으로, '以~爲 구문'에 있어서 爲의 목적어까지 미친다. 망가忘家는 '집안일에 얽매이지 않는 것'을 말한다. 이렇게 문법적인 것을 토대로 이 문장을 해석하자면, '그렇다지만, 경상우도를 버리고 가는 일의 성공과 실패를 나라 걱정이라고 여겨, 집안일을 잊어버린 것마저 심하게 한 것은 이와 같았다.'로 할 수 있다.

이 부분의 해석이 매우 어려웠는지, '其憂'를 문장 중간에 첨부하고 나니, 혼란을 야기하는 듯하다. 『송암집』의 같은 문장에도 '其憂'는 있지 않다. 김성일의 행장에는 이 문장이 없고, 간행된 『문수지』는 일기와 동일하다.

• 소두疏頭와 박이문의 상소문

연명하여 올리는 상소문에 제일 먼저 이름을 올리는 사람을 소두라고 한다. 『용사사적』 본문의 박이문 부분에 박이문이 소두가 되었다는 말은 없다. 정유명을 소두로 하면서 자연히 중복을 피한 것이다.

그리고 이 박이문의 상소문 또한 원문에는 있지 않다. 『문수지』에 상세히 적혀 있는 것과는 유다르다. 별첨으로 전해진 것이 틀림없다. '집안에 등본이 온전하게 있어, 지금 여기 쓰지 않는다'라고 적혀 있으니, 그리 보는 거다.

- 진사 정유명 등의 유임 청원소

위와 같은 사유로 원문에 기록이 없다. 다만 빈칸으로 되어 있고, 그 사유를 기록해 놓았다. 그리고 이것은 요약본이다. 『학봉집』에는 그 전문이 실어 전한다.

제47장 낙동강 변에서 작별

• 고姑와 혐嫌의 다른 쓰임새

姑는 부사로 쓰이면, '잠시'라는 뜻을 가진다. 嫌은 '싫어하다'의 의미다. 전자가 일기이고, 후자는 『용사사적』의 원문이 그렇다. 이노가 공을 따라 낙동강을 건너려고 할 때, 공이 '싫겠지만 잠시 피하라'고 한 말이다. 둘 다 써도 무방할 것 같지만 원본을 따라갔다.

• 군君과 여汝의 차이

사적에서 이노는 자칭하여 '이군'이라 하였다. 일기에 공이 이노의 막냇동생 이지를 부를 때 원문에 汝라고 한 것을 君으로 바꾸어 놓았다. 君이 상호 간의 호칭에 있어서 '그대' 쯤이 된다면, 汝는 '너' 정도가 된다. 이지의 나이는 이미 30대 중반을 넘기고 있었지만, 학봉 선생과는 20년의 연배 차이가 난다. 또한, 벗의 막내아우였으니, 분명 '너'라고 했음직하다. 전혀 이상하지 않다.

• 시간적 의미의 소小

시간상으로 짧은 것을 나타낼 때는, 역설적으로 '많지 않다'는 뜻을 가진 少를 쓰는 것이 아니라, 小를 가지고 나타낸다. 일기가 少로 되어 있는 것을 원문에 따라 바꾸었다.

第49장 경상우도 감사로 체직

- 안동으로 성묘 길

• 환수還授의 뜻

환수란 '회수한 직첩職帖 등을 다시 주는 것'으로 이해된다. 즉 경상우도 감사직임을 도로 주었다는 의미다. 일기에는 '환환還換'으로 되어 있는데, 이것은 '경상우도로 돌아가라'는 뜻으로 해석된다. 하지만, 사전에 없는 말이다. 원문에 따라 정리하였다.

- 경상도 상도上道의 사정

• 순간諄懇

순간은 '정성스럽고 간절함'을 뜻한다. 그런데 일기의 간행본에는 '도탑다'는 뜻의 순惇을 쓰고 있다. 이것은 독篤과 통한다. 순諄과는 돌려쓸 수 없는 글자인 것이다.

• 의병장 김해金垓

김해는 안동의 예안禮安에서 의병을 일으켜, 안동과 의성 등지에서 분전하였다. 1593년 평양 탈환전에서는 수십 명의 적을 살해하고, 밀양에서 군사를 정비, 경주로 이동한 후 진중에서 사망하였다. 사적의 원본에서는 '김공해金公垓'라고 활약에 걸맞은 호칭을 하고 있다. 무슨 사정인지 일기는 그냥 '김해'라고만 적었으니 바꾸었다.

- 경상좌병사 박진에 관한 계사啓辭

• 망亡과 무無의 돌려쓰기

'옛 선인들에게 부끄러움이 없다.[無愧古人]'라고 쓸 때, 無 대신에 亡을 써도 상관이 없다. 亡은 '없을 무'자로도 사용되기 때문이다. 원문은 '亡愧古人'이라고 하였다.

또한, 원문 대부분에서 독獨은 고자古字인 '犻'을 쓰고 있는 것도 자주 보인다. 이런 유형은 이하 원문대로 대부분 바꾸었다.

第50장 다시 건넌 강, 새로 맞춘 병부

• 조종도와 이노 그리고 박성의 의전儀典 순위

공이 낙동강을 건너 다시 경상우도감사로 돌아왔다. 조종도는 함양에서 오고, 이노는 지리산에서 나왔다. 박성은 안음에 도착하였다. 이 세 어진 이의 기록 순서에 관한 말이다. 『용사사적』은 조종도를 먼저 기록하고, 그다음에 이노 자신을 적었다. 그리고 마지막으로 박성을 채웠다.

그런데, 『용사일기』는 이노를 맨 먼저 적고, 그다음에 조종도를 기록하였다. 어차피 일기는 이노 후손들에 의해서 간행된 것이다. 그리할 수는 있는 일이다. 그러나 원문이 기록한 그 뜻대로 돌려놓았다. 하물며 송암 이노는 이곳에서도 대소헌 조종도에게 봉작封爵이 되어, 군호를 가진 정도의 예우를 하고 있음이 곳곳에 보임에야!

• 대소헌 조종도에 관한 더욱 각별한 기록

『용사사적』 전반을 읽어 내려가다 보면 아주 특이한 현상 하나를 목격할 수 있다. 국가나 임금 그리고 교지나 장계 또는 세자나 대군 등을 기록하기 전에 글자를 한 칸 띄어 예우하는 것은 당시 글을 쓰는 자에게 공통된 입장이었다.

그런데 사적의 거의 네다섯 곳에서 대소헌 조종도에 관한 기록을 할 때, 조종도를 왕이나 군호를 가진 자의 반열에 올려놓고 있는 것이 보인다. 아직 그 이유는 알지 못한다. 이 일기의 내용을 제외하면, 학봉 선생을 비롯하여 세 현인 간에 어떠한 인간적인 면모가 있었는지 죄다 알지는 못할 테지만, 남겨진 유고를 통하여 면밀하게 알아볼 가치는 오히려 충분하다고 할 것이다.

第51장 성을 비운 김시민과 공의 천성

- 발을 드러낸 김시민

• 역전力戰과 역전逆戰의 구별

진주목사 김시민은 장차 진주성은 방어할 수 없을 것이라 여기고, 행여 야지野地에서 싸운다면 살아남을 것이라 믿었다. 우여곡절 끝에 김면 대장이 지례 등지에서, 역전逆戰하였다는 소식을 듣고, 우지고개를 구원하려고 갔다.

일기에는 역전力戰이라고 하여 그 표기가 다르다. 이것은 말 그대로 '힘을 다하여 싸우는 것'을 의미한다. 반면에 역전逆戰은 '공격을 당하던 쪽에서 거꾸로 상대를 공격하여 싸우는 것'을 뜻한다. 같은 듯하지만 의미가 같지 않다. 원문을 따랐다.

• 신발을 벗어야 발이 노출

김시민은 김면 대장의 휘하에서 상당한 무공을 거두었으나, 왼쪽 발에 철환을 맞아 상처를 입었다. 김성일이 군관을 보내 잡아 오자, 신발을 벗고 발을 보여 주었다. 여기에 '신발을 벗었다.[脫靴]'는 빠져 있다. 빠질 이유도 없거니와 있어서 곤란한 것도 보이지 않는다. 원문에 따라 보충하였다.

- 김준민의 용맹과 정인홍

• **환인丸刃과 구인九仞**

합천의병장 정인홍이 성주성을 공격할 때 상황이다. 환인丸刃은 아마 총알과 칼날을 뜻하는 것으로 보인다. 일기는 '총알과 칼날이 교차하여 날았다[丸刃交飛]'라고 하였다.

그러나 원문은 너무나 선명하게 구인九仞이라고 적었다. 仞은 사람 키 한 길을 의미하는 단어이다. 키의 아홉 배가 되니 아주 높은 것을 형용하는 거다. 1인은 8자[尺]니까, 2.4미터를 말하고, 9인이면 21.6미터가 된다. 하지만 이리 쓰고 나니, 무엇이 그리 높이 교차하여, 날아다니는지가 명확하지 않다. 그래서 총알과 칼날이라고 바꾸었는지는 몰라도, 원문에 따라 정리하였다.

• 불언不言과 약언略言의 간극

전쟁에서 공과를 적어 보고할 때, 아예 언급하지 않는 그것과 간추려 적는 것은 아주 큰 차이를 보인다. 합천가장 김준민이 성주성 전투에서 혁혁한 공을 세웠지만, 정인홍 대장은 이것을 아예 '언급하지 않았다[不言]'라고 하였다. 그러나 간행본에서는 '대강 말하였다[略言]'라고 판각하였지만, 원본에 따라 바로잡았다.

• 자제子弟의 의미

정인홍 대장의 보고서에 김준민의 공적은 적시하지 않고, 참모와 자제들을 전공의 맨 위에 두었다는 말이 있는데, 일기는 자제 대신에 막하자幕下子로 하였다. 이것은 곧 아랫사람을 의미하기도 한다.

자제는 '남의 아들의 높임말'도 되겠지만, '남의 집안의 젊은 사람을 일컫는 말'도 되기도 한다. 원문의 의도는 아마 후자 쪽으로 하여 표현을 한 것이 아닌가 한다. 원문에 따랐다.

• **현사賢士와 고사高士**

현사는 '어질고 현명한 선비'를 지칭하는 말이고, 고사라는 낱말은 '고결한 인격을 지닌 선비'로 해석된다. 사용에 별 차이가 없을 것으로 보이지만, 고사는 높은 선비로 풀고 있으니, 선비보다 벼슬아치에 가까워, 의미상 약간의 차이는 있다. 원문은 현사로 분명히 하고 있다.

제52장 수령의 임시 차임과 변론

• 임시 수령의 차임

당시 고을 수령이나 소속 군사들이 죄다 산으로 들로 도망하여, 빈 관아가 많았다. 경상우감사에게 수령의 임명권은 있지 않다. 장계로 행재소에 보고하고, 임시로 차임을 한 것이다. 이 부분은 『용사일기』에서는 주석을 하듯이 보충해서 넣었다.

'**당시**, 각 고을 수령이 많이 비었으나, 차임하지 못하였다. **임금이 머문 행재소는 멀리 서쪽 변방에 있었던 까닭에, 공은 조정의 처분으로 등용하기 전에, 부득이하게 임시로 임명하였다.**[時, 守令多空, 未差. 而行在邈在西陲, 故公用前朝廷處分, 不淂已假差]'라는 부분이다. 이것은 아마 장계도 없이 부득이하게 먼저 차임을 하였다는 논지이다.

일종의 보충 설명인데, 감사가 임의로 하지 않고, 도승지의 서찰대로 우선 차임하고 일일이 장계를 하였다는 말이다. 이 문장에서 원본에 있는 내용은 '守令多空, 未差.'가 전부다. 간행된 『문수지』나 『송암집』 등에도 없는 내용이다. 당시라는 뜻의 시時도 있지 않다.

• 훈련봉사 변혼卞渾의 공적

거창의 훈련봉사 변혼을 문경현감에 임명하는 대목에, 탈자와 첨자가 있다. '힘써 싸워 적을 물리친 **공적으로**, 일찍이 부장에 제수되었으니, 문경현감에 보직하였다[力戰却賊之功, 曾授部將, 聞慶縣監]'는 내용에서, 공로를 말하는 '之功'이 누락되어 보충하였고, 이유나 원인을 말하는 부사 고故가 문경현감 앞에 있으나, 원문에 따라 정리하였다.

• 진주의 부장 강덕룡姜德龍

함창현감에 차임된 강덕룡은 주부主簿로 기록되어 있으나, 『문수지』나 『송암집』 등 어디에도 부장으로 되어 있다. 정기룡鄭起龍 병마절도사의 부장으로 보인다. 팔이 길어 전투에 유용하게 쓰였다는 곳에 있는 전치사 어於는 다른 곳에는 있지 않아 지웠다.

그리고, 강덕룡의 이후 전공에 관한 주석이 간행된 일기에 있다. 이 문장은 일기를 간행하면서 쌍주를 내어 추가한 것이다.

• 임시로 차임하는 장계

앞부분에 불가피하게 조정의 처분 이전에 임시로 수령을 임명하였다고 하였으나, 어디까지나 장계를 통해서 한 일인 것이다. 그러다 보니 원문에 있는 '모두 아울러서 **임시로 차임差任하는** 장계를 올려[並假差狀啓]'라는 것을 그대로 쓰지 못하고, '더불어 장계하여[並爲狀啓]'라고 하였다. 말하자면 이정의 사근찰방 임명까지 아울러 장계를 한 의미가 된다는 말이다.

『송암집』의 유사에는 「학봉선생용사사적」이라는 것이 전하는데, 간행된 『문수지』와는 다른 내용이 더러 있다. 이 문장이 어렵기는 마찬가지였나 보다. '다른 곳도 아울러 임시로 차임한 후 하나하나 장계를 올려 알렸다[幷假差後, 一一啓聞]'라고 풀어 쓰고 있는 것이 확인된다. 일기의 뒤 문장에 있는 도승지의 서찰 내용을 축약한 것으로 보인다.

• 개蓋와 개盖 그리고 익益의 사이

'**대체로** 조정이 명령을 그렇게 하였다[蓋用朝廷命令然也]'라는 문장은 실어 전하는 곳마다 글자가 다르다. 간행된 일기에는 盖로 되어 있고, 『용사사적』에 해당 부분은 益이며, 송암 이노의 친필 『문수지』에는 盖로 되어 있지만, 간행된 『문수지』는 蓋로 되어 있다. 『송암집』에는 기록이 없다.

개蓋와 개盖는 같은 글자이다. 본자와 속자의 관계로, 부사로 쓰이면 '대개', '대체로'의 뜻이다. 부정의문사로 사용되면, '어찌 아니할~'로 쓰이는데, 이때 음은 합으로 읽는다. 그런데, 더욱이라는 의미를 가지는 부사 '益'을 가지고 이 문장을 해석해도 문맥이 통한다. 盖를 益으로 잘못 쓴 것인지, 아니면 무슨 뜻을 가지고 그렇게 하였는지는 알 수 없다.

이 문장을 풀어보면, 부사어가 앞에 있고, 용用은 여기서 전치사로 사용되었다. 통상적으로 사용되는 '쓰다'의 뜻이 아니다. 전치가 이以와 같은 용법으로 사용되었으니, 바로 '以~爲'의 구문 형식이다. 위爲에 해당하는 단어가 '그러하다'의 뜻을 가진 연然이란 말이다. 그렇다면 『문수지』의 필적을 따르지 않을 수 없다.

• 유생으로 병력을 과시하였다는 부분

공이 산음과 단성 그리고 삼가와 의령의 네 고을 유생들을 이끌고, 정암진의 남강가에서 병기를 빛내며 시위를 하였다는 이 장의 이 부분에 대한 의문이다. 글 읽는 선비들을 모아, 신식무기로 무장한 왜적의 대군을 대적한다는 것은 잘 이해가 되지 않는다. 요병耀兵은 병기를 빛내며 시위를 하는 것을 일러 말하는 것이기 때문이다.

위의 지적과 마찬가지로, 일기와 간행된 『문수지』는 물론이고, 직접 쓴 『문수지』도 유생으로 되어 있다. 그렇지만 사적의 원문은 선비를 뜻하는 유儒가 아니라, 고을 수령을 의미하는 쉬倅로 되어 있다. 바로 뒤에 네 고을의 수령이라는 말이 연이어 나와 어색할 것 같지만 원문을 따랐다.

• 배수진과 그 허물

오운과 조종도가 정암 나루를 건너 강을 등지고 진을 쳐야 한다고 주장한 것에 대한 곽재우의 대답 중에 '일이 성공하지 못한다면, **장차 누구를** 책망할 것이오.[事之不濟, 其誰咎.]'에 대한 의문도 위와 같다. 일기와 『문수지』 그리고 『용사사적』의 내용이 각각 다르다. 『용사일기』는 '일이 성공하지 못한다면, 누구라 그 허물을 책임질 것이오.[事之不濟, 誰執其咎.]'라고 되어 있다. 친필 『문수지』에는 不 대신에 否가 쓰였다. 『학봉집』의 『문수지』에는 '事之否濟, 誰濟其咎'이라 하였는데, 번역문에서는 『용사일기』를 토대로 교감을 한 것이 보인다. 문맥으로 보면, 원문이나 일기 모두 어색하지는 않다. 그러나 수誰는 '누구'라는 의문대명사라 도치된 어순도 합당해 보인다. 원문을 토대로 이 부분을 해석하였다.

이런 것을 보자면 『문수지』가 먼저 찬술되고, 나중에 『용사사적』을 지은 것으로 추정할 수 있는 근거도 되겠다.

第53장 최경회 의병의 주둔지에 대한 배려

• 지워진 권점

이 부분에 대한 원문의 권점이 검게 지워져 있다. 이것은 검은 점을 권점만 한 크기로 표시하였다고 보면 된다. 송암의 다른 저서에 권점으로 큰 항목을 잡고, 그보다 하부 항목에 작은 점을 둔 것은 볼 수 있으나, 이런 점은 접할 수 없었다. 따라서 무슨 이유인지 알 수가 없다. 하여 일기의 편집에 따랐다.

• 전 부사 최경회 의병장

친필 초고인 『문수지』와 간행된 『문수지』는 의병장 최경회崔慶會로 되어 있다. 그러나, 『용사사적』과 『용사일기』에는 최경회崔景會로 표기되어 있다. 수백 명을 넘기는 인물에 대한 정확한 한자 표기는 이다지도 어렵다는 것인가.

• 은听과 청聽의 중복 사용 의미

오장吳長이 호남의병들의 주둔지를 정하는 데 대한 의견을 개진하자, 김성일은 불청하였다. 이 대목의 문장에서 원문은 听과 聽이 중복으로 사용되었다. 『학봉집』의 이 대목과 친필 『문수지』에 '公不聽'이라고 한 것과 다르다. 이 또한 위의 수誰의 예와 같은 것임을 보여주고 있다.

결론적으로 이것은 중복된 것이 아니다. 곧 听은 '들을 청'으로도 새기는 것이니 그렇다. 不听은 '받아들이지 않았다'라는 의미로 '불청'이 되었다. 그렇다면 연이어 사용된 聽은 뒤 문장의 서술어가 되어야 한다. '자세하게 들었다'는 뜻이다. 주어는 역시 '공'이지만 생략이 되었다. 일기에는 그대로 살아 있다. 주어가 생략된 문장은 끊어 주어야 한다. '공은 받아들이지 않았다. 조종도가 또 이를 말하는 것을 자세히 듣고, 말하기를[公不听. 聽趙宗道亦言之, 曰:]'로 된다는 것으로 이해할 수 있다.

견강부회牽强附會한 해석이 아니다. 원문은 너무나 또렷하다. 이 또한 『문수지』를 정리한 것이라고 보지 않을 수가 없다. 『용사사적』이 나중에 편수된 것임을 증빙하는 것이 되고도 남는다.

• 번거로움과 소홀함의 차이

공억供億은 지공支供이라고도 하는데, 이른바 군대에 군수를 조달하는 것이다. 그만큼 고달픈 일이다. 주변 고을을 번거롭게 할 것이라고 한 『학봉집』이나 『문수지』와 다르게 소홀[脫]하게 할 수 있다고 하였다. 고리점을 찍고, 보충한 것이다. 이에 따랐다.

• 산을 뒤지는 것과 산적을 수색한다는 의미

수산搜山이라고 하면 '산을 뒤지는 것'쯤으로 해석되고, 수산적搜山賊이면 '산적을 수색하는 것'으로 해석할 수밖에 없다. 사적의 원문과 『문수지』 그리고 『학봉집』은 수산搜山이라고 하였고, 『용사일기』와 『송암집』은 수산적搜山賊이라 하였다. 원문과 『문수지』를 따랐다.

第54장 진주성 7일 공방과 유숭인의 죽음

• 부산포과 김해성의 사정

일기는 '김해의 왜적이 연이어 부산을 함락시키고, 창원에 모였다.[金海賊連陷釜山, 會昌原]'라고 하였다. 『송암집』의 내용도 동일하다. 그러나, 부산진 전투는 침략 당일인 4월

13일과 14일 양일간이며, 김해성 전투는 4월 19에 있었다. 그러므로 이 문장은 문맥이 맞지 않다. 한국고전번역원의 『송암집』 번역도 '김해에 있던 왜적들이 연이어 부산을 함락시키고 창원에 모였는데,'라고 한 것으로 보면 더욱 그렇다. 부산성은 김해에 있던 왜적이 함락시키지 않았다.

이 부분에 대한 원문은 '金海賊釜山會昌原'이라고만 하였다. 문장 해석이 곤란하다. 그래서 고리점을 왼쪽에 찍어 與를 추가하여 교정해 놓은 곳이 보인다. '金海賊**與**釜山**賊**, 會昌原'이다. '김해 적이 부산에 있는 왜적과 더불어, 창원에 모였다.'가 되어 문맥이 통하였다.

이 부분의 『학봉집』과 『문수지』에는 '金海賊**連**釜山, 會昌原'이다. '김해의 왜적이 부산에서 연이어, 창원에 모였다'가 되니 이것도 별 문제점이 보이지 않는다. 아무튼, 부산의 왜적이 아닌 김해의 적이 주어가 되니, 나타나는 현상이다. 원문을 따랐다.

• 합合과 부합符合

곽재우가 정암전투 전날 호남군과 함께 적을 칠 것이라 호언을 하였는데, 이튿날 살천창으로 가는 호남군을 본 왜적이 홍의장군의 말과 부합되니, 놀라 도망하였다는 내용이다. 일기에는 '與郭再祐言合'이라고만 하였는데, 원문은 왼쪽에 고리점을 찍고, 오른쪽에 符를 보충하였으니, 곧 부합符合이 된 것이다. 이것 또한 『문수지』나 다른 곳의 표기가 위의 경우와 같다. 교정한 원문을 따라 고쳤다.

• 김시민이 행한 계책

'김시민은 기특한 계책을 쓰며 예봉銳鋒을 **길러, 기회를 기다려** 이로써 왜적을 응전하였다. 왜적은 **성을** 포위하여 공격한 것이 7일간이었지만, 마침내 함락시키지 못하였다.[時敏設奇蓄銳, 俟**機**以應之. 圍攻之七日, 竟不得陷.]'는 것이 원문의 내용이다. 『송암집』이나 간행된 『문수지』와 별 차이는 없다. 기회機會를 기다렸다는 것에 대명사 기其를 써서, '그것을 기다렸다'가 되어 다르고, 왜적이 포위하여 7일을 공격하였다는 부분에 주격조사 지之가 없는 정도다.

일기는 蓄이 아니라 畜을 썼는데, 기능은 유사하다. 기회를 의미하는 곳에 전치사 우于를 택하였다. 모두 원문에 따라 교감하였다.

• 단계현

일기에서 '합천가장 김준민이 단계현丹溪縣에 들어가 불을 껐다'고 하였다. 이는 아마 단성현이 맞을 것이다. 세종 때에 이미 단계현은 강양현江陽縣과 통합하여, 단성현이 되었으니 당시에 없는 현이었다. 통합된 단성현과는 달리 단계라는 지명은 현재 산청군 신등면의 일개 리로 남아 있다.

제55장 진주성 대첩 이후

- 글자에 한 획도 빠짐이 없는 공적

• 간략簡略한 흔적

진주대첩 이후에 학봉 김성일이 언급하기를 원문에는 '온 도가 **보전할 형세**가 없었을 것이니, 성채城寨에 들어올 생각은 다시는 없었을 것이다.[一道無保存之勢, 無復有入保之意.]'라는 부분이다. 진주성을 지켜 내지 못하였다면, 온 경상도 일대가 왜적의 소굴이 되었을 거라는 진단이다.

그러나, 일기와 『문수지』 그리고 「학봉행장」 등의 내용은 다소 다르다. '온 도내의 나머지 성도, 보존할 형편이 만무하였을 것이다.[一道餘城, 萬無保存之勢.]'가 그것이다. 경상도 온 곳을 보전할 수 없었다고 강조하는 것인데, 문맥상 진주를 뺀 나머지 성으로 언급할 까닭은 있지 않아 보인다.

• 파출罷黜의 의미

파출이란 파면을 의미하고, 이것은 '잘못이 있는 사람의 자격을 박탈하여 직무나 직업을 그만두게 함'을 말한다. 일기에 **罷黜**로 되어 있으나, 원문과 『문수지』를 비롯하여 행장 등에도 **罷出**로 되어 있다. 이 단어 역시 같은 의미로 널리 사용되는 말이다. 사전적 의미로 일기의 기록을 따랐다.

• 무곡차사원貿穀差使員 박성

간행된 『용사일기』에 '공은 삼가를 향해 출발하면서, 박성과 이지를 무곡차사원으로 삼았다.[發向三嘉, 以朴惺·李旨爲貿穀差使員.]'고 하였다. 원본의 이 문단에 백암 이지에 대한 기록이 없다. 이지가 사후에 군자감판관軍資監判官에 추증된 것을 토대로 본다면, 전해지는 가승家乘을 바탕으로 추록하였을 것으로 보이지만, 원문과 『문수지』 그리고 『학봉집』 등 어디에도 찾을 수 없어 삭제하였다.

• 박성을 권면하였다는 부분

무곡차사원 박성이 추위에도 아랑곳하지 않고 성심을 다하였더니, '공이 매우 박성을 권면하였다[公且劝惺]'라는 구절이 간행된 일기에 보이지 않는다. 일기의 이 문장의 주어로 박성과 이지가 함께 있으나[惺與旨] 첨가한 것이다.

- 군량을 모으는 절절한 이노의 통문

• 티끌과 이슬에 덮인 것과 엄혹한 이슬

'임금이 파천을 하니, 몽진한 관모冠帽는 **엄혹한** 이슬에 뒤덮였다.[一人播遷, 蒙冠盖於庄露.]'에서 티끌[塵]과 이슬에 뒤덮인 것과 차고 엄정한[庄莊] 이슬에 뒤덮인 것과 차이다. 원본은 후자이고, 일기는 전자이다. 『송암집』이나 다른 문적에는 참고할 만한 것이 없다. 원문을 따랐다.

• 베옷 입은 군대와 육식하는 관리

'마침내 평민들의 군대가 일어나는 것을 볼 수 있게 되었다. 초유사가 거듭 왔으니, 육식하는 이른바 고관대작의 **비루한 계책이라고만** 말할 수는 없다.[聿覩布衣之師興. 招諭重來, 莫謂肉食之鄙猷.]'는 부분이다.

대조할 곳이라고는 『송암집』에 전하는 격문의 내용뿐이다. 이것은 『용사일기』가 나오고 난 이후에 간행된 것이라, 이 내용을 초과하지는 못하였다. 일기는 몇 군데에서 다른 모습을 보이고 있다. 군대를 뜻하는 '師'와 '일어나다'의 의미인 '興'이 서로 자리를 바꾸었다. 이 문장에서 주어는 생략되어 있고, '마침내'라는 부사가 전치되었다. 서술어는 '본다'라는 뜻의 '도覩'가 될 것이다. 그리고 베옷을 입은 군대라는 '포의지사布衣之師'는 목적절의 주어다. 그리 보면 興은 목적절의 서술어가 됨을 알 수 있다. 이렇게 봐야 어순에 있어서 걸리는 것이 없다.

다음 문장인 '초유사가 거듭 왔다'는 부분에서 일기는 이미 보았다는 의미로 '기견旣見'을 쓰고 있다. 큰 문제는 없을 것 같지만 원문에는 없다. 그리고 '초유중래招諭重來'의 문장에서 주격조사 之를 쓰고 있는데, 무리는 없지만 원본은 그렇지 않다.

더불어 문장 끝부분에 '비루한 계책'이라는 의미로 쓴 '비유鄙猷'를 계책이 비루하다는 의미인 '모비謀鄙'로 하였다. 이것은 단어가 서술어+목적어인 술목구조述目構造를 주어+서술어 형식인 주술구조主述構造로 바꾼 것이다. 한자어는 술목구조가 많다. 수동태이거나 해가 뜨고, 세월이 가는 것처럼 완전자동사일 때 쓰는 표현이다. 석채장이 아니라 채석장이 맞고, 주조장이나 양조장도 틀린 표현이다. 비탕실이라고 할 수 있어도, 탕비실도 아니다. 이런 유형은 전형적인 일본식 조어다. 원문을 따를 수밖에 없다.

• 유균唯勻·唯均

균勻은 '고르다 또는 같다'라는 의미로 균均과 같은 글자이다. 원문은 유균唯勻을 쓰고 있는데, 이것은 '모두 마찬가지다'라는 의미로 같이 쓰이지만, 원문을 사용하였다.

• 유惟와 유唯의 다른 쓰임새

唯는 주로 '오직'이나 '비록 ~하더라도' 그리고 '발어사'로 주로 쓰인다. 비슷한 듯한 惟는 그 쓰임새가 다양하다. '생각하다', '마땅하다', '오직'이나 '대답하는 말' 등으로 쓰인다. 부사어뿐만 아니라, 서술어로도 쓰이고 있는 것이 확인된다. '개인으로나 백성으로서 감히 **생각할 수** 없을 뿐 아니라[非**惟**不敢於以身以民]'라는 문장에서 惟는 서술어로 사용되었다. 이곳에 唯를 쓰면 해석이 곤란하다. 일기의 唯를 惟로 바꾸었다.

• 허모虛耗와 허빈虛牝 그리고 '여기與其~갈약曷若' 구문

'끝내 빈 골짜기로 돌아가는 것보다는, 오히려 군자금에 나누어 돕는 편이 어찌 낫지 않을 것인가?[與其終歸於**虛牝**, 曷若分補於軍資.]'라는 문장에서, 『송암집』이 전하는 격문에는 이 '빈 골짜기[虛牝]' 대신에 허모虛耗를 썼다.

이것은 '심신이 허약해짐'이나 '헛되이 소모'하는 것을 뜻하는 말이다. 전후 문맥을 보면 맞지 않는다. 양곡을 산에다 묻어, 썩어 없어진 빈 골짜기에 돌아가지 말라는 의미다.

이 문장은 멋을 한껏 낸 것이 선명하다. 군량을 모으는 그 당부를 '여기與其~갈약曷若'이라는 전치사 구문을 만들어, 선택 의문문을 만들고 있다. '~하는 것보다는 오히려 ~하는 편이 낫지 않겠느냐?'라는 관용구이다.

• 세용用歲과 월계月計

세용은 '일 년 동안의 비용'을 의미하건만, 사적의 원문에는 세용世用이라 하였다. 문맥에 따라 교감을 하였다. 그리고 월계는 '한 달 동안의 회계'를 말하지만, 원문은 천계

川計로 썼다. 미처 바로잡지 못한 것으로 보인다. 『송암집』이 전하는 내용은 또 다르다. 세용歲用을 월용月用이라 하였고, 월계月計는 세계歲計라고 하였다. 원문의 오류가 원인인 듯하다. 『용사일기』의 내용대로 정리하였다.

• 구각晷刻과 구각咎刻

생명을 연장한다는 구문에 있어서 시간부사는 잠깐이라는 의미가 있는 구각晷刻이 타당할 것이다. 『용사일기』가 그렇다. 그러나 '효자는 양친을 위해서, **재앙거리**의 명이라도 연장되기를 기원한다.[孝子爲親, 祈延**咎**刻之命]'이라는 곳에 구각咎刻이 쓰였다. 이것은 '재앙災殃' 또는 '재앙거리'라는 말로, 고서에 두루 쓰이고 있는 것이 확인된다. 오기한 것인지는 몰라도 몇 차례 교정 과정에서도 그대로인 것을 따랐다.

• 병허兵墟와 구허丘墟

兵墟는 '병화로 인한 폐허를 뜻하는 것'으로 고서에 자주 보인다. 구허는 '번화하던 곳이 뒤에 쓸쓸하게 변한 곳'을 의미한다. 어느 것을 사용하여도 뜻이 통한다. 원문의 병허兵墟를 썼다.

• 임금의 교서가 늦은 것과 절실함

'뉘우침은 비록 한나라 무제가 서역의 윤대를 흉노에게 빼앗기고 내린 조서보다 **늦었지만**, 말씀은 실로 지극한 정성에서 우러나와,[悔雖**晩**於輪臺, 言實出於悃愊]'에서, 일기의 기록인 절실하다[切]는 것과 『용사사적』에 있는 '늦었다[晩]'와의 차이다. 이어지는 문장에 '지극한 정성'이라는 말이 있으니, 원문의 晩이 옳겠다. 『송암집』이 전하는 격문도 그리되어 있다.

• 감탄어기사 재哉

격문 중에 '위대**하도다** 황제의 조칙이여![偉哉皇敕!]'라는 영탄문이 있는데, 그 영탄문을 만드는 어기사 '哉'가 원문에는 빠져 있다. 이것은 서술어가 앞에 있는 도치문으로, 이것이 있어야 문장이 자연스럽다. 일기에 근거하여 원문을 교감하였다.

제57장 세자와 불사이군不事二君의 지조

• 생원 나세겸

『용사일기』나 사적의 원문에 생원 '세겸世縑'이라고만 나온다. 이는 나세겸羅世縑을 말하는 것으로, 본관은 대구 수성壽城으로 1534년에 태어나 현풍현에 거주하였다. 1564년 갑자년에 생원시 전체 45등으로 합격하였으니, 이른바 학봉 김성일과 서애 류성룡 그리고 송암 이노 등과 동반급제한 연우年友가 되는 셈이다. 사마방목으로 이를 보충하였다.

• 야耶와 야也의 차이

사적의 원문에 '도사 역시 어찌 소견도 없이 그리하였겠습니까[都事亦豈無所見而然耶?]'라는 문구가 있는데, 종결사 '耶'를 일기에서는 '也'로 바꾸어 놓고 있다. 그게 무슨 대수냐고 할지 모르지만, 쓰임새는 약간 차이가 있다.

통용되는 기능은 주로 의문을 나타내거나, 반어反語적인 표현이나 감탄하는 문장에 사용된다. 也는 단정문과 지정문에 주로 쓰이며, 문장 중간에 사용되기도 한다. 접속사로 쓰이면 '또한'의 뜻으로도 쓰이고, 서술어로는 '잇따르다'의 의미도 있다. 천자문의 마지막 글자다.

耶는 주로 의문을 나타내는 어조사로 사용되는 특징이 있다. 명사로 사용되면 '아버지'라는 의미도 더한다.

이러한 것을 토대로 위 문장을 보면, 어떤 글자를 선택하여야 할 것인지가 눈에 들어온다. 위 문장은 의문문이다. 그것은 '기豈'라는 의문부사와 종결사가 호응한다. 그렇다면 종결사, 이른바 어조사에 의문을 주로 표시하는 '耶'가 더 자연스럽다.

제58장 인재를 얻어 가는 길

- 오건의 아들 오장

• 궤휼詭譎과 휼궤譎詭

궤휼이란 '간사스럽고 교묘함'과 '이상야릇한 속임'을 뜻한다. 그리고 휼궤는 '속여 거짓말하다'라는 의미다. 일기와 원본의 단어가 딱 아래위로 바뀌었다. 어느 것을 사용해도 이상이 없는 것으로 보인다. 원본을 따랐다.

• 삭제된 쌍주

공이 오장에게 악수를 하며, 등을 어루만졌다는 그 부분에 원문은 쌍주가 있다. 오장의 어린 시절 야사에 관한 것이다. 해의도 난해하고, 학봉 선생의 용사연간 사적과 관련되지 않아서 그런지 일기에서는 이를 삭제하였다. 그러나 원문이 지향하는 바가 있을 것이라서 다시 복구하였다. 임란 이전에 오장은 이노와 더불어 생사를 같이하였던 각별한 사이였다. 영남 선비 일천여 명이 도륙을 당한 기축옥사에 스승이었던 최영경의 신원을 구하는 소차에 함께 목숨을 걸었으니 그렇다. 이 사정은 확삭矍鑠의 대명사가 된 의병대장 전치원의 문집 『탁계집濯溪集』에서 실어 전한다.

- 의병장에게 엄격하였던 이유

• 가假와 가暇의 차이

'假'는 주로 임시적이거나 진실의 상대어인 거짓의 의미로 쓰인다. 일기 전반에 나오는 가수假守는 임시수령을 의미한다. 반면에 暇는 겨를이나 틈을 뜻한다. 휴가休暇라면 이 글자를 쓴다. 일기의 '김면과 정인홍 의병대장에게 조금도 틈을 주지 않았다'라는 문장에 假가 사용되어 바로잡았다.

• 한 시대의 이름난 선비

일세一世는 '한 시대나 한 세대'를 의미하는 말이다. 한편 일시一時라고 하면 '같은 때'이거나 '한때'를 말한다. 김면과 정인홍을 지칭하는 곳에 원문과 다르게 '일시명사一時名士'라고 하였는데, 삭탈관직 되어 그때까지 신원이 되지 못한 정인홍 때문이 아닌가 한다.

• 반어문에 쓰이는 재哉

정인홍과 김면 두 의병장을 잘 대해주라는 간언에, 김성일이 대답한 말 중 '내가 두 사람에게, 어찌 다른 이유가 있을 것이오?[吾於兩人, 豈有他哉?]'라는 곳에서, 일기는 哉를 대신하여 의도나 생각을 뜻하는 '의意'를 쓰고 있다. 의미는 명확할지는 몰라도 문장 구성이나 한문 문법에는 다소 거리가 있다. 『맹자』의 「고자장구」에 이 문구가 그대로 있다. 이를 토대로 바꾸었다.

第59장 의병의 순찰사

- 정인홍과 김면의 갈등

• 양 대장의 자리싸움

세상이 바뀌었다고 선조의 글을 세파에 따라 바꾸어야 하는지, 아니면 꿋꿋하게 그

얼을 이어야 하는지는 도무지 가늠되지 않는다. 혹 세상이 붉은 물로 채워지거나, 홍위병의 위세에는 그래야 하는지도 알수 없다.

정인홍은 1535년생으로 46세 때에는 정4품의 사헌부 장령掌令을 지냈다. 김면은 1541년생이며, 정6품의 관직인 공조좌랑을 잠시 지냈다.

『용사사적』에서는 정인홍과 김면을 기술할 때 위와 같은 것이 밑바탕이 되어 매우 일정하다. '정, 김 양대장[鄭·金兩大將]'이라고 한 것을 굳이 '김, 정 두 대장[金·鄭二大將]'으로 바꾸었다. 같은 반열에 두지 않겠다는 거다. 연명의 상소문에서 맨 위에 이름을 쓰는 소두疏頭는 영광에 속한다. 그럴 수밖에 없는 편집이 매우 아린다. 그것은 아래로 계속 이어졌다.

• 불상능不相能한 두 현인

다음 문장으로 계속된다는 것은 '두 **현인으로 하여금 서로 뜻이 맞지 못하게** 하였다.[使兩**賢**不**相能**.]'라는 글이다. 현자 또는 현인을 뜻하는 賢을 의병장을 의미하는 장將으로 바꾸었다.

상능相能은 '서로 뜻이 맞다'거나 '사이가 좋다'는 것을 의미한다. 현재 우리말 사전에는 없다지만, 고서에 두루 쓰였다. 이것을 '서로 용납할 수 없었다.[不能相容]'로 바꾸었다. 『한서漢書』에 나오는 문구로 의미는 좀 더 명확한 것은 맞지만, 원문에 따라 교정하였다.

이것은 또 이어지는데, 정 대장이 김 대장에게 보낸 공문 중에 '미안한 말이 있었다'라는 것을 '살煞'이라는 단어를 넣어 '미안한 말이 매우 많았다'로 바꾸었지만, 원래대로 했다. 인조 반정으로 북인이 아예 없어지고, 남명학파가 몰락한 역사적 사실이 기저에 있다.

• 참란讒讕과 참유讒諛 그리고 이간離間

공이 정·김 두 진영에 가서 경고한 말 중에 '참소하고 **헐뜯는 것에** 살기를 좋아하고, 난리를 어지럽히고, **이간질하는 자**들[好生**讒讕**, 撩亂離, **離**間者]'이라는 문장에 란讕이 유諛로 되어 있고, 이離가 반복되어 나오지만, 한 글자가 탈루된 것이 일기에 보인다. 『학봉집』이나 『송암집』도 공히 그러하여 바꾸었다.

- 피리를 불라 함인가

• 공이 놀라면서 하는 말

학嚯은 '놀라면서 하는 말'의 새김을 가지고 있다. 그러나 원문과 일기는 모두 '口+霎'이라는 글자를 쓰고 있는데, 자전에 없는 글자이다. 문맥으로 보면 학嚯이 맞다. 그래서 이 글자로 바꾸었다.

• 하늘의 도움과 종결사의 있고 없음

박성이 송암 이노를 정인홍 대장에게 보내라고 하자 공이 깜짝 놀라, '내가 여유를 얻은 것은 참으로 하늘이 나를 도운 것이다.[吾得汝唯, 實天贊我.]'라는 문장에서, 일기는 종결사 '야也'를 문장 끝에 넣었다.

앞서 설명한 것과 같이 종결사는 영문법이나 국문법에는 없는 품사이다. 국문법으로 놓고 보면 용언이라고 하는 동사와 형용사, 서술격조사 '이다'의 활용형인 종결어미가 맡고 있다. 이런 것을 참고하여 한문문법에서 종결사라 이름하였지만, 딱히 고정된 것은 아니다.

문제는 '실로 하늘이 나를 도왔다.'라는 문장에서 종결사 也가 필요한지에 관한 의문이다. 한문 문장에서는 오히려 종결사가 없는 것이 더 많다. '나는 학생이다'라는 문장을 가지고 이해하면 된다.

A: 吾是學生.=我爲學生.=I am a student.

b: 我學生**也**.(나는 학생입니다./이오/이네/이다)

A의 문형은 어순이 통상적인 한문 어순이라 영어와 순서가 같다. 여기서 是와 爲는 영문장의 be동사처럼 쓰였으니, 곧 지정동사로 보어 앞에 놓였다. 그런데 b문형은 어순이 그냥 우리말과 같다. 그러니 이런 문장도 많이 보이는 것이 현실이다. 영문법과 한문법에 다른 우리말 어순의 문장을 짓고자 하면, 서술격조사 '이다'에 해당하는 종결사를 써 주어야 한다는 것을 이해한다는 것은 크게 어렵지 않다.

이렇게 보면 '실천찬아實天贊我'라는 문장은 '실로'의 뜻을 가진 부사어가 앞에 있고, 하늘이 주어이고, 찬贊은 서술어이다. 그리고 아我는 곧 목적어인 것이다. 그렇다면 A문형에 속하므로, 종결사가 필요 없다는 것이다. 일기에 있는 종결사를 원문에 따라 지웠다.

• 정인홍의 마음

송암 이노가 정인홍 의병진에 참여하였다면, 과연 대우가 어떨 것인가? 일기는 '정인홍 대장은 비록 존중을 하겠지만[鄭大將雖尊]'이라고 하였지만, 원문은 그렇지 않다. '장차'라는 뜻을 가지는 부사 '기其' 역시 없기는 마찬가지다.

'정 대장은 **차라리** 나로 하여금 권양과 같은 무리마저도 어깨를 나란히 하라고 하지 않겠는가[鄭大將, 寧欲使吾比肩於澮輩乎?]'라고 기록하고 있다. 원문에 따랐다.

부수적으로 의문종결사에는 '호乎'와 '야耶'가 두루 쓰일 수 있건만, 굳이 바꾼 것도 정리하였다. 또 소少는 '적다고 여기다' 정도이며, 소小는 '시간상으로 짧다'라고 하는 정도의 구분은 필요하다. 이 부근에서는 少를 주로 쓰고 있다. 이 또한 정리가 필요하였다.

• 소민素悶과 상민常悶

'처음부터 걱정'하였던 것하고, '늘 번민하는 것'하고 무엇이 다를까 싶다. 그러나 원문이 소민素悶인 반면에, 간행본은 상민常悶이라 수정을 하였다.

제61장 구호미 마련과 악화되는 건강

- 호남에 군량 요청

• 각 고을의 군량과 각 진영의 군량

군대의 '각 진영에 군량이 필요하다'면 온당한 표현일 것이나, 고을 관아에 필요한 것을 군량이라고 하면, 무언가 좀 이상하다. 당시 왜란을 당할 때 경상우도 사정은 군대는 흩어지고, 수령은 산에 숨어 나오지를 않았다.

민관이 일치되어 병영을 꾸려, 왜적을 막고, 게릴라 전술을 편 것이 당시 정경이다. 그러니 각읍군량各邑軍糧이 각진군량各陣軍糧보다 당시 사정을 담은 것으로 보고 바꾸었다.

• 김천찰방 조존선

이 장의 김천찰방을 조존도趙存道로 하고 있기는 일기나 원본이 모두 그렇다. 조존선趙存善으로 바로잡았다.

- 소진되는 열정과 나빠지는 육신

• 의문종결사 '호乎'의 보충

어찌 번잡하고 자질구레하며 지치고 고달프다고 생각할 수 있었겠소?[豈可以煩碎勞悴爲

念乎?]는 의문문이다. 여기에 豈와 호응하여 의문문을 만드는 역할을 하는 종결사 '乎'가 간행된 일기에 있지 않아 보충하였다.

• 대사와 소사

대사大事라는 것은 큰일을 말하고, 혼례식과 같은 것을 지칭한다. 이에 소사小事는 작은 일이나, 대수롭지 않은 일을 말한다. 대사와 소사가 대등문에 쓰였는데, 원본이 소사少事라고 적고 있지만 일기를 그대로 따랐다.

• 이름을 잃어버린 호남의 선공繕工

참으로 화약과 조총을 만들었던 기술자 한 사람마저도 그 이름을 기록하고자 하였으니, 그 이름 잃어버림을 안타까워하였다. 이 사람의 이름은 곧 『학봉집』에서 찾을 수가 있다. **김응방金應邦**이라는 사람이다. 관아에서 이속吏屬을 고용할 때 그 내용을 써서 본인에게 주던 문서를 체자帖子라고 한다. 학봉 김성일이 진주로 찾아온 김응방의 체자에 장문의 오언고시五言古詩를 지어 주었다.

그 대략은 나주목사로 있을 때 승려 신분으로 겨우 무릎을 덮을 만한 장삼을 걸치고 찾아와 인연을 맺었는데, 주머니 송곳마냥 재주가 뛰어났다고 했다. 철이 바뀌면 기러기는 북쪽으로 가고, 제비는 강남으로 가듯 서로 헤어졌다가, 일본에 사행할 때 수행하고자 머리를 기르고 모자를 쓰고 따랐다고 하였다. 아직 나라에 해가 지지 않았다며 힘을 내자고 한다. 하찮은 인연도 크게 맺어, 민심을 가꾸는 초유사의 성향이 잘 드러나 보이는 부분이다.

• 호남의 선공이 머문 곳

일본 사행 때에 공과는 군관으로 인연이 있던 김씨 성을 가진 자를 산음의 지곡사에 머물게 하여 쇠붙이로 조총을 만들게 하였다는데, 원본은 지곡사에 머무는 것을 전제하여 '仍留之也'라고 하였는데, 일기를 간행한 것은 '仍留陣中'라 하였다. 이 또한 원본을 따랐다.

제62장 의병도대장 김면과 그를 위한 사연들

- 선조의 교서

『용사사적』에는 선조 금의 교서를 싣지 않았다. 별지로 전한 것인지 등에 관한 사실은 전하는 것이 없다. 일기를 간행할 때 실었으니, 이후에 나온 의병도대장 김면의 문집에도 실어 전한다.

'원근의 모든 군대를 모두 관리하고 권섭하라[遠近諸軍, 皆管攝]'라고만 되어 있다. 두 의미를 지니는 겸사兼詞로써 복합종결사로 쓰이는 언焉을 간행본에서는 넣고 있으나, 원본에는 없다. 또한, 교서가 있다고 한 글도 일기를 간행하면서 넣은 것이다.

- 절절한 김면 도대장의 호남으로의 군량 청원문

『용사사적』의 원문에는 이 청원문이 있지 않다. 나중에 간행된 김면의 문집인 『송암실기』에 실려 있지만, 별도로 교감하지는 않았다.

- 김면의 위장성세와 의도

이 부분 또한 원문을 가지고 정리하였다. 김면이 선조의 교서를 받고, 왜적을 섬멸하기로 다짐하였다는 것은 호남에 군량을 청원하는 문장에 있지만, 여기에 있어야 맞다.

그리고 대소헌 조종도와 허장성세에 관해서 나눈 대화 또한 『문수지』나 『용사사적』에는 있지 않다. 『용사일기』에 전해지는 것이 김면의 유집인 『송암실기』에는 그대로 있다.

- 김면의 유임을 위한 장계

이 부분도 『용사사적』에는 기록이 없다. 『학봉집』과 『난중잡록』 그리고 김면의 『송암유고』에 보일 뿐이다.

- 김면의 죽음에 관한 장계와 만시 세폭

• 약시미구若是未久

약시若是는 '이와 같이'로 해석되는 부사이다. 미구未久는 명사로 '얼마 지나지 않음'을 나타낸다. 이와 같은 상태의 지속을 나타내기 위해서 쓴 것으로 보이지만 '약시若是'는 원문에 있지 않다.

• 별첨한 장계문

김성일은 김면 경상우병사의 죽음에 대성통곡을 하면서, 즉시 행재소에 치계馳啟를 하였는데, 별첨하고 사적의 원본에는 기록하지 않았다. 『학봉집』에 실어 전한다.

• 일기에 첨가된 부분

'김면은 의병장이 되었을 때로부터, 비록 공의 절도는 받아들였지만, 지휘하고 명령하는 사이에, 간혹 겨루고 맞서는 경우가 많았다. 공이 일찍이 이르기를[金沔自爲義兵將時, 雖聽公節度, 而號令之間, 或多頡頏. 公嘗謂:]'이라는 문장이 있다. 『학봉집』의 행장에 나오는 문장을 인용하여 일기를 간행할 때 추가한 것으로 보인다. 한강 정구 선생의 수려한 필치다.

• 신명神明과 신지神祇

신명神明은 하늘과 땅의 신령을 뜻하는 말이다. '천지신명에 빈다'라는 말의 대상인 것이다. 그런데 신지神祇는 무슨 의미일까? 이것은 천신지지天神地祇의 줄인 말로 역시 하늘의 신과 땅의 신을 뜻하는 바이다. 같은 의미일 테지만 원문은 신지神祇를 썼다.

제63장 진주 토호들 다스리기

- 진주의 폐습과 이노의 간청

• 향소鄕所와 향교鄕校

향소라는 것은 각 고을 수령의 자문 기관이었다. 수령을 보좌하고 풍속을 바로잡고, 아전들의 부정을 다스리고, 국가의 정령政令을 민간에 전달하고, 민정을 대표하는 자치 기구이다. 그 우두머리를 향정鄕正 또는 좌수座首라고 하였다. 이에 비해 향교는 유교를 교육하기 위해, 국가가 지방에 설립한 중등교육 기관을 말한다.

원문에는 하륜 대감이 개국 초기에 향교와 향소를 모두 마을에 전속하라고 한 말에 향소는 빠져 있다. 일기를 따라 향소를 보충하였다.

• 왕무枉誣와 왕주枉誅

유종지柳宗智는 1589년 기축옥사 때, 정여립鄭汝立의 일당으로 지목되어, 의금부에서 매를 맞고 억울하게 운명하였다. 이 사실을 말하는 이노의 말 중에, 왕주枉誅가 아닌 왕무枉誣로 하였다. 왕무는 억울하게 무고를 당하는 것이다. 원문에 따라 교정하였다.

• 좋은 것이든 미운 것이든 원한이 생기다니

『용사일기』에 진주의 사정을 설명하는 이곳에 '고을 사람들은 선한 것이든 악한 것이든지 원한이 생겨, 흉흉하게 말하기를[州之人, 善惡成懟, 洶洶曰:]'이라는 대목이 있다. 원문에는 '오성惡成'이라는 말이 없다. 그렇다면 표점 역시 달라지는 것을 알 수 있다. '州之人善, 懟洶洶曰:'이라면 '고을 사람들이 잘 알고, 원한을 품고 흉흉하게 말하기를,' 정도가 된다. 원문에 따랐다.

• 자생자화自生自化의 섭리

노자는 무위자연無爲自然의 도에서 '천지만물은 스스로 나서 스스로 변하고 죽는다'는 우주의 섭리를 역설하였다. 환곡의 갈등에서 공을 달래는 말에 '그들로 하여금 스스로 교화하도록 하는 것만 못합니다.[以道之使自化.]'라는 문장의 자와 화 사이에 귀歸 자를 넣어, 스스로 귀화하도록 한다고 하였다. 고전을 인용한 원문과 다르다. 송암 소저 『사성강목』에도 나오는 낯설지 않은 대목이다.

- 진주를 효유하는 방문

• 효유曉諭와 효요曉撓

진주를 효유하는 방문은 원본에 있지 않다. 별도로 전하여 『학봉집』에 전한다. 그런데 원문에는 효유 대신에 '효요曉撓'라는 단어를 선택하였다. 당시에는 돌려 쓰는 글자인지는 몰라도, 지금은 그 의미를 파악하지 못한다. 일기가 한 그대로 썼다.

• 명령과 전령의 차이

통상적으로 아래 군관 등에게 명령을 한다면 서술어 '영令'이면 족하다. 그런데, 전령傳令이라면 훈령이나 명령 그리고 고시 등을 전해 보내는 것을 의미한다. 진주 판관에게 직접 명령하는 것이라면, 전령이 아니라서 '영令'으로 하였다.

제64장 술에 빠져 가로누운 송강 정철

• 목적어가 도치된 부정문

'내년의 곡식 종자가 미리 준비되지 않는다면'이라는 조건문의 완성에 관한 문제이다. 원문은 '미리 도모되지 않는다면[不預爲之圖]'이라 하였고, 일기는 '미리 그것을 도모하지 않는다면[不預之圖]'라고 하였다. 어느 문장이 더 타당할까.

위 문장에서 불不은 부정문을 만드는 부정보조사이다. 예預는 '미리'를 뜻하는 부사로 사용되었다. 爲는 행위의 이행인 '하다'라는 의미로서 여기서는 서술어이다. 지之는 대명사로서 종자를 대신한다. 그러니 주어가 되고, 도圖는 목적절의 서술어이다. 이 문장이 부정문이기 때문에 목적절의 서술어와 목적어 지之가 도치된 것을 확인할 수 있다. 흠잡을 것 없이 잘 짜여진 문장이다.

문장 분석을 위해서는 우선 동사나 형용사부터 찾아야 한다. 그래야 절節인지, 구句인지가 파악되고, 어디서 문장이 끝나는 것인지 등을 확인할 수 있다. 뒤 문장을 보면 서술어 위爲가 없어 생략된 것으로 보고 해석할 수는 있다. 그러나, '미리'라는 부사어를 서술어로 볼 수도 있고, 목적절의 도圖를 그리 볼 수 있어, 해석에 혼란을 초래할 수 있다. 『송암집』 또한 첫 문장으로 삼았다.

• 도체찰사 정철鄭澈

장계가 어쩐 일인지 오고 가지 못하여 매우 곤란하였다. 임란 초기 도체찰사로 정철이 임명되었다. 영남의 선비들에게는 저승사자보다 더 무서운 존재는 이미 되고도 남았다. 그러나 송암 이노는 '정철이 도체찰사로 호서지방 즉 충청도에서 술에 빠져 가로누워버렸으니 그랬다'라고 정확하게 짚었다.

『용사일기』가 간행될 그때에도 서인 정권이었다. 이를 그대로 세상에 내어놓을 수가 없다. 그 후 백여 년 뒤에 간행된 『송암집』에서도 싣지 못한 것은 매한가지다. 그래서 당시 술에 빠져 가로누워버렸다는 주인공을 바꾸고 말았다. '時, **鄭澈**爲都体察, 湎酒橫載於湖西'라는 것을 '時, **有任事人**, 湎酒橫載於湖西'라고 하였으니, 도체찰사 정철이 충청도에서 술독에 빠져 가로누워 버린 역사는 곧 '사무를 맡은 어떤 이'가 되고 말았다. 그가 남긴 주옥같은 가사문학에 이러한 독한 피비린내가 서려 있다니, 가히 섬뜩하지 않을 수 없다.

• 신표[款]과 의심[疑]의 차이

사적의 원문은 이렇다. '조존선趙存善은 공을 마치 **정철**과 같이 **견주었기로,** 거의 잡혀갈 뻔하였으나, 구해준 사람 덕분에 겨우 모면하였다.[趙存善以公**疑**如澈, 幾爲所囚, 賴救者僅免]'이라는 것이다. 원문은 아직 너무도 선명하고 밝다.

일기를 간행할 때에는 '의심하다'의 의疑는 인장印章의 뜻이 포함된 관款으로 바꾸었다. 그리고, 도체찰사 정철을 의미하는 철澈은, 호남인지 호서인지도 모르게 '호湖'라고만 해 놓았다. 조존선도 조존신으로 바뀌었다. 이렇다면 '조존신은 공의 인장을 가지고 충청도에 쫓아갔으나[趙存信以公欵如湖]'가 되어 버린다. 조존신은 조존선의 형으로 확인되지만 사적의 기록을 보면 관련성이 없는 것 같다.

인조반정이 바꾸어버린 역사의 중추에 다가가지도 못하고, 숨죽여 지내야 했던 영남 식자들의 긴 역사가 여기 이렇게도 아련하게 투영되어 있다. 유사한 글이 등장하는 각 의병장의 유집과 『학봉집』을 비롯하여 최현의 『인재집』 그리고 『한강집』 등 어디에도 이런 글은 다시 볼 수 없다. 송암 이노의 꿋꿋한 직필이 몹시 시리다 못해 시퍼렇다.

第65장 어진 선비 곽준의 천거

선비 곽준郭越을 자여역원自如驛院의 찰방으로 삼았다는 부분은 별도의 장으로 구분이 되어 있지 않다. 상주와 함창의 유생들이 올린 서한과 같은 권점 안에 있다. 일기를 간행할 때 장을 구분한 이유는 알 수 없다.

第67장 새해맞이와 서신書紳의 다짐

- 계사년 원단의 밥상

• 주쉬州倅와 주쉬主倅의 차이

주쉬主倅는 '자기가 사는 고을의 수령을 지칭하는 말'이다. 계사(1593)년 새해 아침에 감영 휘하의 여러 인사가 문안 인사를 올 때 진주목사를 지목한 일기의 기록이다. 그런데 원문은 진주목사의 의미인 州倅로 되어 있다. 모두 의미는 통하지만, 원문을 따랐다.

- 송암 이노의 청원

• 이노가 집으로 간 사정

나라가 생긴 이래로 그렇게 참혹한 전쟁이 처음이라는 왜란 중에, 진중을 비우고 이노가 집으로 간 사정은 무엇이었을까? 문집이 전하는 묘지명과 연보 그리고 청시장請諡狀 등에는 '자신의 질병[身病]'으로 단성의 집으로 갔다고 하였다.

그런데 사적의 원문에는 아이의 병 때문이라 한다. 한갓 아들 병 때문에 국난에 즈음하여, 진영을 비웠다는 것이 영 어색하다는 것이 당시의 인식이었는지 모른다. 그러나 정작 이노 본인은 아이의 병 때문에 집에 갔다고 담담하게 기술하고 있다. 『문수지』의 기록도 이와 같음이 확인된다.

• 경책警策과 경책警責

경책警策은 '좌선할 때, 주의가 산만하거나, 조는 사람을 죽비로 내리쳐 깨우는 것'을 말한다. 반면에 경책警責은 '정신을 차리도록 꾸짖는 것'을 뜻한다. 일기에는 警策이라 하였고, 원문은 警責이다. 이노의 편지에 손수 답장을 하는 부분에 쓴 글이기에 警責이 맞을 것이다. 그러나, 『학봉집』에도 警策을 쓰고 있는데, 숭유억불崇儒抑佛 이념 2백 년에 학봉의 성정상 과연 불교 용어를 사용하였을까? 송암의 연보에도 警責이라 하였다. 이것도 원문에 따랐다.

第69장 진정한 목민관의 자세

• 횡설橫說과 횡설수설橫說竪說

가로로 말하는 것을 횡설橫說이라 하고, 세로로 말하는 것을 수설竪說이라 한다. 그러니 왔다 갔다 종횡으로 말하는 것이 횡설수설이다. 『장자』에 나오는 말인데, 다양한 지식을 가지고 여러 방향으로 설명을 하여 남을 깨우쳐 주는 말을 일컬어 횡설수설이라고 한다. 원문에는 횡설수설이라고 하지 않고 그냥 횡설이라고만 하였는데, 그 특별한 의미는 알 수가 없다.

第70장 경상도 밖의 사정

- 오지 않는 명나라 군대를 위한 지공

• 비록[雖]과 어려움[難]의 차이

수雖는 부사로서 양보문을 만드는 기능을 한다. '비록 ~할지라도'의 형식으로 뒤 문장을 강조하기 위해서 선행문을 부정하는 형식으로 쓰인다. 생김새가 비슷한 난難은 형용사로 주로 서술어 역할을 한다. 이것은 쉽다[易]는 단어와 함께 앞의 주어 외에 목적절의 서술어로서 뒤에 주어를 이중으로 가지는 특수한 형용사다.

주자의 권학시는 이 기능의 표본이 된다. '소년은 늙기는 쉬워도, 학문은 이루기가 힘들다.[少年易老, 學難成.]'는 부분이다. 소년이라는 주어에 서술어 쉽다[易]가 있고, 그 서술어 뒤에 서술절의 주어 역할을 하는 늙기[老]가 더 있는 것이 보인다. 이어서 배우기가 주어고, 어렵다[難]라는 서술어 뒤에 주어 이루기[成]가 겹쳐 있다. 복잡해 보이지만 이해할 만하다. 과연 쓰임새는 확연하다.

이 단락의 '한양에 웅거한 왜적은 지금 공략하기가 **어려울 것**입니**다.**[據漢之寇, 今難拔

矣]'에서 간행된 일기는 雖를 쓰고 있다. 사적의 원본 역시 교정한 흔적이 있어 雖로 볼 소지는 있지만 難이 맞다. 『문수지』와 『송암집』 또한 難으로 되어 있다. 전후 문맥과 특수형용사의 기능으로 되짚어보면 이 문장은 뒤이은 사실을 강조하기 위한 양보문이 아니다. 종결사의 사용이 이를 표상한다. 그리고 발[拔]은 '공략하다'는 동사가 '공략하기'라는 명사로 전성된 것이다.

• 단정문에서의 종결사 사용

한문에서 모든 문장에 종결사가 있는 것이 아니다. 그렇다고 종결사가 아무런 역할을 하지 않는 것도 아니다. 지정하거나 단정을 하는 문장에서는 종결사를 써 주는 것이 옳다. 앞의 문장에서 종결사 '의矣'가 사용되어 양보문이 아닌 단정문으로 만들고 있음이 확인된다. 일기에는 없지만, 원문에 따라 보충하였다.

- 이노가 북으로 간 까닭과 그 여정

• 급박한 왜란을 당한 때

'명나라 군대의 동정을 살피고, 곡식의 종자를 구하기 위한 북행길을 떠날 수 있겠느냐?'는 김성일의 요청에 대한 이노의 대답 중에 '이와 같은 급박한 난리를 당한 때에[當此急亂之時]'라는 단락은 일기에는 있으나, 원문에는 없다. 『문수지』 또한 같다. 일기를 간행할 때 삽입한 것으로 보인다. 그러나 일기를 따랐다.

• 동요하지 않은 백성들

이노가 전라도 여산에서 보낸 서찰을 보고, 김영남에게 통지하여 모든 정책을 완화시켰다. 이에 '**백성들이** 조금도 동요하지 않았다.[民得不撓.]'는 문장은 일기에서는 '不得撓'라고만 하였다. 부정사의 위치가 바뀌었다. 백성들이라는 주어가 빠져 있는 것은 물론 절대부정을 나타내는 득불得不의 의미를 놓친 것으로 보인다.

• 도사 김영남의 동정에 대한 주석

위의 모든 것을 늦춘 이유에 대해서 일기에서는 쌍주를 달고 있다. '김영남은 변방 고을을 순행하면서, 크게 위엄있는 명령을 늘어놓았다.[穎男巡行邊邑, 大肆威令.]'라는 김영남의 동정에 관한 것인데, 『문수지』나 『학봉집』 등 아무 곳에도 이 문구는 없다. 일기를 간행할 때 추록한 것이다.

• 충청도 직산의 사정

이노가 충청도 직산현에 도착할 때 사정을 일기에서는 쌍주를 달아 설명하였다. '아랫것들은 모두 염병에 걸려 앓아누웠고, 남은 사람은 겨우 세 명이었다.[下輩皆遘癘臥痛, 餘者只三人]'라는 단락이다. 이 또한 다른 문헌을 토대로 추가한 것이다.

• 의병의 병폐

왜적을 막아낸 의로운 백성들이 바로 숭고한 의병이었겠지만, 그 병폐도 많았다. 그것을 지적하는 쌍주를 일기에서 첨가하였다. '호남과 호서의 의병장들이라는 것들은 각 고을마다 없는 곳이 없었다. 그중에는 호를 지어 이름으로 삼은 자가 거의 60여 명이나 되었다. 군과 현을 전전하며 얻어먹었고, 여염집에서 함부로 이바지하도록 하였으니, 관이나 백성들 모두 이를 괴로워하였다[兩湖義兵將, 所經各邑, 無處不有. 其立號爲名者, 殆六十餘. 傳食郡縣, 侵供閭閻, 官民皆苦之]'라고 한 부분이다. 원문에 없는 내용이다.

• 직산현 관리 조순걸

김성일은 왜적이 침입하자 공이 의금부로 손수 압송되어 가다가, 직산에서 초유사 직첩을 받고, 다시 남행길에 올랐다. 이때 현감 박의가 조순걸을 초유사의 군관으로 하였다. 그 부분을 일기는 주석으로 달고 있다.

• 경과와 경유

이노가 온양을 경유하여, 공주를 거쳐 도체찰사의 부사 김찬을 만난 것을 설명하는 문장에서, 경유經由를 의미하는 由 대신에 경과經過를 뜻하는 過를 썼다. 의미는 차이가 없다.

• 어순의 조정

도체찰사의 부사 김찬의 사정을 설명하는 쌍주에 원문은 '副使軍官八十人, 從事金尚容·別將朴宜.'인데, 일기는 '副使從事金尚容·別將朴宜, 軍官八十人.'로 하였다. 종사관부터 별장 그리고 군관 순으로 표기하기 위함이다. 원문을 따랐다.

• 전주에 간 기록

부사 김찬이 종자 5백 석을 전라도사에게 적어주니, '전주로 가서 전라도사를 만났다.[至全州, 見都事.]'라는 말은 원문에는 있지 않다.

- 군량과 구휼미 확보를 위한 그 최후의 장계문

• 별도의 장 구분

계사(1593)년 3월 4일에 쓴 이 장계문은 학봉 김성일의 생애 마지막 치계였다. 그런데 사적의 원본에서는 이 단락에 권점을 두었다. 그러나 무슨 연유인지 간행된 일기에는 그렇게 하지 않았다. 장의 구분은 일기에 따르도록 하였으니, 별도로 구분하지 않는다.

근 두 달을 투병하고 있어 장계를 찬술할 기력조차 없었을 것이다. 그런 의미에서 이 장계문이 주는 의미는 유다르다.

• 우憂와 우虞의 차이

근심하고 염려하는 것에 虞나 憂의 쓰임새는 큰 차이가 없을 것으로 보인다. 그러나 憂에는 이외에도 질병과 고통 그리고 환난이나 근심 또는 상중을 나타내기도 한다. 좀 더 포괄적이라 할 것이다. 원문의 우虞로 수정을 하였다.

第71장 아! 진주성이여

- 이노의 보고와 호남 곡식의 운반

• 명일明日이 문장에 있고 없고의 차이

한문 문장은 절대로 친절하지 않은 법이니, 전후 문맥을 상고하여 화자의 말이 어디가 끝인지를 잘 파악해야 한다.

북행길에서 돌아온 이노의 보고에 공이 한 말 중에 '明日'이라는 말이 있다. 이것은 이노가 호남 유랑민의 참상을 쌍주로 적은 그 바로 뒤에 있다. 이노는 진주성으로 바로 들어왔으니, 내일 도사가 산음에 도달하리라는 것은 알지 못한다. 그렇다면 이것은 공이 앞말에 이어서 한 것이 된다.

중간에 이노의 쌍주가 있어 일기를 편집할 때 혼란을 준 것으로 볼 수밖에 없다. 원문에 따라 고쳤다.

• 입명立命과 제급題給

풍원부원군 류성룡은 공의 간찰을 보고, 구황곡과 군량미 2만 석을 내어 주었는데, 그 과정을 설명한 부분이다. 서애는 우선 명을 세우고 난 연후에 이만 석을 주도록 문서를 적어주었다. 이 부분의 문장에서 입명立命이 빠져 있는데, 아마도 입명의 원뜻이 '천명天命을 좇아 마음을 안정하게 하는 것'이라서 그랬는지도 모른다. 그러나 입명立命이라 쓰고 있는 것은 색다르게 보인다.

• 호남과 호남백湖南伯

호남백은 호남감사와 순찰사 그리고 호남관찰사를 의미한다. 그냥 방백方伯이라 써도 마찬가지다. 2만 석의 곡식을 반으로 깎는데, 호남이 할 수 없고, 주체는 호남의 방백이 되어야 할 것이다. 그도 그냥 할 수는 없었을 것이고, 조정의 품의를 받아 그리하였을 것이다. 탈자를 보충한 것이 확인되어, 그 깎음의 주체를 보충하였다.

• 순천부와 남원부

남원부는 1413년(태종 13) 남원도호부로 개편되어 2개 군과 7개 현을 관할하는 행정조직이었다. 순천 또한 순천도호부가 설치된 거대 고을이었다. 이것을 원문에서 '남원·순천 양읍兩邑'이라고 하였는데, 읍은 고을을 의미하는 것이라서 『문수지』의 내용대로 양대부兩大府로 하였다.

• 구검勾撿과 구검句檢

구句와 구勾는 본자와 속자로 그 쓰임에 차이를 두지는 않는다. 검撿은 단속과 조사를 뜻하는 말인데, 검檢과 돌려 쓰는 같은 글자이다. 원문이 구검句檢으로 정확하게 쓰고 있어 이에 따랐다.

• 종결사의 쓰임

'이 종사관은 바로 수행하여, 진주에 이르렀다.[李從事隨行, 至晉陽.]'는 문장에서 종결사 '야也'가 문장 끝에 필요할 것인가? 주어+서술어(지정동사, 불완전자동사, 비교형용사)+보어의 문장형식이다. 일기에는 종결사를 두었는데, '나는 학생이다.[我學生也]' 방식의 지정문이 아니라 쓸 이유가 없어 삭제하였다.

- 유랑민의 구휼과 축원

• 진장賑場의 설치

신임 진주목사 서예원으로 하여금 빈민을 구제하는 진장을 설치하도록 하였다는 부분에, 그냥 설장設場이라고만 하였다. 이것은 과거 시험장을 설치하는 것을 통상적으로 이르는 것이다.『문수지』에 나오는 내용대로 진휼한다는 '진장賑場'으로 교감을 하였다.

• 감읍感泣과 감개感慨

감읍은 '감격하여 목메어 욺'을 말한다. 감개는 '감사하며 송구해 하는 것'을 의미한다. 慨는 愾와 같이 쓴다. 원문에 따라 感慨를 썼다.

• 진주목사 서예원에 관한 쌍주

계사년 유월 그믐에 있었던 진주성의 함락은 공의 서거를 더욱 안타깝게 하는 참혹한 역사였다. 김성일이 진주성에 있었어도, 절도사 최경회가 논개라는 기생을 작첩하여 6만 백성의 생사가 달린 전투에 임하였을까? 그 논란의 중심에 서예원이 있다. 왜 진주성이 함락될 수밖에 없었던 것인지, 지금도 연구는 한창이다. 실록을 수정해 가면서 서인들의 관점에서 바꾸어 놓은 것도 많다. 지휘체계의 혼란 등 많은 문제를 노정하고 있다.

그런데,『용사일기』를 간행할 그 당시에도 잦아들지 못하고, 정리가 되지 않았던 것인지, 첨주를 넣고 있다. 사적에는 없는 진주목사 서예원에 관한 기록이 이 부분에 있다. 서예원이 잘했으면 진주성이 온전하였고, 그가 잘못하여 성이 함락된 것인지 등에 관한 정리는 아직 되고 있지 않다. 분분하다는 말이다. 후손들의 움직임도 이미 활발하다. 일기를 그대로 따랐다.

- 진주성 함락 원인의 여러 복선

• 부시頫視와 부시俯視

둘 다 '구부리고 본다'라는 의미를 지니고 있다. 부를 서로 동일한 글자로 보니 그렇다. 일기는 전자로 되어 있고, 원문은 후자를 썼다.

• 갈근탕과 갈근

갈근葛根은 칡뿌리를 말한다. 한약재로도 쓰이는 것이다. 이에 비해 갈근탕葛根湯이라고 하면 '칡뿌리를 주로 하여 마황, 계피, 감초, 작약, 대추, 생강 등을 넣어 달인 한약'을 말하는 것이다. 원문은 갈근인 데 비하여, 일기는 갈근탕이라 하였다. 원문에 따랐다.

第72장 장성별이 지던 상황

• 밤낮이 없던 근심과 걱정

공이 밤낮으로 나라의 은혜를 저버릴까 봐 애를 태웠다는 사실은 '우로憂勞'를 가지고 표현하였는데, 일기와 『문수지』 등의 내용이 모두 일치한다. 원문을 보충하였다.

• 종결사 의矣와 대명사 지之

소생할 가망이 없다는데 약을 자꾸 올리니, 공이 한 말 중에 '그대들 또한 그치시게 들[諸君且休之]'라는 문장에서, 종결사 의矣를 쓸 것인지, 아니면 그 자리에 대명사 지之를 둘 것인지에 관한 문제다.

일기의 원문인 사적과 『학봉집』의 행장 등에서는 공히 종결사 의矣를 썼다. 그런데, 『송암집』과 간행한 일기에서는 대명사 지之를 사용하였다. 과연 어떤 것이 좀 더 타당할 것일까?

약술하였겠지만 종결사는 지정이나 한정 그리고 시제나 억양은 물론이고 의문이나 반어적 표현과 감탄문에도 두루 쓰인다. 그렇다고 종결사가 절대적으로 많이 보이는 것은 아니다.

그런데, 서술어로 동사를 쓰면, 그 동사가 자동사인지 타동사인지 또한 완전타동사인지 불완전타동사인지에 따라 뒤에 오는 문법구조가 다르다. '그치다' 또는 '멈추다'의 의미를 갖는 휴休를 이 문장에서 어떻게 볼 것이냐에 관한 명제다. '비가 그친다'라고 하면, 필시 자동사이니 끝에 목적어를 둘 필요 없어 대명사 지之가 없어야 한다.

그러나, '울음을 그쳤다'라는 문장에서 울음이라는 목적어가 앞뒤에 있어, 이를 생략할라치면, 반드시 지之를 써서 그친 것이 울음이라는 것을 나타내어야 한다. 이런 경우에 어조사 의矣를 가지고, 대명사를 대신하지는 못한다.

위 문장에서 보면 공이 제군들에게 그치게 한 것은 약을 올리는 것을 하지 말라는 거다. 약을 올리는 것은 바로 앞에서 언급이 되었다. 그것을 생략하는 것이 문맥에 이상하지도 않다. 비가 그치는 그런 문제가 아니다. 이리하면 곧 서술어 휴休의 목적어를 대신할 대명사 지之가 거기 그 자리에 있는 것은 몹시 타당하다고 할 것이다. 원문을 교감하였다.

• 의원의 말을 비워둔 이유

진주목의 노회한 의원이 공을 진맥하고 한 말을 기록하여 전하였다. 거기에 일기의 내용대로라면 '다시는 약을 올리지 마십시오. 질환은 다스릴 수 없습니다. 운명은 시운에 관계된 것이니, 하늘이라도 어찌하리오?[更勿進藥, 疾不可爲也. 命關時運, 天也柰何?]'가 된다.

그런데 『용사사적』의 원문은 '更勿進藥飮 關時運, 天也柰何?'로 되어 있다. 중간이 비어 있다. 음飮이 추가되어 있으며, '疾不可爲也. 命'이 비어 있다는 말이다. 다르게 쓰거나 탈루된 것이 아니라, 아예 기록하지 않았다. 빈칸이다.

아니라면 하늘도 어찌 못한다는 이 부분을 기록하며, 쏟아진 눈물이 먹물을 지워버리기라도 한 것일까? 꼭 별도로 전해준 장계문이나 격문을 기록하지 않고 비워둔 그러한 모양이다. 그 이유는 알지 못한다.

원문의 음飮 자를 추가하고, 일기와 『송암집』의 유사편의 기사대로 원문을 보충하였다.

• 둘째 아들이 투병하던 곳

방傍은 '곁'이나 '옆'이라는 뜻을 가졌다. 방旁은 방傍의 의미에 더해서 '널리, 두루'라는 의미를 더 가졌다. 같은 글자이거나 통용해서 쓰는 것은 아닌 것으로 보이고, 통상 '유의어'라고 칭한다.

'이노와 박성이 떠나지 않고, 공의 곁에 있었다'라고 하면, 곧 방傍이 어울릴 것 같지만 원문은 방旁이다. 공의 자제 김역金漢, 1567~1593은 어디에서 투병하였을까? 일기와 『송암집』에는 '서쪽 방[西房]'이라 하였고, 행장과 언행록 등에는 '옆집[傍室]'이라고 한다. 그런데, 사적의 원문은 '서쪽 곁[西旁]'이라고 적었다.

27세의 장성한 아들이 어디서 투병을 하였는지가 뭐가 그리 중요할까마는 이노와 박성은 끝까지 떠나지 않고, 곁에서 돌보았다고 하지 않은가? 그 박성과 이노가 직접 쓴 글이라면, 이를 따르는 것은 오히려 순리라고 보았다.

• 문병問病과 문안問安

공의 측실부인이 난리통에 자녀들을 거느리고, 유리표박流離漂迫하여, 진주에서 멀지 않은 사천의 곤양에 있는 사위 집에 있었다. 진주성에 여종을 보내 문후인지 문병인지를 하고자 하였지만 팔을 휘두르며, 들이지 않았다고 한다.

이때 문병을 하러 간 것인지, 아니면 문안 인사를 하러 갔는지가 다르다. 시기에 따라서도 다르다. 사적의 원문에는 문안이지만, 행장이나 언행록 등에는 문병으로 되어 있다. 일기도 마찬가지다.

그렇다면 가족이 서로가 진주 근방에 와서 해를 넘기면서 안부도 묻지 않다가, 위중해졌을 무렵 겨우 병문안만 하려다가, 공에게 거절당한 것이 된다. 자녀들도 있었다는데, 그렇게 무정한 부인이었다던가?

이 문장의 앞뒤를 살펴보면 공이 인사불성이 되도록 집안 대소사는 한마디도 하지 않았다고 하면서, 측실부인의 사정을 기록한 것이다. 그렇다면 이것은 원문의 짚음이 타당하다고 할 것이다. '여종을 보내 공을 문안드리고자 하였으나, 손을 내저으며 성에 들이지도 않았다[欲遣女僕問之, 麾之不納]'가 원문이다. 여기서 지之는 공을 의미하는 대명사다. 문장 성분으로는 해석하기에 따라 목적어도 될 수 있고, 객어도 될 수 있겠다. 그러기 때문에 문병이 될 수 없다. 일기나 다른 출전에는 '질환을 물어 보았다[問疾]'라는 것으로 되어 있다.

의병도대장 김면은 십 리 지근거리에 가족을 두고도, 서거할 때까지 한 번도 찾아가지를 않았다고, 공이 한탄을 하였다. 진주와 곤양은 아주 가깝다. 공은 더했다. 거기에 있는 부인은 물론이고, 여종까지 아예 성안에 발을 들이지도 못하게 한 것이다.

第74장 반장返葬으로 반추反芻하는 초유의 길

- 한상국효순韓相國孝純

한효순韓孝純은 경상좌도 관찰사였으나, 우도를 겸하게 되었다. 상국相國이란 조선 때에는 영의정과 좌의정 및 우의정을 지칭하였으나, 고려 때에는 종2품 이상의 관원을 가리키던 관직 용어였다. 그러기에 송암 이노는 한효순을 상국으로 표기하였다. 인조반정 이후에 한효순은 사망하였음에도 불구하고 관직 삭탈을 당하였다. 일기가 간행될 때는 자연스럽게 상국이라는 칭호를 쓰지 못하였겠지만, 『용사사적』에 따라 이를 복구하였다. 한효순은 정인홍과 같이 대한제국 말기인 1908년에 신원이 되었다.

- 관자關子와 관자關字

관자關子는 관문關文이라고도 하고, 관자關字라고도 한다. 이것은 관서 상호 간이나 상급관서에서 하급관서로 보내는 문서를 의미한다. 사적의 원문은 관자關字라고 적었고, 일기는 관자關子라고 하였다. 어떤 것을 써도 무방할 것이지만 원문을 따랐다.

• 부장付葬과 부장附葬

부장附葬이란 합장의 형태로 부부가 함께 묻히는 경우를 말한다. 합폄合窆이라고도 부르는 이것은 한 봉분을 기준으로 구분하는 것이니, 또 쌍분과도 다른 장례 형태이다.

그런데 『용사일기』의 내용대로 '공을 선영 곁에 부장附葬하였다'고 하면, 맞지 않는 표현이다. 조상과 함께 합폄을 한다는 것은 당시로서는 매우 어색하다. 그래서 그런지는 몰라도 『용사사적』의 원문은 부장付葬으로 되어 있다. 그러나 이 부장付葬이라는 낱말은 사전에 없다. 곧 파생어가 아니다.

그러므로 이 부장付葬은 한 낱말이 아니라, 동작이 연이어 일어난다는 것을 표현하는 '연동식 복합서술어'로 보아야 한다. '공이 객지에서 운명한 영구로 하여금 고향으로 돌아가게 **넘겨주어**, 선영 곁에 안장하게 하였다[俾公旅櫬得返故鄕而付, 葬於先塋之側]'로 풀어낼 수밖에 없다.

• 겸사兼詞 언焉과 지시대명사

공이 나라를 위한 우국충정이야말로 '제갈량이 출사표에다 국궁진췌鞠躬盡瘁를 쓴 것과 악비가 등에다가 진충보국盡忠報國이라는 네 글자를 새긴 것이라도, 공에게는 더할 수가 없다'라고 송암은 적었다.

그런데, 일기에 기록된 그대로라면 위와 같이 해석할 수가 없다. '무이가의無以可矣.'라고 되어 있기 때문이다. 이것은 그냥 '더할 것이 없다'는 정도로 해석된다. 송암은 그리 쓰지 않았다. 종결사 '의矣' 대신에 지시대명사 '언焉'을 사용해서 그렇다.

언焉은 겸사兼詞라고도 하는데, 두 가지 글자를 대신하는 말이다. 즉 전치사+대명사 구조로써 지시대명사 焉=於+此가 되는 식이다.

이렇게 두고 보면 '무이가언無以可焉.'의 해석은 아주 달라진다. 이것은 전체 문장의 주어는 공이기 때문에 '無以可焉[=於+此 ←(公)]'의 형식이 되는 것으로 이해할 수 있다. 더불어 전치사 어於는 비교를 나타낸다. 무이無以는 '~할 수가 없다'는 뜻으로 쓰이는 관용구이다. 그렇다면, 이는 '~하는 것이라도, 공에게 있어서는 더할 수가 없다.'라고 풀어야 한다. 일기를 간행하면서 왜 바꾼 것인지는 알 수 없지만, 적어도 이 문장의 의미는 이렇다. 참고로 제諸 또한 겸사로 많이 쓰이는데, 이것은 '諸=대명사之+전치사於'의 공식으로 쓰인다.

• 제의장과 김·정 양대장

인조반정으로 북인의 거두 정인홍이 참형되고, 관직은 삭탈되었다. 조선이 끝날 무렵까지 신원이 되지 못하였다. 그러한 연유인지 일기를 간행할 때 정인홍에 대해서 매우 야박하다. 송암 이노는 그렇지 않았다. 초유사인 공의 절도節度에 대립하는 일이 잦았어도, 어찌 보면 남명 조식 문하의 학형인 정인홍을 그런대로 예우하였다.

원문은 김수와 전현룡에게 곤란을 면하지 못하였을 것이라는 문장에서 '김면과 정인홍 두 대장[金·鄭兩大將]'이라고 하였지만, 일기는 '모든 의병장[諸義將]'이라고 하였기에 원문에 따라 수정하였다.

• 염치染齒와 칠치柒齒

이빨을 물들이는 것과 이빨에다 옻칠하는 것과 차이다. 하얀 이빨에 검은 칠만 하는 것이 아닐 것이라면, 물들이는 것과 검게 옻칠하는 것은 다르게 보아야 할 것이다. 칠柒은 옻칠을 뜻하는 말이다. 원문이 칠치柒齒로 되어 있어 이를 따랐다.

Ⅳ. 명나라 장군에게 올리는 서한

송암 이노가 학봉 김성일이 타계한 그 다음 달인 계사(1593)년 5월에 명나라 장수 이여송에게 보냈다는 이 서한은 몇 군데에 실려 있다. 우선 허목 미수 선생이 1680년경 찬술하였다는 송암 이노의 행장이 있다. 그리고 예조판서 김희순이 1812년경에 지은 송암 이노의 청시장請諡狀은 김희순의 문집인 『산목헌집』에도 있다. 또한 1852년 간행된 『송암집』의 연보 등에도 같은 글이 있다. 이 모든 것을 대조하여 몇 곳을 수정하고 교감하였다.

• 길잡이를 요청하였다[倩我嚮道]는 부분

허목이 지은 행장에는 '요청하다'의 의미로 청倩이 사용되었다. 간행된 일기는 채債가 쓰였고, 김희순의 시장과 산목헌집에는 책責으로 되어 있다. 간행이나 옮겨 쓸 때 쓴 사람의 의지가 반영되었다.

責을 쓰면 '길잡이를 요구하였다' 정도가 될 것이고, 債는 길잡이를 '빌려 달라'는 의미다. 倩은 천으로 읽힐 때 '청하다' 또는 '요구하다'의 뜻을 갖는다. '천초倩草'는 남에게 대신하여 글을 청하는 것을 말하고, '청수倩手'는 남의 손을 빌린다는 뜻이다. 앞뒤 문맥을 고려하였을 때 아무래도 倩이 합당하다. 허목 선생의 글을 따랐다.

• 존엄하고 위풍당당한 것

'존엄하고 위풍당당하다는 것[顒乎卬乎]'은 『시경』의 「대아」편에 나오는 옹옹앙앙顒顒卬卬을 말한다. 비슷한 글자인 과顆로 잘못 표시한 것을 바로잡았다.

• 종사宗祀와 종묘사직宗廟社稷의 차이

宗祀는 두루 쓰이는 말이기는 하지만 사전에 없는 말이다. 굳이 의미를 두자면 '조상의 제사'를 일컫는 것으로 보인다. 그러나 宗社라고 하면 왕실의 사당을 의미하는 종묘宗廟와 임금이 토지신과 오곡신에게 제사 지내는 것을 사직社稷이라 한다. 종묘사직은 곧 나라를 의미한다. 간행된 일기에서는 '宗祀'를 쓰고 있는데, 전후 문맥상 '社稷'이 올바른 것으로 보인다.

• 모개기蝥介旗와 무개기蝥介旗

『춘추좌씨전』에 따르면 정나라 장공이 허나라를 칠 때 영고숙穎考叔이 모개기를 흔들었다고 전한다. 간행된 일기에서는 무개기라고 하였는데, 돌려쓸 수 있는 것인지는 다 알지 못하지만 원전의 출처대로 바꾸었다.

V.『용사일기』 발문

• 상견想見과 상모想慕

상견은 지나간 일이나 앞일을 생각해 보거나, 사랑하여 간절히 생각하는 것을 말한다. 대산 이상정이 학봉 김성일의 사람됨을 간절하게 생각하였다는 표현에서 간행된 일기는 상모라고 했으나, 이것은 사전에 없는 단어다.『대산집』과『송암집』의 발문은 공히 상견이라 하고 있다. 처음 발문을 써 줄 때 상모인 것을 나중에 바꾸어『대산집』을 간행하고, 그것을 토대로『송암집』을 낼 때 바꾼 것일 수도 있겠다.

• 안찰과 초유

학봉 김성일이 영남초유사로 일로매진하였다는 표현에서 안찰按察이라는 단어를 썼다. 이 또한『송암집』과『대산집』에는 초유招諭라고 하였다. 이를 따랐다.

• 시간부사 기其의 사용

통칭하여 어조사라고 하는 전치사나 후치사 그리고 시간부사 등 이런 것을 이해하고 쉽게 사용할 정도라면 문리 터득은 했다고 보았다. '선생에게 몇 해만 빌려주었더라면, **장차** 요망한 기운을 모조리 소탕[假先生數年, 其蕩掃妖氛]'이라는 문장에서, 시간부사 其가 삽입되어 있다. 대명사 등 여러 가지 의미로 사용되지만 문맥에 따라 '장차'를 뜻하는 부사가『대산집』등에 삽입되어 있어 따랐다.

• 초집招集과 초유招諭의 차이

초집은 '사람을 불러 모으는 것'을 뜻하고, 초유는 '불러서 타이르는 것'을 의미한다. 절체절명의 난리에 의병을 소집하였다면 둘 중에 어느 것이 타당할 것이냐에 대한 명제다.『대산집』과『송암집』이 모두 초유로 되어 있다.

•『용사일기』의 간행자

대산 이상정이『용사일기』를 발문한 곳에 그 간행자로 짐작할 만한 인물은 송암 이노의 6대 봉사손 후만垕晚이다. 그러나 이상정의 문집인『대산집』에 달리 전하는 발문에는 '송암의 후손 일화와 일신 등[松巖後孫一華·一藎等]'이라고 하였다. 나중에 간행된

『용사일기』에도 바꾸어 놓은 것이 있다.

또한, 의령현감이던 서명서에게 일기를 판각하고자 서문을 청한 이도 '후손 일화와 일신 등'이라고 하였다. 더불어 『용사일기』의 목판도 일신의 후손들에게 전해져 오고 있는 것도 주목할 필요는 있다. 이것은 주손冑孫을 특별히 예우하기 위하여 그런 것으로도 볼 수 있겠지만, 『대산집』을 토대로 교감하였다.

Ⅵ. 촉석루삼장사시와 서문

• **통판 조경숙趙卿叔과 조공숙趙公淑의 차이**

1780년 봄 무렵에 다산 정약용의 장인인 홍화보가 경상우병사를 할 무렵에 훼철된 것으로 보여지는 「촉석루중삼장사시」 현판에는 1632년 진주목의 통판 조공경숙趙公卿叔, 즉 조경숙이 판각하여 걸었다고 적혀 있었고, 지금도 그렇다. 그러나 여러 문적에서 그 이름이 조공숙趙公淑으로 확인된다. 자는 사선士善이고, 호는 창계蒼溪이다. 본관은 평양이다. 이름 글자가 공숙이다 보니 이를 조공 숙 등으로 볼 수도 있고, 경을 추가하는 등 새기는 과정에서 오류가 난 것이 분명하다.

『국조문과방목』에 의하면 조공숙은 1584년 생이다. 1631년 사헌부 지평으로 있다가 사직을 청하였더니 반려되어, 외직으로 나갔다는 기록도 전한다. 그 외직이 바로 진주목의 통판이었다. 진주목의 지리지인 『진양속지』는 1632년에 판관으로 와서 그해 이임하였다고 전한다. 충원군수 홍원주의 모함으로 체직된 기록도 있다. 『인조실록』과 『계암일록』 그리고 『평양조씨족보』도 모두 조공숙趙公淑이다.

자기가 직접 시판을 새겨 걸었다는데, 자기 이름을 오기하였다는 것은 참으로 이해하기 힘든 부분이지만 사실이 그렇다. 옛사람들은 자기를 표기할 때 호를 먼저 쓰고 이름을 쓰는 경우도 있고, 이름자를 앞에 두고 자를 뒤에 쓰는 경우도 있다. 천파는 오숙의 호이지만 여기는 보이지 않고, 오숙숙우吳䎘肅羽라고 시판에 새겼다. 숙은 이름이고 숙우는 자가 된다.

이런 방식으로 조경숙을 짚어 낼 수가 없다. 조공경숙에서 자를 외자로 쓰는 경우는 잘 없지만, 경숙이 자가 될 수 있으면, 이름이 공이 되는데 조공숙의 자와 호는 사선과 창계이니 영 아니다. 그렇다면 흔히 쓰는 명칭대로 조공을 제하면 조경숙 또는 조공경이 될 수는 있겠지만 이것도 틀리다. 조공숙이 맞는 것은 분명해 보인다.

• **삼장사 시의 작시 연도**

왜란이 발생한 임진(1592)년 5월 말경에 이 「촉석루중삼장사시」를 지었다고 전하고 있다. 그런데 시 현판은 이듬해인 계사(1593)년이라 기록하고 있다. 왜란 이후 40년이 경과한 시점에 있을 수 있는 오류이겠지만, 곽재우 삼장사를 주장하는 이론에 이 현판은 진실을 오해하는 중요한 단서가 되기도 한다. 이 시를 게시하기 이전의 문적은 『용사일기』를 제외하면, 부사 성여신이 지은 『종유제현록』이 있는데, 이러한 것을 접하지 않았다면 충분히 생길 수 있었던 흠결이다.

• 시를 지은 김성일의 당시 직명

학봉 김성일은 왜란 발발 이틀 전에 경상우도병마절도사에 제수되어, 실제 임지인 마산 해망원에 부임하는 과정은 『문수지』에 기록이 선명하다. 『용사일기』에 이 부분 기록이 없다는 것은 『문수지』가 『용사일기』의 초록이 아니라는 증좌도 된다. 『문수지』를 완성하여 안동으로 보내고, 내용을 추가하거나 덜어내고 『용사일기』를 지었는데, 채 정서도 못하였던 것이다.

우병사 김성일은 경상우도병영에 부임하여 군영을 정비하고 군사 일천여 명을 규합하였으나, 압송 명령이 전해지니 자진하여 북상하였다. 천안의 직산에서 죄를 사하고, 경상도초유사에 임명한다는 교지를 받았다. 전주의 삼례원과 남원 등지를 경유하여, 함양에서 조종도와 이노를 만나 이른 곳은 진주성이고, 그 당시 직명은 경상도초유사가 맞다.

그러나 이 시판에는 경상관찰사로 적혀 있으니, 이것 또한 적지 않은 오류가 되어 흠결로 작용하였다. 1808년 경상도 암행어사 여동식이 현판을 복원할 때는 시를 지은 연도는 바로잡았지만, 직명은 순찰사 그대로다. 이것은 학봉 후손이 송암 이노의 삼장사를 부정하는 논리로도 작용되었다.

말하자면 지은 연도도 틀리고, 김성일의 직명도 맞지 않으니 곧 송암 이노가 삼장사가 아니고 망우당 곽재우가 기라는 그러한 논리다. 이에 더하여 시판을 판각한 조공숙의 이름까지 다르다는 것을 알았다면 초유사 김성일도 부정해야 할 정도가 아니겠는가 싶다. 참으로 안타까운 역사적 실수다. 오자誤字는 글 짓는 사람에 있어서는 벗어날 수 없는 굴레임을 절감하지 않을 수 없다.

• 『용사일기』에서 학봉 김성일의 연보를 언급한 이유

일기의 간행본에 당시 촉석루에 걸려 있던 촉석루삼장사 시의 현판을 추가로 실었다. 그러면서 '**위는 학봉이 지었다. 학봉과 조·이가 시를 지은 사실은 「학봉연보」 중에 상세하게 기재되었다**[右鶴峯, 鶴峯與趙·李咏詩事, 詳載「鶴峯年譜」中]'라는 글을 삽입하였다. 어찌 보면 이 부분은 송암의 집안에서 『용사일기』를 간행한 주된 목적이라 보면 될 정도다.

일기를 간행하면서 촉석루에 천파 오숙이 1632년 4월 초파일에 서애 류성룡의 아들 수암 류진과 함께 게첨한 촉석루중삼장사 시판을 전재하였다. 1808년 암행어사 여동식이 복구하기 이전의 것이다. 그런데 눈여겨볼 것은 그 말미에 학봉이 시를 지었다는 사실을 쓰고, 학봉의 연보 중에 상세하게 실려 있다고 첨언한 점이다.

왜 그랬을까? 송암 이노가 1597년경 썼을 것으로 추정되는 『용사사적』이 전한다. 이것은 1598년이나 1599년경에 죽유 오운이 영주에서 이것을 보고 그 감회를 1600년 2월에 적은 글이 있다. 글을 쓴 모양이나 고치고 추가로 써 넣고, 탈자를 보충하고, 푸른 물감[靑花]로 고이考異하고 내용을 첨가한 자국이나 종이를 오려 붙여 교정한 흔적까지 자세하게 묘사한 것은 거듭 전술하였다.

진주 선비 부사 성여신은 평생 자기가 교유한 인사들에 대한 아주 중요한 기록을 남겼다. 이른바 『종류제현록』이다. 송암과 부사는 동문수학한 친구 사이이다. 이곳에 송암 이노에 대한 상세한 기록도 있다. 성여신은 송암이 한 일 년 동안 학질을 앓다가 별세하였다는 것까지 전해 주었다. 더하여 그는 그 당시 세상 민심을 전하였다. 후인들이 그를 칭하기를 '촉석루중삼장사'라고 말하는데, 세상에 시가 있어 전한다.[後人稱之, 謂'矗石樓中三壯士', 有詩傳於世.]라고 썼다.

논란은 김성일이 촉석루삼장사 시를 지을 때 누구와 함께 대백大白을 하고 자살하고자 뒤벼리 벼랑 끝으로 끈을 묶어 갔었냐는 것이다. 성여신이 살았던 1600년대 초반 영남은 물론 세상 사람들은 김성일과 조종도 그리고 이노가 촉석루삼장사로 일컬어진다고 분명 그리 적었다. 김성일의 중형 김수일의 아들 김용은 피에 적셔 숙부인 학봉의 언행록을 지었다고 직접 심회를 밝혔다. 아우 김복일의 사위인 인재 최현 또한 「학봉언행록」을 지었다. 학봉의 일생 중에 마지막 15개월인 임진년과 계사년의 행장을 기록하자면 상대적으로 다른 연도에 비해 아주 많은 분량을 차지한다.

그 대부분이 송암 이노가 저술한 『용사사적』과 『문수지』를 참고하였다. 아니 그대로 썼다고 해도 무방할 정도다. 처삼촌과 숙부의 일생에 대한 기록을 하면서 친조카 김용은 차마 송암 이노 대신에 옆에 곽재우가 있었다고 하지는 못하였다. 송암이 타계하기 불과 4~5개월 전에 체찰사이던 오리 이원익의 종사관으로 창원에서 함께 근무한 적이 있어 잘 아는 사이이다. 더구나 김용은 경인(1590)년에 증광문과에 송암 이노와 함께 급제하였으니 인연도 깊다. 그러니 차마 『용사사적』이 전하는 이노의 기록을 바꾸지는 않았다.

그러나 인재 최현은 달랐다. 순수한 창작이나 새로운 기록 없이 거의 대부분을 송암의 글을 전사하면서, 촉석루시를 지은 부분에서 조작을 하고 만다. 시를 짓기 전에 이미 진주에서 의령으로 떠난 곽재우를 송암 자리에 앉히고 말았다. 곽재우가 진주에 있을 때 함께 소동을 벌였다면, 대소헌 조종도는 그때 진주에 있지 않아 도무지 아귀가 맞지 않는다. 조종도는 의령의 임시 현감으로 가 있었던 거다.

인재의 조작은 재앙이었다. 학봉의 행장은 한강 정구가 지었다. 서로 알고 지낸 지가 30년에 떠나보낸 지도 25년이 되는 1618년경 한강 처소[성주군의 수륜면]에 큰아들 김집이 종매제인 인재 최현과 함께 왔다고 한다. 조카인 김용과 최현이 지은 언행록 각 한 권을 가져와 행장을 지어 달라고 했다. 3백 리 길을 무려 10차례나 왔다. 사양하니 가서는 반드시 얼마 지나지 않아 다시 왔고, 와서는 곧 몇 달을 머물면서 돌아갈 줄을 잃어버려 행장을 지었다고 저간의 사정을 전하였다.

「학봉언행록」 거기에는 치명적인 결함이 있었으니, 최현은 곽재우가 함께 있었다고 쓴 것이 그 이유다. 김용은 1612년 만력 40년에 피를 적셔 숙부의 언행록을 지었다고 했지만, 김용의 기록에는 곽재우에 대한 언급이 아예 없다. 그렇다고 이노가 곁에 있었다는 말도 하지 않았다. 진주나 성주는 공히 경상우도로 같은 지방이다. 부사 성여신이 이노가 세상 사람들로부터 촉석루삼장사의 한 사람으로 불린다는 것을 책을 써서 전하였는데, 같은 경상우도 성주 선비 한강 정구도 알았을 것이다. 그래서 인재 최현이 직접 와서 강청이라도 하였겠지만 정구는 들어주지 않았다.

한강이 지은 학봉의 행장에는 곽재우가 삼장사의 일원이라는 파렴치는 담지 않았다. 다만 조종도가 의령에서 와서 사는 것이 죽느니보다 못하다고 자결 소동을 벌인 것은 기록하였다. 논란이 있어 그런지 아니면 학봉 가문의 요구였는지 모르지만 정구도 송암 이노를 넣지는 않았다.

학봉의 조카사위이자 고제라는 인재 최현이 지핀 불이 1649년 『학봉집』이 간행되면서, 수백 년 소란을 정격화 시키고 말았다. 그 문집의 발문을 지은 이는 학사 김응조다. 셋째 사위의 친동생이라는 직함을 가지고 있다. 그는 촉석루중삼장사 시에다 주석을 달았다. 문집의 시문에 별도의 주석을 다는 것은 그리 흔하지는 않다. 그는 그 주석에서 '선생이 조종도, 곽재우와 더불어 산하를 바라보고는 비통한 마음을 금할 수 없었다.[先生與趙宗道·郭再祐, 擧目山河, 不堪悲痛]이라 하여 함께 시를 짓고 자진 소동을 벌였다고 하였다. 그러나 조종도와 곽재우가 진양성에 함께 있지 않았다. 다만 학봉 김성일이 와병으로 운신조차 하지 못하던 계사(1593)년 4월 어느 날 곽재우가 진주로 문병왔을 때가 유일무이하다.

송암 이노가 지은 『문수지』와 『용사일기』가 필사되어 유통이 활발하였다. 이 기록이 경상감영으로 들어가니, 지금은 전해지지 않지만 『경상순영록』에다 실었다. 이를 기반으로 조경남은 『난중잡록』에서 영남의 사정을 파악하여 전하였다. 조경남의 수고로움은 『선조실록』 편찬에도 참고가 되었다. 실록청에서 초고를 가져다 참고하고 본가에 돌려주었다는 기록이 있어 그렇다.

인재와 운천이 처삼촌과 숙부의 용사 연간 언행록을 치밀하게 쓸 수 있었던 것도 예의 다름없이 송암의 기록 덕분이었다. 학봉행장의 기록이나 연보 등이 죄다 그렇다. 왜란의 전개 과정을 남긴 기록이 더러 있지만, 당시 영남의 사정과 김성일의 행적은 송암의 이 기록을 빼놓고는 말할 수 없다.

밀암 이재는 퇴계학문을 대표적으로 계승하였다고 하는 이현일의 아들이다. 밀암이 송암과 무슨 학문적이거나 혈연적 인연이 있었다고 확인할 수 없다. 그는 1727년 「학봉연보」를 간행하였다. 거기에 촉석루삼장사시를 짓는 당시 정경을 묘사하기를 『용사사적』이 전하는 것을 토대로 바로잡은 것이다. 이러한 일은 1762년 『용사일기』를 판각하게 하는 계기로 작용되었다. 일기의 발문을 쓴 대산 이상정은 곧 이재의 외손자가 된다.

학사 김응조가 적은 『학봉집』의 「촉석시주」는 세간에 알려진 바와 다르게 곽재우가 함께하였다고 하고 난 이후 근 백 년이 다 돼서 사적의 내용대로 바로잡아졌으니, 송암의 후손들은 『용사일기』를 간행하면서 「학봉연보」를 언급하여, 책의 말미에다 추사를 하였다. 온 세상에다 눈물겨운 하소연을 한 것이다.

이후 밀암 이재의 「학봉연보」는 『학봉집』의 속집이 대산 이상정의 서문으로 1782년 간행될 때 전재되었다. 삼장사시판을 믿을 수 없다고 한 주손이 타계하고 난 이후다. 이러고 보니 같은 문집이지만 「촉석시주」와 「학봉연보」의 내용이 다르고, 조카와 조카사위가 지은 언행록이 각기 다른 곤란한 상황에 이르게 된 것이다.

이것은 또 경상감영의 소송과 국사편찬위원회 고증 등을 거쳐 1972년 성균관대학교 대동문화연구원에서 『학봉집』 영인본을 낼 때 촉석루시 주석에 있는 곽재우를 이노로 바로잡아 수백 년 논란의 종지부를 찍었다.

용 사 일 기

[인명·지명·관직명 등]

(ㄱ)

- **가례리(嘉禮里)**: 경상남도 의령군 중서부에 있는 면 소재지다. 의령현 서쪽 10리 지점에 있다고 하였다. 죽유 오운이 이곳에서 많은 의병을 모집하였다.
- **가배량(加背梁)**: 경상남도 거제에 있던 진영이다. 임진왜란 당시 경상우수영이 있었던 요새지였다. 이곳의 권관이었던 주대청은 경상우병사 유숭인과 함께 진주성 동문에서 순사하였다.
- **가조현(加祚縣)**: 경남 거창군 가조면과 가북면 일대의 옛 지명이다. 본래 통일신라 이전의 가소현加召縣인데, 소召와 조祚가 그 음이 비슷하므로 흔히 가조현이라 하였다. 고려 시대 일어난 삼별초의 항쟁으로, 임금이 한때 가소현에 와서 정사를 폈으므로, 거제현이라고도 하였으나, 조선 세종 때 종전대로 복구되었다. 이후 거창군에 편입되었다.
- **가야산(伽倻山)**: 경상남도 합천군 가야면, 경상북도 성주군 가천면과 수륜면에 걸쳐 있는 산이다. 주봉은 상왕봉象王峯인데 그 높이가 1,432.6m이다. 우리나라 3대 사찰 가운데 하나인 해인사와 그 부속 암자들이 자리하고 있다. 팔만대장경의 소장처로 더 알려져 있다. 임진왜란 당시 가야라는 명칭을 쓴 곳은 이곳밖에 없다.
- **갈석산(碣石山)**: 중국 하북성 만리장성이 시작되는 산해관이 있는 진황도 예주에 위치한 산이다. 원추형으로 우뚝 솟아 있으며 하늘을 찌르는 기둥과 같다고 하여 갈석이라 이름 붙였다. 2천 년이 넘는 세월 동안 진시황, 한 무제, 당 태종, 위 무제 등 7대 제왕들이 이곳에 올라 바다를 둘러봤으며, 바위에 그들의 공적을 새겼던 곳이다.
- **감동관(監董官)**: 국가의 토목공사나 서적 간행 등 특별한 사업을 감독·관리하기 위해 임시로 임명된 관원을 일러 말하였다. 감역관監役官 또는 감조관監照官이라고도 하였다.
- **감사(監司)**: 각 도의 장관으로, 관찰사라고 하였다. 중요한 정사에 대해서는 중앙의 명령을 따라 시행하였으나, 자신이 관할하고 있는 도에 대해서는 절대적인 권한을 행사하였다. 감사가 있는 곳을 감영이라고 하며, 종2품 문관직이다.
- **감숙성(甘肅省)**: 황하 상류에 위치한 중국 서북부의 성이다. 성도는 난주蘭州이며, 서역으로 통하는 옥문관은 과거 서방과 연결되는 교통의 요충지였다.
- **강덕룡(姜德龍, 1560~1627)**: 본관은 진주이고, 자는 여중汝中, 호는 매촌梅村이다. 부사 성여신과 동서지

간이다. 일찍이 무예를 익혀 정기룡 · 주몽룡과 함께 무용으로 '삼룡'으로 불렸다. 1583년 무과에 급제하여 함창현감, 장기현감을 지냈다. 제1차 진주성 전투 때 군기 관리를 맡아 왜병 격퇴에 공을 세웠고, 경상우병사 정기룡을 도와 성주 화원현, 고령의 안림역, 삼가 등지의 전투에 참전하여 승리를 거두었다.

- **강소성(江蘇省)**: 중국 중부 동쪽 해안 지역에 있는 성으로, 성도는 남경이다. 강령부江寧府와 소주부蘇州府를 합친 이름이다. 양자강 이남의 평야 지역으로 과거 왜구의 침탈을 많이 받았으며, 일제의 대학살을 경험하기도 한 곳이다.
- **강언룡(姜彦龍, 1545~1613)**: 자는 여문汝文이고, 호는 초정草亭이며, 의령현 무동마을 출신으로, 문경에 있는 역원인 유곡찰방을 역임하였다. 임진왜란이 일어나자 의병장 곽재우 휘하에 들어가 병장기를 담당하였다. 의령의 덕림사德林祠에 제향되었다.
- **강회(江淮)**: 원래는 장강長江과 회수淮水를 가리키는 말이다. 그러나 이 일기에서 강회는 낙동강과 남강 일대를 지칭한다. 경상우도 지역을 에둘러 말한 것이다.
- **개금원(介金院)**: 의령현에 있던 역원이다. 『동국여지승람』의 의령현편 역원 조에 따르면, 현의 남쪽 20리에 있다고 하였다. 곽재우가 김성일의 서한을 보고 답장을 한 곳이다.
- **개령현(開寧縣)**: 김천시 개령면 주변에 있던 현의 이름이다. 본래 감문소국甘文小國이었는데, 신라가 병합하여 감문군甘文郡을 설치하였다. 조선 태종 때인 1413년에 현감을 두었으며, 선조 34년(1601)에 김산군金山郡에 합하였다가, 다시 선산부로 이속시켰다. 광해군이 1609에 다시 현을 두었으며, 1914년에 김천군에 편입하였다.
- **거성(莒城)**: 춘추전국시대의 거莒나라 제후국이 있던 곳이다. 기원전 431년 초나라가 멸망하자 제나라가 점령했다. 284년 연나라가 5개국과 연합하여 제나라 대부분을 점령하자 거巨, 즉묵卽墨의 두 성을 지키며 반격하여 제나라를 회복하였다고 한다.
- **경상좌·우도**: 조선 태종 때인 1407년 경상도를 좌·우도로 나누어서 낙동강 동쪽을 경상좌도로, 그 서쪽을 경상우도라 하였다. 1519년(중종 14)에 좌·우도에 각기 감사를 두었다가 같은 해 11월 다시 1개 도로 환원하고, 다만 수사와 병사 등 군사상 직제만 좌·우도로 나누었다. 1592년 왜란을 기화로 다시 좌·우도로 편제하여, 좌도감영은 경주에, 우도감영은 상주에 두었다. 1593년 다시 좌·우도를 다시 하나로 합쳐, 감영을 팔거현(八莒縣, 현재 경상북도 칠곡군)에 두었다. 이후 1595년 다시 좌·우도로 나누었으나, 이듬해 다시 하나로 합하여 대구부에 감영을 설치하였다. 경기도와 강원도를 제외하고는 대체로 좌·우도로 나누었다가, 1897년 이후 남북 도가 일반화되었다.
- **경상우병사(慶尙右兵使)**: 경상우도 병마절도사를 일컫는 말이다. 병영은 마산 합포의 해망원에 있었다. 고려 때에는 정동성征東省에서 전함을 수리하던 곳이었으나, 임진왜란 이후 진주성으로 옮겼다.
- **경상우수사(慶尙右水使)**: 수사라 함은 각 도의 수군을 통솔하고 지휘하는 임무를 맡은 정3품의 무관 벼슬을 지칭한다. 조선시대에는 왜구와 접촉이 극심한 전라도와 경상도에 한하여 수군절도사가 상주하는 주진을 각각 두 곳에 설치하였다. 경상도우수영은 처음에 거제에 두었다가 1604년 고성으로 옮겼다.

- **경상좌병사(慶尙左兵使)**: 경상좌도의 병마절도사를 이른다. 경상좌도의 병영은 울산에 있었다.

- **계주(薊州)**: 지금의 천진직할시 계현薊縣이다. 천진의 북쪽에 있는 곳으로, 임진왜란 때 이곳에서 왜구와 싸운 경험이 있는 절강성 등의 남방 군사와 합세하여 조선으로 왔다고 한다.

- **고경명(高敬命, 1533~1592)**: 선조 때 문인이자 의병장이다. 자는 이순而順이고, 호는 제봉霽峯이다. 1558년 문과에 급제한 뒤 교리와 동래 부사 등을 지냈다. 임진왜란이 일어나자 의병을 이끌고 금산에서 왜군과 싸우다 전사하였다. 3부자 의병의 아버지로 유명하다. 남은 가솔들을 안동의 김성일 가에 보내, 대과에 등재하는 등 가문을 빛냈다. 하지만 근세에 맏아들 고종후의 후손들은 김성일의 폄하에 가장 두드러져 있다.

- **곤양군(昆陽郡)**: 고려 시대에는 곤명현이라 하였고, 1018년 진주에 예속되었다. 1419년(세종1)에 군 북쪽의 소곡산所谷山에 어태가 봉안되었다고 하여, 남해현과 합쳐 곤남군昆南郡으로 승격시켰다. 1437년 남해현을 분리하고, 그 대신 진주의 금양부곡金陽部曲을 합쳐 곤양군이라 하였다. 1914년 행정구역 개편에 따라 사천군에 편입되어 곤양면이 되었다.

- **곽눌(郭訥, ? ~ ?)**: 임진왜란 초기에 초계군수에 제수되었다고 하지만, 그가 있는 곳을 알지 못한다고 하였다. 전해지는 기록도 전혀 확인할 수 없다.

- **곽몽진(郭夢徵, ? ~ ?)**: 요동 부총병 조승훈의 참장으로 압록강을 건너, 선조의 극진한 마중을 받았다. 도원수 김명원과 합세하여 평양성을 공격하였지만, 명나라 군사는 겨우 수십 명만 살아서 평양성을 빠져나오고, 조승훈은 부상을 입고, 압록강을 건너 도주하였다.

- **곽월(郭越, 1518~1586)**: 본관은 현풍이고, 자는 시정時靜이며, 호는 정암定庵이다. 현풍현 솔례촌에서 출생하였다. 1546년 사마시에 급제하였고, 1556년 별시 문과에 급제한 뒤, 호조참의를 거쳐 1578년에는 동지사로 명나라에 다녀왔다. 그 이듬해 황해도관찰사에 제수되었으나 사직하고 부임하지 않았다. 의병장 곽재우의 부친으로, 처가인 의령현 세간리에 거주하였다.

- **곽율(郭䞶, 1531~1593)**: 예천군수, 예빈시부정, 초계군수 등을 역임한 문신이다. 본관은 현풍玄風이고, 자는 태정泰靜이며, 호는 예곡禮谷이다. 초유사 김성일에 의해 초계군의 임시수령으로 기용되어 왜군과 싸워 경상우도 지역의 보전에 공을 세웠다. 학문을 즐겼고 사람됨이 순정하여 가는 곳마다 학풍을 일으켰으며, 풍속을 순화하였다. 현풍의 도동서원 별사에 제향되었다.

- **곽자의(郭子儀, 697~781)**: 당나라 충신이자 정치가이다. 현종부터 4대를 섬겼으며, 특히 '안사의 난'에서 큰 공을 세우고, 이후로도 잇따른 이민족의 침입을 막아냈다. 민간에서 신으로 숭배할 정도였다. 사이가 좋지 않았던 명장 이광필과 함께 '이곽李郭'이라는 존칭으로도 불렸다. 이것은 경상감사 김수와 곽재우를 비롯한 영남 유림과의 갈등을 조화롭게 풀어낸 초유사 김성일의 공적을 비유한 것이다.

- **곽재우(郭再祐, 1552~1617)**: 경상도 의령현 세간리 출신의 왜란 최초의 의병장이었다. 본관은 현풍이고, 자는 계수季綏이며, 호는 망우당忘憂堂이다. 시호는 충익忠翼이다. 임진왜란 때 향리에서 의병을 일으켜 진주성 전투와 정암진 전투 그리고 화왕산성 전투 등에서 크게 활약하였다. 항상 붉은 옷을 입고 싸워 홍의장군으로 불리었다. 최초 의병을 일으킨 1592년 4월 22일을 양력으로 환산한 6월 1일은 '의

병의 날'로 제정되었다. 의령에는 충익사忠翼祠가 건립되어, 그 업적을 만고에 기리고 있으며, 의령군의 축제인 '의병제전'의 바탕이 되었다. 세간리에는 생가가 복원되는 등 역사적으로 가장 대표적인 의병장으로 자타가 공인하고 있을 정도다.

- 곽준(郭𧺝, 1551~1597): 본관은 현풍이고, 자는 양정養靜이며, 호는 존재存齋이다. 임진왜란이 일어나자 의병장 김면의 참모가 되었다. 김성일이 명성을 듣고, 자여도찰방에 임명하였다. 1597년 정유재란 때 안음현감으로 함양군수 조종도와 함께 호남의 길목인 황석산성을 지키던 중, 가토 기요마사[加藤淸正] 휘하의 왜군과 격전을 벌였으나, 김해부사 백사림白士霖이 배신하여, 두 아들과 함께 전사하였다. 병조참의에 추증되고, 안의의 황암사黃巖祠와 현풍의 예연서원禮淵書院 등에 제향되었다. 시호는 충렬忠烈이다.
- 곽찬(郭趲, ? ~ ?): 본관은 현풍으로, 현풍현 솔례촌에서 살았다. 왜란 당시 유학으로 성안의와 성천희·조열 등과 함께 창의하여 창녕 등지에서 왜적을 토벌하였다. 영남초유사 김성일이 현풍의 소모관으로 삼았다. 나중에 사과司果를 역임하였다.
- 곽회근(郭懷瑾, ? ~?): 현풍곽씨로 대대로 청도군의 대평大坪 마을에 살았다. 춘추관 기주관을 지낸 곽순郭珣의 아들이다. 찰방과 현령을 지내고, 영천 의병장 정세아와 함께 창의하였다.
- 관서(關西): 마천령의 서쪽 지방을 지칭한다. 곧 평안도와 황해도 북부 지역을 이르는 말이다.
- 관중(管仲, BC 725~BC 645): 춘추시대 제나라의 정치가 관이오管夷吾를 말한다. 자가 중仲이기 때문에 관중으로 통한다. 관자管子로 별칭하기도 한다. 영수潁水 출신이다. 친구 포숙아의 권유로 제나라의 환공桓公을 섬기고, 재상으로 보필하여 제후의 패자가 되게 하였다. 포숙아와의 특별한 친교는 오래 계속되어 관포지교管鮑之交로서 후세에까지 전해지고 있다. 관중이 장강의 좌측 출신이라는 데서 인용한 듯하다.
- 광무제(光武帝, BC 6~AD 57): 한나라를 멸망시키고 왕망이 건국한 신나라를 쳐서, 한나라를 부흥시킨 황제 유수劉秀를 말한다. 시호인 '광무'는 한 왕조를 중흥시켰다는 뜻에서 광光을 따오고, 화란을 평정하였다는 뜻에서 무武를 사용하였다.
- 교서정자(校書正字): 경적의 인쇄와 제사 때 쓰이는 향과 축문이나 도장 등을 관장하기 위하여 설치되었던 관서인 교서관校書館의 정9품의 관직인 정자正字를 말한다. 2명 중에 규장각의 대교로 겸임하였다. 이들은 전적이나 문장의 교정을 맡아보는 문관이었다.
- 권경호(權景虎, 1546~1609): 조선 중기의 문신으로, 자는 종경從卿이고, 본관은 안동이다. 임진왜란 때 김성일의 천거로 함창 일대의 소모관으로 활동했으며, 장성군수와 사헌부 감찰 등을 지냈다.
- 권관(權管): 함경도와 평안도 그리고 경상도의 진鎭이나 보堡를 수비하는 책임자를 말한다. 종9품 무관직으로 조선 전기에는 변경지방에 임시직으로 파견하다가, 중종 때에 종9품으로 정하였다. 진과 부는 진관鎭管의 최하 단위인 수비부대로, 그 수장을 권관이라 한 것이다. 이순신 장군의 첫 벼슬자리이기도 하다.
- 권란(權鸞, ? ~ ?): 자는 자인子仁이고, 호는 대수헌大樹軒이며, 의령 출신이다. 곽재우 의병부대의 돌격장이란 중책을 맡았다. 군위현감을 지내고, 그리고 좌참찬에 증직되었다.

- 권세춘(權世春, 1540~ ?): 본관은 안동이며, 자는 경리景利, 호는 율헌栗軒이다. 영사원종공신寧社原從功臣에 책록된 동계東溪 권도權濤의 부친이다. 사포서 별좌를 지내고, 단성에 살았다. 임진왜란이 일어나자 고향에서 기병하여, 전공이 많았다. 후에 좌승지에 추증되었다.
- 권양(權瀁, 1555~1618): 삼가현 사람으로, 자는 경지景止이며, 호는 화음花陰이다. 정인홍의 문하생이다. 삼가에서 창의하여 의령에서 왜적을 무찔렀다.
- 권유(權愉, ? ~ ?): 본관은 안동이며, 자는 사웅士雄으로, 고성에서 살았다. 남명 조식의 문인으로, 1570년 생원이 되어, 단성현감을 지냈다. 1591년에는 문과에 들어, 왜란 당시에 아산현감이었다. 사헌부의 탄핵으로 파직되고, 기축옥사로 희생된 최영경 등의 신원을 상소하였다.
- 권율(權慄, 1537~1599): 선조 때의 명장이다. 자는 언신彦愼이고, 호는 만취당晩翠堂·모악暮嶽이다. 임진왜란 때 우리나라의 군대를 총지휘하였으며, 행주산성에서 대첩을 거두었다. 정유재란 때 병사하였다.
- 권응수(權應銖, 1546~1608): 본관은 안동이며, 자는 중평仲平이고, 호는 백운재白雲齋이다. 영천 출신으로, 훈련원 봉사로서 임진왜란이 일어나자 고향에 돌아가 창의하였다. 이해 5월부터 활동을 전개하여 여러 곳에서 전과를 올리고, 6월에 경상좌도 병마절도사 박진의 휘하에 들어갔다가, 7월에 초유사 김성일이 의병대장으로 임명하여, 각 고을의 의병장이 따르도록 하였다. 충의忠毅라는 시호가 내려졌다.
- 권제(權濟, 1548~1612): 자는 치원致遠이고, 호는 원당源堂이며, 본관은 안동이다. 1591년에 문과에 급제하여 홍문관 박사를 지냈다. 1604년에는 공조좌랑을 하였고, 1608년에는 고부군수가 되어 선정을 베풀었다. 왜란이 일어나자 그는 권세춘과 함께 단성에서 500여 명의 의병으로 창의하였고, 곽재우, 김면과 더불어 여러 차례 공을 세웠다. 문산서원文山書院에 제향되었다.
- 금부도사(禁府都事): 의금부의 도사都事를 말한다. 죄인을 추국하는 일과 조정의 옥사를 맡아 보던 종6품 관직으로 정원은 5명이다.
- 금성(金城): 중국 서역의 감숙성의 성도인 난주시의 옛 명칭이다.
- 금천현(衿川縣): 서울 구로구 일대에 있던 현이다. 본래 고구려 잉벌노현仍伐奴縣인데, 757년 경덕왕 때 한자식 이름인 곡양현穀壤縣으로 바뀌었다. 태종 때 금천현으로 고치고, 세조 때 과천과 병합했다가, 얼마 못 가서 복구하였다. 금천이라는 이름은 서울특별시 금천구라는 지명으로 아직 남아 있다.
- 기강(岐江): 의령현의 정암진에서 남강과 낙동강이 합류되는 지점의 별칭이다. 『신증동국여지승람』의 의령현 편에는 기음강岐音江이라고 하고, 함안군 편에서는 물길이 넓어 기호岐湖라고도 하였다. 영산현 편에서는 창녕현의 감물창진甘勿倉津의 하류로 의령현의 정암진에 합쳤다고 한다. 옛날에는 가야진伽倻津이라고 기록하였다. 임진왜란 때에 홍의장군 곽재우가 대첩을 거둔 곳이다.
- 기린각(麒麟閣): 한나라 무제가 기린을 얻었을 때, 마침 전각이 낙성되어, 전각 안에 기린의 화상을 그려 붙이고, 기린각이라 했다고 한다. 한나라 공신 11명의 초상을 그려 벽에 걸었다.
- 기신(紀信, ? ~ BC 204): 초나라와 한나라의 전쟁 때, 한나라 고조 유방의 신하였다. 유방이 형양滎陽에서 항우의 군사에게 포위되었을 때, 자청하여 고조로 가장하고 수레를 타고 잡힘으로써, 유방을 탈출

시켰다. 분노한 항우가 불태워 죽였다고 한다. 대구 공산 전투에서 고려 태조를 탈출시킨 신숭겸 장군의 경우와 같다.

- 기자(箕子, ? ~ ?): 성은 자子이고, 이름은 서여胥余이다. 은나라 군주인 문정文丁의 아들로 폭군 주왕紂王의 숙부이다. 주왕에 대해 간언을 하다 받아들여지지 않자, 미친 척을 하여 유폐되었다. 은나라가 멸망한 뒤 유민을 이끌고 북으로 이주하였다고 한다. 비간比干과 미자微子와 함께 은나라 말기의 세 현인으로 꼽힌다.

- 기주지축(箕疇之祝): 기주는 기자가 지었다는 「홍범구주洪範九疇」를 의미한다. 이것은 9개 조항의 큰 법이라는 뜻으로, 우왕이 남겼다는 정치 이념을 가리키는 유교 용어로 정리된다. 홍범은 대법大法을 말하고, 구주는 9개 조를 말하는 것으로, 즉 9개 조항의 큰 법이라는 뜻이다. 주나라 무왕이 기자에게 선정의 방안을 물었을 때, 기자가 이 「홍범구주」로써 교시하였다고 한다. 9조 목은 오행五行·오사五事·팔정八政·오기五紀·황극皇極·삼덕三德·계의稽疑·서징庶徵 및 오복五福과 육극六極이다.

- 김경근(金景謹, 1559~1597): 본관은 상산商山이며, 자는 이신而信이고, 호는 대하재大瑕齋로 단성현 출신이다. 산음으로 김성일을 찾아가 경상감사 김수를 처벌할 것을 주장하였다. 정유재란 때 성묘하러 가던 중 왜적을 만나 끝까지 항거하다가 피살되었다. 사헌부 감찰에 추증되었고, 문집으로 『대하재실기』가 전한다.

- 김경눌(金景訥, 1546~ ?): 자는 이민而敏이고, 본관은 상산이며, 단성에 살았다. 대하재 김경근의 형이다. 1583년 별시 무과에 합격하였다. 이순신이 조산 만호로 있을 때, 김경눌 역시 녹둔도에 둔전하는 일로 마침 그곳에 있었는데, 이순신과 평소 사이가 좋지 않았었다. 선전관과 장기長鬐의 감목관 그리고 무안현감 등을 거쳐 왜란 때에 경상감사 김수의 심복으로, 곽재우를 역적으로 모는 등 유림과 의병 등과의 갈등이 심하였다.

- 김경로(金敬老, ?~1597): 전라북도 남원 출신의 무신이다. 본관은 경주慶州이며, 자는 성숙惺叔이다. 왜란 당시 경상조방장慶尙助防將으로 감사 김수의 군관이었는데, 적정을 염탐하려고 온 왜군을 보고, 대부대가 침입한 것이라고 혼란을 주어, 서로가 서로를 죽이게 만들고 말았다. 군졸과 백성들이 길을 막았다고, 뭇 백성을 쳐 죽이는 만행을 저질렀다. 정유재란 때에 남원성 전투에서 죽었으니, 남원 사림에서는 충렬사에 배향하였고, 조정에서는 한성판윤을 증직하였다. 살아서 무슨 허물이 있든지 말든지 왜적에 희생되면 애국지사가 되고 마는 모순을 보여주는 대표적인 인사다.

- 김대명(金大鳴, 1536~1593): 본관은 울산이고, 자는 성원聲遠, 호는 백암白巖이다. 1558년 생원이 되고, 1570년 식년 문과에 장원급제하여, 도사를 거쳐 풍기군수를 지냈다. 재능과 학식이 뛰어나, 약관에도 사람들의 칭송을 받았다. 벼슬을 내놓고 향리에 돌아가서 날마다 시골 자제들과 더불어 강학하며 후진을 양성하였다. 지금의 경상남도 하동군에 있는 두류산 묵계동에서 있던 중에, 초유사 김성일이 여러 사람의 의견에 따라, 도소모장都召募將을 삼으니, 고성 의병들과 함께 왜적을 토벌하여 공을 세웠다. 진주의 대각사大覺祠에 제향되었다.

- 김락(金洛, 1545~1604): 본관은 청풍淸風이며, 자는 중심仲深이고, 호는 칠봉七峰이다. 1567년 진사시에

합격하고, 산음현감과 담양부사를 지냈다. 1602년 첨지중추부사를 역임하고, 1604년 강화부사를 하였다. 후에 이조판서에 추증되었다. 박이장이 호남으로 갈 때, 김성일의 저서 『해사록』을 김락에게 맡기고 갔는데, 진주 전란 당시에 다른 책은 다 잃어버렸으나, 이 책은 김락이 어느 건물에 도배로 되어 있된 것을 찾아 용담 박이장에게 돌려주었다고 한다.

- 김륵(金玏, 1540~1616): 조선 중기의 문인으로, 자는 희옥希玉이며, 호는 백암柏巖이고, 이황의 문인이다. 임진왜란 때 안집사安集使로 영남 지방의 민심을 수습하고, 이어 대사헌이 되어 시무 16조를 상소하였다. 김성일을 이어 경상감사에 재임하였지만, 진주성 함락을 지켜보아야 했다. 저서에 『백암문집』이 있다.
- 김면(金沔, 1541~1593): 임진왜란 초기 의병도대장義兵都大將이었다. 자는 지해志海이며, 호는 송암松菴이다. 본관은 고령이며, 일찍이 남명 조식에게 사사하고, 퇴계 이황의 문하에서 공부했다. 성리학을 연구하여 후진을 가르치는 데 진력하였다. 왜란이 일어나자 거창과 고령에서 곽준·문위 등과 창의하였다. 1593년 1월 경상우도병마절도사가 되어 금산에 주둔하며, 선산의 적을 격퇴할 준비하던 중에 자기 죽음을 알리지 말라는 유언을 남기고 병사하였다. 병조판서와 이조판서에 추증되고, 고령의 도암사道巖祠에 배향되었으며, 저서에 『송암실기』가 있다.
- 김복일(金復一, 1541~1591): 자는 계순季純이며, 호는 남악南嶽이다. 학봉 김성일의 아우이다. 1564년 사마시에 형제가 함께 합격하고, 1570년 식년 문과에 급제하였다. 전적과 낭관을 역임하고, 전라도 암행어사로 나가 탐학한 관리들을 숙청하였다. 1587년 울산군수에 이어 창원부사가 되어 폐단을 잘 다스렸다. 안동의 사빈서원泗濱書院에 제향되었다.
- 김산군(金山郡): 경상북도 김천 지역의 옛 지명이다. 정종 대에 김산군으로 승격되었다. 1914년 행정구역개편 때 이웃의 지례知禮와 개령開寧의 두 군과 성주군의 신곡면薪谷面을 합쳐 새로 김천군을 만들었다.
- 김상용(金尙容, 1561~1637): 본관은 안동이며, 자는 경택景擇이고, 호는 선원仙源이다. 1590년 증광문과에 병과로 급제하였다. 왜란이 일어나자 강화 선원촌으로 피난했다가 체찰사 정철과 의병도체찰사 심수경의 종사관이 되어 왜군 토벌과 명나라 군사 접대로 공을 세워 1598년 승지에 발탁되었다.
- 김성일(金誠一, 1538~1593): 당시로써는 특이하고 이색적인 전지적 작가시점의 기록물인 용사사적의 주인공이다. 기록은 김성일을 시종일관 '공公'이라고 특정하였다. 자는 사순士純이고, 호는 학봉鶴峰이며, 시호는 문충文忠이다. 본관은 의성義城으로, 아버지는 김진金璡이며, 어머니는 여흥 민씨驪興閔氏이고, 퇴계 이황李滉의 수제자이다. 1590년 통신부사로서 일본에 사행하고 돌아온 이후, 1592년 형조참의를 거쳐 경상우도 병마절도사에 임명되었다. 임지인 마산의 해망원으로 향하던 중 임진왜란이 일어나자, 선조는 통신사로서 보고가 부실하다는 것을 이유로 국문하려 하였다. 세자인 광해군과 서애 류성룡의 변론으로 영남초유사의 명을 받았다. 이내 의병의 아버지로 일컬을 만큼 영남 일대를 방어한 현저한 공적이 있어, 경상좌도와 우도 양도의 관찰사에 제수되었다. 이후 국난 극복에 국궁진췌鞠躬盡瘁의 혼신을 진력하다가, 뜻을 다 이루지 못하고, 1593년 4월 그믐날에, 진주성의 공관에서 병사하였다. 저서로 『상례고증』, 『해사록』, 『학봉집』 등이 전한다.

- **김수(金睟, 1547~1615)**: 본관은 안동이며, 자는 자앙子盎, 호는 몽촌夢村이다. 임진왜란 당시 경상도 관찰사로 의병을 떼도둑쯤으로 취급하여 심한 갈등을 빚은 인물이다. 특히 의령의 의병장 곽재우를 역신으로 몰았다. 포천선비 신급申礏의 상소문 내용에 이미 권력을 마음대로 행사하는 인물로 지적되기도 하였다. 직제학과 승지 등을 거쳐, 1587년에 평안도 관찰사에서 파면되었다. 그러나 선조가 변방의 사정을 잘 안다는 김수와 이광李光 그리고 윤선각尹先覺을 선발하여, 경상, 전라, 충청의 하삼도로 나누어 파견할 적에 경상도관찰사가 되었다. 부임하여서는 전란을 대비한다고 고을마다 축성 작업을 무리하게 시행하여, 영남 유림과 갈등이 아주 심하였다. 고혈로 쌓은 새로운 성들은 역설적으로 왜적들로 하여금 풍찬노숙風餐露宿을 면하게 해 주었을 뿐이었다. 진주성이 좁다고 불평하며, 외성을 쌓았는데, 동남 쪽은 오히려 되물려서 평지의 진창에다 축조하여, 성 함락의 결정적인 원인을 제공하였다. 용인 전투에서 패하고 도주함에 이르러서는, 영남초유사로 부임하는 김성일의 호된 질책을 받았다. 이러한 전력에도 불구하고, 의병을 몹시 두려워한 선조의 편향된 시각에 의해, 정1품 무관 벼슬인 영중추부사領中樞府事까지 이르렀으나, 1613년 광해군 대에 손자인 김비金祕가 옥사할 때 탄핵을 받고 삭탈관직 당하였다.
- **김수회(金壽恢, ? ~ ?)**: 본관은 서흥瑞興이며, 자는 이도以度이고, 영의정에 추증된 한훤당 김굉필의 손자로 서울에 살았다. 진주로 김성일을 찾아가니, 초유사의 추천으로 소촌찰방이 되었다. 창녕군 고암면의 구니서원求尼書院에 배향되었다.
- **김시민(金時敏, 1554~1592)**: 본관은 안동이며, 자는 면오勉吾이고, 충청도 목천현木川縣 출신이다. 1578년 무과에 급제해 군기시에 입사하였다. 1581년 부평부사가 되었으나 구황에 전력하지 않았다는 이유로 파직되었다. 1591년 진주 판관이 되어 이듬해 임진왜란이 일어나자 목사 이경과 함께 지리산으로 피했다가 목사가 병으로 죽자 초유사 김성일의 명에 따라 그 직을 대리하였다. 많은 전공으로 진주목사로 승진하여, 진주대첩을 이끌었다. 경상우도병마절도사에 승진 제수되었으나, 교서를 받기 전에 숨어 있던 왜적의 철환에 순절하였다. 1604년 선무공신2등과 영의정에 추증되고, 상락부원군上洛府院君에 봉해졌다. 진주의 충민사忠愍祠와 정충당旌忠堂에 제향되었다. 시호는 충무忠武이다.
- **김역(金澺, 1567~1593)**: 자는 호원浩源으로, 관직은 종6품의 문산계인 선무랑宣務郎이었다. 학봉 김성일의 둘째 아들이다. 1586년에 성가를 하였으나, 임진년 4월 부친이 경상우도병마절도사에 부임할 때부터 줄곧 수행하고, 진주성을 지키다가 부친과 함께 순절하였다.
- **김영남(金穎男, 1547~1617)**: 본관은 광주光州이며, 자는 중오仲悟이고, 호는 소설掃雪이다. 1572년 별시 문과에 을과로 급제하였다. 1589년 익산군수를 거쳐, 1592년 경상우도 도사를 지내면서, 의병은 물론이고 관찰사 김성일과의 갈등도 있었다. 이후 수원도호부사, 장예원판결사, 여주목사, 공조참의 등을 지냈다.
- **김응방(金應邦, ? ~ ?)**: 김성일이 나주목사로 있을 때 승려 신분으로 찾아와 인연을 맺었다. 서로 5년 이상 떨어져 있다가, 일본에 사행을 할 때 군관으로 동행하여 많은 일을 겪었다. 왜란에 김성일을 진주성으로 다시 찾아와, 체자帖子를 받고 산음의 지곡사에서 화약을 만들고, 조총을 주조하였다고 한다. 이노가 이름을 잊어버렸다고 안타까워했던 사람이다. 김성일이 김응방의 체자에 장문의 오언고시를 지어 줌에 그 이름과 인연이 전한다.

- 김주(金澍, 1512~1563): 본관 안동으로, 자는 응림應霖이며, 호가 우암寓菴이고, 시호는 문단文端이다. 1539년 별시문과에 장원급제하였다. 1544년 사가독서를 하고, 전라도와 경상도의 관찰사를 거쳐 예조참판이 되었다. 전라도 관찰사로 있을 때 을묘왜변이 있었는데, 영암에서 다른 고을로 도주하여, 나중에 수원부사가 된 윤기가 목을 베려 한 사건이 있었다.
- 김준민(金俊民, ? ~1593): 본관은 상산으로 단성 출신이다. 무과에 급제하여 여진을 정벌하는 데 공을 세웠다. 거제현령을 지내다 임진왜란이 일어나자, 합천가장으로 의병을 모아, 그해 7월 무계전투에 참가하였다. 정인홍과 함께 성주에서 퇴각하는 군대의 후미를 맡아 안정시켰다. 이듬해 6월의 2차 진주성 전투에 참여하여, 9일 밤낮으로 싸우다가 장렬히 전사하였다. 선무원종공신에 책봉되고, 병조판서에 추증되었다. 진주성에 있는 창렬사彰烈祠에 배향되었다.
- 김찬(金瓚, 1543~1599): 본관은 안동이며, 자는 숙진叔珍이고, 호는 눌암訥菴이다. 1568년 식년 문과에 을과로 급제해 승문원에 들어간 뒤 여러 벼슬을 거쳤다. 선조의 피난을 반대하고 도성을 지킬 것을 주장하였다. 그 뒤 개성에서 전쟁의 책임을 이유로 동인의 영수 영의정 이산해를 탄핵하여 파직시켰다. 도체찰사의 부사를 지냈으며, 접반사로 명나라의 지원을 얻고, 이덕형과 함께 일본과 강화회담에 임하는 등 명·일본과 외교적 교섭을 벌이는 과정에서 뛰어난 수완을 보였다.
- 김천일(金千鎰, 1537~1593): 본관은 언양彦陽으로 광주光州 출신이다. 자는 사중士重이고, 호는 건재健齋이다. 임진왜란 때에 나주에서 의병을 일으켜 경기·경상·전라·충청 4도에서 활약하였다. 진주성이 함락되자, 아들 상건과 함께 남강 절벽에 투신하여 자결하였다. 남강에서 경상우병사의 철인이 발견된 것을 기화로 속칭 호남삼장사의 한사람이 되었다.
- 김충민(金忠敏, 1558~ ?): 자는 성언誠彦이며, 의령출신으로 김수가 전란을 대비하면서 새로운 성을 쌓을 때, 의령성의 감독관을 지내고, 이듬해 현감이 되었다. 웅천현감을 지냈다는 기록이 있고, 우후를 지냈다. 『송암동고록』에 의하면, 김면 의병장 막하에서 활약하였다고도 하는데 기록에 의문이 들기도 한다.
- 김해(金垓, 1555~1593): 승문원 정자와 예문관 검열 등을 역임한 문신이자 의병장이다. 본관은 광산光山이며, 자는 달원達遠이고, 호는 근시재近始齋로, 예학에 조예가 깊었다. 1589년 증광문과에 을과로 급제, 승문원 정자를 지내고, 한림에 선발되어, 예문관검열에 제수되었다. 임진왜란이 일어나자 향리인 안동의 예안에서 의병을 일으켜, 영남의병대장으로 추대되어 안동·군위 등지에서 분전하였다. 이듬해 3월 좌도병마사 권응수와 합세하여 상주 당교唐橋의 적을 쳐서 큰 전과를 거두고, 4월 서울에서 부산으로 철수하는 적을 차단, 공격하여 대승하였으며, 5월에는 양산을 거쳐 경주에서 이광휘와 합세하여 싸우다가 진중에서 병사하였다. 이조판서에 추증되고, 문집으로 『근시재집』이 있다.
- 김해(金澥, 1534~1593): 상주목사를 역임한 문신이다. 본관은 예안禮安이다. 1564년 식년 문과에 을과로 급제하였다. 1592년 상주목사로 재임 중 악정이 심하였다. 임진왜란을 당하여 당황한 나머지 순변사 이일을 맞이한다는 핑계로 성을 떠나 피신하였다. 충청도 보은에서 살해당하였다.

(ㄴ)

- **나세겸(羅世㬽, 1534~ ?)**: 자는 비연斐然이며, 본관은 대구 수성壽城으로, 현풍현에 살았다. 수성은 대구광역시 수성구를 말한다. 1564년 식년시에 생원에 들었으니, 김성일과 류성룡, 이노와 이원익 등과 동반 급제하였다.
- **낙동강(洛東江)**: 태백산 황지에서 발원하여, 영남권 거의 전역의 물을 담아, 부산에서 남해로 흘러드는 강이다. 경상도를 한양에서 바라보면 낙동강 동쪽을 경상좌도라 하였고, 서쪽 편을 경상우도라 구분하였다. 바닷길이 막힌 왜군이 주요 보급로로 활용하였다.
- **낙상지(駱尙志, ? ~ ?)**: 명나라 후기의 무장이다. 절강성 소흥부紹興府 출신으로, 호는 운곡雲谷이다. 임진왜란이 일어나자 왜적을 상대해 본 경험이 있는 절강성 출신의 남부군 6백여 명을 이끌고, 이여송 휘하의 참장이 되어 조선의 원군으로 출정했으며, 남병을 이끌고 제4차 평양성 전투에 참여해 평양성을 공격했다. 1597년 정월 남부군 500명과 함께 돌아가 계주薊州에 주둔했다.
- **낙서리(洛西里)**: 의령현 동북쪽에 있던 마을이었다. 『여지도서』의 의령현 편에 "낙서리는 관아에서 동쪽으로 60리이며, 남쪽이 낙동강에 닿아 있다."고 하였으며, 『대동지지』에 "동북으로 처음이 20리, 끝이 70리이다."라는 기록이 있다. 지명은 낙동강의 서쪽 지역이라는 데서 유래했고, 고려 공민왕 때 의령현에 편입되어, 1914년 행정구역 개편 때 의령군 낙서면이 되었다.
- **낭관(郎官)**: 육조에 설치한 각 사司의 실무 책임을 맡은 정랑과 좌랑을 아울러 부르던 말이다. 조랑曹郞이라 하였다. 또한, 정5품 통덕랑 이하의 당하관을 통칭하는 용어이기도 하였다.
- **노숙(魯肅, 172-217)**: 중국 삼국시대 오나라의 정치인이다. 자는 자경子敬이고, 서주徐州 출신이다. 적벽대전의 용장 주유가 거소현居巢縣의 현령이 되었을 때, 노숙을 찾아가 식량과 자금을 청한 일이 있었다. 당시 노숙은 곳간 하나에 가득 찬 쌀을 주유에게 주었고, 이 일로 두 사람은 가까이 지내게 되었고, 손권에게 등용되는 사정이 되었다.
- **노순(盧錞, 1551~ ?)**: 본관은 신창新昌이고, 자는 자협子協이며, 호는 매와梅窩이다. 조식의 문인이다. 임진왜란 때 초유사 김성일의 초유문을 보고, 박사제 · 허자대 등과 함께 군사 8백여 명을 모아 의병을 일으켰다. 그 뒤 의령의 곽재우 부대에 합세, 그 휘하에서 군량 보급 참모를 맡아 왜적 토벌에 큰 공을 세우고, 그 공으로 이듬해 영변부사를 지냈다.
- **노중련(魯仲連, ? ~ ?)**: 전국시대 제나라의 선비로 절의가 높아 노련자魯連子라고 한다. 그가 조趙나라에 있을 때 진秦나라 군대가 조나라의 서울인 한단邯鄲을 포위했는데, 이때 장군 신원연新垣衍을 보내, 진나라 임금을 천자로 섬기면 포위를 풀 것이라고 하였다. 그는 무도한 진나라가 천하를 차지한다면 '나는 동해로 걸어 들어가 죽을 따름이다.[連有踏東海而死耳]'고 하였더니, 진나라가 군대를 물렸다고 한다. 섬 오랑캐에게 굴복할 수 없다는 김성일의 결연함이 이 고사를 빌렸다.
- **노진(盧禛, 1518~1578)**: 조선 중기의 문신으로 형조참의와 도승지 등을 지냈다. 1575년 예조판서에 올랐으나 사퇴하고, 다시 대사헌·예조판서·이조판서 등에 제수되었으나 병 때문에 나가지 못하였다. 홀어

머니에 대한 극진한 봉양으로 정문이 세워졌다. 문집으로 『옥계집』이 있다.

- **노흠(盧欽, 1527~1601)**: 본관은 광주光州로서, 자는 공신公愼이며, 호는 입재立齋이다. 삼가현 출신으로, 1564년 갑자년에 생원시에 합격하여, 참봉·봉사가 되었으나 낙향하여 학문과 수행에 전념하였다. 임진왜란 때에는 고향에서 의병을 일으켰다. 시와 글씨에 능하였으며, 삼가의 고암서원古巖書院에 제향되었다. 저서로는 『입재고』가 있다.

(ㄷ)

- **단계현(丹溪縣)**: 경상남도 산청군 신등면 일대에 있었던 옛 고을이다. 조선 세종대에 단계현과 강성현의 머리글자를 따서 고을 이름을 단성현이라 하였다. 현재에는 신등면의 단계리로 명맥을 유지하고 있다.
- **단성현(丹城縣)**: 경상남도 산청군 단성면의 옛 이름으로, 단성현은 단계丹溪와 강성江城의 두 현을 합한 명칭이다. 1895년 군으로 승격되었다가, 1913년 단성군이 폐지되어 산청군에 속하였다.
- **담소황왕(談笑皇王)**: 담소라는 것은 달리 무슨 의미가 있는 것이 아니라, 그냥 웃으면서 이야기하는 것을 말하고, 황왕은 황제나 제왕을 뜻한다. 삼황오제를 지칭하기도 하지만, 여기서는 송응창이 명나라 신종황제와 담소하였다는 것을 의미한다.
- **달천(㺚川)**: 『신증동국여지승람』 충주목 편에, 달천達川 혹은 덕천德川이라 이름하고, 혹은 달천獺川이라 부르는데, 주 서쪽 8리에 있다고 하였다. 근원이 보은현 속리산 꼭대기에서 나와서, 그 물이 세 갈래로 나뉘는데, 그 하나가 서쪽으로 흘러 달천이 되었다. 배를 가지고 겨울에는 배다리를 놓았다고 한다. 왜란 때 신립이 배수진을 친 곳이기도 하다.
- **당구(唐丘)**: 하북성에 있는 지명이라고 하나, 분명하지 않아 더 확인할 수 없다.
- **당나라**: 대당大唐이라고 한다. 약칭하여 당(唐, 618년~907년)나라이다. 고구려 침공으로 멸망한 통일왕조 수隋나라와 오대십국五代十國 시대 사이에 존재한 중국의 통일왕조이다. 수도는 현재의 서안이라고 하는 장안長安이었다.
- **당덕종(唐德宗, 742~805)**: 당나라 제12대 황제(재위 779~805)인 이적李適을 말한다. 783년에 경원涇原에서 병변이 일어나 수도를 침범하자, 섬서성의 봉천奉天으로 달아났다. 흥원 원년인 784년에 이성李晟이 병사를 이끌고 장안을 수복하자 돌아왔다. 경상도사민에게 쓴 선조의 교서는 덕종을 환도시킨 이성과 같은 신하를 고대한다고 하였다.
- **당현종(唐玄宗, 685~762)**: 당나라의 제6대 황제(재위, 712-756) 이융기李隆基를 말한다. 초기에는 정치를 잘해 '개원의 치'와 천보시대 수십 년의 태평천하를 구가했다. 시성 두보와 이태백이 활약하던 이른바 성당시대를 이끌었다. 노년에 정치를 등한시하고, 도교와 35세 연하인 양귀비에 빠져, 결국 안녹산의 난을 초래하였다. 사천성으로 피난을 하며, 황하 이북 24개 군에 단 한 명의 의사도 없다고 한탄을 하였다고 한다.

- **대과(大科)**: 과거에서 문과나 무과 또는 양과를 합하여 이르는 말이다. 생원·진사시인 소과小科에 상대적인 개념이다. 3년마다 실시하는 정기시인 식년시式年試와 수시로 열리는 부정기시인 증광시增廣試와 별시別試 그리고 알성시謁聖試·정시庭試·춘당대시春塘臺試 등이 있었다. 과거삼층법이라는 것은 초시에 합격하고, 회시에 들어야, 어전에서 치르는 전시를 통하여 순위를 결정하였다.
- **대교(待教)**: 예문관의 정8품직으로 정원은 2인이다. 1401년에 예문춘추관을 예문관과 춘추관으로 분리하면서 정8품 수찬을 대교로 개칭하고, 예문관 소속으로 하였다. '팔한림八翰林'의 하나로 지칭되었고 춘추관 기사관을 겸하였다. 청요직淸要職 중의 하나였다.
- **대명회전(大明會典)**: 명나라의 행정 법전이다. 효종 연간에 서부徐溥 등이 칙명을 받아 편찬하여, 무종 5년(1510)에 수정을 거쳐 반포되었다. 그러므로 회전은 명·청 시대의 종합 행정 법전을 말한다. 모두 180권이다.
- **대사헌(大司憲)**: 정사를 논하고 백관을 감찰하여, 기강을 진작하는 등의 업무를 맡았던 사헌부의 수장을 말한다. 종2품 당상관으로 '도헌都憲'이라고도 하였다.
- **대안리(大安里)**: 진주목의 마을이었다가, 진주군 대안면을 거쳐, 지금은 진주시의 중앙동 일대가 이곳이다.
- **대평(大平)**: 삼가군 고현면古縣面에 해당하는 지역이었다. 이 지명은 삼가현의 옛 이름인 삼기현三岐縣이 있었던 것에 유래하고 있다. 1914년 합천군에 삼가군이 병합될 때, 고현면에 대평면大平面과 병목면竝木面이 합쳐져 대병면大幷面이 되었다. 대평면과 병목면에서 한 글자씩 빌려서 조합한 것이다.
- **대현(大峴)**: 『신증동국여지승람』 함안군 편의 산천 조에 대현은 군 남쪽 25리 지점에 있는 고개 이름이다. 곧 함안군의 병곡리가 그곳이다. 함안의 군지인 『함주지』의 기록 또한 동일하다.
- **도사(都事)**: 조선 시대 때 중앙과 지방 관청에서 사무를 담당하던 종5품의 관직이다. 특히 각 도의 감영에도 도사를 두었다. 관찰사와 함께 지방을 순력하고, 규찰하는 임무를 담당하였는데, 감사의 실질적인 권한을 행사하는 경우가 많았다.
- **도순찰사(都巡察使)**: 지방에서 변란이 일어났을 때 파견하는 임시군관직이다. 종2품 또는 정2품의 관찰사가 겸임하였다.
- **도요토미 히데요시[豐臣秀吉, 1536~1598]**: 일본의 100년간 무사 세력을 기반으로 하는 다이묘[領主]들이 힘을 겨루었던 일본의 전국시대를 통일하고, 조선을 침략해 임진왜란을 일으킨 인물이다.
- **도장(都將)**: 각 현·읍의 군사를 다스리는 장수로, 그 시초는 성종 22년(1491)에 야인을 토벌하기 위하여 설치하였다. 한 도장에 15명의 대장隊將이 있었으며, 한 대장은 각각 25명의 군사를 거느렸다.
- **도체찰사(都體察使)**: 정승이 맡던 임시 관직을 말한다. 왕의 명을 받아서 할당된 지역의 군정과 민정을 총괄하여 다스렸다. 보통 1개 이상의 도를 관할하였고, 종사관이 휘하에 있었다. 도체찰사라는 직명은 고려 공민왕 때 외적의 침입을 방어하면서 처음 등장하였다. 조선에도 계승되어 영의정이나 좌·우의정이 맡는 것을 도체찰사라고 하였다.
- **도총(都摠)**: 일정한 군대의 총 책임자 또는 총괄하는 사람을 의미한다.

- 동국여지승람(東國輿地勝覽): 성종의 명에 따라 노사신·서거정 등이 조선 각 도의 지리, 풍속 등을 적은 지리지이다. 1481년(성종 12) 50권으로 편찬되었다. 1477년에 편찬한 『팔도지리지』에다 『동문선』이 수록하고 있는 역대 시문을 첨가하였으며, 체재는 송나라의 『방여승람方輿勝覽』과 명나라의 대표적 지리지인 『대명일통지大明一統志』를 참고하였다. 이후 2차례 수정을 거쳐, 증보를 위한 3차 수정은 1528년에 착수하였다. 1530년에 속편 5권을 합쳐 전 55권으로 완성하니 이것이 『신증동국여지승람』이다.
- 동래(東萊): 부산광역시 동래구 일대의 옛 지명이다. 조선 때에는 왜국과의 관계로 군사적으로 중시되었던 곳이다. 경상도의 좌수영이 있었다. 명종 때 일본과의 교류 중심지라 도호부로 승격되었다.
- 동부승지(同副承旨): 승정원의 정3품 당상관으로 정원은 1명이다. 승정원은 왕명의 출납을 담당하던 국왕의 비서 기관이다. 6명의 승지를 두고 업무를 분담하였다. 도승지는 이방, 좌승지는 호방, 우승지는 예방, 좌부승지는 병방, 우부승지는 형방, 동부승지는 공방을 담당하였다.
- 동안우(董安于, ? ~BC 496): 춘추시대 진나라 조간자의 가신으로, 자는 알우閼于이다. 난리가 일어났을 때 조간자에게 죽기를 각오하고 계책을 건의하였으며, 진나라와 조간자에 대한 충성심으로 스스로 목매 죽었다.
- 동탁(董卓, 132~192): 한나라 말의 무장이자 정치가이다. 자는 중영(仲穎)이며, 감숙성 사람으로 강족羌族과 교류하여 무공을 쌓았다. 소제少帝를 폐위시키고, 헌제獻帝를 옹립한 뒤에 공포정치를 시행하였다. 원소를 중심으로 무장 항명 사태가 있었으나 실패하였다. 왕윤의 미인계로 양자인 여포에게 죽임을 당하였다. 이후 악인의 대명사로 회자되었다.
- 동화사(桐華寺): 대구광역시 동구 도학동 팔공산에 있는 사찰이다. 신라 소지왕 15년(493)에 극달화상極達和尙이 창건하여 유가사瑜珈寺라 하였다가, 흥덕왕 7년(832)에 왕사 심지心地가 중창하고 동화사로 개칭하였다. 김성일이 이곳에서 경상좌병사 박진을 만나 토적할 것을 상의하였다.
- 두보(杜甫, 712~770): 시성으로 불리는 당나라 시인이다. 자는 자미子美, 호는 소릉少陵이며, 이백과 함께 중국 최고의 시인으로 불렸다. 소년 시절부터 시를 잘 지었지만, 과거에는 급제하지 못하고 일생을 가난과 방랑 속에서 보냈다. 1천 4백여 수에 달하는 그의 시는 그러한 그의 일생을 반영하는 듯 강한 사회성을 띠고 있다. 같은 시대의 시인인 이백이 일상을 벗어난 환상의 세계를 묘사했다면, 두보는 일상 속에서 새로운 감동을 발견해 내는 데에 더욱 집중하였다.
- 뒤벼리[鼯巖, 오암]: 경상남도 진주시 상대동에서 옥봉동까지 남강 변에 걸친 벼랑이다. 새벼리, 망진산 병랑과 더불어 진주의 벼랑 3경의 한 곳이다. 뒤벼리의 어원에서 벼리는 벼랑, 즉 낭떠러지를 의미한다. 사적 제118호인 진주성에서의 거리는 400~500m이다. 김성일과 조종도 그리고 이노가 촉석루에서 한잔 술에 삼장사 시를 짓고 이 절벽에서 투신하고자 서로 띠로 엮어 메고 향했던 곳이다. '뒤벼리의 개똥벌레[鼯巖流螢]'는 진주 10경 중의 하나다.

(ㄹ)

- **류성룡(柳成龍, 1542~1607)**: 선조 때 이조판서, 좌의정, 영의정 등을 역임한 문신이다. 본관은 풍산豊山이고, 자는 이현而見이다. 호는 서애西厓이며, 시호는 문충文忠이다. 경상좌도 의성 출생으로 김성일과 동문수학하였고, 사마시에 동반급제하여, 이노와 더불어 성균관에 유학하였다. 금부로 압송되는 김성일을 변호하여, 영남초유사로 제수하는 데 일조하였다. 도체찰사의 신분으로 이노의 요청에 부응하여, 호남의 양곡 2만 석을 내어 주기도 하였다. 만년에, 떨리는 손끝에, 흐린 시력으로, 필생의 노력을 경주한 결과 『징비록懲毖錄』을 저술하여, 만고에 다시는 왜란과 같은 일이 없도록 경계하였지만, 조선은 이를 외면하였고, 일본이 깊이 연구하여 제국의 길로 들어섰다.
- **류진(柳袗, 1582~1635)**: 서애 류성룡의 셋째 아들로, 자 계화季華이고, 호는 수암修巖이다. 형조정랑과 청도군수를 거쳐, 1632년 합천군수로 재임 중 천파 오숙과 함께 촉석루에서 연회를 하면서, 김성일의 「촉석루중삼장사시」를 읊어, 촉석루 경내에 시 현판을 걸게 하였다. 고관대작을 역임하지는 않았지만 서애의 후예답게 깨끗하고 성실한 생애를 보냈다. 이조참판에 추증되었으며, 안동의 병산서원屛山書院에 제향되었다. 저서로는 『수암집』이 전한다.

(ㅁ)

- **마진(馬津)**: 경상북도 칠곡 지역 낙동강 동쪽 강변인 왜관읍에 있던 나루인 '말구리 나루터'를 말한다. 강의 서쪽 석적읍에 있는 밤실 나루와 마주한다. 임진왜란 때 치열한 전투가 있었던 곳이다.
- **만력(萬曆)**: 중국 명나라의 제13대 황제인 신종 주익균朱翊鈞 때의 연호이다. 1573년을 원년으로, 1620년 7월 30일까지 48년 동안 사용되었다.
- **만원서(挽轅書)**: 수레의 끌채를 당겨 가지 못하게 글을 적어 올린다는 말이다. 김성일이 경상좌도로 떠나려 함에 초계군의 유생인 이대기 등 30여 인이 만원서를 쓴 적이 있다.
- **만호(萬戶)**: 고려·조선시대 외침 방어를 목적으로 설치된 만호부의 3품관 관직이다. 1458년(세조 4)에 영·진의 체제가 진관체제 바뀌면서, 각 도 연해안의 요충지나 북방 내륙의 여러 진에 동첨절제사·만호·절제도위 등을 두어 그 진을 다스리게 하였다. 동첨절제사와 절제도위 등은 대개 독진이 아닌 경우에는 지방 수령이 겸했다. 그러나 만호만은 별도로 파견되어 사실상 일선 요충지의 전담 무장이 되었다.
- **모구(旄丘)**: 『시경』의 「패풍邶風」 편의 장의 이름이다. 앞은 높고 뒤가 낮은 언덕이라는 뜻이다. '모구산의 칡넝쿨이여, 어찌 그리 마디가 긴 것인가. 고숙이여! 백이여! 어찌 날이 그리 많은고?[旄丘之葛兮, 何誕之節兮! 叔兮伯兮! 何多日也?]'라고 되어 있다. 여黎나라의 어떤 신하가 모구산에 올라 칡을 보고, 오랫동안 위衛 나라에 의지하며 살아, 시대가 변한 것을 보고, 위나라의 고관들을 원망하였다는 고사이다.

- 무계리(茂溪里·무계전투): 경상북도 고령군 성산면에 있는 법정 리이다. 마을 동남쪽으로 낙동강이 흐르는 전형적인 농촌이다. 여기에서 1592년 손인갑과 정인홍의 부대가 왜군을 물리친 1차 전투가 있었고, 왜적은 성주와 개령에 주둔하고 낙동강을 주요 보급로 및 교통로로 이용하면서 호남으로 들어가고자 하였기 때문에 낙동강에 그들의 왕래가 빈번하였다. 무계 지역을 확보한 김면의 의병군이 6월 18일경 낙동강을 통과하던 왜선 두 척을 발견하여 공격한 것이 2차 무계전투이다.
- 무곡차사원(貿穀差使員): 무곡이란 '장사해서 이익을 보려고 많은 곡식을 사들이는 것'을 말하고, 차사원은 '각종 특수임무의 수행을 위하여 임시로 차출되어 임명되는 관원'을 의미한다. 무곡차사원은 민간의 곡식을 쇠붙이나 청동 등으로 교환하여, 군량을 조달하는 임시 관원을 말한다.
- 무기(戊己): 오행설에서 방위를 나타낼 때 甲乙은 목으로 동쪽, 丙丁은 화이니 남쪽을 의미하며, 戊己는 땅을 가리키니 중앙을 말한다. 庚申은 금이라 서쪽을 말하고, 壬癸는 물이니 북방을 가리킨다. 인의예지신仁義禮智信의 오상五常에서는 신信이 중앙을 의미하니, 곧 보신각普信閣이 4대문 안의 가운데에 있는 것과 같은 의미다.
- 무기교위(戊己校尉): 한나라 때 서역 여러 나라를 진무한 무관직이다. 무기戊己는 오행설에서 중앙을 뜻하는 것으로서, 둔전의 관리를 통할하여 사방의 서역 여러 나라를 진무한다는 뜻이고, 교위는 간사함을 바로잡고 병마를 관장하는 무관직을 가리킨다.
- 무의(無衣): 『시경』의 「진풍秦風」 편에 있는 한 장이다. '어찌 옷이 없다고, 그대와 함께 치마를 같이하리오. 왕이 군사를 일으키시거든, 내 갑옷과 병기를 수선하여, 그대와 함께 가리라.[豈曰無衣, 與子同裳. 王于興師, 修我甲兵, 與子偕行.]라는 내용이다. 한결같이 기병하여 왕명을 따르자는 뜻으로 김면 의병도대장이 인용하였다.
- 문덕수(文德粹, 1516~1595): 자는 경윤景潤이고, 호는 고사孤査이며, 본관은 남평이다. 삼가현에 거주하였으며, 사헌부의 감찰을 지냈다. 의령과 칠원현감에 제수되었으나 나가지 않았다. 특히 단성현감에 제수되었을 때에는 직접 양식을 가지고 가서, 선정을 베풀다 돌아와 정자를 짓고, 자연을 벗 삼아 학문을 익히며 선비로서의 고고한 삶을 살았다. 경상감사 김수의 무리한 축성 작업을 항의하다가, 삼가현의 옥에서 왜란을 맞았다. 사림의 영수로 곽재우나 김면 등의 창의에 군사를 모집하였다. 문집으로 『고사실기』가 있다.
- 문위(文緯, 1554~1631): 거창 출신으로, 본관은 남평이고, 자는 순부純夫이며, 호는 모계茅溪이다. 기병하여 의병장 김면의 참모가 되어, 고령 등에서 왜군을 맞아 싸웠다. 김면의 사후 처리를 도맡아 하였다. 모친 사후 거창현 모계리에 터전을 마련하고, 10여 년 동안 제자들을 가르쳤다. 김우옹과 류성룡의 천거로 동몽교관에 임명되고, 선공감주부와 사헌부감찰을 지내고 고령현감에 나갔다. 거창의 용원서원龍源書院에 제향되고, 저서에 『모계집』이 있다.
- 문천상(文天祥, 1236~1283): 남송 시대의 저명한 정치가이자 문학가이다. 자는 이선履善 또는 송서宋瑞이고, 호가 문산文山이며, 강서성 출신이다. 관직이 우승상에 이르렀다. 일찍이 의용군을 조직하여, 원나라에 맞서다가, 포로가 된 후 3년이나 구금되어 있었지만, 굴하지 않았다. 옥중에서 '바른 기운의 노래'

라는 의미로 60구로 된 오언고시인 「정기가正氣歌」를 지어, 그 뜻을 굽힐 수 없음을 천명하였다고 한다.

(ㅂ)

- 박명부(朴明榑, 1571~1639): 본관은 밀양이고, 자는 여승汝昇이며, 호는 지족당知足堂이다. 1590년 증광시에 병과로 소년 급제하여, 교서관의 부정자副正字에 보직되었다. 김경근과 함께하여 '운오장雲五將'을 지낸 바가 있다. 그는 망우당과 함께 법물리가 처향이다. 1593년에는 의주로 호종을 하였다가 박사를 제수받았다. 인조반정에 공신이 되어 예조참판에 제수되었다. 저서에 『지족당문집』이 있다.
- 박사겸(朴思謙, ? ~ ?): 선조 때의 유학으로, 임진왜란 때 박사제·노순·윤탁 등과 함께 삼가에서 의병을 일으켜 곽재우와 함께 많은 공을 세웠다. 일기에는 '朴思兼'으로 되어 있으나, 학봉과 송암 행장 등에 혼재되어 실려 있어 정확한 고증을 할 수 없다.
- 박사제(朴思齊, 1555~ ?): 본관은 죽산竹山이며, 자는 경현景賢이고, 호는 매계梅溪이다. 삼가에서 태어났다. 1589년 증광문과에 병과로 급제하여, 성균관의 학유를 지냈다. 1592년 임진왜란이 일어나자 삼가에서 의병을 일으켰다. 곽재우 의병부대의 도총을 맡아 삼가를 방어하였다. 경상감사 김수가 곽재우를 반역죄로 상소하자, 이를 구원하는 격문을 지어 돌렸다. 후에 지평·승지·형조참의 등을 지내고, 이조참판에 추증되었다.
- 박성(朴惺, 1549~1606): 경상좌도 현풍현 출신의 의병이다. 본관은 밀양이고, 자는 덕응德凝이며, 호는 대암大庵이다. 영남초유사 김성일의 종사관이 되어 시종 곁에서 자리를 지켰다. 정유재란이 발생하자 체찰사 이원익의 참모로 활동하였고, 이후 주왕산에 은거하여 나오지 않았다.
- 박응구(朴應龜, ? ~ ?): 일기에서는 삼가의 의병장으로, 물현에 매복하여 왜적을 무질렀다고 하지만, 그 뿌리와 자손들을 상고할 수 없다.
- 박의(朴宜, ? ~ ?): 임진왜란 당시 충청도 직산 현감에 재직 중이었다. 직산현 관아에서 김성일이 죄를 사하고, 영남초유사에 임명되자, 군관 조순걸을 차임하여, 초유사를 수행하게 하였다. 이노가 군량과 곡식 종자를 구하기 위해 북상하였을 때에도 지원하였다.
- 박이장(朴而章, 1547~1622): 본관은 순천이고, 자는 숙빈叔彬이며, 호는 용담龍潭이다. 1573년 사마시에 합격하였다. 1574년 노수신을 찾아가 성리학을 깊이 연구하였다. 1586년 별시 문과에 갑과로 급제하여, 홍문관수찬·교리 등을 지내고, 1591년 서장관으로 명나라를 다녀왔다. 임진왜란 때 김성일의 종사관이 되어 크게 활약하였다. 문장에 능했으며, 특히 시에 이름이 있었다. 성주의 청천서원晴川書院에 제향되었다.
- 박이문(朴而文, 1544~1598): 본관은 순천이며, 자는 백빈伯彬이고, 호는 남계藍溪이다. 1568년에 사마시에 합격하여 진사가 된 뒤 과거에는 응시하지 않았다. 그 뒤 효행으로 천거되어 경릉敬陵 참봉이 되었으며, 임진왜란이 일어나자 창의하여 김성일의 막하에서 종사하였다. 좌승지에 증직되었다.
- 박진(朴晉, ?~1597): 무신 집안 출신으로 비변사에서 일하다가 1592년 밀양부사가 되었다. 같은 해 4월 임진왜란이 일어나 왜적이 침입하여 부산·동래 등이 차례로 함락되는 와중에서 적을 맞아 싸우다 패

하여 포위되자 밀양부를 소각하고 후퇴하였다. 이후 경상좌도병마절도사로 임명되어 나머지 병사를 수습하고, 군사를 나누어 소규모의 전투를 수행하여 적의 전진을 저지하였다. 비격진천뢰를 사용하여 경주성 전투에 임하였다.

- 반고(班固, 32~92): 자는 맹견孟堅이며, 아버지 반처班處가 사망한 뒤 고향에 돌아와 아버지의 뜻을 이어받아, 전한의 역사서인 『한서漢書』를 필생의 역작으로 20년에 걸쳐 완성하였다. 이것은 사마천의 『사기』를 잇는 중국의 정사이다.
- 방덕(龐德, ? ~219): 자는 영명令明이며, 지금의 감숙성 농서隴西 출신이다. 원래 마초 휘하의 장수였으나, 조조에게 투항하여, 신의를 지켜 절개를 굽히지 않았다. 219년 번성樊城에서 관우에게 사로잡혀 죽었다. 이때 우금은 항복하였으나, 방덕은 거부하고 죽었다. 조조의 무덤을 만들면서 방덕이 항거하는 모습과 우금이 애걸하는 모습을 벽화로 그렸다. 나중에 조조의 무덤지기로 전락한 우금이 이것을 보고, 수치심과 분노로 병이 나 죽었다는 고사가 있다.
- 방어사(防禦使): 군사 요지인 지방에 파견하였던 관직이다. 정식 명칭은 병마방어사 혹은 수군방어사이다. 전원을 지방 수령으로 겸임하게 하였으므로, 겸방어사라고도 부르게 되었다. 병마방어사는 1566년 광주廣州 부사가 겸하는 경기병마방어사가 처음이며, 수군방어사는 1642년 선천부사가 겸한 평안수군방어사가 시초다.
- 벽립지칭(壁立之稱): 인조 때의 중신인 택당 이식은 당색으로는 서인임에도 불구하고, 김성일의 일본 사행기록인 『해사록』의 발문에서 김성일에 대해 기록하기를 "일개 부사의 신분임에도 천 길 절벽이 가파르게 솟아 있는 듯이 기상을 지니고, 분명하게 예법을 견지하면서, 일본의 위협에도 꺾이지도 않고, 스스로 격분해서 일을 그르치는 행동을 취하지 않았다."라고 썼다. 서문을 쓴 서명서가 이 사실을 인용하였다. 김성일의 이러한 기품은 궁극적으로 영남초유사로 경상우도의 민심을 얻는 근본적인 바탕이 되었다.
- 별장(別將): 지방의 산성이나 나루터 등의 수비를 맡은 종9품의 무관직 관헌이다. 포구·보堡·소도小島를 비롯하여 파발마까지 관리하였으며, 정원은 1명이었다.
- 별제(別提): 여러 관서의 정·종6품 관직이다. 녹봉은 받지 못하였지만, 문관의 실제 직위였기에 360일 이상을 근무하면 다른 관직으로 옮겨갈 수 있었다.
- 별티재[星峴]: 경상북도 성주군의 성주읍 성산리와 선남면 장학리를 잇는 고개이다. 별티재는 성산에서 굴티재로 이어지는 산줄기에 위치한 고개이다. 『대동여지도』에 성현이라고 표기되어 있다.
- 배덕문(裵德文, 1525~1603): 본관은 성주로서, 자는 숙회叔晦이며, 호가 서암書巖이다. 1553년 별시에 급제하였다. 임진왜란이 일어나자 68세의 고령에 의병을 일으켜, 왜적의 승려 장수인 찬희의 목을 베고, 성주를 지킨 공으로 선무원종2등 공신에 책봉됐다. 경상우수사로 이순신에게 배 12척을 넘겨 주었다는 배설裵泄이 그의 아들이다.
- 배도(裵度, 765~839): 당 헌종 때의 승상이다. 자는 중립中立이고, 시호는 문충文忠이며, 진국공晉國公이라고도 한다. 채나라의 오원제吳元濟 반란을 평정했고, 만년에 벼슬을 그만둔 뒤 동도東都에 녹야당綠野堂을 짓고, 문사들과 술잔을 나누고 시를 지으며 즐겼다.

- **배맹신(裵孟伸, 1560~ ?)**: 자는 장서莊敍이고, 호는 여봉麗峰이며, 의령 출신이다. 임진왜란 당시 전 훈련원 판관인 심대승과 함께 곽재우 의병부대의 선봉장을 맡아 맹활약을 하였다. 병조참의에 추증되었다.
- **배세겸(裵世謙, 1540~1632)**: 자는 공익公益이며, 호는 심원재心遠齋이다. 학문이 높고 지조와 절개가 굳어 세인의 추앙을 받았다. 오장吳長 등과 도의로써 사귀며, 이익을 구하지 않았다. 임진왜란이 일어나자 창의하여 공을 세우고, 의금부도사에 임명되었다. 유고 2권이 전한다.
- **백암(白巖)**: 의령현 가례리에 있는 마을이다. 죽유 오운이 모병을 하였던 곳으로, '가례동천'이 새겨진 바위 앞에는 계곡에서 흘러내리는 물이 모여 소를 이루었는데, 가덕산이 밀려 내려 메웠다고 한다. 마을 앞의 백계천白溪川은 자굴산 보리사에서 밥하는 뜨물로 내가 희어져 붙인 이름이라 한다. 지금도 동네 아래 냇가에는 '백암'이라는 바위가 있고, 주변을 '흰들'이라고 한다.
- **백의종군(白衣從軍)**: 흰옷을 입고 군대를 따라 전쟁터로 나간다는 뜻으로 계급이나 권한이 없는 평민의 신분으로 전선에 뛰어드는 것을 말한다. 형벌의 차원에서 관작을 삭탈하고, 평민의 신분으로 복무하게 하는 것이었다. 사형이나 유배 등의 형벌보다는 비교적 관대한 형벌이었다.
- **변응성(邊應星, 1552~1616)**: 본관은 원주이고, 자는 기중機仲이다. 1579년 무과에 급제하였고, 강계부사를 역임한 끝에 아버지의 상을 당하여 물러가 있었다. 임진왜란이 일어나자 경주부윤에 임명되었다. 그러나 일본군이 먼저 경주를 점령하여 부임하지 못하고, 8월 가평 전투에서 적과 싸워보지도 않고 도망쳤다는 이유로 백의종군하였다.
- **변혼(卞渾, 1559~1626)**: 거창 출신 의병으로, 본관은 초계이고, 자는 명숙明叔이다. 1591년에 무과에 급제하였으나 벼슬에는 나아가지 않았다. 이듬해 왜란이 일어나자, 전우全雨와 함께 초계에서 의병을 일으켰다. 김면 의병 진의 선봉장으로 활약하였다. 초유사 김성일은 변혼을 칭찬하며 말하기를 "공이 아니었다면 거창은 방어가 불가능했다."라고 말하였다. 이후 월갑첨사, 위원군수 등을 거쳐 삭주부사를 역임했다.
- **병마절도사(兵馬節度使)**: 각 도의 군사적인 지휘를 효율적으로 하기 위해 설치한 종2품의 무관직이다. 일반적으로 병사兵使라고 약칭되었다. 도의 국방 책임을 맡아 유사시 군사적 전제권을 행사할 수 있었던 까닭에 주장主將·주수主帥 또는 곤수閫帥와 수신帥臣 등으로 불렸다. 관찰사 겸임의 병사는 겸병사兼兵使라 하고, 전임 병마절도사는 단병사單兵使로 구분하였다. 왜란 당시 충청도·황해도·전라도·평안도와 경상좌도·경상우도, 함경남도·함경북도에 각 병사를 파견하였고, 경기도와 강원도는 관찰사가 겸하였다.
- **보인(保人)**: 군역에 복무할 연한이 되었으나 나가지 않고, 후방에서 정시군의 경제적인 보조를 위해 군에 배정되어, 베나 무명 등을 납부하던 자를 말한다.
- **봉사(奉事)**: 돈녕부와 각 시寺·사司·서署·원院·감監·창倉·고庫·궁宮 등에 설치된 종8품의 관직이다.
- **부산(孚山)**: 의령현 동북쪽 50리 지점인 부산리의 경산마을 안골을 말한다. 창녕으로 통하는 박진 나루에 가기 전에 있다. 용사사적을 쓴 이노의 고향 마을이다.
- **부제학(副提學)**: 홍문관에 둔 정3품 관직이다. 정원은 1명이고, 제학提學의 아래, 직제학直提學의 바로 윗벼슬이다.

- **북궐(北闕)**: 본래 왕이 머무는 곳, 나아가 황제가 있는 곳을 가리킨다. 『논어』「위정」편에 '북극성은 움직이지 않고 자리를 지키고 있어도 뭇별이 북극성을 중심으로 공전한다[北辰居其所而衆星共之].' 하였는데, 이는 군왕의 덕치를 비유한 것이다. 경복궁은 조선의 5대 궁궐 중 정궁에 해당하는 것이므로, 북궐로도 불린다.

(ㅅ)

- **사근역(沙斤驛)**: 고려시대 산남도山南道라는 길의 28개 역참 중 한 곳이자, 조선시대 경상우도 사근도의 본역이다. 사근역은 산청에서 함양으로 이어진 역로에 있었다. 서쪽으로 제한역, 동쪽으로 산청군 정곡역으로 연결되었다. 사근역의 현재 위치는 경상남도 함양군 수동면 화산리로 추정된다.
- **사마시(司馬試)**: 성균관에 입학할 자격을 부여하는 것을 본래의 목적으로 시행한 과거시험이다. 소과라고도 하는데, 진사시와 생원시가 있다. 생원·진사시에는 3년에 한 차례씩 정규적으로 실시하는 식년시와 국왕의 즉위와 같은 큰 경사가 있을 때 이를 기념해 실시하는 증광별시增廣別試가 있었다. 생원·진사시는 대과라고 하는 문과와는 독립된 제도로서 존재했다. 따라서 그 시험도 독자적으로 운영되었다.
- **사막동(沙漠洞)**: 창녕군 현창리 모래등으로 추정된다. 강 건너는 초계현 대부리 부곡과 통하는 가매실나루가 있었는데, 합천에서 흘러나오는 황강이 낙동강과 합쳐지는 곳이다. 강 건너 초계군의 명칭이라면 감물창진甘勿倉津이 이곳으로 추정된다. 전치원 의병장의 승첩지이기도 하지만, 정인홍 의병대의 중위장이던 손인갑이 전사한 곳이기도 하다. '사막沙幕'이라고 표기한 곳도 많이 있다. 이처럼 각종 기록에 많이 등장하는 지명이지만 상세하게 고증할 수는 없다.
- **사평리(沙平里)**: 경기도 광주군 언주면의 한강 변에 있던 마을이다. 지금의 서울 신사동 쪽인 한강 변에 사평나루가 있었고, 사평원沙平院이라는 관용 숙박시설이 있었다. 신사동은 신촌과 사평에서 각 한 글자를 따서 1914년도에 생겨났다.
- **사헌부(司憲府)**: 조선의 중앙 관청으로 관리들을 감찰하는 것이 임무였다. 사간원·홍문관과 함께 삼사로 불렸으며, 왕과 신하의 권력 남용을 감시하는 기구였다. 오늘날의 감사원에 해당한다. 종2품 대사헌이 수장이다.
- **산동성(山東省)**: 중국 황하의 동쪽에 있는 성이다. 태행산맥太行山脈의 동쪽이라는 의미에서 지명이 붙여졌다. 한반도와 마주 보고 있어, 임진왜란 때 명나라의 수군의 출발기지였다.
- **산서성(山西省)**: 중국 서북부에 있는 성이다. 성 이름은 태행산맥의 서쪽에 있다고 하여 유래된 이름이다. 옛날부터 충성을 다하는 장수가 많이 났다고 한다. '산서의 바람'이라는 것은 영남에서도 충량한 장수를 고대한다는 것이다.
- **산음현(山陰縣)**: 경상남도 산청 지역의 옛 지명이다. 본래 신라의 지품천현知品川縣이었는데, 경덕왕 때 산음으로 고쳤다. 조선 초기 현감을 두고, 행정적 변화는 없었으나, 1767년 영조 때에 이 고을에서 일곱 살 된 아이가 아기를 낳았다고 하여, 음陰 자를 반대 의미를 가진 청淸 자로 고쳐 산청현山淸縣이 되

었다. 1914년 행정구역 개편 때 단성군을 병합하여 산청군이 되었다.

- **살천창(薩川倉)**: 진주목의 살천부곡에 있던 창고 이름이다. 살천은 『신증동국여지승람』 진주목 편에 '살천은 일명 시천이라고 한다.'라는 기록이 있다. 현재는 산청군 시천면 지역이다.
- **삼가현(三嘉縣)**: 경상남도 합천군 삼가면 일대에 있던 옛 고을이다. 본래 신라의 가주화현인데, 조선 초의 행정구역 개편에 따라 1414년에 삼기현과 병합해 삼가현으로 개칭했다. 별호는 봉성鳳城이었다. 1914년의 행정구역 개편으로 일부는 거창군으로 편입되고, 대부분은 합천군의 일부가 되었다.
- **삼년벌귀(三年伐鬼)**: 『주역』의 '수화기제水火旣濟'라는 괘에 '상나라 고종이 귀방을 정벌하여, 3년이 지나 이겼다.[高宗伐鬼方, 三年克之]'라는 말이 있다. 귀방은 고대 동아시아의 한 민족이다. 이것은 전쟁을 너무 오랫동안 끄는 것에 대하여, 이노가 왜적을 빨리 내쫓지 않는 이여송을 힐난하면서 이 대목을 끌어썼다.
- **삼례원(參禮院)**: 전라도 전주부 북쪽 35리 지점에 위치한 역원이다. 현재 전라북도 완주군 삼례읍 지역이다. 『신증동국여지승람』에 따르면, 전국적으로 1,210개 원이 있었으며, 그 가운데 전라도는 245개가 있었다고 한다.
- **상의원(尙衣院)**: 임금의 의복과 궁중에서 쓰이는 일용품과 보물을 공급하는 일을 맡아보던 관청이다. 상방尙房이라고도 한다.
- **생사골육(生死骨肉)**: '죽은 사람을 살려내어 뼈에 살을 붙인다.'라는 뜻으로, 큰 은혜를 베푸는 것을 비유적으로 이르는 말이다. 『춘추좌씨전』에 나오는 말이다.
- **서경(西京)**: 고려시대 개경과 남경 그리고 서경을 3경이라 하였다. 동경이라는 경주가 들어가면 4경이 된다. 서경은 평양을 의미하며, 평양은 기성箕城·서도西都·유경柳京이라고도 하였다.
- **서명서(徐命瑞, 1711~1795)**: 조선 영·정조 시대의 학자로서 본관은 달성이며, 자는 백오伯五이고, 호가 만옹晩翁이다. 천거에 의해 벼슬에 올라 중추부지사中樞府知事에 이르렀으나, 학자로서 더 유명했다. 문집에 『만옹집』이 있다. 1762년 봄에 의령현감으로 재직 중에 『용사일기』의 서문을 지극한 정성에다 수려한 필치를 더하여 지었다.
- **서북도(西北道)**: 조선시대 평안도와 함경도를 아울러 이르는 말이다.
- **서예원(徐禮元, 1547~1593)**: 본관은 이천이며, 자는 숙부肅夫로, 서인원徐仁元의 동생이다. 한성에서 태어났다. 1573년 무과에 급제하여 선전관이 되었다. 1591년 김해부사로 부임하였으며, 이듬해 임진왜란이 일어나자 왜군과 공방전을 벌이다가 패주하였다. 이 일로 삭탈관직당했으나 의병장 김면과 협력하여 왜적과 싸웠으며, 제1차 진주성 싸움에서 목사 김시민을 도와 왜적과 항전하였다. 1593년 진주목사가 되었으며, 제2차 진주성 전투에서 패전의 굴레를 혼자 쓰고 있다. 수급이 일본에 효수되었다는 기록도 있다. 명예 회복을 위한 후손들의 노력이 활발하다. 선무원종1등공신에 책록되고, 병조참의에 추증되었으며, 고종 때 진주성에 있는 창렬사彰烈祠에 배향되었다
- **서우극긍(鋤耰棘矜)**: 서우鋤耰는 호미를 말하고, 극긍棘矜은 작대기를 뜻한다. 농민들이 분개하여 호미자루와 작대기 등의 농기구를 들고 싸운다는 말이다. 가의賈誼의 「과진론過秦論」에 나오는 말로, '서우극긍이 갈고리가 있는 창살보다 예리한 것은 아니다.[鋤耰棘矜, 非銛於鉤戟長鎩.]'라고 한 데서 유래하였다. 김성

일이 격문에서 민중의 봉기를 주창한 곳에다 이를 인용되었다.

- 서인원(徐仁元, 1544년~1604): 자는 극부克夫이고, 호는 오암嗚嚴으로 서울에 살았다. 1573년 생원시에 합격하였다. 1588년엔 심대沈岱와 함께 동인 중의 거벽으로 꼽히기도 했다. 부여·영평·단양·춘천 등지의 수령과 호조정랑과 참의 등을 거쳐 1603년에 강원도 관찰사에 제수되었으나, 이듬해 탄핵을 받았다. 진주 목사 서예원의 형으로, 학행이 빼어났다.
- 서장관(書狀官): 외국에 보내는 사행직의 하나다. 정사와 부사와 함께 삼사로 불리었다. 사행 중의 사건을 기록하여 임금에게 보고하는 임무를 담당하였다. 사신 일행을 감찰하고 인마와 복태를 점검하는 행대어사行臺御史의 임무를 겸하여 '행대'라고도 하였다.
- 사저관(私儲官): 난리 등에 임하여, 일반 백성이 사사로이 소유하고 있는 양곡을 관리하고, 징발하는 임무를 맡은 관원이다.
- 서상사산(犀象四散): 곤양에 물소와 코끼리가 달리니, 사졸들이 사방으로 흩어진다는 뜻이다. 바로 격렬한 전투를 비유한다. 한나라를 멸하고 신나라를 건국한 왕망과 한나라를 부흥시킨 광무제 유수가 지금의 하남성 엽현葉縣에서 전투를 벌였는데, 이 전투에서 유수의 수천 명 군사가 왕망의 40만 대군을 대파하였다고 한다. 광무제의 군사들은 마치 물소와 코끼리처럼 일당백을 하였다고 한다.
- 서적(徐迪, 1556~ ?): 자는 혜중惠仲이며, 호는 구암韮巖으로, 본관은 이천이다. 1582년 진사시에 합격하여, 합천에 거주하였다. 정인홍의 의병군에서 군량을 조달하는 임무를 맡았다.
- 선전관(宣傳官): 선전관청에 속하여, 왕의 시위侍衛·전령傳令·부신符信의 출납과 사졸의 진퇴를 호령하는 형명形名 등을 맡아본 일종의 무관직으로 승지 구실을 한 벼슬이다. 9품부터 정3품 당상관까지 있었다. 종6품 문관이 이를 겸직하는 때도 있었는데, 이를 문겸文兼이라 하였다. 이 직은 1882년 선전관청의 폐지로 없어졌다.
- 선조(宣祖, 1552~1608): 조선 제14대 왕(재위 1567~1608)이다. 선조는 중종의 서자였던 덕흥군의 셋째 아들이었으니, 조선 왕조에서 직계가 아닌 왕실의 방계에서 처음 왕위를 계승한 사람이 바로 선조였다. 처음에는 많은 인재를 등용하여 국정 쇄신에 노력했고, 여러 전적을 간행해 유학을 장려하였다. 후에 당파를 정리하지 못하여, 당쟁 속에 정치 기강이 무너져 혼란을 겪었다. 조선 태조가 명나라 태조의 실록인 『대명회전大明會典』에 이인임의 아들로 잘못 기록된 이른바 종계변무宗系辨誣를 200년 만에 해결한 사실이 있다. 학봉 김성일은 이 당시 사은사의 서장관으로 활약하였다.
- 성고(成皐): 현의 이름이다. 그 성터는 지금의 하남성 형양滎陽의 사수진汜水鎭에 있다. 초나라와 한나라의 격전지로 유명하다.
- 성균박사(成均博士): 성균관의 교수관이다. 정원은 3명이고, 품계는 정7품이었다.
- 성수경(成守慶, ? ~1593): 본관은 창녕이다. 임진왜란 때 진주판관으로 재임하였다. 초유사 김성일 막하에서 군무를 맡아 성을 고쳐 쌓고 무기를 수선하는 데 앞장섰다. 그해 10월 제1차 진주성 싸움에서 진주목사 김시민과 함께 승리하였으나, 이듬해 6월에 벌어진 제2차 진주성 싸움에서 순국하였다. 병조판서에 추증되고, 진주의 충렬사와 창녕의 물계서원勿溪書院에 배향되었다.

- 성안의(成安義, 1561~1629): 본관은 창녕이고, 자는 정보精甫이며, 호는 부용당芙蓉堂이다. 한강 정구의 문인으로, 1591년에 식년시 문과에 을과로 급제하였다. 교서관의 정자正字에 재임 중에 임진왜란이 일어나자 고향인 창녕에서 창의하여 곽재우 의병장 휘하에서 활약하였다. 이후 예조좌랑과 사헌부지평 그리고 성균관사예를 지냈다. 영해부사에 이어 광주목사가 되었으나 파직당하였다. 성균관 사성 등을 거쳐, 이괄의 정변 때에 인조를 호종하였다. 이조판서와 대제학에 추증되었다. 창녕의 연암서원과 물계서원에 제향되었다.
- 성천희(成天禧, 1553~1628): 본관은 창녕이고, 자는 중길仲吉이다. 충순위로 있다가, 임진왜란이 일어나자 창녕에서 성안의와 곽찬郭趲 등과 함께 의병을 일으켰다. 별장 조열曺悅과 함께 병사 1천여 인을 이끌고 창녕에서 적을 대파하여 한때 창녕을 탈환하기도 하였다. 웅천현감에 제수되었다가, 다시 훈련원정에 임명되었다. 1596년 창녕에 있는 화왕산성이 군사상의 요충지임을 역설하여 성을 수축할 것을 나라에 건의하였다. 후에 병조참의에 증직되고, 선무원종공신 1등으로 추록되었다.
- 세간(世干): 의령군 동북쪽에 있는 마을이다. 홍의장군 곽재우가 북을 매달아 의병을 모집한 현고수가 지금도 남아 있는 충절의 동네다. 현재 곽재우의 생가는 복원되어 있다. 유곡천이 흐르는 곳에 고송, 사거리, 야산, 화류곡 등의 마을이 있다.
- 세조(世祖, 1417~1468): 단종을 폐위시키고 왕위에 오른 조선의 제7대 왕으로, 이름은 이유李瑈이고, 자는 수지粹之이다. 수양대군으로 더 많이 알려져 있다. 재위 기간은 1455~1468이다.
- 소강왕(少康王): 성姓은 사姒, 씨氏는 하후夏后이다. 하나라의 제6대 왕으로 소강제나 소강왕이라 한다. 『춘추좌전春秋左傳』과 『제왕기帝王紀』 등에는 소강이 유궁씨有窮氏에게 빼앗겼던 권력을 되찾아 하나라를 부흥시켰다고 기록되어 있다. 하나라의 유신인 미靡는 유격씨有鬲氏와 유우씨有虞氏의 도움을 받아 하나라를 부흥시켰다고 한다. 왜란 당시 왜적이 가득한 강토의 회복을 기원하는 의미에서 격문 등에서 자주 인용되었다.
- 소공(召公, ? ~ ?): 주나라 초기의 정치가이다. 이름은 석奭이며, 문왕의 아들이자, 무왕의 아우이다. 조카인 성왕을 도와 나라의 기초를 만들고, 무왕과 나누어 산동반도의 이족夷族을 정벌하여 동방을 개척하였다.
- 소남촌(召南村): 현재 경상남도 산청군 단성면 소남리 일대를 말한다. 이곳에는 소남진이라는 나루터와 소남역원이 있었다. 대소헌 조종도 후손들의 집성촌이다.
- 소모관(召募官): 병란이 발발했을 때 그 지역의 의병을 모집하기 위하여 국왕이 임시로 임명하던 관리이다. 임진왜란이 태동기라면, 동학 농민전쟁 때 많이 임명되었다.
- 소범(小范, 989~1052): 송나라 때 범옹范雍을 대범大范이라 일컫는 데에 대하여, 범중엄范仲淹을 일컬은 말이다. 범중엄의 자는 희문希文이고, 시호는 문정文正이다. 그가 섬주경략陝州經略으로 있을 적에, 오랑캐들이 "소범의 흉중에는 수십만의 갑병이 들어 있다."고 하면서 두려워하였다는 고사가 있다. 김면이 전라도는 영남의 서쪽이고, 섬주가 회수 서쪽인 것을 빗대어 호남을 지칭하는데 인용하였다.
- 소상진(蘇尙鎭, 1548~1592): 본관은 진주이고, 자는 실보實甫이며, 호는 서암西庵이다. 1590년에 사재감司

宰監 주부를 지냈다. 1592년 임진왜란이 일어나자 관군이 충주의 달천에서 패했다는 소식을 듣고 서울로 가던 중, 운봉에서 김성일을 만나 의병을 모집하였다. 호남으로 돌아가 보성의 의병장 임계영任啓英의 휘하에서 별장이 되어 항시 붉은 전투복을 입고 전투에 나갔다. 성주싸움에서 적과 분전 끝에 전사하였다. 뒤에 예조참의에 추증되고 정충사旌忠祠에 배향되었다.

- 소천(小川): 안동현의 속현인 재산현 북쪽에 있던 소천부곡을 말한다. 현재는 봉화군 소천면인데, 이곳은 임진왜란 때 안동의 6백여 의병들이 전멸한 뼈아픈 곳이다.
- 소촌(召村): 경남 진주의 소촌역을 중심으로 한 역마 길을 소촌도召村道라 하였는데, 소촌은 찰방이 있던 곳이다. 지금 진주시 문산읍 일대를 말한다.
- 소하(蕭何, BC 257~BC 193): 한나라 창업공신으로, 강소성 패현沛県 출신이다. 한나라 초에 승상을 지냈다. 시호는 문종文終이다.
- 소혜(蘇傒, ? ~ ?): 전라도 남원부의 유학으로, 전 좌랑 이대윤과 함께 백미 1백 석을 군량에 보태도록 하고, 편지를 올렸다고 한다. 그러나 전해지는 문적은 찾을 수 없다. 원래 일기에는 소계蘇溪로 되어 있는데, 이것은 고성의병장 최강의 호이다. 최강이 남원의 이대윤과 함께 와서 군수를 지원할 이치는 없다. 실록의 선조 35년 임인(1602) 기록에 "공조좌랑 소혜蘇傒는 노쇠하여, 모두 직무를 수행할 수 없습니다."라는 사헌부 장계를 토대로 보면 이후 출사를 한 것으로 보이지만, 자세히 알 수는 없다.
- 손승선(孫承善, ? ~ 1593): 임진왜란 때 의병을 일으켜 진주성을 지켰다. 본관은 밀양으로, 이듬해 2차 진주성 전투에서 전사하였다. 1743년에 주부에 추증되었으며, 진주성 창렬사에 제향되었다.
- 손승의(孫承義, ? ~1592): 진주 출신 주부로서, 산음으로 초유사 김성일을 찾아왔다. 초유사는 고령의 임시수령으로 차임하였다. 김면 의병장의 휘하에서 성주성 전투에 참가하였는데, 전황이 불리하여 김준민이 후방에서 전후로 분전하며, 군사들의 퇴각을 안전하게 하였지만, 손승의는 탄환에 맞아 전사하였다.
- 손인갑(孫仁甲, 1544~1592): 본관은 밀양이다. 무과에 급제하여 훈련원 첨정을 하였다. 합천에서 의병을 일으켜, 정인홍 의병대의 중위장이 되어 활약하였다. 합천군수 전현룡이 적을 두고 달아나자, 합천가장을 맡아 그를 참하려고도 하였다. 1592년 6월 초순 무계전투에서 공을 세웠다. 6월 말에 있었던 초계의 마진전투에서 말을 채찍질하며 물 가운데로 추격하던 중 하상의 묽은 모래와 진흙 속에 그대로 빠져 애마와 함께 최후를 마쳤다. 뒤에 병조판서에 추증되었다.
- 송나라 고종(宋高宗, 1107~1187): 중국 남송의 초대 황제이자 송왕조의 제10대 황제(재위 1127~ 1162)인 조구趙構를 말한다. 금나라에 대한 항쟁을 포기하고, 양자강을 건너 남쪽으로 달아나, 임안臨安에 수도를 건설하니, 이것이 이른바 남송이다. 장소張所라는 신하가 금나라가 차지한 옛 수도 개봉開封에 있는 능원의 결함을 보고하였다는 고사를 선조의 교서에서 인용하였다.
- 송상현(宋象賢, 1551~1592): 본관 여산礪山으로, 자는 덕구德求이며, 호는 천곡泉谷·한천寒泉이다. 시호가 충렬忠烈이다. 임진왜란 당시 동래도호부사를 지냈다. 부산진성을 함락시킨 왜적이 '싸울 테면 싸우고, 싸우지 못하겠으면 길을 비켜라'라고 하자, '죽기는 쉬우나, 길을 비키기는 어렵다'라고 하였다. 끝내 성을 지키지 못할 것을 알고, 조복을 입고 북향 재배한 뒤, 적병에게 살해되었다. 왜적이 동문 밖에 안장

하였다고 한다.

- 송응창(宋應昌, 1536~1606): 명나라 신종 때의 문신이자 장군이다. 병부우시랑兵部右侍郞 · 대사마大司馬를 지내다가, 임진왜란 때 경략조선군무經略朝鮮軍務를 맡아, 제독 이여송 등과 4만여 명의 군사를 이끌고 참전하였다. 왜란 초기 조선 내 최고 실력자로 군림한다.
- 수군절도사(水軍節度使): 각 도의 수군을 통할하던 사령관이다. 정3품 당상관의 지방관직으로, 줄여서 수사水使라고 했다.
- 수규(首揆): 영의정의 별칭이다. 재신宰臣의 수령首領을 의미하는 뜻에서 수태首台라고도 하는데, 태는 삼태성三台星을 뜻하는 것이니, 좌의정을 중태中台라고 하고, 우의정을 우태右台라고 지칭하였다. 영규領揆 또는 영상領相이라고도 따로 불렸다.
- 수리원(愁離院): 경상우도 의령현 지역의 역명으로 추정되나, 정확히 그 위치가 어디인지는 알 수 없다.
- 수양성(睢陽城): 춘추시대 송나라의 옛 성이다. 현재 하남성 상구시商丘市 남쪽에 있다. 안녹산의 난에 태수 허원과 장순이 지켰으나, 성이 함락되어 죽임을 당하였다.
- 숙백충이(叔伯充耳): 『시경』의 모구旄丘 장에 '대부들이여, 귀먹은 듯 웃기만 하도다.[叔兮伯兮, 褎如充耳.]라고 노래한 것이 있다. 여黎나라 백성들이 구원을 청해도, 위衛나라 중신들이 마치 귀가 먹은 양 웃기만 하고, 도와주지 않았다는 고사가 있다. 김면 대장은 전라 감사에게 이 고사를 인용해서 군량 요청을 거부하지 말 것을 에둘러 표현한 것이다. 그러나 호남은 위나라 중신처럼 그렇게 하고 말았다.
- 순변사(巡邊使): 변방의 군사와 정무를 돌아보고 조사하기 위해 임금의 명을 받아 파견된 특사를 일컫는 말이다. 주로 공문 등을 전달하는 우역郵驛이나, 지방민들의 생활상 그리고 농사의 형편을 살피고, 변방의 전체적인 상황을 살피는 일을 맡아보았다.
- 순사또[巡使道]: 각 도의 순찰사 또는 감사를 '순사도巡使道'라 하고, 이를 순 우리말로 부르는 것이 순사또로 전성되었다.
- 순임금[帝舜有虞氏]: 삼황오제의 중에 한사람인 황제黃帝의 손자인 전욱顓頊의 후손으로 성은 우虞이고, 이름은 중화重華이다. 우순虞舜 또는 제순유우帝舜有虞로도 부른다. 주로 선대의 요임금과 함께 '요순堯舜' 이라고 하면 이른바 성군의 대명사로 일컬어진다.
- 순제(荀濟): 자는 자통子通이고, 본관은 영천군이며, 성악설을 주창한 순자의 후손이라고 한다. 양나라 고조 무제의 어릴 때 벗으로, 자기는 결코 무제에게 뒤떨어지지 않는다는 자부심을 과시하며, '나는 방패 손잡이 위에다 먹을 갈아 격문을 써서, 무제를 성토할 수 있다.[盾鼻上磨墨, 檄之]'라고 한 사실이 『북사北史』의 「순제열전」에 전한다. 이것은 민첩하게 써내면서도, 적을 압도하는 비범한 문체의 격문을 지칭하였다. 송암 이노가 『용사일기』를 저술한 사실을 만옹 서명서가 서문을 쓰면서, 이 고사에 비겨 격찬하였다.
- 승정원(承政院): 왕의 비서 기구이다. 왕권 강화 핵심 기구로 왕명을 출납하였다. 현재의 대통령 비서실과 유사하다. 총책임자인 도승지가 이조를 맡고, 좌승지가 호조, 우승지가 예조, 좌부승지는 병조, 우부승지는 형조, 동부승지는 공조를 맡아 6조와 협의하며 왕을 보필했다. 정3품의 도승지가 수장이다. 승정

원의 업무를 일기 형식으로 기록한 『승정원일기』가 남아 있어 역사 연구에 좋은 자료가 되고 있다.

- 시경(詩經): 춘추시대의 민요를 중심으로 하여 모은 시집으로, 황하의 중류지방 산출이다. 주나라 초기부터 춘추시대까지 305편을 수록하고 있다. 본래 3천여 편이었으나, 공자가 311편으로 정리하였다고 한다.
- 신갑(辛碑, ? ~ ?): 영산 사람으로 훈련원 봉사와 현감을 지내다가, 임진왜란에 창의하여 여러 전공을 세웠다. 초유사 김성일이 영산의 별장으로 임명하였다. 진주성 전투에서 정득열이 전사하자, 후임으로 사천현감이 되었다. 사후에 병조판서에 추증되었다.
- 신新나라: 한나라 외척 왕망王莽이 왕위를 찬탈하여, 유교적 이상 국가를 실현하고자 세운 나라이다. 왕전제와 사대제도 등을 실시했으나, 지방 호족들의 반발에 부딪혀 실패했다. 신나라는 불과 15년에 그쳐 중국사에서 가장 단명한 왕조로도 남았다.
- 신남(申楠, ? ~ ?): 임진왜란에 창의하고, 도망한 목사와 판관을 찾아와 10일 동안 기적적으로 성을 지켜낸 용장임에도 그 기록을 찾을 수 없다. 진주대첩에서 신남은 취사와 음식의 접대를 담당[櫜餼]하였다.
- 신담(申譚, ? ~ ?): 유학으로 창의하여 문경현의 소모관이 되었다. 문경을 맡아 향병을 모집하되, 관군에 구애될 것 없이, 이봉 의병장의 지휘를 받게 하고, 관문을 상주·문경·함창에 두고, 군량과 병기를 많이 보급하도록 하였다.
- 신녕현(新寧縣): 『신증동국여지승람』에 의하면 영천군 서쪽 10리 지점에 있었다고 한다. 신라 때에는 사정화현史丁火縣이던 것을 신령현으로 고쳐 임고군臨皐郡에 소속시켰다. 현재 영천시 신녕면 지역이 이곳이다.
- 신문빈(愼文彬, 1519~ ?): 본관은 거창이며, 호는 포연鋪淵이며, 남명 조식의 문인이다. 관직이 상호군으로 지중추부사에 이르렀는데, 임진왜란이 일어났을 때는 이미 늙고 병들어 직접 일어나지 못하였고, 군량과 장정들을 조달하여 초유사 김성일을 응원하였다.
- 신반(新反): 현재 의령군 부림면 소재지이다. 『삼국사기지리지』에 의상현宜桑縣으로 나온다. 경덕왕이 이름을 신번현新繁縣으로 고쳤다는 기록이 있다. 『여지도서』에는 보림리寶林里로 되어 있으며, 북쪽으로 50리이고, 동쪽이 낙동강에 닿아 있다고 하였다.
- 신방주(辛邦柱, ? ~1592): 영산현 사람으로, 임진왜란 때 동생 신방즙辛邦楫과 창의하여, 대산臺山에 진을 치고, 왜적을 방어하다가 전몰하였다.
- 신방즙(辛邦楫, 1556~1592): 본관은 영산이며, 자는 여제汝濟이고, 호는 영모당永慕堂이다. 한강 정구의 문인으로, 학식과 서예가 뛰어났다. 1591년 생원시에 합격하였고, 다음 해 임진왜란이 일어나자 성안의·곽찬·조열 등과 함께 창의하였다. 김성일이 영산의 소모관에 임명하니, 성천희 등과 함께 그해 8월 창녕 전투에 참가하였다. 형 신방주와 동생 신방로도 의병으로 참전하여 공을 세웠다.
- 신북문(新北門): 진주성이 작은 것을 혐오하던 경상감사 김수가 1591년 조선 초기 경계에서 외성 모양으로 진양성을 넓혀 쌓으면서, 넓힌 부분의 북쪽에 세운 출입문이다. 지제문이라고도 하는데, 남문의 정북쪽에 위치하였으며, 동문의 서편에 있다. 조선 후기 성을 축소할 때도 남아 있었으나, 왜정 시기에 없

어진 것으로 파악된다. 경상감사 김성일은 싸우러 오지 않고, 그럴 의사도 없는 명나라 군대를 한 치라도 더 가까운 곳에서 보고 듣고자, 주로 신북문에 있었다고 한다.

- **신정초수(新亭楚囚)**: 초수는 초나라 사신 종의鍾儀가 진晉나라에 구금되었으므로 말한 것이다. 진나라 관리들이 중원을 잃고, 강남으로 피난을 와서, 단양丹陽의 신정에서 통곡하며 노래를 부르자, 승상 왕도王導가 '서로 왕실에 힘을 바쳐, 중원을 회복할 때에, 어찌 초나라 죄수처럼 울기만 하는가?'라고 한 데서 유래되었다. '초수비楚囚悲'라고도 한다.
- **신초(辛礎, 1568~1637)**: 본관 영산이고, 자는 우수友叟이며, 호가 문암聞巖으로, 시호 충장忠壯이다. 무과에 급제한 뒤 1591년 가덕도에 있는 천성의 만호가 되었고, 이듬해 임진왜란이 일어나자 의병을 모집하고, 곽재우의 군대에 들어갔다. 공호겸孔好謙이 적에게 항복하고, 영산에서 경상도관찰사를 자처하자 그를 생포하였다. 김성일이 현풍현의 임시수령으로 삼았다. 병조판서에 증직되었다.
- **신포서(申包胥, ? ~ ?)**: 춘추시대 초나라 대부이다. 오나라의 군사들이 초를 침범하여 서울까지 들어오자, 그는 진秦나라에 가서 궁중 뜰에 앉아, 구원병을 보내 달라고 7일간 울음을 그치지 않으니, 진나라에서는 그 정성에 감동되어, 군사를 보내 초나라를 구하였다고 전한다. '진정지곡秦庭之哭'이라 함은 이 고사를 말하며, 남에게 간절한 도움을 청한다는 것을 비유한다.
- **신할(申硈, 1548~1592)**: 본관은 평산으로, 탄금대 전투의 패장인 신립의 동생이다. 1567년 무과에 급제하여 비변사를 거쳐, 1589년 경상도좌병사에 보임되었다. 임진왜란이 일어나자 함경도병사가 되어 선조의 몽진을 호위하였다. 이후 도원수 김명원과 임진강에서 왜적을 공격하다가 복병을 만나 순절하였다.
- **신해(申海, ? ~?)**: 경상좌도 하양현 출신으로 훈련원 봉사를 하였고, 하양에서 창의하여, 권응수 대장과 함께 박연朴淵에서 만나 영천에 웅거하고 있던 왜적들을 섬멸하였다.
- **심기일(沈基一, 1545~1610)**: 자는 남중南中으로, 의령현 만천리 출신이다. 곽재우 의병부대는 함안지방에서 의령으로 침입해 오는 왜적을 방어하기 위해서 정암진을 지키고 있었는데, 이때 그가 책임을 맡고 있었다. 특히 그는 정호의 배를 지키고 있으면서 왕래하는 것을 기찰하는 직임을 맡았다고 한다. 병조참판에 증직되었다.
- **심대승(沈大承, 1556~1606)**: 본관은 청송靑松이며, 자는 덕보德甫이고, 호는 이안伊安이다. 의령출신으로, 훈련원 판관과 군자감정 등을 지냈다. 임진왜란 때 곽재우와 박필朴弼 등 의령 고을의 장사들과 친족, 하인 등을 모아 의병의 깃발을 치켜들었다. 진주 싸움 때도 구원군의 선봉장으로 참가하였다. 좌승지에 증직되었다.
- **심수경(沈守慶, 1516~1599)**: 본관은 풍산豊山이고, 자는 희안希顔이며, 호는 청천당聽天堂이다. 1546년 식년문과에 장원으로 급제하여, 대사헌과 8도의 관찰사를 역임하고, 청백리에 녹선되었다. 1590년에 우의정에 오르고 기로소에 들어갔다. 임진왜란이 일어나자 삼도체찰사가 되어 의병을 모집하였으며, 이듬해 영중추부사가 되었다. 문장과 서예에도 능하였다. 저서로는 『청천당시집』과 『견한잡록遣閑雜錄』 등이 있다.
- **심유경(沈惟敬, 1537~1599)**: 절강성 가흥부嘉興府 출신으로, 자는 우우宇愚이다. 1592년 조승훈이 이끄는 명나라 군대를 따라 조선에 들어왔다. 평양성 전투에서 명나라군이 대패하자, 화평을 꾀하는 데 역할

을 하였다. 평양성에서 일본의 고니시 유키나가[小西行長]와 만나 화평 협상을 추진하였으나 실패하였다.

(ㅇ)

- **악비(岳飛, 1103~1142)**: 송나라 말기의 무장으로, 학자로서도 뛰어났다고 한다. 금나라의 팽창에 북벌론을 주장하였다가, 재상인 진회秦檜의 무고로 사망하였다. 1178년 무목武穆이라는 시호를 받았다가, 1204년 왕으로 추존되어 악왕鄂王이 되었다. 명나라 이후 한족의 영웅으로 추앙되었다. 특히 북벌을 나서면서 '진충보국盡忠報國'의 네 글자를 등에 다 새겼다고 전한다.
- **안고경(顔杲卿, 692~756)**: 자는 드물게 외자인 신幸이다. 장안長安 사람으로, 당나라 관리이다. 756년 안녹산 반군이 상산을 포위 공격하자 안녹산은 아들 안계명을 포로로 잡아 안고경에게 투항하라고 강요했으나, 안고경은 이에 굴하지 않고 안녹산에게 욕설을 퍼부으니, 아들을 참수하였다. 이어 사사명史思明에게 크게 패하고, 안녹산에게 끌려간 안고경은 눈을 부라리고 욕설을 하다가 처형당했다. 건원 원년인 758년에 태보太保에 추증되고, 시호를 충절忠節이라 하였으며, 그 아들 안위명安威明을 태종승太宗僧이라 하였다.
- **안코쿠지 에케이(安國寺惠瓊, 1539~1600)**: 임진왜란에 참전한 일본의 승려이다. 안코쿠지安国寺라는 성姓은 아키국(지금의 히로시마현)에 있는 사찰 이름인 후도인[不動院]에서 기인한 것이다. 임진왜란에서 의병장 곽재우와의 전투로 익히 알려져 있다. 안코쿠지는 도요토미 히데요시에 중용되어, 천하통일 사업을 비롯하여 대륙 진출 야망까지 품도록 하였다. 조선에 와서는 왜장들의 고문으로 활동하였다.
- **안기종(安起宗, 1556~1633)**: 자는 응회應會이고, 호는 지헌止軒이며, 의령현 부산리 입산마을 출신으로, 본관은 탐진耽津이다. 곽재우 의병의 매복을 도맡아 하였다고 한다. 군자감정을 역임하고, 이조참의에 추증되었다.
- **안녹산(安祿山, 703~757)**: 당나라 반란군 수장이다. 요동의 조양朝陽 출신으로, 이란계 부친과 돌궐족인 어머니 사이에서 출생하였다. 현종 황제에게 총애를 받고, 양귀비의 마음을 얻어, 하북성과 만주 일대를 휩쓰는 대장군이 되었다. 755년 하북성 범양范陽에서 반란을 일으키고, 낙양에 들어가 대연大燕 황제라 칭했다. 이것이 안사의 난 시초이다. 안녹산은 수도 장안까지 점령했지만, 둘째 아들 경서의 손에 죽었다. 이후 이 난리는 안녹산의 부장 사사명史思明으로 이어졌기 때문에 '안사安史의 난'이라고도 한다.
- **안문(鴈門)**: 중국 산서성山西省 대현代縣의 옛 군명으로, 관문이 있는 요충지를 말한다. 북방 국경인 안문의 풀빛이 붉으므로 자새紫塞라고도 하는데, 여기서는 우리나라 변방을 일컬었다.
- **안음현(安陰縣)**: 경상남도 함양군 안의면 일대의 옛 행정구역이다. 영조 때인 1767년에 안의安義로 바뀌고, 1914년 부·군·현 통폐합으로 함양군과 거창군에 나누어 부속되고, 지금은 함양군 안의면으로 자취가 남아 있다.
- **안협현(安峽縣)**: 강원도 이천伊川 지역의 옛 지명이다. 본래 고구려의 아진압현阿珍押縣이었는데, 신라 경덕왕이 안협으로 바꾸어 황해도 토산군兎山郡의 영현으로 삼았다. 1414년에 경기도의 삭녕군朔寧郡과 합

하여 안삭군安朔郡으로 하였다가, 다시 안협현으로 하였다. 현재 강원도 미수복 지역에 속해 있다.

- 안휘성(安徽省): 중국 중앙부 양자강 하류 유역에 있는 성이다. 장순이 수양성을 지켜 장강과 회수를 보전하였다는 바로 그 지역이다.
- 애민헌(愛民軒): 의령현 관아의 동헌을 일컫는다. 『용사일기』 서문을 지은 서명서가 현감으로 재직 중에 건립하였다고 한다. 백성을 사랑한다는 의미에서 보면, 당시의 시각으로는 그 명칭이 예사롭지 않다. 백성을 지혜롭게 한다는 홍지문弘智門은 한양의 4대 문 중의 하나였으나, 백성이 지혜로우면 나라가 이롭지 않다는 주청으로 건립조차 되지 않았다고 하니 그렇다.
- 야로(冶爐): 경상남도 합천 지역의 옛 지명으로, 신라의 적화현赤火縣이었는데, 757년에 야로현冶爐縣으로 고쳤다. 조선시대에는 합천군 현내면縣內面이었는데, 1914년 행정구역 개편 때 상북면과 하북면을 합쳐 야로면이 되었다.
- 양梁나라: 중국 남북조시대(420~589, 삼국을 통일한 진晉나라와 수隋나라의 중간 시대에 해당)에, 양무제 소연(蕭衍, 464~549)이 건국한 남조의 3번째 왕조(502~557)이다.
- 양사준(梁思俊, ? ~ ?): 왜란 당시 경상우도병마절도사 김성일이 의금부로 압송되자, 조대곤의 후임으로 병사 직을 계승한 사람이다. 경상우방어사 조경의 조방장으로 추풍령 전투에 참여하였으나, 패배하였다.
- 양산숙(梁山璹, 1561~1593): 전라도 광주 출신으로 본관은 제주이며, 자는 회원會元이고, 시호는 충민忠愍이다. 성혼의 문하에서 수업했으며, 벼슬에 뜻을 두지 않고 경서에만 전념했다. 김천일 의병에서 부장으로 활약하던 중, 김천일이 강화도 진을 옮길 무렵에, 곽현郭賢과 함께 해로와 사잇길로 의주의 행재소에 가서 영남과 호남 사민들에 대한 선조의 교서를 받아 왔다. 공조좌랑에 임명되었으며, 진주성 전투에서 순절하였다. 좌승지에 추증되었으며 나주의 정렬사旌烈祠와 진주의 창렬사彰烈祠에 배향되었다.
- 엄홍(嚴泓, 1527~1601): 현풍현 출신 무장이자 의병장으로, 본관은 영월이고, 자는 백심伯深이다. 1543년 17세의 나이로 무과에 급제하였으며, 이후 결성현감과 문천군수 등 13개 고을의 지방관을 역임하였다. 임진왜란 때 왜적이 현풍현에 다다르자, 현의 많은 백성이 낙동강을 건너 가야산과 덕유산에 숨었다. 이때 초유사 김성일이 엄홍을 의병 별장으로 삼아 백성들을 효유하였다.
- 업병치원(鄴兵馳援): 진나라가 조나라를 침공할 때 위魏나라 신릉군信陵君 무기無忌는 업에 주둔하고 있는 진비晋鄙의 군사를 빼앗아, 조나라를 침공한 진나라 군사를 물리쳤다는 고사다.
- 여黎나라: 선진先秦 시대의 작은 제후국이다. 일명 기국(耆國, 飢國)이라고도 한다. 산서성 여성현黎城縣 동북에 있었다고 한다. 춘추시대 적에게 핍박을 받아 위나라로 이주한 여나라 사람들은 '모구旄丘'라는 시를 지어 위나라가 도와주지 않음을 원망하였다고 한다. 나중에 진나라에 합병되었다.
- 여대로(呂大老, 1552~1619): 본관은 성산星山이고, 자는 성우聖遇이며, 호는 감호鑑湖로, 남명 조식의 문인이다. 1582년 사마시에 합격하고, 이듬해에 문과에 급제하였다. 왜란 때 고향인 김산에서 창의하여, 김면과 곽재우 등과 합세하여 지례전투에서 공을 세웠다. 김성일의 천거로 지례현감이 되었다. 나라에 혼란이 있을 때는 의병을 일으켜 충성을 다하였고, 지방관이 되어서는 백성을 위해 어버이 같은 선정을 베풀었다. 권세에 굴복하지 않고 평생을 의롭게 살았다.

- 여산현(礪山縣): 전북 익산군 여산면 일대에 있던 행정구역이었다. 백제 때에는 지량초현只良肖縣이었다. 1400년(정종 2)에 낭산현朗山縣을 속현으로 한 뒤, 1404년(태종4) 여량과 낭산이 합하여 여산현이 되었다. 1914년 행정구역 개편 때 익산군이 되었다.
- 연연산(燕然山): 몽고에 있는 산의 이름이다. 한나라 황실의 외척인 두헌竇憲이 영평원년永平元年인 89년에 남흉노의 배반으로 북쪽의 흉노를 함께 쳐서 공을 이루고는, 16년에 걸쳐 편찬된 한나라 역사서 『한서』를 지은 반고班固에게 글을 짓게 하고, 이 산의 돌에다 그 공적을 새겼다고 한다.
- 영고숙(穎考叔, ? ~BC 712): 춘추시대 정鄭나라 영곡穎谷의 변경을 지키던 사람으로, 지극한 효심으로 유명하였다. 정나라 군주 정오생이 모친과 갈등을 보일 때, 이 효심으로 풀었다. 정오생이 허나라를 공격할 때, 정나라의 깃발인 모개기를 흔들며, 허許나라 성벽에 제일 먼저 올랐다가, 수레 문제로 다툰 적이 있던 공손알公孫閼 자도子都가 밑에서 쏜 화살에 맞고 죽었다.
- 영산현(靈山縣): 경상남도 창녕군 영산면 일대에 있던 옛 고을이다. 1896년에 경상남도 영산군이 되었다가, 1914년 행정구역 개편 때 영산군은 폐지되어 창녕군에 속하고, 지금은 영산면으로 남아 있다.
- 영장(領將): 군사나 배를 거느리며 지휘하는 장수를 영장이라 하고, 군대 편제의 단위인 1령의 군사를 거느리는 장수나 무관을 가리킨다. 영은 군대 편제 단위를 가리킨다.
- 영해부(寧海府): 현재 경상북도 영덕군 영해면·축산면·창수면·병곡면 일대에 있던 옛 고을이다. 영해의 별호는 단양이었다. 지방제도 개정에 의해 1895년에 안동부 영해군, 1896년에 경상북도 영해군이 되었다가, 이후 영덕군에 병합되었다.
- 예문관(藝文館): 국왕의 말이나 명령을 담은 문서의 작성을 담당하기 위해 설치한 관서이다. 원봉성元鳳省·사림원詞林院·문한서文翰署·한림원翰林院이라고도 별칭하였다. 관리 중에 대교는 정8품으로 2인이었고, 검열은 정9품으로 4인이었다. 이들을 내한內翰이라고도 하고, 한림翰林이라 달리 불리기도 하였다.
- 예안현(禮安縣): 1413년(태종 13)부터 안동 지역의 예안면·도산면·녹전면 일대에 설치되었던 행정기관이다. 1914년의 행정구역 통폐합으로 예천군에 편입되기도 했다. 옛 명칭은 매곡買谷·선곡善谷·선성宣城이다.
- 오건(吳健, 1521~1574): 조선 중기의 문신이자 학자이다. 선조 때 이조좌랑으로 춘추관 기사관을 겸하여 『명종실록』 편찬에 참여하였다. 호가 덕계德溪이며, 오장의 부친이다. 산청의 서계서원西溪書院에 배향되었다.
- 오운(吳澐, 1540~1617): 조선 중기의 문신이자 의병장이다. 본관은 고창으로, 자는 태원太源이고, 호는 죽유竹牖이다. 남명과 퇴계의 양대 문인으로, 류성룡과 한강 정구 등과 교유하였다. 1566년 별시문과에 합격하여 성균관의 학유·학정·박사·전적·직강 등을 역임했다. 충주목사 겸 편수관을 거쳐 성균관 사성을 지낸 뒤 광주光州목사로 나갔다. 왜란이 일어나자 곽재우의 의병을 도와서 군량과 마필을 대고, 자신의 가노 7, 8명을 데리고 참가했다. 이어 초유사 김성일의 소모관이 되었다. 1597년 정유재란이 일어나자 합천 부근의 왜적을 물리쳐 그 공으로 통정대부에 올랐으며, 명나라 장수 진린陳璘의 접반사가 되었다. 그 뒤 의흥위사과·첨지중추부사·장예원판결사 등을 역임하였다. 선무원종공신 1등에 책록되고 병조참판에 증직되었다. 영주의 산천서원, 남계에 있는 세덕사에 배향되었다. 저서로는 『죽유문집』이 있다.

- 오응창(吳應昌, 1550~?): 자는 중문仲文으로 해주인이다. 1591년 신묘 별시 무과에 병과로 합격하였다. 왜란 당시 의령현감을 하였는데, 김해로 나가다가 배가 침몰하여 어디로 갔는지 모른다고 하였다. 실록이 전하는 경상감사 김수의 장계에 의하면, 초계군수 이유검李惟儉과 함께 오응창 등은 패군장으로서, 이미 효시梟示를 하였다고 기록하고 있는데, 믿기 어렵다.
- 오숙(吳䎘, 1592~1634): 본관은 해주海州이며, 자는 숙우肅羽이고, 호가 천파天坡이다. 1610년 진사시에 합격하고, 약관인 1612년에 증광문과 병과로 급제하여 이름을 날렸다. 1631년 경상도 관찰사로 부임하여, 이듬해 진주목을 순행할 때 촉석루 경내에 김성일의 행적을 기록하고, 「촉석루중삼장사시」를 지은 경위와 시를 판각하여 걸도록 하였다. 문장이 간결하고 명료하였으며, 특히 기행과 유람에 관련한 시문에 뛰어났다. 부인이 포천에 거주하던 고성이씨 창주 이성길의 따님이다. 종증손이 경차관으로 진주성에 온 김성일의 후손인 김기찬과 함께 와서 홍화보가 잘못 내건 시판을 그의 문집을 가져다 정리하였다. 종고손인 오재소吳載紹는 『용사일기』 재간본에 발문을 쓰기도 한 인연이 있다. 이조참판 겸 홍문관과 예문관 제제학에 추증되었으며, 『천파집』 4권이 있다.
- 오자서(伍子胥, ? ~BC 484): 이름은 원員이고 자서子胥는 자字이다. 춘추시대의 정치가로 초楚 나라 사람이었으나, 아버지와 형이 살해당한 뒤, 오나라를 섬겨 복수하였다. 오나라 왕 합려를 보좌하여 강대국으로 키웠으나, 그의 아들 부차에게 중용되지 못하고 모함을 받아 자결하였다.
- 오작분비(烏鵲分飛): 삼국지의 최대 전투 중의 하나인 적벽대전에서 조조가 지은 시의 한 구절이다. 그 내용이 비감하여 미리 패전을 예감한 것이 아닌가 하는 진단이 있다. '달은 밝고 별은 성긴데, 까막까치는 남으로 날아가네. 두른 나무를 세 번 돌아봐도, 내려앉을 가지가 없네.[月明星稀, 烏鵲南飛. 繞樹三匝, 無枝可依.]'라는 구절을 송암 김면 대장이 호남에 군량을 청하면서 인용한 말이다.
- 오장(吳長, ? ~1616): 본관은 함양이며, 자는 익승翼承이고, 호는 사호思湖이다. 오건吳健의 아들이다. 왜란이 일어났을 때 김우옹의 천거로 장현광張顯光과 함께 발탁되었으나, 길이 막혀 가지 못하고, 산음으로 이지와 김경근과 함께 김성일을 찾아와 의병으로 활약하였다. 1595년 진안현감이 되었다가, 1610년 식년문과에 병과로 급제하였다. 관직은 정언을 거쳐, 경성판관을 지냈다. 문집으로 『사호집』을 남겼다. 인조반정 후 승지를 추증받았고, 산청의 서호사西湖祠에 제향되었다.
- 오장원(五丈原): 중국 삼국시대 섬서성陝西省의 요충지이다. 234년 촉나라의 제갈량이 위수渭水를 끼고 위나라 사마의와 대진 중에 병사한 곳이다. 제갈공명은 지구전을 예상하고, 군량을 걱정하여, 둔전을 설치하였다고 한다. 제갈량이 죽음에 학창의를 입고, 부채를 든 목상을 내세웠더니, 사마의가 후퇴하였다. 이를 두고 '죽은 공명이 살아 있는 사마중달을 이겼다'는 고사가 이곳에서 생겨났다.
- 오창(敖倉): 진秦나라 때 설치된 양식 저장 창고로, 오산敖山의 정상에 있어 붙여진 이름이다. 한·위나라 때에도 이곳에 창고를 설치했는데, 당시 가장 중요한 양식 창고였다. 지금의 하남성 형양滎陽 서북쪽 산위에 있다.
- 오호(五胡): 중국 한나라 때로부터 남북조시대에 이르기까지, 유목을 주로 하던 북방민족이 중원으로 들어와서, 16개 나라를 세운 다섯 겨레를 말한다. 흉노匈奴·갈羯·선비鮮卑·저氐·강羌 족이 그들이다.

- 옥당(玉堂): 궁중의 경적經籍 관리와 문한의 처리 및 임금의 자문에 응하던 홍문관의 별칭이다. 혹은 홍문관의 부제학 이하 교리와 부교리, 수찬과 부수찬 등 실무를 담당하는 관원을 총칭하여 부르는 말이다.
- 옥루산(玉壘山): 사천성 서북쪽 관현關縣에 있으며, 옥산玉山이라고도 한다. 토번吐番과 국경을 이루고 있어, 침략을 자주 당하였다고 한다.
- 옥봉리(玉峯里): 진주목의 진산인 비봉산이 왼편으로 감아 도는 곳에 있다. 진주 동북지역으로 이어지는 대로인 말띠고개[馬峴]가 위치한다. 동의 가운데에 남북으로 수정봉과 금산이 자리를 잡고 있으며, 그 가운데에 옥현玉峴이 있었다. 동편 산록에 진주향교가 위치한다.
- 옥천대(玉川臺): 의령현의 속현이던 신번현新繁縣을 관통하는 신반천 변에 깎아지른 절벽을 말한다. 임진왜란 때 권난 의병장의 승첩지이기도 하다.
- 왕개(王玠, ? ~1132): 송나라 장주長洲 출신으로, 자는 개옥介玉이다. 금나라 태조의 넷째 아들 올출兀朮에게 익은 감을 미리 보내서, 금나라 군대가 놀라서 도망하였다는 고사가 있다.
- 왕망(王莽, BC 45~AD 23): 한나라의 정치가로, 자는 거군巨君이다. 자신이 옹립한 평제平帝를 독살하고 제위를 빼앗아, 국호를 신新으로 명명하였다. 광무제 유수劉秀에게 피살되었다. 재위 기간은 서기 8년~23년으로 역사상 가장 짧은 역사를 지닌 황제국으로 통한다.
- 왕수신(王守臣, ? ~ ?): 명나라 요동 부총병 조승훈의 유격장군으로 기병 3백 기를 이끌고 파병되어, 평양성을 공격하였으나, 패배하고 물러났다가 다시 출전하였다.
- 요堯임금(? ~ ?): 전설상의 부족국가 시대 중국의 제왕이다. 이름은 방훈放勳이고, 부계는 씨족사회 후기 부족의 수령이었다. 처음에 도陶에서 살다가 나중에 당唐으로 옮겨 살아 도당씨陶唐氏가 되었으며, 역사에서는 당요唐堯라 부른다. 순임금의 행실을 3년이나 지켜보고 양위하였다.
- 요동(遼東): 중국 동북지방의 남부 평원을 관통하는 하천인 요하遼河의 동쪽 지방이라는 의미다. 지금의 요녕성 동남부 일대를 말한다.
- 요상(堯顙): 임금을 뜻하는 말이다. 공자가 정鄭나라 동문에 혼자 서 있었더니, 어떤 사람이 보고, '이마는 요임금을 닮았고, 허리는 우임금에 세 치 모자라서, 마치 얻어먹지 못한 상갓집의 개와 같다.'라고 한 데서 유래되었다. 김면 대장이 선조 임금을 이에 비유하였다.
- 요양(遼陽): 중국 요령성 중부의 현 이름이다. 심양의 남쪽에 있다. 청태조 누르하치가 심양에 천도하기 이전에 청나라의 수도였던 곳이다.
- 용만(龍灣): 평안도 의주義州의 고려시대 때 이름이다. 『세종실록지리지』에는 의주목 용천군龍川郡으로 기록되어 있다. 선조가 임진왜란에 이곳에 피난 왔다가 한양이 회복되자 압록강 입구 마도馬島에서 배편으로 돌아갔다고 전한다.
- 용문(龍門): 우임금이 치수를 하면서, 용문을 파서 뚫었다는 일을 가리킨다. 용문은 황하 중류에 있는 급한 여울목으로, 산서성 하진시河津市 북서쪽과 섬서성陝西省 한성시韓城市 북동쪽에 있다. 등용문登龍門이라 함은 잉어가 이 용문을 뛰어오르면, 용이 된다는 말인데, 바로 입신출세를 의미한다.

- **용문산(龍門山)**: 경기도 양평군 용문면과 옥천면에 걸쳐 있는 산으로 높이는 1,157m이다. 『신증동국여지승람』 양근군 편에 '다른 이름은 미지산彌智山인데, 군 동쪽 33리 되는 곳에 있다.'고 하였다. 지평현 편에서 '미지산彌智山은 현 서쪽 20리 되는 곳에 있는데 곧 용문산이다.'라고 명확하게 기록하고 있다. 양근군과 지평현을 합쳐 양평군으로 이름 지었다.
- **용인전투(龍仁戰鬪)**: 임진왜란 당시 서울이 왜군에게 함락되자 전라도관찰사 이광, 충청도관찰사 윤선각, 경상도관찰사 김수는 관군을 이끌고 서울을 수복할 계획을 세웠다. 온양에서 합세하여, 용인성의 남쪽 약 40㎞ 지점에 이르렀다. 많은 조선군을 본 왜군은 싸움에 나서지 않고, 한양에 구조를 요청하였다. 왜군의 구원군이 합류해 공격해오자 조선의 관군은 모두 무너져 패주하거나 전사해 무너지고 권율의 군대만이 온전했다. 이 패배는 조선 관군에 대한 기대를 절망적으로 만들었으며 결과적으로 일본군을 계속 북상하도록 만들었다. 이광은 패전의 책임으로 탄핵을 받고 백의종군한 뒤 의금부에 갇혔다가 유배되었다.
- **우임금[夏禹]**: 중국의 고대 하夏나라를 창업한 군주이다. 이름은 문명文命이라 하였다. 순임금을 계승한 우임금은 하나라 세습 왕조를 창건했다. 황하의 치수사업에 성공하여, 성군의 반열에 들었다.
- **우지치(牛旨峙)**: 경상우도에서 서울로 가는 길에 있는 세 개의 고개 중에 하나이다. 지례현과 거창현의 경계에 있던 고개의 이름으로, 임진왜란의 격전지였다. 우지牛旨 혹은 우지령牛旨嶺이라고 한다. 나머지 두 개의 고개는 함양과 운봉의 경계에 있는 팔량령八良嶺과 무주와 거창의 경계에 있는 성초령省草嶺을 말한다.
- **우후(虞候)**: 각 도에 두었던 통칭 병사兵使라고 하는 병마절도사兵馬節度使와 수사水使라고 하는 수군절도사水軍節度使 밑에 두었던 부직副職이다. 병마우후는 종3품으로 병우후兵虞候 또는 아장亞將이라고 하였고, 수군우후는 정4품이었다. 우후는 관찰사가 겸임하는 병사나 수사 밑에는 두지 않고, 전임직의 병사와 수사 밑에만 1명을 배치하였다.
- **운봉현(雲峯縣)**: 전라북도 남원군 운봉면 일대의 옛 행정구역이며, 1914년 남원군에 편입되었다. 본래 신라의 모산현으로서 아영성, 혹은 아막성이라 하였는데, 운봉현으로 고쳤다.
- **울진(蔚津)**: 정조 때 나온 『해동지도』에 나타난 창녕현 지도에 따르면, 군의 서쪽 40리 지점인 낙동강가에 위치하였으며, '우러리 나루'를 한자로 표기한 것이 울진이다. 의령의 신반천과 우포늪에서 흘러나오는 토평천이 마주하는 성산리 부근으로 추정된다. 우러리라는 말은 두 하천에서 흘러나온 물이 낙동강과 만나 소리를 내었다는 데에서 유래하였다. 그러나 일제가 우리말 동리를 한자화 할 때 우러리를 '하늘을 우러른다'로 잘못 해석하여 앙진仰津이라 하였다. 이것은 낙동강 서측이 지명이다.
- **웅천현(熊川縣)**: 창원시 진해구에 있던 행정구역이다. 신라초 웅지현熊只縣이라 하였으며, 경덕왕 때 웅신현熊神縣으로 고쳤다. 문종 때 웅천현으로 고치고, 1895년 웅천군으로 승격하였다. 1914년 창원군에 통합되어 웅천면이 되었고, 1973년 이후 행정구역 개편에 따라 대부분 진해시에 편입되었다.
- **원충갑(元沖甲, 1250~1321)**: 고려의 공신으로, 본관 원주이며, 시호는 충숙忠肅이다. 향공진사鄕貢進士로 원주의 별초에 있던 중, 1291년(충렬왕 17)에 원나라 반란군인 카다안[哈丹]의 침입으로 원주성이 포위되

자, 10여 차에 걸친 공방전으로 적을 무찌르고 성을 고수하였다.

- 위강(魏絳, ? ~ ?): 춘추시대 진晉나라 대부 위장자魏莊子를 말한다. 처음에 중군사마中軍司馬에 임명되었다. 하군주장下軍主將이 되어 정치를 맡았을 때 산융山戎과의 화친을 맺었을 때, 화친에서 얻을 다섯 가지 이익에 대해 설파했다. 마침내 동맹을 맺고 왕명으로 모든 융족들을 감독함으로써 진나라의 국세를 떨치고, 패업을 이루었다. 송암 이노가 이여송을 달랠 때 인용한 고사이다.
- 위타(尉佗, BC 257~BC 137): 남월의 초대 군주 조타趙佗를 말한다. 위타尉佗는 이칭이다. 진나라 장수 임오任囂의 부관으로, 광동성 일대에 파견되었다가, 진나라가 혼란에 빠지자, 남월을 세웠다. 남월은 베트남 북부에서 광동성 일대를 통치하였다. 위타가 분수를 넘쳤다는 것은 스스로 무제武帝라고 황제를 스스로 칭하였다는 것을 말한다.
- 유곡리(柳谷里): 의령현의 동북쪽에 있던 동네다. 곽재우가 창의한 세간리의 서쪽으로 인접해 있다. 『여지도서』의 의령현 편에 "유곡리는 예전에는 '미요리未要里'라고 불렀다. 관아에서 북쪽으로 30리이며, 사면이 산으로 가로막혀 있다."라는 기사가 있다. 1914년 행정구역 개편 때 의령군 유곡면이 되었다.
- 유곡역(幽谷驛): 유곡도幽谷道는 경상도 문경의 유곡역을 중심으로 한 역도이다. 유곡역에는 찰방이 주재하였다. 관할범위는 문경-함창-상주-선산 방면으로 이어지는 역로와 문경-용궁-비안-군위 방면으로 이어졌다.
- 유덕신(柳德新, 1548~1617): 본관은 문화文化이고, 자는 경언敬彦이다. 부친은 공조판서를 지낸 유잠柳潛이다. 현풍현감 재직 시에 순찰사의 전령이었음에도 관아를 버리고 도주하였다. 이후 어떻게 명예를 회복하였는지 몰라도, 종친부에 속하지 않은 종친과 외척을 위해 설치되었던 관서인 돈녕부에서 정3품 도정都正에 올랐다.
- 유방(劉邦, BC 247~BC 195): 중국 한나라의 초대 황제(재위 BC 202~BC 195)이다. 자는 계季이고, 묘호는 원래 태조인데 『사기』에서 사마천이 고조高祖라 칭한 뒤로 통칭이 되었다. 진나라 말기에 항우와 함께 군사를 일으켜 진나라를 멸망시키고, 항우와의 쟁패전에서 승리하여 통일왕조 한나라를 세웠다.
- 유숭인(柳崇仁, 1565~1592): 본관은 문화로 조선 중기 무장이다. 1586년에 홍원현감에 오르고 1587년 사복시 주부에 임명되었다. 1592년 함안군수로 재직 중에 임진왜란이 발발하자 여러 차례 성을 비우고 도망하였다. 소모관 이정李瀞의 적극적인 보좌로 다시 성을 지켜, 곽재우의 의병에게 진로를 차단당한 왜적 47급을 베어 획득하는 성과를 올렸다. 이후 여러 전공으로 경상우병마절도사에 임명되었으나, 창원성에서 패하고, 진주성을 구원하고자 하였으나, 목사 김시민이 거부하여 입성하지 못하고 장렬히 전사하였다.
- 유월험윤(六月玁狁): 주나라 선왕宣王의 대신인 윤길보尹吉甫가 문무를 겸비하여 북쪽의 험윤을 정벌한 내용이 『시경』「소아小雅」 유월六月에 나오는데, 그처럼 조선으로 출정하여, 왜적을 쉽사리 물리친 이여송을 지칭한 것이다. 험윤은 흉노족을 말한다.
- 유정(劉綎, 1558~1619): 명나라 신종 때의 무신이다. 임진왜란 때 부총병으로 병사를 이끌고 왔다. 동일원董一元과 함께 제독의 직책을 수행하면서 크게 활약하였다. 후에 요동에서 후금을 정벌하던 중 전사

하였다.

- 유종(柳悰, ? ~ ?): 임진왜란 당시 전라도 금산군수에 재직하였다고 기록되어 있으나, 나머지 기록은 상고할 수 없다.
- 유종개(柳宗介, 1558~1592): 본관은 풍산豐山이고, 자는 계유季裕로, 안동 예안현 출신이다. 1579년에 진사가 되었고, 훈도로서 1585년 식년문과에 병과로 급제하였다. 이어 교서정자와 성균관 전적을 하다가, 부친이 별세하여 고향으로 돌아왔다. 왜란이 일어나자 창의하여 의병장이 되어, 재산현의 소천小川에서 왜군의 선발대는 섬멸하였으나, 본진 3천 명과 싸우다가 의병이 전멸되었다. 유종개는 왜군에게 사로잡혔고, 살가죽을 벗기는 고문에도 굴하지 않고, 왜적을 꾸짖다가 순절하였다. 예조참의에 추증되었고, 문계서원文溪書院에 제향되었다.
- 유종지(柳宗智, 1546~1589): 본관은 문화文化이고, 자는 명중明仲이며, 호는 조계潮溪이다. 남명 조식의 문하생이다. 수우당 최영경과 교유하며 의리를 강구하였다. 기축년 정여립의 변고 때, 같은 당으로 지목되어, 금부에 갇혔다가 매를 맞아 운명하였다. 문집인 『조계실기』가 전하며, 대각서원大覺書院에 배향되었다.
- 육십령(六十嶺): 경상남도 함양군 서상면과 전라북도 장수군 계남면 사이에 있는 고개이다. 호남과 영남을 연결하는 주요한 고개로, 높이는 734m이다. 신라 때부터 요충지로 유명하였다. 신라와 백제의 국경 요새지였다. 『신증동국여지승람』에는 육십현六十峴으로, 『대동여지도』에는 육복치六卜峙로 기록되어 있다.
- 육지(陸贄, 754~805): 중국 당나라 중기의 정치가이다. 시호는 선宣이라서 흔히 육선공陸宣公이라 불렸다. 재주가 남달랐으며, 백성의 사정을 몸소 살폈고, 성품이 강직했다. 한림학사에 재임하였을 때, 덕종의 신임을 얻었으나 황제에게 직언을 잘하여 점차 덕종의 불만을 사기도 했다. 강직한 성품으로 선조의 어전에서 왕자 무리들의 패륜을 직간한 김성일의 강직함을 서명서가 서문을 지으면서 육선공에다 비추었다.
- 윤기(尹祁, 1535~1606): 본관은 남원이며, 자는 백열伯說이고, 호는 간보艮輔이다. 부친이 1545년 을사사화에 연루되어, 강진에 유배되자, 따라가서 20여 년 동안 시중을 들었다. 부친이 유배에서 풀려나자, 1568년에 진사가 되었다. 을사사화 때 책록된 공신의 훈작을 삭탈할 것을 상소하여, 직언으로 명성을 떨쳤다. 1576년 식년문과에 장원으로 급제하여, 공조좌랑·사헌부감찰을 거쳐, 여러 군현을 다스려 부임하는 곳마다 선정을 베풀었다. 1592년 임진왜란이 일어나자, 수원부사로서 무관을 대신하여 평안도 성천에 가서 세자를 시종하였다. 유생으로 전라감사 김주가 도주함에 칼을 뽑아 목을 베려고 한 일도 있었다.
- 윤대(輪臺): 한나라 무제 때 흉노의 이광리李廣利에게 빼앗긴 서역西域의 나라 이름이다. 무제는 일생 동안 서역을 개척하면서, 국력을 탕진하였다. 만년에 이를 깊이 뉘우쳐, 윤대를 포기하고 백성들에게 용서를 구하는 조서를 내렸다고 한다. 이노가 군량을 모으는 격문을 지으면서, 선조의 교서를 이에 비견하였다.
- 윤두수(尹斗壽, 1533~1601): 선조 때의 문신으로, 자는 자앙子仰이고, 호는 오음梧陰이다. 임진왜란 당시

우의정을 거쳐 좌의정에 이르렀다. 이 해에 평양 행재소에 임진강의 패배 소식이 전해지자, 명나라에 구원을 요청하자는 주장에 반대하고, 우리의 힘으로 최선의 노력을 다하자고 주장하였다. 문장이 뛰어났고, 글씨에도 일가를 이루었다. 저서에 『연안지』, 『평양지』, 『기자지箕子志』 등이 있다.

- **윤선(尹銑, 1559~1637)**: 성균관대사성, 이조참판, 예조참판 등을 역임한 문신으로, 본관은 파평이고, 자는 택원澤遠이며, 호는 추담秋潭이다. 삼가현 구평龜坪마을 출신이다. 1582년 진사시에 합격하고, 1588년 식년문과에 병과로 급제하여, 성균관 학유를 역임하였다. 고향에서 임진왜란 소식을 듣고 상경하였는데, 선조가 이미 의주로 떠나자 즉시 쫓아갔다. 선조가 이를 가상히 여겨 사헌부장령에 임명하고, 특별히 명하여 세자를 수행하게 하고, 종묘의 신주를 봉행하게 하였다. 나중에 의정부 우참찬을 지냈다.
- **윤안성(尹安性, 1542~1615)**: 문신이었지만 1583년 복병장으로 여진족의 침입을 격퇴하였으며, 1592년 임진왜란이 일어나자 김명원의 종사관으로 출전하여 왜적과 싸웠다. 1615년 '능창군[李佺] 추대사건'에 연루되어 처형되었다.
- **윤언례(尹彦禮, ? ~ ?)**: 자는 경부敬夫이며, 호는 소요당逍遙堂이고, 본관은 파평으로, 삼가현에 살았다. 1546년에 식년시에서 진사가 되었다. 삼가 의병의 군량을 지원하였으며, 이조판서에 증직되었다.
- **윤인함(尹仁涵, 1531~1597)**: 자는 양숙養叔이며, 호는 죽재竹齋다. 1553년에 진사가 되고, 1555년 식년문과에 병과로 급제하였다. 왜란 때 경주부윤으로서 성을 비우고 물러 나와 좌천되었다. 1597년 형조참판으로 영위사를 겸하여, 명나라 장수를 평양으로 영접하러 나갔다가 사망하였다.
- **윤탁(尹鐸, 1554~1593)**: 본관은 파평이며, 자는 성원聲遠, 호는 구산龜山으로, 삼가현 출신이다. 1585년 무과에 급제하여 훈련원 부정이 되었다. 1592년 임진왜란이 일어나자 향리에서 창의하여, 의병장으로 곽재우와 더불어 정암전투와 진주대첩에서 많은 공을 세웠다. 1593년 제2차 진주성전투에 참가하여 분사하였다. 병조판서에 추증되었으며, 선무원종공신 1등에 녹훈되었다. 진주성 정충단에 배향되고, 삼가의 구연서원龜淵書院에 제향되었다.
- **윤현(尹晛, 1536~1597)**: 본관은 해평海平이며, 자는 백승伯昇이고, 호는 송만松巒이다. 1564년 생원·진사 양시에 합격하였으니, 김성일과 류성룡 등과 동반이다. 1567년 식년문과에 을과로 급제하였다. 1578년 이조좌랑이 되었다. 김성일과 함께 전랑이 되었으나, 서로 사이가 좋지 않았다. 안악군수와 이조정랑과 승문원의 판교를 거쳐 대구부사를 하였는데, 많은 군사를 잃어버리는 실정이 있었다.
- **윤흠신(尹欽信, ? ~1597)**: 자는 성지, 호는 신암이며, 본관은 예천이다. 박승임朴承任의 문인으로, 왜란 때 봉화 화장산에서 창의하였다. 1597년 7월 27일 삼척에서 안동으로 향하는 모리 요시나리[森吉成]의 부대 수천 명을 맞아 결사 항전하다 장렬히 순직하였다. 사후에 통훈대부 사재감정司宰監正에 증직되었다.
- **을묘왜변(乙卯倭變)**: 1555년에 왜구가 전라도 남쪽 지방에 침입한 사건이다. 1511년 삼포왜란 이후 무역통제를 강화하자, 당시 일본의 서부지방에 사는 연해민 들이 60여 척의 배를 이끌고, 전라도 달량진達梁鎭을 내습하여 영암을 점령하고, 진도와 강진 그리고 장흥 등지에서 약탈을 자행하였던 사건이다.
- **의각지세(猗角之勢)**: 사슴을 잡을 때 뒤에서는 다리를 잡고 앞에서는 뿔을 잡는 것으로 비유하였다. 군사를 양편으로 나누어 적을 협공하거나, 앞뒤에서 견제하는 형세를 이른다. 『춘추좌씨전』 「양공襄公」편

에 나온다.

- 의령(宜寧): 현재 경상남도 의령군을 말하며, 임진왜란 의병의 발상지로 호국의 관문이었으며, 충절의 고장이다. 옛날에는 장함獐含 · 의춘宜春 · 의산宜山 등으로 불리었다. 본래 장함현인데 통일신라 경덕왕이 지금의 이름으로 고쳐서, 함안군의 영현을 삼았다. 고려 공양왕 대에 감무를 두고, 신번현과 합쳤다. 철도도 없고, 고속도로도 없으며, 항구도 비행장도 있을 수 없고, 관통하는 4차선 국도조차도 있지 않은 곳이지만, 나라에서 제일가는 충절의 본향으로 자부심이 대단하다.
- 의성(義城): 경북의 중앙부에 의성군이 있다. 고려 태조 때에 성주인 김홍술金洪術이 견훤에게 죽자, 그의 충절에 대한 보답으로 지명을 의성이라 했다. '임금을 위해 목숨을 던진 의로운 죽음'이라는 의미이다. 의성은 신라 때부터 문소라 칭해 왔으므로, 문소聞韶라는 이름은 누각의 현판에 지금은 남아 있다. 최근에 금성산 일대에서 공룡 화석이 발견되면서, 빙계팔경과 연계된 관광단지의 개발이 활기를 띠고 있다. 『용사일기』에서도 김성일의 본관을 문소라고 할 정도이다. 서애 류성룡의 출신지이기도 하다.
- 의주(義州): 평안북도 북서단에 있는 군이다. 북서쪽으로는 압록강을 사이에 두고 중국의 만주지방과 경계를 이루고 있다. 임진왜란 때 선조가 이곳에 피난한 관계로 의주부로 승격한 바가 있다. 고려 때 명칭은 용만龍灣이었던 관계로 왜란 당시에 주로 이 명칭으로 불리었다.
- 이각(李珏, ? ~1592): 임진왜란 당시 경상좌도병마절도사였다. 부산진과 동래가 함락되었다는 소식을 듣고 병영을 버리고 언양과 양산으로 물러가 숨었다. 한양 함락 이후 도원수 김명원金命元에게 1592년 5월 14일 체포되어 참수당하였다.
- 이각(李覺, ? ~ ?): 임진왜란 당시 함양군수에 재직하였다. 영남초유사로 남행하던 김성일이 이곳에서 격문을 짓고, 의병을 모집하였다. 실록에는 군수 이각이 군량을 인수해 오다가 도둑을 맞아 파직을 요청하는 사헌부의 장계가 전한다.
- 이강(李綱, 1083~1140): 북송의 휘종徽宗 때의 명신이다. 자는 백기伯起이다. 금나라가 쳐들어오자 병부시랑으로 화의를 배척하고 맞서 싸울 것을 강력하게 주장하다가 귀양 갔다. 고종이 즉위하자 재상이 되어, 금나라와의 전쟁을 지휘하여 승리하였으나, 파직당하였다. 유학에 정통했고, 시문을 잘 지었다고 한다. 일기의 서문은 김성일의 학문적 성취와 소양을 이강을 통해 나타낸 것이다.
- 이경(李璥, 1538~1592): 본관은 함평이며, 자는 덕온德溫이고, 호는 덕봉德峰이다. 갑자(1564)년 식년시에 병과로 합격하여, 고부군수와 강계부사를 거친 기록이 실록에 나온다. 임진왜란 당시 진주목사에 재직 중, 왜적이 대거 몰려온다는 말을 듣고, 판관 김시민과 함께 지리산 상원동에 숨었다. 초유사 김성일이 부르자 복귀하는 도중에 병으로 사망하였다.
- 이곤변(李鯤變, 1551~ ?): 본관은 사천의 옛 지명인 동성東城이며, 자는 자거子擧이고, 진주에 살았다. 1570년 식년시에서 진사가 되었다. 오장吳長의 처삼촌이기도 하다.
- 이광(李洸, 1541~1607): 본관은 덕수德水이고, 자는 사무士武이며, 호는 우계산인雨溪散人이다. 1574년 별시 문과에 병과로 급제하였다. 함경도와 전라도 관찰사를 지냈던 이력으로 1591년 변방을 잘 아는 자를 충청·전라·경상도에 순찰사를 보낼 때, 전라감사가 되었다. 왜란이 일어나자 근왕병을 이끌고 서울로 가

다가 용인 전투에서 대패하였다.

- 이광악(李光岳, 1557~1608): 본관은 광주廣州이며, 자는 진지鎭之이고, 충주 출신이다. 1584년 무과에 급제하여 선전관을 거쳐, 1592년 곤양군수가 되었다. 왜군이 대군을 이끌고 진주성을 포위하여, 목사 김시민은 고립되고, 대세가 위급하였다. 당시 거창에 있던 초유사 김성일의 명령으로 좌익장이 되어, 김시민과 합세하여 성을 사수하였다. 김시민이 적탄에 맞아 쓰러지자, 그를 대신하여 총지휘관으로 싸워 대승을 거두고 적을 격퇴시켰다. 1594년 의병대장 곽재우의 부장이 되어, 이후 100여 차례의 싸움에서 항상 선봉으로 적의 예봉을 꺾어 우군의 사기를 북돋웠고, 패한 적이 없었다. 그 뒤 훈련원도정을 거쳐 1604년 경기방어사가 되어, 선무공신 3등으로, 광평군廣平君에 봉해졌다. 시호는 충장忠壯이다.
- 이광필(李光弼, 708~764): 거란족으로 영주營州 출신이다. 안녹산의 난이 일어나자 곽자의의 천거로 북방절도사에 임명되었다. 반란의 수괴 사사명史思明을 낙양에서 물리쳤다고 한다. 이것은 왜란 때 군이나 진영을 비우고 도주한 수령이나 판관 등을 달래서, 다시 전투에 임하게 하여, 왜적을 물리치게 한 김성일의 당시 행적을 조명한 것이다.
- 이국필(李國弼, 1540~ ?): 본관은 용인이고, 자는 비언棐彦이며, 퇴계 이황의 문인이다. 함창현감을 지낼 때 인심을 잃었다고 전하고, 김수와 함께 가야의 비석을 발견하였다고 한다. 칠곡의 석전石田 전투에서 상주목사 김해金澥와 함께 구차하게 살기를 꾀하였다고 실록은 기록하고 있다.
- 이극신(李克新, 1559~ ?): 자는 신수愼修이며, 본관은 원주로 원주에서 살았다. 향교의 유생으로 1583년 별시 무과에 급제하였다. 선조를 호종하여 공신에 오르고, 강진현감·부안군수·혜산진첨사·선전관병사를 지냈다.
- 이노(李魯, 1544~1598): 극도로 화급한 왜란의 와중에서도, 학봉 김성일을 주인공으로 해서, 경상도 일대의 의병활동과 관아를 버리고 도망한 관리와 군대의 실상을 가감 없이 직필로 기록하여, 후대를 사는 사람들에게 필경 본보기가 될 수 있는 『용사일기』의 작자이다.
- 이달(李達, 1561~1618): 본관은 함안이며, 자는 명숙明叔이고, 호는 운포雲圃다. 임진왜란이 일어나자 고성에서 외삼촌 최강과 함께 의병을 일으켜, 곽재우와 함께 포위된 진주성을 외원하여, 훈련원정이 되었다. 곧이어 권무과(勸武科, 특명에 의하거나, 임금이 직접 임석하여 군관에게 보이던 무과시험)에 급제하고, 1614년(광해군 6) 양산군수로 재임 중 선전관에 임명되어 상경하던 도중, 폐모론의 소식을 듣고 일부러 말에서 떨어져 팔이 부러졌음을 핑계삼아 고향으로 돌아갔다. 1615년 동지중추부사가 되었다.
- 이대기(李大期, 1551~1628): 본관은 전의全義이며, 자는 임중任重이고, 호는 설학雪壑이다. 초계군 출신이다. 고향에서 의병을 모집하여, 정인홍 휘하에서 공을 세워 장원서별제掌苑署別提가 되었다. 형조정랑과 청풍·함양군수 등을 지냈으며, 문명이 있었다. 초계의 청계서원淸溪書院에 제향되었고, 저서로 『백령지白翎志』와 『설학수문雪壑謏聞』이 있다.
- 이대윤(李大胤, 1532~ ?): 자는 경술景述이고, 호는 금헌琴軒 또는 만휴당晩休堂이다. 본관은 전주이다. 1585년 식년시에 병과로 급제하였다. 정랑을 하다가 은퇴하고, 초야에서 후진을 양성하였다. 임진왜란이 일어나자 격문을 돌려서 남원부를 방어하도록 하였다. 이때 군수물자를 모아 김성일에게 백미 1백

석을 바쳤다. 사후에 예조참판에 증직되었고, 향인들이 사우를 건립하였다

- 이덕열(李德悅, 1534~1599): 본관은 광주廣州이고, 자는 득지得之다. 1569년 별시문과에 병과로 급제하여 좌승지와 형조참의 등 여러 관직을 거쳤다. 임진왜란 당시 성주목사였는데, 가혹한 정사로 백성을 힘들게 하고, 성을 버리고 산에 숨어들었다. 그러나 처벌은 받지 아니하고, 오히려 승승장구하였다. 1599년에는 동지사로 명나라에 갔다.
- 이봉(李逢, ? ~ ?): 청주 사람으로 함창에 살았다. 조헌 · 정경세 등과 의병을 일으켜 요지에 진을 치고, 후방을 교란하여 많은 왜적을 물리쳤다. 자는 자운子雲이며, 본관은 한양이다. 서울이 수복되자 해산하고 고향에 내려갔다가 왕의 부름으로 1595년 감찰로 발탁되었다. 옥천군수와 괴산군수를 하면서, 주린 백성을 구휼하였다. 1597년 정유재란 때에는 관군과 의병을 요해지에 배치하여 진격을 저지하였다. 그 공으로 당상관에 올랐으나 사퇴하였고 고향에 돌아가 졸하니, 향년이 78이었다.
- 이산해(李山海, 1539~1609): 한산이씨 명문가 출신으로 자는 여수汝受이고, 호는 아계鵝溪이다. 목은 이색李穡의 후손이자, 토정 이지함李之菡의 조카이다. 당파적으로 북인의 영수라는 학문적·정치적 위상을 가졌던 관료이다. 왜란 때 영의정으로 선조의 몽진을 호종하였으나, 서울을 버린 죄를 서인들이 탄핵하여, 강원도 평해군으로 귀양 갔다.
- 이상정(李象靖, 1711~1781): 안동부의 일직면 출신으로, 영·정조 때의 문신이자 학자이다. 자는 경문景文이며, 호는 대산大山이고, 시호가 문경文敬이다. 본관은 한산韓山이며, 예조 참의 등을 지내고, 퇴계 이황의 학통을 계승하여, 성리학 연구에 전념하였으며, 낙향 후 안동에서 학술을 강론하여 많은 제자를 양성하였다.
- 이성(李晟, 727~793): 자는 양기良器이고, 감숙성 조주洮州 출신이다. 주차朱泚가 반란을 일으켜, 수도 장안을 점령하여 황제를 칭하자, 덕종이 봉천으로 피난하였다. 이성이 장안을 회복하고, 덕종을 돌아오게 하였다. 선조의 교서는 이러한 이성과 같은 신하를 고대하였다는 심정을 절절히 적었다.
- 이숙(李潚, 1550~1615): 함안 산인면 출신으로, 본관은 재령載寧이고, 자는 여징汝澄이며, 호는 갈촌葛村이다. 함안의 소모관 이정의 동생이다. 1576년 무과에 급제하고, 1591년 제포만호가 되었다. 왜란이 일어나자 창의하였다. 김수가 곽재우를 역적으로 몰자 이를 반론하였다. 김성일이 영산의 임시현감으로 임명하였다. 합천군수와 장성현감을 거쳐 군자감판관을 지냈다. 만년에는 학문에 전심하였다. 장현광張顯光과 교유가 두터웠다.
- 이식(李植, 1584~1647): 인조 때의 문신으로, 본관은 덕수德水이며, 자는 여고汝固, 호는 택당澤堂이다. 대제학·예조판서 등을 역임하였다. 『선조수정실록』을 편찬하였다. 특히, 『학봉집』을 간행할 때 김성일이 일본에 사행한 기록인 『해사록』의 발문을 지었다.
- 이양원(李陽元, 1526~1592): 선조 때의 문신이다. 자는 백춘伯春이고, 호는 노저鷺渚다. 1591에 우의정이 되었다가, 임진왜란 때 양주의 해유령蟹踰嶺 싸움에 승리하여, 그 공으로 영의정에 올랐다. 의주에 있던 선조가 압록강을 건너 요동으로 피란 갔다는 잘못된 소문을 전해 듣고, 이를 비관하여 단식하다가 8일 만에 죽었다.

- 이여송(李如松, 1549~1598): 명나라의 도독으로 임진왜란 당사 2차 원병을 이끌고 참전하였다. 평양성을 회복하는 공이 있었으나, 벽제관 전투에서 대패하여 화의에 임하게 되었다. 송암 이노가 화의의 부당함과 병법 적용의 오류를 들쳐 통박한 사실이 있다. 자는 자무子茂이고, 호는 앙성仰城이다. 요령성 철령鐵嶺 태생이며, 조부가 평안도 강계 출신의 성주이씨라고 전한다.

- 이운장(李雲長, 1541~1592): 자는 희서希瑞이고, 호는 죽헌竹軒이며, 본관은 안악安岳으로, 의령현 출신이다. 무과에 급제하여 1568년에 좌부장이 되었다. 임진왜란이 일어나자, 전 목사 오운과 함께 곽재우 의병부대의 수병장收兵將을 맡았다. 정암진 전투에서 순절하였다. 병조참의에 증직되었다.

- 이유검(李惟儉, 1538~1592): 서산 출신의 무장으로, 1564년 무과에 급제하였다. 왜란이 발발하자 순찰사 김수는 초계군수 이유검을 김해성 남문의 수문장에 임명하여, 성문을 지키도록 하였다. 그러나 이유검의 군대는 기세등등한 왜군과 제대로 싸우지도 못하고, 성을 빼앗겼다. 이에 경상감사 김수가 이유검을 참수하고 효시하였다고 한다.

- 이유함(李惟諴, 1557~1609): 선조와 광해군 때의 문신이다. 본관은 성주이며, 자는 여실汝實이고, 호는 오월당梧月堂이다. 단성에 거주하였다. 1591년 별시 문과에 장원하여, 좌랑을 거쳐, 영천군수 등을 지냈다.

- 이인임(李仁任, ? ~1388): 본관은 성주이고, 시호 황무荒繆이다. 전법총랑典法摠郞을 거쳐 공민왕 초에 좌부승선佐副承宣이 되었다. 1374년 공민왕이 살해되어 후사 문제가 일어나자, 다른 의견을 물리치고, 우왕을 추대했다. 정권을 잡고 친원 정책을 취하여 친명파를 추방한 후, 충복들을 요직에 앉히고, 매관매직을 하는 등 전횡을 일삼았다. 최영과 이성계에게 쫓겨났다. 명나라 역사서로 알려진 『대명회통大明會通』에 태조 이성계의 부친으로 기록된 인물이다.

- 이일(李鎰, 1538~1601): 자는 중경重卿이고, 시호는 장양壯襄이며, 본관은 용인이다. 1558년 무과에 급제하여 여진족 토벌에 공이 있었다. 이때 충무공 이순신과 갈등이 있었다. 임진왜란 때 선봉장으로 평양을 수복에 참가하였다. 좌의정에 추증되었다.

- 이일신(李一藎, 1718~1790): 초명은 일훈一薰이며, 자는 향중向仲이고, 호가 경암景庵이다. 고성이씨로 송암 이노의 5대손이다. 의령현 부곡리에 거주하였으며, 대산 이상정과 교유하였다. 『용사일기』를 편집하고 간행하여, 후대에 전하였다.

- 이정(李瀞, 1541~1613): 본관은 재령이며, 자는 여함汝涵이고, 호는 모촌茅村이다. 의령현감, 상주목사, 지중추부사 등을 역임하였다. 임진왜란 때 함안군수 유숭인의 휘하에서 소모관으로 의병을 모집하고, 진해·창원 등지에서 전공을 세웠다. 남명 조식의 문인으로 진주의 덕천서원德川書院을 중건하였다. 함안의 도림서원道林書院과 진주의 대각서원大覺書院에 제향되었다. 문집으로 『모촌문집茅村文集』이 전한다.

- 이제(李磾, 1539~ ?): 본관은 고성이며, 자는 중질仲質이다. 인조 때 정변을 일으킨 이괄李适의 부친이다. 1570년 식년시에서 진사에 들었다. 왜란 당시 단성현감을 지냈다.

- 이제신(李濟臣, 1536~1583): 본관은 전의全義, 자는 몽응夢應이고, 호는 청강淸江이다. 1564년 식년문과에 급제하여, 승문원 정자에 보임되었다. 이후 여러 관직을 거처, 사직史職으로 『명종실록』 편찬에 참여하였다. 1569년(선조 2)에는 서장관으로 중국에 다녀왔다. 진주목사로 부임하였는데, 재임 중 토호들의 모

함으로 파면되었다.

- 이조(吏曹): 중앙행정 기구인 6조의 하나이다. 이조는 육조 중 수석 관서라 하여 천조天曹 또는 천관天官이라고도 불렀으며, 이 밖에 동전東銓·문부文部·선부·전리典理라는 별칭이 있었다. 이조의 관원을 전관銓官이라 불렀다. 문관의 선임과 공훈·봉작 등의 일을 총괄하였다.
- 이준민(李俊民, 1524~1590): 경기관찰사와 공조참판 그리고 병조판서 등을 역임한 문신이다. 본관은 전의이고, 자는 자수子修이며, 호는 신암新菴이다. 남명 조식이 외숙이며, 대소헌 조종도가 그의 사위이다.
- 이지(李旨, 1558~1594): 송암 이노의 아우로서, 자는 여미汝亹이며, 호는 백암栢庵이다. 1584년 성주별시에 백형 이노와 함께 입격하였으며, 왜란이 일어나자 창의하여, 영남초유사 김성일의 막하에서 전략과 군량 조달에 이바지하였다. 1594년 군량을 마련하기 위하여 전라도 광주光州에 갔다가 돌아오던 중, 배반한 노비가 음식에 독을 넣었으나, 벗어나지 못하고 운명하였다. 후에 군자감판관軍資監判官에 증직되었다.
- 이찬종(李纘宗, 1554~ ?): 자는 여소汝紹이고, 본관은 예안禮安으로 원주에 거주하였다. 1588년 식년시 무과에 급제하였다. 김성일의 장계에 의하면, 거제의 율포진栗浦津 권관으로 진주성 전투에 참가하였는데, 적이 성을 포위하려 할 때, 사람들이 모두 '성에 들어가면 틀림없이 죽는다.'고 말하였기 때문에 전 우후 이협과 같은 이는 도망하였지만, 그는 오히려 혼자 성으로 들어가 협력하여 남문을 지켰다고 한다.
- 이철용(李哲容, 1541~?): 본관은 용인으로, 자는 이도以道이며, 서울 출신이다. 1567 식년시에서 생원에 들었다. 정존재靜存齋 이담李湛의 아들로, 왜란 때에 창녕현감으로 있으면서 성을 버리고 도망하였다.
- 이축(李軸, 1538~1614): 양녕대군의 현손으로, 1576년 식년문과에 을과로 급제하여, 승문원의 벼슬을 거쳐, 1589년(선조 22) 안악군수로 있으면서 정여립의 모반 사건을 보고한 공으로, 이듬해 평난공신 1등으로 완산군完山君에 봉해졌다. 왜란 때는 의병도체찰사 심수경의 부장으로 의병을 지휘했다. 영의정에 추증되었다.
- 이항복(李恒福, 1556~1618): 선조 때의 문신으로, 자는 자상子常이며, 호는 백사白沙이다. 오성부원군에 책봉되었으며, 시호는 문충文忠이다. 흔히 오성과 한음으로 알려져 있다. 임진왜란 때 병조판서로 활약했으며, 뒤에 벼슬이 영의정에 이르렀다. 광해군 때에 인목대비 폐모론에 반대하다 북청으로 유배되어 사망하였다. 김성일이 통신사 귀국 보고는 곧 민심을 진정시키기 위함이라고 실토한 사실을 상소하였다. 서문은 이 내용을 전하고 있는 것이다.
- 이향(李享, ? ~ ?): 임진왜란 당시 김성일의 군관으로 활동하였고, 김면 의병장의 복병장을 맡아 우지고개 전투에서 순절하였다. 이전에 함안군의 임시 장수로 근무한 기록이 『난중잡록』에 나온다.
- 이협(李俠, ? ~ ?): 왜란 당시 경상우도병마절도사 휘하의 우후였다. 그해 4월 22일 우병영의 내상성에서 김성일은 체포 명령이 도달하리라는 소식은 들었지만, 길이 막혀서 아직 당도하지는 않았음에도 '어명을 오래 지체시켜서는 안 된다.'라고 하고, 곧 길을 떠났다. 그날로 우병영의 우후 이협이 병장기를 못물[池水] 속에 가라앉히고, 창고를 태우고 도망갔다고 한다.
- 이호민(李好閔, 1553~1634): 선조 때의 공신이다. 자는 효언孝彦이고 호는 오봉五峯이다. 이여송에게 원

군을 청하여 공을 세우고 연릉부원군延陵府院君에 봉해졌다. 문장과 시에 뛰어나, 선조가 피난하였을 때 각종 문서와 교서 등을 도맡아 지었다. 경상도와 전라도 사민 등에 관한 교서도 그의 작품이다.

- **이호변(李虎變, 1549~ ?)**: 본관은 동성東城이며, 1570년 사마시에 합격하였다. 이곤변의 형이며, 오장의 장인이다. 동성은 지금의 사천시를 말한다.

- **이홍도(李弘道, ? ~ ?)**: 사인士人으로, 왜란이 일어나자, 권경호權景虎·정경세鄭經世·채유희蔡有喜 등과 합세하여 함창에서 의병을 일으켜 왜적 토벌에 힘썼다. 의병장 이봉李逢이 왜적을 토벌하고 있다는 사실을 초유사 김성일에게 알렸다.

- **익주(益州)**: 한나라 때 주州 이름이다. 12개 군과 나라 그리고 118개 현을 관할했다. 주도를 낙현雒縣이라 하였으며, 그 성터는 지금의 사천성 광한廣漢에 있다. 한나라 말기에 치소를 성도成都로 옮겼다. 관할구역은 지금의 사천성·운남성·귀주성 대부분 및 섬서성·감숙성·호북성 일부분이 해당하는 광활한 지경이다. 유비가 익주를 차지하고, 촉나라를 세웠다.

- **인동현(仁同縣)**: 경상북도 칠곡군 인동면 인근을 관할 하던 현이었다. 지금은 구미시 인동동 일대다. 1914년 행정구역 통폐합으로 칠곡면에 통합되고, 1978년에 다시 구미시에 통합되었다. 사동화斯同火·수동壽同·옥산玉山 등으로 불리었다.

- **일노안민(一怒安民)**: 『맹자』「양혜왕장구 하」편에 나오는 말로, 한번 크게 화내어 백성을 안정시킨다는 의미다. 맹자는 『시경』에 나오는 주나라 문왕의 사례와 『서경』에 나오는 무왕의 사례를 통해서, 군주의 큰 용기를 설명하였다. 문왕은 외국의 침략군을 저지해서 천하를 안정시켰다고 하였고, 무왕은 은나라 주왕紂王의 폭정을 다스려 백성을 안정시킨 것을 언급하였다.

- **임익(林翼)**: '임林'은 숲을 의미하는 것이고, 숲은 산에 있다. '익翼'은 날개를 뜻하여 이른바 좌우 양쪽을 말한다. 그러므로 '임익林翼'이라고 하면, 산의 양쪽 기슭이나 들녘을 가리킨다. 하여, '鼠竄鳥伏, 率多林翼之投戈.'라는 문장은 '쥐처럼 도망가고 새처럼 엎드리면서, 거의가 다 양쪽 산기슭[林翼]에다 무기를 던져버렸다.'라고 해석하였다.

- **임진(臨津)**: 경기도 장단 지역의 옛 지명이다. 1414년(태종 14)에 장단과 합쳐 읍호를 임단臨湍이라 하였다. 임진은 '임진강 하류에 위치한다'는 뜻이 되며, 한강에서 황해로 진입하는 요충지에 발달하였던 고을이었다. 지금의 파주시 진동면 지역으로 추정된다.

- **임하현(臨河縣)**: 경상북도 안동 지역의 옛 지명이다. 안동대도호부에 임현내臨縣內·임북臨北·임남臨南·임동臨東·임서臨西의 5개 면으로 나뉘어 편입되었다. 김성일이 태어나 성장한 지역이다.

- **임흘(任屹, 1557~1620)**: 자는 탁이卓爾이며, 호는 용담龍潭으로, 본관은 풍천豐川이다. 1582년 생원시에 합격했으나 벼슬하지 않고, 1587년 한양에서 안동부 내성현 용담리로 이주하였다. 임진왜란이 일어나자 유종개와 윤흠신 등과 창의하여 곽재우 의병대에 합류하였다. 광해군 연간 동몽교관에 제수되었지만, 사직하고 향리로 돌아와 학문에 전념하였다. 문집으로 『용담집』이 전한다.

(ㅈ)

- **자여도(自如道)**: 창원을 중심으로 한 역로 이름이다. 경상도의 함안·창원·김해·밀양·양산 방면과 창원·웅천·칠원 방면으로 이어졌다. 중심 관리역으로 찰방이 있었던 곳은 창원도호부 서쪽에 있던 자여역自如驛이었다.
- **작원(鵲院)**: 밀양도호부에 있던 작원관鵲院關을 말한다. 밀양시 삼랑진읍 검세리의 작원진에 있었다. 예로부터 원院은 공무 등의 숙소로 쓰였고, 관關은 나루터로 출입하는 사람들이나 화물을 검문하는 기능을 하였다. 진津이라 함은 군사적 기능을 담당하였다. 임진왜란 때는 밀양부사 박진이 왜적을 맞아 싸운 곳이다.
- **장강(長江)**: 세계 3대 강에 포함되는 중국의 양자강을 말한다. 중국 서부에서 발원하여 12개의 성과 지역을 가로지른다. 양자강은 양梁나라에서 따온 것으로, 유럽인들이 즐겨 쓰는 이름이다. 중국인들은 '긴 강'이라는 뜻의 이 장강을 널리 쓴다. 강은 곧 장강을 말하고, 하천은 황하를 일컬음이며, 나머지는 거의 사수泗水나 회수淮水 등과 같이 수水라고 이름하였다.
- **장구령(張九齡, 673~740)**: 당나라 현종 때의 재상으로, 광동성 북부 곡강曲江 출신이다. 안녹산이 위험한 인물임을 간파했다는 일화가 전해지며, 반대파인 이임보에게 미움을 받고 좌천되었다. 초유사 김성일이 관상을 잘 보았다는 사적을 서문에서 인용하였다.
- **장령(張翎, 1543~ ?)**: 자는 운거雲擧이며, 본관은 울진蔚珍으로, 호는 월송月松이다. 통훈대부 장한보張漢輔의 아들로, 1576년 문과에 급제하였다. 왜란 당시 삼가현감으로 허굴산에 도피하여 있었다.
- **장소(張所, ? ~1127)**: 산동성 청주青州 출신이다. 북송 휘종 때에 진사가 되어, 감찰어사에 이르렀다. 정강 2년 1127년 4월에 강왕康王이던 조구趙構의 파견으로, 개봉의 능침을 살폈다고 한다. 조구는 남송의 초대 황제 고종이 되었다. 재상 이강李綱의 천거로 하북서로초무사河北西路招撫使가 되어 악비岳飛와 함께 북벌을 계획하였으나, 왕백언汪伯彦 등에게 배척을 당하였다. 이강이 물러나자, 영남嶺南에 귀양갔다가, 담주潭州에서 살해되었다.
- **장순(張巡, 709~757)**: 당나라 현종 때 '안사의 난'이 일어나자, 태수 허원許遠과 함께 수양성睢陽城을 지켜, 강소성과 안휘성 일대를 보전하여 충신의 표상이 되었다.
- **장안(長安)**: 한나라와 당나라가 도읍했던 곳이다. 섬서성陝西省 위수渭水 남안에 위치하였다. 지금 중국의 서안시西安市가 이곳이다. 이러한 관계로 일반적으로 고유명사가 일반명사화가 되어 장안이라면 곧 서울이나 수도를 의미하기도 한다.
- **장의국(張義國, 1537~ ?)**: 본관은 진천이고, 강원도 김화 출신이다. 명종 연간 1564년 식년시 문과에 병과로 급제하였다. 1582년에는 남원부사로 재직 중에 광한루에 연못을 조성하고, 4개의 홍예로 구성된 오작교를 축조하여, 월궁月宮의 모습을 갖추게 하였다고 한다. 왜란 때 창원도호부사로 김성일이 자진해서 금부로 향하자, 바로 그날 성을 비우고 도망하여, 의병도대장 김면의 휘하에 있었다고 한다.
- **장이(張耳, ? ~BC 202)**: 전국시대 위나라 사람으로, 한나라의 무장이자 제후왕으로 조나라 왕을 지냈

다. 초나라의 항우를 따라 함곡관에 들어가, 상산왕常山王에 봉해졌다. 나중에 한고조 유방에게 투항했다. 한신과 함께 조趙나라 군대를 격파하고, 지수泜水에서 진여를 죽여 조경왕趙景王에 봉해졌다.

- **장자방(張子房, ? ~BC 186)**: 한나라의 창업공신 장량張良을 말한다. 자가 자방子房이며, 시호는 문성공文成公이다. 선견지명이 있는 책사로서, 소하蕭何와 함께 책략에 뛰어나 한나라 창업에 힘썼다.
- **장준(張浚, 1086~1154)**: 송나라 때의 무장으로, 자는 덕원德遠이고, 호는 자암거사紫巖居士이다. 명주성明州城에서 금나라의 군대를 격퇴하고 각지의 농민 반란을 진압하였다. 금나라의 침입을 막으려 애썼지만 진회가 화친을 주장함으로써 영주永州로 좌천되었다. 위국공魏國公에 봉해졌다.
- **장호(張鎬, 763~764)**: 자는 종주從周이며, 산동성 박주博州 출신의 당나라 재상이었다. 하남절도사로 있을 때, 장순이 지키는 수양성이 위급함을 알고, 초군태수譙郡太守 여구호閭丘曉에게 먼저 가서 구원하라고 명하고, 도착해 보니 함락된 지 사흘이 지났다고 하였다.
- **재산현(才山縣)**: 경상북도 봉화군 재산면 일대에 있던 고을이다. 본래는 덕산부곡德山部曲이었는데, 고려 충선왕 때 경화옹주敬和翁主의 영향으로, 재산으로 고치고 현으로 승격시켜, 안동부의 속현으로 하였다. 1906년 봉화군에 편입되어 재산면이 되었다.
- **저동리(猪洞里)**: 현재 진주시의 도동道洞 지역이다. 진주목의 저동猪洞이었으며, 전래지명으로 '돗골'이었다.
- **적량(赤梁)**: 세종 때 쌓은 적량성이 있는 군사적 요충지로 남해군 창선도에 있었다. 아침이면 수우도와 사량도 위로 떠오른 해가 성을 붉게 물들인다고 해서 적량이란 이름으로 바뀌었다. 수군만호를 두었다.
- **전우(全雨, 1548~1616)**: 자는 시화時化이며, 호는 수족당睡足堂이다. 본관이 전주이고, 의병장 전치원의 아들로 초계에 거주하였다. 왜란에 군사를 모집해 일으켜 정인홍에게 소속되어 무계와 낙동강에 왕래하는 적을 토벌하는 데 협조하였다. 찰방을 지냈으며, 사후에 지평持平에 증직되고, 도계서원道溪書院에 향사하였다.
- **전적(典籍)**: 성균관의 관직으로, 품계는 정6품이고, 정원은 13명이었다. 도서나 전적을 수장하고, 출납하는 일을 맡았다.
- **전치원(全致遠, 1527~1596)**: 본관은 전주이고, 자는 사의士毅이며, 호는 탁계濯溪이다. 초계현 사람으로, 남명 조식의 문하이다. 임진왜란이 일어나자 66세의 나이로 스승 이희안의 손자인 이대기와 함께 의병을 일으켰다. 이어 낙동강을 건너려는 왜군을 저지하였으며, 이듬해에는 곽재우와 연합하여 왜적을 격파하였다. 학문과 글씨에 뛰어났으며, 문집인 『탁계집濯溪集』이 전한다.
- **전현룡(田見龍, 1542~?)**: 본관은 우봉牛峯이고, 자는 덕보德普이며, 개성에서 살았다. 1564년 생원시와 진사시 모두 합격한 후에, 1568년 증광문과에 을과로 급제하였다. 소과와 대과 모두 김성일과 동반하였다. 1584년 해주판관으로 재임할 때 상관을 업신여겼다는 사헌부의 탄핵을 받고 파직되었다. 1592년 합천군수로 있을 때 학정이 심하였으며, 임진왜란이 일어나자 의병모집을 방해하고, 곽재우를 비롯한 의병들을 역적으로 치계하는 등 견제가 심하였다.
- **절강성(浙江省)**: 중국 남동부 중국해의 연안에 있는 성이다. 양자강 하류의 남부를 차지하고 있다. 예로부터 왜구의 침입에 큰 피해를 본 지역이라 알려져 있다. 명나라는 이 지역에서 왜군과 전투 경험이

있는 군사를 파견하고자 하였다.

- **절충준조(折衝樽俎)**: 절충은 '적의 창끝을 꺾어 막는다'라는 의미고, 준조는 '예절을 갖추어서 하는 공식적인 연회'를 말한다. 그러므로 '준조절충'이라고도 하는 이것은 공식적인 연회에서 담소하면서 유리하게 외교 활동을 하는 것을 의미한다. 『여씨춘추』에 나오는 말이다.

- **정경세(鄭經世, 1563~1633)**: 본관 진주이며, 자는 경임景任이고, 호는 우복愚伏 등이다. 경상우도 상주 출신으로 류성룡의 문인이다. 왜란이 발발하자 의병을 일으켜 공을 세워 수찬이 되고 정언·교리·정랑·사간에 이어 1598년 경상도 관찰사가 되었다. 성리학에 밝았고 이기설理氣說에 관해서 이황의 학설을 배척하고, 이이에 동조하였다. 예론에 밝아서 김장생 등과 함께 예학파로 불렸다. 시문과 서예에도 뛰어났다. 찬성에 추증되고, 상주의 도남서원道南書院, 대구의 연경서원硏經書院, 강릉의 퇴곡서원退谷書院 등에 배향되었다. 저서에 『우복집愚伏集』·『상례참고喪禮參考』·『주문작해朱文酌解』 등이 있다.

- **정금당(淨襟堂)**: 경상우도 삼가현의 관아 바깥채이다. 1592년 5월 초에 내암 정인홍, 박사제, 노순, 윤탁, 윤선, 허자대, 조계명, 허홍재, 박사겸, 정담수, 정질, 정경, 정방준, 정진선, 정진철, 정덕희 등 유림과 장정이 초유사 학봉 김성일을 만나 우국충정을 다짐하며 창의를 결의한 유서 깊은 곳이다.

- **정기룡(鄭起龍, 1562~1622)**: 초명은 정무수鄭茂壽인데, 1586년 무과에 급제한 뒤 선조의 용꿈으로 어명에 따라 이름을 바꾸었다. 본관은 진주이며 하동 출신으로, 자는 경운景雲이며, 호는 매헌梅軒이다. 왜란이 일어나자 별장으로 경상우도방어사 조경趙儆의 휘하에 있었다. 거창에서 왜군을 격파하고, 김성일이 상주의 판관에 임명하였더니, 상주성을 탈환하였다. 1593년 전공으로 회령부사에 승진하고, 이듬해 상주목사가 되어 통정대부에 올랐다. 1597년 정유재란 때에는 절충장군으로 경상우도병마절도사에 승진해 경주·울산을 수복하였다. 이듬해 다시 경상우병사가 되었다. 1610년 상호군에 승진하고, 그 뒤 보국숭록대부로서 삼도수군통제사 겸 경상우도수군절도사의 직을 맡다가 1622년 통영 진중에서 죽었다. 상주 충의사忠毅祠에 제향되었고, 시호는 충의忠毅이다.

- **정득열(鄭得說, ? ~1592)**: 자는 군석君錫이며, 시호는 충장忠壯이다. 1589년 비변사에서 무신들을 채용할 때, 관찰사 강섬姜暹의 천거를 받았다. 왜란 때 사천현감으로 경상우병사 유숭인의 선봉이 되었다. 유숭인이 창원성을 내주고, 진주성에 들어가 지키기를 원하였으나, 목사 김시민은 받아들이지 않고 밖에서 응원할 것을 요청하였다. 뒤따라온 왜군의 대군에 항복을 거부하고, 4백여 군사와 함께 장렬하게 산화하였다.

- **정로위(定虜衛)**: 1512년(중종 7) 6월에 한량을 중심으로 처음 설치되어, 광해군 무렵까지 존속하였다. 한량은 지배신분층이면서도 현직을 가지지 못한 부류로 군역의 의무가 있었다. 그러나 지방 유력자층인 한량은 대부분 군역 대상에서 빠져 있었다. 정로위는 기본적으로 이러한 모순을 시정한다는 명분 아래, 고급의 군사력을 확보하려는 데 목적이 있었다. 그 설치의 직접적인 필요성은 고급 군사력인 내금위의 활용 증대에 있었다.

- **정삼변(鄭三變, 1544~ ?)**: 본관은 영일迎日이며, 자는 덕전德全으로 영천 출신이다. 생원과 진사를 거쳐, 1577년 별시에 병과로 급제하였다. 거창현감을 지냈으며, 공조좌랑에 나갔다.

- 정설(鄭渫, 1547~ ?): 본관은 광주이고, 광양 출신으로 자는 원결元潔이다. 여산현감을 거쳐 나주목사와 충청감사를 지냈다. 만년을 대비하여 섬진강변에다 수월정水月亭을 짓고 우거하였다고 한다.
- 정세아(鄭世雅, 1535~1612): 본관 영일이고, 자는 화숙和叔이며, 호는 호수湖叟로, 시호가 강의剛義이다. 1558년 사마시에 합격하여 진사가 되었다. 왜란 때 영천에서 의병을 모아 의병대장이 되었다. 의령의 곽재우와 신령의 권응수를 연결하였다. 한양이 수복되자 자양紫陽 마을로 들어갔다. 황산도찰방을 잠시 지내고 사임한 뒤, 학문과 후진 양성에 전념하였다. 병조판서에 추증되었고, 영천의 환고사環皐祠에 배향되었다.
- 정식(鄭湜, ? ~ ?): 임진왜란 때에 진안현감을 지냈다. 사헌부가 정식은 관직에 있으면서 범람하여 오로지 탐욕을 일삼았다고 파직을 요청하는 장계가 실록에 전한다. 또한 유몽인(柳夢寅 1559~1623)이 쓴 야담집인 『어우야담於于野譚』에는 진안현감이 친분이 있는 선비들과 가족들을 데리고 흑산도로 피난갔다고도 기록되었다.
- 정암진(鼎巖津): 의령군 남동쪽 9리 지점인 정암리 남강 변에 있던 나루터였다. 함안과 의령을 연결하는 교차점에 위치하여, 1935년 정암교가 완공되기 전까지 차량을 비롯한 화물과 사람을 수송하던 유명한 나루였다. 임진왜란 당시에는 강을 건너고자 하는 왜군과 치열한 접전이 있었던 곳이다. 지명은 남강 북쪽 의령 연안에 '솥바위[鼎巖]'가 소재한 것에서 유래하였다. 가마솥에는 솥을 지탱할 세 개의 발과 솥귀가 있는데, 그 방향으로 30리 안에서 삼한三韓을 구할 큰 부자가 태어난다고 하는 전설이 있었다. 삼성그룹의 창업주 이병철이 북동쪽 정곡면 중교리에서 태어났으며, 남서쪽 지수면에서는 구인회 럭키금성 회장이, 동남쪽에는 효성그룹의 창업주인 조정제가 함안군 군북면에서 탄생하였으니, 설화는 얼추 맞는 것이 되었다.
- 정양(鄭穰, ? ~ ?): 본관은 진양으로, 1423년(세종 5) 식년문과에 병과로 급제하여 좌사간대부를 지냈다. 경시서주부를 지낼 때, 세종의 명을 받아 예문관대제학 유사눌柳思訥, 집현적대제학 정인지鄭麟趾, 봉상판관 박연朴堧 등과 함께 아악을 정리하였다. 의정부 찬성을 지내고 진주로 낙향하여 좌수를 지냈다는 야사가 전하는 인물이다.
- 정여립(鄭汝立, 1546~1589): 본관은 동래이고, 자는 인백仁伯이다. 능력이 특출하였던 정여립은 율곡 이이와 성혼의 각별한 인정을 받았다. 전주에서 태어났고 대동계의 거점이자 피난했다가 죽음을 맞은 곳도 진안의 죽도竹島였다는 사실에서 알 수 있듯이, 지역적 기반은 전라도였다. 조선 전시대를 통틀어도 가장 기묘한 죽음의 중심에 기축옥사가 있고, 그가 바로 그 주인공이라는 사실이다. 하기에 그가 있어 저승사자 정철을 낳을 수 있었다.
- 정연(鄭演, ? ~ ?): 본관은 초계이며, 삼가현에서 살았다. 곽재우가 의병을 일으켰다는 소문을 듣자 달려왔다. 의령의 기강전투에 독후장督後將으로 참전하였는데, 이때의 전공으로 선무원종공신에 올랐으며, 중추부中樞府의 정3품 당상관인 첨지중추부사를 지냈다.
- 정연(鄭沇, 1571~1592): 합천 의병장 정인홍의 유일 혈육이다. 왜란 당시에 사망하니, 정인홍은 제문에서 '공자의 아들 백어伯魚가 일찍 죽고, 정호程顥의 차남 단각端慤도 죽었으니, 성현마저도 세상의 온전

한 복을 누릴 수는 없다. 하물며 나 같은 보잘것없는 사람이 어찌할 일은 아니다.'라고 탄식하였다고 한다. 앞서 김성일은 정연을 보고, 너무 예리하다고, 묘목이 아직 자라지 못한 것을 안타까워했던 사실이 있다.

- **정오생(鄭寤生, BC 757~BC 701)**: 성은 희姬이며, 이름이 오생寤生으로 춘추시대 정나라의 군주 정장공鄭莊公을 말한다. 정오생이 은공과 제나라와 연합하여 허許나라를 토벌할 때, 그의 신하 영고숙潁考叔이 정백의 모개기蝥弧旗를 들고 먼저 성으로 올라가자, 자도子都가 밑에서 그를 향해 활을 쏘니, 영고숙이 이에 맞아 성에서 떨어져 죽었다는 고사가 『춘추좌씨전』에 전한다.
- **정유경(鄭惟敬, ? ~1593)**: 본관은 진주로 진주에서 살았다. 훈련원 주부로 있을 때 임진왜란이 일어나, 진주대첩에서 고성의 임시현령 조응도와 진주의 복병장이 되어 밤을 틈타 군사 500여 명을 이끌고, 진현晉峴고개 위에 올라가 적을 위협하였다. 1593년 진주성 전투에 참전하여 전사했다. 선무1등공신에 책봉되고, 병조참의에 증직되었다.
- **정유명(鄭惟明, 1539~1596)**: 본관은 초계이며, 자는 극윤克允이고, 호는 역양嶧陽이다. 안음현에서 거주하였다. 동계桐溪 정온(鄭蘊, 1569~1641)의 아버지이다. 학문이 깊었으며 지금의 강천리 일대에 역천서당을 열어 후학을 양성하였고, 임진왜란 때는 의병을 일으켜 활동하다가 전사하였다. 가선대부 이조참판에 증직되었다. 역천사嶧川祠에 배향되었다.
- **정의번(鄭宜蕃, 1560~1592)**: 영천 출신으로 호가 백암栢巖이다. 1585년 생원시에 합격하였다. 임진왜란 때 아버지인 정세아鄭世雅가 창의를 하자, 부친을 따라 경주 전투에서 참여했다가, 부친의 말이 내닫는 바람에 정세아가 말에서 떨어지자, 정의번이 자기 말을 아버지에게 주고, 맨몸으로 적에게 달려들어 싸우다가 포로가 되어 뜻을 굽히지 않고 순절하였다. 이에 감사 김성일이 만시를 지어주었다. 시신을 찾지 못하여, 그 시를 가지고 무덤을 만들었기에, 이를 '시무덤'이라고 불렀다고 한다. 호조정랑에 이어 좌승지에 증직되었으며, 영천의 환고사環皐祠에 배향되었다.
- **정인영(鄭仁榮, 1540~1602)**: 자는 덕현德顯으로 판관을 지냈다. 합천 의병장 정인홍의 둘째 동생이다. 정인홍 의병대에서 참모로 활약하였다.
- **정인준(鄭仁濬, 1551~1625)**: 자는 덕연德淵이고, 호는 구담龜潭이며, 정인홍 의병장의 재종동생이다. 1579년 생원시에 합격하고, 합천에 거주하였다. 정인홍 의병대에서 군량을 맡아 보았다.
- **정인홍(鄭仁弘, 1536~1623)**: 본관은 서산瑞山이며, 자는 덕원德遠이고, 호는 내암來庵이다. 합천 출신으로 남명 조식의 문하생이다. 임진왜란 때 제용감정으로 합천에서 의병을 모아 성주에서 왜병을 격퇴하여 영남 의병장의 호를 받았다. 북인의 영수로 광해군 시대를 수놓았다. 인조반정으로 처형되고, 삭탈관직을 당하였다. 1908년에 이르러 신원이 되었다.
- **정자(正字)**: 홍문관·승문원·교서관에 속한 정9품 관직으로, 정원은 2인이다. 조선 초기에는 서연관書筵官으로 정7품직이었으나, 세종 2년(1420)에 집현전의 정9품직으로 경연관을 겸임하게 되었고, 이후 정9품직으로 굳어졌다.
- **정지(丁至, ? ~ ?)**: 남원 출신으로, 병조정랑 정황丁熿의 아들이다. 정황은 거제로 유배를 왔는데, 송암

이노가 가서 배웠다. 임진왜란 당시 화순현감에 재직하였다. 1572년 전라도 임실에 있던 오수도찰방獒樹道察訪을 역임하였다.

- 정질(鄭晊, ? ~ ?): 초계정씨로, 삼가현 육동에서 살았다. 곽재우 의병부대의 군량을 주관하였다. 성격이 치밀하고 상황 판단이 뛰어났으며, 지리에 특히 밝았다고 한다.
- 정철(鄭澈, 1536~1593): 정치적 혼란기의 문신이었으나 정치보다는 국문학사에서 그 이름이 더 높다. 1562년 문과에 급제했고 동인과 서인의 분쟁에서 서인의 편에 가담했다. 1589년 정여립의 모반 사건이 일어나자 우의정으로서 최영경의 옥사를 다스렸다. 강직하고 청렴하나 융통성이 적고 안하무인 격으로 행동하는 성품 탓에 동인으로부터 간신이라는 평까지 들었다. 정치가로서의 삶을 사는 동안 예술가로서의 재질을 발휘하여 많은 시가를 남겼고, 「사미인곡」을 비롯한 시조 100여 수는 국문 시가의 발달에 크게 이바지했다. 왜란이 나자 왜 충청도에서 술에 대취하여 뻗어 버렸는지 상세한 기록은 없지만, 임진왜란이 한창이던 1593년 명나라에 사신으로 다녀온 이후 강화에서 죽었다.
- 제갈량(諸葛亮, 181~234): 삼국시대 촉한蜀漢의 정치가이자 군사전략가이다. 자가 공명孔明이다. 승상의 대명사요, 만고에도 다시 없을 대표적인 군사전략가로 추앙받는 인물이다. 오장원에서 군량 확보를 위한 둔전을 경작한 일은 김성일이 종자확보를 위해서 이노를 북으로 보낸 것을 의미하고, 북벌에 나서면서 작성한 「출사표出師表」에 몸과 마음을 바쳐 나라에 보답한다는 국궁진췌鞠躬盡瘁의 결기는 국토를 회복하겠다는 초유사의 결의를 비유한 것이다. 서명서가 서문에서 이 고사를 인용하였다.
- 제수(濟水): 황하의 지류로서, 하남성 제원현濟源縣 왕옥산王屋山에서 발원하여, 남쪽으로 황하에 흘러든다. 『서경』에서는 '연수沇水'라고 하였다. 우임금이 탑수와 물을 연결하였다고 한다.
- 제용감(濟用監): 왕실에 필요한 의복이나 식품 등을 관장한 관서이다. 왕실에서 쓰는 각종 직물이나 인삼의 진상과 국왕이 사용하는 의복과 직조 등에 관한 업무를 관장하였다. 정3품 아문의 관아로, 수장을 제용감정濟用監正이라고 한다.
- 제포(薺浦): 경상남도 창원시 진해구 웅천동에 있었던 포구로, 중종 때 삼포왜란이 일어났던 곳의 하나이다. 1443년(세종 25)에 계해조약에 의하여 왜인들에게 삼포(三浦: 부산포·제포·염포)의 왕래를 허가하였다. 이 지역은 군사적으로 매우 중요시되던 곳이었다. 제포 앞바다에는 가덕도가 있어, 왜란 때 원균元均과 왜군이 격전을 벌였던 곳이었다. 제포는 웅천과 창원을 방어하고 마산포의 조운을 돕는 구실을 하였다.
- 조간자(趙簡子, ? ~BC 476): 춘추전국시대 진나라의 대부로, 7일간의 혼수상태에서 천제의 처소에 가서 천상의 음악인 '균천광악鈞天廣樂'을 들었다고 전한다.
- 조공숙(趙公淑, 1584~ ?): 자는 사선士善이고, 호는 창계蒼溪이며, 본관은 평양이다. 1606년 생원이 되고, 1624년 증광시 문과에 급제하였다. 1631년에 정언에 임명되었고, 이후 지평持平 등을 역임하였다. 임금이 진노할 때 간언을 제대로 올리지 못했다고 자책하면서 사직할 것을 청원하였는데, 임금의 윤허를 받지 못하여 잠시 외직인 진주 목의 판관에 재임하였다. 촉석루에서 관찰사인 천파 오숙과 유진과 함께 연회를 하고, 촉석루중삼장사 시판을 경내에 걸었다고 전한다. 그 시판에 이름이 조경숙趙卿叔으로 되어 있다.

- 조대곤(曺大坤, ? ~ ?): 경상우도병마절도사로 김성일의 전임이었다. 본관은 창녕이다. 많은 군사를 거느린 병사로서 적의 침입 소문에 겁을 먹어 도망을 가고, 김해 일대에서는 어려움에 처한 아군을 원조하지 않았다가, 병사들이 전멸하고, 성이 함락되게 만들어 왜군이 서울까지 침범하게 하는 원인을 제공했다는 내용으로 탄핵되었고, 파직된 뒤 백의종군하였다. 충청도에서 의병대장을 참칭하고 민심을 괴롭혔다.
- 조령(鳥嶺): 경상북도 문경시 문경읍과 충청북도 괴산군 연풍면 사이에 있는 고개이다. 길이 험하여 새재 또는 문경새재라고도 한다. 새재는 새나 넘나들 수 있는 험한 고갯길이라는 뜻에서 붙여졌다. 임진왜란 때 최대 격전지로 왜적을 막을 수 있었던 천혜의 조건을 가지고 있었으나, 탄금대에서 배수진을 친 신립의 처참한 패배로 한양을 그냥 내어준 뼈아픈 곳이기도 하다. 조령 이남을 영남嶺南이라 하였으니, 경상도를 일러 말함이다.
- 조방장(助防將): 주장主將을 도와서 적의 침입을 방어하는 부장수를 말한다.
- 조사남(曺士男, 1560~1592): 자는 백능百能이며, 의령 출신이다. 주부를 역임하고, 곽재우 의병부대의 군관으로 있었다. 기강의 전투에서 용감히 싸우다가, 죽은 척하고 있던 왜군에게 죽임을 당하였다. 뒤에 선무공신으로 책봉되고, 좌승지에 증직되었다.
- 조순걸(趙舜傑, ? ~ ?): 충청도 직산현의 아전으로, 영남초유사로 남행하는 김성일의 전령병이 되었다. 이노가 도체찰사 류성룡을 만나려 임진으로 향하고자 할 때도 그를 고용할 정도였다.
- 조승훈(祖承訓, ? ~ ?): 임진왜란 때 명에서 처음 파견한 부대의 장수이다. 1582년 요동부총병이 되었으며, 좌군도독에 올랐다. 이후 몽고와 만주의 여러 부족에 대응하기 위해 심양에 주둔했다. 조선의 요청으로 1592년 7월에 기마병 3천을 거느리고 평양을 공격하게 하였으나 패하고, 요동으로 되돌아갔다. 그 뒤 12월에 이여송 군대와 함께 와서 평양성을 수복하였다.
- 조앙(趙鞅, ? ~BC 476): 춘추시대 말기 진晉나라 사람으로, 일명 조간자趙簡子라고 한다. 진나라 내부에서 6경이 세력 다툼을 벌일 때, 2경인 범씨范氏와 중항씨中行氏를 몰아내고 조趙나라를 일으키는 바탕을 마련했다. 의병도대장 김면이 호남에 군량을 청할 때 인용된 인물이다.
- 조열(曺悅, ? ~1592): 본관이 창녕으로, 임진왜란 때 신방즙·성천의·성안의 등과 의병을 조직하여 창녕성 회복에 공을 세웠으나, 대산진臺山津에서 순절하고 말았다. 훈련원정訓鍊院正에 증직되었다.
- 조응도(趙凝道, 1555~1597): 본관은 함안이며, 자는 여수汝修이다. 무과에 급제한 뒤 고성현령으로 있을 때 임진왜란을 맞았다. 그 해 10월 왜군이 진주성 전투에서 진주 복병장 권유경權惟敬과 함께 5백여 명의 병력을 이끌고 남문을 지켰다. 후에 거제 기문포해전에서도 크게 활약하였으나, 정유재란 때 전사하였다. 병조참의에 증직되었다.
- 조응인(曺應仁, 1556~1624): 본관은 창녕이며, 호는 도촌陶村으로 합천 출신이다. 한강 정구의 문하생으로, 왜란 때에 정인홍과 함께 창의하였다. 1607년에 왕자사부에 임명되었으며, 그 후 용담현령과 온양군수를 거쳐 대구부사를 지냈다.
- 조적(祖逖, 266~321): 진晉나라 분위장군奮威將軍이자, 고대 중국의 9주에 속하는 예주豫州의 주지사인 자사로서, 북방 오호를 토벌하고자 의병을 모집하여 양자강을 건널 때, 강 가운데서 뱃전을 치며 명세

하기를 '중원을 맑히지 못하고 다시 건넌다면, 흘러간 강물과 같이 다시 돌아오지 않으리라.[不能淸中原, 而復濟者, 齊如大江.]'라고 했는데, 드디어 후조後趙의 석륵石勒을 격파하고, 황하 이남의 땅을 회복하였지만, 북벌을 완성하지 못하고, 진중에서 병사하였다. 이는 김성일이 영남초유사로서 왜적을 물리쳐 나라를 회복하겠다는 서약을 하였으나, 진주성중에서 병사한 사실을 비견한 것이다.

- 조정(趙靖, 1555~1636): 본관은 풍양豊壤이며, 자는 안중安中이고, 호는 검간黔澗으로 학봉 김성일의 문인이다. 임진왜란과 정유재란 그리고 1627년의 정묘호란 전란을 모두 겪은 흔치 않은 선비이다. 사후 이조판서에 추증되었으며 의성군의 속수서원涑水書院 숭절사에 위패가 배향되어 있다. 임진왜란의 의병으로 참전한 2년 동안의 기록인 『진사일록辰巳日錄』이 중요한 자료로 남아 있으며, 시문집 『검간문집』이 전해지고 있다.
- 조존선(趙存善, ? ~ ?): 본관은 양주로, 왜란 당시 김천찰방을 하면서, 의병과 초유사 일을 많이 협조한 것으로 보인다. 1595년 3월에 임실군수에 부임하였으나, 그해 10월에 사헌부가 파직 상소를 올렸다.
- 조존신(趙存信, ? ~ ?): 『만성보萬姓譜』에 따르면, 예문관 검열 조확의 맏아들로, 관직은 별제를 거쳐, 별좌에 올랐다.
- 조종도(趙宗道, 1537~1597): 자는 백유伯由이며, 호는 대소헌大笑軒이고, 시호가 충의忠毅이다. 본관은 함안으로 진주에서 태어났으며, 남명 조식의 문인이다. 1558년 생원시에 합격한 뒤, 천거로 경상좌도 안동부의 역도를 관리하는 안기도찰방安奇道察訪이 되었다. 이때 퇴계 이황의 문하생들인 류성룡과 김성일 등과 깊이 교유하였다. 1592년 한양에서 장인상을 치르는 중에 임진왜란이 일어나자, 이노와 함께 영남으로 돌아와 창의하기를 약조하였다. 영남초유사 김성일의 막하에서 의병 모집에 진력하였고, 그해 가을 단성현감을 지냈다. 1596년에는 함양군수가 되었는데, 다음 해 정유재란이 일어나자 명을 받고 안음현감 곽준郭越과 함께 호남으로 가는 길목인 육십령으로 통하는 황석산성黃石山城을 지키다가 전사하였다. 경사經史에 밝았으며, 기개가 높고 해학을 즐겼다고 한다. 저서로는 『대소헌집大笑軒集』이 전한다.
- 조창(漕倉): 전국 각 지방에서 조세의 명목으로 납부한 미곡米穀을 수납하여, 한양의 경창京倉으로 운송하기 위해, 연해나 하천의 포구에 설치하여 운영하였던 국영 창고를 총칭하는 말이다.
- 조희익(曺希益, ? ~ ?): 자는 군망이고, 본관은 창녕이다. 1570년 생원시에 합격하고, 왜란이 일어나, 세거지인 창원이 왜적에게 유린되자, 막내아우인 조겸익과 더불어, 선대의 고향인 영천으로 옮겨 왔다. 아들인 조이함曺以咸 등과 함께 창의하여, 영천 의병장 정세아가 군대를 물려 주었다. 정세아 등과 함께 몇천 마디나 되는 긴 글을 지은 다음, 사람을 시켜 낮에는 숨고, 밤을 이용해서 걸어와 김성일에게 전한 바도 있다.
- 종계변무(宗系辨誣): 조선 개국 초부터 선조 때까지 약 200년간, 명나라 『태조실록』과 『대명회전』에 태조 이성계가 고려의 역신 이인임의 아들로 되어 있어, 이를 고쳐 줄 것을 요청하였으나, 명태조의 사적이라 함부로 고칠 수 없다고 하였다. 1584(선조 17)년에 주청사 황정욱黃廷彧 등을 보내어 이를 바로잡았다. 역관 홍순언洪純彦이 임진왜란 당시 병부상서였던 석성石星 부인의 친상을 구원해 주었던 것을 인연으로 매듭을 풀 수 있었다. 명나라 지원병 결정에도 결정적으로 만력 황제를 움직이게 한 이도 석성

이었다. 홍순언의 후손과 석성의 후손은 지금도 교류가 활발할 정도이다.

- **종의(鍾儀, ? ~ ?)**: 춘추시대 초나라 사람이다. 초나라에서 운공에 봉해졌다가, 후대에 사덕공四德公으로 존칭되었다.
- **좌랑(佐郎)**: 육조六曹의 정6품 관직이다. 이조에 2명, 호조에 3인, 예조에 3명, 병조에 4명, 형조에 3인, 공조에 3명이 있었다.
- **주공(周公, ? ~ ?)**: 주나라 문왕의 아들이자 무왕의 아우이다. 이름은 단旦이며, 시호는 원元이다. 문왕과 무왕을 도와 주왕紂王을 치고, 어린 조카 성왕成王을 도와 왕실의 기초를 세우고, 제도와 예악을 정비하여, 주나라의 문화 발전에 이바지한 바가 매우 크다. 천자문 문구 중에 '미단숙영微旦孰營'이라는 것이 있는데, 여기서 旦이 주공을 가리킨 것이다. 가정문의 부정을 나타낼 때 微를 쓰는데, 천자문의 이 성구가 원전이다.
- **주대청(朱大淸, 1559~1592)**: 자는 인결仁潔이며, 본관은 신안新安이고, 경기도 죽산竹山에 살았다. 1583년 별시에 무과에 급제하여, 왜란 당시 가배량의 권관으로, 경상우병사 유숭인과 함께 진주성을 구원하려 하였으나, 성문을 열어주지 않아, 왜적에 포위 섬멸된 비운의 장수가 되었다.
- **주몽룡(朱夢龍, 1561~1633)**: 자는 운중雲中이고, 호는 용암龍岩이며, 진주 출신이다. 21세 때 무과에 급제하여 선전관이 되었다. 곽재우 의병부대에서 군관으로 활약하여 빛나는 전공을 세웠다. 금산군수를 역임하고, 형조판서에 추증되었으며, 진주 평천서원에서 제향하고 있다.
- **주부(主簿)**: 관서의 문서와 부적을 주관하던 종6품 관직이다. 조선 초에는 고려 말의 관제를 답습하였다. 이때 종6품의 주부注簿·승丞·부사副使와 종8품의 주부가 있었는데, 이들이 차차 바뀌어 1466년(세조 12)에 종6품의 주부로 개칭되었다.
- **주왕지철(周王之轍)**: 고대 중국의 은나라는 주왕紂王이라는 폭군에 시달렸다. 달기妲己라는 여자에게 빠져 포악한 정치를 하여 민생을 어지럽히자, 주나라 무왕이 천하평정에 나섰다. 이때 백성들은 왜 '우리에게는 늦게 오느냐?'고 하면서 무왕의 군대를 몹시 기다렸다는 고사를 인용한 것이다.
- **주유(周瑜, 175-210)**: 중국 삼국시대 오吳나라의 걸출한 군사전략가이다. 안휘성 서현舒縣 출신이다. 문무를 겸비했으며 지모가 풍부하고, 판단력이 뛰어났으며, 도량이 넓었다. 오나라 군주 손책과 손권을 보좌하여 정사를 처리하고, 아울러 적벽대전에서 제갈량과 함께 위나라 조조를 크게 물리쳤다. '하늘은 주유가 이미 세상에 태어났는데, 왜 제갈량을 보냈는가?'라는 말은 주유의 심중을 그대로 묘사하는 탄식이다.
- **주차(朱泚, 743~784)**: 당나라 반란군이다. 783년 경원涇原의 군사들이 병변을 일으키자 덕종이 봉천奉天으로 달아나니, 주차가 옹립을 받아 황제가 되고 나라 이름을 진秦, 연호를 응천應天이라 했다. 나라 이름을 고쳐 한漢이라 하고, 자신은 한원천황漢元天皇이라 불렀다. 이성李晟이 수도를 회복하자 팽원彭原으로 달아났는데, 부장에게 살해당했다.
- **죽산현(竹山縣)**: 경기도 안성군 죽산면 일대의 현이었다. 1914년 행정구역 개편 때 안성군과 충청북도 진천군의 일부로 편입되었다.

- 중안리(中安里): 진주목의 마을 이름으로, 중안면이 되었다가, 지금은 진주시 봉수동과 신안동 일대가 이곳이다.
- 중추부(中樞府): 특정한 관장 사항 없이 문·무의 당상관으로서 소임이 없는 사람들을 소속시켜 대우하던 기관이다. 조선은 건국 초에 왕명출납·병기·군정·숙위·경비 등을 담당하는 중추원을 설치했다. 1466년 중추원이 중추부로 개칭되었으며, 중추부의 제도적 틀은 조선 후기에도 큰 변화 없이 유지되었다.
- 즉묵성(卽墨城): 전국시대에 제나라의 도읍지로 현재 산동성 평도현 근처다. 연燕의 소왕昭王은 제나라에 복수하고자, 악의樂毅를 장수로 임명하고 군사를 크게 일으켰다. 악의는 제나라의 70여 개 성을 계속 함락시키고, 즉묵卽墨과 거성莒城만을 남겨놓게 되었다. 악의는 제나라의 민심을 고려하여, 그냥 포위만 하고 있었는데, 이 즉묵성이 제나라 회복의 터전이 되었다고 한다. 경상우도 남은 6~7개 고을로도 회복의 기틀을 마련하기를 바라는 당시 지사들이 이 고사를 자주 인용하였다.
- 지곡사(智谷寺): 경상남도 산청군 산청읍에 있었던 통일신라시대의 사찰로 고려 때 번성하였다. 조선에 들어서는 유학자들이 강연회를 여는 등 절의 명맥이 19세기까지 이어졌다. 20세기에 들어 폐사된 것으로 보인다.
- 지례현(知禮縣): 경상북도 김천시 지례면 일대에 설치되었던 현의 명칭이다. 신라시대에는 지품천현知品川縣이라 불렸으며, 757년에 지례현으로 명칭이 변경되었다. 구성龜城이라고도 하였으나, 1914년 김천군 지례면이 되었다.
- 지리산(智異山): 1967년에 처음으로 국립공원으로 지정된 민족의 영산이다. 최고봉은 천왕봉(1,915m)이며, 반야봉(1,732m)과 노고단(1,507m)을 중심으로 웅장한 산세를 자랑한다. 20여 개의 능선 사이로 계곡들이 즐비하다. 계곡이 깊고 산세가 넓어, 임진왜란 때 인근 고을의 부호들이 주로 피난한 곳이며, 수령이나 군졸들의 도망처이기도 하였다. 백두대간의 맥이 다시 솟은 곳이라 하여 두류산頭流山이라고도 하며, 도교의 영향을 받아 방장산方丈山이라 불리기도 하는 이곳은 한국전쟁 당시 빨치산[partisan] 활동으로, 동족상잔의 아픈 상흔을 간직하고 있기도 하다.
- 지산리(砥山里): 『신증동국여지승람』에 의하면 향鄕의 이름으로, 경상남도 의령현 동쪽 60리에 있었다. 현재 의령군 지정면 일대가 이곳이다.
- 직산현(稷山縣): 충청남도 천안시 직산읍 일대 현의 명칭이다. 1914년 행정구역 개편으로 천안군에 편입되었다. 경부선 직산역이 있고, 옛 명칭은 위례성慰禮城과 사산蛇山이다.
- 직장(直長): 조선 때 각 관아에 두었던 종7품 관직이다. 주로 궁궐 내의 재정·물품 담당 아문에 배치되어 전곡·비품 등의 출납 실무를 담당하였다.
- 진晉나라: 위·촉·오나라의 삼국시대를 통일한 중국의 왕조다. 서진(265~316)과 동진(317~419)으로 나뉜다. 그 뒤 흉노인 유씨가 영가의 난을 일으켜 3대 회제를 살해하고, 이어 316년에 서진을 멸하였다. 그 뒤 중원은 5호 16국의 난세를 맞았다. 317년에 사마예가 진 왕조를 재건하고, 원제라고 칭한 뒤 지금의 남경인 건업建業에 도읍하였는데, 이를 동진이라고 한다.
- 진등재[長峴]: 의령현 동쪽에 있는 고개다. 의령군 정곡면과 용덕면을 연결한다. '길다'는 의미의 경상도

발음은 '질다'이고, 이것을 따서 긴 마루라는 뜻으로 진등재라고 부른다. 지금은 터널이 뚫려 옛길이 마저 되고 말았다.

- **진림(陳琳, 156~217)**: 옛날 초나라 도읍이 있던 광릉廣陵 사람으로, 자는 공장孔璋이다. 후한 말기인 건안 연간(196년~220년)의 뛰어난 문인 7명을 건안칠자建安七子라고 하는데, 그중에 한 사람이다. 공융孔融·진림陳琳·왕찬王粲·서간徐幹·완우阮瑀·응창應瑒·유정劉楨이 그들이다. 진림은 나중에 조조의 휘하에서 격문을 도맡아 짓고, 시정이 남달랐다고 한다. 일기의 서문에서 초유사로서 격문과 시 짓기에 뛰어난 김성일을 진림에 비유하였다.
- **진양(晉陽)**: 중국 하북성에 있는 지명으로, 조양자趙襄子가 여기에서 지백智伯의 포위를 풀고 승리하여, 조나라의 기초를 세웠다고 한다.
- **진정지주(鎭靜之奏)**: 승정원의 주서注書가 쓰는 사초를 '당후일기堂後日記'라고 하는데, 1594년 2월 6일 기사에 선조 임금이 침략이 임박하지 않았다는 김성일의 귀국 보고에 관한 질문에 이항복이 대답하는 기사가 나온다. 즉 "신묘(1591)년 봄에 신이 승지로 있으면서, 김성일에게 일본의 일에 관해서 물어보니, 김성일은 도리어 깊이 침략을 걱정하면서, '남방을 방어하는 일로 민심이 소요하여, 왜적이 이르기도 전에 나라가 무너지게 생겼으므로, 그렇게 말해서 민심을 진정시키고자 한 것일 뿐이다.'고 하였나이다." 라고 아뢴 사실이 기록되어 있다. 일기의 서문에서 서명서는 김성일의 귀국 보고가 잘못이 없음을 지적하면서 진정지주라고 하였다.
- **진정통곡(秦庭慟哭)**: 오나라가 초나라를 침범함에 초나라의 신포서申包胥는 진秦나라에 구원병을 청하려고 가서, 진나라가 얼른 허락하지 않으니, 7일간 뜰에서 울었더니, 구원병을 내어주었다는 고사이다.
- **진회(秦檜, 1090~1155)**: 남송의 재상으로, 자는 회지會之이다. 고종의 신임으로 재상이 되어 국정을 농단하여, 충신 악비를 죽이고, 금나라와 항전을 주장하는 이들을 탄압하였으며, 굴욕적인 강화를 체결하였다. 민족적 영웅으로 왕으로 추존된 악비와 대비되어, 간신의 대명사로 각인되었다.
- **징사(徵士)**: 학문과 덕행이 높아 임금이 관직에 제수하였지만, 나아가 벼슬을 하지 않은 은사隱士를 말한다. 징벽徵辟이나 징군徵君이라고도 한다. 남명 조식은 사후 비석에 징사라고 써 달라고 하였다고 한다.

(ㅊ)

- **차달(車達, ? ~ ?)**: 고려의 개국공신 유차달柳車達을 말한다. 『신증동국여지승람』에 의하면, 고려 태조 때, 군량 수송에 공을 세워 대승大丞에 제수되고, 삼한공신三韓功臣의 호를 받았다고 한다. 개국2등공신 12인 중의 한 사람으로 고려 태조로부터 성과 본을 받아 문화유씨의 시조가 되었다고 한다.
- **찬성(贊成)**: 종1품에 해당하는 고위 관직으로, 좌찬성, 우찬성의 2명이 있으며, 삼공 정승들을 보좌하는 역할을 한다.
- **찬희(贊熙)**: 임진왜란 때에 왜군에 항복하여, 이른바 침략의 앞잡이가 된 승려이다. 왜군은 성주를 점령한 뒤 찬희를 성주목사에 임명였는데, 찬희는 적산사積山寺에 머물고 있었다. 읍내로 나오다가, 마침 성

주의 금수면에서 창의한 68세 선비 배덕문裵德文의 매복에 걸려 참살당하였다.

- 찰방(察訪): 조선 때 중요 대로의 역참에 관계되는 일을 맡아보던 외직 문관 벼슬, 또는 그 벼슬아치를 말한다. 품계는 종6품으로 경기도에 6명, 충청도에 5명, 경상도는 11명, 전라도에 6명, 황해도에 3명, 강원도에 4명, 함경도에 3명, 평안도에 2명을 두었다. 중요한 요소에 겸직 찰방 12명을 설치하여, 찰방의 비행을 감시하였다.
- 천경지의(天經地義): 하늘이 바른길을 얻고, 땅이 적절함을 얻는 길을 말한다. 예를 나타내기도 하며, 정당하고 변할 수 없는 도리를 이르는 말이다. 『춘추좌씨전』에 나오는 말로, 영남초유사 김성일이 격문을 쓸 때 군신 간의 의리를 언급하며 인용한 말이다.
- 천산(天山): 천산은 곧 천산산맥을 말하며, 중국 신장자치구와 키르기스스탄, 우즈베키스탄, 카자흐스탄의 4개국에 걸쳐 있다. 가파른 비탈과 깊은 협곡, 빙하로 어우러져 있다. 다른 의미로는 천하에 제일 높은 산을 뜻하기도 한다. 천산에 활을 걸어 둔다는 것은 전쟁을 그만두라는 말로, 이노가 이여송을 제촉하는 뜻으로 사용하였다.
- 철령(鐵嶺): 함경남도 안변군 신고산면과 강원도 회양군 하북면을 잇는 고개로, 높이는 685m이다. 철령 이북을 관북지방이라하고, 동쪽을 관동지방이라고 한다. 서울과 관북지방 사이, 회양과 고산, 안변을 연결하는 교통·군사상의 중요한 고개였다.
- 철릭[帖裡]: 무관이 입던 공복이다. 몽골어 테를릭[terlig]에서 유래한 말이며, 한자로는 천익天翼 또는 첩리帖裡 등으로 적었다. 형태에서도 변화가 있었는데, 초기 철릭은 몽골의 영향으로 소매가 좁았으나, 조선 후기로 갈수록 소매가 점점 넓어졌다. 색깔로 당상관과 당하관으로 구분하기도 하였다.
- 첨사(僉使): 첨절제사僉節制使의 약칭으로 종3품의 무관직이다. 변방 및 각 지방의 큰 진영에 배치되었으며, 병마兵馬와 수군水軍의 구분이 있었다.
- 청석골(靑石골): 개성시 삼거리 남쪽에 있는 골짜기로, 십여 리나 되는데, 구불구불하게 사린 골 양쪽 벼랑의 가운데로는 큰 시냇물이 급류하고 있으며, 산에는 문어 귀 형국의 지형이 많이 분포되어 있다. 임진왜란 때에 일본군이 대패한 곳이며, 임꺽정 무장단의 중요한 근거지 중 하나였다.
- 청해(靑海): 중국 서역의 지명이다. 역사적으로 중국 본토를 이루는 여러 성의 서쪽에 있는 외딴 지역에 속한다. 일부는 BC 3세기에 이미 중국의 지배하에 들어갔다. 그 후 수 세기 동안 티베트족과 몽골족으로 대표되는 유목민이나 청해호 주변 농지에 정착한 소수의 중국인에 의해 점령되었다. 중국인 주민의 수가 해를 거듭할수록 늘어나자, 1928년 중국 정부는 청해성을 설치했다. 성도는 서녕西寧이다.
- 초계군(草溪郡): 경상남도 합천군 초계면의 옛 지명이다. 본래 신라의 초팔혜현草八兮縣이었는데, 팔계八溪로 고쳐 강양군(江陽郡, 지금의 합천)의 영현으로 삼았다. 조선 말기까지 군으로 존속하였다가, 1914년 합천군에 합쳐져 초계면이 되었다.
- 초나라(楚): 주나라 때에 전국칠웅戰國七雄의 하나로 세력을 떨치던 제후국이다. 한나라 유방과 쟁패하던 항우項羽로 유명하다. 장강 부근에 광활한 면적을 차지하였다. 후대에는 오대십국五代十國 중의 하나(907년~951년)였다.

- **초유사(招諭使)**: 전쟁이나 반란으로 인하여 민심이 동요된 지역에 파견되어, 백성들을 설득하고, 의병 봉기를 독려하는 임무를 수행한 임시관직이다. 김성일이 영남초유사를 맡은 이후에는 유사한 기록은 찾아볼 수 없다.
- **촉나라[蜀]**: 촉한(蜀漢, 221~263)을 말한다. 중국 삼국시대 때 유비가 지금의 사천성 지역에 세운 나라로, 정식 국호는 한漢이나 역사상 구분을 위하여 촉한이라고 부르며, 나라가 위치한 지명을 따서 서촉西蜀이나 파촉巴蜀 등으로도 불린다.
- **촉석루(矗石樓)**: 경상남도 진주시 본성동 진주성에 있는 누각으로 곧 대장이 지휘하는 장단將壇이다. 고려 말의 축성 당시에 부사 김충광 등의 손으로 창건되었다. 그 후 1618년에, 병사 남이흥南以興이 재건하였다. 한국전쟁 당시 불탄 것을 1959년 새로 지어 지금에 이르고 있다.
- **촉석성(矗石城, 진주성, 진양성)**: 임진왜란 당시 3대 대첩의 하나인 진주성 대첩을 이룬 곳이다. 당시 진주는 군량 보급지인 전라도 지방을 지키는 길목이어서 진주성을 두고 조선과 왜의 다툼이 매우 치열하였다. 1차 진주대첩에서 진주목사 김시민과 의병대장 곽재우가 왜군 2만 명을 격퇴하였다. 하지만 다음해 6월에는 왜군 4만여 명이 진주성을 공격하였는데, 창의사 김천일과 경상우병사 최경회 등이 성안의 모든 주민과 함께 성을 지키려고 하였다가 끝내 죽임을 당하였다. 임진왜란 직전인 1591에 영·호남의 읍성을 대대적으로 고쳐 쌓았는데, 경상도관찰사 김수가 옛 성이 좁다고 하면서 동쪽을 넓혀 외성을 두었다. 1593년 이후에는 경상좌도수군절도사 이수일이 진영을 촉석성으로 옮기고, 김수가 쌓은 성이 너무 넓어 지키기 어렵다고 하면서, 성안에 여러 시설을 두었다. 진주성은 고려 말 이후 여러 차례 고쳐 쌓았던 축성 방법의 변천 과정을 살필 수 있는 중요한 유적이다. 또한 임진왜란의 산 역사를 담고 있는 성으로, 당시의 무기, 화약 등 국방사 연구에 필요한 자료를 갖춘 성으로 알려져 있다.
- **촉잔(蜀棧)**: '파촉으로 가는 7백 리 나무다리 길'이라는 뜻이다. 촉은 지금의 중국 사천성에 해당하는 지역으로, 옛날부터 길이 험하기로 유명하다. 당나라 현종은 안녹산의 난을 만나 생사를 걸고 촉으로 피난을 갔으면서도, 그 아름다운 풍광을 잊지 못하였다. 난리가 끝난 후 화가들에게 그림으로 그려 오도록 하기도 했다.
- **출이반이(出爾反爾)**: '너에게서 나간 것은, 너에게로 돌아온다.[出乎爾者反乎爾]'라는 의미이다. 모든 불행이나 행복이든 자초하는 일임을 경계하여 나타내는 말이다. 『맹자』「양혜왕장구 하」 편에 나온다.
- **최강(崔堈, 1559~1614)**: 본관은 전주이며, 자는 여견汝堅이고, 호가 소계蘇溪이다. 1585년 무과에 급제한 뒤, 왜란이 일어나자, 형 최균崔均과 함께 고성에서 의병을 일으켜, 김시민과 합세하여 진주성 전투에서 공을 세웠고, 1593년 김해로부터 웅천에 침입하려는 적을 격퇴하였으며, 1594년 김덕령의 별장으로 고성에서 왜군과 싸우는 등 의병장으로 활약하였다. 1605년 가리포첨사加里浦僉使로 승진하였고, 1606년 경상좌수사가 되었다. 광해군 때 충청도수군절도사에 임명되었다가 은퇴하였다. 형 최균과 함께 병조판서에 추증되고, 고성의 도산서원道山書院에 제향되었다. 시호는 의숙義肅이다.
- **최경회(崔慶會, 1532~1593)**: 본관은 해주이며, 자는 선우善遇이고, 호는 일휴당日休堂으로, 시호는 충의忠毅이다. 왜란이 일어나자 모친 상중임에도 형 경운慶雲·경장慶長과 창의하였다. 고경명이 전사하고, 그의

휘하였던 문홍헌文弘獻 등이 남은 병력을 수습하여, 이에 합류함으로써 의병장에 추대되었다. 각 고을에 격문을 띄워 의병을 규합, 금산·무주에서 전주·남원으로 향하는 일본군을 장수에서 막아 싸웠고, 금산에서 퇴각하는 적을 추격하여 우지치牛旨峙에서 크게 격파하였다. 경상우도병마절도사로 2차 진주성 전투에서 전사하였다.

- **최덕량(崔德良, 1544 ~ ?)**: 본관은 영일이고, 시호는 충장忠莊이다. 만호를 지내고, 진주대첩에서 수성대장으로 참전하였다. 북문이 무너져 성이 함락될 지경이었는데, 흩어지는 군졸을 베어 죽이며, 분위기를 바꿔 힘껏 싸워 성을 지키는 데 결정적인 역할을 하였다고 한다. 1594년 무과 단독별시에 급제하였고, 초계군수를 지냈다.
- **최영경(崔永慶, 1529~1590)**: 자는 효원孝元이며, 호는 수우당守愚堂이고, 본관은 화순이다. 어려서 남명 조식에게 배울 때 스승이 희세의 인물이라 하였다. 커서 문명이 높았으나 벼슬에 나가지 않았다. 1589년 정여립의 모반 사건 때 관련되어 희생되었다. 이노 등이 신원을 상소하였는데, 이를 김성일이 도와 신원이 되었다. 뒤에 선조가 대사헌에 추증했다.
- **최원(崔遠, ? ~ ?)**: 황해도병마절도사, 동지중추부사 등을 역임한 무신이다. 1580년 전라도병마절도사가 되고, 왜란이 일어나자 의병장 김천일 등과 함께 여산에서 싸웠다. 김천일 등과 함께 남원·순창을 거쳐 북상하던 중 전라감사 이광李洸 등이 용인에서 패전하여 독산성禿山城에 주둔하다가, 강화도로 들어가 주둔지로 삼고 군사를 모집하였다. 1600년에 동지중추부사에 선임되었다.
- **최인제(崔仁濟, 1560~1592)**: 영천 출신 의병장이다. 자는 성부聖夫이고, 호는 晩亭이다. 1588 년에 생원으로 급제하였다. 왜란 때 향인들과 더불어 창의하여 박연 전투에 나아가 이기고, 영천성에 의거하고 있는 왜적을 섬멸하여 하나도 남기지 않았다. 경주성 전투에서 순절하였으니, 영천의사 17인 중 한 사람이다. 초유사 김성일이 계장으로 보고하여, 특별히 호조정랑으로 추증되고, 고천서원에 배향되었다.
- **최철견(崔鐵堅, 1548~1618)**: 본관은 전주이고, 자는 응구應久이며, 호는 몽은夢隱이다. 1585년 별시문과에 장원으로 급제하여, 형조좌랑과 사간원정언 등을 역임하였다. 1590년에는 병조정랑이 되어, 서장관으로 명나라에 다녀와서 전라도사가 되었다. 왜란이 일어나 관찰사 이광이 패주하자, 힘껏 싸워 전주를 수호하였다. 1597년 수원부사로 임명되고, 1599년 내자시정內資寺正, 1601년에 황해도관찰사가 되었다가 호조참의로 전임되었다.
- **추로(鄒魯)**: 추는 맹자의 출생지인 추나라를 말하며, 노는 공자의 출생지인 노나라를 가리키는 것으로, 곧 공자와 맹자를 가리키는 말이다. '추로지향鄒魯之鄕'이라 함은 예절을 알고 학문이 왕성한 곳을 의미하는데, 일기의 서문에서는 영남을 지칭하였다.
- **출사표(出師表)**: 촉나라의 승상 제갈량이 위나라를 토벌하러 떠날 때, 황제 유선에게 올린 글을 말한다. 전·후 두 편이 있다. 출사표는 진晋나라 이밀李密이 무제에게 올린 「진정표陳情表」와 당나라 사상가 한유가 쓴 「제십이랑문祭十二郎文」과 함께 중국 3대 명문 중 하나로 꼽힌다. 예로부터 출사표를 읽고 눈물을 흘리지 않는 이는 충신이 아니라고 할 정도였다.
- **출신(出身)**: 문과 또는 무과에 급제하였으나, 아직 벼슬을 받지 않은 사람을 일컫는 말이다. 봉이 김선

달로 일반에 익숙한 선달先達이라고도 하였다.

- 충순위(忠順衛): 중앙군인 오위五衛 가운데 충무위忠武衛에 소속되었던 병종이다. 세종 때인 1445년에 3품 이상 고관의 자손을 우대하기 위하여 설치하였다. 병조에 소속되었다.
- 칠원현(漆原縣): 고려 전기부터 개항기까지, 경상남도 함안군 칠원읍과 칠북면 지역에 설치된 지방 행정구역이다. 통일신라 때 칠제현漆隄縣이 개칭된 것이다. 940년(태조 23) 칠원현이 되었다. 현감이 파견되었다. 1914년 행정구역 변경 때 함안군에 예속되었다.

(ㅌ)

- 탑수(漯水): 옛날 황하의 지류였다. 하남성 섭현涉縣에서 발원하여, 황하의 북쪽을 거쳐, 하북성을 경유하여, 황하의 남쪽을 지나 발해로 유입되었다. 물길이 여러 차례 바뀌어 지금은 옛 흔적을 확인할 수 없다. 우임금이 치수를 함에 제수濟水와 물길을 터서 흐르게 하였다고 한다. '약瀹'은 물길을 트는 것을 의미한다.
- 태산(泰山): 중국 산동성 중부 태안시의 북쪽에 있다. 높이는 1,545m이다. 고대의 순임금이 5악 순찰 때 제일 먼저 태산에서 제사를 지냈다는 전설이 있어, 진·한 이래 역대 천자가 하늘을 제사하는 봉선의 의례를 행했다. 또한 태산은 도교의 본산지이기도 하다.
- 태왕거빈(太王去豳): 태왕은 주나라 문왕의 조부인 고공단보古公亶父를 말한다. 태왕은 처음 빈이라는 곳에 살았는데, 융적의 침입을 받으니, 전쟁에서 백성들이 죽거나 다칠 것을 측은하게 여겨, 빈 땅을 떠나 섬서성 서부에 있는 기산岐山 밑으로 옮겨, 빈 땅 사람들과 함께 주나라의 기반을 조성하였다고 하는 고사가 있다. 일기는 이를 선조에 비유한 것이다.
- 태원(太原): 중국 산서성의 성도로서 춘추시대부터 군사와 교통의 요충지였다. 이곳은 중국 동부지역의 지리 분계선인 태항산맥과 여량呂梁 산맥에 둘러싸인 분지로, 낙양을 방어하는 데 있어서도 중요했다. 북방의 이민족이 중원으로 들어가려면 반드시 거쳐야 해서 전투가 빈번했던 곳이다. 이노의 격문에서 이러한 지리적 특성을 인용하였다.
- 토동(吐洞): 본래 삼가군 아곡면 지역으로서 토동 또는 외토라 하였는데, 1914년 행정구역 폐합에 따라 안동, 토동, 장성박, 점골, 신기, 피차골, 제보를 병합하여 외토리라 해서 합천군 삼가면에 편입되었다.
- 토주관(土主官): 백성들이 자기 고을의 수령을 달리 이르는 말이다.
- 통신사(通信使): 조선 국왕의 명의로 일본의 막부에 파견한 공식적인 외교사절이다. 일반적으로 조선통신사라고도 한다. 조선이 1403년(태종 3)에 명나라로부터 책봉을 받고, 그 이듬해 일본의 아시카가 요시미쓰[足利義滿] 장군도 책봉을 받자, 중국·조선·일본 간에는 사대·교린의 외교관계가 성립되었다. 그러자 조선과 일본 두 나라는 대등한 처지의 교린국이 되고, 조선 국왕과 막부장군은 양국의 최고권력자로서 상호 간에 사절을 파견하였다.

- **통장(統將)**: 무예별감武藝別監의 우두머리 장수이다. 무예별감은 궁궐 문 옆에서 숙직하며 호위하는 일을 맡아보던 무사를 말한다. 일기에서는 이를 원용하여, 일반 병사와 훈도와의 중간 계급을 지칭하는 것으로 보인다.
- **통판(通判)**: 지방관제인 감영이나 유수영 또는 큰 고을인 도호부와 목에 두었던 관리를 지칭한다. 곧 판관判官의 고려시대 이름이다.

(ㅍ)

- **파촉(巴蜀)**: 군 이름으로, 파군巴郡과 촉군蜀郡을 가리키며, 두 군 모두 익주益州에 속한다. 파군은 14개 현을 관할하고 치소는 강주江州인데, 그 성터는 지금의 사천성 중경에 있다. 촉군은 11개 현을 관할했고 치소는 성도成都였다. 고대의 파국巴國과 촉국蜀國 지역을 가리키기도 한다.
- **판관(判官)**: 종5품 외관직의 하나이다. 큰 고을에 수령의 부관격으로 파견되었다. 수령을 대신하여 민간의 잡다한 송사를 처리하기 위해 판관을 파견했다. 또 무관을 주로 파견한 경우에 절제사는 군무에만 전념했고, 일반 수령의 업무는 판관이 처리했다. 중기 이후에는 제주·경성을 제외하고 모두 폐지되었다.
- **판교(判校)**: 승문원承文院·교서관校書館 등의 정3품 관직이다. 정원은 각각 1인이다. 이들 가운데 교서관에 소속된 관원은 타관이 겸하였다.
- **팔거현(八莒縣)**: 경상북도 칠곡군 지역에 있었던 현 이름이다. 칠곡읍은 대구광역시에 속하고, 칠곡이 없는 칠곡군만 경상북도에 속해 있다. 고려 태조 때 팔리현에서 팔거현八居縣으로 고쳤다가, 뒤에 팔거현八莒縣이라 하였다. 임진왜란 시기에 경상감영이 한때 있었으며, 1640년 인조 때에 전란을 대비한다고 팔공산 자락에다 가산산성架山山城을 쌓고, 칠곡도호부로 승격되면서 명칭을 잃어버렸다.

(ㅎ)

- **하나라(夏)**: 중국 고대 왕조로, 요순시대 이후 우임금이 세운 왕조이다. 요순시대 천자였던 순임금이 우임금에게 천하를 물려주었고, 우에 의해 하夏 왕조가 세워졌다. 하왕조 이후 이어지는 상商·주周를 합하여 3대라고 아울러 칭한다.
- **하미(夏靡)**: 하나라의 유신 미靡를 말한다. 소강왕少康王을 도와서 하나라를 부흥시켰다고 한다.
- **하남성(河南省)**: 중국 화북지구 남부에 있는 성省이다. 황하 중하류와 화북평야 남부를 걸쳐 있다. 성도는 정주鄭州시다. 서부와 남부는 산지, 중부와 동부는 충적평야로 이루어져 있다.
- **하륜(河崙, 1347~1416)**: 고려 말기와 조선 초기의 문신으로, 자는 대림大臨이고, 호는 호정浩亭이며, 본관은 진주이다. 제1차 왕자의 난 때 이방원을 도와 공을 세우고 정당문학에 올랐으며, 『동국사략』을 편수하고 『태조실록』 편찬을 지휘하였다. 저서에 『호정집』이 있다.

- 하빈(河濱): 대구광역시 달성군 하빈면 지방을 말한다. 신라 초기에는 다사지현多斯知縣이라 하다가 경덕왕 때 하빈현으로 고쳐 수창군壽昌郡에 속하였다. 그 뒤 경산부京山府와 대구부에 속하였다가, 1914년 달성군에 편입되었다.
- 하양현(河陽縣): 경상북도 경산시 하양읍·와촌면·진량면 일대에 있던 옛 고을이다. 본래 고려의 하주河州였는데, 1018년에 하양현으로 이름이 바뀌어 경주의 속현으로 합속되었다가 감무가 설치됨으로써 독립했다. 조선 때에도 하양현을 유지했으며, 별호는 화성花城이었다. 1914년 경산군에 병합되었다.
- 하천서(河天瑞, ? ~ ?): 임진왜란 때의 의병으로, 본관은 진주이고, 호는 망추헌望秋軒이다. 강득용, 신남과 더불어 군대를 훈련시키고 위풍을 떨치니 군율이 엄정하였다. 허물어진 진주성을 수축하고 못을 다시 깊이 파서 앞날을 대비하였다. 임진왜란 때의 공이 인정되어 좌승지에 추증되었다.
- 하항(河沆, 1538~1590): 본관은 진주이며, 자는 호원浩源이고, 호는 각재覺齋이다. 진주 수곡면 출신이다. 남명 조식의 문하에서 공부하였다. 1567년 사마시에 합격한 후, 참봉에 임명되었으나 사양하고 받지 않았다. 말년에 향리인 진주 수곡면 대각촌에 은거하면서 세속에 물들지 않고 살았다.
- 하혼(河渾, 1548~1620): 자는 성원性源이고, 호는 모헌暮軒이며, 본관은 진양으로, 합천군 야로冶爐에 거주하였다. 남명 조식의 문인으로, 최영경의 신원 상소에 연명하였다. 왜란이 일어나자 야로면의 송산동에서 정인홍의 창의에 동참하였다. 낙동강 연안의 마진과 무계 그리고 안언전투에서 왜적을 무찌르고, 성주성 탈환작전 등 치열한 전투 때마다 큰 공을 세웠다. 신천서원新川書院에 배향되었다.
- 학유(學諭): 성균관의 종9품 관직이다. 태조 때 설치된 성균관정록소成均館正錄所의 사무를 맡아 각종 과거응시의 예비 심사를 처리하였으며, 태종 때부터는 성균관 입학시험에 대한 심사도 하였다. 사무의 중요성에 비중을 두어, 세종 때에는 문행이 뛰어난 자를 가려, 대간의 동의를 얻은 뒤 임명하였다.
- 한궁지의(漢宮之儀): 한나라가 신나라 왕망에게 망한 지 10여 년 만에, 한나라를 부흥시키려는 군사가 일어나, 광무제가 삼보三輔라는 곳을 지나는데, 늙은 백성들이 '오늘에 있어서야, 한나라 관리의 의기를 볼 줄이야 정말 몰랐다.'라고 하며, 기뻐하였다고 한다. 이 고사를 나라 회복을 바라는 백성들의 마음을 빌려 김면 대장이 인용하였다.
- 한궐(韓厥, ? ~ ?): 춘추시대 진晉 나라 한헌자韓獻子이다. 경공景公 11년 제나라 군대를 격파했다. 다음해 신중군장新中軍將이 되고, 경대부에 올랐다. 도안고屠岸賈가 권력을 휘저으면서 조씨趙氏를 마구 죽이자 간했지만 듣지 않았다고 한다.
- 한단(邯鄲): 중국 하북성 남서부에 있는 도시이다. 교통의 요지이며, 부근 농산물의 집산지이다. 춘추시대 옛 도시로, 기원전 4세기 전국시대 조趙 나라의 수도이다. 일장춘몽一場春夢과 한단지몽邯鄲之夢이라는 고사로도 알려진 곳이다.
- 한무제(漢武帝, BC 156~BC 87): 한나라 최대 부흥기를 열었던 7대 황제 유철劉徹을 말한다. 재위는 기원전 141년부터 기원전 87년이다. 시호는 세종世宗이다. 사마천에게 남자로서 가장 치욕스러운 궁형宮刑을 내려, 그로 하여금 사후 4년 뒤에 불후의 저서인 『사기』를 완성하게 하였다.
- 한신(韓信, ? ~BC 196): 한나라의 개국공신으로 소하, 장량과 함께 '한초삼걸'이라 불린다. 유방의 진

영에서 대장군으로 활동했고, 후에 제나라의 왕이 되었다. 위, 제, 조, 초나라를 멸망시키는 데 큰 공을 세웠으나, 훗날 '토사구팽兎死狗烹'의 주인공으로 더욱 잘 알려지게 되었다.

- **한호(韓虎)**: 춘추전국시대 한韓나라를 창업한 한강자韓康子를 말한다. 사마천의 『사기』에 따르면, 기원전 453년에 한강자가 조씨趙氏·위씨魏氏와 함께 진晉나라의 지백知伯을 멸하고, 영토를 셋으로 나누어, 기원전 403년에 주나라의 위열왕威烈王으로부터 제후로 승인되어, 독립국이 되었다고 하였다.
- **한효순(韓孝純, 1543~1621)**: 본관은 청주이고, 자는 면숙勉叔이며, 호는 월탄月灘이다. 왜란이 일어나자 8월 영해에서 왜군을 격파하고, 경상좌도순찰사를 겸임해 동해안 지역을 방비하며 군량 조달에 공을 세웠다. 이때 그의 주관으로 김성일을 고향으로 반장하였다. 1621년 판중추부사로 졸하였다. 인조반정 후 폐모론에 가담한 죄로 관직이 추탈되었으나, 1908년에서야 신원이 되었다.
- **함곡관(函谷關)**: 중국 하남성河南省 북서부의 교통 요충지이다. 장안과 낙양을 연결하는 길목에 있어, 전략적으로 중요한 지역이었다. 한나라 역신 동탁을 제거하기 위해 제후들이 함곡관 밖에 모였다.
- **함양(咸陽)**: 경상남도 서북부에 있는 군이다. 지금의 명칭 함양은 고려시대에 붙여진 오래된 고을이다. 1914년 행정구역 개편 때, 안의군安義郡의 절반과 합치면서, 현재의 군 경계가 확정되었다. 왜란 때 김성일과 조종도 그리고 이노가 함양에서 기약도 없이 만났다. 격문을 돌리고 왜적을 토벌할 것을 맹약한 바로 그곳이다.
- **함창현(咸昌縣)**: 경상북도 상주시 함창읍·공검면·이양면 일대에 있던 옛 고을이다. 함창지역은 고령가야국이 있던 가야 연맹의 중심지였다. 이곳에 신라가 진출하여 가야를 멸망시키고 고동람군古冬攬郡을 설치했다. 현종 때 상주에 예속시켰다가 뒤에 함창으로 불렀으며, 명종 때 감무를 두었다. 1413년(태종 13) 현감을 둔 뒤, 큰 변동이 없다가, 1914년 함창군이 폐지되고 상주군에 병합되었다.
- **합포(合浦)**: 경상남도 창원시 마산 지역의 옛 지명이다. 1274년에는 원나라 세조가 명령하여 합포에 정동행성征東行省을 설치하여 일본을 정벌하도록 하였다. 그 연유로 인하여 경상우도병마절도사의 병영이 이곳의 해망원에 줄곧 있었다.
- **해사록(海槎錄)**: 통신부사 김성일의 사행기록으로, 1590년 3월 5일 조정을 떠나 1591년 3월 1일 복명하기까지, 일본에서 일어난 일의 대처사항과 통신사 내부 대립의 크고 작은 일들을 기록한 것으로, 『학봉집』의 곳곳에 나누어 수록되어 있다.
- **해인사(海印寺)**: 경상남도 합천군 가야면의 가야산에 있는 절이다. 신라 802(애장왕 3)년에 순응順應, 이정利貞 두 대사가 세웠다. 수다라전修多羅殿, 법보전法寶殿에 81,258매의 대장경 경판을 소장하고 있다.
- **행재소(行在所)**: 임금이 멀리 거동할 때 임시로 머무르는 별궁으로 행궁行宮이나 이궁離宮이라고도 한다. 임시로 머무르는 곳이 일정하지 않을 때, 장소에 따라 막사를 새로 지어서 머물기도 하고 그 지방의 관청이나 부호의 집을 빌려 머무르는 일도 있었는데, 그곳이 행재소이다.
- **허국주(許國柱, 1548~1608)**: 본관은 김해이고, 호는 관란觀瀾이다. 무과에 급제하여 우후가 되었다. 왜란이 일어나자 의병 700명을 모집하여 왜적을 대파하는 공을 세웠다. 임진왜란 이후에는 염창강 언덕에 관란정을 짓고 술로써 여생을 보냈다. 1812년 병조참판에 추증되었으며, '충절탁이忠節卓異'라는 글을

하사받았다.

- 허굴산(墟崛山): 경상남도 합천군의 가회면 월계리와 대병면 장단리에 걸쳐 있는 높이 682m 산이다. 이 산의 봉우리에는 여름에는 찬바람, 겨울에는 더운 바람이 나오는 큰 굴이 있는데, 이 굴에서 지명이 유래하였다고 전해진다.
- 허성(許筬, 1548~1612): 본관은 양천이며, 자는 공언功彦이고, 호는 악록岳麓이다. 허균의 형이고, 허난설헌의 오빠이다. 1590년 전적으로서 통신사의 서장관으로 일본에 다녀왔다. 같은 동인임에도 김성일과 같은 복명을 하지 않은 것은 당시 일본의 정세를 당파적으로 보지 않았다는 증빙이 되기도 한다. 성리학에 조예가 깊었고, 글씨에도 뛰어났다. 찬성에 추증되었으며, 저서로는 『악록집』이 있다.
- 허언심(許彦深, 1542~1603): 호는 압호정壓浩亭이고, 본관은 김해이다. 의령현의 가례리에 살았으며, 곽재우의 매형이었다. 곽재우가 기병함에 많은 곡식과 재산을 내놓았으며 의병부대의 군량미를 관장했다. 동지중추부사에 올랐다.
- 허자대(許子大, 1555~ ?): 자는 이화而化이고, 호는 평호정平湖亭이며, 삼가현 출신이다. 곽재우 의병부대에서 군기 제조를 책임지고 있었다고 한다.
- 헌원(軒轅, ? ~ ?): 중국의 신화적인 삼황오제의 한사람인 황제黃帝의 이름이다. 황제는 중국의 건국 신화에 나타나는 제왕으로, 중국을 처음 통일한 군주이자 문명의 창시자로 숭배되고 있다. 치우蚩尤를 정벌하고, 신농씨神農氏를 이어 제위에 올랐다.
- 현풍현(玄風縣): 대구광역시 달성군 남서부에 있는 지금의 현풍읍 일대에 있던 옛 고을이다. 지금의 달성군 현풍읍·논공읍·구지면·유가읍 일대의 지역이다. 1018년 경에 '현풍'이라는 이름을 얻었고, 1413년 군현제 개편으로 현풍현이 되었다. 1910년 현풍군 현내면이 되었다가, 1914년 달성군 현풍면이 되었다.
- 형조참의(刑曹參議): 형조에 두었던 정3품 당상관이다. 위로 정2품인 형조판서와 종2품인 형조참판이 있고, 아래로 정5품인 형조정랑과 정6품인 형조좌랑이 각 3명이 있었다.
- 형주(荊州): 중국 대륙은 9개의 주로 나누었는데, 그중 한 곳이다. 후한 13주 중 한 지역이며, 중심지는 호남성의 한수漢壽와 호북성 양양襄陽 지역이다. 위·촉·오나라가 쟁패하던 삼국시대에 중요한 요충지의 하나였다.
- 호남성(湖南省): 중국 남동부에 있는 성으로, 양자강과 동정호 남쪽에 위치하여 호남성이라고 한다. 교서에서는 일찍이 왜구와 전투 경험이 있었던 지역이라 하였는데, 그렇다면 왜구가 장강을 타고 올라왔다는 것일 테지만 믿기 어렵다.
- 호부랑(戶部郎): 호부는 고려시대 상서육부尙書六部의 하나로, 호구와 곡물과 부세 그리고 돈과 식량에 관계되는 일을 맡아보았다. 1389년(공양왕 1) 호조로 고쳤다. 이 명칭은 조선까지 이어졌다. 이것은 곧 호조의 옛날 표기로 보이고, 이 시기에도 흔히 사용되었다. 각종 문헌에도 자주 보인다. 낭은 호조에 속한 정랑과 좌랑을 통칭하는 낭관을 의미한다.
- 호서(湖西): 충청도의 별칭이다. 충청북도 제천에는 의림지가 있는데, 제천은 충청도의 동쪽에 자리하고 있는 지리적 특성으로 인하여, 그 서쪽을 호서지방이라고 하였다. 예로부터 흔히 쓰던 충청도의 이칭이다.

- **홍문관(弘文館)**: 조선 3사의 하나로 궁중의 경적經籍 관리와 문헌의 처리 및 임금의 자문에 응하던 기관이다. 옥당玉堂으로 별칭되었다.
- **화산(華山)**: 중국 5악 중의 하나로 섬서성 화양시에 위치한다. 섬서성 남부의 진령秦岭산맥에 있다. 서악西岳이라 통칭되며, 태화산太華山 또는 화산花山이라고도 불린다. 다섯 개의 주봉 중 가장 높은 것은 난봉南峰으로 높이는 2,154.9m이다. 오악 중 가장 험준한 산으로 알려져 있다.
- **화왕산(火旺山)**: 경상남도 창녕군 창녕읍과 고암면에 걸쳐 있는 산으로 높이는 757.7m이다. 삼국시대에 축조된 석축 산성인 화왕산성이 있는 곳이다. 의병장 곽재우가 이 성을 지키며 내성을 쌓고, 이곳을 본거지로 하여, 영남 일대에서 눈부신 전공을 세우게 되었다고 한다.
- **화요직(華要職)**: 화요직은 청관淸官을 뜻하고, 청관은 홍문관 벼슬아치의 별칭이다. 문명文名이 있는 청백리라는 의미에서 이렇게 불렀다.
- **환아정(換鵞亭)**: 경상남도 산청군 산청읍에 있는 정자이다. 1395년 현감인 심린沈潾이 산음현의 객사 서쪽에 건립하였다. 환아정換鵝亭이라는 정자의 이름은 권반權攀이 중국 왕희지의 고사를 인용하여 작명하였고, 글씨는 당대 최고의 명필로 알려진 한석봉이 썼다고 한다. 김성일이 현감 김락이 차린 다반상을 물렸다고 한 바로 그곳이다. 현재 복원이 완료되었다.
- **황강(黃江)**: 낙동강의 지류로 길이는 111km이다. 거창군의 가북면 산악 지대에서 발원하여, 덕유산에서 흘러오는 위천渭川을 만나, 강의 위용을 만들고, 합천군 청덕면에서 낙동강에 물을 내보낸다. 한반도에서 흔치 않게 동쪽으로 흐르는 작지 않은 하천 중의 하나이다.
- **황계(黃溪)**: 합천군 허굴산에 있는 폭포 이름이다. 합천군 용주면 황계리는 이 폭포에서 지명이 유래하였다고 한다.
- **황산(黃山)**: 『신증동국여지승람』 삼가현 편에는 황산은 삼가현의 서쪽 47리 지점에 있다고 하였다. 지금 황산을 따로 찾을 수가 없으니, 현재 합천군의 황매산을 지칭하는 듯하다.
- **황윤길(黃允吉, 1536~?)**: 자는 길재吉哉이며, 호는 우송당友松堂이고, 본관은 장수이다. 1561년 문과에 급제하여, 병조 참판에 이르렀다. 1590년 통신사의 정사로 일본의 사신 겐소[玄昭]와 함께 일본에 가서, 도요토미 히데요시의 내심을 살피고 이듬해 귀국할 때, 쓰시마 섬의 도주 소 요시토모[宗義智]로부터 조총 2자루를 받아와서는, 반드시 일본의 내침이 있을 것이라 하였다.
- **황응남(黃應男, 1556~ ?)**: 자는 시언時彦이며, 본관은 회덕懷德이다. 1584년 별시 무과에 병과로 합격하였다. 제포의 만호로 근무하던 중 왜란에 황산으로 도피하여, 이지의 설득으로 김면 의병장의 휘하에서 세운 전공이 많았다.
- **황하黃河·하북河北**: 황하는 중국의 2대 강으로, 청해성의 한 수원지에서 발원하여, 대륙의 중북부를 흘러 발해만으로 흘러든다. 세계 4대 문명의 발원지인 황하문명으로 알려져 있다. 하북은 황하 북쪽을 말하며, 하내河內라 함은 하남성河南省을 비롯하여, 황하 이북 땅을 총칭하는 것이다. 『용사일기』의 서문에서는 당나라 현종이 몽진 길에 하북 24개 군에 의로운 지사가 없다고 한탄한 것을 파천하는 선조의 심경에 비긴 것이다.

- **회산서원(晦山書院)**: 남명 조식의 학문과 사상을 이해하고 추모하기 위하여, 1576년 삼가현의 회현晦峴 아래 세워졌다. 임진왜란 때 불타고, 1601년 봉산면에 세워졌던 향천서원香川書院이 1609년 사액되었다.
- **회수(淮水)**: 회하淮河의 옛 이름이다. 황하와 양자강 사이를 지나 장강으로 흘러드는 중국의 3대 하천이다. 원래 중국에서 하河는 황하를 일컫고, 강江은 장강을 뜻하는 고유명사이다. 그 이외에는 수水라고 하였기에 회수淮水가 되었다.
- **훈도(訓導)**: 서울의 동·서·중·남의 4부에 세운 학교와 지방의 향교에서 교육을 담당하던 교관을 일러 말함이다.
- **훈련봉사(訓鍊奉事)**: 군사 시재試才와 무예 훈련 및 병서 습독을 관장하던 훈련원의 종8품 관직으로 정원은 2인이었다.
- **훈련원(訓鍊院)**: 임무는 시취와 연무인데, 시취의 경우 가장 중요한 무과를 비롯한 무관 시험을 실시해 병사를 뽑았다. 연무의 경우 병서를 익히고, 구체적인 전술의 연구와 교습에도 힘썼다. 1466년에 훈련원으로 개칭되면서 제도적 기틀을 완전히 갖추었다. 조선 후기까지도 매우 중요한 서반 관청 가운데 하나였으나, 1907년 한일신협약의 체결에 따라 해산되었다.
- **흉노(匈奴)**: 몽골 및 중국 북부 지역에서 기원전 4세기 말부터 활동했던 유목 민족과 그들이 세운 국가를 일컫는다. 흉노의 왕을 선우單于라고 한다. 전국시대부터 진나라와 한나라 등을 침략했는데, 이러한 흉노의 침략을 막기 위해 쌓은 성벽을 이은 것이 만리장성이 되었다. 431년에 멸망하면서 중국 역사에서 사라졌다.
- **흥원지조(興元之詔)**: 당나라 덕종은 요영언姚令言과 주차朱泚가 반란을 일으켜 황제를 참칭하였을 때, 수도 장안을 버리고 섬서성의 봉천으로 피난하였다. 흥원興元 원년인 784년 5월에 자신을 죄책하는 조서를 반포하였는데, 군졸들까지 모두 감읍하여, 병마부원수 이성李晟 등이 장안을 수복하여 환도하였다고 한다. 김성일은 선조가 전라도와 경상도 사민들에게 내린 교서를 이 옛일에 인용하였다.

용사사적 원문 사본

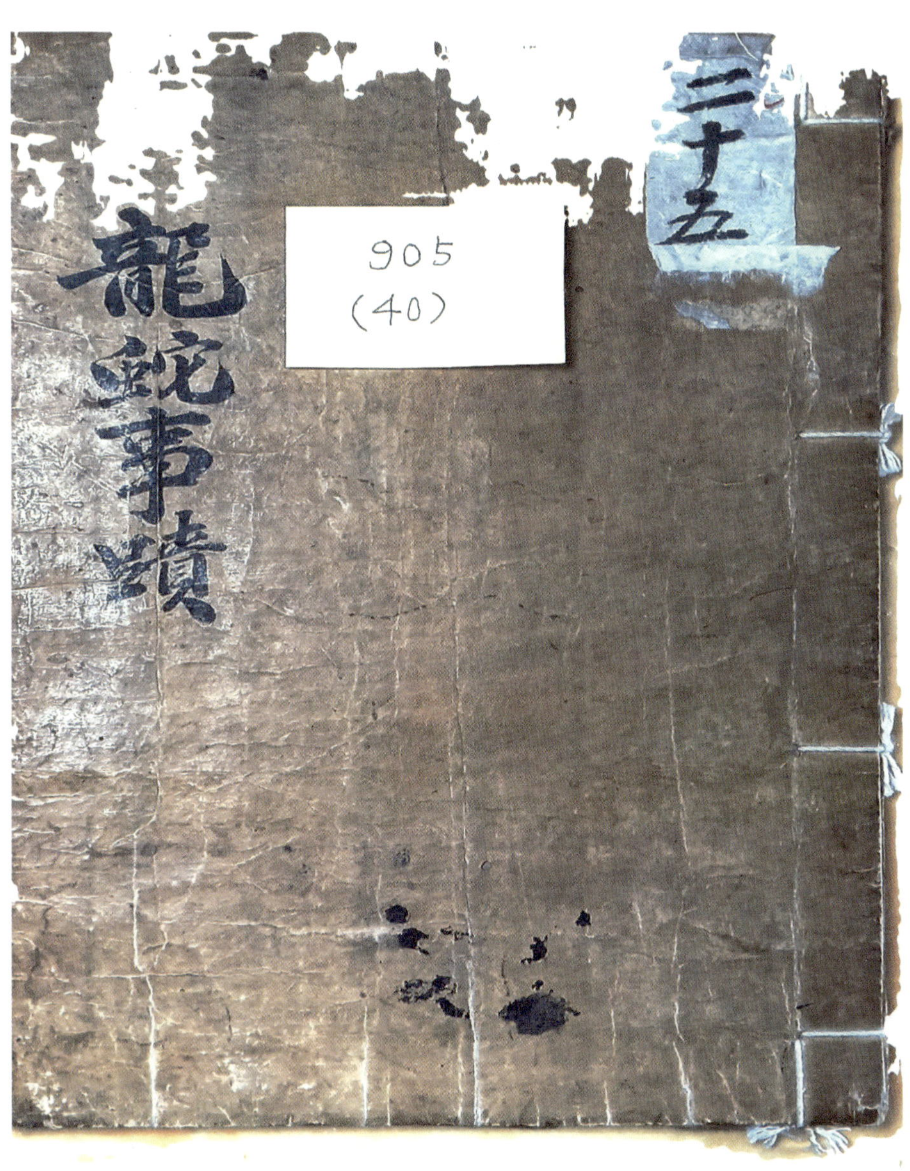

龍蛇事蹟　　　松巖李魯 撰

公諱誠一字士純姓金氏聞韶系世官族居永嘉府之臨河縣公
嘗遊退溪李先生之門處劇刻厲涵而據之天得之分雖自為踐
修之功亦多甲子司馬戊辰及第入內翰出天曹遷玉堂歷事
要為一代名能臣言人所難言剛直之操忠義之標國人皆爾之
○庚寅使日本不辱命不屈節氷蘗籍籍及還即直崔徽士
之冤公之使日本也黃允吉為上使許筬為書狀公一以直道
行不用旁蹊曲徑孤介特立故不知治兵將相之嘶　○辛卯冬
以弘文館副提學上劄極論時事言土木之功且直言王子筆
漁利等事　上為之瞿然引咎朝野莫不相賀然遷司副承

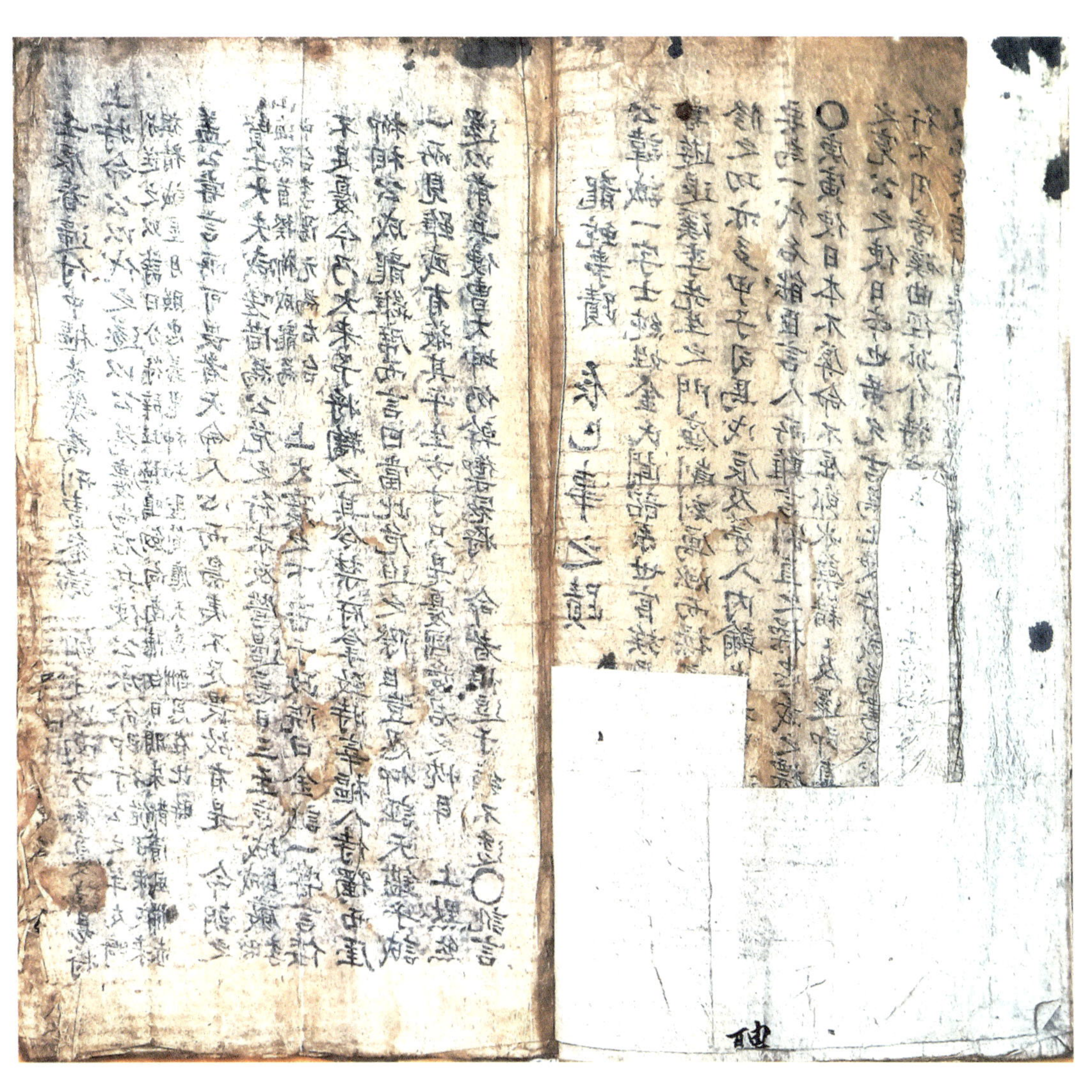

壬辰春遞付中樞未幾爲刑書參議　朝廷以南方爲憂議易將
上特命公以代之遂以公爲慶尚右兵使公承命即行公之年友畸從子東之來
別送之以詩曰分符辭北極鳴劍向南陲白日明朱節清風拂赤旗精誠星月照忠義鬼神知聖簡應天意酬恩在此時
蓋公嘗言所可畏者天命人心而島夷不足畏故有是　命朝之
賢士大夫咸嗟惜爲公危之行未及營邊意曰三至京城騷嚴時李
山海爲首揆柳成龍爲中台李陽元爲右台　上大震之下書于政院曰金誠一嘗言倭
不足憂今乃大來予將鞫之其令禁府拿致時掌樞入侍獨西厓
柳相公成龍離席而言曰當此危迫之際臣豈忍仰誣天鑑乎誠
一所見雖或有蔽其平生方寸只是憂國愛君之忱耳　上默然
還以前兵使曺大坤仍幹禦寇將　命者催逗于嶺不透○訖言

出城而金某使日本約爲向道今乃投賊乘屋轎建白旗爲先鋒
來無賴子雷和囂囂○公留尙州聞變宵馳赴陣賊已剋盆城而
掀撒左界矣左兵使李珏東萊之敗環視不援焚營先遁密陽府使朴晋近戰于鵲院幾爲所擄退蘂倉國都巡察金
睟跳自密陽一宿而至伽倻○右兵使曺大坤領大軍屯于海望原不往救金海
之屠勵勤將道公至則錯愕逗撓使欲乘去公峻辭責之曰將軍
以閫帥屯兵不進使金海見陷罪當行刑況以世臣宿將當此劇
變義不可避大坤色絶巡察使軍官金敬老適來觀賊未半途望
見哨掠軍來躍馬回馳揮劒大拜呼曰賊至我後於是一軍崩駭
大坤與公對踞胡床鼓將跨馬公呼而上之者三末乃攀馬不能
騎其裨扶上之即先馳去諸卒塡塞未暇旋踵自相蹈躪敬老使

其碍路以劍擊斬之死者相枕血波歧路時諸軍或不知公之至
也公最後按轡徐驅入内廂城中歛聚散卒得千餘人見有頑獷
不用命者數之以逃北倡斬三人以徇人皆股慄軍勢稍張勵戒
虞侯李俠使不敢動將為拒守死效之計○忽有飛傳有令命皆
言都事不來既無明旨之可諠大冦當前為閫師者豈輕易棄
公曰陣吾亦知必有是 命其可避乎即日就道軍皆烏散昌原府使張義國空一邑倅
城即走虞侯李俠浸軍械於池燒其軍廩開門先遁諸陣諸將一
時皆逃宜寧縣監吳應昌初赴金海沉舡溺死精兵百餘人盡失
粮械因不知去處昌寧縣監李哲容云風縣
盆監柳德新以都巡察使傳令皆棄邑遠遁○聆聲言遮截鳥嶺
退住居昌公歷三嘉居昌指安陰六十峴以行聆出遇於道深以
公之就理為歎公畧無幾微見於言面但曰國事至此其終奈何

願令公努力討賊以報國恩更無他語晋州營吏河自溶在彝後退謂其同類曰不怨主
上將殺己也唯以國事為念真忠臣○公行至稷山逢宥除招諭使有 旨盡上於
西還之日用世子之言也公北面拜受奉讀嗚咽手草状啓陳賊勢猖獗之状防守鋪排之策倶稷
守朴宜君子人也素相善大喜以縣吏趙舜傑為軍牙俾帶南下
湖南人多言金某被拿去路聞京城覆沒 主上播越段稱招諭
使馳向賊陣錦山郡守柳悰和順縣監丁至領勤王兵趨礪山息馬參禮溪畔公疲駒不前行色草草三人相謂曰斯
人見放柳非天也歟即夕投礪館一道守令咸萃礪守鄭湛倡言
曰諸君以金某之行為真奉使乎吾擬上僧其言不雙言也欲用重
典萬無見原為使理必嚴塞適命何乃出此言哉
或然也丁和順徐應之曰諸君何乃出此言哉明不知其人此豈亦
以臣所可為言不可若是然也俗且待之定應無一屋相謂
是柳錦山亦日和順言十分是當而後胡言乃止 公歷完山龍城
二大府了無一介士相逢奮義為國唶噫者至雲峯有一士人白

衣送境上握手大哭且密語曰湖南人以巡察使李洸緩於勤王
欲聲罪討之願令公毋往嶺南〻〻邑無可為洸誅義仲人皆鼓
勇於是糾合全湖衆兵大選勤王之師直趍京都欲擄漢之魁
鏟屯箕之醜盪掃腥穢而迎鑾輿耶且虞淵在此一舉所成功何
分彼此匹馬東歸獨何為哉公哂曰我不知利害知奉旨行事
耳且誅巡察於義無乃不可乎士人聽之不聽其事遂寢{光州牧使權慄}
{鎮安縣監鄭湜憤李洸不即勤王相約誅之聞公言乃止公使騂通于洸以倫之辭曰彼既密票如知之事無不請莫如不聞騂}
自居昌誘以勤王指雲峯與公忽值愕嗜無以為辭公以義責之
曰封疆之臣當死封疆何為棄之至此乎全失一道而能不救單
騎遠投其能有濟乎願令公亟回轡秉馬班如不得已強顔回旋

嶺之人初以棄去為幸聞至無不感頌而相吊靈岩武人蘇尚真
於馬首獻書願從許之時江右八九郡尚未見吞而新城無將舊
邑無倅士庶男女填滿山谷平陸絶無人影五月初四日公至咸
陽郡守李覺坐嘯公館只有老吏數人見於庭前縣令趙宗道前
直長李魯不期而會{辛卯夏陝川人前縣監文德將年近八十目覩時事不任憂憤上書于監司金睟極陳邊將守令嚴刑剝害先拔邦本云〻睟大怒與兵使申砬以豪強狀啓時陝川守田見龍蛇蝎之毒溪壑之欲民不堪命邑將空虛亦甚疾之必欲陷于大罪資而成之盖與睟同年也移囚三嘉禍將不測睟姪李魯欲告冤于朝庚京未還趙宗道為吊其聘丈李判書俊民之喪入城未久聞亂日劇夜叩西厓相公相與永別而還中路相約入吾界倡義出通文募兵討賊如不克濟當聚會諸友同沉於水義不可辱嘗曰誰可與同死者宗道曰他不可知如鄭德遠金志海朴德凝數子雖欲不死得乎嘗曰安知此外亦有同死者乎}公邂逅相遇喜不自勝曰天賚我也
二人即出道文于一道倡起義兵{陝川則以前守令}

鄭仁弘高靈則前佐郎金沔玄風則前郡守郭趙前佐郎朴惺三
嘉則學諭朴思齊草溪則全致遠李大期山陰則吳長丹城則權
世春咸安則李瀞爲之首餘邑亦如是 公立草招諭文〻從肝膈
而宜寧則郭再祐已爲擧義不題名
中流出筆不暇濡其文曰 今在文集中姑不書
趙宗道李魯之通文曰急君父之病而攘夷狄之禍者義之先也
當國家之危而忘死生之患者貞之大也靈萬物而爲人秀於氓
而爲士何謂靈爲其有君臣父子之倫也何謂秀識義利向背之
分也既食毛之皆臣寧肥祿之獨死匪茹至太原古或有之直作
杞京師今其極矣 乘輿播越漠風露之何處 宗社震驚哀陟
降之誰依鼠竄鳥伏寧多林巽之投戈殺妾食馬未聞張巡之守
死此豈臣子之可忍斯宗神人之雄堪二百年之培養安在六十
州之忠義掃如哭大荒而無歸擧白日而何顏父母有疾寧委命
而不藥大勢既去或賴天而克復死雖可惡悶天地而無逃生縱
欲偷屈大豕而忍活等其死也寧死於義敢望生乎捨生於仁背
國事讐其可安歟髡髮染齒其可耐歟官軍逋散咸怖刑而不出
義旅鼓動雁忠奮而爭赴況 主上西幸之日下哀矜惻怛之教
別揀致命之臣特遣招諭之使 綸音纔降聞者莫不墜淚星諭
所及見者應思隕首良願諸君子讀書平日皆懷報國之志臨危
此時宜竪死君之節其各敦勸父兄激厲子弟徵發隣里奬率奴
僕或帶弓矢或佩刀劍團結作隊踊躍鼓動以應招諭以洒國恥
茲豈邦家之幸亦祛門庭之恐且逃軍避卒若能自現聚屯則非

唯前罪盡貰亦復後賞可期更冀十分開喻俾知順逆千萬幸甚
誠如是也生爲丈夫死作英魂奚刻鮑信之形陵畫麗德之狀與
其遲臾而生曷若慷慨而死倘緣義徒之勤王得見天路之再
淸未必皆歸於淪沒胥將其享乎中興豈不佳哉宜各勉之嗚呼
天理民彝有不容泯天綱人紀寧肯永墜觀此一張通文必有千
群痛哭○咸陽素稱文獻而盧判書禛之家歸趙縣令之妹連仍
道好趙親入山見諸盧敦勉之而後郡之士亦多來會公爲之開
說義理莫不感泣咸言令公欲爲國做事宜先除去睥大坤庶可
以鼓動人心以行己志胡乃更邀睥來初聞令公先拜如赤子之
翹怖旋聞巡察還是以沮縮不敢出公曰巡察之來道無義一

六
道之無元帥無義我祗知以義待人以義處事諸生之言無已過
縱疑從字
乎對曰義從安生不順民心難以擧義公雖陽抑心寔偉之○由
灵山昌寧之賊分遣四十餘騎以覘江右處寔至蔚津盤桓欲旋
忽有昌寧避亂人曾認淺灘跨馬以涉賊望見追其後剽新反孚
山一村以焚之疾抵宜寧則新城壁立聞其無人毁其廨庚突過
嘉禮畢留島峴洞時大坤領麾下七十騎餘管軍二百餘人食三
嘉縣非峴洞十里縣軍深入數十騎之賊非惟剿獲不難亦可沮
梅疑海
遏其銳鋒聞大怖棄旗表旅隻騎退走梅山書院逃後賊入新城
焚之跳狼狽躍蹀向陜川高灵投星州大坤自書院夜走居昌入
伽倻海印寺○初宜寧郭再祐遣乱裂憤以家僮十餘人裂衾爲

旗着紅緋衣自稱天降紅衣將軍擊鼓吹角揮旗大呼追逐鼓江
上来賊三十餘艘於是盡散家貲開庫任取募得勇健壯丁數百
人或戰或退以捍蔽遡洛之寇自謂家世世臣厚受國恩宜以死
報國以討賊復讎爲己任忠憤所激直情以行或疑其得心病時
草溪郡守李惟儉自金海城方賊之逼攻也所守門者棓鎖先逃
不還于郡郡無主吏民取粮械再祐招起兵無軍器即馳往載軍
器數駄以来陜川郡守田見龍剝割漸後靡有紀極積失民心凡
爲獨夫及亂作躁擾罔措且自知其罪毋貰盜慮有反爾之禍即
開庫散穀交結山僧俾爲己援亡匿龍門山谷聞再祐奉義且猜
且怵瞞報于巡察使金睟兵使曺大坤以擴捍大盜之狀大坤擬

欲捕斬移關列邑邑無應之者再祐兵勢頗振人皆樂赴駐兵
于砥山列陣沿江上下數十里之間以遏江左之寇寇不得渡洛
而西一運自蔚山慶州永川新寧義城仁同之路一運自密陽昊
山昌寧玄風星州開寧之路直擣京城兩分援慶州永川密陽大
丘玄風星州善山開寧金山尚州等地連營千里以爲首尾犄角
之勢而不得渡洛倭於安國使稱名若自稱全羅監司自昌原至
咸安出先文及咸安人送之于宜寧再祐見而大怒即裂而焚之
馳往鼎津陳兵以待之賊擒咸安白丁二三人先送津頭預使之
整船而先鋒已迫於十里之外引其白丁等扶其股拖船灤灘賊
不敢近退還左累向金山歷茂朱錦山津至全州○公於至咸陽

聞再祐之事大奇之即移書招之時以書問公曰再祐舉措如何
公極褒以答之時知不可害更無所爲 初十日發向山陰達招
諭旗以郡人黃澗奴蘇尚眞爲軍官作偶前行趙李二君隨其後晡
時而至郡邑宰金洛館於換鵝亭盛備茶盤進之公色変招洛
責之曰似此盛饌非今日臣子所宜受雖食不能下咽饑疾交顧
洛謝罪逡巡而退縣人吳長宜寧人李旨丹城人金景謹伏劍迎
謁公曰謝諸生勤來相訪必有異策願聞一說景謹抗辭大言曰
不斬驛大坤無以伸大義而成恢復 公笑曰除是閑說話不濟事
洛良吏素得民心卒然聚軍得八百餘人晉州前主簿孫承義來
拜於庭即差遣高靈假守既送謂趙李二君曰承之取用眼無精

匿

神其能久乎未久果死於星峴之戰○河東縣監文報至捕斬偷
倉穀土賊十五頭事也公題送曰土民乘亂爲盜至發官倉其罪
宜斬萬一戮及無辜罪不可不愼縣監名遵僧 聞賊將迫昆陽誘集村民
曰寇若猝起倉穀皆爲灰燼等棄之容寧吾民食乘暮開門任其
取去愚民信之爭先搶出遵僧以其奴潛竹林間射殺十五軀之
即牒報曰土賊因國家大亂屯聚爲群搶奪倉穀極爲駭愕茲以捕
斬云云盖要功也時不賊犯昆陽公論後發聞者莫不痛之公欲
以嚴律誅之或疑人言過度只杖五十度數以貪虐啓罷之○
留二日將向晋州以 宗道爲宜寧假守曾爲丹城三嘉召募官
俾從收兵曾曰起兵大事宜先有律召藏死公曰然則奈何曾曰

入

宜令多造招諭使傳令木牌分畀諸邑首應者然後可以游施令於
列邑而名正事順矣公曰諾於是一行皆併至丹城縣監李碑自
山首鼠出候惱甚丹祐見書以赴戰冠服來謁公見而異之與諸
益奇之遂相許以死同行至晉■道至宜寧一境之人皆屬丹祐
聽其指揮更無所句當事咸安郡守柳崇仁匿山中落鼎湖潛過
宜界丹祐知之逆出數以棄城逃歸之罪云〃■■欲射崇仁丹
云〃以應之二人相持良久宗道進解之崇仁仍留丹祐陣下曾
入三嘉境則終日不見一人疾底大呼惟盧奉事欽在其家辞以
老無能為縣監張翎慶在黃溪招而至朴思兼思齊盧〃錞二人帶劍
來會相約起兵旋入丹城囑權世春權齊等丁寧以招諭之意於

官

是金沔起兵於居昌鄭仁弘起兵於陜川思齊等起兵於三嘉咸得
得衆九八百人丹城權世春等亦聚兵五百人山陰人金致遠李天
期亦起兵分掌之在晉閣之大喜即日馳啓以咸安人李瀞為其
郡召募官責柳崇仁還郡瀞收散卒六百餘人付郡守城設伏遮
截○前此陜守田見龍賊不入境而先自逃歸前僉使孫仁甲遇
于道將斬之訓鍊奉使尹鐸力救止之公備聞其惡欲誅之辭知
不保以微罪啓罷以孫仁甲為假將初賊之衝突猖獗也仁甲在
晬麾下晬退住居昌吳謂其麾下曰漢陽人從此不與嶺南人為
婚金敬老和之曰陋哉知之何仁甲即對曰漢嶺交婚已無望剪但
願使道毋令醜寇踰嶺入漢也晬嘿然皆稱仁甲之善對公曰仁

甲雖勇健耳俯而嬾目大而怯吾甚危之其後果死馬津之戰其
覘人類如此○三嘉人以尹鐸爲代將領軍付再祐〻〻領二縣
之兵設大陣於鼎湖世干兩處交馳互往一以捍昌原熊川出沒
咸安之賊一以捍充亦洛江之寇三嘉則思齊爲都摠而許子大
造軍器鄭脭主軍粮盧錞主運餽宜寧則鄭演爲督後將權鸞爲
突擊將李雲長爲收兵將沈大亦裵盖伸爲先鋒將許彦深典軍餉
姜彦龍掌兵械鄕之饒户爭牽牛出米輸日以餉軍公又以前牧
使吳澐爲召募官兼摠其數以助聲勢鄭仁弘悉發陜人爲兵前
牧使吳澐屯于冶鑪以捍星州據城之盜河渾曹應仁鄭仁榮爲
參謀而生員仁濟進士徐廸句會本郡兵粮權瀁專管陣所供億

家抽户斂以給之兵之逃逸者至焚其廬毋或敢隱軍数甚众金
沔所領高靈居昌二邑之軍而其參謀則郭趪文緯而留陣牛旨
之下以禦知禮金山開寧留屯之賊號令紀律頗嚴肅軍容極壯
由是三人皆以義兵大將稱之○時草溪無倅以前守郡郭趪爲
假公將差鄕〻曰前郡守郭趪幹恵多才素著政績今在伽倻山
公曰吾既聞之立書傳令付鄕往搜衞出之馳到陜趪來在仁甲
所驛自居昌差陜假守帖皆至或曰其從巡察來其從招諭來
陜之人知其賢願爲其倅僉曰從巡察可也趪笑曰皆不堪如不
得已吾從招諭即日走赴草溪相覆宜寧既無倅而 宗道亦辭
以雖爲以判校吳澐爲召募募官俾與再祐收心召聚澐自再祐

起兵之初損財餉軍至是益盡心焉○公自丹城直抵晉州牧使
李璥判官金時敏竄在智異山上院洞時敏聞之即出璥稱病不
出公傳令致之璥因知所為遁逃而死（璥與子山死于召南村舍）其妻李氏盡
載衣服先走湖南只有穿身單衣將無以為斂公以一件服遺之判
官時敏一物不贈一莫不供旁人謂公曰璥以不才達官棄城避
遁公既不誅又遺以衣何歟公謝曰君言則是棄城避遁者初既
不誅今可益誅乎不集王事只騃人耳單衣入柩尚所不忍故舊
（寧判敬）之情不得不爾督判官益恵於民之多故之時眾數千分議守城
以前郡守金大鳴為召募官孫承善為守城有司許國柱鄭惟敬
等二人為伏兵將河天瑞任調度姜德龍繕甲兵中衛掌餉饋於

是練戎旅威軍律頗整城之頹者（以完池之淺者）以濬蓋晉陽湖南之保障無
晉陽無湖南〻〻無國無可為矣賊之所顧長在於此防守不可緩
矣不出此城以死●真石城夏自新羅相方設險更千百年亦無
崩缺藤蘿繚結苔蘚蓋覆若天成者然賊以城少為嬛毀東南一
隅退梁于潛潯之地非惟新梁不完水小漲輒衝嚙城潤且低敵
及升高難守之形非惟有目皆知雖為公所撓旋來賊勢日熾
人心日懷道內士民咸仰公為鄉音應嘻娟快〻公一以誠信待之
小無疑阻○公以軍無紀律聚散無常定為科條傳令列邑曰逃
潰成風自以為一善類多散亡則難於一〻行法軍伍自有統率
十名有逃斬統將〻〻有逃斬都訓導一軍盡逃斬領將不從付者

與同罪且云先以忠義勉之令以刑法束之襄世也事設施弛張
恩威並施軍皆聳動無敢或逃○公之初到晉陽也牧使在山軍
民不集城中寥寥江水茫茫公徘徊惆悵不堪悲惋宗道自宜至
握手謂公曰晉陽巨鎮牧使名宦令若此前頭事勢更無下手地
不如遄死為得願與令公同沉此水不必死於兌鋒執手引江牢
不可解公笑曰一死非晩徒死何益匹婦之諒吾不為也 先王
遺澤尚未盡斬而 主上已下罪己之教天心方有悔復之萌倘
賴諸君倡義之助得聆列邑多士之應士爲民望民何不從然後
分兵據要以遏橫突一旅足以興夏恢復之功不難辨也如其不
幸張巡之死於守可也杲卿之罵於詈可也君何處也有如此水

吾非畏死者曰相與揮淚大痛而罷當初公有同死之約中三人且生無酒遍求城中人家各飲一盃公作詩曰矗石樓中三壯士一盃笑指長江水長江之水流滔滔波不竭兮魂不死遂與結帶以行龍岩公且行且思以為徒死無益遂止金大將沔茂溪之捷戰艦所得寶貨領輸數駄于公
俾之轉送 行在公在矗石樓點數觀之其絲錦珍寶之物甚夥
綵段長短二十端綺綃青黃四十端紗純廣狹六十束綾羅全半
三十束紬三百疋銅綃三百疋紋錦五十幅緋袍十九領白綵
二十兩紅袍三十斤光國功臣宴會契軸圖一幅世祖施御寺諱
題帛一幅泥香藥函一箇倭將金鞍一坐披靡於堂上光彩翳纈
左右觀者皆有激色深奬其克捷而似有難處之色昌原府使張
義國都事金穎男交口歎曰 主上盡棄內帑脫身西幸秋期不

後刪

遠過地早寒尚方御服誰爲製進 王子女撓撓宮人侍女亦多
宜令速遣 公默然良久曰諸君之憂國愛君可爲至矣龍灣一隅
關塞脩阻賊藪區域奏捷艱傳諸君但當奮義討賊以圖恢復無
憂御服之不供王子侍女之將寒也況關西紬絹乃其土産而尚
皆完全何患製服之無其具乎魯曰不料志海金字蚵爲此瑣瑣何
不散盈以與一軍也令公之職只是招諭自外公幹何不付都事
處之公曰彼旣送我都事其受之乎令營吏轉致南原使藏於其
府以待賊路清淨之期遣宗道于丹城山陰咸陽安陰遷魯于宜
寧三嘉陜川觀軍魯馳到宜寧則尹鐸寧三嘉軍住于龍淵沈大
升寧本縣軍住于長峴沈紀一守鼎湖之船識察過涉安彥宗設

伏于柳谷李雲長管于洛西權鸞遊截於玉川豐吳牧使澐收兵
于白岩郭大將留軍於世干層中而統制之左洛江右鼎湖沿遡
上下六十里之間望軍森立應報輒馳或擊或逐賊不能肆其衝突
餘民賴而作農郭自初禁斬曰人當爲國討敵首要功於義不可
貪功喜斬必多遇害故射殺雖多無敢進斬魯謂之曰君之本意
甚善諸人之從軍力戰者其孰無功名之心乎其終也怠其後岐
山之捷射中射殺無慮始許斬首軍爭赴水所斬六十餘級皆不
自與爲官軍曹士男先登上船揮劍欲斫而終爲佯死倭所刺郭
大慟曰吾之禁斬故爲此也魯至三嘉主倅張翊方與有司諸人
盧鏄許子大等坐西門樓上爲學諭尹銑所困時朴思齊等自勿

洞首起兵鄉既發之後擇其精勇使尹鐸領付郭將朴思齊朴應
龜等領餘軍設伏于勿峴之上而不煩公費至陜川則假將孫仁
甲在郡治兵郡之人士咸公之忠義莫不倚首生氣草溪義兵將
全致遠李大期亦遂沙漠黄江之賊使不得攔入內境致遠於溢
遇賊前江後山幾不能脫奮身躍馬直上峻坂以避之時年六十
六人謂矍鑠其子雨追斬逢前賊于江中以口銜其頭而來出公
聞而笑之○咸安召募官李瀞來拜於矗石樓曾還言諸將士奮
義力戰之事宗道病未還以書招之公聞曾言大喜曰益往觀乎
吾將巡歷宜寧草溪陜川以至于居昌期日早發行行及愁離院
居昌文報至知禮金山開寧之賊合勢衝突將踰牛旨事甚急矣

公立馬顧謂瀞曾曰今擬巡閱諸邑今聞居昌危矣吾將馳赴直
抵三嘉其倅張銓在母未還縣之朴思兼等十餘人亦謁而等俟
支餽倉卒措備公曰人稱此邑多士子信然諸生進曰令公之忠
烈輿直愚夫皆知先聲所及人皆感勵今者環三面盡為賊衝而
吾縣居中願令公毋往居昌駐劄于此傳令諸邑使之領兵馳援
抄遣勇士使之赴陳力戰可也以一國興亡所繫之身匹騎空拳
冒犯兇鋒欲何為哉交謁更諫皆揖以退公笑謂瀞曾曰諸生之
止我蓋疑我赴鬪死也明曉將行遣瀞還郡統旅以曾為宜寧咸
安山陰私儲官瀞曰吾三人皆後公無帶行奈何公曰咸安不可
專委崇仁搜來今日為急● 公至居昌則山陰咸安陽陰軍一將

皆會公在後營戰軍皆殊死戰賊不得踰注見金大將於陣中信
宿以勞之公始見朴惺而曾聞其名約與偕行引置幕下并請涌萬
户黄應男亂初逃匿黄山畏罪不敢出李吉誘納于公公即送于
金大將將為左部將是戰也功為之冠居昌出身下渾初赴鄉兵
付金大將每戰必先鋒功與應男相上下判官李亨公之軍官也
力戰死之巨濟縣令金俊民以右部將先登射其衆居昌山人數
十人每為前突無不一當百賊氣自是頓挫居昌縣監鄭三變貪
蹫食無厭益括富民私儲托以振給流民恣行畏濫且厚遺義兵
諸人亦不得聞其惡○瀞還郡郡民多散更為呼召得千餘人而
不自管委之郡守時鎮海賊將踰大峴瀞與注拒之俾不得踰昌

原賊出沒宜原每犯岐湖輒馳禦却瀞在則軍不敢動瀞不在則
軍皆散盖郡守素慰於民而又以大杖毆之瀞在旁多所匡救亦
倚之為重然於報牒必自為功而瀞不與焉瀞亦不張主以是守
果得兵使瀞無顯聞始宋仁毋度矣城坐律白衣守晉陽城門瀞
起兵之後報于公曰郡不可無守軍不可無將請還宋仁主之公
回題曰義士冒入賊窟一呼鄉兵已收數千非忠義素感人心何
以至此終始激勵期勸亮注惟此之望即尒傳令使之星夜赴郡
宋仁至郡聽義士指揮拒戰鎮海之賊使不得犯境倡起義兵請
還郡守能成大功而不自為其首擧措得正唯瀞為最公以是深
重之○曾注於宜得米六百八十六碩於咸得一百五十六碩旋

到山陰將捜之際方壓縣勢有所碍僅得石餘碩任縣倅金洛逼
處轉送金大將○公自居昌由至陝川見鄭大將於陣中至三嘉
聞晉人劫逐權佐郞而章大怒縛致州吏都將杖而遣之鄭大將
遣前朴佐郞而章于晉捜私儲民走訴判官金時敏々々即下帖各
都將曰爲聞朴佐郞稱名人不將巡察招諭之閑多率士卒劫略
民財云々此必士賊其捕將來州民欲因此奪之而知朴者亦多
僅得脫還公聞之大怒曰明知義兵所送文官而困辱之晉之習
不可長也拿致州吏次其面都將杖之送而公於是即傳令以居
昌安陰私儲付大金將陝川高靈私儲付鄭大將咸安私儲付其
郡宜寧私儲付郭大將使之樽節繼用朴惺爲金大將搜粟官於

愼文彬答聲而過取於尹彦礼辭言而小得○時嶺路中分血脈
不達於江左列邑空虛賊益無忌憚各稱守宰任行摽掠公嘆曰
上界邊地已矣陽江三邑其可棄乎靈山則以之虜衛辛邦楫爲
假將訓鍊奉事辛碩爲別將生員辛邦楫爲召募官昌寧則忠順
衛成天禧爲假將保人曺悅爲別將校書正字成安義爲召募官
昌寧人無貴賤上下皆以擊殺爲事一無降付者高左里士族數
十家團取結陣於金山以避之賊數來不得犯靈山縣監潛在火
旺山投入其陣自稱兼官簡令射手山尺等叛走賊遂大入少長
男女並被屠戮僅得走免玄風士族之家並陷落入伽倻吏民
亦多爲賊服役往來機輸公聞而惡之即草檄文以諭之傳令前

郡守嚴泓為義兵別將以郭趪為召募官其檄文已(右文集中今姑不書)
將大敗龍仁還止山陰移牒列邑分軍諸將使義兵憤裂不得有
所處分於是民心益拂公怒齎弁或謂辭罪往討以快神人之憤
或曰當數罪移檄使自遁去旁近數邑之人雷動雲合橫戈踴躍
其鋒不可遏毋𥙿曰勝天之怒遂數罪移檄金景淳夜走將營告
變曰郭某為不軌欲誅令公領大軍未宜速避之將驗怖因措欲
為自盈之計為軍校所止因天未曉退道咸陽守閉城門設備以
待景淳旋至居昌公方寢納言曰郭某將害巡察既告以避令公
亦宜善處公辭以疾曰汝非初見於山陰奮膂大言曰不斬金將
無以伸大義於天地而成恢復之功之之者耶郭再祐癡漢安知非

如汝等所誤乎景淳懸而退由是怨公不已曰投將幕府大喜以
景淳為丹城捴軍將景淳與校書正字朴明榑同事糾聚閭閻橫
奴牧豎數十人名之曰天五將地五將風五將雲五將每將各領
四人自稱遮截因城摽掠𡨥過惡恨怵為其後明榑謂公曰其文
官無所事於此時未安請為佐其公哂曰若曾為雲五將抑又何
求 ◎公嘗知道民怨將次骨慮有因致不靖之變即移帖毋𥙿諭
以逆順之理其文曰 義將自变生之初傾財破產首起義兵集
不顧身一心為國以討賊為心雖古烈士何以加諸當戒即到界下
書招之義將不以老拙為無似未見丹城一揖之間已知忘身殉國之志
厥後提孤軍橫行洛江上先登擊賊前後斬馘甚多賊不能長驅闌入一

帶諸城至今保存英聲四馳聞者莫不聳動遠近嚮應滅賊之功指日
可期義將雄風義烈非但振耀當世抑將垂諸竹帛而無愧忽聞
義將移檄巡察營門敢肆悖逆之言謗伯是何等官義將是何等人
而敢欲爲此等事耶方伯雖宗有罪自有朝廷處置非道民所當
下手豈料義將生忠義之門擧討賊之義大功將成而自陷於殞身
滅族之地耶唐之叛卒竄逐主師以致禍敗者幾人耶覆車之轍
其欲蹈之乎迷復之戒大易所訓轉禍爲福志士所取況我則順
而多福不從我則逆而取禍其幾間不容髮惟義將思之○晬自
咸陽還至居昌誣啓再祐以逆賊之狀曰再祐即前直長李魯之女
壻魯即前縣監文德粹之三寸姪也德粹獻書於臣歷詆道主閫

師守令邊將臣與兵使申硈狀　啓請罪故臣爲德粹所怨再祐聽
人所嗾爲此不軌使其幸裨金敬老疾送于　行在將爲一綱打盡之
計公閫之大將爲魯深憂之再祐聞晉陽危急領兵馳援行至金院見
佔草感悟復書曰逆順之理粗聞之矣吾恐閤下不假憂而我自憂也
雖然閤下　主上所遣何敢執已之見而違閤下之敎乎即馳赦
晉州之圍○公亟慶朝廷聽晬啓或加以逆誅即具由馳啓以明再
祐之無他意其啓辭曰在文集中今姑不錄書○晬軍官金景訥之徒指郭爲逆賊
傳檄于陣中且移書列陣三嘉進士尹彦禮學諭朴思齊等通文
于右道各邑士林曰頃見巡察軍官輩送郭義士書二則檄郭再
祐黨與則擊逆賊郭再祐義士果是逆賊而有黨與者乎其中所言皆是

詒

傳會搆捏之檄辭牴足以彰己陰慝害正之心術不足之爲郭義士病而
指忠義爲逆賊乃秦檜兇狡之餘術 秦檜亦足之湮潰於班師則況
秦檜輩集於巡察之幕下乎焉義兵首事其寧不爲之寒心乎郭義兵
當列郡奔潰之時奮百死不顧之計忠義激功名正言順人有耳目不待
贅說而蔽遮江淮焉郡縣藩籬唯忠如郭義如郭者未免逆賊之名其所
以害義士乃所以害義兵其心所當亦未可知也義士頃者之檄信有輕動者
而亦不過忠義憤激之過擧何必深以此言之乎彼軍官之輩徒知有逆
傳之巡察而不知有討賊之義士傳檄於郭欲逞私憾者金景訥與
李魯有隙久矣窺魯多年未乘其隙適逢此時喜行兇臆忽見前
檄心。口巳郭妾李女也殺魯者其在此乎以魯爲陰嗾之鬼以郭爲

見嗾之人訥亦人也豈不知郭之爲義士也爲忠臣也欲逞其讎言指義
士爲逆賊欲將此心上達 宸聰北天遼邈呼籲莫及伏願諸義兵所
各出通文使義士明白之心不爲誣搆之所陷不勝幸甚嗚呼秉彝良性
人皆有之順逆是非自有公論而敢將大惡不道之名欲加忠臣義士之
身寧非可痛也孟子曰賊義者謂之賊倡大義謂之賊乎惟僉君熟察之
○永川人進士鄭世雅生員曺希益前縣監郭懷瑾等六十餘人
聞公招諭起義之奇作書數千言歷擧江左諸守將當初竄匿今
乃出頭沮抑義兵狀且極言慶尹々仁涵捲府吏史胥術々退伏
托迹深山擧一府委之於賊々既出去猶未還山外反爲撓遏義
兵々使朴晋瑠令義兵拘制官軍々皆潰散莫可收拾而左界無稟命

遣

要聽令公指揮晝伏宵行使數人來献于公〻綽喜慰諭以見之旨諸
君冒涉豺虎之窟出沒荊棘之域遠來相問苟非忠義之至何能
若是令人感泣當賊奉 命招諭義無彼此但道梗若此雖欲有
所指揮其於文報不通何仍以訓鍊奉事權應銖爲義兵大將傍近
數邑皆定義兵將使之聽命於應銖〻〻感公推奉益自奮勵其後與
河陽義兵將奉事申海等合謀領四邑兵掩擊永陽據城難動之賊
鏖盡之無噍類又襲攻慶州屯賊空城遁之自此軍聲漸振皆有
討賊之心公久住居昌賊之據昌原者覘知晉陽無備昌原賊與
鎭海賊相應由固城瀰漫於泗川大擧侵晉公聞急星馳至丹城
悉起咸陽山陰丹城兵以赴之督金時敏使不敢動又勅昆陽郡

守李光岳及崔堈李達等分爲左右翼以救之郭再祐不待傳令而
已先進入城軍勢頗張賊至樓前只隔一水而不敢逼公繼至責
戰於是諸將益用命合勢追擊賊狼狽而遁所殺傷無慮甚衆遂
復泗川鎭海固城諸縣時都事金永男亦在城中頗有誘衆追捕
之功○南原人前佐郎李大胤幼學蘇後遣族生奉書于公各獻白
米一百碩以補軍需公得書稱歎○李佐郎曾認爲淳宗庶人不料積穀
之多至此云差金泉察訪趙善往南原遞運穀來○公常以尙州不徹
爲念咸昌士人李宗道尙州士人趙靖等來陳李逢奮義討賊事遂
淸州人來住咸昌與同志儒生合議協力捕賊已多〻公以書褒逢爲
義兵將以尙州前翰林鄭經世咸昌前察訪權景虎聞慶幼學申譚爲三

邑召募官使合歛聚鄉兵聽逢指揮○五月以後四度狀 啓未還
雖或有回還者承政院到付而已別無可否時豐原在海外原居中公北向
搥心隕淚長噫鄭大將來見公於三嘉淨襟堂對語夜分慷慨激烈而
賢憂國之忱則彼此一揆也其子沆瀣之氣甚翹銳既去公曰惜乎此兒不
秀未久以溢疾死鄭大將每於文報直截不遜或不聽公節制便宜從事公
不饒貸峻辭以責之或綁軍官以杖之○宣傳官李克新來傳前後有
旨書三道始知除拜左伯備聞宗社失守 大駕移行龍灣 東宮留住安
峽拊膺大慟哽咽不成聲曰白髮孤臣奉 命南來已踰時矣既不能
鼓起勤王之師又未能掃蕩道内之寇坐視 寢園之草莽 廟社之邱墟而
苟活偷生尚保至今辜負國恩之罪萬死難贖而天誅不加又委方面

之任雖糜身粉骨豈足報鴻造之萬一乎俯仰天地跼蹐靡啟有死
而已更何為哉左右皆泣下不敢仰視○公曰既為左道監司右道事令
不宜句當而自初管領義兵若委以常規目擊可慮之機而不爲
啓達寔非人臣之義越俎之嫌其可避乎遂一一條陳中 啓云當初金沔起軍
于高靈居昌鄭仁弘起軍于陝川軍聲頗振形勢亦張今者金沔
蒙恩拜陝川郡守仁弘拜濟用正三邑之軍各失其帥莫不解體識
非細慮事定後赴任似合機宜前郡守郭趙今爲草溪假守善於
治官軍民愛戴咸願爲真守郡郭詠不知所在郭趙仍守本郡亦
爲便當宜寧縣監吳澐棄官逃走後倭寇焚蕩焉無保全之勢
郭再祐首先起兵一縣爲一道保障賊不敢窺覦江西數人之功宜道

無冝寧寧則三嘉以西將復次第失守矣以此觀之閤下之留去豈不
爲義兵聚散之所關　國家存亡之所係也哉成敗利害在一呼吸之間
而欲守區區之赴命之常規致誤於不可失之事機則閤下前日招
諭之功不幾於落空乎伏願閤下熟察之一道幸甚　國家幸甚公旣
有上命奈何自任安東公之鄕邑也進爲先攏可看家爲可見親舊
可會秋鐵還鄕常情所喜況喪亂之中乎然而深以棄去成敗爲憂國
家如此江右列邑儒生等亦知不可擅留爭上請留疏陜川草溪三嘉
冝寧晉州丹城則以進士朴而文居昌安陰山陰咸陽則以進士鄭惟明
爲疏頭朴而文之疏略曰（缺全本之謄今姑不書耳）鄭惟明之疏略曰（缺上全不書）○公欲向
左則路梗欲姑留則勢礙言於辟請抄精兵護遣以朴惺爲假都事

辟自居昌將來送公之逢會陜川公之將渡洛也曾將從之公曰
或雖解嫌且避之李旨餞于舟中公握手言曰惜乎吾兄何命之
窮耶祐拜且言曰勢已不容於巡察請散軍罷陣爲褊裨從徃麾
下公曰嘆君言則然帯行不可不得已投左則吾當啓請爲玄風
東三邑都義兵將小待之討賊寧有彼此但君若投江左江右其將
奈何○九月初四日自草溪夤夜渡洛潛行玄風昌寧靈陽淸道
境以達於河陽左界之民咸曰奚爲晩至以守門將辛礎爲玄風
假守以訓鍊奉事李禰爲靈山假守○越二日到新寧閔還援右
道公謂朴惺曰必待本道軍兵來候乃可越險濟江去安東不能
二日程不往省墓豈人情乎惺曰本道軍兵誰即督遣況此無任

內之所知新縣監金忠敏非但本縣渠母鄉自去年十月至今年
三月爲本縣案成監兼官處事失宜毒痛一邑民視之如蔚甬毒藥
來爲縣監皆懷潰之心如此則豈止爲宜寧一縣之害寔係一道利害當此
危亂之日順民心爲急且係義兵之事敢此越職言事惶恐待罪○
翌日自山陰移住草溪擬將內左右之人少者啼老者啼壯者呼遑遑
如失水之魚如焚巢之燕而義兵之徒并皆喪莫可收拾於是士
子奔波數十爲群日立庭下請留之草溪儒生李大期等三十餘人
上挽轅書其略曰今之兵革非不堅利城池非不高深也良邑
宰益良鎭守非人政苛猛甬綱密秋荼割剝咀噬民散久矣及其
變生倉卒爲師宰者自知平日所爲大失民心雖欲收拾民無應我者

故投伏山藪猶恐不深國事至此無復可爲者矣前掌令鄭仁弘
前佐郎金沔應閤下招諭之檄孤忠自激張拳奮起誓言心白日期
雪國恥招集散亡遠近響應軍聲稍張義聲頗銳鳴張漸殺豕突
頓挫江右八九郡得免其吞噬者寔賴閤下節制之得宜今者綸
音自西帷幄將左輿望既缺衆心懷疑已集者思散欲進者還退惟
彼貪吏屠伯猜疾義兵百計謀毀甚至於指以爲不軌其不敢恣肯
膽者以相國在也今一渡江而東則前日之鬼蔵蜮匿者得揚其氣蓄
怒猜嫌者亦以弄其手矣精忠義烈如二將亦安肯苟冀成功爲
彼所制掣肘乎不特此也宜寧郭義士再祐提劍倡義忠憤凜凜以
狂簡不裁觸忤方伯所恃者惟此閤下而閤下去矣勢將難爲再祐則

知

若地宜達者之卽日馳到境山留一日卽回到大丘桐華寺左兵
使朴晉先來後要議討賊事也時大丘府使尹晛律犯喪師(軍士死者七百餘人)
公付之以律將校之戒而不上道儒生四百餘人各赴推翰林金
垓爲將銳有進取之計生員任屹亦募兵於安東之境矢心討賊權應銖
軍威方振而皆爲兵使朴晉所制掣肘將無見功公見晉諄懇開陳
力言其不可(金公垓素以義身捍禦以病骨憤以痰喘死於陣中惜)晉以年少武俠不甚快說
前此權應銖慶州之戰也永川生員崔仁濟鄭世藩等十七人同
日被害當閔東賊踰入之時禮安居及第柳宗介安東幼學尹欽
信生員任屹提孤軍排戰于才山小川之界柳宗介尹欽信兄弟
臨陣力戰而死公聞之大驚嘆曰二百年培養化其遺未盡斬矣其

迎

後於啓辭中暢陳朴晉㧾專一道兵權義士奮起者必加沮抑盡奪其軍
權應銖驍健有智慮武弁中難得若令㧾當一面任其所爲成功可冀
而上有兵使不能行志識者深以爲嘆戰士儒生等忠烈可嘉古昔古
人此等事自有本道監司臣不當輒啓而臣亦自左道遠還故不
敢不達云○江右巡候軍久不至言于朴晉率左道精兵百餘人
其行百餘里一夜過八莒河濱十七日朝利涉至高靈是日晚大丘賊自
東來星州賊自西達會于河濱公行若遲數刻事應不測而皆謂神明
所扶都事金誠勇素不悅公既不遠迎候軍又不來迎界上公亦
置而不問會幹居昌交承印符旋往山陰。宗道自咸陽來
曾自智異出偓至同安陰○時敏曾附於驛驛乘公赴左以晉陽

不可守之城危道也野戰有可生之路傳令時敏急々來救牛旨之急
時敏乘本州至居昌投金大將陣適聞寇賊臧众以來將窺牛旨
時敏聞金大將延戰於知礼挺身鼓勇且進且鬪挫其鋒以却之射
殪亦多而左足中丸回留其陣公聞晋陽無守大駭送軍官押來
時敏怕得罪托以足乘轎下來局於人入謁脫靴露足以示於前
公叙救援之笑謂諸君曰時敏神其執矣殆不欲手 江右士民相
慶曰吾輩其蘇矣恢復可冀乎以巨擘縣令金俊民爲陜川假將鄭
大將之夜襲星賊也俊民爲先鋒迫至城下及曉賊悉出大肆豕
突丸内交飛有如雹散電內軍皆退北俊民或前或却殿後而射
殺無不中賊不敢逼使諸軍遠走然後信馬徐回一軍賴以得全非

俊民大將亦殆矣校生周國新爲大將令龐馬從之爲賊所追斬
其擧事也不禀於公々既不便且聞不利於志之大將文牒至不言俊
民之功參謀子俊益錄於紀功之右公回題以送曰誇張帝賞武弁所爲
大將麾下寧有是事雖然嚴敕營副俾無虛僞之弊之遣牙將捉
行首軍官來責以不禀擧事之罪笞臀數十度且戒之曰俊民驍
將也不宜淩侮大將亦不快焉乃生輩當以爲吾先生負一国重
名爲士林領袖凡所弛張人皆儀表誰敢有矯其是非者及是覺
落膽曰巡察亦賢人也何乃待吾師如是薄邪公之不畏強禦率性
也至於国事雖賢士不饒人皆訝之公獨顧之時者疑焉而識者偉之
○公每於諸陣敵賊及親擒或已陋不可近公曰否枉殺我国人

又多不可不慎守令多空未差之嘉典籍朴思齊倡起義兵功超
右職宜寘縣監居昌訓錬奉事卞渾力戰却賊之功曾授部將聞
慶縣監金山成均博士呂大老起兵郡地[illegible]次献馘知禮縣監高
卅訓錬奉事鄭起龍驍勇善戰功業優越階尚卅判官晋州部將
姜德龍技長猿臂可用戰咸昌縣監星州久為賊窟大[illegible][illegible]
討賊濟民非人不能義兵大將濟用正鄭仁弘同卅牧使咸安召
募官李瀞挾[illegible]崇仁終成大捷而自不有之授別提沙斤察訪並
假差狀啓其有罷用人皆快衆望並用朝廷命令然也前此都承
旨書狀内守令邊將或陣亡或逃遁等處當此軍務方急之時差
待啓聞差遣事必虛疎道内見存可堪人隨闕假差後一一啓

聞賊蹂合浦將犯巴陵公領山陰丹城三嘉宜寧四邑之倅耀兵
于鼎湖之涯四邑倅之與吳澐趙宗道李魯等從之草溪假守郭
超亦來赴多設麾列立於左右山上吳趙二君當越軍咸京以禦之郭再
祐以為寇若大至背水不可事之不濟其誰咎擇此江灘之矣賊果望
見兩道別抄草溪精兵十餘人送涯哨探[illegible]親執酒飛餞于舡頭
公數以彼眞寧太守也推赤心置人腹中使人皆如彼何事不做
湖南義兵將前府使崔慶會率千餘來會山陰問於何舍兵公曰
晋州[illegible]川倉何如崔應曰諾吳長進言於公曰賊氣方盛勢將衝突
湖南軍宜住丹城以折其鋒[illegible]川倉在頭流之下距本卅甚遠聲援不相及是使
湖軍自避亂何用焉公不聽趙宗道亦言之曰我豈不思丹城以三倅孟失倉穀若

湖軍屯陣供億必資旁邑陝川倉軍粮可支數月誠使崔義將善爲指揮可以爲晉陽
外援可以爲江城內應亦可以遮遏散出樓山趙曰然則然矣第未知湖軍能如公所言否
即午餉于湖軍進陝川倉 ● 金海賊其黨會昌原衆數萬餘不得橫渡鼎津合勢長驅
直擣晉陽時敏陞爲牧使公移帖勉之曰牧使家世忠孝亨受 國恩當以死報使昆
陽郡守李光岳判官成守慶前萬戶崔德良權管李續宗等協力守禦賊圍城十五晝夜
攻之郭再祐先鋒將沈大亨夜到州北山列炬鼓噪而進固城縣令趙凝道與
崔堈鄭惟敬等率數百耀兵于南江越邊郭再祐令沈大亨登岩大呼曰全
羅義兵紅衣將軍明日當來合軍勦賊此賊其知之適全羅兵自丹
城向陝川賊到境望見之與再祐言合即驚走是日焚蕩于陝川近處
湖南兵已撤不得犯時敏設奇畜銃候機以應之圍城之七日竟不得

陷賊之死傷者不可勝數賊焚其次幕燒其積屍顚而去陝川假
將金俊民到丹溪遇賊急擊賊乃奔還遂入丹溪縣救滅賊發方
賊之衝突也兵使柳崇仁泗川縣監鄭得悅加背赤梁權管朱大
清等同日中丸而死 ○ 晉陽捷書至公喜不自勝召諸君謂之曰
若使此城失守非但城中數萬人命盡爲魚肉一道無保存之勢無
復有入保之意自此人始知其可守城[illegible]麾下軍校入賀公慰之
曰此牧使時敏之功守城諸將之力白髮腐儒何與焉但[illegible]等銳意
殲賊能如時敏所爲則豈但高爵可縻名鐫竹帛垂耀後世矣遂
具書守城節次極褒時敏之功即日馳啓泗川縣監鄭得悅戰死
代以前守門將李礴爲假丹城縣監李礴遁身失任賊入城[illegible]

代以僉正 趙宗道爲假公將往晉陽慰勞壯士開寧星州賊變
方急遣都事入州勞軍於內三嘉以朴惺爲貿穀差使貨益以公
賤貿木鹽鹽稅布爲之貨惺不憚寒苦勉力馳驅公且勸惺李魯
通文于江右士子董合義穀以補軍需其文曰尺之木已拔而生意
於寸根九仞之山將成虧大功於一簣義陶恢復事急軍需前有刺
於國家宜無惜於肌肉嗚呼寒伏之患自古之蹂躪之慘無今若
也三都淪沒濂腥於穢山河一人播遷家冠蓋於草露況此道之初犯偏
列郡之連陷縱人謀之不臧抑天意之靡恃何幸忠憤之所發奉觀
布衣之師並招諭重來莫謂肉食之鄙敵據要害於三處俾保全乎十
城雷動風驅雖未能掃淸區域東倚北拒亦足以摧折兇鋒紓獻賊之虐

多而射殪之亦多一旅興夏猶成康之治硬果田陽豈有終剝之理第
念師老六朔暴露難堪雨雪霏霏食盡萬軍若飢何能運餽救之僅存
六七邑人君庚蕩輸稍饒若干家釜秉整入公私俱匱調度末由何以餉
軍非軍無以討賊然則其將安之於絶粮兵疲而無與事歟抑將諉天
時人事而莫之爲歟嗚呼偏武陟降無倚五廟之靈矣誰尉忠魂肆靡
托萬里之鑾駕孰迎冠前國其忍共生歟雖一天其忍不死歟斯則據
大據公而激以天理亦有從小從私而切於人情思父母之唯白愛妻子之
無異禍莫慘於戕戮辱莫醜於奸淫非惟不敢於以民實甚難耐
於爲魚爲肉彼衆亦有方寸剌多士素抱輪困當此萬難之時誰
無憾慨之念有血氣之同情無智愚而若歟雖然空談漫賤於村閭

徒誠何裨於敵愾靜思之無策願得而為言失耕失耘從新收之
無寶于甑于石或饑饉之有遺置公偶偷埋壞民與其終歸於
虛耗曷若分補於軍資豈但利乎而有用錯甚善莫於無窮稱家有無
顧何嫌於未形量己財而須自盡而多數細流集而成川纖埃積而爲阜雖
世用之或歎伊川詩之有餘孝子為親祈近谷刻之命烈士殉國敢赦
成敗之機秉筆奏良元無間於貴賤莫多穀之讀其可過於士民施佛供僧以
求福於身後餉士卻敵盍迎禦於目前嗚呼不及之兵食之是圖奈奄之餘邑
之難保民無噍類境盍兵墟父兄何歸妻孥罔覲冢墓崩墜廬舍飛灰
於斯時也雖或求活於深山將奪何顏於白 宸翰屢降於西極睿覽切憂
悔雖晩於輪金之言宗出於悃愊讀數行之未了淚萬滴之先零君臣之倫根於

天性積誠可感格于鬼神邇者伏 皇教有隕自天凡東人措躬無地
上責如此下情若何玆布一心敢告同志勗哉吾黨恕焉毋或後○遣召村
察訪金壽于湖南請軍糧救荒穀於都事崔鉄堅○開寧賊化知
礼星州賊閔高吳分遣麾下勇士以助戰又以餘軍為聲援以救之賊
皆潰敗而還止山陰○都事自昌來曰他道監司於 東宮啓聞進
上皆分封之獨此道不為無乃不可乎公曰不可如二 君為吾有吾 君曷
敢有二心若以他日為君而預以君礼事之是二心也都事曰此時與平
時不同 東宮方羈旅之中朝夕供膳亦且匱乏何嫌無申得聞雖
以權道為之未為不可公曰君臣之義截天地而不可易非用權之地
都事再四不已名言進上啓聞而附產賊音随便付上無一妨使道如是

固執謏讇爭辯强聒不已公正色言曰君使我不名言進上啓本爲
爲封送書何乎我所見則如此君其休矣都事出朴惺及生員世濂
曰都事亦豈無所見而然耶公嚬蹙曰休說金顥男事與吾宗李紬
同壻其平生心術知之備矣之東之西尙何有定見○公嘗遇李鯤變一
宗道兼問言曰今公常自謂知人而佈於鯤變朋有所蔽邪非但在
人誑誦難近誣謗南冥先生侮視善良陰行鬼蜮締結湖人公諱傳
曰何言之晩也其後三三至而不見惺曰今既知之雖一見何害公曰從
前見數二十年思之不覺寒心一夕乘醉云謂吳長曰鯤變何如長
曰自事不知何以知人公曰吾言所見可也其人果險詖一家之所
難堪如使得志善類殆矣（吳長同鄕裹世誼家有是書吳借去閱 至是處削去改以瀷中多疑而還之）其

（註述書元本以紙帖 而書之曰長則去云云）公握手撫背曰德溪有子矣（長虎寰 之女婿）○公於鄭
金兩大將文移傳令之際臨之甚嚴言辭峻不少寬假（害道從）
容言曰兩君俱以一世名士爲國憤忠誠心討賊何乃如是彈壓公曰
吾於兩人豈有他哉共事內庭則雖或有不識体兒不合機宜尙
且饒之以助其直截底意思可也今朝廷退在西陲陸沉之禍古
所未有當此之時可任諸將違令乎辭不嚴切無以折其橫此吾
所以蹙其盾防其自用不若是他人效之末流難防寧有匪疑
阻之心乎○鄭金兩大將名位並高不相差池而鄭大將參謀皆
其門生其中如權濟之輩輕儇佻侮欲陰尊其師爲義兵首功而
金大將弁威功績頗出其右與訛造訕謗多々言使兩賢不相能

非大將移文於金大將有不安之說金亦不平勢將難諧公爲此兩陣痛
言曰當快心討賊共濟國難不宜搆怨浮言自成撫傳令將士諷諭搆難
難問者吾當究問按法自是浮薄輩詆謗我朴惺言於公曰金大將
麾下有非趙諸君非大將亦謀無一人遺沒惟鎭定公如公嘆曰吾聞唯
實天贊我君其使我收遺卒欲奪此與彼自非且彼亦皆聽汝唯我命
謂惺曰吾與之使既相起是義約與終始共事今可捨而之他乎吾爲之使
幕下公然矣非大將亦欲使吾比肩於淺輩乎君勿少我乎惺曰吾以公閑
而賢聞事欲解紛通信是豈有他意公曰德凝誠心愛民安息紛紛
其意亦好豈少哉唯○一日李瀞使嬰成晉之境見戰骨成堆請
令諸陣將收瘞時夜已深即呼營吏齊聞口囑吾言本留宿吾性也仍

使瀞收錄變初死節之人瀞錄呈若干曰女子丞無知也立節者無邑無
之男子列郡無一人可愧之甚也公揮手止之曰令人顏厚不忍聞
也○一道流民行則擁路住則盈庭乃以鹽米散給居昌咸陽山陰
役賑濟場別定有識人掌之不時取來其食視嘗之且令多造松
葉末和粥以饋之稍完者只此三邑而各邑軍粮皆出於此將無以
繼之晝夜憂嘆請救於崔歡堅再遣金泉察訪趙存道次遣沙
近察訪李瀞次遣昌原府使張義国次遣前佐郎朴而章次
遣朴惺皆不快施公曰何患也湖南數是渠家物而嶺南人非王
臣乎咸陽實多富家太守懦弱私儲既不封公令抄錄分授飢
民有一頑品吝不肯從拘來將笞之或曰此不可以威使宜以理

喩之公曰不然戚近湖俗悍人皆惜財難以理喩杖一人而濟
萬命者其可已乎杖數十度卽引坐階上懇懇開說至於涕下
渠亦不以受杖爲怨悔悟而去自是聞者莫不盡心所全活
甚衆公於小小瀾牒必親自爲之夜分乃寐勞悴煩渴
將成大病 宗道言其煩碎公嗟惋良久曰近日逆紳不
靖馴致殺戮人心渙散直欲棄之吾儕萬死難足贖其罪
豈可以煩碎勞悴爲念乎且大事不能治小事又忽之豈吾志
之所安乎公於山陰智谷寺募蠟燭文以湖南善工教鑄爲銃

雖非銅能以正鐵成之皆令主倅金洛監掌之 所謂善工族孽也 公使日本也爲軍
官者金姓忘其名來 來謁公仍留之也 ○上拜金沔爲義兵大將遠近諸軍皆管
攝承 命感懼益自激奮期殲兇賊大張聲威以督勵諸將巡
勅諸陣自居昌至高靈向星州營寨結陣者十餘日軍官四十五
牙兵二百隊卒三百陪吏八羅將二十行李之儀連亘二十里之外
旌幢旗纛照耀於白日公聞之憂有色曰數邑軍粮今方告罄而
不念供億之弊兵塵從後參之行志海未定有後議其況今時敵
爲兵使公至居昌相會言前日巡行不恰當仍對酌數大概揖手
吐悵或泣或嘆及暮而罷翌朝公杖其陪吏曰前以義兵大將不
順指揮既爲非矣今爲兵使決不得自便未久兵使遣疾而遺公

檄

聞而大痛曰長城壞矣國事去矣即馳啓(在文集中今皆不存也)爲挽詩三幅
而送金沔性褊執滯頗有不悅之意屢形言色人或疑其內不相
得至是悼死慶啓切如是於是人益服公處心公平而出於性誠
也且謂惺堂志海非吾儕所及其妻妾在十里外而終始不往
見精忠義烈可質神祇 ○晉陽牧使時敵陷兵使而死世家大族
藏穀智異不收債無出山意公至晉取視糴案大怒使判官成守
慶捨去魁首十餘人械送山陰晉民大撓惺曰此不可以不懲宜
猛治警餘公以爲然將推用律嘗曰晉州之豪習難可卒革其所
由來遠矣國初河崙以太宗朝功臣鄕校皆請屬里鄕校則玉峯里
猪洞里鄕所則中安里大安里賜牌收其賦稅貢物以需之館粮

以貧成來爲座首相臣將臣世親鄕權雖後子孫旧習猶存李滔
臣爲牧使取賜牌焚之盡奪其屬里仍捕豪猾臣宰十餘家拘
係十餘年蕩失財産公嘗絕群盜路己丑之變崔士徵以三峯究死柳
宗智連謀枉誅州之善士若何沆之徒憤嗟而終州之人善慰
諭之曰果倫未知其極今若思之濫益亂莫知便宜以導之使自
化誅不可勝云惺聰曰吾未之聞也太宗之賜未知其可謗臣之
撓何不敢也君言良是敢不從乎將撈而止解縲絏開說義理莫
不叩頭請死即草挽文其略云(在文集中今皆不存也)且令判官盧擇因人使
有穀者納之有糶閱許消之無糶則截以納衆不閱月得穀數
萬餘斛 ○公聞天兵大至常曰我國越自 先王世篤忠貞至誠

事大今日始知其驗長驅而歷綿之則機逐(?)與生民之幸也但
來歲種子不預爲之處賊雖退去民將無食前後啓請至再
至三而或中沉不得達或外沮不報時鄭澈爲都體察酒酒
橫截於湖西其如喜敗愚成何趙存善以公疑如澈爲所囚
賴救者僅免憂國憂民之悃漲肚塡膺徹骨耿耿鬢皆爲
之盡皓○郭(?)良士爲金沔(?)等謀宣力立功多(?)皆以爲自
如察訪尙州咸昌日儒生等敎書于公拉陳牧使金澥縣
監李國弼之罪公曰眞如此言雖百死無惜苟俗之喜(?)
耻說士主之過今乃若此可知金澥國弼之悪盡達啓
罷以寄(?)民怨乎澥在報恩爲盜所殺死國弼行乞諸邑
○癸巳元朝麾下士及從事諸君與州倅入謁公愀然長
容淚淚夋夋曰歲既換矣兩宮猶滿國西閑香清息
久斷孤臣未死空添一齡將何顏復見天日且我主倅
自除部早斂吾何(?)皆以見病人樓爲遣長咸曰退

都

賊勢七年之內未掃有淸之期而諸鎭將泛(?)怯(?)欲速之心以
爲今日不去則來日可去殊無遠慮要取近功務爲虛文不
思實效似主軍糧用之如土果竟食盡雖有良將亦何爲哉
鄙意令公一行毋不無虛文之弊軍官數十亦可減也營吏十
餘亦可汰也居有費糧之患行有刷馬之苦數邑民力漸渴極
矣今公先行之則諸陣冗食之費當不令而自省矣公復書
曰數日中聯承患書感慰已多又角紙縷縷無一非嚴言之言(?)
敬佩不已朋友道喪久矣豈料今日復見古人事耶非但書紳
即當施行○以姜彥龍爲虛谷假守 啓請郞眞盡與
再祐同事討賊多備軍器有功也○公聞豊原爲體察使喜
曰南方子遺其庶幾興乎象移檄(?)種種流(?)等件事不但於石(?)牒上
屢陳屢於牘箚中橫說無非此款而今心炳炳之向如結未嘗須臾或忘○咸
陽郡守文報至天兵乃於正月初七日奮勇復平壤賊殘衆之
殆無遺餘黨散走連營海西者一時逃遁乘勝追擊可到臨
津漢陽已爲壓卵長驅南下不朝則夕仍湖南次次傳通
也儒邑守令皆來會都事自城林至無不拍手吐舌失喜噫

識

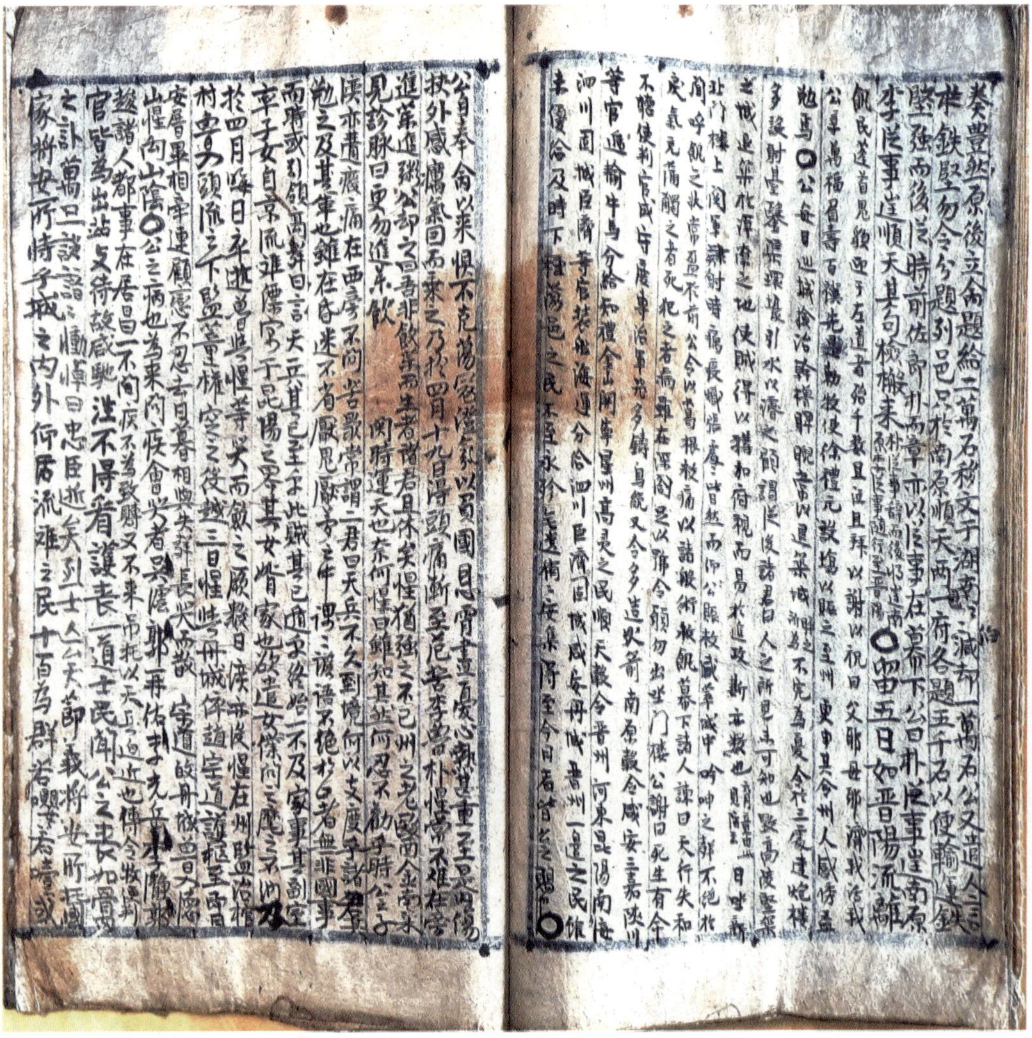

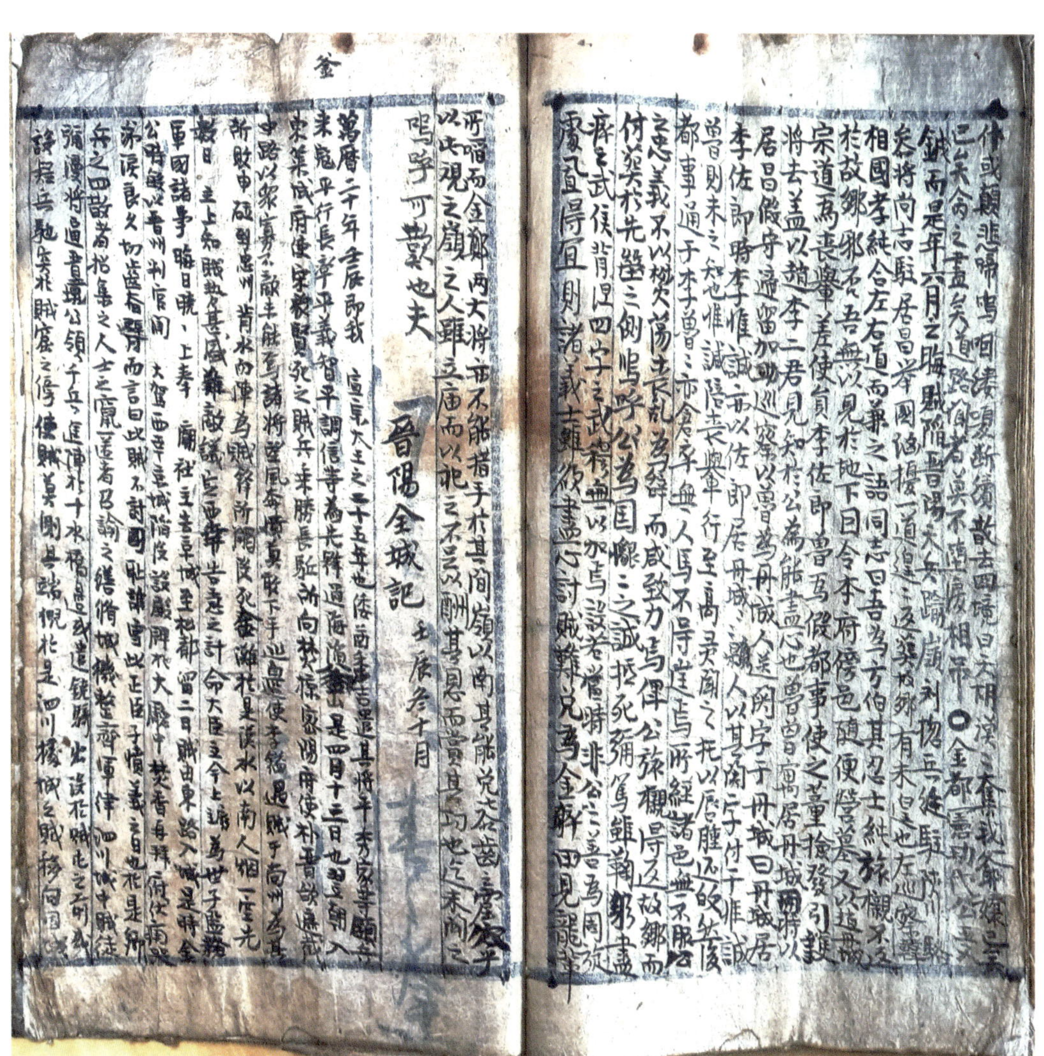

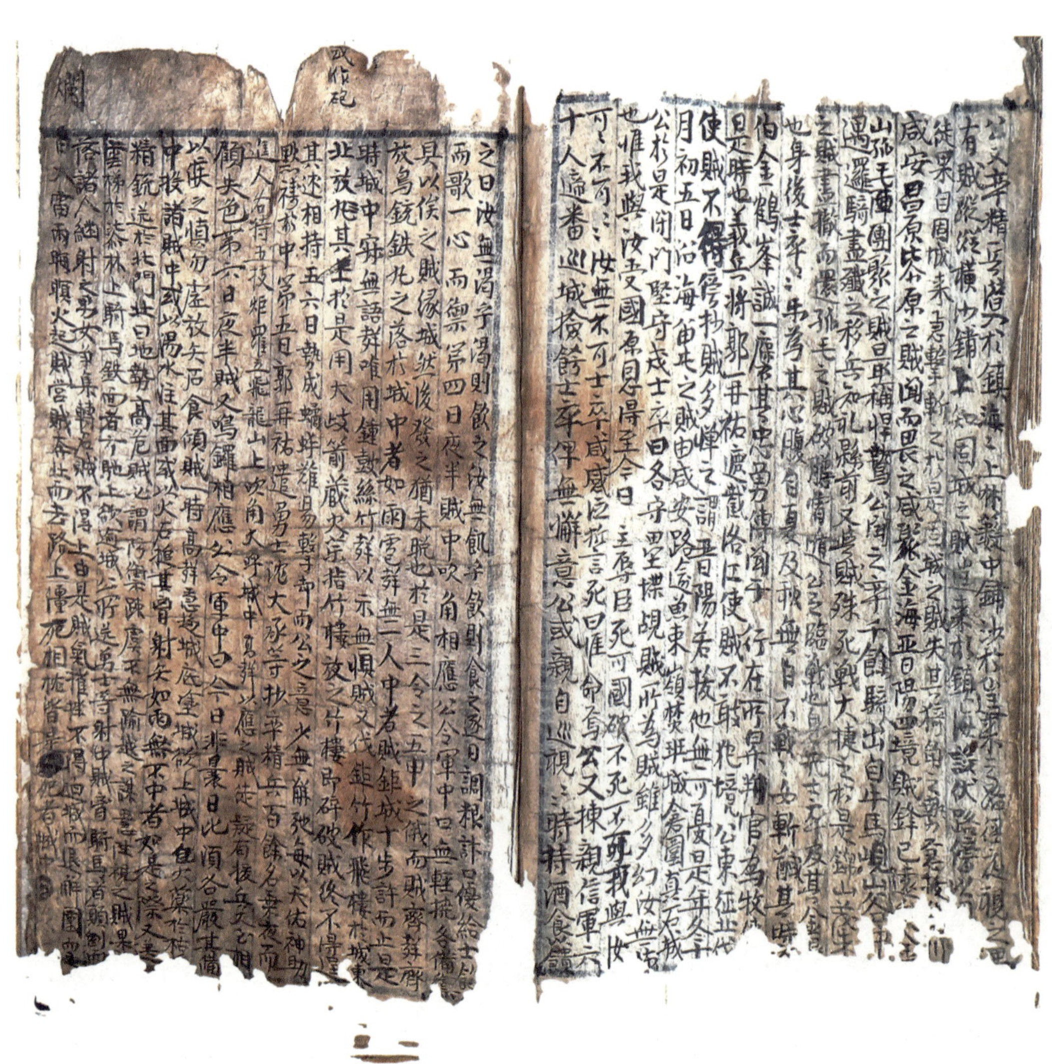

[학봉 김성일 종택 제공, 운장각 소장 용사사적(보물 제905호 서적 제40번)]